全球與本土之間的哲學探索
——劉述先先生八秩壽慶論文集

鄭宗義　合編
林月惠

香港中文大學哲學系　策劃
中央研究院中國文哲研究所

臺灣　學生書局　印行

全球與本土之間的哲學探索
——劉述先先生八秩壽慶論文集

目　次

全球與本土之間的哲學探索
——劉述先先生的哲學思想

鄭宗義
香港中文大學哲學系

一

　　要在祝賀述先師八秩壽慶的論文集寫一篇前言，介紹他的哲學思想，老實說，下筆時完全沒有駕輕就熟的感覺。首先，介紹性的文章，若不想流為聯綴成篇的堆疊，就必牽涉到解釋。述先師的學術著作我確實讀得很仔細，亦有不少體會，但不敢說已了然於胸，因此我在下面所介紹的只能代表我個人的看法。當然我必盡一個詮釋者應有的責任，給與詮釋的對象最強義的解讀。其次，述先師著作等身，當中涉及的課題和內容是多方面的，故不可能在一篇文章中全面兼顧到，掛一漏萬，在所難免。我現在嘗試的僅僅是從三個階段來勾勒出述先師哲學思想發展的線索及其中一些重要的觀點，此即：（1）文化哲學的探索；（2）中國哲學的專門研究；（3）全球倫理與宗教對話。但是必須指出，這三個階段的劃分是概略的，它們之間實有不少重疊之處，而之所以如此劃分，是因為這樣才能充分折射出述先師在全球與本土之間、在傳統與現代之間、在中國與西方之間、在反本與開新之間不斷往復來回的哲學追尋。並且此一追尋的意義不在於它最後歸宿何處，而是在於它本身所彰顯的開放、奮進不已的學術精神。述先師快滿六十歲時，在他的自傳《傳統與現代的探索》的

結尾寫道：

> 在經過四十年的探索，我雖已放棄了造一個哲學系統的不切實際的幻
> 想，要是可能的話，我仍想寫下我對於哲學的方法論、形上學、實踐論
> 的心得與反省，對我一生哲學的探索作出一個不是交代的交代。作為一
> 個當代哲學者，我最服膺的一句話始終是：生命完成於不完成之中。[1]

十年過後，他在〈七十感言〉中說：

> 1949 年與堂兄離滬赴臺，為了追求生命的意義與文化的前途，1951 年
> 考入臺大哲學系，決定與現實的行動世界隔離，專心一志研討、反省哲
> 學與文化的問題。從此數十年如一日，緊守自己的崗位，習慣坐冷板
> 凳，努力不懈，順著師友開出的途徑繼續往前探索，寫出自己的心得，
> 所謂做一天和尚撞一天鐘，日積月累，有了一些成績，如是而已！絕談
> 不上有什麼超卓的成就。[2]

又說：

> 然而只要在世界資源有限的情況之下，種族、宗教、國家之間的紛爭不
> 斷，儒家中和的理想就永遠有它的吸引力，而不斷在尋求新的表達。最
> 重要在儒家的追隨者的動力是生命的內核，不在外在的榮辱，永遠知其
> 不可而為，努力不懈，追求對自己以及群體生命有意義和價值的東西。[3]

1　劉述先：《傳統與現代的探索》（臺北：正中書局，1994 年），頁 176。
2　劉述先：〈七十感言〉，收氏著：《儒家哲學的典範重構與詮釋》（臺北：萬卷樓，
　　2010 年），頁 349-350。
3　同前注，頁 352。

如今十個年頭又過去了，述先師作為當代哲學者與當代儒者那生命的內核仍然是剛健不息、努力不懈，永遠以既濟為未濟。這不禁讓人想起孔子的兩句話：「默而識之，學而不厭，誨人不倦，何有於我哉？」（《論語・述而》）「其為人也，發憤忘食，樂以忘憂，不知老之將至云爾。」（同上）

二

在上個世紀，凡是對五四反傳統思潮有保留、對傳統寄與同情及肯定的學人，幾乎都曾投身於文化哲學的工作，試圖通過中國傳統文化的清理、中西文化的比較以至文化發展模式的思考等來論證中國文化的前途與希望之所在。著名的例子包括：梁漱溟的《東西文化及其哲學》、《中國文化要義》；方東美的〈哲學三慧〉、《中國哲學之精神及其發展》；唐君毅的《文化意識與道德理性》、《中國文化的精神價值》；牟宗三的《歷史哲學》、《中國文化的省察》等。就連強調要與當代新儒家的名號劃清界線的余英時與勞思光，亦不例外。前者有《從價值系統看中國文化的現代意義》；後者講《中國文化路向問題的新檢討》、《文化哲學講演錄》。劉先生身處於這樣的氛圍背景，加上受業師方東美的啟迪，很早就表現出探索文化哲學的濃厚興趣。他在這方面的研究成果，很容易教人注目於《文化哲學的試探》（1970 年）中對史賓格勒（Oswald Spengler）、卡西勒（Ernst Cassirer）的詳細分析，以及收錄於《中西哲學論文集》（1987 年）中早年對柏格森（Henri Bergson）、克羅齊（Benedetto Croce）的長篇討論。這些都是他在東海大學任教六年（1958-1964 年）期間所專注著力的地方。劉先生曾自述他這段時期的生命情調與學術心志：

> 少年時代的我下定決心不做行動人，誓以一生之力，省察各種不同的哲學思想，為生命樹立一個目標，為文化覓取前途，希望找到一條康莊的大道。那時妄想要把古今中外的思想一網打盡，所以拒絕做專家學者。各家各派的學說，都要一一涉獵。由現在看來，不免感覺其志可嘉，而

其情可憫。但那時的確誓志用功讀書，也收獲了一些初步的結果。我探研語意學與分析哲學，出了《語意學與真理》一書；反省文化哲學，檢討了史賓格勒與卡西勒的系統，出了《文化哲學的試探》的論著；我自己經過初步探索後的總結性的思想則見於《新時代哲學的信念與方法》一書。4

但是真正能呈現出劉先生文化哲學探索的獨特之處的並非他那逐家逐戶的研究，而是他從各種不同的思想中吸收、消化後形式的一整套自己的思考，此即上引文字中提及的「總結性的思想則見於《新時代哲學的信念與方法》一書」。很多談劉先生思想的人都忽略了《新時代哲學的信念與方法》（1964年，以下簡稱《新》書）的重要性。這本書雖然是劉先生在三十歲還未開始南伊大的博士生涯時已經完成，但其中展示出的思路，卻可以說是他一生哲學的基礎與信念。在《新》書中，他通過文化哲學的省察來一方面圈限科學哲學的氾濫，另一方面重新構想哲學作為意義哲學，並由此接上中國哲學的傳統，而卒歸於建立哲學的終極目標乃是在個人層面尋覓安身立命之道、在文化層面走上健康理性之途的信念。後來劉先生的哲學無論是深度的挖掘和廣度的開拓都有長足發展，但《新》書所奠定的基礎與信念則始終沒有動搖。這從他多年後寫的〈哲學的起點與終點〉（1977 年）、〈系統哲學的探索〉（1983 年）等文字仍是在不斷補強《新》書的想法，可得證明。

下面則順著《新》書的章節結構析述其中的思路。（1）上個世紀初科學主義在中國思想界的氾濫並未因科玄論戰而退潮，其後在哲學的領域更以專技性質的語意學及科學哲學的面貌再度登場。劉先生雖願意承認彼等有樹立知識傳統的功勞，但亦十分清楚它們有把傳統哲學求勘破宇宙人生真諦的願景大幅窄化的危險。他說：

而且即或我們願意承認科學是人類文化之中最重要的一環，但是它究竟

4　劉述先：《中西哲學論文集》（臺北：臺灣學生書局，1987 年），〈自序〉，頁 iv。

並不就是惟一的一環，它也不能夠代替「藝術哲學」、「宗教哲學」、「倫理哲學」的研究，尤其不能夠代替全盤人生的了解與體悟，它畢竟不外只是一個徹底科學世紀的一套派生的哲學而已！而這種偏頗的側重本身就是值得我們來推敲反省的一件事實，而這已經越出於狹義的「科學底哲學」的探討的範圍了。[5]

這裡如要深究科學哲學是否可以籠罩一切其他的哲學，就必牽涉到物理主義（physicalism）、心身問題（mind-body problem）、化約主義（reductionism）與非化約主義（non-reductionism）及外加性（supervenience）等的討論。但不容否認的是，科學所建立的「真」的「知識」，邏輯實徵論（logical positivism）所主張的「認知」意義，只是人類心智所創造的眾多的意義之一。這只要將科學置放回文化的全體中則可以看出來。

（2）於是劉先生從卡西勒的符號形式哲學（the philosophy of symbolic forms）中找到了一個梳理文化中不同的意義表達的理論框架。依卡西勒，「人類的一切文化造就都是活潑的心靈流露出來的意義系絡（所謂『符號』），而每一個這樣的系絡都表現得有法有則，透顯了一定的型構（所謂『形式』）。」[6]而從神話到宗教、語言、藝術、歷史、科學等便莫不是以不同的形式來表達人類心智所創造的不同的意義。尤有進者，卡西勒的洞見除了提供一個一般性的文化哲學的架子外，更暗示了一條從意義的創造與表達來重新界說哲學的線索。這也就是：哲學是對人類創造的不同的意義表達之思考反省以至評斷抉擇。而文化哲學亦因此得以從哲學的一個邊緣門類躍進為哲學的核心所在。劉先生思想發展中文化哲學探索的階段亦應作如是觀。

（3）結果是劉先生從凱薩林（Hermann Keyserling）處借取「意義哲學」（philosophy of significance or meaning）一詞來建構他心目中的新時代的哲

5　劉述先：《新時代哲學的信念與方法》（臺北：臺灣商務印書館，1967 年二版），頁37。

6　同前注，頁41。

學。對於意義哲學的旨趣，劉先生有明白扼要的解說：

> 由此可見，在一個純物質的世界中，「意義」這個字眼本身便毫無意義，只有在整個宇宙中湧現了心靈的存在之後，「意義」的概念才變成為真正有「意義」了。因為心靈不只自身是一種存在，它還要對其他存在以及自己的存在要求一種了解，產生一種判斷，這樣才會在整個宇宙之中實現了一個「意義層面」的存在。而在這一個意義世界之中，卻是意義決定真實。只有當人類自覺或不自覺地認定客觀地去認知一個物理宇宙的態度有意義（如西方近代）時，這個物理世界的客觀秩序才會向他如實地呈現出來。正因如此，一個詩人的心態是難以發現這一個客觀秩序的，甚至會有意地排拒這一個世界的存在，更擴大來說，一個全心注目於宗教（如西方中世紀）或道德（如中國）的意義系絡的民族也就難以對於這樣的客觀秩序發生精確的科學的了解。故此有許多時候我們常常自以為是在作單純事實層面的選取，但實際上我們卻是在作理想層面抑或意義層面的抉擇，理論探研到此為止，意義哲學的統一的理論效果向我們清楚地呈現出來了。在人文世界的領域之中，人不只了解存在，還要決定存在。[7]

上述的話完全可以看成是意義哲學的綱領。如果說此中已明確澄清了哲學思考的起點以至終點不應放在唯物論的事實、真實或對象上，因為所謂的「事實」、「真實」或「對象」基本上是後起的，是通過某一種意義結構（即自然科學）所把握到的，但仍有傾斜向唯心論的嫌疑，即以為吾人的心靈如何觀看便決定了所看到的（不同的意義）世界，則劉先生後來又作了進一步的澄清。通過胡塞爾（Edmund Husserl）現象學（phenomenology）的洗禮，劉先生指出「『意義』也就是主客和合的產物，既不專屬於主，也不專屬於客」，[8]因

7　同前注，頁 108-109。

8　劉述先：〈哲學的起點與終點——人存在與他的問題和答案的追求〉，收氏著：《中西

此哲學思考的起點以至終點亦不應放在唯心論的觀念上，因為所謂的「觀念」同樣是後起的，是通過某一種意義結構（即觀念論哲學）所把握到的。至此可見，所謂的意義，更準確說，是人存在和他的世界的原生結構（primordial structure）。一方面，世界不是指把人抽離出去後所剩下的純然客觀的存在，它是人所面對的、所必須去理解及揭示其意義結構的世界。當然，人所理解及揭示的意義世界是可以有多面的，亦即卡西勒提出的不同的符號形式。另一方面，人亦不是指把世界抽離開來後所剩下的人存在，蓋這根本是不可能的；人從來就是在世界中的人存在。[9]而此一現象亦驅迫著吾人去尋找自身及其所處的世界的意義的連結。

　　（4）綜上所述，劉先生總結他構想的哲學（或意義哲學）為：「哲學的理想卻要把握一種全觀，全盤省察人存在和他的世界，企圖如實地加以了解，而為之尋求一種理想的歸趣。」[10]這一全觀或全盤省察，亦即是劉先生其後提出的具開放性的系統哲學（不是一套哲學系統）：

　　　　由此可見，系統哲學的探索包含著一種廣闊的視野。它可以向各方面吸取靈泉，卻又不局限在一個特定的角度以下。它所關懷的基本問題有兩個：
　　　　（一）我們有沒有可能為這麼豐富雜多的世界人生的內容（作者按：即不同的意義結構）尋覓到一個共同的根源或基礎，然後才逐漸分化成為不同的存有與價值的領域（作者按：依意義哲學，意義決定了存在，故它本身就是一個存有與價值不可截然分割的領域）？
　　　　（二）我們有沒有可能建構一個系統來涵蓋世界人生如此豐富雜多，乃至表現了深刻的、矛盾衝突的內容，把它們熔為一爐，結合成為一個整

　　哲學論文集》（臺北：臺灣學生書局，1987 年），頁 298。
9　　參看同前注，頁 306-307。
10　同前注，頁 307。

體，卻又井然有序，分別在這個系統之內得到它們適當的定位？[11]

要使系統哲學能竟其功，上述第一個基本問題的回答，關鍵端賴於「向各方面吸取靈泉」。此中包括：（a）卡西勒的符號形式哲學，以此從發生的觀點去窮究文化中不同的意義結構產生的根源及其衍化。（b）胡塞爾的意識現象學，以此由構造方面去發掘文化中不同意義結構的成就所不能不假定的基設。（c）當代的哲學詮釋學（philosophical hermeneutics），因為要作意義的省察，「機械的歸納推概的方式既失去其效用，其間涉及很大的『解釋』（interpretation）的成分」。[12]（d）同時為了避免抽象普遍法則有立理以限事的毛病，經驗資料的搜集與研究亦即不同文化內容的具體了解（文化學）及跨文化的比較（比較文化學與比較哲學）都是不可忽略的。劉先生甚至還構思了一部完整的文化學，當中有四個重要的部門：文化人類學、文化的靜力學與動力學、歷史的文化的型態學、文化生態學與文化哲學。[13]至於第二個基本問題的回答，則如何將雜多豐富卻極可能是矛盾衝突的不同文化內容化為一個和諧的整體並於其中各得其適當的定位，劉先生在《新》書中已強調理一分殊的觀念本身即蘊涵了「異質的和諧性」（heterogeneous harmony）的深刻意義。他說：

> 我們並不能夠用一種抽象的和諧的觀念消解去事實上存在的矛盾與衝突，和諧是要透過努力來創獲的，它並不是一個自動的過程。但是我們卻有必要創獲這樣的和諧，因為如果我們終於無法獲致和諧，那麼我們的生命便不免陷於魯莽滅裂，走上覆亡的道路。然而獲致和諧之道卻是多樣性的，所以和諧的意義並不是一致（conformity），「理一分殊」，這是傳統中國哲學中體驗的最高的人文的至理，我們必須進一步

11　劉述先：〈系統哲學的探索〉，收氏著：《中西哲學論文集》，頁 322。
12　劉述先：〈哲學的起點與終點——人存在與他的問題和答案的追求〉，頁 310。
13　參看劉述先：《新時代哲學的信念與方法》，頁 201-202。

用徹底現代的概念與術語來解剖開其中所蘊藏的深微的意義。[14]

二十六年後劉先生再寫〈「理一分殊」的現代解釋〉（1990 年），固是緣於不同的觸機，亦對此觀念作出更為細膩的演繹發揮，但其中的精神與關懷卻是前後一以貫之。下面我還會對「理一分殊」作詳細的討論，這裡暫不多說。

（5）不過劉先生構想的哲學，除了全盤省察、了解不同的意義結構這描述性和解釋性的部分外，更是指向「尋求一種理想的歸趨」這實踐性的目的。他曾自述：「我的出發點是為生命尋求意義，為文化尋求出路。」[15]如是，則符號形式哲學、現象學、詮釋學、文化學在劉先生看來便只有方法學上的啟迪參考作用，而不免給人透不上去的感覺。在《新》書中，他區分了心靈創造的外延意義與內容意義來作說明。所謂心靈創造的外延意義，指的是「把我們的生命的內在的體驗投注出來，形成一些外在的成就」，[16]如音樂、藝術、文學等的作品。而心靈創造的內容意義，指的則是「由外延的意義追溯到它內心的泉源，我們才能由『創造』的觀念更進一層跳躍到『創造的創造性』的觀念」；「我們不僅要生活在一個外延的意義世界中，我們一定要把它點化成為一個活潑潑的內容的意義的世界。我們要不斷地創造，再創造，但是所彰顯的卻不僅在所創造的事物，而在創造性本身」。[17]從這一區分回頭看卡西勒的符號形式哲學，劉先生雖稱許卡西勒已明確指出意義的觀念在哲學上的重要性，卻批評他的哲學「仍然是外延的，並不是內容的」；「他並不曾逼進一步了解生命的內在的『創造的創造』的泉源」。[18]這一創造的創造性或曰創造性本身，究其實就是那能不斷創造的心靈本身或曰本心，於此劉先生竟找到了一條接通中國哲學的路徑。在他看來，中國哲學尤其是儒學，以感通無隔、覺潤無方的仁來把握本心的內容，恰正是最能直面本心那生生不已的創造性的智慧傳

14　同前注，頁 271。

15　劉述先：《傳統與現代的探索》，頁 40。

16　劉述先：《新時代哲學的信念與方法》，頁 265。

17　同前注，頁 267。

18　同前注，頁 309。

統；而中國哲學講求本乎本心作上下內外的求索，以得人與天地萬物為一體的意義體證，就更顯示了它「從來就是由人存在和他的世界的問題出發，這和現代幾經辛苦得來的現象學存在主義的思想途徑是不謀而合的，雖然它在人生的體驗方面則與現代人大異其趣」。[19]誠然，中國哲學過去「所缺乏的是方法學的嚴格訓練，有時不免陷於推論的跳躍或意境的含混，但這正是我們這一個時代的工作要去加以彌補而給與清明的界劃及分辨的。」[20]根據以上的思路，劉先生曾充滿信心地預測：

> 中國哲學因為缺乏純理智的追求而缺乏了西方傳統的形而上學架構，這在傳統哲學的觀點看來似乎是一欠缺；同時也因為缺乏了前科學的形而上學的追究，而遂缺少了西方近代的系統科學的成就。但是通過嶄新的意義哲學的眼光從純哲學方面的考慮來看，中國哲學之重視意境（作者按：意義境界亦即意義結構之謂）正表示它不須擔負西方傳統形而上學的包袱，我們只需將內含於它的方法學態度徹底用現代的術語與理論方式闡明開來，它便可以站立在時代的尖端作為時代的哲學精神的先導。在四十多年前，我們誤以為中國哲學的末日到了。但是今日我們卻要大膽宣稱，中國哲學的日子正要到來，它便是由危機時代通達出去的惟一步出迷宮之線。[21]

此處可見年青時代的劉先生那復活中國哲學的形上學的預言已與當代新儒家的前輩如熊十力、唐君毅、牟宗三等的看法若合符節，差別只在於他是從意義哲學的角度切入。[22]人或疑過去儒學主張的仁心乃專限於道德倫理的範圍，故不

19　劉述先：〈哲學的起點與終點——人存在與他的問題和答案的追求〉，頁 311。

20　劉述先：《新時代哲學的信念與方法》，頁 270。

21　同前注，頁 133。

22　後來劉先生成了當代新儒家的一員，在第三屆當代新儒學國際學術會議（1994 年）作主題演講，就分別從時代、方法、形上及踐履四方面的新契機來探討當代儒學的發展前景。在形上的契機方面，他介紹了熊十力、牟宗三的形上學建構後，接著說：「在形上

必能承擔作為一切文化價值或意義創造的創造性本身。則答曰：儒學雖是從道德倫理處（亦是一意義結構的創造）入手體悟仁心，然仁心的感通性則不必囿於道德倫理，而可以是不同意義或價值的創造泉源，並且它亦規範著不同意義或價值在理想的人生與文化中應有的適當位置。這不是泛道德主義而是道德的理想主義。對此，劉先生在《新》書中雖未有提供一套理論講明，但這無礙已有學者作出了嘗試，展示了這一思路本身的合理性，唐君毅《文化意識與道德理性》即是一例。

（6）總之，劉先生的新時代哲學的信念是：超越專技化哲學的限制，假途文化哲學的探索來凸顯意義哲學乃是恢復傳統豐富的哲學觀念的正途，更由此通乎中國哲學的睿識以見中國哲學在新時代哲學中所可能作出的貢獻，最後就是吾人如何於眾多意義的分疏中作出一己的評判與抉擇，為人生為文化尋求理想的歸趨。而劉先生的新時代哲學的方法則是：廣泛吸收現代哲學的方法學成果，如符號形式哲學、現象學、存在主義、詮釋學、文化學、比較哲學等，來一方面證成他那新時代的哲學構想，另一方面來把中國哲學現代化。必須指出，劉先生構想的意義哲學既懸生命實踐為最高鵠的，則不能只停留在理論地建構之的層面，而必指向一具體的意義的抉擇以為自己安身立命之所。在這點

學的層面，我們必須指出，語言分析的效用是有限度的，最後終必訴之於存在的證悟，不可能找到外在共許的徵驗像科學的層面上一樣。但語言分析至少可以解明，偽似邏輯推論或宇宙玄想的有效性是可以質疑的，不可聽其輕易地滑過去。而由現代走向後現代，境界形上學、宇宙論各方面不同的探索都是值得鼓勵的。……而晚近西方宇宙論的探究有復甦之勢，此處雖難有定論，卻應如當年羅素所指出的，乃一可能探察的領域，不能像狹隘的邏輯實徵論者那樣從一開始起即加以排拒。而今日宇宙論探究背後的睿識是，不肯聽任人中心的意識宰制一切，有關宇宙的反省可以把人放進大自然的系絡之內加以反思。而這未始不可以為天人合一作出後現代的新解，而與當前的環保生態思想有合流之勢。總之，在這個領域之內有許多新的可能性可以探察，當可以為我們開創出一些新契機，準備來迎接一個新的世紀的來臨。」可見劉先生在仍舊強調中國形上學重視證悟（即相當於《新》書中的意境）之餘，亦指點出新的可能發展的路向。引文見〈當代儒學發展的新契機〉，收氏著：《當代中國哲學論——問題篇》（美國：八方文化企業公司，1996 年），頁 261。

上，他在《新》書中已不掩飾自己對傳統中國哲學的親近，也不諱言歸宗儒家的生生之仁。《新》書出版十年後，他是如此回顧這一段走過的學思歷程：

> 在從事哲學反省的過程中，我好像是走了一個整個的圓周。雖然由於家庭教育的關係，我對傳統的哲學理想從來沒有產生深切的反感。但是我被西方哲學所表現的觀念的豐富與新奇所吸引而迷醉在裡面。有一度我曾發願要把古往今來所有的大哲學系統都涉獵一遍而後抉擇自己的理想。這顯然是一個不切實際的想法，但是博覽群籍的結果，卻使得我不能不關心哲學的大問題，而無法變成狹隘的專家。更弔詭的是，我終於轉回到中國哲學的理想找到了自己安身立命之地，解答了人生的意義與價值的問題。[23]

無可諱言，劉先生在《新》書中對中國哲學的形上學與宗教性的理解還遠不能跟他日後做了專門研究所得相提並論。但缺少這一步轉向，我們便不易懂得為何他在南伊大唸博士時會選擇研究田立克（Paul Tillich）的「終極關懷」（ultimate concern）觀念，以及後來向中國哲學的全面回歸。

（7）最後，我想補充說明的是，前面之所以詳細析論《新》書，是基於以下幾點考慮。（a）首先，談劉先生思想的人，大多忽略《新》書的重要性。《新》書所打開的一條探索意義哲學的思路，儘管其後已從劉先生的思想舞臺的台前演出淡化退居為幕後背景，但它一直是劉先生哲學的基礎與信念。跳過這一段，我們將無法對劉先生的哲學思想得一全面恰當的了解。（b）此外，這一階段在劉先生的學思歷程中亦十分特別。當時矢志求博覽而捨專精，使得劉先生的文字呈現出一種浪漫感（即便只是觀念上的浪漫），故在他的著作中常可讀到「情調」、「靈魂」、「智慧的流露」、「心靈的創造」等話。到了他不得不步入專精研究的大門後，學問的沉潛精邃自遠超昔日，但浪漫情

23　劉述先：《生命情調的抉擇》（臺北：臺灣學生書局，1985 年再版），〈自序〉，頁5-6。此書初版是志文出版社於 1974 年出版。

懷卻已無復舊觀，這亦是思想發展中無可奈何的事。（c）尤其重要的是，當劉先生進入專門研究中國哲學的階段，他的文字對內行人而言自有入乎其內、遊刃有餘之感，但對外行人來說，則或易評之為缺乏出乎其外的後設反省。實則劉先生《新》書中的思考，正可以視為他對中國哲學的後設反省，當中的想法仍有可以更作發揮的餘地。

三

　　在文化哲學探索的階段，劉先生的心靈是勇於向外闖蕩，他的人生亦因緣際會地得到出國留學以至任教彼邦的經驗。然而從現在看來，便不難感覺到他當時的「出去」其實是為了再次「回來」作好準備。他在南伊大的十五年（1966-1981 年，其中有五年假休在香港）雖然對美國神學、杜威（John Dewey）哲學產生過興趣，但主力仍是放在以英文撰寫有關中國哲學的文章上。且看他的記述：

　　由於取得博士學位以後我留在南伊大任教，以後著作多以英文為主。一九六八年我在費城宣讀熊十力因果觀的論文，翌年發表於《東西哲學》（Philosophy East and West），開始了我和這一份宗旨在推廣比較哲學的雜誌十多年來的密切關係。一九七一年我發表了兩篇有分量的重要論文，一篇是在耶魯大學宣讀的「儒家哲學的宗教義蘊」，我依田立克重新定義宗教為終極的關懷，然後由此看到中西傳統的相通與相違處，專文也發表於《東西哲學》之上。同時又應挪威 Inquiry 雜誌特約撰寫「當代新儒家知識論的發展」一長文。由於極少人熟悉這一題材，專文引起學者對這一方面的注意，以後被選入 Invitation to Chinese Philosophy 論文集之中。接著我又在《東西哲學》發表一系列的文章論中國的倫理、超越與內在、時間等觀念。……在《中國哲學》上我發表了「中國哲學思想類比方法之應用」，與「朱子哲學中心的觀念之作

用」二文。這時已慢慢由中國哲學的通論轉到比較專門的研究之上。[24]

以英文著述自有向外國學人推廣中國哲學之功，但劉先生的寫作逐漸從通論轉到專題便已透露出他的內心並不以此為滿足。這樣的心理積蓄日久，只要機緣一到，便會產生意想不到的後果。於是 1971 年、1974-1976 年及 1978-1980 年的三次訪問香港（前一次是訪問新亞書院，後兩次是中文大學哲學系），特別是最後一次劉先生可以心無旁騖地寫他的朱熹專著，乃導致他的學思全面回歸中國哲學，由博覽而入於專精，並且連帶人也在 1981 年回到香港中文大學哲學系，展開另一段長達二十多年的教學生涯。後來他回想寫朱熹專著時的心情：

> 我不願意像一些人說的，在中國販賣外國的東西，在外國販賣中國的東西，永遠在賣野人頭，騙外行人。我定要真正繼承新亞的傳統，在錢先生的考據與牟先生的思辨之上，作出新的綜合，自成一家言說。此書寫出，證明我已能由博返約，不再停留在一般性的泛論之上。此書於八一年由臺北學生書局印出，即為書局贏得一座金鼎獎。而新亞由我講授宋明理學，還可以維持這一傳統於不墜。後來陳榮捷、狄百瑞、杜維明等

24　劉述先：〈我治學的經過與對未來的展望〉，收氏著：《中西哲學論文集》，頁 380-381。記述中提及的論文，詳細資料依次如下："Hsiung Shih-li's Theory of Causation," *Philosophy East and West*, Vol.19, No.4, 1969; "The Religious Import of Confucian Philosophy: Its traditional Outlook and Contemporary Significance," *Philosophy East and West*, vol.21, no.2, 1971; "The Contemporary Development of a Neo-Confucian Epistemology," *Inquiry*, vol.14; "A Philosophic Analysis of the Confucian Approach to Ethics," *Philosophy East and West*, vol.22, no.4, 1972; "The Confucian Approach to the Problem of Transcendence and Immanence," *Philosophy East and West*, vol.22, no.1, 1972; "Time and Temporality: The Chinese Perspective," *Philosophy East and West*, vol.24, no.2, 1974; "The Use of Analogy and Symbolism in Traditional Chinese Philosophy," *Journal of Chinese Philosophy*, vol.1, 1974; "The Function of the Mind in Chu Hsi's Philosophy," *Journal of Chinese Philosophy*, vol.5, 1978。

學者相繼來新亞作錢穆講座，均肯定了新亞之為當代新儒學的一個中心的地位。[25]

此中「賣野人頭，騙外行人」是十分重的話，如果我們不等閒視之，則對劉先生當時的心理感受應可以思過半矣。而很顯然，自劉先生義理到手完成他的朱熹大作後，則他的內心亦逐漸鞏固起自己作為宋明理學專家、承擔新亞當代新儒家統緒的信念。

劉先生的學思步入專門研究中國哲學的階段，最早可追溯至 1971 年寫〈陽明心學的再闡釋〉一文。此文後來收入《朱子哲學思想的發展與完成》（1980 年完稿，1982 年出版，下簡稱《朱子》書）中作為第九章。文中劉先生對陽明心學的「心外無物」、「人是天地之心」、「良知是造化的精靈」、「四句教」等作了詳盡的闡釋。他說「牟先生對此文予以首肯，譽為難能」，[26] 其實當中他借用了存在主義、現象學的意向性理論來解說陽明的心與（心的）世界之間的寂感關係，又處處緊扣陽明重視道德實踐與體驗的本懷，確是饒富新意。更值得注意的是，劉先生最後判定陽明心學根本上跟西方哲學的主觀唯心論（subjective idealism）及由之引起的唯我主義（solipsism）的難題毫不相干，就清楚標誌了他的宋明理學研究承襲的是牟宗三的進路而與業師方東美的取徑分道揚鑣。方東美在〈從歷史透視看陽明哲學精義〉中除了以機體主義來解釋陽明心學外，更以為「心外無物」、「心外無理」即是主觀唯心論。其言曰：

> 雖然，此種「徹底唯心論」立場，猶不免見譏於近代唯實論者（Realism），被斥為不脫「自我中心論斷之窘局」。某日，陽明偕友遊南鎮，一友指岩中花樹曰：「天下無心外之物，如此花樹，在深山中自開自落，於我心有何關連？」陽明對曰：「你未看此花時，此花與你

25　劉述先：《傳統與現代的探索》，頁 128-129。

26　同前注，頁 100。

> 心同歸於寂；你來看此花時，則此花顏色一時明白起來。便知『此花』
> 不在你的心外。」陽明此種「心外無物，心外無理」之說，發明早於英
> 哲巴克萊（George Berkeley）二百餘年。[27]

與此相較，劉先生卻說：

> 唯我主義的困難在於在認識論上取經驗主義的進路，以個人的感官知覺
> 為唯一知識的來源，乃產生柏雷（R. B. Perry）所謂「自我中心的難
> 局」（Ego-centric Predicament）。但陽明是儒家的儒統，從來不以個人
> 的感官知覺為唯一知識的來源，不知如何與貝克萊的主觀唯心論所引出
> 的唯我主義的問題牽合得上。陽明的痛切工夫乃在去私蔽，復其心體之
> 同然。仁者之心既與天地萬物為一體，怎可與小人之間形骸而分爾我者
> 混為一談。陽明的問題根本非一純認識論上在我以外還有沒有人、有沒
> 有世界的問題，他的問題在有了人有了世界，吾人是否可以仁為主導原
> 則而與眾人世界成為一體。此心一方面自立主宰，另一方面隨感隨應，
> 並無特定的內容可以枯守。[28]

吾愛吾師，吾尤愛真理，大概是一切真誠的哲學家的宿命。但是我必須提醒讀
者不要過分低估方東美對劉先生思想的影響，先勿論前期文化哲學的探索，就
算是中國哲學研究的階段亦然。例如，我們有理由相信劉先生接著《朱子》書
寫〈朱熹的思想究竟是一元論或是二元論？〉（1991 年）一文，[29]便仍然是

27　方東美著、孫智燊譯：〈從歷史透視看陽明哲學精義〉，收方東美：《生生之德》（臺
　　北：黎明文化事業公司，1982 年四版），頁 372。

28　劉述先：《朱子哲學思想的發展與完成》（臺北：臺灣學生書局，1984 增訂再版），
　　頁 500-501。

29　參看劉述先：〈朱熹的思想究竟是一元論或是二元論？〉，收氏著：《理想與現實的糾
　　結》（臺北：臺灣學生書局，1993 年），頁 263-285。

在回應他老師把朱子判為「唯實二元論」以區別於陽明的「唯心一元論」。[30]
又如劉先生研究《周易》，揭示《周易》中包含四種符示：神秘符示、理性／
自然符示、宇宙符示、道德／形上符示，[31]就更明言是有得於業師的啟發，他
說：

> 正由於東美師把《易傳》隱涵的一套生生而和諧的宇宙人生觀，發揮得
> 酣暢淋漓，故我以英文著《儒家哲學》一書，由發展的觀點論《周易》
> 之「宇宙符示」（cosmological symbolism）層面，就完全依據東美師的
> 說法立論。[32]

對於受方東美和新儒家前輩特別是牟宗三的影響，劉先生後來做了一次十分可
貴的自我省察與評估：

> 學問也轉向宋明理學的研究，寫專著論朱熹（1982）與黃宗羲
> （1986）。很明顯的，牟先生的影響越來越深，似乎與東美師的道路越
> 行越遠。從一方面看，好像確然如此，故我在杜維明之外，常常被視為
> 唐、牟之後海外新儒家的代表人物。從另一方面看，其實未必盡然。不
> 只所謂第三代新儒家的態度一貫被說為比上一代更為開放，而我自己更
> 從來沒有被歸入狹義新儒家的統緒，正因為盡人皆知，我是東美師的弟
> 子，牟先生也肯認這一事實，只對門人說我是他的半個弟子，這裡所隱

30　方東美著、孫智燊譯：〈從歷史透視看陽明哲學精義〉，頁 375。

31　參看劉述先：〈由發展的觀點看《周易》思想的神秘符示層面〉（新加坡：東亞哲學研
　　究所，1987 年）；〈《周易》思想的「理性／自然符示」〉，《清華學報》，新 18 卷
　　第 2 期，1988 年，頁 275-304；"On the Functional Unity of the Four Dimensions of
　　Thought in the *Book of Changes*," *Journal of Chinese Philosophy*, vol.17, no.3, 1990, pp. 359-
　　385。

32　劉述先：〈方東美哲學與當代新儒學思想互動可能性之探究〉，收氏著：《現代新儒學
　　之省察論集》（臺北：中央研究院中國文哲研究所，2004 年），頁 238。

涵的問題從來沒有被認真地考慮過，大家只是接受這表面的事實就算
了。若比較深入分析，就可以看出，我做宋明理學雖然是循著牟先生開
出的線索向前進發，但我通盤的哲學概念與牟先生並不一樣。一個主要
的原因恰正是，我對歷史文化的看法與他不一樣。也可以說，我由東美
師那裡繼承過來的思想線索，始終是我自己整體思想的一部分，並沒有
因為受到牟先生思想的影響而消滅。也正是因為同樣的理由，我的情況
與杜維明自稱為第三代不一樣，而是一向拒絕被歸入狹義的當代新儒家
的統緒。我的思想開放而多元，根本另有線索，不能單純看作牟先生思
想的調整，那樣就會得到一個十分錯誤的圖象。[33]

吾愛真理，吾尤感念吾師，在上述的自白中可謂情見乎辭。但上述的剖白絕不
應只視為一種情感的渲洩，當劉先生說：「我由東美師那裡繼承過來的思想線
索，始終是我自己整體思想的一部分」；「我的思想開放而多元，根本另有線
索，不能單純看作牟先生思想的調整」，這是經過他認真反思後的持平之論。
回到宋明理學研究，劉先生的《朱子》書無疑是在義理分析方面有取於牟說甚
多，但他既自許兼顧錢穆的考據，這便使得他的研究自始就比牟說多了一個思
想史的視角，《黃宗羲心學的定位》（1986 年）即是典例。再加上浸潤日
久，厚積薄發，也慢慢形成了一些不同於牟說的看法。限於篇幅，下面只能略
舉數例，以見梗概。（1）牟宗三對宋明六百多年理學的發展及其內部同異，
提出了有名的三系說。此即北宋的周濂溪、張橫渠、程明道是天道性命相貫通
模型的奠基者，此時猶未分系，到了程伊川、朱子的歧出始演為三系：伊川、
朱子系、象山、陽明系、五峰、蕺山系。[34]牟先生能分別從南宋初及明末檢出
胡五峰與劉蕺山，以見二人思想的獨特處，確是別具手眼。但二人能否成為一
系，則甚啟人疑竇。劉先生即從思想史的角度立論，否定五峰、蕺山系的說
法：

33　同前注，頁 244-245。

34　參看牟宗三：《心體與性體》（臺北：正中書局，1983 年五版），第 1 冊，頁 49。

由哲學思想的模型立論，牟先生之分為三系是有他的根據的。但由思想史的角度看，由五峰到蕺山，思想上根本沒有傳承的關係。而湖湘之學由五峰傳到南軒，光彩已完全被朱子壓蓋下去。現存《南軒集》由朱子編定，盡去其早歲作品，文獻不足，已難恢復南軒所傳湖湘之學的特色。到南宋末年，此系已式微，根本不能構成一個統緒。至於蕺山，他本人固然從來沒有提過五峰，同時雖則他的思想是與五峰有相似之處，但也有不相容處。蕺山因反對龍溪之蕩越，堅主性善，五峰則要凸出性體之超越義，而主性無善惡。兩下裡思想也確有一些本質相異處。基於這些理由，我覺得要由思想史的角度來立論的話，牟先生的三系說是沒法支持的。[35]

他並重新安排三系為：「濂溪、橫渠、（明道）為一組；伊川、朱子為一組；象山、陽明為一組，的確呈現了十分不同的特色，故三系或三型的說法是可以支持的。」[36]

（2）如所周知，牟宗三判朱子是別子為宗，以為其理氣二元、心性情三分的思想格局所指向的是以認知的進路談道德，未能把握道德本心，故有道德動力減殺之虞。牟先生以四點申明朱子屬於理學中的橫攝系統（靜涵靜攝）而非直貫系統（以《論語》、《孟子》、《易傳》、《中庸》所示之天道性命的創生性來規定）：「性體之道德性之減殺」；「性體之為道德創造的實體之創生義之喪失」；「順取之路異於逆覺」；「存有論的解析由存在之然以推證所以然，然與所以然不離不雜，此與體用不二、即用見體等義有殊」。[37]又謂

35　劉述先：〈有關理學的幾個重要問題的再反思〉，收氏著：《理想與現實的糾結》，頁246。

36　同前注，頁 250。另可參看劉述先：〈有關宋明儒三系說問題的再反思——兼論張載在北宋儒學發展過程中的意義〉，收氏著：《現代新儒學之省察論集》，頁 173-187。文中劉先生對自己反對五峰、蕺山系的觀點有進一步的補充和辯護。

37　參看牟宗三：《心體與性體》（臺北：正中書局，1991 年臺版十刷），第 3 冊，頁476-485。

「朱子是學人之學之正宗，而非內聖之學之正宗」。[38]劉先生雖大體上跟從牟說，亦承認「伊川乃開啟了朱子理氣二元不離不雜的思路，雖保持了理的超越，卻成為一只存在而不活動的但理，代價未免太大」，[39]然仍以為通過「曲折的闡釋」，程朱系是可以肯認天道性命相貫通的睿識，故不必定要嚴斥其為橫攝系統。[40]至於學人之學（即教育程序）與內聖之學（即成德的本質程序）的區分，從劉先生看來，皆可收攝於成德之教中而為不可偏廢的頓、漸兩路；象山雖守住覺悟本心的本質工夫，但如脫略漸修，流弊不少。其言曰：

> 但肯定象山為正統，並不意謂他的思想是不可以批評的。他在本質程序上了解正確，並不表示他在教育程序上也一定了解正確。先後天修養工夫必須同加重視，方是正理。但象山卻完全排斥後天工夫，未免把問題看得太易。朱子晚歲對象山乃嚴加批評，他說：
>
> > 陸子靜之學，看他千般萬般病，只在不知有氣稟之雜，把許多粗惡底氣，都把做心之妙理，合當恁地自然做將去。（《朱子語類》卷一二四）
>
> 這樣的批評可謂恰中要害。同時象山把知行結合得太緊密，乃少曲通之故，以至門庭狹窄，開拓不出去。陸學之不能與朱學競爭，其來有自，決不是完全偶然的結果。到了明代，王學之興足以與朱學抗衡，而王學末流之病乃恰與陸學末流之病如出一轍，由此不能不佩服朱子眼光之銳利。[41]

值得指出的是，從工夫的角度來平章朱陸，劉先生的觀點已出乎牟宗三而轉與唐君毅同調。唐、牟兩先生的宋明理學研究，取徑截然異趣，過去研究者大多

38　牟宗三：《從陸象山到劉蕺山》（臺北：臺灣學生書局，1984 年再版），頁 41。

39　劉述先：〈有關宋明儒三系說問題的再反思──兼論張載在北宋儒學發展過程中的意義〉，頁 186。

40　劉述先：《現代新儒學之省察論集》，〈自序〉，頁 iv。

41　劉述先：〈有關理學的幾個重要問題的再反思〉，頁 256-257。

忽略，但這與本文無關，不能深論。[42]

（3）順著相同的思路，劉先生稱許王陽明的四句教為能兼顧頓、漸兩路，相反王龍溪的四無（嚴格說是其以四無為實、四有為權的主張）已是偏向一邊，本身即有法病，到劉蕺山為了對治龍溪而不許說無善無惡則又是為救偏而落於另一偏。[43]這一判定表面上看與牟說差別頗大。蓋依牟說，王陽明的四句教有跌宕處，此即首句「無善無惡心之體」是指向本心明覺的超越層，次句「有善有惡意之動」卻指向本心可能受私欲氣質之雜的經驗層，故首句不能直線地推說次句，只能曲折地接合次句，這即是跌宕。[44]而龍溪心思靈活，穎悟過人，乃得順著首句直線推演並推至究竟處而打開一四無、先天頓悟工夫的領域，這是「順王學而調適上遂者」。至於明末的蕩越，則是後學順龍溪的路走卻「無真切工夫與確當的理解」所產生的人病，非法病。[45]不過，對劉先生而言，所謂四句教的跌宕其實恰正表明陽明能兼顧超越、內在兩行之理的中道。他說：

> 其實陽明的四句教，從一個意義下說，不只是對他自己思想之一總結，
> 也是對宋明理學之一總結。近年來我把「兩行之理」的觀念用於儒家思
> 想的闡釋之上。蓋「超越」（形上層）為一行，「內在」（經驗層）為
> 一行，必兼顧兩行，道通為一，始能把握宋明理學暢發之奧旨。……陽
> 明思想屬於同一統緒，心體無善無惡屬超越面，意知物善惡分明屬內在
> 面，兩面互相融貫，並無矛盾衝突可言。兩面兼顧，始能把握創生不已

42　我曾寫有〈本體與工夫——宋明理學研究的省思〉一文，把牟宗三的研究進路稱為「本
　　體分析」，把唐君毅的研究進路稱為「德性工夫」，並詳論二者之間的差別與得失。文
　　章宣讀於臺北中央研究院中國文哲研究所主辦「跨文化視野下的東亞哲學」國際學術研
　　討會（2012 年 1 月 5-6 日）。

43　參看劉述先：〈論王陽明的最後定見〉，收氏著：《儒家思想意涵之現代闡釋論集》
　　（臺北：中央研究院中國文哲研究所籌備處，2000 年），頁 47-71。

44　參看牟宗三：《從陸象山到劉蕺山》，頁 268-269。

45　同前注，頁 310、311。

之中道，奈何龍溪必定要偏向超越面，而蕺山為了對治龍溪之蕩越，乃必定要偏向內在面。[46]

但劉先生的觀點是否真的與牟說有本質上的不同而必不能相合。如細讀牟先生的文字，當可發現他亦承認「陽明致知以誠意是將良知關聯著感性層之意念而期有以轉化之，此開綜和領域」。[47]開綜和領域即是肯定兩行之理而求兩面互相融貫之謂也。對王龍溪的四無教法，牟先生亦不是不知其本身即有法病：

其實在頓悟四無之下，便無「致知」可言。要說致知，只有一套，便是四有句。王龍溪在此先天後天對翻，把四有句說為「在後天動意上立根」，與前〈天泉證道記〉所說同。此語亦當含有兩語：（一）在動意上著眼或下手，（二）在「有」上立根即立足。此處的致知工夫對頓悟之四無而言自「轉覺繁難」。理上自有此兩境，但於此說難易，便可令人有捨難趨易的想法，因為既有易簡省力之路，為什麼不走呢？這便是毛病，這毛病就是蕩越。須知頓悟談何容易，亦並不是人人可走的路，即使是上上根器，亦不能無世情嗜欲之雜，不過少而易化而已。（人總是有限的存在，亦總是有感性的存在）。如是，這先天後天底對翻，並於此置難易底估價，這是不妥當的。[48]

可知牟先生一時說龍溪思想無法病，大概是因激賞其穎悟而曲為之護而已。所以究其實，與其說劉先生的評斷與牟說有本質上的分歧，毋寧說他把牟說中不一致的地方充分暴露出來並作出合理的取捨。

　　（4）此外，劉先生明白若依哲學的標準看，劉蕺山就是「明代儒學最後一位有原創性的思想家」，[49]不過他亦以思想史的慧眼照察出黃宗羲所扮演的

46　劉述先：〈論王陽明的最後定見〉，頁62-63。

47　牟宗三：《從陸象山到劉蕺山》，頁469。

48　同前注，頁277-278。

49　劉述先：〈論王陽明的最後定見〉，頁62。

獨特角色。在《黃宗羲心學的定位》一書中，劉先生仔細分析了宗羲對蕺山思想的繼承、對陽明思想的簡擇、對朱子思想的批評，並判定其心學（概括言之即肯定心的一本萬殊）是忠於乃師蕺山之教的。[50]考慮到宗羲的思想雖缺乏原創性，但相比起同門陳確等，已是能守住宋明理學的矩矱於不墜，再加上他思想中內在一元的傾向、編《明儒學案》的學術工作及肯定經世致用之學等竟在不經意間推動了一個新學術時代的來臨，劉先生遂許宗羲為宋明理學的殿軍。其言曰：

> 但清初三先生亭林雖不談心性，卻尊程朱；船山雖攻擊陽明，然極尊宋儒；梨洲更不用說了。但後來的發展卻把整個的心性之學都當作玄談，而置之於不聞不問之列，代之而興的是餖飣考據之學，這豈是梨洲所欲見的發展！但梨洲繼蕺山內在一元之傾向，轉手而為乾初、東原之說，乃整個由宋明心性之學脫略了開去；同時梨洲固為長於文獻、考據之學者，則其對於新時代風氣之形成，亦多推波助瀾之功。然而這並不是梨洲所期望的「貞下啟元」走的那一條道路。結果梨洲的確終結了一個時代，也下開了一個時代。但他要終結的，並不是所終結的那個時代；他要下開的，也不是所下開的那個時代。此所以梨洲之不能不為一個富於悲劇性的人物！思之令人不勝惆悵。我們必須由這一個角度去探索，才能夠真正了解到梨洲在明末清初的思想史上所佔的地位。[51]

50　參看劉述先：《黃宗羲心學的定位》（臺北：允晨出版社，1986 年）。

51　劉述先：《黃宗羲心學的定位》（杭州：浙江古籍出版社，2006 年），頁 118。引文錄自此新版，是因為劉先生在文字上有所改動，他把 1986 年版中的「內在一元論」在新版中全改作「內在一元傾向」。他在〈重訪黃宗羲──新版自序〉中交代了箇中的理由：「相對於朱子理氣二元不離不雜的思想，陽明的思想明顯地展示了一種強烈的『內在一元的傾向』，主張超越的『理』具現在內在的『氣』之中。我一貫堅持無論陽明、蕺山、梨洲都維持了對於超越天道的嚮往，故此把他們的思想說成『內在一元論』，是不免誤導的。此一詞嚴格說來，只能用於王廷相、顏習齋、戴東原，當然也可以用於梨洲同門陳確的思想。從梨洲與陳確二人的書信往來相互辯難之中，可以清楚地看到，乾

而宗羲以降，儒學即進入一典範的轉移。[52]

　　以上四例，不可避免地只能是極其簡略的析論，我亦無意說劉先生的觀點人皆同意，蓋凡學問總有舊學商量、新知培養的發展可能。但讀者如能藉上述所論清楚看到：劉先生的宋明理學研究是如何順著牟宗三開出的路徑更往前探索，且別有一番悟會，則我的目的已經達到。下面轉過來看劉先生作為當代新儒家第三代傳人的身份。

　　前面已提到，當劉先生的學思步入專門研究中國哲學的階段，他也逐漸建立起自己是宋明理學專家，同時是當代新儒家統緒的傳承者的身份認同。現在劉先生是海內外公認的第三代的代表人物之一，到底這個身份對他而言有什麼意義？當然這個大問題恐怕不是三言兩語可以概括得盡的。我在這裡只想提出幾點觀察。（1）首先，劉先生對他所繼承的新儒家統緒的內容意義有十分自覺的反省，此即那是一種精神的儒家。為此，他提出了一個儒家的三分法以清眉目：

> 我一向認為，儒家是一個極其複雜的現象，如果不在概念上有所分疏，
> 根本不可能作出有意義的討論。我自己慣常採取一種三分法：
> （1）精神的儒家（spiritual Confucianism），這是指孔孟、程朱、陸王
> 的大傳統，也正是當代新儒家通過創造性的闡揚與改造力求復興的大傳
> 統。

初已否定了超越天道的層面，而提出一種『內在一元』的論旨。我現在明白區分開『內在一元的傾向』與『內在一元論思想』的不同涵義，這樣應該可以避免以前因用詞不夠精準所引起的不必要的誤解。」（頁 1）另外劉先生新近寫了一文，把自己對宗羲思想的理解結合方祖猷的《黃宗羲長傳》更作補充發揮，參看氏著：〈黃宗羲心學的定位重探〉，收鍾彩鈞主編：《東亞視域中的儒學：傳統的詮釋》（臺北：中央研究院，第四屆國際漢學會議論文集，2013 年），頁 151-173。

[52] 述先師把明清之際儒學的變化看成是一典範轉移（paradigm shift），對我啟發很大。我便是循著這一條線索在他的指導下完成博士論文並修訂成書出版，參看拙著：《明清儒學轉型探析》（香港：中文大學出版社，2000、2009 增訂版）。我們的看法是，明清之際的典範轉移乃是從宋明理學的道德形上學轉而為清初的達情遂欲哲學。

（2）政治化的儒家（politicized Confucianism），這是指由漢代董仲舒、班固以來發展成為朝廷意理的傳統，以綱常為主，但也雜入了道家、法家，以及陰陽家的因素。

（3）民間的儒家（popular Confucianism），這是在草根層面依然發生作用的信仰與習慣，重視家庭、教育的價值，維持勤勞、節儉的生活方式，雜以道教、佛教，乃至鬼神的迷信。[53]

更重要的是，劉先生提醒我們今天這三種儒家仍然以各種不同的形式在存活著，彼此之間有錯綜複雜的互動，所以知己知彼便十分重要。即使我們要復興的是精神的儒家，但抽象的理念一旦落實下來，就必牽涉到另外兩者，並且後兩者若毫無規範地任其發展，所產生的反效果不容低估。

（2）其次，劉先生對新儒家的認同既有擇善固執的一面，亦有開放包容的一面。擇善固執是表示新儒家這個身份認同必然是抱有一些不容輕侮的共同信念，故對於誤解、質疑的說法自然是要挺身澄清、反駁，就算是面對不同的聲音亦要盡力謀求對話以收相互攻錯之效。這是新儒家傳承者的責任，絕對不可矮化誣衊之為護教學的心態。在這方面，劉先生最凸出的表現是《大陸與海外──傳統的反省與轉化》一書。事緣上世紀八十年代中期，中國思想界因開放的大氣候而忽現百花齊放的局面，海外的華人思想界亦聞風起舞，一時十分熱鬧。劉先生即由新儒家內部出發檢討了湯一介、金觀濤、甘揚、包尊信等中國大陸學者的觀點，又回應了孫隆基、丁肇中、水秉和、殷惠敏等海外學者向儒家傳統提出的質疑。凡此俱見書中文章，不煩贅述。[54]至於開放包容，上面曾引劉先生自己的證辭，說明他一開始就不把自己定位在狹義的熊十力一系

53　劉述先：〈儒學的理想與現實──近時東亞發展之成就與限制之反省〉，收氏著：《儒家思想意涵之現代闡釋論集》，頁 122。另可參看 Shu-hsien Liu, *Understanding Confucian Philosophy: Classical and Sung-Ming* (Westport, Conn. and London: Greenwood Press and Praeger Publishers, 1998), pp. 13-14。

54　參看劉述先：《大陸與海外──傳統的反省與轉化》（臺北：允晨出版社，1999年）。

（即熊氏與其學生唐、牟、徐三先生）的新儒家之內，他甚至把業師方東美亦視為新儒家的一員。劉先生之所以可以如此，是因為「新儒家」的名號自始就帶有一定的含混性（vagueness）。新儒家的名號起自上世紀七十年代中期，當時海外學術界有把聯署 1958 年〈中國文化與世界〉宣言的牟宗三、徐復觀、張君勱、唐君毅稱為當代新儒家，[55]並上溯一代至梁漱溟、熊十力，下開一代至杜維明、劉述先。但這樣的組合本就不甚嚴格，當中有師承關係的只有熊十力一系，然而梁漱溟、張君勱、劉述先既可歸入，後來則更擴大至馬一浮、方東美。對於由名號本身的含混性所帶來的開放性，劉先生是充分肯定的。故當 1986 年以降中國大陸學術界展開「現代新儒學」研究，把名單再擴充至連馮友蘭、賀麟、錢穆、余英時等亦包括在內時，劉先生亦不表異議。[56]及後余英時寫〈錢穆與新儒家〉，想為錢穆跟新儒家撇清關係，[57]劉先生則撰文回應，除了辨正宋明儒的道統觀念外，更指出錢先生雖走史學的路徑，但他肯定宋明理學的心性之學（只是比較傾向於程朱），故以為不應過分放大兩造之間的差異。劉先生承認錢穆為避門戶之嫌而婉拒簽署宣言是有一定的道理，新儒家即使是狹義的熊十力一系也絕不可以門戶自限。最後他說：

　　我提議對新儒家採取比較寬鬆的看法，由這個觀點著眼，錢先生與英時

55　參看 Charlotte Furth ed., *The Limits of Change: Essays on Conservative Alternatives in Republican China* (Cambridge, Mass.: Harvard University Press, 1976)，特別是其中張灝的文章，Hao Chang, "New Confucianism and the Intellectual Crisis of Contemporary China"。

56　對中國大陸現代新儒學研究的發展，劉先生有記述：「大陸於一九八六年國家教委七五規劃，確定『現代新儒學思潮』為國家重點研究項目之一，由方克立、李錦全主持，為期十年。一九八七年九月在安徽宣州首次開全國性的會議。最初根本不知道誰應該包括在這個思潮裡面。經過廣泛討論，首先確定了一個十人名單：梁漱溟、熊十力、張君勱、馮友蘭、賀麟、錢穆、方東美、唐君毅、牟宗三、徐復觀；後來老一代又補上了馬一浮，較年青一代則加了余英時、杜維明、劉述先，最後還補上了成中英。」見氏著：《論儒家哲學的三個大時代》（香港：中文大學出版社，2008 年），頁 191。

57　參看余英時：〈錢穆與新儒家〉，收氏著：《猶記風吹水上鱗——錢穆與現代中國學術》（臺北：三民書局，1991 年），頁 31-98。

兄都是當代新儒家的中堅人物。儘管英時兄不喜歡這樣的稱號，套一句大陸流行的用語來說，只怕這不是個人的主觀意志可以轉移之事。而當代新儒家的重心，由於種種原因，逐漸由道統的擔負，轉移至學統的開拓、政統的關懷。他們一方面是學有專攻的學者，另一方面有鮮明的文化價值的擔負，是在這一方面使他們成為傳統知識分子在現代延續下去的象徵。[58]

正是基於這一開放包容的精神，劉先生後來索性把各種紛紜意見綜合起來，提議劃分廣義的「現代新儒學」（Contemporary New Confucianism）及其中包含的另一條狹義的「當代新儒家」（Contemporary Neo-Confucianism）的線索，並把廣狹兩義的人物梳理成一個「三代四群」（four groups in three generations）的架構：

第一代第一群：梁漱溟（1893-1988），熊十力（1885-1968），馬一浮（1883-1967），張君勱（1887-1969）。

第一代第二群：馮友蘭（1895-1990），賀麟（1902-1992），錢穆（1895-1990），方東美（1899-1977）。

第二代第三群：唐君毅（1909-1978），牟宗三（1909-1995），徐復觀（1903-1982）。

第三代第四群：余英時（1930-），劉述先（1934-），成中英（1935-），杜維明（1940-）。[59]

無可諱言，連劉先生自己都說這一份名單與架構不很理想，蓋其只是牽就既成事實（即十五人名單）而作調停、融通。當然我們還可以繼續討論誰應該或誰

---

58 劉述先：〈對於當代新儒家的超越內省〉，收氏著：《當代中國哲學論——問題篇》，頁58。

59 劉述先：《論儒家哲學的三個大時代》，頁192。

不應該包括在新儒家成員之內，但這樣的開放包容已經很易招來過於浮泛的批評。例如余英時就認為把新儒家的涵義作如此寬廣的理解，則「幾乎任何二十世紀中國學人，凡是對儒學不存偏見，並認真加以研究者，都可以被看成『新儒家』。這樣的用法似乎已擴大到沒有什麼意義的地步了。」[60]實則如果我們採取一種歷史的眼光，把當代新儒家或現代新儒學從一個學術派別或思潮的囿限中超拔出來而視之為一場學術思想的大運動，一場自二十世紀以來復興儒學以迎拒西方所代表的現代性的衝擊的大運動，猶如宋明時復興儒學以迎拒佛老，則其中自可廣納種種志同道合（即最低限度要肯定精神的儒家有其時代意義）但不必思想上完全相同的有心人。而後來者之視今，亦將猶如今天我們翻閱《宋元學案》與《明儒學案》，見裡面網羅各式人等學問，俱共同湊幅而成宋明此一歷史階段的時代精神，而不會說流於寬泛無什意義。並且在這樣的一場學術思想的大運動中，則總是有人居於前沿領路有人居於後頭跟從，居於前沿者即在思想學問上能創新者；亦總是有同氣相求（成一學派）有意見相左（成學派之爭）者，如王門之相得、朱陸之相辯。事實上唐君毅等四先生構思1958 年的宣言，本就有發起一場思想運動文化運動的意圖。[61]職是之故，劉先生開放包容的精神是真能體貼新儒家前輩的用心，而他建議劃分廣狹兩義亦甚具啟發性，值得我們作進一步思考。

（3）無疑劉先生的新儒家認同是幾近於狹義的，此尤其見於他順著牟宗三儒學三期說（先秦、宋明及當代）的觀點所撰寫的儒學發展史，包括：他以英文撰寫 *Understanding Confucian Philosophy* 及 *Essentials of Contemporary Neo-Confucian Philosophy* 兩書，[62]加上擔任第十八屆新亞書院錢賓四先生學術

60　余英時：〈錢穆與新儒家〉，頁58。

61　〈中國文化與世界〉宣言開首即說：「我們亦相信：一真正的思想運動文化運動之形成，主要有賴於人與人之思想之自然的互相影響後，而各自發出類似的思想。若只由少數已有某種思想的人，先以文字宣稱其近於定型的思想，反易使此外的人感覺這些思想與自己並不相干，因而造成了這些思想在散佈上的阻隔。」見唐君毅：《說中華民族之花果飄零》（臺北：三民書局，2006 年二版二刷），頁 120。

62　參看 Shu-hsien Liu, *Essentials of Contemporary Neo-Confucian Philosophy* (Westport, Conn. and London: Praeger Publishers, 2003)。

文化講座而寫成的《論儒家哲學的三個大時代》。其中宋明理學的部分，前面已有介紹，不用多說。值得一提的是，在先秦儒學的部分，劉先生僅運用《論語》的文字作相互的內證，便清楚有力地闡明孔子的一貫之道不止於推己及人，還隱涵有天人合一的意旨。[63]在當代儒學的部分，除了梳理出上述三代四群的架構外，他另外提出新儒學由上世紀二十年代開始，每二十年一波，至八十年代總共有四波發展，各有其特色。[64]凡此，有興趣者可把書找來一讀，這裡不能一一詳及。

（4）最後，劉先生曾自承相比起第二代，第三代的新儒家更凸顯了國際面相，並且因不再有儒學繼絕存亡的負擔和焦慮感，反而能超越第二代將儒學視為絕對主義的傾向。第三代新儒家要強調的是，儒學在現代多元文化的背景中能佔一席地，與不同的精神傳統互動並作出一己的貢獻，便已經足夠。[65]從劉先生的自我期許到他對新儒學的未來寄望可以看到，他的學思儘管有一個全面回歸中國哲學的階段，但他必定要把中國哲學放在世界（或全球）的背景下來討論，所以他的「回來」只是為了再次「出去」積蓄資源而已。

四

從 1989 年 2 月到巴黎參加「世界宗教與人權」的研討會開始，劉先生便逐步介入全球倫理與宗教對話的運動中，積極支持孔漢思（Hans Küng）、史威德勒（Leonard Swidler）的努力，也因此揭開了他的學思歷程的新一頁。1995 年他在慶祝聯合國成立五十周年的文集撰文回應孔漢思起草的〈世界倫

63　對孔子天人合一的闡釋，另可參看劉述先：〈論孔子思想中隱涵的『天人合一』一貫之道——一個當代新儒學的闡釋〉，收氏著：《儒家思想意涵之現代闡釋論集》，頁1-26。

64　對現代新儒學的四波發展，另可參看劉述先：〈現代新儒學研究之省察〉，收氏著：《現代新儒學之省察論集》，頁 125-139。

65　參看劉述先：〈「理一分殊」的規約原則與道德倫理之方向〉一文中「當代新儒家的處境」一節，收氏著：《全球倫理與宗教對話》（臺北：立緒文化，2001 年），頁 207-210。

理宣言〉（*A Global Ethic*）；1997 年 3 月出席在巴黎的「普遍倫理計劃」
（Universal Ethics Project），並參與討論起草〈世界倫理宣言〉；同年 12 月
赴拿波里參加計劃的第二次會議；1998 年 6 月在北京出席由聯合國支持的推
動普遍倫理計劃的區域性會議；2000 年 5 月為東吳大學主辦的「中國哲學與
全球倫理」學術研討會擔任主題演講。有關這些會議的詳情及發表的論文，俱
見劉先生的《全球倫理與宗教對話》一書。[66]究竟儒學或中國哲學可以為全球
倫理與宗教對話作出什麼貢獻？倘從內容上看，劉先生曾分析儒家的五常觀念
即仁義禮智信與世界許多偉大的宗教、倫理傳統中的道德指令若合符節。[67]這
是倫理與宗教對話中尋求共識的必經之路。但劉先生很敏銳地察覺到重要的並
不是我們可以找到多少這些共識（共識永遠只能是最低度的），而是去認真思
考在文化、宗教、價值多元的現代世界中全球倫理與宗教對話如何可能？此即
我們怎樣一方面避免走上極端相對主義所造成的各執己見與矛盾衝突，另一方
面又不致跌落回絕對主義所造成的消滅異己與統一宰制；可能性似乎就在找到
那條不落兩邊的中道。正是在這點上，劉先生看到了儒學或中國哲學可能提供
的珍貴的思想資源。前面曾提及，劉先生年青時做文化哲學的探索就已經別具
慧眼地看出儒家理一分殊的觀念的重要性。二十多年後他觸機於當前全球化與
在地化兩股力量的拉鋸，乃寫〈「理一分殊」的現代解釋〉（1990 年），又從
而引申出必須兼顧理一與分殊兩面，寫〈「兩行之理」與安身立命〉（1991-
1992 年）。[68]這些思想的蘊釀發酵，都使得當劉先生一旦碰上全球倫理與宗
教對話的課題時，便立即有如魚得水、智珠在握的親切感，因為他知道理一分
殊、兩行之理的智慧所指向的恰正就是那條中道。且看劉先生的現身說法：

　　橫向講的是東西，乃至南北的差異。文化的差異是不可以抹煞的。我們

66　參看同前注書。

67　參看劉述先：〈從當代新儒家觀點看世界倫理〉一文中「『五常』的現代意義與闡揚」
　　一節，收氏著：《全球倫理與宗教對話》，頁 69-76。

68　此兩文均收氏著：《理想與現實的糾結》，頁 157-188、189-239。

不可以把自己的標準強加之於別人身上。在這個層次，我們不可以強求
統一，而必須強調「寬容」（tolerance），而這正是仁恕精神的表現。
在不同文化傳統之間，我們要尋求溝通。一方面我們固然看到，彼此之
間有一些無可解消的衝突與矛盾，但在另一方面，我們也樂於看到，彼
此之間還是可以找到許多共同的價值。因此，在今日，共同價值不是通
過外在強權強加於我們身上的價值，而是由每一個傳統通過自動自發、
自我批判然後才體現的會通。故此，我們雖植根在自己的傳統之中，卻
指向「超越」的「理一」。現代的神學家如田立克就明白，我們終極託
付的對象不是「上帝」（God），而是「超越上帝的上帝」（God
above God）。這樣的「理一」是無法找到終極的成文的表述的，卻不
是我們完全不可以理解的。其實老子所謂：「道可道，非常道」講的正
是同樣的道理。而我們今日過分偏重「分殊」，忘記了「理一」。由現
代到後現代，是應該轉向的時候了。由以上所論，可見由中國傳統出
發，不只要支持建構世界倫理的努力，還可以通過自己的資源做出有意
義的貢獻。[69]

由於上述的話把很多複雜的義理壓縮在一起，下面乃嘗試依劉先生的思路將之
一一剖析，以見理一分殊此觀念的涵義及其理論效力。

（1）先看理一分殊的觀念在宋明理學中的原來涵義。（a）理一分殊的觀
念最早見於程伊川〈答楊時論西銘書〉，是伊川用以說明張橫渠〈西銘〉民胞
物與、天下一家的主張與墨子兼愛思想的差別。此即儒者雖本乎一仁愛之理
（理一），但其發用泛應曲當，在不同的對象及處境中是可以有不同的表現以
至厚薄輕重的等差（分殊），故謂之理一而分殊。相比之下，墨子兼愛，把自
家父子與別人父子一般看，違反了天生物原是一本的道理，故謂之二本而無
分。從儒家的觀點看，墨家兼愛非無所見，但其只知（道理上的）一本，而不
知（實踐上的）分殊，此其說之不能無弊。這是理一分殊的觀念在道德踐履層

69　劉述先：〈從當代新儒家觀點看世界倫理〉，頁79-80。

面的意思。（b）後來朱子以月印萬川作喻，物物一太極，則是把理一分殊的觀念移至本體論層面作說。此即理一是超越者，其內在於現實世界中必是分殊的；生生之理必表現為大化流行、各正性命。若更作發揮，則可以說「易有三義：變易（分殊）、不易（理一），易簡（兩行）而得天下之理」。[70]（c）再轉到工夫層面，亦可以說程明道〈定性書〉中「廓然而大公，物來而順應」兩語，「前一句講的是理一，後一句講的是分殊」。[71]

（2）對理一分殊的觀念作出現代解釋，劉先生年青時在《新》書中已作了初步的嘗試。（a）從人生的層面看，理一是抽象的人生理想，分殊是理想具體進入到殊別的個人的內在生命之中。劉先生說：「故此一切生命的途程中，我們決不能缺乏理想，完全徹底地缺乏理想，就好像暗夜裡缺乏了指路的明燈，盲目地亂闖最嚴重的後果是造成自己以及社會乃至歷史生命的危亡。可是這樣的理想卻要由抽象的狀態融化進入到每一個人內在的生命。『理一分殊』，『異質和諧』，這才是這一原理的真正具體的應用。」[72]（b）從人生到文化，文化中不同的意義表達（卡西勒的符號形式）是分殊的，但它們不加規約「卻不免踰越了範圍，於是，由科學誕生了汎科學主義，由道德誕生了汎道德主義，由藝術誕生了汎藝術主義，由現實誕生了汎現實主義」，[73]所以必須運用理一分殊的異質和諧智慧，知乎它們都是人類心智的意義創造（理一），才可以讓它們各安其分，各自創發不已而不致扼殺了其他意義的創造。（c）又同樣的智慧亦可以應用到東西文化的遇合問題上，蓋若明乎東西文化精神雖各有偏重（分殊），而其為人類心智的創造即一（理一），故只要給與它們適當的定位，「東西方才能以最好的方式貢奉給世界而開創出未來光輝的世界文化」。[74]最後，劉先生總結說：

70　劉述先：〈「理一分殊」的現代解釋〉，頁187。
71　同前注。
72　劉述先：《新時代哲學的信念與方法》，頁283。
73　同前注，頁278。
74　同前注，頁279。

順著卡西勒指點的方向往前探索，我們發現，理一而分殊。不僅各符號
形式之間可以有一種和而不同的關係，我們也可以把同樣的方法論應用
到東西文化的比較哲學之上。每一個文化都是由具體走向抽象，但各各
採取自己的特殊的形式；有的偏重科學，有的偏重藝術，有的偏重道
德，有的偏向宗教。而所建立的宗教又可以有形態的不同。各文化形態
之間可以有一種緊張對立的關係，但也可以在更高的功能觀點之下，把
它們作一種和諧的綜合。[75]

但是這裡所謂「更高的功能觀點」的綜合作用（即功能的統一），仍需加以簡
別。首先，這絕不是指一個抽象的、形式的或概念的統一；意即不同的意義、
價值從內容上看各有不同，但它們卻「同樣」都是「意義」、「價值」。因為
如此的概念的統一只是個空泛的說法，根本起不了規約的作用，亦實無所謂統
一可言。故功能應是指向人類心智的意義創造與表達言（劉先生所謂創造的創
造性）。人類心智之自身固能創造與表達不同的意義，但它卻不能有所偏限而
只創造此不創造彼，若只創造此不創造彼則是它自身創造性的否定（而成自我
否定）。由此可知，人類創造的心智必涵一讓各種可能的意義充分暢發的要
求，但要讓各種可能的意義充分暢發而不致矛盾衝突、相互否定，則它又必涵
一讓各種可能的意義彼此各安其分、各適其適、適當定位的要求；此要求就是
它的規約功能。如用儒家的話來說，此規約功能即是物各付物的仁愛原理，而
那規約功能所從出的創造性心智，即是仁愛感通之本心。從文化的不同部分來
看，科學、道德、宗教、藝術等都是不同的真、善、美的意義表達，它們固然
有不同的內容與形構原則，但我們沒有什麼理由說哪一種意義表達應該凌駕於
另一種之上，更沒有什麼理由說哪一種是最高的意義表達。至於現實上吾人常
會面對因資源有限而要作出發展優次的抉擇，則是另一個問題。須知現實上吾
人對不同的意義或價值作發展優次的抉擇，並不是從不同的意義或價值本身有
高低來作評斷，而是往往訴諸於現實情況的需要（此需要即成一附加的意義或

---

[75]　劉述先：〈系統哲學的探索〉，頁 332-333。

價值）。並且發展的優次畢竟只是先後輕重而不是有無的問題。再從文化的一個特定部分如宗教來看，不同的宗教固然有不同的內容與形構原則（它的歷史、教義、儀式、組織等），但通過相互真誠的對話、了解亦不難察覺彼此都有肯定普遍人性、引導轉化人生的倫理學說、使人從有限通向無限等的規約功能。明乎此，我們才能懂得為何理一分殊的觀念可以提供規約原則（不是形構原則），發揮功能統一（不是內容統一）的作用，以達到異質和諧（不是同質和諧）、適當定位的效果。

（3）到了〈「理一分殊」的現代解釋〉一文，劉先生則轉從超越與內在（無限與有限）的角度來發揮「理一分殊」的現代意義。他首先對現代世界割斷超越一面深表憂慮，乃肯定儒家對仁、生、理的終極關懷。他亦提醒我們只肯定超越的道理（理一）是不夠的，必須同時去探索如何通過現代的特殊的條件來將之表現出來（分殊）。但理一、超越一旦通過分殊、內在來表現，則兩方面是有一既對立且統一的辯證關係。劉先生說：「生生不已的天道要表現它的創造的力量，就必須具現在特殊的材質以內而有它的局限性。未來的創造自必須超越這樣的局限性，但當下的創造性卻必須通過當下的時空條件來表現。這樣，有限（內在）與無限（超越）有著一種互相對立而又統一的辯證關係。」[76]而理一分殊的原則乃必涵理一與分殊須兩面兼顧、不可偏廢之義，此即所謂兩行之理。再由這樣的肯定出發，劉先生乃逐一回應了當代西方哲學的一些流行思潮，他批評：羅蒂（Richard Rorty）的「實用主義的限制在只見內在，不見超越」；[77]海德格（Martin Heidegger）、沙特（Jean-Paul Sartre）等的歐洲哲學「卻墮入到一股激進的相對主義的迴流之中」；[78]福柯（Michel Foucault）對理性的過度懷疑、對權力的過分強調，是「把理性的規約原則也加以捨棄，卻使得我們陷落在相對主義的深淵之中」。[79]姑勿論劉先生對當代

---

[76] 劉述先：〈「理一分殊」的現代解釋〉，頁 172。

[77] 同前注，頁 176。

[78] 同前注，頁 179。

[79] 同前注，頁 181。

西方哲學的彈正是否恰當，他的用心其實是在於指示出理一分殊的原則是今天我們可以不跌落絕對主義與相對主義兩邊的中道。

（4）現在來看理一分殊的觀念如何使全球倫理與宗教對話成為可能。史威德勒提倡「『全球對話時代』（The Age of Global Dialogue），而他認為我們今日的選擇乃是：『對話或死亡』（Dialogue or Death）。」[80]這大概不是危言聳聽，但脅於現實的需要卻未必能使宗教信仰者（尤其是富於熱情的）不會在迫不得已的情況下作玉石俱焚的選擇。因此現實環境的險峻只是告訴我們「世界性的災難的來臨可謂迫在眉睫，已不容許我們慢條斯理、好整以暇」，而「必須自覺地集中精力來做這一工作」。[81]這一項工作即是要在勢所必至中尋求理有固宜。從理一分殊的智慧出發，（a）我們知道不同的宗教皈依的超越者（理一），田立克所謂「超越上帝的上帝」，絕對不是任何一個特定宗教中的上帝。現世上任何特定的宗教（在一個特殊的歷史時空中發展出來的）都只能是以一個特殊的歷史通途來體悟、把握超越者（只能是理一所表現的分殊），因而它就沒有合理性宣稱自己就是超越者獨一無二（one and the only one）的代表。超越的理一「是無法找到終極的成文的表述的」，「道可道，非常道」，你一稱它為上帝、真神、天道、太極，它都已是落入分殊的表現。（b）如果宗教能夠認真肯認上述的道理，則它們一方面應該把自己的排他性收斂，先謙卑地「自動自發」作「自我批判」，另一方面不失立場地與其他異己的（alien）宗教展開對話（凡對話都是與一異己的對話，故放棄立場即無所謂異己亦無所謂對話）。（c）而宗教之間的對話「不可以強求統一」，也無須抹煞「彼此之間有一些無可解消的衝突與矛盾，但在另一方面，我們也樂於看到，彼此之間還是可以找到許多共同的價值。」此即走的是「存異求同」而非「取同略異」的路。[82]（d）這樣一來，宗教之間的相互尊重、溝通、對話以至共識應可逐漸培養建立，並共同朝著和而不同、各適其分的願景努力。必

80　劉述先：〈宗教情懷與世界倫理〉，收氏著：《全球倫理與宗教對話》，頁93。
81　同前注。
82　參看劉述先：〈從當代新儒家觀點看世界倫理〉，頁77-78。

須指出，這願景絕不是樂觀天真的幻想，而是理想主義的期許。（e）至此人或疑上面講的都是屬於宗教對話方面，全球倫理又如何？對孔漢思、史威德勒而言，他們心目中的「全球倫理」，更多地是指一種願意尋求共識的態度；更關心的是在不同的倫理傳統中找到相共的原理（如「己所不欲，勿施於人」的金律）及由之引申出的寬廣的道德指令。故此達至全球倫理所須的倫理對話與宗教對話便有很大的交集，此中理一分殊的智慧能派上用場的道理實如出一轍。劉先生說：「任何對於道德原則的成文表達已經屬於『分殊』的領域，不能不受到特定時空以及文化傳統的限制，而不可加以絕對化。」[83]依此，我們能找到的倫理共識必然是薄的（thin）、最低度或極小（minimalist）的同意。（f）不過，如果你心目中的「倫理」是哲學家、倫理學家提出的不同的道德理論（或原則），如效益主義、義務論、德性倫理學、關懷倫理學之類，則問題便複雜得多。但我以為仍然可以使用理一分殊的觀念來作一初步的處理。此即不同的道德理論都宣稱自己切中了人類道德生活的本性（理一），然而從它們在哲學史上既備受攻擊卻又穩站一席地的情況看來，我們有理由相信它們所掌握到的似乎都只是人類道德生活中的某些面相（分殊）。因此某道德理論若應用到它相應的道德處境中時便顯得頭頭是道，相反則左支右絀。當然此一初步的處理遠不能代替細緻的論證，但這裡我只想指出理一分殊的觀念依舊可以為我們提供一條有意義的思考線索。

（5）最後，讓我們回到理一分殊的觀念本身作一總結。（a）從本體論層面看，理一是超越；分殊是內在，理一而分殊，即超越而內在（或曰內在超越）。這是由中國哲學所揭示的普遍的宗教性（religiosity）義蘊。（b）從方法論層面看，吾人永不可能藉由一個理一的視域（即上帝之眼）來把握理一，理一永遠只能通過分殊的視域來把握。這在中國哲學中莊子已早見及此，所謂「道德不一，天下多得一察焉以自好」（〈天下篇〉）。（c）從價值論層面看，理一是讓各種價值均能成就的創造源頭，用儒家的話說，即是物各付物的生生之理、仁愛之理或仁愛之心；分殊即是理一在不同處境中的不同表現，又

83　同前注，頁78。

這些不同的價值若逾越其適當的位置是可以造成極端相對主義的衝突矛盾。
（d）從文化層面看，分殊是文化中不同的意義表達，此中各有其不同的內容
與形構原則；理一是意義創造的源頭（即人類創造的心智或曰創造性本身），
它可以為文化中不同的意義表達提供規約原則，作功能的統一，使不同者不致
逾位氾濫而得一異質的和諧。（e）從宗教對話的層面看，對理一分殊智慧的
體認將能使對話者：從自我排他變為謙遜反省、從差異矛盾轉為尊重對話、從
取同略異改為求同存異、從同質宰制走向異質和諧、從誤求內容的統一回歸功
能的統一、從只注目各自不同的形構原則轉而注視彼此相通的規約原則。
（f）根據上面的（c）、（d）、（e）三點，則知理一分殊的觀念是如何「在
宰制劃一的『絕對一元主義』與分崩離析的『相對多元主義』的對立的兩極之
外，另覓第三條路。既尋求通貫的共識，又鼓勵多樣的表現，在兩方面找尋一
種動態的均衡。」[84]

　　（6）以上我把劉先生提倡的理一分殊的現代解釋詳加剖示，可見他能從
傳統中國哲學芸芸的觀念中看到「理一分殊」的重要性，確是難得，這亦是他
思想學問能居前沿、特顯原創性之處。更值得注意的是，理一分殊的觀念亦讓
他一生不同階段的學思歷程得到了一條一以貫之之道，顯示了一個哲人的關
懷、用心與不斷往復來回的探索精神，能不令人嘆服乎！

　　至於劉先生之後更提出「兩行之理」與「廻環的必要性」，則皆是「理一
分殊」題中應有之義，不難懂理。兩行之理的觀念提煉自莊子：「是以聖人和
之以是非，而體乎天鈞，是之謂兩行。」（〈齊物論〉）這是偏於內在層面的
是非之兩行。另「其一也一，其不一也一。其一，與天為徒；其不一，與人為
徒。天與人不相勝也，是之謂真人。」（〈大宗師〉）這是兼顧理一與分殊、
超越與內在之兩行。既然理一必得通過分殊來表現，自無偏廢一邊之理。這道
理，劉先生年青時早已明白，他在《新》書中說：「這裡面最重要的一個關鍵
就是我們要覺醒，以同等的重視來看待『理一』與『分殊』，把它們重新揉成
一個不可分離的整體，這才能夠創獲一種以往未曾充分發揚的最健康的生命情

---

[84] 劉述先：《理想與現實的糾結》，〈自序〉，頁 i。

調」。[85]在〈「兩行之理」與安身立命〉一文中，劉先生詳細闡釋了儒、釋、道三家都有豐富的對兩行之理的體認。由於兩行之理的兩行就是超越與內在，故很易教人以為兩行之理的觀念發揮的仍然是內在超越的宗教性意旨，但這是不很準確的誤讀。蓋若如此，兩行之理的觀念便失去它獨特的理論效力。我認為劉先生提出兩行之理的觀念有三個特別的作用：（a）首先，兼顧兩行即凸顯出兩行之間存在著一既對立又統一的辯證關係，而所謂兼顧者則必須好好把握此辯證歷程中的動態的平衡。（b）動態的平衡猶是抽象的說法，落到具體處，即是指當吾人持守的超越的理想與內在的現實有巨大距離時，吾人仍應堅持不已努力尋求可能的曲通落實處。劉先生說：

> 但過去的歷史與眼前的現實正是人的理想與實際互動的複雜的過程所產生的結果。空有良好的理想固然不會產生實際的效果，但人拒絕有理想的嚮往，而聽任偏見與成見支配自己的行為，卻會產生立即而當下的惡果。哲學家的職責是提出正確的理想，而超越的理想常常要經過一段長時間的醞釀才能在現實中產生作用，此所以蘇格拉底、耶穌基督、與孔子在現世都不是成功的人物。[86]

又說：

> 也正因此，朱子要貶抑漢唐，頌揚三代，他的苦心也正是要在惡濁的現實層面之上，肯定理想的純潔性與超越性。[87]

（c）而吾人既不應因現實的惡濁而放棄超越的理想，則反過來亦不應因超越的理想而否定惡濁的現實，徒然去幻想恢復一個不切實際的黃金古代。此所以

85　劉述先：《新時代哲學的信念與方法》，頁273。

86　劉述先：〈「兩行之理」與安身立命〉，頁237。

87　同前註，頁238。

劉先生秉持他兩行之理的信念，便不能完全同情那些反現代化的思想。他對伊斯蘭學者納塞（Seyyed Hossein Nasr）的回應即是明證。在〈新儒家與新回教〉一文中，他批評納塞說：

> 但納塞必須面臨更大的困難在，除了東西，還得面對古今的大問題。他的想法不免過分簡單，好像只要我們下定決心，幡然改圖，由現代回歸傳統，所有問題便都可以迎刃而解，事實上他完全沒有為我們提供任何實際可行之道。新儒家對於「理一分殊」的解釋是，「理一」固然貫通中外古今，「分殊」卻必須在今日覓取現代的表達。我們必須把超越的信息與中世紀的世界觀徹底解構，與現代的情況結合在一起，故此宗教傳統並不能避免「現代化」的問題，必須理解「現代性」的特質，與時推移作出相應的變化，才能打動現代人的心弦，解決現代人的問題。[88]

所以兩行之理的觀念必得緊扣兩行之間的動態平衡才能見出它的特殊之處，劉先生的文章取名〈「兩行之理」與安身立命〉的微意亦在於此。吾人既要在兩行之間覓取動態的平衡，則應該如何踐履？這就引出「迴環的必要性」。依劉先生，所謂迴環就是吾人「必先由『內在』走向『超越』，而後由『超越』回歸『內在』。」[89]由內在走向超越，如孔子講「下學而上達」（〈憲問〉）、孟子講「盡其心者，知其性也。知其性，則知天矣」（〈盡心上〉），這是見體（體證理一）所必由之路；而由超越回歸內在，則如〈中庸〉「天命之謂性，率性之謂道，修道之謂教」，這是見體後的步步落實。但劉先生的「迴環」尚有一層意思：

88　劉述先：〈新儒家與新回教〉，收氏著：《當代中國哲學論——問題篇》，頁 130-131。

89　劉述先：〈論「迴環」的必要與重要性〉，收氏著：《論儒家哲學的三個大時代》，頁 249。

> 新儒家見體之後走「迴環」的道路，本心本性既立，在策略上取由源及
> 流或由流溯源的道路，儘可以作有彈性的變通。如此則古今中外不必陷
> 入矛盾衝突之境地，而留下了會通的餘地與契機。[90]

劉先生把「理一分殊」、「兩行之理」、「迴環的必要性」視為三部曲，這三個觀念環環相扣而又不失其各自立言之要旨，確有如三部曲合奏成一大樂章。

後記：走筆至此，讓我從抽象的思想迴環返具體的人生。這篇文章是為祝賀述先師八十壽慶而寫的，下筆時確實是如開首所言完全沒有駕輕就熟的感覺，此非故作謙遜之辭。為了感念述先師教導的恩情，我從一開始就不打算寫一篇敷衍交差的形式化的文字。（這亦非虛矯之辭，沒有述先師我的人生是不會走上學者之路的。）於是我把從前讀過的許多老師的著作找來重溫一遍，抄錄筆記，反覆細味思考，才有現在這篇呈現在大家面前的文字。未想到這亦是一次難得的溫故知新之旅。當然其中的閱讀、理解與判斷，我仍不敢說必為述先師所首肯。很多同門及同道大概並不知道十五年前（1999 年）在述先師自中大退休赴臺北中研究文哲所之際，我曾寫了一篇文章記述我與老師的交往及我所理解的老師的學問。（〈我所認識的劉述先老師及其學問〉，《香港書評》，第 5 期，1999 年 6 月號，頁 37-45。這本雜誌早已停刊多年。）在寫完本文後，我把舊作翻找出來，兩相對照之下，發覺過往對老師學問的認識，雖未至於錯謬，但粗陋不堪僅得其輪廓，思之汗顏不已。不過，舊作記錄我與老師結緣相交的片段，卻歷歷在目。若比起在老師遷臺之後我們的交往，只在學術會議上碰面或我偶爾往文哲所問安，則真是今不如昔，思之緬懷不已。然而這亦是人生無可奈何之事，就像我在舊文開首寫下的一句話：「人與人的相遇、相交以至相知，其中有緣而不可思議。」

2014 年 7 月 5 日清晨完稿於中大哲學系辦公室

---

[90]　同前注，頁 267-268。

合哲學、道德、宗教爲一體
——當代新儒家的儒學觀

鄭宗義*

一

　　在二十世紀中國思想界反傳統特別是批判儒學的大氣候下，同時出現了復興儒學的呼聲。復興儒學，從某個意義來看，即是要重建或重釋（reconstruct or reinterpret）儒學，亦即是要清理以至提取其中的思想資源，來努力回應時代的各種問題，以彰顯其絕非爲已喪失活力的博物館展品。易言之，乃是要彰顯儒學的時代相干性（modern relevance）。不過從更根本的角度看，我們不妨說這項重建工作實無異於是對「儒學」作出一重新的構想（re-conception）。這就是說，在今天我們應該怎樣回答什麼是儒學的問題。什麼是儒學？一個歷史考查的答案，即指出儒學在過去是如此如此的思想及其傳承發展，雖對理解和建立儒學的生命史是必須的，但卻遠不足以回答今天問者那個看似十分簡單的問題。因爲問者真正想知道的，不是過去的儒學爲何，而是現在的又如何？爲什麼現在還要講儒學？可知現前的時間維度使得問者的提問與主張復興儒學的人的回答，其實都是環繞著如何重新構想儒學本身。這一重新構想可以說是一項基於歷史考查成果而作的進一步的提煉工作，亦可以說是一項把過去拉置於當下所引發的觀念重建工作。同時，這構想必須使得儒學能

* 香港中文大學哲學系教授

有力地面對西方思潮尤其是哲學、宗教等嶄新觀念的衝擊。並且我們怎樣構想
「儒學」，實涵蘊著我們賦予它怎樣的意義和評價。例如，若說儒學是支持君
主政治的意識形態，則等於宣告它不合時宜；但若說儒學是長青的人生哲學，
則表示它還有教現代人受用的地方。而對「儒學」的構想，換一個說法，便是
儒學觀。

　　當代新儒家（或臺港新儒家）是上個世紀儒學復興運動中最富思想活力的
學術圈子。此中的代表人物提出了何種儒學觀？今天我們在討論儒學的身分、
角色與功能時，有沒有認真地研究、繼承他們留下的思想遺產？誠然，新儒家
之所以被視為一個學術團隊，乃是因為其中的人物在思想上有著不少共同之
處。不過，對於什麼是儒學，第一代學者的看法卻頗為分歧。好像梁漱溟以為
儒學是成德之教，強調親證離言，故遠於講求思辨的哲學與了卻生死的宗教。
熊十力則認為哲學非純屬思辨而是以探究本體為目的；儒學能從反求實證相應
來領悟本體，故應尊為哲學正宗。總之，他們的分歧顯然是出於彼此對「哲
學」與「宗教」有不同理解。但這些不同理解未始不可以通過進一步的澄清和
溝通而得以消融，以達至一共同承認的且更具理論效力的「儒學」構想。這項
工作，事實上即在第二、三代的新儒家手中完成，特別是唐君毅、牟宗三、劉
述先、杜維明等。（此中第二代的徐復觀則仍對把儒學說成是宗教或哲學有所
保留，看法近於梁漱溟。）而他們構想的儒學，可以用唐君毅的話為代表：此
即儒學是合哲學、道德與宗教為一體。[1]值得注意的是，當他們如此構想儒學
時，亦同時是在重新界說「哲學」、「道德」、及「宗教」的含義。扼要言
之，即以為哲學的目標在成教；道德的目標在求當下生活的理想化；宗教的目
標在極成對理想化生命的超越的信仰。另外，作為哲學的儒學能一方面建立學
統以繼往，一方面把西方哲學變為己用以開來；作為道德的儒學能延續儒家為
己之學、成德之教的本懷；而作為宗教的儒學能揭示儒學的宗教性
（religiosity）以與世界不同的宗教傳統進行對話、交流。如是，下文將從三

1　參看唐君毅：《生命存在與心靈境界》（臺北：臺灣學生書局，1986 年全集校訂
　　版），下冊，頁 496。

部分來析論乃至引申發揮新儒家的儒學觀：（1）作為哲學的儒學，（2）作為道德的儒學，（3）作為宗教的儒學。

二

　　用哲學的方式講儒學，無可否認是二十世紀西方現代學術分類全面取代中國傳統學術分類的結果，故可謂是勢所必然的事。馮友蘭在 1931 年出版的《中國哲學史》上冊的〈緒論〉中，便曾以此勢所必然來說明為何「近來只有中國哲學史之作，而無西洋義理之學史之作」。[2]但對新儒家來說，更重要的是：怎樣在勢所必然的事實中尋找理有必至的根據。換句話說，我們有什麼理由應以哲學的方式研究儒學？而回答的關鍵實端賴於我們如何理解哲學活動的本性與功能。

　　倘從西方自古希臘發展出的哲學傳統看，則哲學活動的本性首應以其分析性的思考方式來規定。此所以哲學一般給人講求概念明晰、論證嚴謹的印象。對於這點，牟宗三十分清楚：

> 　　假如以西方從古希臘開出來的哲學傳統作哲學的標準意義看，則作哲學性思考之最主要的方法是分解性的思考，即概念性的思考。概念性的思考必然函着分解的方法（Conceptual thinking necessarily implies analytic method）。分解（Analysis）有各種形態的表現。現在西方所講的所謂邏輯分析（Logical analysis）或語言分析（Linguistic analysis），這是英美方面講分析哲學（Analytic philosophy）所謂的分析，這分析是狹義的分解。西方哲學從古希臘開始就是分解的。因為概念性的思考非分

2　馮友蘭：《中國哲學史》（香港：三聯書店，1992 年），上冊，頁 9。另關於二十世紀中國學人如何構想「中國哲學」，參看拙文〈論二十世紀中國學人對於「中國哲學」的探索與定位〉，收拙著：《儒學、哲學與現代世界》（石家莊：河北人民出版社，2010 年），頁 1-28。

解不可，這分解是廣義的，不是分析哲學之狹義的分析。中世紀聖多瑪和其他神學家不能離開柏拉圖、亞里士多德，因而還是在走分解的路，以柏拉圖、亞里士多德的哲學來建立其神學。到近代以來，英國方面的經驗主義則講經驗的分析（Empirical analysis）。在歐洲大陸方面，從笛卡爾開始的理性主義還是分解的，不過其分解不是經驗的，而是邏輯的。……到康德出來講批判哲學（Critical philosophy），則進一步。但他用來表示他這批判哲學的還是分解的方法。所以康德不論講純粹理性或講實踐理性，頭一部份一定是 Analytic（分析論）。……所以，西方哲學發展到現在的全部，就正面講，統統走分解的路。黑格爾稍為不同一點。他講辯證法，這比批判的分解就進一步。但他還是以分解的方式來講辯證，以分解的方式把辯證過程（Dialectic process）給展示出來。所以，西方哲學廣義地講總是分解的。[3]

所謂分解性、分析性或概念性的思考，簡略而言，即是把所要探討的（經驗給予的）問題帶入一概念領域來追究其如何可能的條件與證立（justification）。回到把儒學當作哲學的問題上，我們立刻得面對以下三個疑問：（1）儒學過去的發展到底有沒有這樣一個分解性思考的傳統？（2）今天我們有何理由（不是勢所必然而是理有必至）要以哲學的方式講儒學？（3）以哲學的方式把儒學當成儒家哲學，會否傷害、扭曲儒學那重視生命與實踐的本懷，最後反而顛覆了儒學？

　　對於第一個疑問，你可以說哲學思考即分解性思考在古代中國的思想世界中沒能形成一個像西方哲學般的傳統；中國的傳統學問是關注生命的，不屬於哲學。你亦可以說中國傳統思想在概念分解方面也許不如西方哲學，但卻不能說中國傳統思想不作概念分解，或不能作概念分解，或它完全沒有概念分解。蓋在中國傳統思想中，我們確實可以找到近乎哲學思考的心智活動的痕跡，儘

3　牟宗三：〈訪韓答問錄〉，收氏著：《時代與感受》（臺北：鵝湖出版社，1984年），頁 201-202。

管並未因此發展成一個哲學傳統。這些哲學思考或概念分解的痕跡,以前稱為學問講明。如果我們扼要地把中國傳統思想分為:「宗」(生命的原初洞見與證悟並以之為主為歸宿)、「教」(依洞見與證悟而施設的教路或軌道)、「學」(對宗與教的理論講明且本身亦是教之一途)、與「術」(對宗、教、及學的現實應用)四部分,其中學問講明正是不可缺少的一環。尤有進者,這學問講明在經歷佛教的洗禮後,到宋明理學時乃發展至高峰。此觀乎朱熹對理氣、體用的諸多分析,王陽明與湛甘泉辯論格物等可以證明。若問何以關注生命的思想,亦要作概念分解,則答曰:(1)即使思想的主要課題是生命的,然古代聖哲本其存在的實感而證悟到的洞見,如非一時的感興、浮明而真的是靈光智慧,則當中包含的真實性、普遍性必有能辨而示之以成客觀學問的一面。用現代的話說,則其中所包含的種種道理是可以講明的。牟宗三說:

> 因為他心中所閃爍的通識與洞見不只是他個人主觀的,一時的靈感,而乃是代表着一個客觀的,最高的而且是最根源的問題。如果那只是他個人主觀的,一時的靈感,有誰能猜測它呢?如果它是一個客觀的問題,縱使是最高的而又是最根源的,亦必須有義理以通之;縱使是發自於他個人的見地,我們亦須把它當作一個客觀問題,依學問底途徑以深切著明之。[4]

(2)又這能辨而示之的一面亦正是聖哲對其洞見能得一自我了解(self-understanding)與自我印持(self-confirmation)的憑藉。(3)加之,如聖哲想將其洞見傳授他人或傳至後世,則依所見開出學問以立教,更屬必須。因唯其如此,傳遞(transmission)才得以可能。明乎此,則知中國傳統思想實從來不缺學問講明或概念分解的部分,甚至這部分同時即屬於教之一端。不過這並不等於說現在我們研究儒家哲學,就只是重複或加強過往儒學中學問講明的部分。此蓋今天研究儒家哲學,西方哲學已經是個不得不預認的參照,這猶如

4　牟宗三:《現象與物自身》(臺北:臺灣學生書局,1990年),〈序〉,頁1-2。

佛教之於宋明理學的關係。而哲學思考儘管在古希臘曾與生活之道不可分割，共同構成哲學的觀念，[5]但往後的發展，卻是逐步獨立出來而自成一傳統，並且反過來壟斷了哲學的整個觀念。相較之下，中國傳統的學問講明則自始至終不能獨立於宗與教之外，否則學不見道，枉費精神。無論如何，儒學既本有學問講明的一面，則以哲學思考或分解性思考來展示儒學的勝義便非毫無根據。而剩下來的問題是：有什麼理由要以哲學的方式來講論儒學。

　　對於第二個疑問，從新儒家的分析看，我們的確有很好的理由要以哲學的方式來重建儒學。首先，（1）經過二十世紀初新文化運動反傳統的衝擊，造成我們與傳統的斷裂和隔閡。在這樣的背景下，要收拾淡泊的儒門，善繼其中仍具時代相干性的思想資源，則既全面且客觀的清理工作乃刻不容緩。倘考慮到儒學的很多觀念在漫長的發展歷史中是不斷變化的，則個別的觀念其實應是個錯綜複雜的觀念叢（a bundle of concepts）。故要入乎其內，作梳理、評估、重釋及簡擇，分解性思考適足以大派用場。其次，（2）古代的儒者或比較不太重視學問講明，因其亦不過教之一端，捨此以外，儒者還可以在生活上對弟子隨機指點以使其當下有悟。但到了今天，如斯的文化氛圍已蕩然無存，代之而起的是講求客觀知識的心態。現代人恐怕大多難以直接依實踐的進路來體證儒學的睿識，則依哲學的進路（概念分解的方法）去講論之，乃成為雖未必是唯一的卻是最重要的可以幫助現代人契接儒學智慧的途徑。牟宗三說得好：

　　　　一切學問思辨都是第二義的。但是自從首闢洪濛，靈光爆破以後，第二義的學問磨練是必要的。而世愈降，去蒼茫愈遠，蒼茫中創造的靈魂不出世，亦只有通過學問的骨幹振拔自己了。大聖的風姿是無典要的，但學問的骨幹有典要，典要的豐富是可窺見的，骨幹的莊嚴是可企及的，但創造的靈感，大聖的風姿，其豐富是不可窺測的，其莊嚴是不可企及

5　參看 Pierre Hadot, *What Is Ancient Philosophy*, trans. Michael Chase (Cambridge, Massachusetts: Harvard University Press, 2002)。

的。只有靠着「實感」來遙契。[6]

此外，在當今多元思想相交遇、碰撞、激蕩的全球化時代，能否把儒家哲學講得更嚴謹、周備與圓滿，以求使之參與到跨文化的思想對話中，亦成了儒學可否為人們所理解和接受的判準。另外，（3）把儒學作更具哲學性的演繹發揮，實亦有其妙用在焉。須知儒學作為具普遍性的人生智慧，本就不必能一一對應不同的實存生命的殊別境況而皆有所指點言說。於此，不為生命所限而能凌空運用的哲學思辨正可以依儒學的義理性格，思索及於各種可能的人生情況而一一回應之，以更助成儒學的善化與擴充。唐君毅明白肯定哲學思考的功用：

> 此信心（作者按：指理想終能實現的信心），可由人之天生之性情，而自然的具有，而不待任何哲學的思維之幫助以形成。然人不能自然的具有者，亦可由哲學的思維，加以開啟。人之既信欲信而有疑者，則捨哲學的思維，即無自祛其疑，以自維持其信心之道。而在此後二者中，即見哲學之價值。[7]

最後，（4）唐君毅更提醒吾人，儒學的學問講明，過去正由於不求獨立於宗與教，乃沒能形成一客觀了解的傳統。這在以前或根本不成問題，但在今後要清理、重建儒學，則建立起客觀研究遂為必要者。他說：

> 宋明以前之中國儒者之言義理者，因其或兼負「聖哲立教之志」、「哲人」、「學者」三者之任於一身，乃恆將其所獨見之義理，歸入於對古書之註疏，與古人思想之訓釋之中，乃恆不免造成種種混淆。又人之能兼為學者、哲人、聖哲，雖可為一最高之祈嚮，然不可懸為一般之標

6　牟宗三：《五十自述》（臺北：鵝湖出版社，1989 年），頁 81-82。
7　唐君毅：《生命存在與心靈境界》，下冊，頁 493。

準。依一般標準言，哲人不必為聖哲，研究哲學之學者，亦不必為哲人。此中下學上達，分工合作之道，在將學者身份上，所當作之客觀研究，與其餘二者，在工作上暫加以分開。[8]

言下之意，我們今天講論儒家哲學，乃先得把儒家思想的發展視作一獨立的學術傳統來對之作客觀的研究。倘不嫌比附而借用牟宗三的話說，即是要為儒學建立起「學統」；[9]一個獨立地、客觀地講明學問（亦涵為學問而學問）的傳統。然而一旦承認「吾人之哲學研究，可自限於學者之範圍，專以求客觀了解為事」，[10]則一個研究儒學的學者便不必然是一個踐行儒學的儒者，並且研究儒學的學者更可理直氣壯地拒絕別人以儒者的標準來評價他，因為這是既過分且不合理的要求。但這樣一來，儒者與學者會否此消彼長，而提倡儒家哲學遂有使儒學脫略其實踐本懷之虞，甚至最終顛覆了儒學。對這可能的危險，唐君毅其實早有警覺，此所以他在上引文字中才會說建立客觀的儒家哲學研究，只是將之與儒學「暫加以分開」。暫加以分開，即表示最終還是要回去的。由此可轉至第三個疑問。

對於第三個疑問，即儒家哲學的研究會否傷害、扭曲了儒學那重視生命與實踐的本懷。新儒家第一代的梁漱溟和第二代的徐復觀對此都表示過相當的疑慮。徐復觀曾說：

　　至於從心推而上之，心的根源是甚麼，宇宙的根源是甚麼，儒家當然承認有此一問題，孔孟程朱陸王，當然也曾去思索這一問題，如提出的

8　唐君毅：〈中國哲學研究之一新方向〉，收氏著：《中華人文與當今世界》（臺北：臺灣學生書局，1988 年全集初版），上冊，頁 396。

9　牟宗三「學統」的觀念，本指建立科學而言，但其中所涵「學之為學」（即為學術而學術）的獨立精神，亦可方便地借用於指謂「儒家哲學」的客觀研究。參看牟宗三：〈略論道統、學統、政統〉，收氏著：《生命的學問》（臺北：三民書局，1994 年七版），頁 60-71。

10　唐君毅：〈中國哲學研究之一新方向〉，頁 397。

天、天命等等。但總是採「引而不發」的態度。因為站在儒家的立場，道德即是實踐。道德的層次，道德的境界，是要各人在實踐中去領會。而聖賢教人，只是從實踐上去指點。若僅憑言語文字，將道德根源的本體構畫出來，這對於道德而言，縱使所構畫者，係出於實踐之真實無妄；但人之接受此種說法，亦只是知解上的東西。從知解上去領會道德的本體，即有所見，用朱子的話說，亦「只是從外面見得個影子」。且易使道德的根基走樣。[11]

不過假使前面的分析不誤，即儒家哲學的研究在今天是有其必要的，那麼（依熊十力、唐君毅及牟宗三）新儒家一個更恰當的回答應是：我們雖不能漠視此扭曲的危險，但這絕非無法克服。克服之道，首在（1）明乎思辨（或哲學思考、分解性思考）本有助成和引歸實踐的效用，而這亦本是儒家的舊義。〈中庸〉不是有「博學之，審問之，慎思之，明辨之，篤行之」的話。對此熊十力尤有發揮：

> 我並不曾主張廢絕思議。極萬有之散殊，而盡異可以觀同；盡者，窮盡。察眾理之通貫，而執簡可以御繁；研天下之幾微，而測其將巨；窮天下之幽深，而推其將著。思議的能事，是不可勝言的。並且思議之術日益求精，稽證驗以觀設臆之然否，求軌範以定抉擇之順違，其錯誤亦將逐漸減少，我們如何可廢思議？不過思議的效用，不能無限的擴大。如前所說，窮理到極至處，便非思議可用的地方。這是究玄者所不可不知的。……易言之，任思議來測變，所得畢竟膚淺。譬如一杯熱水在此，我們也可思議他是熱的，但其熱度淺深的意味，則非親飲者不知。由此譬，可見變的實際，是要證會，方才真解。若只任思議，便不濟事。本來，證會是要曾經用過思議的工夫，漸漸引歸此路。證會。唯恐

11　徐復觀：〈儒家精神之基本性格及其限定與新生〉，收氏著、蕭欣義編：《儒家政治思想與民主自由人權》（臺北：臺灣學生書局，1988 年增訂再版），頁 84。

學者滯於思議之域，不復知有向上一機，所以說不可思議。不可者，禁止之詞，戒其止此而不更求進，故言不可，以示甚絕。常途以不可思議一語，為莫明其妙的神秘話頭，若作此解，便非我立言的意思。[12]

依此，（2）復可進而知乎思辨與實踐，或哲學與證會，本可積極的相順成，而不必是消極的相妨礙。牟宗三便屢屢強調西方的哲學固有激蕩精彩處，但亦有虛幻處；相反，中國的聖證雖多圓融平實，然忌昏沉，故須以建構來充實之。是以哲學思辨如無聖證實理將之真實化，則虛歉無力，是謂「哲學家的悲劇」；聖證如無哲學思辨予以充分撐開，則有窒息之虞，是謂「聖人的悲劇」。而悲劇之能否化解，乃繫於雙方是否可達至相輔相成。其言曰：

因此，能不落在一定形態下，而單從名理以辯之哲學家，則可拆穿聖人之渾一，而一一予以辯示，而暢通其理理無碍，事事無碍，事理無碍之途徑。哲學家以名理為準。名理凌空，不為生命所限。聖證以生命為資，不能不為其所限。無生命之聖證，則道不實。無名理之凌空，則道不開。哲學家辯而開之，顯無幽不燭之朗照。聖證渾而一之，示一體平鋪之實理。然哲學家智及不能仁守，此是哲學家之悲劇。聖證仁守而封之，此是聖人之悲劇。兩者永遠在開闔相成中，而各有其獨立之本質，藉以觀人之所以為人，精神之所以為精神。[13]

---

[12] 熊十力：《新唯識論（語體文本）》，《熊十力全集》（武漢：湖北教育出版社，2001年），第 3 卷，頁 146-147。哲學思辨能助成和引發實踐的想法，後為熊十力的學生唐君毅、牟宗三所完全繼承。例如，牟宗三說：「又或以為思辨只是空理論，不必有實證，遂妄託證會以自高。殊不知思理混亂，基本訓練且不足，而可妄言證會乎？汝焉知思辨明徹者必無證會乎？又或以為知識只是粗迹，未可語於性德之冥契，如是，遂日夜閉目合睛，妄託冥契以蹈空。殊不知學知不夠，雖即於性德亦不知其為何物，而可妄言冥契乎？汝焉知學知周至者定無性德之冥契乎？」牟宗三：《圓善論》（臺北：臺灣學生書局，1985 年），〈序言〉，頁 xv。

[13] 牟宗三：《才性與玄理》（臺北：臺灣學生書局，1983 年修訂六版），頁 283-284。

換一種說法，哲學與聖證的相輔相成，正是牟宗三所謂「生命的學問」的實義。生命的學問，一方面是生命的，另一方面亦是學問的。[14]（3）又此義亦可以說即是求把哲學思辨轉化為滋潤生命的德性；把哲學的智潤思（intelligence）轉化為德潤身的德性（virtue）。可知，能引歸實踐的思辨已非是那純粹的思辨而是一種德性。如是，（4）循此乃可再進乎重新構想「哲學」：此即唐君毅「哲學之目標在成教」的話。[15]依唐君毅的分析，哲學若完全限於思辨，則只會淪落為一套一套理論系統的辯駁競勝而已。即使哲學本其自身的批判性、開放性，是永可超越乎理論系統的困限（唐名之為「哲學之哲學」），但哲學本其自身的系統性、封閉性，亦是永可在超越之後又再度陷落於理論系統的困限（唐名之為「哲學之哲學的哲學」）。這樣純以思辨來界說的哲學，就無非只是一個不同哲學理論於一往復不已的歷程中相互鬥爭的大砑場。實則更準確的說，這些相互鬥爭的哲學理論，全都是些與生命無涉亦即對於吾人而言為可有可無的戲論、廢辭。要使哲學不至淪落到如斯田地，拯救的關鍵唯在洞然明白哲學之目標在成教；即哲學是以引歸生命的實踐為鵠的。亦唯有在哲學是以成教為任務的前提下，各個看似壁壘分明的哲學理論，才有可能頓時由堡壘建築與山嶽，化為彼此可會通的橋樑、道路與河流，而皆是望人歷過之以更求通往理想人生的歸宿地。唐君毅說：

> 由此而吾乃知崇敬古今東西之哲學，吾不欲吾之哲學成堡壘之建築，而唯願其為一橋樑；吾復不欲吾之哲學如山嶽，而唯願其為一道路、為河

14　必須指出，本文對「生命的學問」的詮釋，乃是以之為牟說最強義的解讀。牟宗三原來在〈關於「生命」的學問〉一文中的使用，是指傳統儒學對生命的關注，故提倡重開此已斷絕的傳統。但當他說「只有業師熊十力先生一生的學問是繼承儒聖的仁教而前進的」，又說他自己的《歷史哲學》、《道德的理想主義》、《政道與治道》三書之所由作，正「乃發憤從事文化生命之疏通，以開民族生命之途徑」，「以開生命之學問」，則「生命的學問」之實義，必依本文所解始得其究竟。參看牟宗三：〈關於「生命」的學問〉，收氏著：《生命的學問》，頁33-39。

15　唐君毅：《生命存在與心靈境界》，上冊，頁33。以下析述唐君毅對「哲學」的反省，俱見是書〈導論〉，頁9-56。

流。循此再進以觀古今東西哲學之形同堡壘之建築或山嶽者，吾亦皆漸見其實只為一橋樑、一道路、一河流。吾乃於哲學義理之世界，如只遍見一一之天橋、天河與天道，其為堡壘建築與山嶽者，乃若隱若現，存於虛無縹渺間。循此再進，吾更悟一切義理概念，即皆同只是一橋樑、一道路。凡為橋樑道路者，未至者望之，則顯然是有；已經過之，則隱於後而若無。凡彼造橋樑道路者，亦正欲人經過之，而任之隱、任之無。人經過橋樑道路之時，固可見有荊棘載道，葛藤繞身，然荊棘既斬，如過關斬將，亦歸於無。故凡以言說舉陳任何義理概念者，皆實是望人聞其言，知其義理概念而經過之，以自有其往。而哲人之以言說舉陳義理概念，無論其自覺與否，亦皆終當是如此望人，而亦必實歸於如此望人。故凡哲人之言說，初雖是說其所學，而其歸宿，則皆是以言說成教。故說所學非究竟，以說所學成教，方為究竟。[16]

斯言偉哉！而牟宗三亦說：「哲學若非只純技術而且亦有別於科學，則哲學亦是教。」[17]析論至此，人或疑哲學的目標在成教，本來就是東方哲學的共同智慧。現在新儒家詳析細剖，繞了個圈，不過又是回到此舊說而已，有何新義可言？則答曰：其新義乃在於過往的學問講明主要是依附於宗與教而不能自成獨立的一套，新儒家則提出宜先將之作獨立的學術傳統看；作哲學思辨的處理；作客觀的研究，以此一步為今時清理傳統思想所必須故。然後再藉由反省純粹思辨的哲學的局限和困難，重新構想「哲學」而終回歸學以成教的古老智慧。假如不嫌比附的話，新儒家這一哲學構想，可謂同乎法國哲學史家哈多（Pierre Hadot）所指出的西方哲學的古義：即哲學一方面是哲學思辨（philosophy as philosophical discourse），另一方面是生活之道（philosophy as a way of life），並且此兩面應是不即不離的（they are incommensurable but also

---

16　同前注，頁34-35。

17　牟宗三：《圓善論》，〈序言〉，頁ii。

inseparable）。[18]總括而言，新儒家之重新構想「哲學」，正是其將西方哲學觀念變為己用（appropriation）的過程；而以哲學（或儒家哲學）包含於儒學中，亦是其重新構想「儒學」以求重建之復興之的努力。

　　根據上述新儒家所提出的作為哲學的儒學這一面，乃可引申出一些儒學研究或中國哲學研究的方法意涵。但本文不可能亦不需要詳析箇中的內容，而只想約略說明幾點大要來結束本節的討論。（1）既強調應把儒學看作一獨立的學術傳統以求對之作客觀研究，則新儒家自必肯定尊重文獻材料的重要性。在這肯定下，他們願意承認清代訓詁學者的工作，可有助於吾人求知哲學名辭與哲學言說的意義及演變。不過，他們亦明白批判清儒訓詁明即義理明的方法，以為是完全忽略理性思考在解釋文本過程中的作用，抑且不知哲學正是常借舊名以表新義來成就思想的開發。可見義理實非徒知守故訓者所能範限。[19]（2）提倡通過清理儒學的傳統來繼承其中的思想資源，唐君毅有「即哲學史以為哲學」的主張。[20]唐君毅申明他的哲學史清理工作，絕非「一般自命為純歷史學者之態度」（即只想求知歷史上某人講過什麼思想），亦非「一哲學家自為宗主之態度」（即只想把自己的思想硬塞進古人之口，所謂「六經注我」

18　參看 Pierre Hadot, *What Is Ancient Philosophy*, pp. 173-174。

19　例如，唐君毅說：「清儒之研究之缺點，在只知由零散之字義，以知全體之義理，而不知先明義理之大體，亦可助成吾人之知彼零散之字義。於是清儒之言義理者，乃或亦任義理之零散，而不重其相涵相統者之何所在。此則皆非吾人之所當取。蓋文字所表之義，時在演變之中。用舊名以表新義，乃學術之常。固不能以漢唐儒者之訓詁即是，宋明儒之訓詁即非。縱宋明儒之訓詁不當於古，吾人亦儘可由其不當於古之處，以見其所立之新義理之所存。吾人今日亦儘有沿用舊名，注以新義，以成就哲學思想之發展之自由。故清人之膠執於漢唐故訓，以斥宋儒之用舊名所表之新義為非，乃門戶之見，非所當取。又義理既相涵相統，義有相涵，則古人之言，雖有未及，吾人代為引繹以出之，以便吾人之清晰了解古人之意，亦非同逞臆；義有相統，即連屬之，以見其相統，亦非即厚誣古人。此皆吾人今日研究中國哲學者所當從事，而不可限於清人之業者也。」唐君毅：〈中國哲學研究之一新方向〉，頁 395-396。

20　參看唐君毅：《中國哲學原論——原性篇》（臺北：臺灣學生書局，1984 年全集校訂版），〈自序〉，頁 7。

者），[21]而是反本以求開新之態度，亦即循哲學史的清理求進乎哲學思想的開發。簡言之，從事哲學史即是從事哲學思考（doing philosophy）。牟宗三亦是基於同樣的認識，強調了解哲學文獻所欲求得者乃康德所謂「理性的知識」而非「歷史的知識」，因此了解文獻的過程是「其初也，依語以明義」，「其終也，依義不依語」，「不依語者為防滯於名言而不通也」，儘管依義不依語絕非初學者淺嘗輒止者所可隨意妄說。[22]又既重視反本開新，則新儒家並不認為中國哲學那主要藉由詮釋、研究經典的哲學方法，與西方哲學那本乎理性的工巧以憑空運思、建築系統的哲學方法，有何扞格或高下，而深信兩路殊途同歸，「可趨一自然之諧和」。[23]（3）新儒家從不諱言西方哲學是重建儒學或中國哲學的重要（甚至是必要）參照。從最基本的學習分解性的思考來梳理觀念，到更根本的站在普遍性哲學問題的高度來作比較、對話與抉擇，西方哲學都是儒學或中國哲學謀求善化自身的一個極具意義的他者（significant other）。請看牟宗三的自白：

> 中國哲學為適應未來，須通過概念思考的方式和分解的方法把它講出來，而且進一步須將它和西方哲學的問題和內容相協調，以決定其未來。但這相協調籠統地說，總要有個抉擇，以西方哲學中相干的問題、內容來和中國的傳統相合。有些問題或內容是不相干的、不能相合的。比如羅素講數學問題，講邏輯問題，這對邏輯和科學有貢獻，但和儒家的學問不相干。西方哲學中能和儒家學問相協調、相配合的，最好的例子只有康德。康德的哲學可以作一個橋樑，把中國的學問撐起來，即用

21　同前注，頁 4-5。

22　參看牟宗三：《現象與物自身》，〈序〉，頁 9。

23　關於這點，牟宗三有相當自覺的反省，他嘗自況：「吾愧不能如康德，四無傍依，獨立運思，直就理性之建構性以抒發其批判的哲學；吾只能誦古人已有之慧解，思索以通之，然而亦不期然而竟達至消融康德之境使之百尺竿頭再進一步。於以見概念之分解，邏輯之建構，與歷史地『誦數以貫之，思索以通之』（荀子語），兩者間之絕異者可趨一自然之諧和。」牟宗三：《圓善論》，〈序言〉，頁 xiv。

康德哲學之概念架構把儒學之義理撐架開，進而充實、光大儒學。同時反過來，中國之儒、釋、道的智慧也可以消化康德，即容納並籠罩它，如此就能消化它。[24]

（4）雖云儒家哲學是學術研究，然所涉及的內容既是人生的，則研究者若完全缺乏相關的實踐經驗，我們是很有理由懷疑他能否真得一客觀、恰當的了解。以此之故，新儒家遂強調研究者的實踐體驗乃是客觀、恰當了解所必須具備的主觀性條件。牟宗三嘗借其師熊十力的話，指出研究中國哲學除了「知識」（文獻的掌握）、「思辨」（理性思考）外，還須有「感觸」（存在經驗）。[25]而此感觸，唐君毅則名之曰「崇敬之心」：

> 由此而吾人真欲了解歷史上之大哲學家或聖哲，必待於吾人自身對哲學本身之造詣，又必賴吾人先對彼大哲聖哲之哲學，有一崇敬之心；乃能自提昇其精神，使自己之思想向上一着，以與所欲客觀了解之哲學思想相契接。而吾人對此思想自身之體證、實踐或欣賞，與對有此思想者之哲人聖哲之為人之人格，能加以崇敬或欣賞；皆同所以使吾人對所欲了解之哲學，增加親切感；而使吾人之了解，更能相應而深入，以成就吾人之高度之客觀了解者。[26]

可知哲學的儒學，亦不能全然無涉於生命的踐履。

　　哲學的儒學，嚴格來說，只是方便地把哲學思辨與生命踐履在觀念層面上作一區分（或曰觀念的分解），區分為兩個不能互相化約的領域。但彼此不能互相化約，並不涵蘊它們之間沒有非化約的關係。故（儒學的）哲學思辨亦必

24　牟宗三：〈訪韓答問錄〉，頁 208。

25　參看牟宗三：《圓善論》，〈序言〉，頁 xiv-xv。另參看拙文〈知識、思辨與感觸——試從中國哲學研究論牟宗三先生的方法論觀點〉，收拙著：《儒學、哲學與現代世界》，頁 65-88。

26　唐君毅：〈中國哲學研究之一新方向〉，頁 397。

復與生命踐履在實踐層面上作一順成與融合（或曰辯證的綜合），此方是合哲學、道德為一體之實義；這裡的「合」非零散的堆疊、機械的拼湊，而是實踐的、辯證的融合。

三

　　如果說新儒家提倡作為哲學的儒學是要為儒學建立一學統，那麼它提倡作為道德的儒學就是要維護、延續儒家為己之學、成德之教的道統。這本是儒學的基本旨趣，在過去的發展中千頭萬緒、豐富多姿，可說者甚多。下面我們只能就其中與本文討論相關的作幾點補充說明。

　　（1）首先，這裡所謂的道德，非指現在用來翻譯英文 moral 的「道德」（或意思相近的用來翻譯 ethics 的「倫理」），而是要恢復傳統的古義。依古義，道者，路也；人道者，人所當行之路也。德者，得也，人所具之能力及培養所成之德性，藉此以行乎所當行之路之謂也。易言之，道德是教（〈中庸〉「修道之謂教」），是足以啟發人的理性並指導人通過實踐以理想化人的生命而至其極者。用牟宗三的話說，它「主要的用心在於如何調節我們的生命，來運轉我們的生命、安頓我們的生命。」[27]故知道德的儒學不能僅以西方的道德哲學、道德心理學或倫理學等視之，雖則它亦不排斥這些足資相互攻錯、發明的思想資源。

　　（2）或許因為新儒家提倡哲學的儒學，並且他們在這方面確實做出了驕人的成績，人遂易於只見其思辨的一面，而肆意批評其將儒學理論化抽象化，脫略實踐。但這不過是片面了解的皮相之論。蓋凡是讀過唐君毅的《人生之體驗》，當不疑於他對道德自我的理想性有極細膩的體會；讀過他的《人生之體驗續篇》，當不疑於他對道德自我的陷溺墮落有極深刻的警惕；讀過他的《病裏乾坤》，當不疑於他對道德自我的傲慢有極切身的反省。即使是談道德的《道德自我之建立》，唐君毅亦十分自覺地避免用哲學論辯的文筆來撰寫，而

27　牟宗三：《中國哲學十九講》（臺北：臺灣學生書局，1983 年），頁 15。

是用近乎存在的思索的方式直抒自己的所感、所思與所悟，以求能喚起讀者的共鳴。他說：

> 然而此二書（作者按：指《人生之體驗》與《道德自我之建立》），同不合一般西方式之人生哲學道德哲學書之標準，因我未於此二書中把人生問題道德問題，化為一純思辨之所對；亦不同於東方先哲之論人生道德的書之直陳真理，因此二書又加了許多似不必要的思想上之盤桓。這是我在當時已知道的，而是自覺的要這樣寫。最近十多年，知到西方之存在哲學，有所謂存在的思索，即不把人生道德之問題只化為一純思辨之所對，而用思想去照明我們自己之具體的人生之存在，展露其欲決定理想意志行為之方向時，所感之困惑、疑迷，及試加以消化等的思索。我現在亦可以此二書，為屬於存在的思索一類的書。至於是否名之為哲學，則兩皆無不可。[28]

同樣，讀過牟宗三《五十自述》中的〈文殊問疾〉一章，亦當不難感於他是如何在生命虛無、沉淪的悲情中苦苦掙扎，而卒以慧根覺情的萌蘗（即儒學的仁心）來獲得救贖。[29]請看牟宗三對生命性相的覺悟：

> 若就實現過程而言，則眾生根器不一（此還是生命限定事），其心覺透露有種種次第，在過程中，固事實上有不可克服之悲劇。此佛氏有闡提之說，儒者有知命之教，而耶教亦有「人不能自除其惡」之義也。（耶教原罪說，人不能自除其罪，然神恩以除罪，則神即表宇宙心覺，而於究竟了義，罪惡終可克服。）此皆有甚深之智慧，亦有無言之大悲。蓋

28　唐君毅：《道德自我之建立》（臺北：臺灣學生書局，1983 年臺四版），〈重版自序〉，頁 1-2。

29　參看拙文〈生命的虛無、沉淪、悲情與覺情──當代新儒家的存在體驗〉，收羅秉祥、謝文郁主編：《耶儒對談──問題在那裏？》（桂林：廣西師範大學出版社，2010年），上冊，頁 133-154。

實現過程中，有不可克服之悲劇，此人之大可悲憫也。然悲憫之心即已
涵蓋於生命之中而照察以潤之矣。不可克服之悲劇永是在過程中，亦永
是在悲心之觀照中（永在神心之觀照中），觀照之即化除之。在永恆的
觀照中，即永恆地化除之。生命總在心潤中，亦總限定心之潤，因此亦
總有溢出之生命之事而為心潤所不及。此所以悲心常潤，（生生不息，
肯定成全一切人文價值），法輪常轉，（不可思議，無窮無盡），罪惡
常現，（總有溢出，非心所潤），悲劇常存也。[30]

值得注意的是，牟宗三在八十歲為《自述》出版作序時仍說：「吾今忽忽不覺
已八十矣。近三十年之發展即是此自述中實感之發皇。聖人云『學不厭，教不
倦』，學思實感寧有已時耶？」[31]則知唐、牟兩先生在提倡作為哲學的儒學之
餘，實從未忽略作為道德的儒學。哲學思辨能引歸實踐、哲學之目標在成教，
這對他們而言絕非空言。

　　（3）人或疑如何確保哲學思辨真能引歸實踐。則答曰：此處沒有必然的
保證，有的只是吾人自己的抉擇。而吾人之能自覺的求使哲學思辨化為潤澤生
命的德性，關鍵實繫於吾人能否始終對生命存有一份憂患之感。這本是儒學最
古老的實踐智慧，下引郭店儒簡《五行》的話即是明證。其言曰：

君子無中心之憂則無中心之智，無中心之智則無中心之悅，無中心之悅
則不安，不安則不樂，不樂則無德。[32]

順此憂患之感，吾人的心思倘能從所憂轉向能憂（即智之冒出），則即可體證
到自家本具的一自愛愛他、成己成物的心能即仁心（悅、安、樂乃可按躍而

30　牟宗三：《五十自述》，頁161。

31　同前注，〈序〉，頁2。

32　引自李零：《郭店楚簡校讀記（增訂本）》（北京：中國人民大學出版社，2007
　　年），頁100。

得），而剩下的就是工夫栽培的問題。當然若想充分實現哲學成教的目標，那麼上述言及的憂患之感、所憂、能憂、體證、本心、工夫等生命語、體驗語，以及由實踐所得的各種工夫，如省、思、養氣、慎獨、察識、存養、居敬、持志等，又將通通成為思辨世界中有待釐清、論析的獨特課題。這也就是說，在合哲學與道德為一的儒學中，工夫論是個絕對不能忽略的部分。

（4）最後，必須指出的是，儒學所講的道德不能只限於人的行為應當（ought）如何的問題，而必牽涉到存在（being）的問題。此蓋人非孤零零的存在者，故在探索其自身所當行之道的同時，必得對存在問題有個交代。用傳統的話說，人道必關聯於天道。而此即入乎作為宗教的儒學的層面。

四

儒學是否宗教，這是個自十九世紀末二十世紀初康有為、陳煥章的孔教運動以來迄今為止仍言人人殊的問題。新儒家提倡作為宗教的儒學，但批判康、陳的孔教運動為未能真知儒學之為宗教的意義所在。牟宗三曾說：

> 他們不知孔教之所以為教之最內在的生命與智慧，只憑歷史傳統之悠久與化力遠被之廣大，以期定孔教為國教。一個國家是須要有一個共所信念之網維以為立國之本。此意識，他們是有的。此亦可說是一個識大體的意識。但其支持此意識之根據卻是外在的。孔教之生命與智慧，自明亡後，即已消失。在有清三百年中，孔教實只是典章制度風俗習慣之傳統。康與陳之道德宗教之體驗與認識實不足，思想義理亦不夠。他們的心思尚仍只是在典章制度風俗習慣之制約中而不能超拔，故其根據純是外在的。[33]

誠然，如僅從外在的典章制度風俗習慣來看，亦即從制度化（institutionalize）

33　牟宗三：〈現時中國之宗教趨勢〉，收氏著：《生命的學問》，頁109-110。

一面看，儒學是否宗教確實十分可疑。又如將宗教視為人委身於一超越者（the Transcendent）並對之崇拜敬畏以求能得生活的指導和救贖，則熊十力說：「中國人用不着宗教。宗教是依他，是向外追求。」[34]徐復觀亦說：「儒家不是宗教，但其一貫的精神，能貫注於實際人生之普遍而且長久，非世界任何『一家之言』所能比擬；所以也不妨稱他為中國的非宗教性之偉大宗教。」[35]不過，對唐君毅、牟宗三及其後的劉述先、杜維明等新儒家來說，宗教不必定

---

[34] 熊十力：《十力語要》，卷 3〈答林同濟〉，《熊十力全集》，第 4 卷，頁 353。但值得注意的是，在同一書中，熊十力亦說：「孔孟所言天，既不是宗教家之天，更不是理想中構畫一崇高無上之一種理念，或一種超越感。彼乃反諸自身，識得有個天地萬物同體的真宰炯然在中，《新論》所云性智是也。吾人實踐到此，便無物我、內外可分，此乃即物而超物，即人而天。《孟子》所云盡心則知性知天者，此之謂也。」（頁 353）又說：「賢者主張祀天，吾亦贊同。祀天者，祀其在己之天也。《詩》曰：『小心翼翼，昭事上帝。』吾人祀天之禮，可一念一息而忽哉？」（頁 354）由此可推知後來唐君毅、牟宗三發揮儒學那奠基於人的內在道德心性的宗教精神，未必不可以為熊十力所首肯。

[35] 徐復觀：〈儒家精神之基本性格及其限定與新生〉，頁 50。必須指出，徐復觀雖然聯署了 1958 年由唐君毅起草的〈中國文化與世界〉宣言，但對宣言中強調儒學具宗教性的立場其實並不同意。他後來憶述：「由於唐先生的宗教意識很濃厚，所以在『宣言』中也就強調了中國文化中的宗教意義。我則認為中國文化原亦有宗教性，也不反對宗教；然從春秋時代起就逐漸從宗教脫出，在人的生命中紮根，不必回頭走。」見林鎮國、廖仁義、高大鵬採訪：〈擎起這把香火──當代思想的俯視〉，收《徐復觀雜文續集》（臺北：時報文化出版公司，1981 年），頁 408。當時徐復觀對宣言提出了刪改意見，根據唐君毅的回信，可知他刪去原稿第四、五、六節，修改了第九節。對刪去第四節及修改第九節，唐君毅都接受，但卻堅持保留第五、六節。由於原稿第四節已刪，原稿的五、六節應是現在宣言的第四節「中國哲學思想在中國文化中之地位及其與西方哲學之不同」及第五節「中國文化中之倫理道德與宗教精神」。唐君毅在回信中說：「兄之改稿將原稿第四節刪去，甚好。第九節兄之改稿亦較簡單直接。弟原稿雖另有所用心，但嫌太刻露，非西方人所能受。兄改稿實較好。但兄將弟原稿第五、六節刪去，弟不甚謂然，因第五節說中西文化來源之不同，第六節辨中國非無宗教精神，皆是為說明中國心性之學為中國學術文化核心作準備，並皆所以端正西方人對中國文化之觀點。如此二節刪去，則中國心性之學一節便來得突兀。」見氏著：《書簡》，《唐君毅全集》（臺北：臺灣學生書局，1991 年），卷 26，頁 113。

是依他的、向外追求的，所以他們的努力，便是要為儒學作為宗教尋找一內在的根據。此內在的根據，正在於儒學的道德仁心，本就能層層推擴，親親仁民愛物，以至及於天地萬物，並由此體證、誠信一生生不已、化育不息的天道作用乎流行乎天地之間。這種從吾人自身的探究而及於存在的探究，並在人與宇宙之間建立起深刻的內在關連（interconnectedness），正是新儒家在 1958 年的〈中國文化與世界〉宣言中提醒人們當注意中國倫理道德思想中包含的「宗教性的超越情感」。[36]

　　此宗教性的超越情感，固本於宋明儒「天道性命相貫通」的宗旨，但後來在唐、牟的學說中皆有精彩的演繹發揮。此即唐君毅提出「性情之形上學」，牟宗三提出「實踐的形上學」、「境界形態的形上學」與「道德的形上學」。綜括言之，此中的義理（或曰信仰）規模可作如下的分疏：（1）吾人若不甘心於只作一事實的存在者（即前面所說的憂患感），便必興起對自身意義的探究，而逆所求能，則即可覺悟到此意義探究的根源正是吾人的仁愛之心。仁愛之心表現於自己是自愛，故欲求自己能活得有意義，活得成為一個更好的人（to be fully human）。並且此仁愛之心非是自利之心而即是愛他之心；自己望能活得有意義，亦必望他人亦活得有意義。（2）吾人如能步步擴充此仁愛之心，則猶如燃亮自己生命的燭火，既成就自己，亦照亮溫暖別人，所謂成己成物。吾人復可進而體認到凡仁愛之心所及之他人、物與事，即皆攝入於「我」而成為我生命的一部分，所以仁愛之心的擴充即是一豐富意義的「大我」的不斷擴充。（3）由此，吾人在展現仁愛之心的過程中所感知的人、物

36　參看牟宗三、徐復觀、張君勱、唐君毅：〈中國文化與世界——我們對中國學術研究及中國文化與世界文化前途之共同認識〉，收唐君毅：《說中華文化之花果飄零》（臺北：三民書局，2006 年二版二刷），頁 134。最近哲學家內格爾（Thomas Nagel）撰文探討人的「宗教性情」（religious temperament）這個長期備受分析哲學忽略的問題。所謂的宗教性情，意指人的一種性向，欲尋求一個能在自己的內在生命中起重要作用的世界觀（a view of the world that can play a certain role in the inner life）。此則與新儒家的「宗教性的超越情感」為可相通。參看 Thomas Nagel, *Secular Philosophy and the Religious Temperament* (Oxford: Oxford University Press, 2010), p. 4。

與事，便非徒為物理物，而是皆為能與我相感相通者。吾人所感知的世界，亦非徒為物理物的總體，而是一物物皆得其位育並相互感通的價值或意義的表達（an expression of value or meaning）；一生生不已（creative creativity）的價值或意義的表達。從天地萬物的角度看，是生生不已的造化，從吾人的觀點看，是仁愛的周流貫徹。這一體認，用傳統的話說，就是天人合一、仁者與天地萬物為一體的境界。（4）又本此，吾人必能再進而體認到此生生的意義或價值的表達，因其乃吾人交互主體所共證故知絕非只是吾人主觀的設想、投射、期許或自定理想的方向，而必有其客觀存在之根據在焉。由是，吾人乃可從萬物一體的境界中跳越一步，誠信（authentic believe）實有一生生不已的創造之能作用於天地萬物之中。此創造之能，從前的儒者方便地叫它做「天」、「天道」、「天理」或「太極」等。而吾人亦無例外必是此創造之能所創造者，故吾人的仁愛之心遂必為「天之所與我者」，所謂「乾道變化，各正性命」。[37]（5）倘從一本體宇宙論的角度看，萬物皆稟具生生之理，此理之在瓦石（非生物）即是其「在」（existence）；此理之在草木（生物）即是其「生」

37　對此牟宗三有一具體細膩的說明，他說：「此即是說：天之所以有如此之意義，即創生萬物之意義，完全由吾人之道德的創造性之真性而證實。外乎此，我們決不能有別法以證實其為有如此之意義者。是以盡吾人之心即知吾人之性，盡心知性即知天之所以為天。天之所以為天即天命之於穆不已也。天命之於穆不已即天道不已地起作用以妙運萬物而使之有存在也。是以中庸云：『天地之道可一言而盡也，其為物不貳，則其生物不測』，此承天命不已而言者也。此天是一實位字。吾人之所以如此知之，乃完全由吾人之心性而體證其為如此。故此天雖為一實位字，指表一超越的實體，然它卻不是一知識之對象，用康德的詞語說，不是思辨理性所成的知解知識之一對象，而乃是實踐理性上的一個肯定。說上帝創造萬物，這只是宗教家的一個說法而已，說實了，只是對於天地萬物的一個價值的解釋。儒家說天道創生萬物，這也是對於天地萬物所作的道德理性上的價值的解釋，並不是對於道德價值作一存有論的解釋。因此，康德只承認有一道德的神學，而不承認有一神學的道德學。依儒家，只承認有一道德的形上學，而不承認有一形上學的道德學。此義即由孟子盡心知性知天而決定，決無可疑者。」又說：「因此，凡由其（作者按：指天）所創生者亦皆是一價值的存在，真實的存在，此是基於德行之純亦不已而來的誠信，實踐上的一個必然的肯斷。」見氏著：《圓善論》，頁133-134、140。

（nutrition），亦包涵「在」；此理之在動物即是其「知覺」（sensation），亦包涵「在」與「生」；而此理之在人即是其「仁心」（benevolent mind），亦包涵「在」、「生」與「知覺」。（6）或疑新儒家從吾人之覺醒仁愛之心處下手講儒學的宗教性，有混同道德意識（moral consciousness）與宗教意識（religious consciousness）之虞。此疑非是。蓋新儒家會同意宗教意識與道德意識為同源，然一旦吾人把仁愛之心推擴至人以外的天地萬物並誠信及一生生的創造之能，則道德意識與宗教意識分道揚鑣矣。首先，依道德意識或吾人的仁愛之心，只能說一切善或好為應然與應有；但依宗教意識或吾人對創造之能的誠信，則可說一切善或好為必然與必有。[38]其次，道德所重在踐履及對之之反省，但宗教所重則尤在誠信。至於道德只及於明，宗教必通於幽，亦可見二者非可等而視之。[39]總之，對新儒家來說，宗教意識與道德意識的關係應是：前者乃外加於（supervene upon）後者。（7）此外，唐、牟都喜用「超越性」、「無限性」等語詞來說吾人的仁愛之心，以仁愛之心為能不斷擴充即不斷超越現前的限制而更求向上故。依仁愛之心乃天之所與我者，則天作為創造之能亦不妨說即是一仁愛的天心、大心，或仁愛的超越者、無限者，此處超越者、無限者乃以吾人仁愛之心之充其極的理想（ideal）定。然無論是天心、大心抑或吾心，都非抽象掛空的概念，而是必然地在其真實呈用之中；天心、大心見於萬物的化育，吾心則見於吾生命的實踐。明乎此，我們才懂得為什麼新儒家會說那創造之能或天道「是既超越而又內在」。[40]此中「超越」與「內在」的意思必得本於其言作解；人或以它們在西方哲學中的使用來質疑既超越而又內在是自相矛盾語，則甚無謂。（8）最後值得一提的是，新儒家第三代的劉述先、杜維明對儒學的宗教性尤有發揮。劉述先早年借用神學家田立克（Paul Tillich）「終極關懷」（ultimate concern）的觀念來闡述儒學的宗教義

38　參看唐君毅：〈宗教信仰與現代中國文化〉，收氏著：《中國人文精神之發展》（臺北：臺灣學生書局，1989 年全集校訂版），頁 339-344。

39　參看唐君毅：〈致勞思光（二）（1954.12.9）〉，收氏著：《書簡》，頁 356。

40　牟宗三：〈人文主義與宗教〉，收氏著：《生命的學問》，頁 74；另《圓善論》，頁 340。

蘊。[41]及後更通過重新詮釋宋儒的「理一分殊」、莊子的「兩行之理」來揭示儒學的宗教性（亦為佛、道二教所共認的）對於天與人、超越與內在的深刻體認。[42]此即「我們既有普遍的規約原則，又有各時各地不同的具體的設施。所謂『寂然不動（理一），感而遂通（分殊）』，每一個個人受到自己時空的限制不能不是有限的，但有限而通於無限，參與天地創造的過程，生生不已，與時俱化。」[43]而人的有限、內在既能通於天的無限、超越，則知凡偏向一邊（得人遺天或得天遺人）都不恰當，儒學必兼顧兩行以安身立命，「走的是一『迴環』的道路，必先由『內在』走向『超越』，而後由『超越』回歸『內在』」。[44]至於杜維明則指出宗教的儒學是種包容的人文主義（inclusive humanism），即順人文的進路以建立宗教，惟不以人文取代宗教，亦不把人文與宗教斷成兩截，如西方啟蒙以來世俗的人文主義（secular humanism）之所為。他又指出宗教的儒學雖一方面重視人心的覺悟，以之為人能參贊天地化育的關鍵所在，但另一方面亦把人與萬物平視，強調人是萬物的一部分而俱為天道的創造物。依此，宗教的儒學絕不會同意人類中心主義（anthropocentricism）的立場，而必擁抱「人類－宇宙」的睿見（anthropocosmic vision）。[45]凡此俱有勝義在焉。

以上詳細展示了新儒家「宗教的儒學」之義理規模，可見其主要是從人心的覺醒與天道（超越者）的誠信兩面來規定「宗教」。所以新儒家使用的宗教一詞，實非依西方傳統特別是基督教所意謂的宗教（religion），而反近於中

41　參看 Shu-hsien Liu, "The Religious Import of Confucian Philosophy: Its Traditional Outlook and Contemporary Significance," *Philosophy East and West* 21, no. 2 (April 1971)。

42　參看劉述先：〈「理一分殊」的現代解釋〉；〈「兩行之理」與安身立命〉，兩文均收氏著：《理想與現實的糾結》（臺北：臺灣學生書局，1993 年），頁 157-188、189-239。

43　劉述先：〈「理一分殊」的現代解釋〉，頁 187-188。

44　劉述先：〈論「迴環」的必要與重要性〉，收氏著：《論儒家哲學的三個大時代》（香港：中文大學出版社，2008 年），〈附錄〉，頁 249。

45　參看 Tu Wei-ming, *Centrality and Commonality: An Essay on Confucian Religiousness* (New York: SUNY, 1989), pp. 93-121。

國傳統依宗起教、藉教悟宗之義，亦即平常說儒釋道為三教之義。強調依自起信的重要性，並以此為宗教意識的根本所在，則更是新儒家歸本自家傳統把西方「宗教」變為己用的過程。牟宗三說：

> 縱使以人格之神為信仰之對象，然若有心性之學以通之，則其信必更能明徹健全而不動搖。如此方可說自拔於陷溺，騰躍而向上，有真的自尊與自信。否則自家生命空虛混沌，全靠情感之傾注於神而騰躍，則無源之水，腳不貼地，其跌落亦必隨之。此若自儒佛言之，全為情識之激蕩，頭出頭沒之起滅。在激蕩中，固有粗躁之力，然謂能超拔於陷溺，則迥乎其遠矣。[46]

從宗教經驗（religious experience）的角度看，宗教的儒學確乎是更重視詹姆斯（William James）所言宗教經驗中較原初的個人（personal）一面，[47]但它亦非完全缺略聖事的（sacramental）一面，三祭（祭天、祭祖、祭聖人）即是例子。總的而言，三祭是吾人對天道創生之能或生命之根源的誠敬，當中的涵義唐君毅曾詳析之：

> 此中國儒者所言之祭之本義，原以祭為人之所以交於神靈。故祖宗之神靈、聖賢忠烈之神靈，以及天神地祇，皆為實有。人之祖先在生之前，必顧念其子孫，而其顧念之情無盡；聖賢忠烈，在生之前，必顧念於國家中之人、與天下後世之人，其顧念之情亦無盡；則其歿而為鬼神，其顧念之情，亦自無盡。故人可由祭祀以達其敬誠，成其感格。至於天地之為物，若只視之有形質之物，則自不堪敬。然此天地，即一切人與萬物之生命存在之根源。人與萬物有其生命，則為其根源之天地，不得為

46　牟宗三：〈人文主義與宗教〉，頁 79。

47　參看 William James, *The Varieties of Religious Experiences* (New York: The Modern Library, 1929), p. 31。

　　無生命。人有其心，則為人之根源之天地，不得為無心。萬物與人之生
　　於天地之間者無窮，而其生物之事不可測，則天地之心、天地之生命，
　　亦理當同其為無窮而不可測。此對天地之祭，即所以使人之生命心靈，
　　由祭之敬誠，以上達於此無窮之生命與心靈，以與之感格，而使由此根
　　源而生，若離於此根源者，更與此根源相契接，如海水之流入湖澤者，
　　再還通於大海也。[48]

雖云三祭所本仍是人心能越乎死生幽冥的感格，但與覺悟工夫相比，祭祀禮樂
的效用乃重在由外以養內。

　　毋庸置疑，新儒家打開了儒學作為宗教的一面，可使儒學參與到當前世界
各大宗教的對話。[49]人或因只見唐、牟兩先生的判教皆是推尊儒學，如唐君毅
的心靈九境以儒家的天德流行境為最高、牟宗三判釋儒佛道耶康德而以儒家為
大中至正的圓教，遂謂新儒家將宗教的儒學變成排他的絕對主義，但這是很大
的誤解。必須指出，新儒學在儒學的宗教性中首先發掘出的，反倒是儒學足以
作為融通一切宗教的基礎。此即儒學：（1）強調信仰者的能信；（2）誠敬生
生不已的創造之能，卻不落入某種人格神的信仰；（3）體認創造無論是天的
生化創造或人的道德創造，其內容即是仁愛。新儒家相信這些特點將使儒學看
來更像是「宗教一般」（religion in general）的根據，而非僅為某一特殊的宗
教。唐君毅說：

　　〔……〕我們對於宗教問題當持之態度。此態度，照我的意思，必須較

48　唐君毅：《生命存在與心靈境界》，下冊，頁 210-211。

49　當代新儒家在上個世紀 50 年代以來已展開與基督教的對話。第三代的劉述先參與了孔
　　漢思（Hans Küng）的全球倫理與宗教對話的運動，杜維明長期在西方學術界努力以儒
　　家學者的身分與不同宗教的學者進行對話，乃把儒學的宗教性置於一個更為寬廣的世界
　　背景下。參看劉述先：《全球倫理與宗教對話》（臺北：立緒文化事業公司，2011
　　年）；杜維明著、彭國翔編譯：《儒家傳統與文明對話》（石家莊：河北人民出版社，
　　2006 年）。

五四時代進一步，即自覺的肯定宗教之價值。但同時必須建立一種確立現有的不同的宗教之不同的價值的思想，以真實的成就一各種宗教間之相互寬容，與互認對方之長，而互相取資，以求宗教精神的融通，而免人與人間由宗教信仰的分歧，而造成不必要的對峙與衝突；而同時亦要肯定中國儒家思想中之宗教意義，使純粹中國人與不信仰其他宗教的世界人士，在儒家思想的信仰中，同可發現一宗教性的安身立命之所，以建立儒家的教化之基礎。此儒家的教化，並不同於狹義之宗教，亦不是要建立之以為一般宗教之一，以與其他宗教爭天下。而只是要建立之成為一般宗教之基礎，而使一切宗教得相容俱存，而不致造成人與人之衝突敵對。[50]

於此，若強調儒學的宗教性是在於其可以作為「一般宗教之基礎」，而本身不必定要建立為「一般宗教之一」，則儒學或得以與其他宗教相容俱存，甚至成為促進一切宗教相容俱存的橋樑。不過儒學若能成為一些人信仰之所寄，則它亦必同時是一特殊的宗教。如是，依新儒家開出的思路更作演繹發揮，就儒學具包容其他宗教的開放性言，可以建立一套「多元主義的宗教觀」；就儒學作為一特殊宗教而必求跟其他宗教相區別的封閉性言，則可以證成一套「多元宗教的判教模型」。而後者乃可解釋交代新儒家之推尊儒學，並且彼等推尊儒學與主張融通多元宗教實為不相矛盾。此中的理論曲折，我曾在別的文章中詳加分析，此處便不贅言。[51]

50　唐君毅：〈宗教信仰與現代中國文化〉，頁 335。
51　參看拙文〈徘徊在絕對與多元之間——論牟宗三先生的「判教」〉，收拙著：《儒學、哲學與現代世界》，頁 256-287；另〈生命的虛無、沉淪、悲情與覺情〉，頁 133-154；〈明末王學的三教合一論及其現代迴響〉，收吳根友編：《多元範式下的明清思想研究》（北京：三聯書店，2011 年），頁 181-233。

五

　　自從歷史學者余英時提出現代儒學有淪為游魂之虞的說法，[52]如何在現實中實踐儒學便成為是無論批判或關心儒學的人們所熱烈討論的課題。如果把余說視作一種提醒：即儒學不能只存在於大學或研究院的學術研究之中，則這提醒是十分重要的。但若以此排斥一切觀念或理論重建工作，視為無用的抽象化，則是不知類的混妄。蓋如果沒有在思想層面作梳理、疏通、評估及簡擇，我們連到底要實踐什麼樣的儒學都毫無頭緒，所謂的實踐非盲動妄行鮮矣。尤有甚者，則儒學更有可能重蹈被別有用心之人借用扭曲的覆轍。

　　其實，新儒家既主張儒學是合哲學、道德、宗教為一體，當不致脫略掉如何落實儒學於社會生活中的考量。早在 50 年代，唐君毅與牟宗三已討論過建立儒教或人文教的需要，但終以尚非其時而未竟實行。箇中的詳情，唐君毅在一封寄牟宗三的信中有仔細的說明：

　　　　弟因覺今日講學，不能只有儒家哲學，且須有儒教。哲學非人人所能，
　　　　西方哲學尤易使人往而不返，而儒教則可直接人之日常生活。在儒為教
　　　　處，確有宗教之性質與功能，故曾安頓華族之生命。而今欲成就其為
　　　　教，必須由知成信，由信顯行，聚多人之共行以成一社會中之客觀存在
　　　　——如社團或友會（友會之名較好），此客觀存在，據弟所思，尚須有
　　　　與人民日常生活發生關係之若干事業。此蓋凡宗教皆有之。唯有此事
　　　　業，而後教之精神乃可得民族生命之滋養，而不致只成為孤懸之學術團
　　　　體，此諸事業即屬於儒家所謂禮樂者。禮樂乃直接潤澤成就人之自然生
　　　　命。人之自然生命之生與婚姻及死，皆在禮樂中，即使人之生命不致漂
　　　　泊無依。胡適之謂儒者以相禮為樂，亦未必不可說。今之基督教徒，在
　　　　社會存在之基礎，即主婚禮與葬禮，佛教只能追薦，不能主婚禮。儒家

52　參看余英時：〈現代儒學的困境〉，收氏著：《中國文化與現代變遷》（臺北：三民書
　　局，1992 年），頁 95-102。

之禮，則兼重生日誕辰與冠禮及葬後之祭禮，此是對人之自然生命自始
至終與以一虔敬的護持，而成就其宗教之任務。弟以為此將為儒教徒之
一社會事業。此外，則養老恤孤，救貧賑災，亦為儒者過去在社會所指
導，而力行之一事，今皆入佛教徒與基督徒之手。亦當為今後儒教徒之
一事。此諸事皆不只是學術理論，亦非屬狹義之政治，而為流行遍及於
社會人民生活之最現實的方面者，故可盡澈上澈下，通無形與形而極高
明以道中庸之道。唯禮樂之訂定，非義精仁熟不能為，且不能無所因
襲，亦不能過於與當世詭異，以動世人之疑。弟為此徬徨而不知所決。
弟日前唯思及民間家中天地君親師之神位及孔子廟二者，不知臺灣尚存
否？弟嘗思自先保存此二者下手。天地君親師之神位之君字，或改為聖
字或人字，孔廟即成講學之所，唯其他之禮器與樂章為何，則茫然不知
所答。如何「治之於視聽之中而極之於形聲之外」，此真是化民成俗之
大學問，尚非一般之外王之教所能攝。弟想將來吾人亦須向此用心。唯
此皆與今日知識分子所用心之處相距太遠，仍必須先由義理之當然處一
一開出思路。因而先引起人之問題，拓展人之心量之哲學工作，必須先
行，冀由廣泛的思功，逐漸逼歸定向之行事。故兄函所謂凝聚成教會之
義，仍只能先存之於心。人文友會事，仍須能以講義理為重，而不宜流
於形式，以免先造成阻隔。唯志同而全無形式，則精神亦將散漫，故人
文友會在臺先成立亦甚善，弟自當列名參加。唯弟在此間，仍當從事較
廣泛性之思想上啟發之事。凡屬凝定貞固之事，弟皆不如兄，但在隨機
誘導與潛移默化之事上，則與弟之性質更相宜。要之此二者乃相反相成
者，以時運考之，終吾人之一生，此志業皆將在困頓中，而無由遂。然
人心不死，此理必存，大道之行，終將有日。在實現條件上，弟亦常有
許多想法，耶穌釋迦，皆先及於無多知識之人，孔子之弟子皆以德性
勝，吾人則先自有知識入，而所遇之環境，亦是知識分子之環境，凡知
識皆曲，故必由曲導曲以成直，此是大難處，然亦終無法避去也！[53]

---

[53] 唐君毅：〈致牟宗三（二）（1954.8.14）〉，收氏著：《書簡》，頁 158-160。

可見唐、牟是完全明白儒學必須復活其化民成俗的功能，依本文的思路說，即復活作為生活的儒學。而此可能則端賴於下列各項實現條件之具備：（1）成立類乎宗教社團的組織。（2）本其組織以重建禮樂，使儒學的禮樂能像過去一樣，通過主持生日誕辰、冠禮、婚禮、葬禮、祭禮，以照顧護持人之自然生命，並得以與人民日常生活發生緊密的連繫。當然，禮器樂章為何便要有精詳的考訂及適時的損益，以免「過於與當世詭異，以動世人之疑」。（3）又本其組織以推動養老恤孤、救貧賑災的社會福利事業。（4）唐君毅甚至想過先從保存孔廟為講學之所，及保存民間家中「天地聖（易「君」為「聖」）親師」的神位，以為實現生活儒學的下手處。不過這些構想最後都因礙於半個世紀以前的社會文化氛圍而無法開展。信中提及的人文友會，終於在臺北由牟宗三及其學生成立，於 1954 年 8 月 14 日舉行首次聚會，以後兩周一次，歷整整兩年，共計五十一次。[54] 人文友會的聚會，正如唐君毅信中的建議，仍是重在講學，重在「先由義理之當然處一一開出思路。因而先引起人之問題，拓展人之心量之哲學工作，必須先行，冀由廣泛的思功，逐漸逼歸定向之行事」。牟宗三在友會的第一次聚會中亦提到：「我們這人文友會，還有一大願望，即關心我們這一民族國家的立國之本。我們主張使儒家成為人文教，並主張於未來成立人文教會以護持國脈」，雖則「至何時可以成為教會，現在只是願望，並不能確定」。[55] 值得注意的是，牟宗三是以守護民族國家的立國之本作為復活生活儒學的理由。對於這點，他有進一步的解說：

> 我們從教主講，稱「孔教」；從內容講，稱「人文教」。不過要成宗教，必須靠三祭——即祭天、祭祖、祭聖賢。這須靠國家來維持，社會上必須有教會來持載。過去靠皇帝，現在要靠社團。如要此一理想成為客觀化，須通過憲法，此為吾人奮鬥之目標。我們必須從文化運動上開

54　參看牟宗三主講、蔡仁厚輯錄：《人文講習錄》（臺北：臺灣學生書局，1995 年），〈編印說明〉。

55　同前注，頁 2-3。

出這一理想。我們如果單講民主政治，不通文化生命，則國家建立不起
來。若只有政治上的民主，而沒有生活上的軌道，則國本不立。如不寫
中國文字，雖不違反民主政治，但我們可說這就不應做中國大總統。現
在甚麼都不在乎，衝破一切，大氾濫。只是一種墮落，站不起來，只是
一堆物質。所謂興於詩，立於禮，成於樂。一點矩矱體統都沒有，這不
表示氣魄，這表示墮落。絕對的個人主義，反過來即布爾雪維克之極
權，即是虛無主義。所以，起碼的形式不能完全衝破。（胡適說：「守
孝可以戴銀框眼鏡，為何不可戴金框？」這即是衝破一切。）這種民主
以上的國本，非有宗教來維持不可。[56]

必須指出，新儒家以生活儒學為國本的觀點，絕不應被輕視為狹隘的文化民族
主義，這從他們孜孜不倦的申明儒學的普遍性涵義可知。提倡儒學的普遍性，
固有利於將其置放在一世界主義（cosmopolitanism）的脈絡中，使其成為全人
類所可共享的思想資源。但這絕不等於可以抹殺掉儒學同時是華族的地域性知
識（regional knowledge），是華族賴以建立其身分認同的傳統憑藉。而此兩面
本是不相排斥的，蓋具體而非抽象的世界主義必然是在地的（localized）、有
根的（rooted）。

　　回到生活儒學的落實問題，第二代的新儒家面對的是一個缺乏實現條件的
社會文化環境，然時移世易，今天的情況顯然已大不相同。我們甚至會經常聽
到一種批評新儒家的聲音，以為新儒家過分偏重理論的工作，現在理論工作已
做得太多，是時候著力於實現儒學於日用倫常之中。說落實工作應展開，此誠
然；說理論工作已足夠，則非是。此觀乎當前不少中國知識分子對儒學的猜疑
與誤解仍舊停留在五四新文化運動反傳統主義的理解水平，則可證知。又落實
工作的展開，靠的恐怕主要不是大學學者，而是一群能從事文化、宗教事業的
有心人，而這與學者的理論工作應是並行不悖，分途並進，分工合作，乃至相
互支持的。

56　同前注，頁4。

　　最後，儒學的落實本身就是一個多元的、辯證的（指當中各部分的既分且合）光譜。從學院的研究（作為哲學的儒學），個人的道德指引與宗教皈依（作為道德的與宗教的儒學），到人民日常生活的軌範（作為生活的儒學），中間應該還有一個不可缺略的重要環節，此即重釋儒學對政治生活所可能有的啟示與貢獻（作為政治的儒學）。毋庸置疑，過去歷史中政治化的儒學（politicized Confucianism）已備受批判，但卻不必涵蘊儒學的政治思想資源已枯竭。相反，新儒家的學者便曾努力論證儒學與民主政治的可相容性（compatible）；民主政治乃是儒家的政治理想所理當要求者。凡此俱詳見1958 年的宣言、唐君毅的文字及牟宗三那極富爭議性的民主開出說。由於箇中所涉的理論問題甚繁複，要分疏、析論及評估，需另文處理，這裡暫不多說。

　　總括而言，新儒家在過去大半個世紀的努力，以合哲學、道德、宗教為一體來重新構想「儒學」，其實正是要兼顧儒學的理論與實踐兩面。哲學的儒學，能通過理論建構乃至中西比較的視域來大大開拓儒學的義理世界，使之能參與到當前人類面對的各種問題的討論中以求作出貢獻，並為解決問題的實踐路向提供指引。道德的儒學與宗教的儒學，則能恢復儒學作為吾人日常生活的軌道及吾人精神生活的途徑的意義。最後必須說明的一點，是新儒家的「儒學」構想質實言之不過是最起碼的奠基工作，還有待我們在其上作更多的建築擴充。例如，上面提及的作為生活的儒學與作為政治的儒學。

2010 年 5 月 24 日初稿

2012 年 11 月 7 日二稿

2013 年 1 月 9 日三稿

2014 年 3 月 10 日四稿

論當代新儒家的人文主義

葉海煙*

　　儒家作為中國文化界域裡深具決定性與影響力的一個思想流派，它與中國文化傳統之間共生共在的錯綜關係，已然具體表顯於中國人之為中國人的特殊的生活模式、價值取向與人格形態。也就是說，在中國文化所涵覆的意義、理趣，以及其所延展開來的種種實踐性的脈絡之間，儒家始終扮演著相當重要的角色，並實際地發揮那攸關個人之成長與群體之發展的指導性功能。因此，縱然儒家（或所謂「儒學」、「儒教」）在不同的時代確實出現了不同的面貌，而且也同時出現了具一定差異性的精神特質與思想屬性；然而，從人文傳承的歷史脈絡看來，儒家卻始終與中國文化相即不離。因此，若說在中國歷史進程中確實曾出現所謂的「儒家文化」或「儒家社會」，似乎也不為過。當然，在人文大河潮來潮去，川流不息的歷程之中，所謂「人文化成」，實乃此一歷程最恰當也最生動最寫真的描繪。因此，吾人理當先行理解此一由眾多之「自我」與「他者」所共同鑄就陶成的久久長長的文化志業。在此，且借唐君毅早年所建構的人文理念——由「道德之實踐」進於「世界之肯定」，而終於「精神之表現」，此三階段通貫，次第以進的動態的人文觀點，來闡明儒家此一容異求同、向上超升的「成人之道」：

　　　　因人類有共同的最高理想之人格，於是各種不同的人格之所以不同，便
　　　　可說是因為各種人格尚未達最高階段之故。而在未達最高階段時，各種

*　國立成功大學中國文學系教授

不同的人格之所以不同，只係於其上升之路之不同，所以一切人格之不同，只是形而上的精神實在表現方式之不同。形上的精神實在其自身本來是統一的，而其分別表現之方式，亦因而是可相貫通涵攝的，所以各種人格雖不同，各有其特殊性，然而可以互相了解。而在達到較高階段的人格，反能了解更多與他不同的人格，因為他上升愈高，愈接近統一之精神實在，而其貫通涵攝之心量亦即愈大。[1]

唐君毅如此看似「唯心」或「唯理」的論點，其實一點也不唯心，一點也不唯理，因為中國文化所蘊含的人文因子幾乎無所不在，而且它們往往試圖涵攝精神與物質、靈魂與肉體、自我與他者、個體與群體，以至於人文與自然、人倫與天道、形而下與形而上等二元之隔閡與對立。當然，這樣的努力與嘗試，迄今仍然不斷地獲得歷代儒者相對應的關注與評價——而當代新儒家也就一直在這「成人之道」上，步步邁向「上升之路」，以「貫通涵攝之心量」。如同古代儒者般，坦然面對前述諸多二元對立之課題（它們不只是思想課題、理論課題，更是實踐課題、生命課題），進而深入人文思考與人文素養之內蘊，終而高舉人文主義之大纛，拓開了人文精神的氛圍與範限，甚至還試圖與西方之人文傳統與哲學心靈有所對話，有所攻錯，有所融通。

一、人文思維的傳統性與現代性

回顧當代新儒家之出現於當代中國，其中緣由顯然有其特定之文化性、社會性，以及特定之群體性與境遇性。因此，在具有現代性的西方文化全面衝擊傳統中國之際，現代化與反現代化的諸多因素，以及其所延展開來的生活向度，於是便一直在尋找實際而有效的出口，以及足以表現個人意欲與群體意識的諸多場域。也就是說，那些始終依違於古今對比與中西對比所形塑的思維張力之間的知識構作或是精神產物，總是會有露出人性水面而發光發熱的機會，

1　唐君毅：《道德自我之建立》（臺北：臺灣學生書局，1985 年全集校訂版），頁 170。

而這些往往被中國當代知識分子所青睞的義理結晶，無論如何不能迴避各方的檢視與批判。如被艾愷（Guy S. Alitto）視為文化保守主義者的梁漱溟——他普遍地被認定是當代新儒家第一期的代表人物，便深切警覺時代的變異與文化的差異二者互動之下所展開的精神歷程，實無時無刻不在當代中國人集體的心靈範域裡一逕地由過去延展向未來。因此，梁漱溟乃大肆進行其中、西、印三大文化之比較，最後歸結於中國文化本位。縱然他仍然堅決相信中國一定要現代化，因為當代中國正遭逢前所未有的文化危機。於是艾愷便如此描述梁漱溟的文化觀：

> 他為中國真是設定了一個無法解決的兩難：他認識到國家主義與文化主義間——或說保國與保教間——的敵對，通過其原創的文化理論，他顯示了中國底「真」文化是如何的「先進於」也「高超過」西方的現存文化；然而同時，他認可中國絕對要現代化。這個兩難是絕對解決不了的：中國不能維持其文化，因為它正恰恰造成威脅著要摧毀這個國家之種種問題。然倘中國放棄其文化而代之以西方文化，那麼偏偏在當西方正要轉而接受中國文化時，中國受難於西方文化先天的非人性化與精神底災厄中。[2]

表面看來，所謂的「兩難」似乎無解；可是，梁漱溟在「要排斥印度的態度，絲毫不能容留」以及「對於西方文化是全盤承受，而根本改過，就是對其態度要改一改」的前提之下，他終究認為要「批評的把中國原來態度重新拿出來」。[3]梁漱溟於是一方面認定中國文化與現代化難以並存，一方面卻堅守「中國文化要義」所在之「理性」——顯然，梁漱溟是用「理性」來擴大解釋傳統之道德直覺（或稱之為「仁」），而進一步認為唯有如此，中國文化才能

2　艾愷（Guy S. Alitto）：《文化守成主義論——反現代化思潮的剖析》（臺北：時報文化出版公司，1986 年），頁 202。

3　梁漱溟：《東西文化及其哲學》（臺北：問學出版社，1979 年），頁 202。

真正現代化，真正成為「真正人性的」。[4]可見梁漱溟絕不是一般反傳統的現代派，也不是泥古不變的保守主義者，因為他已然將「中國文化」放入具有跨文化、跨時代與跨學術界域的思考向度之中，而他對「文化」的界定，似乎也不是單向度的民族主義者或文化主義者的觀點。當然，說梁漱溟的文化思維或儒學思維的內部存在著某些矛盾，並不是沒有道理，譬如艾愷就發現梁漱溟在國家主義與文化主義的敵對中出現了兩面手法，而且由梁漱溟認為文化乃「由一種隱含態度與意志導向所創底整個實體的文化概念」的觀點看來，梁漱溟似乎不應該又大倡其中國式的現代化，甚至呼籲要重建中國社會而務必保留中國文化中某些優質的精神傳統（如孔子的「仁」所揭顯的道德理性）。[5]其實，此一存在於梁漱溟的思想、性靈以至於生命內在之中的所謂「矛盾」，也不是不可解，因為只要我們深入理解中國文化的「士」或「君子」的真正的性格與人格，特別是在「道並行而不相悖」的殊途同歸的理想主義光照之下，一切矛盾與衝突，似乎都可能在「士不可不弘毅，任重而道遠」的樂觀主義的希望中，向著人性、人道與人文化成的實踐道路敞開，而持續地涵化於人文精神與道德心靈之中，終將如冰之銷，似霧之散。如此一來，吾人便終將可以得見「雲開月散」般的未來榮景。[6]

而既已置身於人文思維的傳統性與現代性二者之間的對反與間距之中，吾人似乎大有機會在人文主義與理想主義二者共鑄而成的文化磐石之上，將個人之生命交付給理性與道德相依相倚的義理脈動，而竟如日本學者五來欣造所說「在儒家，我們可以看見理性的勝利」。[7]在此，所謂「理性的勝利」對真正的儒者而言，也當是道德的勝利、人格的勝利，甚至是生命最終之勝利。因為就人文化成的全般歷程而言，理性往往只是其中一股推送吾人向前之力量，如那開路之先鋒，引領吾人向著生活之中種種之標的物，勇敢而果毅地從事種種

4　艾愷：《文化守成主義論──反現代化思潮的剖析》，頁 203。

5　同前註，頁 202-203。

6　艾愷就認為梁漱溟懷抱樂觀主義的希望──希望魚與熊掌可以兼得，縱然此一希望始終無法實現，而中國社會也終究無法達到富足的樂境。參前註，頁 204。

7　梁漱溟：《中國文化要義》（臺北：里仁書局，1982 年），頁 135。

足以形塑吾人之道德、人格與生命之活動，而這在個體與群體兩個側面之中，都已然有無數可檢證、可資借、可琢磨之物、事、人，以及具有經驗性與效驗性的種種跡象，作為吾人理解一個體或一群體之所以為其己、成其己而終於真正屬己在己者之真實緣由。因此，梁漱溟之讚歎中國之偉大乃人類理性之偉大，而中國之缺失則肇因於理性早啟、文化早熟，而非理性有所缺失，這顯然就是梁漱溟大力肯定理性之功能與作用之後所必然推演出來的結論。[8]然而，梁漱溟卻仍進一層地如此推斷：「必明乎理性在人類生命之位置，及其如何漸次以得開發，而後乃於人類文化發展之全部歷程，庶得有所見。」[9]如此的文化覺知，除證明梁漱溟並非滯於經驗層次之理性主義者外，更隱隱然出現了一種深層的文化觀，他於是進一步地肯定理性必須與吾人生命內在有所連結之重要性，並且同時揭顯出文化發展作為一歷程，並非單向之歷程的文化動態觀──這似乎已然近乎文化機體論，而因此不再一味地耽於理性孤明、歷程單向，以至於心靈閉鎖、生命枯槁之境地。

由此看來，當代新儒家之關切理性、照料理性，甚至於進一步解構理性，而終探入吾人理性之深層與底層，以闡析理性之真諦，以開發理性多面向之功能，實其來有自。而這樣的努力也已然獲致具有現代性涵的諸多成就，如唐君毅之突出「道德理性」，便是在中國人文思維的脈絡裡，設法轉理性之作用於具有現代意義的人文思考中，以建構新道德、新人文與新世界。因此，「道德理性」所蘊含人文思維的傳統性與現代性，並將一切與道德相關之人文傳統，放入現代理性與現代道德二者共攝共融的生活場域裡，以再造理性新局與道德新義，顯然絕非不可行之浮調──也就是說，唐君毅作為一理想的人文主義者，以及以道德為最大關切的理想主義者，其身分是不僅篤實、真切而嚴謹，而其承繼傳統儒家之精神元素與思想因子，以對應現代社會與現代世界之挑戰，也自是一番可大可久的人文志業。[10]

---

[8]　同前注，頁 320。

[9]　同前注。

[10]　唐君毅積極而正向地突出道德之人文性、理想性與實踐性，並由此而試圖開發中國文化

　　至於當代新儒家另一位饒富哲學創造力的代表人物——牟宗三，則另行開闢出「政治理性」、「社會理性」與「生命理性」，以企圖突破儒學在現代性多方衝擊之下所已然陷落的困境。本來，在唐君毅構建的「人文世界」的理想藍圖之中，已然揭露了「生命主體之力」，以及與此生命主體力相對待的「生命的學問」，以及其中所涵覆的精神修養。[11]而牟宗三顯然更勇於面對現代性的挑戰，特別是當他面對那來自西方理性傳統與文化現實對中國文化與中國人的心靈與思維所可能引來的侵入式的壓力與殺傷之力，他似乎毫無懼色地挺身而出。在此，就以他在政治文化多門歧出之間所力圖拓開的「中國現代化的道路」為例，便顯然可見他是如何地揮灑其超越傳統的豪情壯志，而冷靜地從事具現代意趣的思考——亦即是具有客觀性、分析性與架構性之整全而嚴密之人文思考。因此，牟宗三一方面肯定中國早有理性的作用表現，但另一方面，則一針見血地直言中國文化缺乏理性的架構表現。[12]於是他乃以「現代化」的基本精神——「對列格局」（co-ordination），[13]來看待中國文化的現代化問題——究竟應如何吸納西方的自由、民主、平等之精神以解決政治不夠民主、人民不夠自由，以及社會不夠平等等中國文化內在之問題。因此，牟宗三關注中國文化前景的眼光，乃由「內聖之學」轉向「外王之學」，而且還進一步地以文化與生命交參而成的全幅向度，來深究這深層的文化問題：

　　　　以往兩千多年是以在道德宗教方面的表現為勝場，它所樹立的固是永恆的價值，但是現在我們知道，只在這方面表現是不夠的，學術還是要往

的創造力，以揭顯中國文化的精神價值。當然，唐君毅也深知中國文化精神有根本之缺點，如欠缺理想之超越性與客觀性，而這對人文化成與道德實踐之終底於成，是十分不利的。參見唐君毅：《中國文化之精神價值》（臺北：正中書局，1974 年），頁 365-368。

11　唐君毅：《中華人文與當今世界》（臺北：臺灣學生書局，1985 年全集校訂版），下冊，頁 305-306。

12　牟宗三：《政道與治道》（臺北：臺灣學生書局，1991 年增訂新版），頁 26。

13　同前註，頁 26。

前開，還是得順著顧（亭林）、黃（梨洲）、王（船山）的理想往前開
外王。要求開出下一層來，則學術不能只往上講，還得往下講。民主政
治、科學、事功精神、對列之局的這一層面，卑之無甚高論，境界不
高。14

在此，牟宗三認為「開外王」是要開出文化的「下一層」，也就是要開出民主
與科學。事實上，所謂「事功」或「事功精神」，確實一直被中國傳統知識分
子認為是「卑之無甚高論，境界不高」的生活內容。然而，牟宗三在此卻有一
逆轉式的思維——即認為中國要現代化，便不能再一味地著眼於道德與宗教所
追求的永恆價值，反而是要「自覺地要求這個事功精神，並且得從學術的立
場，給予事功精神一個合理的安排、合理的證成」。15而要為這講究實用與效
驗的事功精神做合理的安排與證成，便非運用吾人理性之客觀性與架構性思考
不可——在此，運用理性以證成人文思維中具客觀性、架構性、實用性與效驗
性的成分，其實是要吾人從文化的傳統性裡掙脫，而大步向現代性勇邁，而這
也就是理性的「運用表現」（functional presentation），它必須在生活之中具
體地表現，並充分地彰顯，而此運用表現的理性就是實踐理性。16

　　由此可見，當代新儒家之重塑吾人理性於當代新人文場域裡，其根本用意
實不外乎希求吾人之生命能夠主動進行內在之改革（此即心靈之改革、精神之
改革），而不再停滯於傳統思維中，並因此進一步地真誠地反思現代之一切，
而真正善解那所謂「現代化」的真諦。如此，吾人才可能超然於主客對立與心
物對諍之外，而獲致真實之自由，以挺立於此一生活世界中——這不就是古來
儒者所追求的理想人格？唐君毅之所以融文化意識與道德理性於吾人之精神活
動，其目的不也就是要吾人超克「主觀內在理想與客觀外在現實之相對待」，
並進而「求實現此主觀內在理想於客觀外在之現實，而克服此對待，使客觀外

14　同前注，頁 28。
15　同前注，頁 28。
16　同前注，頁 46-47。

在現實表現吾人之理想」。[17]如此現實與理想相互之涵攝，而終將諸多美善之理想落實於此一客觀世界中，不也就是牟宗三所謂的「新外王」？而此一新外王又非經由吾人理性之自我改造、吾人精神之自我更新以及吾人生命之自我超克不可。

此外，就唐君毅如此之界定「文化」——「吾人謂文化乃人之精神活動之表現（或創造），亦即謂文化之概念與精神之概念，同為一綜攝主客內外之相對，心與物，心與生命，生命與物，個人與社會之相對之一概念。」[18]——來觀察中國人文的多元統系，並進一步來了解它們究竟是如何錯綜複雜地造就出「中國人」？同時又是如何百迴千轉地在中國人的群體生命之中展開其多面向的創造、發展，以及無可遏抑的生息與榮長？而如此充滿自知、自醒、自覺的文化抉擇或文化自決之活動，不也就是中國人文精神與人文思維真實之義諦所在？

或許，吾人可能會多少意會到當代新儒家的堅持並不那麼「現代」——換句話說，當代新儒家之磨礪古典智慧，並將之應用於當代諸多之人文境況以及所衍生之問題，看來是有可能落入某些傳統性的意識窠臼。不過，當我們平心靜氣地聆聽唐君毅如是真誠之反省後，便應多少可以對當代新儒家「擇善固執」的態度有著更富同理心的包容——唐君毅如是說：「道德為實踐之事，而非理智之事。道德之哲學的反省，無直接之效用於道德之促進。然依淺薄或錯誤或未盡理之道德哲學以指導行為，則妨害道德之實踐，由是而道德之哲學的反省亦不可少。」[19]由此可見，儒者之堅持道德思考之理所當然，以及道德實踐之分所當為，其實已然是「撥亂反正」、「辨偽存真」甚至是「棄暗投明」的決心與行動，而這自是在道德思考之為人文思考之核心，以及道德實踐與道德活動之為人文之實踐與活動的前提下，當代儒者不能不深切反思並痛切悔改的人文課題與生命課題。

---

17 唐君毅：《文化意識與道德理性》（臺北：臺灣學生書局，1985年全集校訂版），頁30。
18 同前注，頁31。
19 同前注，頁515。

二、人文精神的內在性與超越性

　　對應於人文思維與道德思維之介於傳統與現代之間的對反關係所釀致的問題，傳統儒者所講究的「才德兼備、仁智雙修」的人格養成論之作為儒學實踐論的核心思維，基本上已經在相當的程度與範圍，發揮了「超克」之功與「整飭」之效——「超克」對治的是吾人之身為個體所可能發生的人性之病，而「整飭」對治的則是吾人之合為群體所可能出現的人道之患。因此，吾人實不能不對「才德兼備、仁智雙修」的人格養成歷程，以及其所可能涉及的人文精神究能如何內化於吾人生命底蘊的實踐課題，進行全面性的關切，並進而展開全向度的探索。而如此的付出與努力，在當代新儒家無不抱持人文情懷的存在境況裡，實在屢見不鮮，而且往往值得吾人予以真誠的考察與檢證。

　　在此，單以熊十力作為當代儒者之典範，即可見儒家之成就中國人文精神，並予以具體而真實之表顯，實不容任何中國人視若無睹。而熊十力殫思竭慮以推究「原儒」之義，其濃郁之人文主義氣息，更是教人動容，而其刻意突出某種理想主義之精神，以及由此所不斷生發的心靈意向與生命動能，更是沛然莫之能禦。[20]此外，若以「人文」之字源之義，來論斷中國文化之精神旨趣，唐君毅則有十分簡要而明切之見解——他認為中華民族生命與文化生命自始便有合一之發展，而這恰恰和中華民族文化之原始精神相應相合。由此，唐君毅進一步斷言：「此中之民族生命是人，文化生命是文，故不出『人文』二字，此豈非單純簡易之至？」[21]而人文之生成與發展乃動態之歷程，故中國之文化精神自有其歷史之發展。其間，始終通貫的歷史動力亦即是一民族生命與

20　熊十力對中國文化的高度認同，以及由此所生發出來的民族之情與文化之愛，往往溢乎言表。而他也同時通過其個人在中國文化所遭逢的時代困境之中所深切體會的生命痛感，而真誠地抒發出真性情，並做出了真學問。劉述先即認為熊十力的真性情與真擔當乃成為精神之泉源，而意圖把中國哲學的精神從時流之中挺拔出來。見劉述先：〈熊十力的精神世界與文化理想〉，收入郭齊勇主編：《玄圃論學續集——熊十力與中國傳統文化國際學術研討會論文集》（武漢：湖北教育出版社，2002 年），頁 35。

21　唐君毅：《中華人文與當今世界》，下冊，頁 307。

文化內蘊之動力。[22]由此看來，當代新儒家的民族觀、文化觀與歷史觀，實已在其對中國人文精神的理解、持守以及闡發宣揚的過程逐步合而為一。

　　本來人文精神原就是文化生成與社會發展的動力，而人文精神在開創文化、培成文化，以至於延展文化於無盡之未來的歷程中，則始終居於樞紐之地位。表面看來，人而有文，人而能文，彷彿天性自然。然而，就吾人作為一「存在物」或「存在者」而言，在肉身之活動與靈性之發揚之間，實隱隱然蘊含著無可遏抑之張力──此一張力所演生出來的意義脈絡，自始便多方迤邐於自我與世界之間分分合合的錯綜關係裡。而自我之連結於人性，世界之對比於人文，其間實始終通貫著動態而多元的人文歷程。從來，儒家總認為人倫道德根本不是一個理論性的課題，而「德性之我」自始即浸潤於人文意識中，終能實現人文之價值理想以培成美善之人格。由此看來，人文之內化於自我，以及精神之外推於世界，原來就是並行不悖的雙向之路。

　　因此，在當代新儒家一方面全心講究「問學之道」，一方面則同時致力於顯揚「德性之尊」的榮光之際，高明的智性與博厚的德性恰恰是吾人生命之所以能自在地運轉的軸心所在。唐君毅就如此突出吾人理當進行「自己超越」，以顯明吾人之精神自我之活動：

> 唯吾人自然生命欲望及自然心理之性向之自己超越，復為違吾人主觀的自然之趨向者。其自己超越而顯為精神自我之活動，或須俟其自然生活之經大挫折，其由自然心理之性向而發出之反應活動，與欲望所要求者之相違，或其欲望之活動為自然心理中如模倣同情所引起之活動所壓抑。總而言之，即吾人欲望之活動及自然心理之活動之相互剋制，與人受挫折時，外在環境強大力量對吾人生活之限制，恆為逼出吾人之欲望自然心理性向之自己超越，而顯出吾人之精神自我之活動者。[23]

22　同前注，頁 307。
23　唐君毅：《文化意識與道德理性》，頁 62-63。

由此看來，唐君毅所謂「精神自我之活動」，其主軸乃是「吾人之欲望自然心理性向之自己超越」。而吾人之精神之所以能有自主而自由之活動，乃源自於吾人內在「超自然」又「超主觀」之「超越」之欲望，而此超越之欲望始終都在吾人精神之自覺之中，才可能真正地超克吾人生命存在所牽連的各項主客觀因素——其本自然而超自然，超主客又能和主客為一，實乃吾人精神生命之所以能不斷生起創新，而有其「當機之價值或效用」的真正緣由。[24]原來，精神亟須自我之表現與活動，而精神自我之表現與活動，則必須以吾人確認一己乃一具有生起創新之力之主體之自覺為前提——其間，生起人文，創新人文，正是此一精神活動基本之路向與一貫之理想。因此，唐君毅乃如此界定「人文精神」：

> 人文思想之發展，一方由人對於人文本身，逐漸加深加廣的思想，同時立即由人文思想與非人文、超人文、反人文等思想，互相發生關係，而相依相涵或相反相成以發展。在此發展歷程中，我們可以看見非人文的思想之擴大人文思想的領域，超人文的思想之提升人文的思想，次人文的思想之融會於人文的思想，及人文的思想之不斷以新形態出現，以反反人文之思想。此相續不斷的人文思想發展歷程中，便顯出一種人類之精神的嚮往。這種精神，我們稱之為人文精神。[25]

由此看來，人文發展或人文思想的發展乃一浩浩長河，而其源頭即是「人類之精神的嚮往」，此亦即吾人之自覺自醒，而此一自覺自醒之精神歷程乃吾人內在自我之發展，以及其間無可遏抑之自我之超越、自我之實現與自我之成就——其間，自是以道德為核心，而吾人內心之德性更自是此一人文精神的根柢所在。因此，我們應可如是說：「人文是道德實踐的總成就，而道德是人文精

24　同前注，頁 63。
25　唐君毅：《中國人文精神之發展》（臺北：臺灣學生書局，1988 年），頁 11-12。

神的根本原則。」[26]由此，我們似乎可以如此地進一步斷言：「人文精神之由
吾人內在自我之發展一逕延展，則一切對自我之超越之活動也將都是源自於人
文精神的內在性，以迄超越性的嚮往、提升，以至於無窮無盡的追求；而說此
一精神之超越、嚮往、提升與追求，乃是所謂『內在之超越』，似乎是有相當
程度的理由與論據的。」而如此斷言，在當代新儒家的「道德的人文主義」全
幅之意向中，更可進一步地推出飽滿活潑的文化意識，而文化意識之由文化精
神（即人文之精神）之自覺出發，而後依理性（主要是「道德理性」）而有文
化（人文）之活動，其中蘊含「超越意識」與「超越自我」之理想，自是昭然
若揭，如唐君毅言：「凡吾人能肯定一理想之意義或自我，皆為一超越意識或
超越自我。故凡有一理想之人，無不有一超越意識或超越自我，昭臨於其所接
之現實之上，而此現實對之亦必呈現一理想的意義。」[27]原來，有理想才有超
越之可能與動力，而所以要超越，便是為了追求理想，為了實現理想之意義，
為了讓吾人之生命與生活之質地臻於理想之境界。

　　牟宗三之從孔門聖教（「聖教」即「內聖教」），展開其由內在而超越
（此即所謂「內在之超越」）的道德實踐之路向，並且同時深入「天道即仁
道」的天地合德之奧義，則更篤定地順原始儒家、宋明儒家以迄當代儒家之如
何承繼儒家之學統與道統之義理脈絡，而終構建出從「內聖之學」到「外王之
學」的廣大開闊的人文精神——牟宗三由孔子、孟子，而《中庸》、《易
傳》，以迄宋明儒，其用心所在，正是如下具有高度之人文性、道德性、歷史
性與超越性的縱貫系統：

　　　　孔子之超越的遙契與中庸、易傳之內在的證悟，在仁教中常是並存而不
　　　　相悖，圓融為一而不睽隔。不但此兩者圓融而不睽隔，即孟子之「盡心
　　　　知性知天」與此一體彌綸充盈之天道實德亦最終圓融而為一也。心性天
　　　　是一也。孟子言「萬物皆備于我矣。反身而誠，樂莫大焉」。而中庸固

26　葉海煙：《道德、理性與人文的向度》（臺北：文津出版社，1996年），頁40。
27　唐君毅：《文化意識與道德理性》，頁33。

亦明言「惟天下之至誠為能盡其性」乃至參天地贊化育也。所謂天道亦只是一仁一誠，一心一性而已矣。若無道德之真實感者，則固視此為空言虛意，新說奇論矣。然而此卻為孔子仁教之所必函。曾子、孟子、《中庸》、《易傳》承孔子而開展，正是孔子仁教之所本有，儒者內聖之學之所固然也。[28]

至此，我們應可明白當代新儒家所揭櫫的人文精神，之所以有其根源義、內在義，以及發展義、超越義，乃因人文不外仁道、聖道與天道——此即為人之道、成聖之道以及以人德合天德的天人之合一之道。而「此聖此仁之境正函以仁道實天道，天道亦不過是一體之沛然」。[29]這顯然已由「內在而超越」轉為「超越而內在」，如此由下學而上達，而終於道通天人之際，儒家意向之高明即在此，儒學宗旨之博厚與廣大亦在此，而當代新儒家念茲在茲的人文精神所包覆的深沉妙奧之義蘊更在此。

三、人文主義的根源性與開放性

若究儒學之為「學」，以及當代新儒家之所以能在當代人文學術氛圍中悠然而坦然地成一家之言，其中道理實可在傳統儒學裡找到內在的必然性。但如果欲在「當代」的立足點上，將儒學或儒家的思想放入具有現代性的人文學的開放理路之間，我們便似乎不能不對當代新儒家如此提問：

第一，如果當代新儒家在以道德倫理為核心，建構其「道德的人文主義」的同時，無法兼容地涵攝當代人文學的諸多義理面向（如法政學術所蘊含的客觀思維，以及此一生活世界中諸多具體而現實的人文難題），那麼吾人又如何期待當代新儒家能夠真正地在「開放的人文主義」中展開人文的對話與交流，而因此有機會參與現代人文的重建與開發之工作？

28　牟宗三：《心體與性體》（臺北：正中書局，1968 年），第 1 冊，頁 304。
29　同前注，頁 303。

　　第二，在知識分工的學術專業方興未艾之際，儒學所必須面對的挑戰，除了儒學作為一種人文學所必須承擔的知識功能、學術職責，以及思想效力之外，仍然不能不關注儒學作為一心性之學、倫理學與道德實踐之學，究竟能夠如何合理而有效地與當代諸多攸關社會行動與文化批判等理論系統相互連結的課題——而這也恰正是人文思維之從傳統到現代，人文精神之由內在而超越，以至於人文主義之由觀念建構到意義解構等系列性之儒學命題所必須回應的實際工作。而若只是將此一當代新儒家已然無從推卸的責任，總名之為「新外王」，竟無法將其導入於多元的知識論域中，也終將只是在舊有的觀念系統裡打轉，對當代新儒學的時代意義的貞定以及時代使命的落實，恐怕不會有太大的助力。因此，我們應可如此提問：在知識建構與意義解構已然分殊化、多元化的現代學術脈絡，正以其跨界域之態勢持續延展之際，儒學之人文精神與人文思維，又能如何不斷地回應當代人文學之理論性要求，以及由此所衍生的實踐性需求，而終究不改其儒學本色？

　　第三，以「自我之認識與自我之了解」為底座，從而由「內在」而「超越」，一路向上向外，以跨越此一人文世界中諸多之藩籬與障礙，以及種種意識之窠臼與體制之量度。此一「自我之超越」顯然是儒家所側重的道德論與人格論的基本路向，而其間實蘊育著人文精神之根源與人文發展之動力。如此，從人文精神的開放性，到人文思維的建構性，再轉向人文理想的超越性，則勢必得面對所有與「自我」相關連的存在課題、人性課題、實踐課題與修養課題。在此，我們當然可以如此探問：論「超越」或「自我之超越」，便不能不論及「為何要超越」與「如何能超越」。而「超越」也理當有步驟與層次之分，如能力之超越、才情之超越、道德之超越、精神之超越，以至於生命之超越，其間顯然不能不涉及價值優劣之辨與境界高低之判，而這又當如何通過理性之思考、人文之思考、道德之思考，以及生命深層之思考（其中或有無以名之的冥契之體驗），而終使吾人在己之生命臻於圓熟與滿全之自我成就與自我實現？

　　對以上三個提問，當代新儒家除了如同傳統儒家一般地堅持其道德的人文主義，以及由此所展開的倫理思維與人文思維外，似乎有著更艱鉅的文化課

題，以及更強烈的文化感受與存在感受，甚至還因而出現了無比深刻的問題意識，以及更為複雜的理論思考。對此，鄭家棟即認為牟宗三將其所承繼的熊十力哲學中的體用關係問題，進一步、深一層地轉換為道德與存有的關係問題，甚至還擴大地以為「全部問題即在於如何由道德實踐、道德意識顯露那絕對的形上實體」。[30]牟宗三甚至如此斷言：「『道德形上學』云者，由道德意識所顯露的道德實體以說明萬物之存在也。」[31]鄭家棟於是對比熊十力與牟宗三二人哲學之異同，發現牟宗三著眼的是道德生命的自我超越，以及其與天地萬物的感通，熊十力則強調本體（實體）「剛健」、「生化」、「鼓動萬物」、「生生不息」、以至於「肇萬化而成萬物」的創生功能。[32]由此看來，當代新儒家的形上興致似乎始終未嘗稍減，只是有人由創生而超越而感通，有人則由感通而超越而創生，其間顯然夾纏著宇宙論、本體論、存在論，以至於知識論、價值論等論域之相互之對比與彼此之參照，而若當代新儒家真的比前行者在義理的道路上走得更遠，爬得更高，也更深入地進行其探索之工作，其中緣由似乎不外乎此。

　　不過，在形上之路幾乎無可遏制地向前延展之際，當代新儒家對「自我」與「世界」，以及二者之間的間距、張力及其關聯性，卻仍然付予高度的關注，因而始終懷抱入世之熱情，而有其對社會文化之批判，以及由此而不斷生發的無可迴避的行動意向與生命力道。由此看來，當代新儒家的人文主義之所以有其根源性，並非只是緣於其形而上之思考向度，而且還肇因於其以「本心」為根，以「德性之知」為源，而將吾人良知良能之「道德創生」之力，打開為既圓照一切又遍潤一切的「圓照之體」。而此體既非感性的主體，也不是知性的主體，而是所謂的「圓照之體」。[33]牟宗三即由此一「智的直覺」，深植人文之根，疏通人文之源，而始終意在朗現那既高明又廣大的人文之境。[34]

30　鄭家棟：《當代新儒學論衡》（臺北：桂冠圖書公司，2006 年），頁 114。

31　牟宗三：《現象與物自身》（臺北：臺灣學生書局，1984 年），頁 92。

32　鄭家棟：《當代新儒學論衡》，頁 114-115。

33　牟宗三：《智的直覺與中國哲學》（臺北：臺灣商務印書館，1971 年），頁 187。

34　牟宗三認為智的直覺乃是存有論的（創造的）實現原則，它由天而人，同時由人德而上

　　若吾人一心期待當代新儒家的人文主義自有其開放性與無限性，那麼在人文化成的歷程始終如長河不竭不斷之際，吾人便不能不思考下述之問題：「所謂的人文的『開放性』，究竟是要如何開放？又究竟是要向何者開放？而開放的意向與動力又當從何而來？此外，開放的過程及其結果，吾人又究竟可以如何保有之？如何檢驗之？」而此一攸關吾人之為「自我」與人文之世界之間理當如何共在共存、共生共榮的關鍵性提問，是至少可以同時引向下述三個側面：自我、人文之世界（社會），以及超越之世界，因而讓吾人得以繼續思考下述之問題：在人文之動力「沛然莫之能禦」，如孟子「集義」、「養氣」、存心養性，以達於「可欲之謂善，有諸己之謂信，充實之謂美，充實而有光輝之謂大，大而化之之謂聖，聖而不可知之之謂神」（《孟子・盡心下》）為吾人精神至高之境界之際，吾人又當如何以「德性之我」為核心，以闡發人文精神的道德意涵，而真正地建構「道德的人文主義」？此外，在以「仁心」為「公心」，同時試圖將倫理意義落實於吾人之為一具社會性之存有者之際，儒家的人文精神又當如何由其深植於人性內的根源性，曲直向前地向社會開放，向周遭之一切開放，而真正地建構出具有高度社會性意涵的開放的人文主義，而使所謂的「開放社會」（open society）真正實現於人文理想之光照下？至此，儒家之人文主義之向自我開放、向他者開放、向社會開放、向世界開放，以充分地展開人文精神的開放向度，顯然已足以構建起真實的人文世界。不過，真正開放的人文精神與人文主義，似乎仍不能欠缺超越之性格與超越之向度。因此，如何由人而天，甚至即人即天，即心即性即天，一路地向超越者與超越之世界邁進，也仍然是傳統儒家與當代新儒家共同嚮往的生命境界（在此一境界中，道德、生命與存有三者已然融通為一）。其間，吾人之生命歷程也

達於天德，其間滿是創生之力與道德之義。對牟宗三而言，儒家之德自是儒家生命圓滿成全的充要條件；也就是說，「生生」之為德，乃已然融智性與德性為一，而吾人生命之自為主，自為體，自為一無可依傍之獨立之生命，即由道德之本心，而有道德之創生，而有圓照之偉業與遍潤之大用——原來，心體無所對、無所限，而儒家之培成人道，養護人性，以展拓人文，是唯有在此本心仁體的大德大能中，才可能終底於成。上述牟宗三之見解，請參閱前注，頁184-187。

理當一路迤邐，而吾人之生命境遇則自有無可逆料的諸多變數，亟待吾人予以消解與超克。

　　由此看來，由人道而天道，以人德合天德而上達於天人之際，以至於聖神之境的開放向度，其實就是一超越之向度、宗教之向度、具有終極之關懷之向度，而吾人之期待儒家的人文主義成為宗教的人文主義（或是具有高度宗教性的人文主義），也便不會是毫無緣由，而其道理在儒家的核心觀念——「仁」的深廣意涵裡即昭然若揭。鄭家棟曾如此論「仁」：「仁是人文主義的範疇，但它是開放的人文主義而非寡頭的人文主義。仁的確立和彰顯使性與天道的關係由存有的轉為實踐的，由潛在的轉為可以體知的，從此種意義上亦可以說仁即是性，即是天。」[35]又云：「儒家哲學是仁學，而仁學在本質上乃是『聖學』，聖學即是關於『天人之際』的學問，『天人之際』處理的乃是人與終極存有的關係問題。孔子儒家的『仁』正是在『聖』的意義上而非『愛』的意義上成為宗教的。」[36]當然，說儒學即「仁學」，儒教即「仁教」，如此定義似乎過於狹窄，過於簡化，但若吾人深究「仁」之義蘊，並在天人之際的終極關懷的向度中尋找儒家的終極關懷，基本上應當是可行的。或許，牟宗三的「無限智心」即脫胎於「仁心」與「仁德」，而他試圖以「無限智心」替代上帝，也自有其源自於儒家仁學與仁教的充分的理由：「圓教必透至無限智心始可能。吾人以無限智心代上帝，蓋以無限智心之人格神化為情執故，不如理故。無限智心不對象化而為人格神，則無限智心始落實。落實云者，人能體現之之謂。人能體現之始見其實義。對象化而為人格神只是情識崇拜祈禱之對象，其實義不可見。實義不可見，吾人不能知其于德福一致問題之解決將有何作用。無限智心能落實而為人所體現，體現之至于圓極，則為圓聖。」[37]在此，牟宗三認定「人格神」只是「情識崇拜祈禱之對象」，實不足以否定一神信仰所自主顯發的開放性與超越性；然而，由此「圓善」、「圓極」與「圓聖」等推擴

35　鄭家棟：《當代新儒學論衡》，頁 214。

36　同前注。

37　牟宗三：《圓善論》（臺北：臺灣學生書局，1985 年），頁 332-333。

至極、充類至盡的終極觀念所支撐起來的儒家「圓教」，縱然仍無法全盤地替代一神之信仰，但其所蘊含的超越義與神聖義，卻也不是一神之信仰能夠全然抹滅的。

四、人文理想的中道性與實踐性

從來儒學研究的面向乃既多元又涵攝，既分析又綜合，既是歷史的考察，又是概念的梳理；而就已然呈現的當代儒學研究的豐碩成果看來，則可說是「多元交參、和而不同」。[38]所謂「多元交參」，隱隱然指向儒學發展的開放性、發展性與未來性，而如今那勇於面對現代世界的儒學研究，顯然已不能不通過多元學術觀點的「交參」，以不斷地消解那些因「珠玉紛陳」所可能引發的喧嘩與雜亂。至於「和而不同」，則是直接地在「中道」的坦坦大路上，大方而慷慨地容納各家之言與辯難之辭，而展現出儒學作為一種人文之學所理當具有的包容性、豐富性與綜攝性。

當然，儒家之成為中國歷史上具有影響力的思想傳統、文化傳統與精神傳統，實其來有自——自孔子首創其足以融「人學」與「仁學」二者為一的人文之學與道德之教以來，人文精神與道德意識便成為「儒」之為「道」、為「學」，以及為「教」的根柢所在；而「儒」之所以能成「道」，卻不是一般之學術考究或文化考察所能全然理解的，因為在儒家所力倡之「成人之道」的

---

[38] 劉述先在 1993-1996 年間於中央研究院中國文哲研究所主持推動「當代儒學主題研究計畫」（第一期），計畫結束後在 1997 年主編出版《儒家思想與現代世界》論文集，他於該書「導言」裡以「多元交參、和而不同」一語點出了當代儒學研究的特色。同時，劉述先並以其所謂的「三分法」，來理解儒學的多元特質：（一）精神的儒家，指孔孟、程朱、陸王精神的大傳統；（二）政治化的儒家，指漢代以來作為朝廷意理的傳統；（三）民間的儒家，指新採三教流行在民間的價值信仰。劉述先此一儒學觀點，恰正透露出他研究儒學始終堅持的「多元交參、和而不同」的中道精神，而此一中道原則是不僅適用於對儒學傳統作歷史的考察，也同時可以將其援引於對儒學的理論內容進行的多面向的探究。上述劉述先的見解，請參閱劉述先主編：《儒家思想與現代世界》（臺北：中央研究院中國文哲研究所籌備處，1997 年），頁 1。

路途上，儒學之為仁學、道學，以至於「聖學」，其間通貫的正是人文精神與道德意識所鎔鑄而成的「生命的學問」——這也就是所謂的「為己之學」。[39]而所以「為己」，其目的顯然就是為了造就學習者自身之人格，而成就出君子以迄於聖賢的滿全的人格——「成人之道」原不外乎此，而人文精神之發揚與道德意識（或所謂「德行之知」）之踐履，也幾乎全在於吾人由「自我」之認知、「自我」之學習、「自我」之實現，以迄於「自我」之完成，一以貫之的「成人」之歷程。由此看來，在儒家自有其形上關懷與形上理想的前提與前景之下，儒者之探討形而上問題而自有其形而上之思維，甚至因此建立了所謂的「道德的形上學」。[40]其真正關注的還是吾人之為人、吾人之為一人、吾人之為一個體，以及吾人之為一位格或一具有「位格性」（personality）與「道德性」（morality）之人。因此，儒學內在之觀念體系，無論從側重智性的理論

39　儒家顯然特別注重「學」的目的性，甚至特別強調做學問乃自有其崇高之理想。因此孔子將「學」分為「為己之學」與「為人之學」，而且明確地斷言：「古之學者為己，今之學者為人。」（《論語・憲問》）如此嚴正之分判，乃歷來儒者銘記在心的基本的道德觀念與道德原則。劉述先對此一介於學問與道德之間的「嚴肅而認真」的問題（因為當代新儒家代表人物熊十力一生之言行，曾引發論者針對熊氏之人格是否出現所謂「道德文章」真偽莫辨之相關疑慮，並進而衍生出具有對立性與弔詭性的諸多議論與辯難），曾如此倡言：「由當代新儒家的觀點看，最切要的學問就是『為己之學』，也就是找尋到真實的自我，為自己受用的學問，而不是向人炫博、追求功名利祿的學問。」由此看來，唯有「為己之學」，才真的能夠把學問與道德合而為一，而且還讓一己之人格始終薰習於人文精神，並同時浸潤於道德意識之中，而真正地將學問與道德融為一體而無礙無間。詳見劉述先：〈如何正確理解熊十力——讀《長懸天壤論孤心》有感〉，收入李明輝主編：《當代新儒家人物論》（臺北：文津出版社，1994 年），頁 9。

40　在此，借用牟宗三力倡之「道德的形上學」一辭，來闡明儒家的形上意趣之所在，一方面是為了辨別儒家對形上學問題的興趣和西方形上學的傳統方向之間實際存在的差異性，一方面則是為了突出傳統儒家到當代新儒家之側重道德與倫理之議題，以進一步深化道德問題與倫理問題，並將之提升至形上學之高度，而因此由人而天，由人文之世界向上升揚，以至於天道、天理之境界，終將所有關乎人間、人倫與人性之觀念與課題，放在具有高度形上意涵（或所謂「形上學」的義理）的前提之下，全面地展開其「博厚而高明」的人文向度。關於牟宗三由「道德理性主義」的論析，以迄「道德的形上學」的提出，請參牟宗三：《心體與性體》，第 1 冊，頁 115-189。

層次看來，或是從側重德性的實踐向度看來，所謂「中道」之為一普遍之原則與基礎之原理，其所具有的統合性、一貫性與周遍性，顯然具有了橫亙一切儒學思維的整全而通貫的意蘊，在在值得吾人予以高度之關切，且亟需吾人經由具有人文向度、倫理向度與形上向度的思考歷程，進行全面性的考察。

而儒家作為人文之學，當是由孔子首開其端——在「儒者化成人文，人文培成儒者」的前提下，孔子顯然始終堅持「中道」之原則與精神：一方面，孔子以「禮」為人文之基石，甚至以「禮」作為人文之綱領，而吾人既已立足於人文世界之中，便不能不踐行所謂的「立身處世」之道——這就是孔子所言「君子博學於文，約之以禮」（《論語‧雍也》）的道德工夫論。由此看來，人文之內容實乃吾人終身薰習之對象，而「禮」作為倫理之根柢，則是吾人自我造就以養成獨立人格的基本規範。由此看來，是唯有在「文」與「禮」相涵互攝的中道之中，儒家的人文精神與人文主義之思維才能穩當而篤定地向前邁進。另一方面，孔子則讚歎「中庸之為德也，其至矣乎！民鮮久矣！」（《論語‧雍也》），這分明是以「中道」為最高的道德理想與道德標準。因此，就「中道」或「中庸」作為一至高之理想與標準看來，它顯然不只是所謂的「折中」或「折衷」之道，也不是一般意義之下的調和之論，或是在社會發展的向度中現身的改革主義或改良主義。當然，所謂「中庸之為德」，是已然賦予「中道」十足的實踐論、修養論與工夫論的意味，而且在此一蘊含「具實踐意義的方法論」的弧度之內，中道作為一普遍之原則或高明之理想，也已然不至於一味地耽於形而上之世界，而大可發揮其實踐之效應與道德之意義。由此看來，「中庸之為德」作為一基礎之德，乃如同「仁」之為德一般，是所謂「全德」，甚至可以稱之為「全心之德」——它作為道德之普遍原則與統貫原理，顯然可以由理論通向實踐，並且從理想的高度，向吾人實存之世界全向度地開放。

因此，孔子「攝禮歸義」，並進而「攝義歸仁」的德性進路，乍看之下，恍似一逆向之途——即由外而內，由人而己，由物而心，由萬殊之用回返一本之體；但如果從德性至高之理想看來，這其實是上下對應，左右逢源，以至於人我互通，體用無間的雙向之道。只因為在孔子講究「文質彬彬」的君子之德的同時，除了堅持「一以貫之」的「忠恕之道」外，他仍然始終盡力而周延地

描摹「君子」作為一個體之人所必須全力以赴的真實而圓滿的理想人格。

　　由此看來，我們似乎可以在宋儒（特別是程頤與朱熹）所高唱的「理一分殊」的原則下，來為儒家的人文主義所薰習而成的「中道」之性格（此即君子所以能夠「文質彬彬」的基本緣由），做一具體的闡述。而此一理想之人格（或可稱之「人格之理想」）之所以能夠在人文主義的氛圍裡，持續地被歷代儒者所關注所看重，則是由於一方面「理一」之終極理想始終召喚著儒者內在而深邃之心靈；另一方面，對「分殊」之限定與分際的認同與接納，也同時是培成儒者之道德自覺與倫理意識的根源性的動力所在。劉述先之所以特別為熊十力之人格做一「儒家式的辯護」，顯然是因為他一方面堅持「理」（「天理」）之所以為一，乃存在於理想之境，並非吾人可以在個人身家性命之現實境況中予以直截了當之回應，或甚至妄求與之全然貼合為一；另一方面，劉述先所以通過人文化成之歷程，來理解孔子之「為己之學」則是因為學問與道德能否完全合一，乃吾人理當以「毋意，毋必，毋固，毋我」（《論語・子罕》）之態度，做出理性而慷慨的應答的道德命題，而其中所蘊含的「中道」之精神（此「中道」正可以容「分殊」於「理一」，同時將「理一」注貫於「分殊」之中），實乃呼之欲出。

　　而此一由中道原則與中道精神所共鑄而成的中道性格，則始終是真正的儒者所嚮往的理想人格——它乃始終浸淫於融傳統性與現代性、內在性與超越性、根源性與開放性於一體（此「體」乃吾人身心靈合一之體）的人文主義之中。由此看來，在傳統與現代之間展開批判之思考，並自內在而超越，同時由超越而內在，雙向地豁顯人文精神之義蘊，並從而上探人文主義之根源，以全面地迎向當代新儒家不能不自我擔負的開放性、未來性與普世性，這不也具體地證明儒者的性格乃自有其足以涵化中道精神之德能？本來，儒者的性格原就具有融貫時性與共在性於一爐的普世性與實踐性，而在當代新儒家不能不參與多元而分殊的當代倫理議題與行動課題之際，具有時代感、存在感與使命感的真正的儒者，又怎能無故地在現代人文場域裡缺席？[41]

41　劉述先數十年來一直致力於推動儒家思想的現代化與普世化，而他還同時關切儒者在當

五、結語

　　從來，儒學研究始終是一兼具多元性、普遍性、涵攝性以及實踐性的學術工作。而我們也當可以認定當代新儒家是一方面「批判性地繼承」傳統儒家的人文思維與人文精神，一方面則「創造性地開展」了具有西方性與現代性的理論構建與理性創發，而在現代知識園林裡別開生面地高舉其特殊的人文主義大旗──百年來，它在東方原本靜謐而篤定的人文世界中，一直寂寞而清冷地搖曳著。因此，有人鄙其為保守主義者，有人斥其為故步自封的「頑固分子」，有人則譏其為不識時務的理想主義者。然而，如果當代儒者能夠始終秉持理性的中道原則，全心關注當代的人文課題，那麼「時中」之大義便大有機會發揮其兼具理想性、實效性與未來性之意趣。總之，在這知識分化、專業當道，科層之思維與技術之操作往往被奉為圭臬的時刻，人文主義之前景顯然陰霾重重，寒風凜冽，但如果我們能夠不喪失對人性的基本的信念、對人道的起碼的堅持、對人文的全副的關注，以及對普世之倫理議題的全面的參與，那麼百年來當代新儒家的努力（包括對文本的再脈絡化、對意義的再條理化，以及對生命自身的再開發與再探索），或許不至於徒勞無功。

代社會與文化所共構成的新倫理情境裡，不能不自我警覺、自我惕厲的實踐課題與道德議題，於是他積極地參與全球倫理（global ethic）的對話，甚至代表儒家發言，提出「忠恕之道」與「己所不欲，勿施於人」等與孔子「仁」學相對應的道德原則，作為足以和西方宗教倫理相互對比，進而彼此互補的人文思維。此外，劉述先則始終以「理一分殊」為基本原理，建構出兼顧普遍性與分殊性、全球性與在地性的中道的實踐原則，而因此保有儒者不偏不倚、不忮不求的人格堅持，以及以理性為衡準的批判精神。如他在當前多元文化奔競之際，即曾如此概言：「當前的走勢有相對主義的傾向，不一定是健康的發展方向，需要我們提高警覺，維持高度的批判的意識，不可隨波逐浪，人云亦云。」見劉述先：《當代中國哲學論：問題篇》（River Edge, NJ：美國八方文化企業公司，1996 年），頁 127。

「命題世界與道德世界」
──劉述先先生對儒家傳統
「知識與價值」的理解和詮釋[*]

東方朔[**]

一

劉述先先生從 1999 年自香港中文大學哲學系榮休後，旋即定居臺北，並任職於中央研究院中國文哲研究所，此後劉先生所做的工作涉及的領域和主題廣泛而眾多，如全球倫理之建構、超越與內在問題之再思、「理一分殊」與道德重建之闡釋、對「兩行之理」與「迴環」的必要性和重要性之強調等；無疑的，劉先生也極重視睿識之應用，亦即如何在今日的世界裡，面對宗教交流、世界倫理、心理建設、教育改革、文明衝突等問題，藉由此睿識以覓得回應之

---

[*]　題目「命題世界與道德世界」，來自牟宗三先生《認識心之批判》，下冊，《牟宗三先生全集》（臺北：聯經出版事業有限公司，2003 年），第 19 卷，頁 738。牟先生云：「吾人只有形上天心之如如地生化與如如地寂照。自如如地生化言，曰道德世界；自如如地寂照言，曰圓成世界。自如如地生化『所生化者之現實的存在』言，曰命題世界。」此處隱約指向「順之則生天生地」的知識世界，以及「逆之則成聖成賢」的道德世界，今借此以為題目。
[**]　復旦大學哲學學院教授

道。[1]上述主題雖林林總總，但大體似可歸結為兩個方面，此即儒家傳統之闡發與儒家思想之開拓。古稀之後，劉先生在思想上並未停留於過去已取得的範限，而仍有活躍的發展和重要的進境，在此，劉先生有關儒家傳統對於「知識與價值」的理解和詮釋便是其中的一個重要主題。2011 年，筆者所編的劉先生的近期文集《儒家哲學研究：問題、方法及未來開展》由上海古籍出版社出版，並被列入「中華學術叢書」之一種，[2]當時由於考慮到編輯的宗旨和目的，筆者並未將劉先生有關「知識與價值」的相關論文悉數加以收編，只選編了其中的一篇〈儒家傳統對於知識與價值的理解和詮釋〉，實則，劉先生有關此一主題的論文先後至少發表了四篇，今依時間順序羅列如下：

1. "An Integrative Understanding of Knowledge and Value: A Confucian Perspective," *Journal of Chinese Philosophy* 30, nos. 3 & 4 (Sept/Dec 2003).

2. 〈跨文化研究與詮釋問題舉隅──儒家傳統對於知識與價值的理解〉，臺灣大學《臺灣東亞文明研究學刊》第 1 卷第 1 期（2004 年 6 月）。

3. 〈儒家傳統對於知識與價值的理解與詮釋〉，刊於劉述先、楊貞德主編：《理解、詮釋與儒家傳統：理論篇》（臺北：中央研究院中國文哲研究所，2007 年）。

4. 〈中國傳統知識與價值整體觀之現代、後現代闡釋〉，刊於馮天瑜主編：《人文論叢：2006 年卷》（武漢：武漢大學出版社，2007 年）。

上述四篇論文或應約而撰，或應機而寫，在時間上起於 2003 年，止於 2007 年，主題鮮明而突出，即便撇開其他相關的論述，我們也不難看到，對有關「知識與價值」問題的關注和反省的確構成了劉先生晚年積思的一個重要主題。無疑，劉先生對此一主題的思考並非是孤立的，而是有其實存的體驗和問題意識，同時亦可以看作是其已取得的哲學睿識的自然延伸和實際應用。今

1　參閱劉述先：《儒家思想意涵之現代闡釋論集》（臺北：中央研究院中國文哲研究所籌備處，2000 年），〈自序〉。

2　參閱劉述先著、東方朔編：《儒家哲學研究：問題、方法及未來開展》（上海：上海古籍出版社，2011 年）。

盛逢劉先生八十大壽之際，筆者一方面恭祝先生健康長壽，另一方面則試圖通過對劉先生相關文字的閱讀，清理其中線索，以見劉先生的思想創穫。

二

　　從理論上看，知識與價值的關係問題由於人們所持立場和看法不同而顯得異常複雜而糾結。[3]此處所謂的「知識」當然是指狹義的有關自然事實的客觀陳述的知識，由於價值往往被認為是涉及到主觀性的、情感性的判斷，因此，在考慮知識與價值的關係時，我們既要追問價值問題在知識構成中的作用，也要追問在知識的探究過程中主觀的價值如何獲得其客觀性問題，易言之，把事實陳述的知識與理性的價值判斷結合起來，當是我們應持的態度。不過，話雖這麼說，面對客觀陳述的知識，主觀的價值如何獲得其自身的意義，似乎始終有各種不同的主張。站在現代的角度，庫恩（T. S. Kuhn）「科學革命」中的「典範轉移」（paradigm shift）對科學的本質的揭露，使得以客觀性探求為特徵的（科學）知識似乎已顯得不那麼純粹客觀，相反，倒變得有些迷離飄忽或不可理喻了（un-understanding）。蓋在庫恩看來，科學活動對知識的探求已不僅涉及到科學家的主觀的價值判斷，甚至還與特定的社群成員的信仰系統、論辯方式等息息相關，這些所謂的主觀性的、情感性的甚至是傳統習俗性的因素，在科學研究中不同程度地發揮著各自的作用。此一現象或已預示出在客觀知識的探究和構成中已有主觀價值的因素滲入其中，[4]我們的任務毋寧說要更

3　有關知識與價值的討論，參與的學者甚多，無法一一列舉。上世紀三十年代，張東蓀便已出版《價值哲學》（上海：世界書局，1934 年）和《道德哲學》（上海：中華書局，1933 年）等書，對相關問題提出了自己的看法；其後成中英先生著有《科學知識與人類價值》（臺北：三民書局，1974 年）、《知識與價值：和諧、真理與正義的探索》（臺北：聯經出版事業公司，1986 年）等。

4　參閱庫恩著，金吾倫、胡新和譯：《科學革命的結構》（北京：北京大學出版社，2003 年）。當然，庫恩的理論也有不少不同意見，有趣的是，此後拉卡托斯（I. Lakatos）的《科學研究綱領方法論》、費耶阿本德（P. Feyerabend）的《反對方法》似乎比庫恩更為激進。

為積極地探求這些主觀的價值因素如何或在多大程度上進入客觀知識的領域，尤為重要的是，在人類日益面臨知識與價值分裂的今天，如何以理性的善的價值引導和統馭客觀的真的知識，進而實現真善美的統一，似乎已愈來愈成為一種切身緊要的事情。

當然，這種王國維式的「可信」（知識）與「可愛」（價值）的關係充滿著糾結，而其嚴重分裂似乎應該看做是西方近代以來所出現的結果。依照 L. R. Graham 的看法，在近代科學出現之前，有關宇宙自然的知識與人類的價值之間並沒有嚴格的區分，價值既內在於宇宙自然之中，宇宙自然本身也充滿著價值與意義，人與宇宙自然是融為一體的。[5]然而，到十七世紀以後，被黑格爾（Hegel）認為是西方哲學之父的笛卡爾（Descartes）認為，[6]人們若要獲得確實可靠的知識，即必須從普遍懷疑的方法著手，把理性從感覺經驗中擺脫出來。在笛卡爾看來，除了通過自明性的直覺和必然性的演繹之外，人類並沒有其他的途徑和方法來獲得確定性的知識。此處，笛卡爾所謂的「理性」或「確定性知識」指的即是客觀陳述的知識。不難看到，笛卡爾這種觀念已將身與心、知識與價值打成了兩橛。到了十八世紀的休謨（Hume）那裡，即明確把「是」（to be）與「應當」（ought to be）加以區隔，休謨認為：「在我所遇到的每一個道德體系中，我一向注意到，作者在一個時期中是照平常的推理方式進行的……可是突然之間，我卻大吃一驚地發現，我所遇到的不再是命題中通常的『是』與『不是』等連繫詞，而是沒有一個命題不是由一個『應該』或一個『不應該』聯繫起來的。這個變化雖是不知不覺的，卻是有極其重大的關係的。因為這個應該或不應該既然表示一種新的關係或肯定，所以就必須加以論述和說明；同時對於這種似乎完全不可思議的事情，即這個新關係如何能由

5　Cf. L. R. Graham, *Between Science and Values* (New York: Columbia University Press, 1981).

6　黑格爾曾這樣評價笛卡爾：「他（指笛卡爾）是一個徹底從頭做起、帶頭重建哲學的基礎的英雄人物。哲學在奔波了一千年之後，現在才回到這個基礎上面。」參閱黑格爾著，賀麟、王太慶譯：《哲學史講演錄》（北京：商務印書館，1978 年），第 4 卷，頁 63。

完全不同的另外一些關係推出來的，也應當舉出理由加以說明。」[7]依休謨，事實陳述與價值陳述是兩類不同性質的關係，不能輕易地加以推導，而類似德和惡等價值就像冷和熱一樣並「不是對象的性質」，而只是心中的知覺，「依靠於我們的情緒」，[8]所以不能看作是「理性的對象」。[9]無疑，休謨此處所說的「理性」亦如同笛卡爾所說的理性一樣，指的也是某種客觀陳述的知識。休謨提出此一問題的原初目的和意義究竟如何，學者之間或有不同的解讀，[10]但後世學者顯然把此一問題泛化為事實判斷與價值判斷或描述性陳述與規範性陳述的分離，並將此喻為「休謨的斷頭臺」（Hume's guillotine）。自此以往，哲學的重心完全轉移到知識論的範圍。但問題是，正如伽達默爾（Gadamer）所看到的，笛卡爾、休謨等人所高舉的「理性」本質上只是「知性」（understanding）的代名詞，只是人類生活的一個「半圓狀態」。[11]依伽達默爾，真正意義上的理性並非單純只是知性的，理性的德行亦並非只是要實現人類生活的一個半圓，而是始終與價值實踐相關聯，如此才能撐開人類的整個生活空間。可是，人類到了二十世紀以後，隨著知性的發展、技術的進步，人們並未能在知識與價值的反省上有所自覺，反而伴隨著知識、技術、工業的成長，所謂技術性知識、實證性知識愈來愈成為一種支配性力量，「因為二十世紀是第一個以技術起決定作用的方式重新確立的時代，並且開始使技術知識從掌握自然力量擴轉為掌握社會生活，所有這一切都是成熟的標誌，或者也可以說，是我們文明危機的標誌。」[12]

　　的確，二十世紀以後，由科技進步所帶來的各行各業的發展，皆以客觀

7　休謨著、關文運譯：《人性論》（北京：商務印書館，1980 年），下冊，頁 509-510。

8　同前注，頁 557。

9　同前注，頁 509。

10　麥金泰爾（A. MacIntyre）對此便有一套解釋，參閱氏著、龔群等譯：《德性之後》；萬俊人等譯：《誰之正義？何種合理性？》；萬俊人等譯：《三種對立的道德探究觀點》等。

11　參閱伽達默爾著、薛華等譯：《科學時代的理性》（北京：國際文化出版中心，1988年），〈作者自序〉，頁 3。

12　同前注，頁 63。

性、實證性知識為旗幟，且相為號召，進而泥執之而加以合理化，此牟先生所謂的「向所而趨」，「順之則生天生地」之趨勢也。[13]早在上世紀初，馬克斯‧韋伯（Max Weber）在《新教倫理與資本主義精神》一書中便敏銳地觀察到，現代社會中，經濟、科技、教育、司法、行政等等領域，各各皆從不同的目的或終極觀點出發予以合理化，此一結果從某一觀點看是合理的，但從另一觀點看卻是非理性的。究其因，或許是價值理性的遺落使得這種合理化變成了囚禁現代人的「鐵籠」，而致學問家無良心，科學家無肝腸；而胡塞爾（E. Husserl）正是通過對歐洲科學危機的反省，對現代世界知識與價值的分裂給予了根本性的說明，胡塞爾云：「我們時代的實證主義的科學概念，是一個殘缺不全的概念。實證主義丟掉了一切人們在時寬時狹的形而上學概念中所考慮的問題，其中包括一切被不清楚地稱之為『最高的和最終的問題』。我們通過仔細觀察可以發現，這些問題以及一切被排除在外的問題，有著一個不可分割的統一性。」[14]

　　理性寡頭、偏枯而為半圓狀態的知性理性或工具理性，割裂了與價值的統一，已構成了我們實存世界的另一幅圖像。如果說，在笛卡爾那裡，對確定性知識之尋求還有其特定的指向與內涵的話，到二十世紀後，這種單向度的知識理性和合理化趨勢似乎已從另一個角度造成了對我們生活世界的殖民。莊子所謂「天下多得一察焉以自好，譬如耳目口鼻，皆有所明，不能相通，猶百家眾技也，皆有所長，時有所用，雖然，不該不偏，一曲之士也。」（《莊子‧天下篇》）平情而論，此「多得一察」的「一曲」之見，不論作為知識還是作為方法，皆不能否認有其合理的、正當的一面，只是在此一孔、一偏、一畛域之分殊對立的知識圖景中，對人類「理一」的慧識的呼喚已躍躍然成了我們的主題。

13　牟宗三：《認識心之批判》，上冊，〈序言〉，《牟宗三先生全集》，第 18 卷，頁 10。

14　胡塞爾著、張慶熊譯：《歐洲科學危機和超驗現象學》（上海：上海譯文出版社，1988 年），頁 9。

　　不必懷疑，劉先生古稀之後對「知識與價值」此一主題的關注正是從現代世界所面臨的危機和困局中精心提煉出來的，因有所見而有所思，因有所思而有所懷，因有所懷而有所言。我們大體可以說，劉先生晚年對「知識與價值」的所有文字，其所見所思，所懷所言，皆有一個相同的問題意識，那就是：站在全球範圍的視野上，直面問題，展示傳統，照見未來。劉先生認為，「如今後現代主義（post-modernism）、多文化主義（multi-culturalism）流行，有一些前現代（pre-modern）傳留下來的東西經過新的省思與創造性的詮釋之後，又有了重要的當代意義（contemporary significance）。我們要在這一新的脈絡之下重新來反思儒家傳統對於知識與價值的理解與詮釋。」[15]劉先生通過檢視西方思想的發展，認為：

> 近代西方思想發展到當代不免分崩離析，漏洞百出……在今日由源溯流，追蹤思想觀念發展的途轍，檢視儒家傳統對於知識與價值的理解與詮釋，或者不無其適切的時代意義罷。[16]

不難看到，劉先生重釋儒家傳統有關知識與價值的觀念殊非無的放矢，甚至亦非學究式的個人興之所致的揮灑，而有其對我們「危機時代」的一份特殊的關切，具有豐盈的時代意識和濃郁的生命情懷。事實就是這樣，「問題」常常是「意義」的細目，而對問題的體認，本身便意味著某種籌劃。當然，西方思想在其發展過程中所存在的某些問題，並不必然能推出所以要展示儒家傳統慧識的充分理由，更何況正如劉先生所言，西方有識的知識分子如懷德海、柏格森等也已經發出了重新嚮往統觀與共識的呼聲。實則，劉先生所以有如此這般的致思應當還有其他兩方面的原因，其一是隨著全球化浪潮的迅速推展，人類不

15　劉述先：〈儒家傳統對於知識與價值的理解與詮釋〉，載氏著：《儒家哲學的典範重構與詮釋》（臺北：萬卷樓圖書公司，2010 年），頁 91。

16　劉述先：〈跨文化研究與詮釋問題舉隅——儒家傳統對於知識與價值的理解〉，載同前注書，頁 89。以下所引將不再列出篇名，只列出書的頁碼。

僅在思想上、利益上，而且在許多命運攸關的問題上緊密地聯繫在一起。在劉
先生看來，我們生活「在日益狹小的地球村」，進則共進，退則共退。面對人
類思想和觀念上所遭遇的問題與曲折，作為一個學者，有責任也有義務藉由展
示不同傳統的睿智和慧識，超越狹隘的排他主義和地域觀念，以照明人類的未
來，同時也藉此「見到不同精神傳統和平共存的曙光」。[17]這可以理解為因見
而懷所產生出來的一種義不容辭的責任感，毫無假借，也毫無旁貸。而面對西
方思想將知識與價值打成兩橛的現象，劉先生則通過對儒家傳統思想的歷史的
疏解，認定「中國儒家傳統三個時期卻都把知識與價值當作不可分割的整體看
待，展現了完全不同的特色。」[18]顯然，此一問題意識顯示出，劉先生重釋中
國傳統有關知識與價值的認識，實與他思考人類的處境以及重建中國哲學的關
切緊密聯繫在一起；其二，劉先生站在更寬闊的視野上，通過對歷史的反省，
認為我們所處的時代乃是一個「對話的時代」，而非「獨白的時代」。果如
是，則人類的真理性認識便不會為某個傳統所壟斷，相反，各傳統之間應當、
也可以和能夠經由傳播、對話，以增益其所不能，並且在貢獻各自智慧的同
時，產生新的慧見。劉先生云：「在十八世紀啟蒙時代以後，西方便以走上了
典範轉移的過程。直到十九世紀，西方的真理觀念還大體是絕對的、靜態的和
獨白式的，但不斷演化為非絕對的、力動的和對話式的。」[19]據此我們便不難
理解劉先生何以以極大的熱情參與孔漢思（Hans Küng）有關「全球倫理」的
規劃與起草、何以對史威德勒（L. Swidler）「對話或死亡」（Dialogue or
Death）的說法情有獨鍾的原因，蓋對於身處對話時代的我們來說，「各人有
各人的觀點，卻有必要互相溝通。」[20]當然，為了溝通而溝通並不是目的，溝
通的目的是為了增益，增益的目的是為了達成共識。在此其中，依劉先生，最

17　劉述先：《儒家哲學的典範重構與詮釋》，〈自序〉，頁 2。

18　同前注，頁 81。此處劉先生所謂的傳統儒家的三個時期，指的是由牟宗三先生所說的
　　以孔孟荀為代表的先秦時期、以周張程朱陸王為代表的宋明時期和以熊唐牟徐為代表的
　　當代。參閱同前注，頁 76。

19　同前注，頁 78。

20　同前注，頁 79。

重要的是，一方面我們要拒絕「絕對主義」，但另一方面，在肯定各傳統，肯定多元文化的共存的前提下，我們也要拒絕「相對主義」，而突出其「相關性」原理，[21]在「立理以限事」和「即事以見理」之間獲取動態的平衡，最終實現知識與價值的融一。

三

　　觀察劉先生有關知識與價值的論述，我們發現，劉先生雖然花費了相當的筆墨來鋪陳西方思想發展過程中所出現的問題，但顯然，這些論述與其說是構成劉先生所關注的一個核心主題，毋寧說它只是試圖藉此建立一個比較的視域以便展開宏觀的觀察，或者說它是引發劉先生正面闡述中國傳統儒家之慧識的一個引子，這樣一種行文無疑起到了醒明主題的作用。劉先生認為：「在今日世界，西方無疑是最強勢的文化，要了解中國傳統思想，有必要與西方作比觀。」[22]職是之故，劉先生在述論知識與價值之主題時，總是緊扣從中西對比的角度來詮釋儒家哲學的主張，一方面通過提綱挈領的方式論述西方思想發展的軌跡，條陳其癥結；另一方面，則直陳儒家傳統，揭出「知識與價值一體」之旨。

　　劉先生自認為其一向服膺於牟先生所提出的儒家哲學三大時期的看法，此即以孔孟荀為代表的先秦時期、以周張程朱陸王為代表的宋明時期以及以熊唐牟徐為代表的當代新儒家時期。經由劉先生的詮釋，在知識與價值的關係上，儒學三大時期的基本論旨皆有別於西方。在劉先生看來，先秦時期，從孔子的「天人合一」、「智及仁守」，[23]孟子的「盡心、知性、知天」到荀子的「天

21　同前注，頁 136。

22　同前注，頁 75、91-92。

23　劉先生致力於重釋孔子「天人合一」之理境，如果我們理解不錯的話，在此一理境中，除了超越的宗教意涵外，也包含著圓融知識與價值的古老智慧，參閱劉述先：〈論孔子思想中隱的「天人合一」一貫之道──一個當代新儒學的闡釋〉，載氏著：《儒家思想意涵之現代闡釋論集》，頁 1-26。劉先生云：「數十年來，我一直為子貢的證詞，

生人成」、「知通統類」，他們雖或各有差異，但在基本精神上皆表現出知識
與價值緊密關聯在一起的特徵；到宋明時期，周張程朱陸王，競相開創，承繼
翻疊，亦共持「天道性命相貫通」之旨，將宇宙論與知識論、存在與價值結合
在一起，或用劉先生的話來說，「無論程朱、陸王，對格物致知有不同的理解
與詮釋，均強調聖學是實踐的學問，倡知行合一，重修養工夫，顯然不同於近
代西方割裂知識與價值之傾向。」[24]而到了當代新儒家，由熊十力開山，唐牟
徐繼之而呈其大，他們之間雖學問興趣和理路各有不同，但由於他們分別知識
與智慧兩途，既可由學統之拓展以吸納西方的形式科學和經驗科學，但卻又毋
須排拒超越、渾全的智慧，進而實現對知識與價值的貫通的理解。

　　當然，此間也有一些微妙的差別，雖然劉先生認為牟先生是其父執輩，而
且對其思想影響甚深，但劉先生並未完全受牟先生思想的框限，有些方面也表
現出不同的理解。[25]今撇開其他方面不論，就涉及到「知識與價值」的問題而
言，劉先生認為無論周張程朱還是陸王，「天道性命相貫通」應是他們共同的
睿識，但由於牟先生往往過分強調程朱與陸王的差別，致使其對程朱一系的理
解似乎缺少同情之轉圜，「他似認為程朱橫攝系統不能夠講天道性命相貫
通」。[26]依牟先生，天命實體之下貫於個體而具體於個體而為性，實構成宋明
儒之共識，「此斷定……即伊川、朱子亦不能外乎此，即象山、陽明亦不能謂
此為歧出。惟積極地把握此義者是橫渠、明道、五峰與蕺山，此是承《中
庸》、《易傳》之圓滿發展而言此義者之正宗。伊川、朱子亦承認此義，惟對
於實體、性體，理解有偏差，即理解為只是理，只存有而不活動，此即喪失

所謂『夫子之言性與天道不可得而聞也』所困擾，不想到了最近，忽然有了前所未有的
突破。我用的是《論語》通行的版本，毋須增字改經，就可以清楚地闡明，孔子的一貫
之道的含義決不止於『推己及人』而已，其實已隱含了『天人合一』的意旨。」見該書
〈自序〉，頁 i。

24　劉述先：《儒家哲學的典範重構與詮釋》，頁 93。

25　參閱楊儒賓：〈戰後臺灣的朱子學研究〉，《漢學研究通訊》第 76 期（2000 年 11
　　月）。

26　劉述先：《現代新儒學之省察論集》（臺北：中央研究院中國文哲研究所，2004
　　年），〈自序〉，頁 IV。

『於穆不已』之實體之本義，亦喪失能起道德創造之『性體』之本義。象山、陽明則純是孟子學，純是一心之申展。此心即性，此心即天。如果要說天命實體，此心即是天命實體。」[27]由此可見，由於程朱只把天理理解為「只存有而不活動」，故其系統為：「主觀地說，是靜涵靜攝系統；客觀地說，是本體論的存有之系統。簡言之，為橫攝系統。」[28]果如是，即此橫攝系統之於「天道性命相貫通」之理境而言便不免有一間未達之疑。對於此點，劉先生有其自己的理解。在劉先生看來，由橫渠引發的「天道性命相貫通」的思想作為宋明理學的共識，即便程朱也不例外，只不過相對於明道、象山和陽明而言，朱子的貫通要稍顯曲折些，而真正背離此一共識的似要到清儒陳確、顏元、戴震那裡，究其因，則因他們的思想中對超越層面的遺落，而造成了典範的轉移。[29]劉先生在上世紀八十年代初即著有專論朱子的著作，[30]對朱子哲學思想的發展、完成及其觀點的抉發有深入的辨析和評斷。該書雖然在義理方面「多取牟先生的說法」，但顯然對朱子的思想更富了解之同情，尤其對朱子在內聖的修養工夫和教育程序的貢獻方面，劉先生對朱子給予了充分的肯定。不過，即便如此，比較而言，劉先生在此書中似仍未像後來的〈儒家傳統對於知識與價值的理解與詮釋〉等文那樣較為明確地提出朱子思想之於「天道性命相貫通」之旨之關係，更未明言自己對朱子有關此一問題的看法與牟先生之間的微妙差異。劉先生在該書中通過對朱子有關涵養、致知問題之梳理，認為「在朱子的思想系統之下，也可以說涵養本源，自作主宰。如此靜坐也不失為令此心定下來的一種方法，然如只是討靜坐便不得。朱子的涵養乃不再只是默坐澄心，而

27　牟宗三：《心體與性體》，第 1 冊，《牟宗三先生全集》，第 5 卷，頁 34。

28　同前注，頁 63。牟先生又認為：「宋明儒中，真能至『明睿所照』之境者，惟明道、陽明、象山諸幾近之。」同前注，頁 447。

29　參閱劉述先：〈從道德形上學到達情遂欲──清初儒學新典範論析〉，載劉述先、梁元生編：《文化傳統的延續與轉化》（香港：中文大學出版社，1999 年），又見氏著：《儒家思想意涵之現代闡釋論集》。

30　參閱劉述先：《朱子哲學思想的發展與完成》（臺北：臺灣學生書局，1982 年初版）。

是小學做敬的工夫。但兀然持敬又無實得，一定要心靜理明，撲捉到實理，才有真正的貞定處。敬的常惺惺的態度自可以通貫動靜，但必窮理到豁然貫通處，才可以達到大學補傳中所說的那種最高境界。故朱子必要求在兩方面齊頭並進，此間實預設一心性平行論。必存心而後理現，但在實質上卻只有理才是真正客觀形而上的根據，在心上做工夫就是要去攝推理。這樣的思想架局正是牟先生所謂的靜攝系統。」[31]在此段中，劉先生對朱子涵養、致知工夫之分梳大體上是依順著牟先生的觀念而來的，也認同牟先生對朱子思想為靜攝系統之判定，心性情三分，理氣二分，工夫雖稱得力而終落腳於朱子為橫攝的、非縱貫的系統。不過，劉先生在此處也看到了朱子涵養持敬和致知工夫與《大學》「格物補傳」豁然貫通之境的可能聯結，不同的是，劉先生此時撰文之重心不在豁顯此間之關係，而在正面鋪陳朱子之理緒及其可能存在的問題與癥結。故及至劉先生思考儒家傳統有關「知識與價值」之關係時，乃極力注目於朱子「涵養、致知、力行」三事一時並了之工夫以及《大學》「格物補傳」所傳達的意旨：[32]「所謂致知在格物者，言欲致吾之知，在即物而窮其理也。蓋人心之靈，莫不有知，而天下之物，莫不有理；惟於理有未窮，故其知有不盡也。是以《大學》始教，必使學者即凡天下之物，莫不因其已知之理而益窮之，以求至乎其極。至於用力之久，而一旦豁然貫通焉，則眾物之表裡精粗無不到，而吾心之全體大用無不明矣。此謂格物，此謂知之至也。」對此，劉先生詮解曰：「由此可見，朱子自己有一套貫通的思想。他真正的意思是，人必須就事上磨練，久之乃可以有一異質之跳躍，掌握到通貫之理，……對朱子來說，修養工夫、知識、價值的踐履，是緊密不可分的。很明顯，他所謂知，絕不是西方式嚴守價值中立、通過經驗推概建立的科學知識。」[33]不難看到，劉先生如

31　同前注，頁 128-129。

32　劉先生認為：「朱子可以說是中國哲學家中知識傾向最濃厚的一位思想家。朱子一生用
　　力最勤在〈大學〉，臨死前還在改〈大學〉『誠意』章，而〈大學〉講三綱領、八條
　　目，朱子深入探究了格物、致知的問題……做格致的功夫，雖是漸教，卻有一定的指
　　向。」見氏著：《儒家哲學的典範重構與詮釋》，頁 110-111。

33　同前注，頁 111-112。

此了解朱子之「貫通」思想，其落腳和得力處乃著眼於朱子之磨練工夫，而此點也正是了解劉先生早年朱子研究之專著之特色的一個重要觀察點之一。當然，在朱子之思想系統中，如何藉用力既久之工夫而致其有一異質之轉換，尚需在理論上作仔細的分析與說明，但顯然在劉先生看來，朱子思想在知識與價值乃至天道與性命之聯結與貫通上乃有其自己的用心與思考，此當無有可疑者。

如前所云，劉先生之所以極力顯發中國傳統中知識、存有、價值融貫一體的慧識，乃有其對當今邏輯實證論割裂主客、隔離知識與價值一體所可能造成的後果的一種擔憂。實際上，面對西方思想中各種心與物、形式與內容、存在與價值、絕對與相對的離析，劉先生早年便給予了深深的關注，並期望從中國傳統的睿識中尋求化解之道。劉先生認為，存在與價值、實然與應然等等不是隔絕的對立關係，而是「既分而合，雖合而分，當分處分，當合處合」的辯證。[34]曾幾何時，客觀陳述的知識，標其中立，但當其成為宰制的工具後，人們已經忘記了其本身與價值具有「原初統一」（primordial unity）的特點。就此看來，劉先生晚年對「知識與價值」問題的關注乃與其整個的哲學慧見諸如「理一分殊」、「兩行之理」、「超越與內在之迴環」以及其早年的系統哲學觀念緊密地聯繫在一起。（限於篇幅，此處不作展開論述。）在〈系統哲學的探索〉中，劉先生就已指出其關心的問題有兩個方面：「（一）我們有沒有可能為這麼豐富雜多的世界人生的內容尋覓到一個共同的根源和基礎，然後才能逐漸分化成為不同的存在與價值的領域？（二）我們有沒有可能建構一個系統來涵蓋世界人生如此豐富雜多，乃至表現了深刻的、矛盾衝突的內容，把它們融為一爐，結合成為一個整體，卻又井然有序，分別在這個系統之內得到它們適當的定位？」[35]儘管劉先生後來清楚地意識到「造大系統的宏圖，已是過去

34　劉述先：〈哲學的起點與終點〉，載景海峰編：《儒家思想與現代化》（北京：中國廣播電視出版社，1992 年），頁 398。

35　劉述先：〈系統哲學的探索〉，同前注書，頁 392。

時代之事」，[36]但一種哲學的統觀，期望在諸多看似矛盾對立的關係中，謀求辯證統一的出路，可以說貫穿著劉先生的整個思想意識之中，就此意義而言，劉先生晚歲對「知識與價值」的理解與重釋，乃是其整個哲學慧思的一個有機組成部分。

四

　　歷史所呈現的許多迷思，其最終的解答似乎總要交回給歷史本身，但此中的許多曲折和蠻纏，似常常需默而識之之體貼，覿面相呈之證悟。誨人非默，或難免墮於言詮之病；學而非默，則不免涉於聲臭之疑，雖默而有當仍需言詮予以撐開。無疑的，知識與價值的關係非常複雜，即便從十七世紀的笛卡爾算起，其間的爭論亦已有數百年的歷史，而且我們有理由相信，此一爭論似乎還將繼續下去。劉先生晚年重釋此一主題，應與其對人類處境的體貼和對此一主題的中國傳統哲學慧見之默識密切相關，此其所以以提綱的方式觀察中西，呈其所見。果如是，則問題之關鍵當不在於劉先生的上述論述對「知識與價值」的關係已經解決到了何種程度，而在於藉此論述將問題本身在人類的實存處境中給予了彰顯。確乎實情的是，對問題的點醒，常常開啟著對未來的籌劃。明乎此，則此處有兩點需引起我們的注意，其一，劉先生凸顯中國哲學圓融和合的智慧，絕非意味著這樣一種解釋已經壟斷了對此一問題的真理性的解答，劉先生自己就有非常清楚的認識。他說：「中西哲學均源遠流長，有非常豐富的內容，絕不允許作簡單化的論斷。我有意強調一些面相以收對比之效，但絕不排斥其他可能的詮釋。」[37]這樣一種對問題的理解，顯示出劉先生的用心在於逼顯問題，以使人們有所醒悟，有所警覺，同時也藉此明示人們樹立文化自信，不要沿門托缽，而殊非是對問題本身之真理性理解的獨佔；其二，劉先生雖然對中國傳統哲學所包含的慧識充滿體貼與敬意，並期期試圖以此見益於人

36　劉述先：《劉述先自選集》（濟南：山東教育出版社，2007 年），頁 8。

37　劉述先：《儒家哲學的典範重構與詮釋》，頁 76。

類，但對其不足之處也從未有過些許回護蓋藏。劉先生認為：「中國思想特別是儒家傳統，從來就視修養功夫、知識與價值為一體，而拒絕將其互相割裂，這樣的思想在分殊方面不足，故必須吸納西學以開拓學統。」[38]第二代新儒家有道統、政統和學統之說，大體上，他們認為，中國有道統而無學統，有治道而無政道。[39]劉先生此處說我們必須吸納西學以開拓學統，指的就是中國傳統哲學尤其是儒家哲學一直未能形成有系統的知識論體系，統觀有餘而分殊不足。對此，在某種意義上說，劉先生其實有其深深的隱憂和切膚的痛處。劉先生說：「在不斷開展的過程中，我深切了解自己傳統的寶貴的資源與嚴重的限制，正如梁漱溟所指出的，中國文化太過早熟，分殊的拓展嚴重不足，一元正統的意識過強，以至未能充分具現《易傳》所揭示的生生不已的理想，使得文化出現長期呆滯的現象。」[40]或許正是有見於此，劉先生始終致力於對「理一分殊」的現代詮釋和哲學重建，一方面要通古今中外之常道，此所謂「理一」也；另一方面要防止「理一」淪為虛妄的話頭，即必須拓展「致曲」的心靈，面向具體知識的領域或曰「命題世界」敞開胸襟，此所謂「分殊」也。順逆相匹，能所相歸，長短相衡，虛實相濟，或可懸解人類所面臨的「知識與價值」方面的困境。顯然，對於中國傳統哲學的重建而言，我們有理由相信，此將無疑是一個引人入勝且充滿挑戰的主題。

　　最後請允許我引用劉先生的一段話權作本文的結束：

　　　終極的「理一」根本超越名相，潛藏的生力要具現卻必須通過對偶性，

38　同前注，頁88-89。

39　參閱牟宗三：《歷史哲學》、《政道與治道》、《道德的理想主義》等書。牟先生認為，開出中國文化之途徑，當有「三統」之肯定，此即：「一、道統之肯定，此即肯定道德宗教之價值，護住孔孟所開闢之人生宇宙之本源。二、學統之開出，此即轉出『知性主體』以容納希臘傳統，開出學術之獨立性。三、政統之繼續，此即由認識政體之發展而肯定民主政治為必然。」見氏著：《道德的理想主義》，《牟宗三先生全集》，第9卷，〈序〉，頁9。

40　劉述先：《儒家哲學的典範重構與詮釋》，頁137。

客觀化（objectize）成為「科學」（真）、「道德」（善）、「藝術」
（美）等等的不同「文化形式」（cultural forms），以及東西文化的分
殊。但分殊而不流於相對主義，萬變不離其宗，仍指向超越的「理
一」。在今日沒有人能建構一個永恆不變的系統，只有面對具體的時
空，隨感隨應，萬古常新，才能具現「生生而和諧」的動態的均衡，只
有在這樣的終極托付下才可以看到未來希望的曙光。[41]

41　同前注，頁 138。

劉述先先生的詮釋學論述

林維杰*

一、前言：兩段詮釋學發言

劉述先的哲學興趣與貢獻是多方面的。根據劉先生在臺灣大學通識教育論壇講演的「我的學思歷程」（2002 年 5 月 7 日）所述，他早年執教於東海大學時，即已在方東美先生的啟沃下留意到文化哲學，其中尤其對卡西勒（Ernst Cassirer）的符號形式哲學（Philosophie der symbolischen Formen, philosophy of symbolic forms）感到興趣。[1]後來到美國南伊利諾大學，又在魏曼（H. N. Wieman）教授門下寫了關於神學家田立克（Paul Tillich）的博士論文。[2]畢業後留校執教，研究重心逐漸轉向中國儒學（尤其是宋明理學與朱熹），之後並以此領域知名於學界。離開美國到香港中文大學哲學系任教期間，除了延續原來的研究之外，對現實的關懷也大增，有數本涉及儒學與現實處境的專著。[3]1999 年自中大退休，劉先生返回他高中到大學的求學地臺灣定

---

* 中央研究院中國文哲研究所副研究員

1　後來他寫了長文〈卡西勒的文化哲學觀〉，收在劉述先：《文化哲學的試探》（臺北：臺灣學生書局，1985 年），原書最早由臺北的志文出版社印行（1970 年）。書中另收入長文〈史賓格勒的文化哲學觀〉，並有史賓格勒與卡西勒論點的比較評述。

2　Shu-hsien Liu, "A Critical Study of Paul Tillich's Methodological Presuppositions" (PhD diss., Southern Illinois University, 1966).

3　早在赴香港之前，劉先生即已出版了儒學與現實聯繫的《中國哲學與現代化》（臺北：時報文化公司，1980 年）。這方面的著作還有《文化與哲學的探索》（臺北：臺灣學生書局，1986 年）、《大陸與海外──傳統的反省與轉化》（臺北：允晨圖書公司，

居，並進入中央研究院中國文哲研究所工作至今。這個階段，劉先生在孔漢思（Hans Küng）與史威德勒（Leonard Swidler）的倡導下，由儒學立場參與、推動了「世界倫理」（global ethic）；這是後現代氛圍下「多元主義」精神的表現，主張世界各文化與宗教之間的規約與調和。劉先生近年來在不少會議中不斷提及「世界倫理」與溝通和解的重要性，此不僅出於他的洞察，也與他在異國（美國南伊大）及中西文化匯集的香港（中文大學）執教多年的經驗有關，他應是當代新儒家中最具多元視野及包容能量的學者。綜觀而論，劉先生以「儒學研究」而成名，乃是「當代新儒家」中的傑出與代表人物之一，但他的成就絕不限於儒學。劉先生的學術關懷廣泛，視野又遼闊，除了上述的儒學、文化哲學、宗教哲學與世界倫理之外，對其他學術議題其實也有深刻的觀察與體會。只是他的著作量太大，主題又多，有不少發言常為學界所忽略，詮釋學（Hermeneutics）就是其中之一。

根據相關文獻與材料，劉先生的「詮釋學」觀點大致上可以分為兩部分來看：其一是他把卡西勒的「符號形式哲學」視為一種詮釋學模式而有別於德國海德格一脈的詮釋學論點；其二是他對已故傅偉勳先生提出的「創造詮釋學」（creative hermeneutics）進行評論，並結合伊川朱子的「理一分殊」與莊子的「兩行之理」，且進而對中國哲學之建立詮釋學表示意見。劉先生對卡西勒哲學一直都很關注，也有專門的長文發表。至於傅先生的部分，劉先生與他相交甚久，也熟悉他的詮釋學論述。劉先生對卡西勒與傅偉勳理論的詮釋學解說篇幅儘管都不算長，但他將卡、傅之理論巧妙結合了「理一分殊」與「兩行之理」之後，使得「跨文化」哲學的調解任務有了詮釋學的意涵。在當前的「多元」文化及其衝突中，這個意涵更顯得突出。以下先談卡西勒的部分。

1989 年）、《儒家思想與現代化——劉述先新儒學論著輯要》（北京：中國廣播電視出版社，1992 年）、《理想與現實的糾結》（臺北：臺灣學生書局，1993 年）、《傳統與現代的探索》（臺北：正中書局，1994 年）等。

二、卡西勒「符號形式哲學」之作為詮釋學

　　卡西勒的符號形式（symbolische Formen）在「認識論」與「符號學」的雙重面向上如何作為一詮釋學模式，是很值得分析的。他關於語言、神話、宗教、藝術、歷史與科學等諸符號的分析，乃是對人類文化活動的具體「詮釋」，這部分屬於卡西勒的文化形態學與文化現象學。而人類精神活動在文化中的諸「符號」表現，如何在一「功能」而非「實體」或「結構」的要求下，扮演一種既具現於感取物（das Sinnliche），又以其精神性（das Gesitige）而能自由地越出感取物而指向普遍的形式，[4]這部分則屬於「詮釋學」。卡西勒以下的一段話對後者做了很好的注腳：

> 我們試著以它〔符號概念〕來攫取每一個現象的整體（Ganze），在這些現象中，表現了感取物（Sinnliches）的某種豐饒的「意義盈滿」（Sinnerfüllung）；在這些現象中，某個感取物〔……〕同時表現（darstellt）為某個意義（Sinn）的特別化（Besonderung）和形體化（Verköperung），表現為展現（Manifestation）和體現（Inkarnation）。[5]

這種「符號詮釋學」的特徵在於，盈滿「意義」的獲取必須藉由作為媒介的「感取物」，即意義乃表現在感取物的「形體化」展現中，亦可說只有在感取物中，意義才得到賦予。[6]進一步言，這種「表現與被表現」以及「媒介與被

4　Ernst Cassirer, Text und Anm. bearbeitet von Claus Rosenkranz, *Gesammelte Werke*. Bd.11: *Philosophie der symbolischen Formen. Erster Teil: Die Sprache* (Hamburg: Felix Meiner Verlag, 2001), S. 40.

5　Ernst Cassirer, Text und Anm. bearbeitet von Julia Clemens, *Gesammelte Werke*. Bd.13: *Philosophie der symbolischen Formen. Dritter Teil: Phänomenologie der Erkenntnis* (Hamburg: Felix Meiner Verlag, 2001), S. 105.

6　Heinz Paetzold, *Ernst Cassirer zur Einführung* (Hamburg: Junius Verlag, 1993), S. 43.

媒介」的存有論性質，證明了符號並不是單純的「感取物」或「意義精神物」，而是一更為根源的原始現象（Urphänomen），是它彌合了意義與感取物的割裂。[7]但劉先生對卡西勒詮釋學側面的理解，並不把重點落在這樣的「存有論」，而是更多地關注其「功能統一」之規約共相的詮釋學效力，以及與儒學「理一分殊」形態的相通之處。

　　進一步言，劉先生對於卡西勒「文化哲學」的部分有很長的討論（此可見〈卡西勒的文化哲學觀〉一文），其內容大致屬於上述所謂的「具體詮釋」（即對文化現象做形態學的敘述），但對其文化哲學如何作為「詮釋學」的部分，則陳述得不算多，我們在〈哲學分析與詮釋：方法的反省〉一文可以初步看到一些說明。劉先生在此文中引用了卡西勒在《人論》（*An Essay on Man*）的一段話，以為歷史學理應從屬於人文學：「如果要尋找一個可以把歷史知識包含在內的總題目，那我們可以把它稱之為語意學的一個分支而非物理的一個分支。……歷史學是被包含在解釋學的領域而非自然科學的領域之中。」[8]劉先生在這段卡氏的引文之後，還下了一個簡短的評論：

　　卡西勒發展了他自己對解釋學（hermeneutics）的理解，我認為實優於
　　海德格所發展的詮釋學。[9]

這句評論有幾個可觀察之處。首先是「解釋學」與「詮釋學」的不同使用，其

7　Cassirer: *Philosophie der symbolischen Formen. Dritter Teil: Phänomenologie der Erkenntnis*, S. 104-105.

8　劉述先：〈哲學分析與詮釋：方法的反省〉，《鵝湖月刊》第 318 期（2001 年 12 月），頁 11-23，引自頁 12。該文現收入李明輝編：《儒家經典詮釋方法》（臺北：國立臺灣大學出版中心，2004 年），頁 3-32。劉先生在文中說明此段《人論》譯文出自甘陽的譯本。

9　劉述先：〈哲學分析與詮釋：方法的反省〉，頁 12。按查卡西勒原文，此處關於「歷史學」的討論是沿著狄爾泰（Dilthey）與丹納（Tainer）的立場差異而行，所謂「歷史學」應從屬於「解釋學」甚至「人文學」云云，乃是說明狄爾泰的觀點，並不直接表現卡西勒的立場。

次是卡西勒的解釋學優於海德格一派的詮釋學。事實上，劉先生在此文的其他段落也使用了包含兩中文術語在內的綜合語彙「解（詮）釋學」，[10]這表明他的使用乃奠基於兩詞共用的西文來源。原因或許是甘陽譯文用了「解釋學」一詞，所以只能在評論中保留，但劉先生其實是有意為之，此即「解釋學」與「詮釋學」的中文語意可以闡發 hermeneutics 的不同涵意，本文在後續討論傅偉勳的部分將說明這一點。至於卡西勒的詮（解）釋學為何優於海德格，理由在於前者的模式可以完成「共相」與「殊相」之間的調解，對此劉先生又引用卡氏在《人論》中的一段文字：「現代哲學家們常常企圖去建立一個專門的歷史邏輯。他們告訴我們，自然科學是以關於共相的邏輯為基礎的，而歷史科學則是以關於殊相的邏輯為基礎的。〔……〕用這種抽象的人為的方式把普遍性與特殊性分離開來，那是不可能的。一個判斷總是這兩個要素的綜合統一──它包含著一個普遍性的成分和一個特殊性的成分。這些成分不是彼此對立的，而是相互包含互相滲透的。」[11]在引用之後，劉先生亦做了一個簡短的評論：

> 人文學一樣要把殊相收蓄（subsume）於共相之下，只不過方式有所不同而已。[12]

熟悉劉先生思想的人，當不會陌生他提倡的「理一分殊」之學。這個語彙的大量使用是程、朱，劉先生則常藉之以調解各大文化與宗教之間的衝突，而後來倡議的「世界倫理」也與此語有關。由這種異中求同、化解紛爭的哲學立場著眼，卡西勒的共相與統一模式無疑代表著某種重要角色。[13]但對劉先生而言，這種共相或普遍性並不是植基於理性的實體性規定，而是在符號的功能作用與

10　劉述先：〈哲學分析與詮釋：方法的反省〉，頁 16。

11　同前注，頁 12。

12　同前注，頁 13。

13　關於卡西勒「符號形式哲學」與劉述先「理一分殊」思想之間的關連與啟發，可參見姚才剛：《終極信仰與多元價值的融通──劉述先新儒學思想研究》（成都：巴蜀書社，2003 年），頁 105-114。

過程中得到說明。[14]實體（substance）與功能（function）的對比，很好地說明了「文化形態」及其「人學」不應該是一種「本質」規定，而該是功能、活動、作用，甚至是方向的規定。

除此之外，卡氏哲學還表現了一種力動、創進的能量（「生之創造性」的哲學），[15]此即諸文化符號之間的發展進程（由語言發展出科學，由神話發展出宗教）代表著人類精神的奮進，劉先生因此讚揚卡西勒之不同於史賓格勒（Oswald Spengler）的歷史命定論[16]──儘管劉先生並不同意卡氏以「科學」為最高成就，也認為他的符號表中缺少了「倫理」一環。[17]

卡西勒通過非本質的功能性所規定的「攝殊相於共相」以及這種攝受中的「生之創造性」，可能便是劉先生以為超過海德格之處。藉由詮釋人類的符號功能活動以提煉規約與共法（進一步則是由此來調解文化衝突），以及其中飽含生生不已的精神創進，包含的是人文學與價值論的綜合。然而劉先生也不是一味批判海德格一脈的詮釋學。他曾借後者來解釋王陽明的世界概念及其意義結構，[18]又認為結合了「哲學分析」的「詮釋學方法」可以闡明思想的先行理解（preunderstanding），而最終可以溝通不同思想之間距離以達致視域交融（merging of horizons）。[19]按「世界」的存有論意涵與理解的「前結構」與「先行性」乃是海德格的孤明先發，而「視域交融」則為高達美（Hans-Georg Gadamer）結合現象學與黑格爾的創見。由劉先生的引述與討論來看，他並不排斥海氏與高氏一脈的存有論路線，而他們的「存有論」詮釋學在劉先生的哲

14　劉述先：〈卡西勒的文化哲學觀〉，頁 120 以下。

15　劉述先：〈哲學分析與詮釋：方法的反省〉，頁 15。

16　同前註，頁 14。

17　劉先生以為這是因為卡西勒把握了「存在」而沒有把握「價值」（尤其是形上價值）：「他對價值問題的把握不足，興趣畢竟完全放在知識的研究上，他把人類文化的各項都推出去作平靜的玄遠的知識研究。」見〈卡西勒的文化哲學觀〉，頁 214。

18　劉述先：〈哲學分析與詮釋：方法的反省〉，頁 19。更詳細的討論見劉述先：〈「理一分殊」的現代詮釋〉，收入劉述先：《理想與現實的糾結》，頁 157-188，見頁 176-177。

19　劉述先：〈哲學分析與詮釋：方法的反省〉，頁 17。

思中也可以轉為帶有「方法論」之性格。只是相較之下，卡西勒詮釋學的「功能」與「規約」的綜合模式，更符合劉先生重視人文價值以及調和多元與衝突的理念。關於卡西勒的哲學，後文還會提到，以下分析傅偉勳「創造的詮釋學」構想。

三、傅偉勳「創造詮釋學」的五謂層次與劉先生增補的「改造層次」

在漢語哲學圈中，傅偉勳與成中英乃是較早提出自身詮釋學構想的兩位學者。[20]成中英的「本體詮釋學」（onto-hermeneutics）有較為完整與複雜的論述，其基本線索乃是通過「方法學」（借鏡於德國施萊爾馬赫〔Schleiermacher〕的方法論詮釋學）與「存有學」（出自《易經》）的結合進路，力求對多元文化與系統進行一種調解的「整體觀」哲學建構。[21]傅偉勳差不多在同時期也提出了他的「創造的詮釋學」。與成中英「本體詮釋學」不同的是，「創造的詮釋學」偏重的是「方法學」一面。傅偉勳自承其詮釋學乃依據海德格的《什麼叫做思維？》（*Was heisst Denken?*）而發，其中的關鍵問題不在於理解原思想家的原來思想，而是沒有一個原思想家真正了解他自己的思想。[22]若果如此，則思想家的言說與詮釋者的解釋之間即有可以發揮的空間，傅偉勳由此提出意義理解的「五謂說」（實謂、意謂、蘊謂、當謂、創

---

20 稍晚的蔣年豐在上個世紀九十年代也提出自身的理論，此即結合了原始語言與興象功能的「興的解釋學」或「興的精神現象學」，這套理論的基礎是表現在《詩經》、《春秋》、《論語》、《孟子》等經典中共同採用了充滿「興象」（興發之意象）的思維方式。他這方面的研究成果都收在蔣年豐：《文本與實踐（一）：儒家思想的當代詮釋》（臺北：桂冠圖書公司，2000 年）。

21 可參見成中英著，李志林編：《世紀之交的抉擇——論中西哲學的會通與融合》（上海：知識出版社，1991 年）。

22 傅偉勳：〈老莊、郭象與禪宗——禪道哲理的詮釋學試探〉，《從西方哲學到禪佛教》（臺北：東大圖書公司，1991 年），頁 408。

謂），[23]他認為可以通過不同層次的操作掘發各種原典與思想的義理。以下是其「五謂說」的基本表述：

實謂：「原作者（或原典）實際上說了什麼？」

意謂：「原作者（或原典）想要表達什麼，他的真正意思是什麼？」

蘊謂：「原作者可能想說什麼？」或「原典可能蘊涵哪些意思意義？」

當謂：「原作者（本來）應該指謂什麼，意謂什麼？」或「我們詮釋者應該為原作者說出什麼？」

創謂：「為了救活原有思想，或為了突破性的理路創新，我必須踐行什麼，創造地表達什麼？」（「創謂」原為「必謂」，依劉先生的建議而改）[24]

依據傅偉勳的解說，「實謂」是原典校勘、版本考證的基礎工作，還未真正進入意義領域；「意謂」是文本的語意澄清、脈絡考察、傳記研究等工作，屬於「客觀意義」之層次；「蘊謂」則要求把文本置入思想史的連貫性與脈絡性中解讀，此一方面可破除文本的獨斷論調，另一方面也可超越詮釋者的主觀臆斷。「當謂」乃更進一步，須以「詮釋者」的洞見掘發即使是原作者亦未看出的文本深層結構；最後的「創謂」則是創造性地實踐與解決原思想家或文本未曾解決的難題。對比來說，當謂是「批判的繼承」，創謂是「創造的發展」。[25]

粗略言之，五謂說的前三者都屬於「作者」與「文本」範圍，後兩者則偏

---

23 傅偉勳：〈大乘佛學的深層探討〉，收入《學問的生命與生命的學問》（臺北：正中書局，1994 年），頁 127-161，尤其是頁 137-140。

24 同前註，頁 239。劉先生亦言：「原本傳氏安排第五層次時，將它定名為『必謂層次』，但是我認為沒有任何一種解釋是必然的，因此建議他改為『創謂層次』。」見〈「中國經典詮釋學的特質」學術座談會記錄〉，收入黃俊傑編：《中國經典詮釋傳統（一）通論篇》（臺北：喜馬拉雅研究發展基金會，2002 年），頁 433-454，引文見頁435。

25 「五謂說」的命題表述與詳細解說，見傅偉勳：〈現代儒學的詮釋學暨思維方法論建立課題〉，收入江日新主編：《中西哲學的會面與對話》（臺北：文津出版社，1994年），頁 127-152，解說見頁 134-135。按「五謂說」的命題表述在傅偉勳的不同文章中略有差異。

重「詮釋者」的活動，而且第四的「當謂」層次還隱約鬆動了原作者與文本的緊密度（這個鬆動是海德格轉向的重要表徵）。若用詮釋學術語及其發展來看，前三者可視為 Ebensogutverstehen（同樣好的理解），後兩者則是 Besserverstehen（更好的理解）與 Andersverstehen（不同的理解）。對照起來，「（與作者）同樣好的理解」與「（比作者）更好的理解」在德國詮釋學發展屬於浪漫派中主張方法論的施萊爾馬赫，「（詮釋者之間）不同的理解」則屬於海德格、高達美一脈的存有論詮釋學——這裡還應當包含布特曼（Rudolf Bultmann）的神學詮釋學。「同樣好的理解」與「更好的理解」重在對文本的認識，而「不同的理解」之關鍵則不在於「理解差異」，而是理解差異的存有論向度。傅偉勳「五謂說」的提出，很難判定是否基於如此複雜而深沉的德國詮釋學背景，但在一定程度上回應了此背景所涉及的各種向度。

　　關於傅偉勳的「五謂說」倡議，劉先生是有回應的。比較完整的回應可見劉先生在 1999 年於臺大舉行的〈「中國經典詮釋學的特質」學術座談會記錄〉。這個座談會是起因於上個世紀八十年代末至今猶方興未艾的「中國詮釋學之建立」。劉先生在主持人黃俊傑教授發言之後，首先就 hermeneutics 的希臘詞源（hermes）、《聖經》內容之解讀與德國詮釋學的發展等方面做了基本說明，接著話鋒一轉，提及秦末焚書導致漢代的「今古文之爭」，以及有清一代的「漢宋之爭」，認為此兩者皆表現了「中國的詮釋傳統」。首先我們可以注意到劉先生在此用的語彙比較謹慎，其用語是「詮釋」而非「詮釋學」，顯見他很明瞭兩者的使用分際，並不把所有的經典「詮釋」皆視為「詮釋學」的表述。其次是他對「漢宋之爭」的看法，劉先生認為漢學的「考據」與宋學的「義理」不應視為截然的對立，他引錢穆的《朱子新學案》來支持朱子，以為後者雖長於建立思想系統，但亦重視名物制度之學。[26]換言之，考據與義理應該相互支持。如果我們把劉先生關於考據與義理，以及名物制度與思想系統等兩組「中國詮釋傳統」的意涵予以延伸，其實頗為符合他對狄爾泰等人（按應自施萊爾馬赫算起）之「方法論詮釋學」與海德格一脈之「存有論詮釋學」的

26　劉先生以上的說明，見〈「中國經典詮釋學的特質」學術座談會記錄〉，頁 433-434。

劃分，[27]因為考據環繞的是文本意義（字面意義），而義理則涉及個人對文本內容的體證。關於重視義理與個人體證的聯繫性，劉先生有幾個例子可以進行補充。第一個例子是朱子的參透中和，劉先生言：

> 朱子對整套學問的陳述，其實就是他個人體悟經典的過程；當朱子參透「中和」時，採取了注疏形式來討論，由近至遠、切問而近思，從「中和」逐漸擴展到宇宙論與形上學；表面看來似乎是一種詮釋行為，然卻與他自己的精神體驗不脫關係。[28]

劉先生以為此即表現出「中國經典詮釋學的特色」，而這種特色既指向個人體驗，其實也蘊含生命／精神體驗的狄爾泰特色在內。其次的例子是牟宗三對劉蕺山學問的處理，劉先生言：

> 牟先生認為劉宗周具有完整的思路，然而在敘述上尚有不足之處，因此經常批改刪修；其實劉、牟二人身處的時代不同，前者未曾受過後者那樣嚴謹的邏輯訓練，因此不可能說出像牟宗三那樣透闢的道理。[29]

劉、牟的差異表面是學術訓練的不同，實質上則指向時代的不同，因此劉先生把牟先生批刪劉蕺山的行為解釋成「當謂」與「創謂」層次；這不是孰是孰非的問題，而是基於詮釋者的新理路與實踐要求。

再其次的例子，則是以戴震作為詮釋的反面教材。劉先生認為戴震的《孟子字義疏證》雖為注疏之作，「實則為戴震的哲學著述，與孟子的思想有相當的距離」，劉先生由此表示不能接受「任何詮釋都可成立」的極端態度，他認

27　同前注，頁436。
28　同前注，頁445。
29　同前注，頁436。

為文本本身還是應有一定的約束力。[30]合上述三者言之,個人體驗乃在經典詮釋上扮演著重要角色,但此並不表示可以恣意解釋。然而對劉先生而言,不能恣意解釋卻也不排除改造其內容以求他用之可能(後文對此會進一步說明)。

在說明前述「漢宋之爭」的中國詮釋傳統之後,劉先生很鄭重地討論了傅偉勳的「創造的詮釋學」,其用意不言可喻,因為傅先生的提法其實就是中國詮釋學的一種形態。對傅偉勳的「五謂說」內容,劉先生做了一番說明,意思大致上同於傅先生自己的解說,但劉先生做了幾點更深入的發揮:

(一)解釋學與詮釋學的區別。劉先生認為實謂、意謂與蘊謂等前三個層次比較適合視為「解釋學」,「因為這三種活動完全依據原典來進行,企圖將已逝年代的觀念還原於現代人眼前」,而當謂與創謂等後兩個層次則「較適合翻譯為『詮釋學』,為海德格與高達美(Hans-Georg Gadamer)師徒闡發的理論」。[31]按前文已指出劉先生把 hermeneutics 拆解地翻譯為「解釋學」與「詮釋學」,此處的發言則更清楚呈現劉先生的用意:「解釋學」一詞意指忠於原典意義,而且符合狄爾泰(與施萊爾馬赫)的「方法論」形態;「詮釋學」則意指詮釋者的個體性(包含先行理解)與不同世代的視域交融之「存有論」形態。[32]依劉先生的構想,我們也可將這兩種形態稱為「方法論解釋學」與「存有論詮釋學」。事實上,德國詮釋學的發展就是「從方法論到存有論」,[33]而「五謂說」的層次演進大致上亦符合這個發展的形態與階段。從這一點來看,劉先生其實是拓展了傅偉勳自己設定五謂說的「方法論」範圍。因而即使沒有充分的證據顯示傅先生乃是依據德國詮釋學而立論,但劉先生的眼光與用意則

30　同前注,頁 449-450。

31　同前注,頁 435。

32　同前注,頁 436。

33　與近代詮釋學發展直接相關的是「聖經詮釋學」與「語文學詮釋學」,詮釋學在此乃是充作服務與輔助的技藝性、方法性學科(即作為特殊詮釋學),直到施萊爾馬赫才有「普遍詮釋學」的轉向(儘管此時還未真正脫離附屬地位)。歷經施萊爾馬赫的普遍詮釋學與狄爾泰的生命體驗之後,詮釋學在海德格的「存有論」要求中有了第二次轉向,而這個轉向在高達美的歷史與語言範疇中獲得繼承。

是很清楚的,他明白「創造詮釋學」的「五謂說」在詮釋學上的擴充效用與應
有定位,也知道這樣的定位與效用如何有益於「中國詮釋學」的建立。

　　(二)「五謂說層次」之外的「改造層次」。傅偉勳的五謂說其實已經涵
蓋方法論與存有論,以及客觀解釋與主觀詮釋,但劉先生以為還有增加空間:

> 我在傅偉勳提出的五種層次外,又增加了另一個層次,也就是「改造層
> 次」,主要是由於過去講究「無一字無來歷」,現今卻不一定要侷限在
> 經典之內,因此可以對經典有所改造,不再只是 interpretation。[34]

按五謂中的「當謂」與「創謂」已經不限於文本與作者(思想家)的範圍,而
且「創謂」也帶有離開原脈絡而進入詮釋者身處的「時代脈絡」之意。但對劉
先生而言,即使是「創謂」,也還是有局限的。在劉先生的闡釋中,解釋
(interpretation)畢竟還是受限於文本的範圍,他要求的是把意義或概念從文
本內容的束縛中掙脫出來,使之進入新的運用脈絡。如果我們聯想到劉先生改
造的「理一分殊」與「兩行之理」,將可明白所謂「改造層次」的用意。前文
述及卡西勒哲學與「理一分殊」的聯繫可能時,即已初步表明這種「改造」性
質,而劉先生把《莊子・齊物論》的「兩行」之說(「是以聖人和之以是非,
而休乎天鈞,是之謂兩行」)連結到「理一分殊」,則更顯示這種改造的強
度。按「兩行」在莊本是指居天道自然以調和是非爭端之意,「理一分殊」
則是理的「超越且普遍」與「內在而特殊」的關係。在劉先生的連結性解釋
中,普遍超越與特殊內在成了「兩行」,劉先生言:

> 如果把超越當作一行,內在當作一行,兩方面的和合當作莊子最高智慧
> 的體證,就可以看到,莊子的確體現到很深的兩行之理的智慧。而這是

---

[34]　〈「中國經典詮釋學的特質」學術座談會記錄〉,頁436。

　　通過創造的詮釋學給莊子思想的一個最好的系統闡釋。[35]

這段話裡面的「創造的詮釋學」應是借自傅偉勳的語彙，但也可能是劉先生自己的「改造層次」所代表的「創造的詮釋學」。[36]這個改造不僅止於莊子或道家，而且還擴展到佛家與儒家，尤其是儒家。儒家在形上學的超越天道與內在心性的對比，表現在倫理要求上就是禮法綱常及其落實。這兩者之間的隔閡落差常是衝突的原因，劉先生言：

> 超越的理一要具體落實，就必須成為有限的分殊，而把有限的分殊無限上綱就會產生僵固的效果。《論語》中孔子講禮，明明是合乎人情的自然流露，到了後世，徒具形式，失去精神，甚至墮落成為了違反人性的吃人禮教，這是何等的諷刺！如果能夠貫徹理一分殊的精神，就會明白一元與多元並不〔必〕然衝突矛盾。到了現代，我們有必要放棄一元化的架構。[37]

劉先生以為不僅要放棄「理一」的僵化，而且還要尋求「分殊」的和解：

> 我要容許別人也選擇他認為的最佳可能性，互相交流、辯論，擴大自己

35　劉述先：〈「兩行之理」與安身立命〉，《理想與現實的糾結》，頁 189-239，引自頁 198。

36　對比於「五謂」來說，「改造層次」或可稱為「改謂」。這種「改造」或「改謂」在跨文化研究中顯得特別重要，因為不同文化的思想對比常需要對原意義進行創造性的運用，此即脫離「原脈絡」而進入「新脈絡」。用呂格爾（Paul Ricoeur）的術語來說，就是去脈絡化（decontextualization）與再脈絡化（recontextualization）。參見 Paul Ricoeur, *Hermeneutics and the Human Science* (Cambridge: Cambridge University Press, 1981), p. 139。在詮釋學中可以參考的明顯例子是高達美的「效用歷史」（Wirkungsgeschichte）概念，它原先是文學概念，意指「文本」在流傳過程中的影響過程，在意義的改造中則成為詮釋學概念，指的是「歷史」本身的作用。

37　劉述先：〈「兩行之理」與安身立命〉，頁 236。

　　的視域，造成視域的交融。[38]

「理一」與「分殊」之間的統攝關係以及「各分殊」之間的衝突狀況，皆可通過「兩行」原理的調節，如此才符合現代多元共存的現實要求。當然，「理一」在此還是起到指導作用的：「無形的理一是指導我們行為的超越規約原則，而我們要成就的也不是一種實質的統一性，而是卡西勒（E. Cassirer）所謂的功能的統一性（functional unity）。」[39]這裡又提到卡西勒，如此即證明了統攝諸分殊的「理一」並非「實體義」或「結構義」的，而是「功能義」的。劉先生以卡西勒來回應「理一分殊」及「兩行之理」，綜合了認知形態的文化哲學與倫理要求的儒家義理，特別是這個綜合工作乃是在「詮釋學」意涵中進行。

四、結語

　　劉先生在儒家的「理一分殊」與道家的「兩行」之理的基礎上，結合了卡西勒的「符號形式哲學」、高達美的「視域交融」，甚至傅偉勳的「創造的詮釋學」而提出的論述，實乃超出單純僅是方法論與存有論的詮釋學進程，而走向另一形態的「文化詮釋學」。這種詮釋學既帶有哈伯瑪斯（Jürgen Habermas）解決多元爭端的交談溝通任務，也包含了借自康德之規約原理（regulative principle）而彰顯儒家倫理價值的指導性格。這套學問之能充作「詮釋學」，劉先生自己或許不甚留意，但此學問在解決多元爭端與衝突上的效用與價值，劉先生是深有體會的，他不斷提起「理一分殊」即是力證。另一方面，基於劉先生對儒家「超越與內在」義理的認同，此詮釋學因而並不是無預設的、純方法論的，而是歸宗於強烈的倫理定向。這即讓這套論述處於一種張力當中：諸文化和解的多方談話（polylog）與儒家價值定向的單方獨白

38　同前注，頁237。

39　同前注。

（mololog）。在當今跨文化哲學（cross-cultural philosophy）或文化際研究（intercultural studies）盛行之際，其實沒有人能真正脫離這種張力，因為提倡和解的多元論哲學家與神學家都有各自的終極關懷。這裡被保留的基本價值是他們對其他文化的尊重與欣賞，詮釋學可著力之處即是這種價值。易言之，價值定向的獨白並非真正的獨白，而是以一種服務與貢獻的態度加入對話的社群當中。

論儒家「生生」的現代詮釋

張子立*

一、前言

　　「生生」的哲學概念乃儒家學說之精要。《周易・繫辭傳》所謂「天地之大德曰生」、「生生之謂易」的表述，正是其中代表。其中「生生」一詞之涵義，韓康伯注：「陰陽轉易，以成化生。」孔穎達《正義》曰：「生生，不絕之辭也。陰陽變轉，後生次於前生，是萬物恆生，生必有死，前後之生，變化改易。」二人所用「化生」與「恆生」之用語雖不同，然實皆以陰陽不斷變轉解易之「生生」。可見「生生」一詞乃「統言生而又生、創造不息，故重言『生生』以表示陰陽的運轉不窮」。[1]《繫辭》有云：「生生之謂易，成象之謂乾，效法之謂坤。」（《繫辭上傳》第五章）明言「生生」涵蓋成象之「乾」與效法之「坤」，是則乾元之大生、坤元之廣生，亦為「生生」之內涵，通貫此二者則為其要旨。凡此皆是「生生」對存在層面的解釋。

　　不過「生生」的意涵尚不僅於此，且亦有實踐層面的解釋。儒家中倡言《易傳》思想者，「目的不僅在以變化來說明宇宙生化的情形，而是要在宇宙生化的大法則中，發現人生價值的根源」。[2]所謂：「一陰一陽之謂道，繼之者，善也；成之者，性也。仁者見之謂之仁，知者見之謂之知，百姓日用而不

---

* 　上海華東師範大學思勉人文高等研究院青年研究員
1 　曾春海：《易經的哲學原理》（臺北：文津出版社，2003年），頁81。
2 　徐復觀：《中國人性論史：先秦篇》（臺北：臺灣商務印書館，1994年），頁206。

知，故君子之道鮮矣！」（《繫辭上傳》第五章）「生生」之易乃「顯諸仁，藏諸用」，並將一陰一陽之道與君子之道銜接起來，正在表示人須上體天道生生之德，進行人文化成的淑世事業。此說法正與《中庸》「天命之謂性，率性之謂道，修道之謂教」的思路若合符節。

　　時值二十一世紀，人類已進入太空時代與資訊科技時代，舉凡生活型態、制度習慣、交談溝通所使用的話語及概念，與以上陳述皆存在著顯而易見的時空隔閡，實不可一概而論。於是儒學研究者開始嘗試運用現代的哲學思辨，探討其中的理論問題，或是給予現代脈絡的論點表述。若以這些理論探究為基礎，「生生」的思路如何能夠透過現代的重新詮釋，與人們的實際生活再度產生聯繫？例如：在多元價值地位對等、齊頭並進的當前社會現況，「生生」實踐層面的體現，是否仍然僅聚焦於道德修養，還是可將範圍擴大至其他的價值創造活動，以涵蓋更多的人類成就於其中？本文即嘗試從牟宗三對「生生」的兩種創生詮釋，以及劉述先對其論點所做的補充與調整，探討如何從中汲取資源，繼續發展出能與當前社會接軌的一種現代詮釋。

二、牟宗三對「生生」的兩種詮釋

　　依牟宗三的詮釋，《易傳》「生生」之概念，呈現的是一種創生化育的生成性宇宙觀。此中「生成」，意指：「使存在之事永遠生息下去而不至於梏亡，這便是對於存在之創造。這就是《中庸》所謂天道之誠之『生物不測』也。」[3]他在解釋「天地之道可一言而盡，其為物不貳，則其生物不測」這段話時，強調：「生者，妙運、妙應」之義，又說：「生者實現義，『使然者然』義，故天道、仁體、乃至虛體、神體皆實現原理也，皆使存在者得以有存在之理也。生者引發義，滋生義。因天道之誠、仁體之潤、虛體之清通、神體之妙應而滋生引發之也。」[4]以上解釋正適用在「生生」中的第一個「生」字。此「生」

3　牟宗三：《心體與性體》（臺北：正中書局，1968年），第1冊，頁367。
4　同前注，頁460-461。

字乃動詞，指涉作為存在與實現之理的天道之作用，並非表述經驗界的事實情況。牟宗三在詮釋明道從「生生之謂易」說「天之所以為道」時表示：

> 天就是道。此道是「生道」，即「為物不貳，生物不測」之生道，即創生之道，能起創生大用之道。此「生道」亦曰「生理」，即所以能生生不息之超越之理也。此生道、生理亦曰易體、神體、於穆不已之體、寂感真幾。「一陰一陽之謂道」即是指點的這個道，「一陰一陽」亦猶「生生」也。由生生不息指點「易體」即可明「天之所以為道」——生道。[5]

天就是道。此道是「生道」，能起創生大用之道，並作為陰陽氣化之根據的超越之理。「生生」即在表述陰陽氣化永不止息的整體特性，故曰「一陰一陽」亦猶「生生」也。牟氏另在他處指出：「中國人從『生』這個地方說存在。儒家講『生生不息』，也是從『生』講存在。」[6]依其詮釋，可以說「生生」中的第二個「生」字表述的就是存在，而非個體生命。

而在牟宗三從實現與創生存在講「生生」的大方向之下，其實可以整理出他對「生生」的兩種詮釋理路，以下即先申述這兩種詮釋之要點。[7]

（一）本體宇宙論的創生

牟宗三對「生生」的第一種表述是「本體宇宙論的創生」型態。其中「性」才是能起宇宙生化與道德創造之「創造實體」，[8]以「性體」作為核心

5　牟宗三：《心體與性體》，第 2 冊，頁 49。

6　牟宗三：《四因說演講錄》（臺北：鵝湖出版社，1997 年），頁 8。

7　有關這兩種創生型態的詳細說明，筆者另有專文討論，參見張子立：〈試析道德的形上學兩種創生型態：「本體宇宙論的創生」與「實現物自身的創生」〉，收入汪文聖編：《漢語哲學新視域》（臺北：臺灣學生書局，2011 年），頁 99-125，在此僅擇其要點論述之。

8　牟宗三：《心體與性體》，第 1 冊，頁 40。

觀念，本心則是人在道德實踐中對此性體之自覺。他強調「宋明儒所言之天
道、天命、太極、太虛，其結穴只在性體。性體具五義是客觀地說；從天道、
天命、太極、太虛而結穴於性體，所謂性與天道，性天之旨，亦皆是客觀地
說。至心能盡性，心具五義，則是主觀地、實踐地說」。[9]此時既說天道乃結
穴於性，所以客觀地創生萬物之作用亦落於性，並無本心仁體可實現對象之物
自身的說法，而且心與性的關係是主觀與客觀、對其自己與在其自己對言，[10]
尚無「智的直覺」一語出現。這就可以理解牟氏為何指出「心性是一之宇宙論
的模型以性為主，道德實踐之證實而貞定此模型，則須以心為主」。[11]

　　在「本體宇宙論的創生」型態中，天與人的關係表現為「內容的意義」相
同。這可以從兩方面予以解析。

　　首先，從「盡心知性知天」一語來看，吾人之心性與實體義的天，以理言
的天「內容的意義」相同，「此所謂『內容的意義』相同實即同一創生實體
也」。[12]既同為創生實體，則心性天從「體」上說是一。因此牟氏詮釋「盡心
知性知天」為：「此時天全部內在化，吾之性體即是天，天地亦不能違背此性
體。此時天與人不但拉近，而且根本是同一，同一於性體。」[13]這是強調天可
以純內在化，「純內在化者是以理言的天，與性體意義同、質同、化境同的
天」。[14]

　　其次，就理想境界言。講的是「一體而化」之聖人境界，由人從心所欲而
不踰矩，體現出純亦不已之德行，進入從體上說是一，帶著用說亦是一之「同
於」無限的境界。落在人的道德實踐上講，「同於無限」則為天人相即合一的
工夫語、境界語，表述在聖人境界中天人之分別即泯，而作為天道客觀化、具
體化的狀態。

9　同前注，頁 569。
10　同前注，頁 42。
11　同前注，頁 532。
12　同前注，頁 27。
13　同前注，頁 527。
14　同前注，頁 526。

　　要注意的是，就「本體宇宙論的創生」而言，人之性體雖與「天」意義同、質同，這只限於人的道德修養層面，可將人的道德行為視作天道之體現。同者在於道德創造，而非實現萬物之存在：

> 天道篇：「天體物不遺猶仁體事無不在」，俱是由體物體事而見其為體。天道之「體物不遺」是客觀地、本體宇宙論地說；仁之「體事無不在」是主觀地、實踐地說。主觀地、實踐地說，即所以明「心能盡性」之超越的、形上的普遍本心也。故「天大無外」，性大無外，心亦大而無外。此即函心性天之主觀地、實踐地說之之合一，而亦竟直是一也。[15]

心性天可以是一，但這是「仁體事無不在」方面的一，就人行為實踐層面而言之合一，並以此「內容的意義」同於天道而言「是一」。但就萬物存在，宇宙生化的層面，則須歸之於天道。故客觀地、本體宇宙論地說，必須是「天體物不遺」。故「天體物不遺猶仁體事無不在」，正在強調心可相應、證實天道，成為天道落實在道德領域之具體化。

（二）實現物自身的創生

　　若細究牟宗三之遣詞用字，在《心體與性體》中，「性體」概念為核心，故天道、天命、太極、太虛，皆結穴於性，客觀地妙運萬物而起宇宙生化是性體之神用；《智的直覺與中國哲學》一書之措辭，則慣常「性體」與「本心仁體」並舉；到了《現象與物自身》問世的階段，就不再以性體概念為首出，而在主客觀面皆主要以良知明覺或仁心作解釋。心已不再只是藉道德實踐以證實或形著性或天道，其智的直覺即有實現物自身之創生作用，統道德與存在而一之。在此書中牟氏以「知體明覺」為儒家存有論的代表，藉由陽明「意之所在為物」與「明覺之感應」兩句話解釋智的直覺之創造。當陽明說「意之所在為物」，此語中之物乃行為物，亦即事，也就是道德行為。當他說「明覺之感

15　同前注，頁557。

應」為物時，則是事、物雙彰，行為物（如事親）與存在物（如親）俱是在其自己者。「就事言，良知明覺是吾實踐德行之道德的根據；就物言，良知明覺是天地萬物之存有論的根據。故主觀地說，是由仁心之感通而與天地萬物為一體；而客觀地說，則此一體之仁心頓時即是天地萬物之生化之理。」[16]

牟氏接著指出，由知體明覺為體所起之用並非現象，而是非現象之實事、實理、實物，亦即康德所謂物自身。而且談現象只能有認知意義的現象，不能有存有論意義之現象。他特別做出如下澄清：「平常依存有論的方式說本體現象，或依中國傳統說體用時亦把用視為現象，那是不檢之辭，忘記了『認知度向』之插入。現象（依康德此詞之嚴格的意義）只在『認知度向』之介入上而起，即只對認知主體而起。」[17]

顯而易見，上述論點已是一種「實現物自身的創生」型態。天道成為「此直覺自身就能給出它的對象之存在」之智的直覺，不再是《心體與性體》中本體宇宙論之原理。因為宇宙論之原理並非物自身之實現原理，而是萬物生長、運動、變化之所以然之理，就哲學概念之分梳而言，這正代表兩種創生詮釋之差異。

此「實現物自身的創生」型態，在存有論上，基於人有智的直覺之前提，吾人之心性與天非僅「內容的意義」相同，即使在「作用的意義」上亦同。「內容的意義」相同，代表人之性體雖同於天道，但人實際創造的乃道德行為，此中「內容的意義」亦即感通無隔之仁心，之所以相同是由於人能推己及人，正可呼應天道之誠，在道德實踐之本質上合一。道德行為自然是天道之展現與落實，但這只是天道的一個面向，尚未具備存有論之意涵。

但若人擁有智的直覺，此直覺即可實現物自身，此「同」就不只表現在道德實踐，且亦具存有論之功化，人與天道不但在內容的意義上，就連在創生作用上也可同一，此即以「作用的意義」相同稱之的理由。相對於「本體宇宙論的創生」將萬物之存在與生化委諸天道，內在化是指人直接參與道德創造而與

16　牟宗三：《現象與物自身》（臺北：臺灣學生書局，2004 年），頁 442-443。
17　同前注，頁 128。

天內容的意義相同；「實現物自身的創生」則主張人之良知明覺可使事、物雙彰，兼為道德創造及宇宙生化之原理。此時人之道德實踐上的體用，已類似於上帝與物自身之關係。可以說，由於「實現物自身的創生」在「作用的意義」上亦與天同，有限之人可「同於」無限之天道的特性，實較「本體宇宙論的創生」更為凸顯。

（三）兩種創生型態之整合

從以上論述來看，不論是「本體宇宙論的創生」之「內容的意義」相同，抑或「實現物自身的創生」在「作用的意義」上相同，兩者皆表現出一個共通點，亦即：在天人關係上肯定天與人之「同」，有限可「同於」無限。

順是，若以天與人之可「同」為前提，就理論說明而言，「實現物自身的創生」實較「本體宇宙論的創生」來得順適，更有利於解釋天人之所以同的理據何在。理由在於：「實現物自身的創生」雖然亦是道德主體實踐之工夫，天與人之同卻可以是理論推導上的邏輯結論。因為道德實踐與存有論的根據都收於「良知明覺」之中，這種作用上的同，意味著人除了道德行為的創造之外，還因具有智的直覺而可實現物自身，可謂客觀面的天道與主觀面的本心，皆統合於此自由無限心之中。天人之同就無須性體之中介，知體明覺的概念內涵已將道德創造與實現存在通而一之，成為前提推導下之邏輯結論。證實天人合一的方式，已不只是道德主體實踐上的印證，同時兼為哲學思辨上的論證，在理論解釋上的確優於後者。或許此即牟宗三逐漸發展出「實現物自身的創生」詮釋之因。

正因如此，就理論發展而言，在「實現物自身的創生」型態出現之後，牟氏詮解宋明儒學之焦點就不放在內容意義上的同，而在作用意義上的同，強調良知之絕對普遍性，並藉以解釋儒家意義上的圓教：

> 心外無理，心外無物。此即佛家所謂圓教。必如此，方能圓滿。由此，良知不但是道德實踐之根據，而且亦是一切存在之存有論的根據。由此，良知亦有其形而上的實體之意義。在此，吾人說「道德的形上

學」。這不是西方哲學傳統中客觀分解的以及觀解的形上學，乃是實踐的形上學，亦可曰圓教下的實踐形上學。因為陽明由「明覺之感應」說物（「以其明覺之感應而言，則曰物」，見上）。道德實踐中良知所及之物與存有論的存在之物兩者之間並無距離。[18]

《從陸象山到劉蕺山》是牟宗三在完成《智的直覺與中國哲學》及《現象與物自身》之後，再度以宋明儒學為主題發表的著作。其中與以上這段引文類似的說法為數不少，與《心體與性體》中表現的思路已有微妙的差異。若以此推斷他整合兩種「生生」詮釋的理論走向，則是：將性體與天道之客觀性收攝於良知或智的直覺之絕對性，而以「實現物自身的創生」為主軸，融攝「本體宇宙論的創生」之論點，作為詮釋道德的形上學之思想資具。

三、相關問題析論

（一）以智的直覺詮釋儒學之難題

劉述先曾直言，牟宗三肯定人有智的直覺，據儒家立場認為康德是走向儒家的預備階段，但由緊守康德典範者來看，這種說法卻是一種逾越：

> 康德說只有上帝有智的直覺，原因是只有在上帝，語言、思想、真實三者才合而為一。故上帝說光，世界就有了光。但人智卻必始於感性的直觀（sensible intuition），感官必先受動接受感覺印象，認識心才有用武之地。在《實踐理性批判》之中，康德認為道德行為要有意義，必以意志自由為基設，人在此乃得以跨越現象通往本體（noumenon）。但人無論如何也不可能有智的直覺。[19]

18　牟宗三：《從陸象山到劉蕺山》（臺北：臺灣學生書局，1993 年），頁 223。

19　劉述先：〈論中國人的價值觀在現代的重建〉，《理想與現實的糾結》（臺北：臺灣學

劉述先點出，康德認為在上帝處語言、思想、真實三者合而為一，因此才有智的直覺；人智必始於感性直觀，就算實踐理性可通往本體，但無論如何也不能宣稱人有智的直覺。由基督宗教的觀點看，講有限而通於無限，其實是一種僭越。上帝與世間具有一道鴻溝，人才會謙卑。在這種終極關懷或預設的層面，個人可以作其存在的抉擇，難以有定準。牟宗三的說法「其實並不能夠超出康德《純理批判》所謂『先驗的辯證學』（transcendental dialectics）所揭示的難局」。20

　　因此，劉述先儘管認同牟宗三逆覺體證的工夫論，但認為不必將良知對天道之體證視為康德所謂智的直覺，所以又提出如下論點：

> 牟先生說中土三教都肯定有智的直覺，其實是說人對於道有直接的體悟，並未遵守康德用這一詞的原意。考其實際牟先生是繼承熊先生（引者注：即熊十力）的睿識，以良知為「呈現」，不能僅是馮友蘭所說的「假定」。我也接受這樣的睿識，只不過認定康德是一不同的思路，不必連在一起談。21

質言之，劉述先認同人對於道有直接的體悟，這就是逆覺時良知之呈現，但指出不必將其與康德的直覺連在一起說。事實上就是否定「實現物自身的創生」型態之適切性。

　　「實現物自身的創生」涉及的另一個問題是：由於將存在與實踐依據盡皆收歸智的直覺，只從道德主體做解釋，就會喪失天道作用的一面，但這是《易傳》文本相當重要的理論核心，從而造成與「生生」之原意有所偏離。特別是易之為道往往與陰陽氣化相連而說，作為氣化活動背後之依據。徐復觀即指

生書局，1993 年），頁 90-91。

20　同前注，頁 91。

21　劉述先：〈儒學與未來世界〉，《當代中國哲學論：問題篇》（River Edge, NJ：美國八方文化企業公司，1996 年），頁 256。

出，《繫辭》「以陰陽為創造萬物的二基本動力，或二基本元素。由陰陽相互間的變動，以說明天道生育萬物的情形」，[22]徐氏如此解釋「一陰一陽之謂道」：

> 繫傳上所謂的「一陰一陽之謂道」的道，及乾象所說的「乾道變化」的「乾道」，亦即是生生不息的天道。一陰一陽，即乾象傳所說的「乾道變化」的「變化」。〔……〕陰陽互相消息，循環不已，以成其生育萬物的變化，所以稱之為「一陰一陽之謂道」。變化本是道之用（作用）。但天道若不變化，即不能生萬物；而所謂道之體（本體），亦成為與人相隔絕，而且為人所不能了解的懸空地東西。吾人只能於道之用處見道，便不能不說一陰一陽之謂道。[23]

依上述，則《繫辭》討論天道與經驗界萬物的關係，並非認知主體與感官與料間的對應關係，而重在存有論上的生成關係。以牟宗三在《心體與性體》中的話來講，天道本質上是陰陽氣化，萬物生長、運動、變化的實現或存在之理的「即存有即活動」的創造實體，這是從本體宇宙論看天道與陰陽、萬物的體用關係，萬物不只有認知的意義，也包含存有論的意義；良知明覺作為智的直覺，則與物自身構成體用關係，萬物僅具有認知的意義。二者立論方向呈現明顯差異，這就難以將《易傳》「生生」的內涵確切地表達出來。「生生」的概念無法僅僅透過道德主體做解釋，這從牟宗三在建構智的直覺之相關論點時，較少引用《易傳》，而特別集中於陸王心學、特別是王陽明的論點作發揮，實已不言可喻。以此反觀「本體宇宙論的創生」型態，則因將創生之妙用歸諸於天道，反而不至出現此問題。

---

22 徐復觀：《中國人性論史：先秦篇》，頁 206。
23 同前注，頁 206-207。

（二）「良知的傲慢」之質疑

依牟宗三之詮釋，天與人之所以同的關鍵，在於「性體」（「本體宇宙論的創生」）或「良知明覺」（「實現物自身的創生」），而此二者皆是道德行為及其實踐的領域。從這種思路來看，我們可以順理成章地推斷：道德實踐是最重要的活動，道德領域也成為存在界最重要的層面。余英時即持此見，而對新儒家、特別是牟宗三提出「良知的傲慢」之質疑。他認為新儒家「良知的傲慢」正是受西方科學「知性的傲慢」之刺激而產生的反應。而對科學進行了反模仿：

> 儒家的「良知的傲慢」是受現代「知性的傲慢」的刺激而產生的反應。我們只要稍一比較兩者的思想結構，便不難看出新儒家其實是科學主義的反模仿。科學主義者講「真理」，新儒家反之以「道體」；科學主義者講「客觀性」，新儒家反之以「主體性」；科學主義者講「事實」，新儒家反之以「價值」；科學主義者講「理性」，新儒家反之以「良知」或「道德理性」（moral reason）；科學主義者講「科學方法」，新儒家反之以「證悟」或「成德工夫」；科學主義者以「認知身分」決定各種學術專業的高下，新儒家反之以「道德身分」；科學主義者講「科學理性」體現德性，新儒家反之以「知識為良知之發用」，〔……〕，新儒家為了對抗科學主義，在有意無意之間走上了反模仿的途徑。但反模仿也是模仿的一種，其結果是發展了一套與科學主義貌異情同的意識形態──道德主義。科學主義者以獨占「真理」自負而有「知性的傲慢」，道德主義者則以獨得「道體」自負而有「良知的傲慢」。[24]

24　余英時：〈錢穆與新儒家〉，《現代儒學論》（River Edge, NJ：美國八方文化企業公司，1996 年），頁 155-156。

余英時發現，科學主義講真理、客觀性、事實、理性、科學方法、認知身分、以科學理性體現德性等概念；新儒家則以道體、主體性、價值、良知或道德理性、體證或成德工夫、道德身分、知識為良知之發用等說法予以反制，結果是發展出一套與科學主義貌異情同的意識形態——道德主義。科學主義者以獨佔真理自負，而有「知性的傲慢」；道德主義者則以獨得道體自負，而有「良知的傲慢」。尤有甚者，「道德主義者高居本體界，視整個知識領域為低一層次的活動。他們只要肯自我坎陷，知識之事固隨時可以優為之。」[25]依其所見，「良知的傲慢」程度還更勝「知性的傲慢」。

　　要探究此「良知的傲慢」說法是否成立，最好的方式，莫過於直接從牟宗三對「道德」一詞的界定著手，即可做出分判。他曾對「道德」做出如下定義：

> 道德即依無條件的定然命令而行之謂。發此無條件的定然命令者，康德名曰自由意志，即自發自律的意志，而在中國的儒者則名曰本心，仁體，或良知，而此即吾人之性體，即發此無條件的定然命令的本心，仁體，或良知即吾人之性，如此說性，是康德乃至整個西方哲學中所沒有的。性是道德行為底超越根據，而其本身又是絕對而無限地普遍的，因此它不是個類名，所以名曰性體——性即是體。性體既是絕對而無限地普遍的，所以它雖特顯於人類，而卻不為人類所限，不只限於人類而為一類概念，他雖特顯於成吾人之道德行為，而卻不為道德界所限，只限於道德界而無涉于存在界。它是涵蓋乾坤，為一切存在之源的。不但是吾人之道德行為由它而來，即一草一木，一切存在，亦皆繫屬于它而為它所統攝，因而有其存在。[26]

由這段說明來看，所謂「道德」是指依無條件的定然命令而行的道德過程。而

25　同前注，頁 156。

26　牟宗三：《智的直覺與中國哲學》（臺北：臺灣商務印書館，1993 年），頁 190-191。

能發此無條件的定然命令的正是吾人之本心、仁體、性體或良知。性體又涵蓋道德界與存在界而為道德行為與一切存在之源。在此「道德」就同時指涉人的道德行為之道德界，以及終極實在的本體界。就存有論的哲學探討而言，若承認有一終極實在，則經驗界各個領域相對於此終極實在而言，須定位在第二義之層面，此乃概念分梳所必至。就此而言，高於知識領域的應是本體界，亦即性體或天道，而非道德領域，因為道德領域與知識領域同屬經驗界，相對於本體界的終極性都是低一層次的衍生領域，都是終極實在於時空中所呈現的限定相。因為：

> 本心即是一自由無限心，它既是主觀的，亦是客觀的，復是絕對的。主觀的，自其知是知非言；客觀的，自其為理言；絕對的，自其「體物而不可移」，因而為之體言。由其主觀性與客觀性開道德界，由其絕對性開存在界。[27]

牟氏在此明言本心事實上是自由無限心，其作為絕對者開存在界，道德界只是其中主客觀性的面向，不能等同於本體界。相同思路也表現在其真美善之分別說上。所謂分別說是指真（科學知識）、美（自然之美與藝術之美）、善（道德）各為一獨立的領域，皆由人的特殊能力所凸現，陸象山所謂「平地起土堆」。相對於智的直覺所顯之「平地」，真善美三者皆為有限制的「土堆」：

> 分別說的真指科學知識說，分別說的善指道德說，分別說的美指自然之美與藝術之美說。三者皆有其獨立性，自成一領域。此三者皆由人的特殊能力所凸現。陸象山云：「平地起土堆。」吾人可說真美善三者皆是經由人的特殊能力於平地上所起的土堆：真是由人的感性、知性，以及知解的理性所起的「現象界之知識」之土堆；善是由人的純粹意志所起的依定然命令而行的「道德行為」之土堆；美則是由人的妙慧之靜觀直

27　牟宗三：《現象與物自身》，頁12。

感所起的無利害關心,以不依靠於任何概念的「對於氣化光彩與美術作品之品鑒」之土堆。[28]

分別說的真善美既然皆為人的特殊能力所凸現之土堆,自然不能等同於合一說中即真即美即善之平地。自由無限心即是此平地,人的道德行為只是道德界或道德領域之土堆,二者間須有所區隔。所以他才接著表示,分別說的真只通至現象,未能通至物如;分別說的善只在精進中,未至全體放下之境,常與其他如真與美相頂撞,未臻通化無礙之境;分別說的美住於妙慧靜觀之閑適,若一住住到底,而無提得起者以警之,則會頹墮而至於放縱恣肆。[29]可見相對於終極實在的天道,知識、道德乃至美感藝術領域都屬有限而尚嫌不足。

綜言之,牟氏對「道德」一詞有兩種用法。一種是同時作為道德界與存在界之原理,所謂絕對者的「道德」,這是合一說的即真即美即善的平地之境界,所謂自由無限心,指涉的是終極實在或本體界的實體,我們可稱之為「廣義的道德領域」。至於人的道德行為、道德實踐所指涉的道德界或道德領域,以及所謂分別說的善,則是一種「狹義的道德領域」,只屬於道德範圍,而不涉及存在界之基礎問題。所以就「廣義的」與「狹義的」道德之分來看,牟宗三並未顯示出良知的傲慢傾向。只要我們明白,他在指涉天道、天理時所謂的「道德」,是就「廣義的道德領域」而言即可。

(三)理路融貫與證立問題

1. 「同於」無限與分別說之牴觸

牟宗三所謂道德的形上學,是由道德通往本體之即工夫即本體的進路,人不斷從事道德實踐於是可以達到無限者的境界。如此一來,就必須進一步將人從事道德實踐的層次定位清楚。基於自由無限心作為絕對者,因而與人的道德

---

28 牟宗三:〈商榷〉,《康德:判斷力之批判》(臺北:臺灣學生書局,2000 年),上冊,頁 78。

29 同前注,頁 82。

界或道德領域在存有論上具有差異，是真美善之分別說得以成立，並避免使道德領域獨大而壓抑其他領域的關鍵。那麼人的道德實踐，究竟該定位在「廣義的道德領域」或是「狹義的道德領域」，就是一個迫切的問題。因為只要人的道德實踐屬於絕對者的道德層次，廣、狹義兩種道德領域之分仍將不攻自破。

以「實現物自身的創生」為例，其肯定人有智的直覺而在「創生」作用上亦同於天道。這種定位使得「體」（知體明覺，本心）與「用」（物自身）皆為人的道德實踐之事，如此一來，就不僅在工夫論上具有優先性，更在存有論上同時跨足本體與經驗兩領域。是以就「實現物自身的創生」而言，道德實踐雖屬人的道德境界之「狹義的道德領域」，同時也上升至「廣義的道德領域」，已從經驗界其他領域中脫穎而出，而高居於本體界。如此一來，適與自由無限心作為絕對者開存在界，「狹義的道德領域」只是其中主客觀性的面向，不能等同於本體界的說法有所牴觸。

相對於「實現物自身的創生」，「本體宇宙論的創生」主張天道作為萬物的實現與存在之理，人直接創造的是道德行為，亦即德行，因而只有道德意義的功化，無存有意義的創生物自身。雖在「內容的意義」上「同於無限」，人能直接插手的仍只在道德領域，而非萬物生成變化的領域。但問題在於：只要人可藉此而同於天道或無限者，由於道德界正是人的道德行為與修養等道德實踐問題所處之範疇，就會有「狹義的道德領域」等同於「廣義的道德領域」之本體界，而高於其他經驗領域的理論後果，從而貶抑知識、藝術等其他領域的價值定位。

以上這些探討也可說明，為何牟宗三在闡述真美善合一說之際，仍然肯定只有道德心之實踐才能真正達至非分別的合一之化境，能臻此即真即善即美之合一之境者，「仍在善方面之道德的心，即實踐理性之心。此即表示道德實踐的心仍是主導者，是建體立極之綱維者。」[30]牟氏雖認為釋道兩家「最高之理境亦可與此無違」，[31]卻又接著強調：「釋道兩家不自道德心立教，雖其實

30　同前注，頁83。
31　同前注，頁80。

踐必函此境,然而終不若儒聖之『以道德心之純亦不已導致此境』之為專當也。蓋人之生命之振拔挺立其原初之根源惟在道德心之有『應當』之提得起也。此一『提得起』之『應當』亦合乎康德『以實踐理性居優位』之主張。」[32]
而他指出,達此化境之道德實踐必須通過三關。一是克己復禮關、二是崇高偉大關,第三為無相關。無相關即孟子所謂「大而化之之謂聖」的化境。在此化境中,雖是道德實踐之善,也同時至於即美即真之境:

> 到此無相關時,人便顯得輕鬆自在,一輕鬆自在一切皆輕鬆自在。此即「聖心」即含有妙慧心,函有無相之原則,故聖人必曰「游於藝」。在「游於藝」中即含有妙慧別才之自由翱翔與無向中之直感排蕩,而一是皆歸於實理之平平,而實理亦無相,此即「灑脫之美」之境也。故聖心之無相即是美,此即「即善即美」也。
>
> 聖心之無相不但無此善相、道德相,即連「現象之定相」,即「現象存在」之真相,亦無掉。蓋現象之存在由於對人之感性而現,而為人之知性所決定。但聖心無相是知體明覺之神感神應,此神是「圓而神」之神,已超化了人之感觸的直覺與辯解的知性。因此,在此神感神應中,物是無物之物(王龍溪云:無物之物其用神)。無物之物是無「物」相之物,既無「物」相,自亦無「對象」相。無物相,亦無對象相,即是物之如相,此即康德所謂「物之在其自己」也。故聖心無相中之物是「物之在其自己」(物如)之物之存在,而非現象之物之存在,此即是「真」之意義也。故聖心無相是「即善即美」,同時亦是「即善即真」,因而亦即是「即真即美即善」也。[33]

道德實踐到了無相關,此中含有無相原則的灑脫之美,故即善即美。聖心無相的境界中,物是無物相之物,既無物相,自亦無對象相,即是物之如相,康德

32　同前注,頁83。
33　同前注,頁84-85。

所謂「物之在其自己」，因而亦是即真即善。可見就牟宗三而言，只有在道德實踐之化境中，獨立意義的真、善、美相才能被化掉，達到一即真即美即善之境。但如此一來，各種領域即形成不對等的差序關係，道德實踐確實就處於非坎陷的獨大地位，而知識與藝術等亦淪為坎陷之價值上次要領域。這麼說來，就合一說之道德實踐進路而言，「狹義的道德領域」確實脫穎而出，已等同於「廣義的道德領域」，並與分別說有所牴觸。

2. 合一說證立之困難

另外，以上道德實踐通向合一說的進路，也會在論證上遭遇類似二律背反（antinomy）的問題。若在分別說的一面肯定真美善三者皆為有限，但在合一說之境，又主張道德心具有理論上的優位，證立上的困難即隨之而來。因為既然真美善都是有限的領域，為何道德又獨獨得以達到合一之化境呢？牟宗三肯定儒釋道三家皆有智的直覺，佛教與道家實踐的最高理境亦通此化境，雖不如從道德意識切入之專當，但仍可達至此化境。因此他亦以莊子所謂「天地之美，神明之容」表述此最高境界。[34]若說原因在於「大而化之之謂聖」的化境中，不但含有灑脫之美，又因呈現出無對象義的物之在其自己之如相，因此即真即善。則釋與道既然都肯定有智的直覺，則與儒家處理的同樣都是終極實在層面的問題，他們也就都能以美或真為最高境界，藉以統攝另外兩者。

舉道家為例，其進路可歸之於藝術之美的一面。徐復觀曾指出：「老莊思想當下所成就的人生，實際是藝術地人生；而中國的純藝術精神，實際係由此一思想系統所導出。」[35]勞思光也提到：「道家的情意我，顯一觀賞之自由，游心利害成敗以外，乃獨能成就藝術。」[36]牟宗三亦肯定道家之創生性類乎康德所謂反身判斷（reflective judgment），審美判斷就是一種反身判斷，故「道家之主體可以開藝術性關鍵即在此」。[37]若比照牟氏對道德化境的解釋模式，

34　同前注，頁 86-89。

35　徐復觀：《中國藝術精神》（臺北：臺灣學生書局，1998 年），頁 47。

36　勞思光：《新編中國哲學史》（臺北：三民書局，1995 年），第 1 卷，頁 287。

37　牟宗三：《智的直覺與中國哲學》，頁 209。

道家在其藝術式智的直覺之下，也大可融善與真於其中。首先，牟宗三承認在道家「徇耳目內通而外於心知」的心齋坐忘之「自知」中，可化除知性「能所對待中之追逐，以及使用概念之模式」。[38]由此看來，在這種物自身的呈現中，已超越能所對待之主客格局，就此可說即美即真；此外，牟氏雖強調道家心齋之道心「由遮撥道德之德目而顯（如絕仁棄義，大道廢有仁義），一往視道德為外在物，並未意識到如何內在化之以開悟道德可能之超越根據（本心仁體）」。[39]但從「大道廢有仁義」一語來看，道家認為其自然無為的境界才是真正的仁義，自其立場觀之，也可以說這是即美即善。以上由道家立場設想的論證，適與牟氏為道德實踐所提出者形成相反方向之二律背反。如此看來，是否能就在智的直覺中善可以統攝美與真，而做為其獨享優位之理據，就不是個容易解答的問題了。

四、劉述先對牟宗三理論的調整與發展

　　作為現代新儒學思想家的其中一員，劉述先立論最重要的特色是：將宋儒「理一分殊」的相關論點，進行一種現代背景下的重新詮釋，同時對牟宗三的學說在繼承之外，又有所調整與補充。[40]以下即就與本文主題相關者予以析述。

（一）道德實踐亦為良知之坎陷

　　劉述先指出，一般在解釋《中庸》、孟子與陽明學說時，「過分著重講天人的感通，而不明白在中國傳統之中天人也有差距」。[41]他認為基督宗教的思

38　同前注，頁 207。

39　同前注，頁 208。

40　限於文章篇幅，有關劉述先與牟宗三在理論上的繼承與發展關係，無法在本文中詳述。相關內容可參見張子立：《從逆覺體證到理一分殊新釋：試析現代新儒學之內在發展》（臺北：國立政治大學哲學研究所博士論文，2008 年）。

41　劉述先：〈兩行之理與安身立命〉，《理想與現實的糾結》，頁 228。

想家強調上帝（天）與世間（人）的差距，實有其真知灼見。就對有限性的警覺上，以下是基督宗教可以給予新儒家的忠告：

> 終極關懷的確立並不保證我們一定會作出正確的判斷，而有限被無限地膨脹就會產生魔性化（demonization）的結果。這樣的體驗包含了深刻的洞識，新儒家雖拒絕把天當作「絕對的他在」，但天人差距的睿識卻可以通過與基督教思想的交流與對比而被喚醒。所謂「人心惟危，道心惟微」，清楚地顯示，儒家的體驗，可以面對生命的陰暗面，不一定對於人生採取一種單純的樂觀的看法。[42]

正因劉述先不贊同對人生採取一種單純的樂觀看法，他雖肯定人稟賦有無限心，但仍然是有限的存在，對於「良知的坎陷」之看法有別於牟宗三，認為坎陷也適用於人的道德實踐：

> 事實上任何創造都牽涉到坎陷或客觀化的過程，故我提議把坎陷擴大成為一個普遍的概念，也應用到道德的領域。牟先生近期演講謂道德的實踐要靠坤道，基本上證實了他的看法與我的看法的符合。如果生生的天道為本，以「道德」的狀詞形容天道，當然可以說以道德為本，但人們很容易誤解這樣的道德為狹義的人間的道德，這樣就不免有擬人論之嫌。由中國的觀點看，天道創生萬類，人為萬物之靈，人心通於天心，生生之仁、惻隱之情的推擴不能有封限，故有限而通於無限，人即使可以說稟賦有「無限心」，仍然是有限的存在。不加限制地說人是無限的存在，誤解天人合一之合為等同於無限，便是一種蕩越。[43]

在這段引文中，劉述先指出任何創造都牽涉到坎陷或客觀化的過程，但牟宗三

42　劉述先：〈論中國人的價值觀在現代的重構〉，《理想與現實的糾結》，頁99-100。
43　劉述先：〈對於當代新儒家的超越內省〉，《理想與現實的糾結》，頁53-54。

以道德作為天道的形容詞，認識心為本心良知之坎陷，的確容易令人產生把人間道德當做第一義，其他領域當做第二義的聯想。所以他提議把坎陷擴大應用到人道德實踐的領域，並舉出孔子的說法支持其見解：

> 現實與理想之間的差距是不可以取消的。一方面孔子固然說：「我欲仁，斯仁至矣」，這表示仁不是空言，而是實踐，另一面孔子卻說：「若聖與仁，則予豈敢」，這表示他離開聖與仁的理想境界還有很大一段距離，學者需要善會其意，不可給與錯誤的詮釋。至於人在客觀世界的成就，那更是另一回事，孔子終其身只能是「學不厭、教不倦」，「知其不可而為」，人只能在不完成中完成自己。天與人是貫通的，也是有差距的，這是儒家思想一體的兩面。[44]

既然連孔子也不敢自認達到「聖與仁」的理想境界，更遑論一般人了，可見天與人、現實與理想之間的差距實不能取消。天與人之間雖貫通，但仍有差距，這是儒家思想一體的兩面。我們不能「只側重無限的體現遂忘記講天人之不一，不一不二，這才是真正稱理的了解。一方面聖人之心豈有異于天地生物之心，故不二；但另一方面，『天地鼓萬物而不與聖人同憂』，故又不一。忘記講這一面，則很容易把道理講得太高，沒有照顧到具體現實人生的限制」。[45]

　　質言之，劉述先與牟宗三的基本差異在於：牟宗三著重在透過反覆申述道德實踐所達到的境界，以凸顯天人之同；然而劉述先雖然肯定人秉賦有無限心，對於道有直接的體悟，卻認為天人之同與異乃並存，亦即其所謂不一不二，不宜只一味強調同的一面。

44　劉述先：〈當代新儒家可以向基督教學些什麼？〉，《大陸與海外：傳統的反省與轉化》（臺北：允晨文化公司，1989 年），頁 264-265。

45　劉述先：〈牟宗三先生論智的直覺與中國哲學〉，《中西哲學論文集》（臺北：臺灣學生書局，1987 年），頁 69。

（二）對「生生」意涵的擴展

　　劉述先在解釋「生生」時，除了指出天道是一生道之外，也說明了人道如何以天道為楷模。「生生」的道理在「本體宇宙論的創生」型態中是以人道證實天道，人的道德行為可呼應或契合性或天道之創造，成為其創生的一種範例。但劉氏解釋以天道為楷模，重點則在人以「生生」之天道為終極託付，不斷發揮自己的稟賦之創造性：

> 《易經》講生生，多這一個生字，就把整個死局點活了。單說一個生字，當自然的生命力減退，到了終點就只剩下死亡。但生生的託付卻能使我們在逆境之中還可以發揮出創造力，而自然生命的終結也不表示創造過程的終結，因為我的生命本就是天地之化的一部分。《易傳》所謂：「一陰一陽之謂道，繼之者善也，成之者性也。」我發揮出天命於我的性分內的生命力，那也就沒有遺憾了。這就是宋儒張載〈西銘〉所謂的「存吾順事，歿吾寧也」。生死對我來說不再成為掛慮的根源。[46]

「生生」之天道可以作為我們的寄託，成為吾人不斷發揮生命力與創造力的依據，個人之生死亦成為天地之化的一部分而無須掛懷。「生生」落實在人道上，就成為不斷發揮生命力與創造力的過程。這強調的不是人與天在「內容的意義」或「作用的意義」上之同，而是人要以天道為終極託付的對象。聖人就是能把作為生道的天道之創造性，在他的生命之中充分發揮出來的人，所以可以作為眾人的楷模。值得注意的是，劉述先認為這種創造力或潛能並非只局限於道德行為，而可以是一種涵蓋人生各個價值層面的創造：

> 由現代新儒家的觀點來看，理一而分殊，超越的生生的精神當然不必具現為現代社會的拼搏精神，但也不必排斥它在現代尋求新的具體的表現

46　劉述先：〈兩行之理與安身立命〉，《理想與實現的糾結》，頁231。

的方式。於是有人可以由學術來表現自己的生命,有人可以由文學藝術來表現自己的生命力,當然也可以有人由企業來表現自己的生命力。但我們應該了解到,這些仍然都只是生生的精神的有局限性的表現。一方面我們由分殊的角度肯定這些成就,當下即是,另一方面我們也要像宋儒那樣體悟到,由超越的角度看,堯舜事業也不過如一點浮雲過太空。這才是兩行之理的體現。[47]

理一而分殊,超越的「生生」的精神要在現代尋求有別於傳統的、新的具體的表現。「生生」之天道不一定只限於道德行為之顯發,也可以表現在學術、文學藝術、甚至是企業精神上。在此劉述先將「生生」詮釋為立足於理一,再分殊於各存在層面之實踐,不只限於人的道德實踐之「狹義的道德領域」,又納入學術、文學、藝術、商業等各種創造活動,擴展為一種「廣義的道德實踐」。他認為:

> 生生之仁是超越特定時空,歷萬古而常新的普遍性原則,即所謂「理一」;有限的個體所實現的則是「分殊」,受到自己的材質,時空條件的拘限。這樣我一方面要衝破自己材質的拘限以接通無限,另一方面又要把創造性實現在自己有限的生命之內而具現一個特定的價值。這一價值不必一定是狹義的道德,也可以是科學、藝術、經濟、技術,乃至百工之事。[48]

可以說,劉述先以上擴展「生生」意涵,將其應用到其他各種技藝與專業的說法,乃是嘗試將牟宗三「廣義的道德領域」概念,透過理一與分殊的對比解釋,進一步予以發展的表現。

47　劉述先:〈論儒家理想與中國現實的互動關係〉,《理想與現實的糾結》,頁 125-126。
48　劉述先:〈方東美哲學與當代新儒家思想互動可能性之探究〉,《現代新儒學之省察論集》(臺北:中央研究院中國文哲研究所,2004 年),頁 249。

五、邁向「生生」的現代詮釋

（一）「生生」存在層面的詮釋：從「同於」到「通於」的天人關係

從以上析論來看，若以天人之同為前提，則「實現物自身的創生」在理論推導上優於「本體宇宙論的創生」；不過該種詮釋以智的直覺說明天道之創生作用，卻與康德及《易傳》本意皆有出入，也與分別說相互牴觸。依筆者之見，此諸種問題解決之道為：回到「本體宇宙論的創生」中天道通過陰陽變化創生萬物，而人之德行可體現天道，做為其於經驗現象中的分殊或具體表現的論點，並就天人關係之定位做出調整。

1. 人乃有限的體現天道

如前述，牟宗三與劉述先雖皆肯定既超越又內在的表述，但前者著重於凸顯天人之同，後者則反覆重申天人之同與異乃並存，不宜過度側重同的一面。從他們二位的論點來看，接續的合理發展應是「通於」的天人關係定位。其實之前有關劉氏論點的幾處引文中，「通於」二字已出現數次，惟其意涵即指向同異並存、不一不二的天人關係，並未具備獨立之意義。[49]接下來筆者嘗試進一步發展此「通於」概念，並提出一些說明。

質言之，在斷定天與人是否可「同」之前，宜先就一關鍵處進行語意上的澄清：人之體現天道，到底是完全的（不受限制或限定）、還是有限的（在限制或限定中）體現天道？若答案為前者，才有充分理據說天人間有「同」之處；若答案為後者，則頂多只是「通」、不宜說「同」。而牟、劉二位共同提供的答案，都是後者，亦即有限的體現天道。

首先，就劉述先的主張來看，若說人雖稟賦有無限心，仍然是有限的存在，但既然人的道德實踐也屬於坎陷，而成為「分殊」；天道或本心自身則斷然不是坎陷，且為終極實在之「理一」。就此而言，則人充其量只是有限的體

49　筆者曾針對此問題當面請教劉述先先生，此處之表述係其本人親口提供之答案。

現天道，無論在作用或內容的意義上，應皆無可「同」之處，就不適宜再說人稟賦有無限心。此點亦可於劉氏論有限與無限之辯證關係上獲得印證。其謂「理一」（生、仁、理）一定要在有限之「分殊」（個人的創造行為）才能具體實現而非憑空之抽象，但一在「分殊」中表現，就不再是無限之「理一」：

> 「至誠無息」是可以嚮往而不可以企及的超越境界（理一），要具體實現就必須通過致曲的過程（分殊）。生生不已的天道要表現它的創造的力量，就必須具現在特殊的材質以內而有它的局限性。未來的創造自必須超越這樣的局限性，但當下的創造性卻必須通過當下的時空條件來表現。這樣，有限（內在）與無限（超越）有著一種互相對立而又統一的辯證關係。[50]

「理一」之具體實現，就落實在人的創造活動成為「分殊」而言，是一致曲的過程。此過程有其當下的時空條件，遂而必有其局限性，使得「理一」形成可以嚮往而不可以企及的超越境界。既然不可企及，「理一」與「分殊」就總是具有某種差異，兩方關係實不宜再定位為「同」。

其次，就「本體宇宙論的創生」而言，牟宗三在談到「以氣言」之命時，即指出「在天」不必一定偏於理說，亦可偏於氣說，此偏於氣說的命即為人不可避免的限定：

> 此亦是天理中事，天命中事，天道中事，亦得簡言之曰天。此是天理、天命、天道之偏於氣化說，但亦為其神理所貫，全氣是神，全神是氣。既全神是氣，則無限量之無窮複雜之氣固亦天理、天命、天道中事。就此說天理、天命、天道即是偏于氣說的天理、天命、天道，而此即對於吾個體生命有一種超越的限定，而吾個體生命對此超越限定言，即有一種遭遇上之距離與參差，因而有所乘之勢與所遇之機之不同，而此即形

---

50 劉述先：〈「理一分殊」的現代解釋〉，《理想與現實的糾結》，頁172。

　　成吾之個體生命之命運與命遇，此即是以氣言之「氣命」。[51]

若從以氣言的命來看，就對人之個體生命形成一種超越的限定，這種「氣命」即形成人的命運與命遇。這種氣命「對吾人所成之超越的限定始有一種莊嚴的嚴肅意義，所以才值得敬畏，而每一個體生命之遭遇乎此總不免有無限的慨歎，雖聖人臨終亦不免嘆口氣（羅近溪語），因而『知命』、『知天命』才成為人生中一大關節。」[52]而「命」或命限作為氣化層面之限制，可表現為感性之限制、氣質之限制、遭遇之限制等型態，此種種命限「只可轉化其意義而不能消除之。命限通于一切聖人，即于佛亦適用」。[53]如此一來，人雖能體現天道，仍是受到氣化限制的體現，不能直接從內容的意義上說同於天道。另外，在「實現物自身的創生」部分，牟宗三討論無限與有限之「必然的詭譎」時也有類似說法：

　　　　蓋成教的聖者之生命同時亦是一現實的生命，因此，他不能說盡一切話，他必定在一定型態下表現道，而同時眾生亦機宜不一，有適於此而悟，有適於彼而悟，亦必在一定型態下醒悟也。是以凡教皆有限定相，亦皆是一途之通路。人總是通過一通路而彰顯那無限者。無限者通過一通路，通過一現實生命（一個體生命），而被彰顯，同時即被限定。這是一必然的詭譎。[54]

在此可以清楚看出，牟氏也承認凡教皆有限定相，即使是彰顯了無限者之聖者，也是一現實的被限定的生命。人總是通過某種通路彰顯無限者，一旦如此，無限透過人被彰顯的同時也被限定，即使是呈現在道德行為中，還是有限的體現。

51　牟宗三：《心體與性體》，第 1 冊，頁 525。

52　同前注，頁 525-526。

53　牟宗三：《圓善論》（臺北：臺灣學生書局，1996 年），頁 154。

54　牟宗三：《現象與物自身》，頁 454。

2. 「通」而非「同」之確義

　　但話說回來，儒家的核心精神是「天人合一」，天與人並非截然二分，或如基督宗教中神與人的此岸與彼岸關係。就儒家而言，道不遠人，且人能弘道。既然肯定天人之間雖有差距，但仍可相合以貫通，那對天人關係較適切的說法，應是人「通於」、而非「同於」天。此處所謂「通於」之意涵，在於人雖不具天之無限性、絕對性，但由於天人之間可貫通，人的創造活動因而可在某個特定時空環境中，展現出作為某種標準的普遍性。這就涉及絕對性（absoluteness）、無限性（infinitude）與普遍性（universality）三個語詞的概念解析。這三個概念一般常交替使用、互相解釋。但細究之下，仍可嘗試做出如下區分：

(1) 絕對性乃針對理論、概念或原理之不可更改、不受任何外力影響、必定無誤且超越任何時空之限制而言。如神之天啟，儒家所謂「天道」或「本心」等。

(2) 無限性在表述某事物之內容、活動、特性或能力等沒有任何限制，無法以某個數量、性質、概念乃至定義予以完全解釋、描述或窮盡。例如上帝、笛卡兒的無限實體、老子所謂「道」等。

(3) 普遍性則指稱某個理論、概念或原理，可在某個特殊時間或空間範圍，具有普及性而予以應用。如基督宗教的金律，孔子「己所不欲，勿施於人」的表述。[55]

　　依照以上區分，主張普遍性，並非同時指涉絕對性或無限性。因為指出某個理論、概念或原理，可在某個特殊時間或空間範圍廣泛予以應用，並不必然蘊涵該理論、概念或原理即不可更改、不受任何外力影響、且必定無誤。該事物可以在某個特定時間或空間普遍應用的事實，仍不能排除還是有無法應用的

---

[55] 近年來國際間首發於宗教界，然後擴及於學界，並獲得聯合國教科文組織支持的「全球倫理」（global ethic）或「普遍倫理」（universal ethics）運動，即指出基督宗教的道德金律，以及孔子「己所不欲，勿施於人」之恕道，可作為共通於世界各大宗教與思想的基本表述。此論題之相關專著可參見劉述先：《全球倫理與宗教對話》（臺北：立緒文化事業公司，2001 年）。

可能性（最低限度此乃一邏輯可能），因此仍必須保留調整、修改的空間。例如基督宗教的道德金律（the golden rule）雖在目前廣被接受、引用，但被推翻或出現反例至少是一邏輯可能，因此也只適用於普遍性。很多理論曾維持相當長時間的有效性（如牛頓的古典物理學），但在後來被新理論取代，充其量也只代表具有普遍性、但非絕對性。而且也不代表此理論、概念或原理可不受任何限制，例如愛因斯坦（Albert Einstein）的相對論（Relativity）之有效性，須以光速為宇宙中最快速度為前提，若發現超越光速的運動現象，其中很多內容即須做修改。以上分析即在說明：在概念表達上，普遍性不一定須與絕對性、無限性劃上等號。

據是，則「天」或「理一」可以說同時具有普遍、絕對性與無限性。但分殊或人的創造活動則頂多只能達到普遍性，不能宣稱具備絕對性與無限性。說人稟賦無限心，仍會有將個人及其創造活動絕對化或無限膨脹的可能。若將人定位在：其價值理想、道德行為可體現天道，成為一種具普遍性的模範或準則，當可避免此流弊。此即天人「通」而非「同」之意涵。有限與無限雖有差別卻又交融無間，天人之間有可合可通之管道，卻不直接等同。其用意在於：人可以保有「天人合一」的既超越又內在的特質，兩者間又具有一定的張力，避免將個人予以神化、絕對化或無限膨脹的可能。

（二）儒家思想走入現代社會的嘗試：「生生」實踐層面的詮釋

前已述及，就牟宗三的「生生」詮釋而言，只要主張天與人之「同」，且此「同」僅透過人的道德實踐，就會導致廣狹義道德領域不分，以及真美善合一說與分別說的矛盾。此外，在承認道家亦具智的直覺的情況下，也無堅強論據否定這種藝術進路可以走向涵蓋真與善的非分別之境。接下來的調整方向應該是：同時肯定或否定真美善三者為「同於」無限。筆者以為，後一種選擇在理論上會較為穩健。也就是說，可以貫徹分別說而承認真美善皆為有限，雖有限，但皆可「通於」合一說的無限之天道，只是特性與定位不同罷了。

依此前提，即無須再堅持道德實踐於價值上的優越性（supremacy），而只要強調其能體悟終極實在的適當性（adequacy）。由逆覺從事修身的道德實

踐工夫，的確是體證天道的理想途徑，但由於仍是在分殊層面作工夫，「通於」而非「同於」天道或「理一」，因此與其他領域如科學、藝術彼此地位對等，不至抬高道德而矮化其他領域。真、善、美三者的差異主要是特性與定位不同，並非在價值上有高低之分。一切正面創造活動都可通於「理一」，但因「通」的型態不同，故定位也各異。例如：道德實踐是「逆」或「返」於「理一」之「通」，專擅之處在於契接、體悟「理一」；科學與經驗知識等「真」的領域是「順」或「出」於「理一」之「通」，重點則為承繼或順應「理一」之動用，成就現實生活中的各種創造。如此就不必在真、美、善之間強分高下，而可同時肯定與重視此三者。也能避免因道德實踐同於無限，導致廣狹義道德領域之分不顯，合一說與分別說相扞格的情況。

最後，可以對「生生」作出以下的現代詮釋。在實踐層面上，「生生」的前一個「生」字為動詞，意指創生、並可延伸出創新與提升二義；後一個「生」字為名詞，其意從牟宗三所謂「存在」，進而定義為「正面價值之存在」。合此二者來看，「生生」的精神即為各種正面價值的不斷創造、創新與提升。劉述先擴展「生生」的意涵，突破傳統專注於道德修養層面的限制，是值得吸納的論點。我們宜將「生生」於實踐層面的解釋，從只強調修德成德的道德實踐，擴展為：凡抱持某種價值理想，在真（如科學、學術活動）、善（如道德實踐與慈善事業）、美（如藝術、文學、戲劇），乃至宗教、體育、科技、商業等各種領域，不斷從事正面價值的創造、創新與提升活動。如此一則可避免以「道德」作為形容詞（不論是廣義或狹義）可能引生的誤解；二則符合現代尊重與發展多元價值的趨勢，使儒家理想可以落實在各種技藝與專業上，從而重新走入一般人的日用常行之中。

六、結論

時至今日，不容否認的是，儒家思想（不包含與儒家相關的傳統習俗及行為規範）與現代社會的相干性，主要涉及學術界與藝文界，而很難說存在於一般大眾的行為、觀念中。但儒家的理想是淑世，雖然不可能重回往日涉及人們

生活各層面的榮景，如何重新在社會上發揮正面的影響力量，從文學、藝術的純粹鑑賞，哲學或學理的專業探討，接觸的層面多為學者、知識分子、文藝愛好者的現狀，再跨出一步，進入現代人的日常生活中，這是關心或仍認同儒家思想乃至價值理想者，必須嚴肅看待的課題。當然，走入平常的世俗生活，不代表思想即走向簡單、庸俗化，因此如何在現有的學術基礎上，從理論角度順成這種貼近一般人生活的發展，就顯得更形重要。

於是本文聚焦在《易傳》的「生生」概念，以牟宗三的兩種詮釋為起點，探究其中的觀點差異，指出這兩種詮釋雖各有其優缺點，卻同樣預設了「同於」的天人關係。加上牟氏以人的道德實踐做為此「同於」的關鍵，但其真美善合一說並未順利論證道德進路之優位，其理論後果是：使真美善的分別說與合一說陷入矛盾，並解消其廣狹義道德領域之分。

繼之則討論，劉述先對牟宗三借用康德智的直覺進行「實現物自身的創生」詮釋不表贊同。而且將道德實踐視為坎陷，也有別於「本體宇宙論的創生」。整體而言，劉述先在天人關係上乃持須「同異並存」的看法，亦有異於牟宗三強調二者之同。

以上述分析為基礎，則在「生生」的存在層面之解釋，可採納「本體宇宙論的創生」中天道創生萬物，人以道德實踐契接天道，成為天道具體表現的論點。劉述先以天道為「理一」，一切經驗現象以及人的創造活動為「分殊」之見解，亦為此論點的另一種表述。然而天人關係之定位，則宜由「同於」、「同異並存」調整為「通於」，以天或「理一」同時具備普遍性、絕對性與無限性，但人的創造活動頂多只具普遍性，作為二者「通」而非「同」的關鍵。

由於一切創造活動，自然也包括道德實踐，都是「通於」天道的分殊，不但皆為坎陷，更應站在對等的立足點，雖作用與特性各異，實保有相同的價值定位。這代表貫徹牟宗三的分別說，並吸納劉述先擴充「生生」意涵至道德實踐以外的其他技藝、專業之論點，將「生生」在實踐層面詮釋為：各種正面價值的不斷創造、創新與提升。如此一來，儒家價值理想的表現，就不必只限於成德的道德修養，舉凡具有正面價值的人類活動，如在學術、科技、宗教、藝術、體育、商業、乃至環保等領域持續精益求精，不斷做出良好貢獻，都可說

是體現了「生生」的要旨，從而也是儒家精神的現代表徵。這樣的儒家思想表述仍將保有相當的理想性，但其內涵卻能兼容多元價值，同時也更貼近、融入一般人的生活，益顯「道不遠人」所言非虛！

從比較美學再思
徐復觀先生的藝術創造論

文潔華[*]

一、引言：西方藝術創造論的種類與難題

　　關於藝術創造的種種論述，已經隨西方創意工業跟經濟發展的掛鈎，成為工商及官方機構琅琅上口的討論話題。但藝術創造之源起、經過及箇中涉及的哲學及美學形態，卻仍有待深入探討；特別是中國美學關於藝術創造，多以隱喻方式潛藏於審美經驗的論述中，跟西方形形種種、旗幟鮮明的藝術創造論形成對比，因而比較美學的方法，實有助於整理中國傳統美學裡蘊藏的有關思考。現先對西方美學史裡藝術創造的說法，作出概括的點算及檢討。

　　何謂創造？科學與藝術所謂的創造思維是同源的嗎？二者在何種狀態中出現分歧？關於藝術創造，西方美學同樣喜歡賦予神秘性、不能理解或莫測的想像，以下列出的是美國美學家摩根（Douglas Morgan）的一些分析及總結。[1]

（1）　以藝術創造為不可思議的，在內容上以嶄新的性質湧現的一份驚訝。

（2）　藝術作者以自己的掙扎作為代價的創作經過，以製造出一種強烈的看世

---

[*]　香港浸會大學人文及創作系教授

[1]　Douglas N. Morgan, "Creativity Today: A Constructive Analytic Review of Certain Philosophical and Psychological Work," *Journal of Aesthetics and Art Criticism* 12, no. 1 (September 1953): 1-24.

界的經驗。

（3）　以「獨特」及「原創性」等同藝術於創造經驗；並以藝術創造等同奇
　　　跡。

（4）　藝術創造「由無至有」，其中隱涵著形上學式的困難。

（5）　藝術創造等如創作的過程本身，答案在關於創作過程的連串事件。

（6）　界定藝術創作的關鍵，在於藝術作者本人具有一種所謂藝術家或創作人
　　　的性情（creative personality）。

摩根說以上對藝術創造是什麼的回答，大多是非科學性的探問、假設，甚至是
唯名論式的界定。雖則不排除觀察及研究，但集心理學、形上學及思辨性的理
論於一身，以為藝術創造只是一個大類，對不同品性的作者，以及文化和創作
環境如何衍生不同的創作成果，研究嚴重不足。[2]

　　嚴格來說，藝術創作與「創新」有必然關係？「獨特性」跟「熟悉性」是
排斥的嗎？藝術創造是否必須指涉著一些存有性及本質性的因素，包括靈感論
及所謂「神推鬼拱」？什麼是「新奇」（novelty）？可以是經驗的重組或重新
安排的成果嗎？藝術的新奇成果作為一個全然的美感對象，它產生的審美經驗
可以是強烈的、親切的，且帶動著情感。摩根的譬喻是畫家在創作中使他從新
穎的視覺、感覺及思維中建立了完全的新視野。[3]

二、「精思天蒙」：中國美學論藝術創造的輪廓

　　中國美學之藝術創造論，亦有不少集中於創作過程之描寫，也涉及西方美
學所愛談之幾個步驟，包括預備狀態（preparation）、醞釀狀態
（incubation）、靈感狀態（inspiration）以及經營或驗證狀態（elaboration or
verification）。石濤之「一畫」論便是一例。不少學者對《石濤畫語錄》中之
「一畫」搜索枯腸，並以一畫之本源為道家之「道」、「樸」、「無」；由無

2　Ibid., p. 3.

3　Ibid., p. 12.

到有，由道生一。因而石濤乃藉多種表達，描述所謂「一畫」在發生前的渾沌狀態，再談藝術表達的狀態，說其中充滿無限可能，繼而呈現為作品。[4]

因而，石濤《畫語錄》裡便出現了「一畫者，眾有之本，萬象之根」，以及「太古無法，太樸不散；太樸一散，而法自立矣」等說。[5]這是就藝術創作中的預備及醞釀狀態說的。至於靈感狀態，便正如石濤所示：「法自畫生，障自畫退。法障不參，而乾旋坤轉之義得矣，畫道彰矣。」[6]畫評者分析說藝術主體唯有讓一己的生活深入於藝術的創作過程裡，才能去除創作的障執；而畫法的產生，也是來自創作過程裡反覆探討和實驗的成果。[7]石濤的皴法由長短不一的曲線所組成，企圖扭轉張力。其間如在《搜盡奇峰打草稿》的作品中的平直線緊密而結實，時有側鋒之律動感，可見此乃在經營及實踐中，以筆墨收放間之法度，印證作畫於「凝神入道」裡的領會。[8]

於西方美學批評的角度看來，石濤的畫論可被視為一種在先驗與後驗，形上層的領悟與形下實踐的糾結與分歧。若進一步明悉箇中的創作過程，他們會認為有需要檢視其中的措辭及用語，以及其與藝術現象的關係。[9]例如石濤說：「寫畫凡未落筆，先以神會，至落筆時，勿促迫，勿怠緩，勿陡削，勿散神，勿太舒，務先精思天蒙。」所謂「精思天蒙」跟他的畫風裡用筆、墨、水、色、造型及構圖之間，還有沒有進一步關連的可能？

當然西方美學中也有相類似的說法，如德國藝術理論家菲德勒（Konrad Fiedler）的描述：「藝術家開始創作的時候，他關於作品的思想在本質上是不確定的，不可名狀的，也不具有承擔義務的性質。最初的創作活動的動力常常

4　吳恭瑞：〈談石濤的「一畫」與皴法之實踐〉，《藝文薈粹》期刊（臺北：臺灣水墨畫會），2007 年 6 月 7 日。

5　石濤著、朱季海注釋：《石濤畫譜》（臺北：華正書局，1990 年），頁 310。

6　同前注，頁 10。

7　吳恭瑞：〈談石濤的「一畫」與皴法之實踐〉。

8　同前注。

9　Douglas N. Morgan, "Creativity Today: A Constructive Analytic Review of Certain Philosophical and Psychological Work," p. 17.

是某種含混的需要，多少帶點模糊的思想內容和關於形式的不定的構想，甚至下一步也是某種不可預見的，受到（內容與形式）兩方面制約的辯證發展過程的結果——即最初的衝動與衝動之後的實驗步驟……。」[10]

「精思天蒙」跟菲德勒的描述，將是本文需要繼續檢視的課題。

此外，跟藝術創作結下不解緣的，是創作力豐富的人物性情。什麼人才可以「精思天蒙」？那是否必須基於一種或多種特殊的創作力品格，包括感受力、想像力、理想形態以及超脫塵俗，不考慮利害關係的能力？但形上理境不是每個人都可以憑工夫抵達的嗎？中國美學中論偉大作者的性情，大都是在偉大或上佳作品出現以後的回顧或品評，我們又能否將有關的品德視為藝術創作的充分條件？

西方美學也常以藝術家的天賦為敏銳、知覺性強、感受力高、精力充沛、才智過人、有好奇心、敢於冒險並善於審美判斷的能力，因而構成了「天才論」。但正如摩根所說，「天才」一辭過於籠統，可以應用於任何成就。[11]此外，天才論又被分析為西方藝術史裡因經濟及社會環境，如貴族階級的炫耀而造就，又或由贊助文化（patrons）所催生的一種想像。由天才論進展至近年西方美學的心理分析，亦將藝術創作的性情歸諸於對感性資料的重構能力，或如弗洛依德（Freud）所說的欲望轉化。那是一種能收能放的、彈性處理情欲壓抑的能力，皆逐漸遠離了過於獨斷的形上學色彩。摩根說愈來愈多人以「技巧」取代「創造力」了，認為技巧至少可供量度且具科學性，並且可以對藝術家與非藝術家的區別進行研究及分析。[12]

以科學語言或角度探討中國傳統美學裡的藝術創造論，不是本文的題旨，但現代西方美學對形上學美學的懷疑與批評，實有助於我們對中國傳統美學的闡析與評價。本文擬採取比較美學的方法，並以徐復觀先生用現代語言闡釋道

10　豪澤爾著、居延安譯：《藝術社會學》（臺北：雅典出版社，1991 年），頁 107。

11　Douglas N. Morgan, "Creativity Today: A Constructive Analytic Review of Certain Philosophical and Psychological Work," p. 20.

12　Ibid., p. 23.

家美學之「遊」的觀念，再思道家美學中的藝術創造論，藉此拓闊及進深我們
對有關觀念的理解與掌握。

三、徐復觀論莊子之「遊」與藝術創造

徐復觀先生在其《中國藝術精神》一書中不時以比較美學的內容，道出了
中西美學之別。即就「藝」這一名詞，他說中國美學不說「藝術」而說「六
藝」，即從生活實用中之禮、樂、射、御、書、數的具體技能開始。道家便從
具體藝術活動中的技巧進深到精神意境，談藝術得以成立的最後根據。「庖丁
解牛」便是一個精彩的例子。[13]徐先生說西方一些思想家在窮究美得以成立的
歷程和根源時，常常談及藝術家在創作中所用的工夫，這跟莊子所說的學道工
夫有相近之處。他並引申說莊子之道的本質，其實是「藝術性」的，包括精神
自由解放的題旨。他並在此課題上提及西方美學家李普斯（Lipps）、海德格
（Heidegger）、卡西勒（Cassier）與黑格爾（Hegel），並以自由為藝術創作
的目的。[14]

（一）論莊子之「遊」

徐先生說莊子之「遊」的概念，最能道出藝術創作為自由的真義。他先以
「遊戲」的概念詮釋之，並總結出關於「遊」的幾個特徵：[15]

（1）　遊戲是非目的的，無實際利害關係；

（2）　遊戲一如藝術，必須以想像力「從中作梗」（西方藝術便說想像力是使
　　　　美得以成立的重要條件）。想像力可分為創造之力、人格化之力及產生
　　　　純感覺之形相之力；可見徐先生糅合了西方「創造」的觀念、中國美學
　　　　論人格與藝術的關係，以及西方如克羅齊（Croce）以藝術為形相之直

13　徐復觀：《中國藝術精神》（臺北：臺灣學生書局，1966 年），頁 50-53。

14　同前注，頁 54-62。

15　同前注，頁 63-64。

覺說，談遊戲與藝術活動之同構同型。

（3） 具有以上能力者，便是莊子之所謂「至人、真人、神人」；徐先生更稱
　　　他們為「能遊之人」，並以之為「藝術化了的人」。

所謂比較美學，徐先生還是重談莊子「逍遙遊」、「心齋」與「坐忘」的觀
念，取其中幾點跟藝術創作活動相提並論，包括於遊戲活動中消解由生理而來
的欲望，以達精神的自由解放；以及不讓人對物作意識的活動。他一方面引述
海德格，說在作美的觀照的心理考察時，乃以主體能自由觀照為前提；心境愈
自由，便愈能得到美的享受。但他亦同時強調莊子「虛以待物」的觀念，以
「心齋」之擺脫知識，以及「坐忘」之同時超脫欲望（「墮肢體、黜聰
明」），談道家一種較具深度之「美的觀照」，即所謂「能徇耳目內通」的純
知覺活動。於心識的超覺活動中，主體能直觀物之本質，並通向自然。如此藝
術主體便可自由解放於道之無限理境。[16]

（二）論莊子之「心齋」

　　於此，徐復觀先生再引入比較角度，以德國胡塞爾現象學中的純粹意識，
加以對照、考查莊子之「心齋」，並以「美的觀照」跟胡氏現象學將知覺事象
時的心理之力（對知覺加以括弧、中止判斷）作出較析。其結論概括說來，二
者相近之處是說現象學由歸入括弧及中止判斷後出現了現象學的還原，即意識
自身的作用（noesis）與被意識到的對象（noema）的相關關係。此乃根源性
的合一，不談意識作用中的前後或因果，是純然的主客合一，於此亦跟道家同
樣，談對物之本質的把握。但徐先生更強調莊子於「心齋」中的「心與物冥」
中見出「虛」、「明」的性格，即更能見出物之本相的全然呈露。[17]這點跟藝
術的關係，乃在心齋中頓生「美的意識」。他引用莊子「虛室生白，吉祥止
止」之言，以「吉祥」為美的意識之另一表達意涵。其結論是心齋之心，乃藝

---

16 同前注，頁 72-73。

17 同前注，頁 79-80。

術精神及藝術創造之主體。[18]

關於美的觀照，莊子還用了「不將不迎」一語，形容主體與客體之間和平的邂逅。徐先生更進一步形容審美經驗中「藝術品」的誕生；藝術或創作的起源，乃如莊子〈齊物論〉中所言：「天地與我並生，萬物與我為一。」[19]

關於這種共生的藝術經驗，徐先生再次引用西方提出移情說的美學家李普斯著名的內模仿說，即觀賞者的身體與作品（如雕塑或舞臺上演員的身體）配合，主體並非跟作品對立，而是體驗到自己跟對象完全的統一。在觀賞中，主體的情感投射於對象而使之擬人化，載負了主體的情感。但徐先生從比較美學角度，平正地道出了李普斯跟莊子就此點的區別，分別在於莊子之去喜怒哀樂或無情；箇中之「情」，包括了欲望之情及人心之情。徐先生並引用〈德充符〉之語句：「吾所謂無情者，言人之不以好惡內傷其身。」[20]此點跟莊子「心齋」之意貫徹，為忘知去欲，遊心於道，同於大自然之大通。他評價說莊子的主張，更能得到在美的觀照中主客合一共感之真趣及純粹。[21]

（三）論藝術創造

關於藝術創造的關鍵，於此便得到更大的發揮。於上述之「虛」與「明」中見出物之本性，事物即以新的形象呈現，新是指對象澄明通透的價值和意味自身。徐先生說在上述心齋之明中，「透視出知覺所不能達到的『使其形』的生命的有無；則所謂藝術家由透視、洞見、想像，亦即由莊子之所謂『明』，以把握事物的本質，實有其真實之意義。」[22]於此可見徐先生論藝術創造之真源。他藉此再以比較美學論高低。「若不從現實、現象中超越上去，而與現實、現象停在一個層次，便不能成立藝術。」[23]

18　同前注，頁80。

19　同前注，頁83。

20　同前注，頁90。

21　同前注，頁93。

22　同前注，頁95。

23　同前注，頁103。

　　他特別談到杜威（Dewey），說他不能解答藝術上的問題。雖然他不過這樣說了一句，但此處大可檢視杜威的「藝術即經驗」說（art as experiences）加以比較闡明。杜威在其《作為經驗的藝術》（*Art as Experience*）一書中，以美感經驗為生物在其生活環境中，跟他物的互相適應；當中見出達爾文進化論的影響。他說當環境未能滿足活存於其中的主體的需要或欲望時，主體便得節制有關的需要和欲望，繼而積極地改變環境，主動地創造自己的需要或欲望的條件。這看來是達爾文進化論中「適者生存」的道理。[24]

　　當「調適」（adjustment）概念應用於美感經驗，便可分為創作與欣賞兩方面的活動。調適於創作便是指進行藝術性的修改與整理直到滿意；調適於欣賞便是全神貫注，不作他想，不帶功利目的。如此在美感經驗中的造與受，杜威認為必須保持平衡，使有關的經驗得以發展，深入體驗，以致圓滿或完整；這亦是主體與環境之間的互動的結果。這經驗的弔詭是：它自身在全神貫注的觀賞或創作裡沒有外在目的，但它卻源自一種實際的需要，即人與環境的適應調節。杜威如此對美感經驗作出詮釋：[25]

　　　　就其（美感經驗）是經驗的程度來說，經驗是提升了的生命力。它所意
　　　　謂的不是關於私人情緒與感覺中的存在，而是與世界之主動與靈活的交
　　　　往；在其高峰時，它意謂自我與事物界的完全融合，是有韻律及在發展
　　　　中的。因為經驗是生物體在事物界的掙扎與成就，它是藝術的根源。

杜威對美感經驗的體會，是人與環境或對象的主動性的調適，追求身心與物交感時的和諧和完整的經驗。但這主要還是生物性及感官性的，如果把它說成是一種幸福，至少還要補充感官調適的喜悅跟幸福感的差距。畢竟談生物體在環境中的掙扎和成就，跟在人文的維度上談美感及藝術經驗還是有很大距離的。

24　John Dewey, *Art as Experience* (NY: Perigel Books, 1980), pp. 3-19.

25　Ibid., p. 193. 中譯引自劉昌元：《西方美學導論》（臺北：聯經出版事業公司，1987
　　年），頁 125-126。

前者不管是如何主動和活躍，還是一份平面性的接觸與調適，跟道家所蘊涵的美學觀比較，後者直指事物圓滿的本源本相，顯然更能透徹地彰顯美感經驗中的意義與價值。

徐先生說杜威不能解決藝術上的問題，便是因為他不滿意杜威對以下問題的答案：審美及藝術主體自身的領悟程度如何？心境如何見物更精，無礙物相的呈現？杜威美學是以審美或選擇的基礎在人生存的基本需要。愈能滿足人生存需要的特徵，其感受便愈強烈，形成了美感經驗。於此，價值的伸延便存在著嚴重的限制。杜威環繞著認知活動而發展的答案，顯然不能圓滿解答審美價值的根源性問題。

但徐先生指出了非常重要的一點：不能說只存「無限」觀念的人才能成為藝術家，因為如此說來，只有有限和感覺經驗世界的人便沒有了美的權利。[26]他強調道家所建議的藝術性的超越，以其說是形上學的超越，不如說是「即自的超越」，即見出每一感覺世界中的事物自身，並看出其超越的意味，那是第二層的新事物。他同時引用莊子「獨與天地精神往來，而不敖倪於萬物」作為譬喻與呼應，補充說明藝術主體將自我同於大通，一無知覺的滯礙，以見物之本性者，才是「不折不扣的藝術精神」。[27]

於虛靜之心境中，發見一切關於人與物的本質或新氣象，那是一種難得的自由與呈生的滿足，也就是藝術創作的真諦。他說：「藝術地超越，不能是委之於冥想、思辨地形而上學的超越，而必是在能見、能聞、能觸的東西中，發現出新的存在。凡在莊子一書中所提到的自然事物，都是人格化，有情化，以呈現出某種新的意味的事物。」[28]西方美學亦有所同，那是屬於「多」的面相，也就是現象的繽紛；而莊子之虛靜心體，則為統「一」的超越性。但徐先生寧說心是「統一中的多數性」與「多數性中的統一」。就這點跟西方美學之別，乃在「獨與天地精神往來」的超越心體，同時是與藝術同型的人生哲學以

26　徐復觀：《中國藝術精神》，頁 104。

27　同前注，頁 104 及 106。

28　同前注，頁 108。

及宇宙觀。[29]

這兒可見徐先生論藝術創造與藝術的起源，乃以莊子「遊」的理念為核心，以比較美學的內容為支援，並以其中西方與道家美學的同異，認定道家美學的旨趣更能彰顯終極的藝術精神。

（四）「充實不可以已」

但談到具體的藝術創作，還是須要藝術性的轉換。徐先生分析精闢，特別以專章「莊子的藝術地創造」討論其中的轉換問題，關鍵在於「充實不可以已」這個觀念。徐先生說古今偉大的藝術家常常辛苦一生，從事藝術創造，其真實的原委，在他們以虛靜為體之心，打開了個人生命因軀體欲望與認知等造成的障礙，迎接蓋涵，連於天地萬物，即所謂「同於大通」。此時虛靜心體成為無所不在的「天府」，也就是最充實的生命與精神，因而「不可以已」，將其中的領會化為藝術語言，即藝術創造是一種必然的結果。[30]

藝術本源跟藝術作品的關係，於莊子來說是「魚」與「荃」的關係。荃是得魚的管道；正如藝術主體在道境中「充實不可以已」，因而創作得以流露。但轉換過來，欣賞藝術的時候，便會得魚而忘荃。荃或「創造與欣賞」的建立，在一番自覺體證，沒有定法；如要在荃與魚之間定出輕重，莊子之「用志不分」（見莊子《達生》篇）一語便見出藝術精神在凝神貫注。徐先生說「用志不分」，是以美的觀照作技巧之修養，在其中心與被觀照的對象合一，手（技巧）又與心合一。他說：「目凝於神，故當創造藝術時，非自外取，而獨取之於自身所固有。」[31]他明言莊子所要求的藝術創造，為《莊子‧大宗師》中所說的「雕刻眾形而不為巧」。他說最高的藝術創造是「巧而忘其為巧，創造而忘其為創造」，則創造便能完全合乎物的本性本質。[32]但二者皆為必須要

29　同前注，頁 109。

30　同前注，頁 118-119。

31　同前注，頁 123。

32　同前注。

統一及配合的條件。

那麼次好的藝術創造呢？就是主體與客體出現隔膜而未能合一入道了。莊子用了「有所矜」一辭：「其巧一也，而有所矜，則重外也。凡外重者內拙。」徐先生說只有當主體與物合一，遂與物相忘，大巧才出，而當有「矜」持的時候，物不能為主體精神所涵攝，其間便發生了一種抗拒。

（五）「指與物化，不以心稽」

藝術創造如何能做到主客合一？徐先生繼續引用《莊子‧達生》中談到堯時巧臣造藝的手技，在「指與物化，而不以心稽」。「指與物化」，即技巧與被表現的對象沒有距離；「不以心稽」，即不以心求對象，不重物的外表，並因此造成心與物的距離，蓋此時心還在打量著對象的外表。徐先生於此再度引用「庖丁解牛」中「以神遇不以目視」以及「徇耳目內通」作出提醒，談到如何才可達到「靈台是一」。《莊子‧田子方》中宋元君畫圖之紀事，也是同一道理，亦確如徐先生所言，為後來中國畫論所引述者。[33]

如此跟西方現代藝術之重主觀表現相比，徐先生又有一番評價。藝術的「滌除玄鑒」而求一安定之心境，為上佳藝術創造之源。但若未能入此心境而於主體與物之間有所偏重，便談不上主體精神的自由和安頓。如此客觀外在世界之衝擊便至，亦同時見出作品中的怖慄、掙扎和矛盾。徐先生甚至說這是一種「反藝術」的傾向。此外，西方現代藝術執著的門派與主義，乃又是一種自外求的，要求一種特殊的藝術成就。莊子的藝術精神由於是出諸藝術性的人生，因而見道愈精，有關的審美是普遍的而非特殊的，不求成就某種藝術形式或主張，而求藝術精神的肯定性及普遍性。[34]

徐先生重視藝術創造的過程，但更重視「充實不可以已」的心境狀態。關於創造，其總結說：

（1）　藝術技巧要達到手與心應，指與物化；

33　同前注，頁 127。見徐復觀先生的分析。

34　同前注，頁 130。

（2）　精神狀態要心物相融，主客一體；

（3）　由主體「心齋」、「坐忘」、「離形去知，同於大通」的工夫開始；

（4）　由技入道，超出實用與技術的要求與拘束，達到藝術的自由釋放。

　　莊子之道與藝術（家）之道之間有何區別？徐先生說區別在於藝術之「偏」與道家之「全」，而無本質之別。所謂「偏」主要是指具象化，「全」則屬超越理境，二者同源於心合於道之根源性與整全性。[35]

四、從比較美學再思徐復觀先生的藝術創造論

　　回到摩根對西方藝術創造論的總結與批評，徐先生對莊子美學的閱讀，似未見完全符合摩根所列舉的看法。

（1）　徐先生對莊子論「遊」，並不以藝術創造為「不可思議的，於內容上湧現出的一份驚訝」。西方美學之所謂不可思議或驚訝，於莊子美學其實是非概念及非知覺的心領神會，是「即自的超越」以後見出的物自身，或第二層的新事物。

（2）　依徐先生的闡析，莊子的逍遙遊並非如摩根所指的西方美學，乃「作者以自己的掙扎或痛苦作為代價，製造出來的一種強烈的看世界的經驗」。「遊」中的「獨與天地精神往來，而不敖倪於萬物」，是一種令人神往的自由之境，可如「庖丁解牛」般曳然進入。這點可說是莊子美學的特點以及最高的依據。

（3）　西方美學重視藝術創造的「獨特性」及「原創性」，並以奇跡譬喻之。莊子之「遊」中所見者並非奇跡，而是超越了日常蔽於感官及思辨活動以後，「徇耳目內通」，以及在「精思天蒙」中所見的事物的本源本相。那是獨特的，亦同時是與天地並生的原創性。

（4）　西方論藝術創造之從無至有，於莊子其實是「心齋」、「坐忘」後的效果，見物愈精，才知物之真有；那是在美的觀照，物我兩忘裡之所見所

35　同前注，頁131。

從出。

（5）　如此說來，道家亦須預設西方美學之所謂創作主體的性情。但那份稟賦在能遊，能精思天蒙（石濤），能即自超越，能「充實不可以已」，這才是藝術作者的天才。西方論創造常以「鬼匠神工」的技巧論天才，但徐先生強調那是得道以後而起的。如石濤所言：「乾旋坤轉之義得矣，畫道彰矣。」跟西方美學以「技巧」取代「創造力」的趨勢不可同時而語。

（6）　莊子論藝術創造，主要在說藝術創作的過程自身和條件；這點大概跟摩根對西方美學的一些觀察相同。

但莊子美學中蘊涵的藝術創造論，的而且確得面對當代西方對傳統美學，特別是對以形上學為基礎的創造論的批評，包括：

（1）　莊子之「獨與天地精神往來，而不敖倪於萬物」，作為藝術創造之源，如何解說外延因素（包括作者生平、文化及創作環境等）跟作品的形式及藝術語言的關係？能否以石濤之謂「太樸一散，而法自正矣」一言而蔽之？

（2）　西方美學之所謂新奇，主要是以特定文化環境中的傳統與經驗來定斷。道家美學之新奇，固然不是摩根所說的經驗的重組或重新安排，而是「心齋」中超越心體的領會，社會文化之環境還是屬於否定層，或「存而不論」的。

（3）　如此解說的缺點，不免造成了藝術好壞及評價的困難。如何定斷藝術主體於道中有所觀照、有所體會，且又真的由中而出，即所謂「充實不可以已」？且藝術作品所呈現的，也就是徐先生所說的「統一中的多數性」與「多數性中之統一」，[36]即必然是上佳的藝術，萬無一失？如此藝術評論就只有欣賞的功能？如何論藝術創作的優劣？怎樣設定較為客觀的評價準則？

以上存在已久的藝術及美學問題，實有待當代藝術閱讀的應用及詮釋。重

36　同前注，頁107。

要的探索方向，為如何在保存莊子藝術精神及境界說的大前提下，進一步闡釋徐先生所說的「統一中的多數性」與「多數性中的統一」，以及他所建議的在能見、能聞、能觸中，進出於藝術的自由心境。

「實踐必然性」與「內在要求」
──回應陳瑞麟教授

李明輝*

　　1988 年 12 月筆者在香港法住文化學院主辦的「唐君毅思想國際會議」中宣讀〈儒學如何開出民主與科學？──與林毓生先生商榷〉一文，[1] 以回應林毓生的〈新儒家在中國推展民主與科學的理論面臨的困境〉一文。[2] 林文係針對當代新儒家唐君毅、牟宗三、張君勱、徐復觀四人於 1958 年聯名發表的〈為中國文化敬告世界人士宣言〉[3] 中所提出「儒學開出民主與科學」之說

---

* 中央研究院中國文哲研究所研究員／國立臺灣大學國家發展研究所合聘教授／國立中央大學哲學研究所合聘教授

1　此文最初刊於臺灣《當代雜誌》第 34 期（1989 年 2 月），頁 114-125；其後收入霍韜晦編：《唐君毅思想國際會議論文集》（香港：法住出版社，1990 年），第 4 冊，頁 125-140；亦收入拙著：《儒學與現代意識》（臺北：文津出版社，1991 年），頁 1-18。

2　《中國時報・人間副刊》，1988 年 9 月 7／8 日；後易題為〈新儒家在中國推展民主的理論面臨的困境〉，收入其《政治秩序與多元社會》（臺北：聯經出版公司，1989 年），頁 337-349。

3　原刊於《民主評論》第 9 卷第 1 期（1958 年 1 月）及《再生》第 1 卷第 1 期（1958 年 1 月），後收入張君勱著，程文熙編：《中西印哲學文集》（臺北：臺灣學生書局，1981 年），下冊，頁 849-904，以及張君勱：《新儒家思想史》（臺北：張君勱先生獎學金基金會，1980 年），頁 375-436（附全文英譯）；亦以〈中國文化與世界〉之名收入《唐君毅全集》卷 4（臺北：臺灣學生書局，1991 年），以及唐君毅：《說中華民族之花果飄零》（臺北：三民書局，1974 年），頁 125-192。以下引用此〈宣言〉時，直接標示《唐君毅全集》卷 4 之頁碼。

（以下簡稱「開出說」）而發。

這篇〈宣言〉共包括十二節，相關的論點主要見於第八、九節。首先，他們在第八節〈中國文化之發展與科學〉中承認：

> 〔……〕中國文化歷史中，缺乏西方之近代民主制度之建立，與西方之近代的科學，及各種實用技術，致使中國未能真正的現代化工業化。（頁 35）

因此，他們也承認：「中國文化中須接受西方或世界之文化。」（頁 34）但是，他們反對「只是想由**加添法**來擴大中國文化之理想，而沒有注意到此文化之本身要求向什麼方向伸展其理想之問題」（頁 34）。[4]是故，他們又強調：

> 我們不能承認中國之文化思想，沒有民主思想之種子，其政治發展之**內在要求**，不傾向於民主制度之建立。亦不能承認中國文化是反科學的，自古即輕視科學實用技術的。（頁 35）

> 我們說中國文化**依其本身之要求**，應當**伸展出**之文化理想，是要使中國人不僅由其心性之學，以自覺其自我之為一「道德實踐的主體」，同時當求在政治上，能自覺為一「政治的主體」，在自然界，知識界成為「認識的主體」及「實用技術的活動之主體」。這亦就是說中國需要真正的民主建國，亦需要科學與實用技術。（頁 34）

> 中國今雖尚未能完成其民主建國之事業，然我們卻不能說中國政治發展之**內在要求**，不傾向於民主制度之建立，更不能說中國文化中無民主思想之種子。（頁 39）

4　黑體字為筆者所用。

以上三段引文中的黑體字均為筆者所使用。所謂「開出說」係在相關的討論中形成的，林毓生在其文中便使用「開出」一詞來概括其義。他指出：「開出」一詞是牟宗三常用的詞語。[5]〈宣言〉本身則是使用「伸展出」一詞。其實，在這個問題脈絡中，牟宗三更常使用的是「轉出」一詞（特別是在其《政道與治道》一書中）。〈宣言〉中也有一次使用「轉出」一詞來表達此義（頁 40第 5 行）。無論使用「開出」、「轉出」，還是「伸展出」，都無所謂。關鍵是要了解：其實義係落在「內在要求」或「依其本身之要求」之說。此說係對比於「加添法」而言，可以說是〈宣言〉中「開出說」的關鍵字眼。

　　〈宣言〉中所謂的「加添法」不無影射臺灣的自由主義者之意。因為臺灣的自由主義者（如胡適、殷海光、張佛泉）否認中國傳統文化（包括儒家文化）中有現代意義的民主與科學，而主張向西方學習民主與科學。林毓生的上述論文也可說是對「內在要求」說的回應。但林毓生在文中只討論儒學與民主的關係，而忘了討論儒學與科學的關係。或許由於這個緣故，他後來將此文收入其論文集《政治秩序與多元社會》時，便刪去原先標題中的「與科學」三字，以求名實相副。

　　〈宣言〉在第九節〈中國文化之發展與民主建國〉中列舉出中國文化在思想與制度兩方面的民主「種子」。林毓生在轉述了這些說法之後，評論道：

> 從嚴格的思想意義上看，上述兩點意見並不蘊涵「宣言」中所一再強調的**必然性**；中國傳統文化內在並不必然有要求與發展民主的思想資源。〔……〕上述「宣言」中的兩點意見最多只能說中國傳統文化中蘊涵了一些思想資源，它們與民主思想與價值並不衝突；但它們本身卻並不**必然會從內在要求**民主的發展。[6]

由此可見，林毓生係就「內在要求」來理解「儒學開出民主」的必然性。

5　林毓生：《政治秩序與多元社會》，頁 339。
6　同前注，頁 340。黑體字為筆者所用。

　　筆者在上述的回應文章中特別指出：林毓生將〈宣言〉中所說的「必然性」或理解為邏輯的必然性，或理解為因果的必然性，其實都是誤解。依筆者的理解，這種必然性是指**實踐的**必然性，而且就道德主體之要求發展民主與科學，並非出之以直接的方式，而是在一辯證的歷程中要求之，這種必然性又可稱為**辯證的必然性**。牟宗三後來藉「良知的自我坎陷」之說來詮釋這種「辯證的必然性」。筆者為「開出說」辯護的策略著重於釐清這種必然性的真正涵義，以凸顯林毓生對其涵義的誤解，從而顯示其批評係無的放矢。其論證過程俱見於該文，此處不再贅述。

　　拙文發表多年，林毓生本人從未回應。不意事隔二十餘年之後，2011 年陳瑞麟發表了〈牟宗三「科學開出論」的形上學困難——以儒家思想為本的中國文化可以開出現代科學嗎？〉一文，[7]試圖彌補林毓生當年忽略的問題，而從當代「科學底哲學」（philosophy of science）的角度來質疑「儒學開出現代科學」（以下簡稱「科學開出論」）的必然性。他在文中也提到筆者當年與林毓生商榷的論文，等於是代替林毓生回應了筆者的商榷。陳瑞麟是專研「科學底哲學」卓然有成的學者，而「科學底哲學」並非筆者的專長，故在這方面筆者不能贊一詞。但其論文的牽涉面極廣，他也評論了牟宗三與康德的科學觀。在此首先要強調：牟宗三的「科學開出論」並不是一套「科學底哲學」，其目的並不在於說明科學是什麼。當然，這不能排除牟宗三自己對科學有一套看法。不過，這兩個問題並不屬於同一個層次。[8]本文的討論將聚焦於他對牟宗三的「科學開出論」之質疑，附帶涉及他對牟宗三與康德的科學觀之質疑。

　　陳瑞麟在文中先介紹二十世紀邏輯實證論的科學觀，然後指出：二十世紀八十年代以後，「後孔恩的科學觀」取代了「邏輯實證論的科學觀」。接著，他斷言：「事實上，牟宗三的科學觀基本上也是『邏輯實證論式的』，或者更

7　此文刊於《國立臺灣大學哲學論評》第 42 期（2011 年 10 月），頁 43-78。

8　陳瑞麟似乎也明白這點，因為他在文中表示：「〔……〕牟宗三（和其他新儒家或後新儒家）似乎從來沒有專門針對『科學是什麼』提出一個完整的答案，當然這並不表示牟宗三沒有他自己的『科學觀』。」（頁 66）

好說是『康德版的邏輯實證論』〔……〕」（頁 66-67）本文不擬詳細討論所謂「邏輯實證論的科學觀」與「後孔恩的科學觀」之細節，而是要質疑他對牟宗三的「科學開出論」與科學觀之理解。陳瑞麟對牟宗三的科學觀提出了不少評論，例如他說：「其實牟宗三對邏輯實證論（經驗論）的理解並不完整，或者說他以羅素來代表邏輯實證論。」（頁 67 注 21）筆者則是要指出：陳瑞麟對牟宗三科學觀的理解並不完整。因為他所根據的著作主要是牟宗三的《現象與物自身》與《中西哲學之會通十四講》。他似乎不知道：要了解牟宗三的科學觀，最主要的參考著作是其《認識心之批判》，其次是其《智的直覺與中國哲學》。這兩本著作甚至未列入其論文的參考文獻中。以如此薄弱的文獻基礎，誰會相信陳瑞麟對牟宗三的科學觀有客觀而完整的理解呢？

　　讓我們回到牟宗三的「科學開出論」。撇開細節問題不談，陳瑞麟對牟宗三此說的主要誤解見於以下一段文字：

> 「實踐的必然性」更精確的說法應是「要實現一實踐目標的必要手段」，亦即「如果要達成儒家的實踐目標，則必然要求開出現代科學」。問題是，（1）「必然性」的客觀意義是「合理設想其它可能性是矛盾的或不可能的」；或者用可能世界的語意學來說是「在所有可能世界都是相同的」。因此，「必然性」蘊涵「唯一」，可是從儒家思想內在要求來發展出現代科學，是唯一的手段嗎？〔……〕其次，（2）這樣的「實踐目標的必然要求」預設「現代科學必然能幫助實現儒家的實踐目標」。但是這個預設是真的嗎？很有可能，現代科學不僅不能幫助儒家實現的〔「的」字為衍文〕其實踐目標，而且還與之相衝突（因為兩者的形上學信念極不相同）。再來，（3）新儒家「實踐的必然要求」其實是因為他們在二十世紀早期的脈絡下判斷，現代科學能夠提供強大的力量給予中國文化復興，以抵抗西方強權與文化的「入侵」（這預設儒家本位主義）。但是，這種「力量」不見得是原始儒家和宋明理學主張的實踐工具。（頁 61-62）

如上文所述，「內在要求」是〈宣言〉中使用的說法，「實踐的必然性」則是筆者借自康德的說法，藉以詮釋「內在要求」的意涵。首先，筆者要強調：所謂「實踐的必然性」係相對於「邏輯的必然性」與「因果的必然性」而言。然而從上一段引文看來，陳瑞麟顯然將「實踐的必然性」理解為「因果的必然性」。因此，我們有必要進一步探討康德所謂「實踐的必然性」之意涵。

　　其實，在康德的用法當中，「實踐的必然性」一詞是有歧義的。在《道德底形上學之基礎》（以下簡稱《基礎》）第二章，他寫道：

> 今一切**令式**或是**假言地**（hypothetisch），或是**定言地**（kategorisch）發出命令。前者表明一個可能的行為之<u>實踐必然性</u>，而這個行為是達成我們所意願的（或者可能意願的）另一事物之手段。[9]

此處所謂的「實踐必然性」係指假言令式所表示的必然性，亦即目的與手段之間的必然關聯。我們不妨稱之為「實踐必然性」的第一種意義。在這個脈絡中，康德寫道：「若一個行為是促進幸福的手段，則表明這個行為底<u>實踐必然性</u>的假言令式是**實然的**。」[10]康德依最狹義，將「我們在選擇達到自己最大福祉的手段時的技術」稱為「明哲」（Klugheit）。[11]然而他接著指出：「嚴格而論，明哲底令式決無法下命令，也就是說，無法客觀地表明行為底<u>實踐**必然性**</u>。」[12]

　　因此，康德在另一個脈絡中使用「實踐必然性」一詞。他提出定言令式的第三項程式，即通常所謂的「自律底程式」：「不要做任何行為，除非所依據的格律也能自相一致地作為一項普遍法則，且因此僅如此行動，**即意志能憑其**

---

[9]　Immanuel Kant, *Grundlegung zur Metaphysik der Sitten* (以下簡稱 *GMS*), in *Kants Gesammelte Schriften* (Akademieausgabe, 以下簡稱 *KGS*), Bd. 4, S. 414. 底線為筆者所加。

[10]　Ibid., S. 415. 底線為筆者所加。

[11]　Ibid., S. 416. 底線為筆者所加。

[12]　Ibid., S. 418. 底線為筆者所加。

格律同時自視為普遍法則底制定者。」[13]接著他寫道：

> 依這項原則而行動的**實踐必然性**（亦即義務）決非基於情感、衝動和愛
> 好，而是僅基於有理性者彼此間的關係；在這種關係中，一個有理性者
> 底意志必須始終同時被視為**立法者**，因為不然的話，這個有理性者便無
> 法將有理性者設想為**目的自身**。[14]

顯而易見，這裡所談到的「實踐必然性」並非表示目的與手段之間的關係，而
是定言令式所表達的必然性。我們不妨稱之為「實踐必然性」的第二種意義。

　　我們只能藉由經驗去認識目的與手段之間的關係，而對康德來說，道德法
則不能建立在經驗之上。因此，他指出：

> **經驗的原則**完全不適於作為道德法則底根據。因為如果道德法則底根據
> 係得自**人性底特殊構造**或人性所處的偶然情境，則使道德法則應一律適
> 用於所有有理性者的那種普遍性——即因此而被加諸道德法則之無條件
> 的**實踐必然性**——便喪失了。[15]

康德在「實踐必然性」之前加上「無條件的」這個限定詞，也是為了區別於假
言令式所表示的必然性。對比於「實踐的必然性」，康德將這種建立在經驗基
礎之上的必然性稱為「自然的必然性」（physische Notwendigkeit）。[16]

　　在《基礎》的第三章，康德討論到道德法則與意志自由的關係時寫道：

> 因此，似乎我們根本只在自由底理念中預設道德法則（即意志本身底自

13　Ibid., S. 434.

14　Ibid. 底線為筆者所加。

15　Ibid., S. 442. 底線為筆者所加。

16　Immanuel Kant, *Kritik der praktischen Vernunft* (以下簡稱 *KpV*), in *KGS*, Bd. 5, S. 26.

律之原則），而無法獨自證明其實在性和客觀必然性。而由於我們至少
比過去所做到的還更確切地決定了真正的原則，我們在這裡誠然仍有極
可觀的收穫；但對於這項原則底有效性及「必須服從它」的<u>實踐必然
性</u>，我們並無進一步的了解。[17]

康德的意思是說：「自由」的理念必須預設上文藉「自律底程式」所表達的道
德法則，但是這無助於我們進一步了解道德法則之無條件的「實踐必然性」。
因為我們若是要將道德法則當作一項知識對象來說明其「實踐必然性」，就得
藉由目的與手段的關聯來加以說明。但這樣一來，道德法則就被置於目的與手
段所構成的條件系列中，而其「實踐必然性」也不再是無條件的了。在這種情
況下，道德法則的「實踐必然性」並未得到解釋（explained），而是被「解釋
掉」（explained out）了。

　　唯有在這個意義下，我們才可以理解康德在《基礎》的〈結語〉中所言：

　　　　我們對道德底最高原則的推證並無差錯，而是受到一種我們必須加諸一
　　　　般而言的人類理性之指摘，此即：人類理性無法使一項無條件的實踐法
　　　　則（定言令式必然也是如此）之絕對必然性可理解。因為我們不能責怪
　　　　人類理性不願藉一項條件（即藉某種作為基礎的興趣）去做到這點；因
　　　　為這樣一來，這項法則就不是道德法則（自由底最高法則）了。是以，
　　　　我們固然不理解道德令式之無條件的<u>實踐必然性</u>，但我們卻理解其**不可
　　　　理解性**。[18]

簡言之，道德法則之不可理解性並非由於我們的理性之無知，而是由於其無條
件的實踐必然性，亦即由於它無法化約為目的與手段的關係。康德有時也將這

17　*GMS*, *KGS*, Bd. 4, S. 449。底線為筆者所加。

18　Ibid., S. 463.

種無條件的實踐必然性稱為「道德的必然性」（moralische Notwendigkeit）。[19]

　　根據以上所述，康德所謂的「實踐必然性」主要是指道德法則對我們的強制性或約束性（第二種意義）。然而在《判斷力批判》中，康德還將「實踐必然性」的概念應用到另一個脈絡中。在該書第 87 節〈論上帝存在之道德論證〉，康德重提他在《實踐理性批判》中討論過的「最高善」問題。他指出：道德法則先天地為我們決定了一項終極目的，而且使得追求該項目的成為我們的責任，這項終極目的即是「藉由自由而可能的在世間的最高善」；而「最高善」是幸福與道德之一致。[20]接著他寫道：

> 但是根據我們的一切理性能力，我們不可能將道德法則交付於我們的終極目的底這兩項要求設想為僅藉由自然原因而**聯結起來**，並且符合於上述的終極目的之理念。因此，如果除了自然底因果性之外，我們不將任何其他（關於一項手段）的因果性與我們的自由聯結起來，則藉由我們的能力之應用，這樣一項目的底**實踐必然性**之概念與這項目的之達成底**自然可能性**之理論性概念不相協調。
>
> 是故，我們必須假定世界底一個道德的原因（一個創世者），以便根據道德法則而為我們預設一項終極目的，而且只要後者是必然的，則（可以說，依相同的程度，並且根據相同的理由）前者也必然要被假定，亦即有一個上帝存在。[21]

這兩段文字需要略加說明。康德的意思大略如下：「最高善」是道德法則先天地為我們決定的一項「終極目的」（Endzweck），但是道德法則僅要求我們**追求**、而非**達成**「最高善」。因為「最高善」之達成意謂使幸福與道德成比例地聯結起來，而這並非我們人類有限的理性能力所能保證的。如果我們僅憑藉

---

[19]　*KpV, KGS*, Bd. 5, S. 81.

[20]　Ibid.

[21]　Immanuel Kant, *Kritik der Urteilskraft, KGS*, Bd. 5, S. 450.

我們的理性能力，根據自然底因果性，而不憑藉任何「其他（關於一項手段）的因果性」（在此暗示上帝的力量之介入），我們便無法使「最高善」的「實踐必然性」在世間得以實現。是故，我們必須假定上帝的存在，才能說明「最高善」的「實踐必然性」。反過來說，只要「最高善」具有「實踐必然性」，我們也必然要假定上帝的存在。[22]

當康德談到道德法則的「實踐必然性」與最高善的「實踐必然性」時，其間有一項微妙的區別。一方面，道德法則的要求是在我們的能力範圍之內，符合倫理學中所謂「應當涵蘊能夠」（"Ought implies can."）之義；[23]在此意義下，道德法則具有「實踐必然性」（第二種意義）。然而在另一方面，「最高善」之達成雖非我們之力所能及，而需要憑藉上帝之介入來保證，但就道德法則要求我們去追求它而言，它依然具有「實踐必然性」。我們不妨將後一意義的「實踐必然性」稱為第三種意義的「實踐必然性」。這兩種意義的「實踐必然性」是相關聯的：第三種意義的「實踐必然性」是從第二種意義的「實踐必然性」衍生出來的。

筆者之所以辨析康德所謂的「實踐必然性」之三種意義，是為了說明：當筆者藉「實踐必然性」的概念來說明〈宣言〉所謂「現代科學與民主是儒學的內在要求」之義時，係就「實踐必然性」的第二種與第三種意義而言，而非就其第一種意義而言。因為如上文所述，筆者係相對於「邏輯必然性」與「因果必然性」而使用「實踐必然性」一詞，而既然目的與手段之間的關係也是一種因果關係，則第一種意義的「實踐必然性」可以被涵蓋於「因果必然性」之內。事實上，康德在《判斷力批判》的〈導論〉初稿中寫道：

22　關於康德構思上帝存在的道德論證之過程，參閱拙作：〈康德的「何謂『在思考中定向』？」及其宗教哲學意涵〉，《國立政治大學哲學學報》第 29 期（2013 年 1 月），頁 155-186。

23　例如，康德在《實踐理性批判》中曾強調：「滿足道德底定言命令，永遠是每個人力所能及〔……〕」（*KGS*, Bd. 5, S. 36f.）又如他在〈論俗語所謂：這在理論上可能是正確的，但不適於實踐〉一文中寫道：「人意識到：由於他應當這麼做，他就能夠做到。」（*KGS*, Bd. 8, S. 287.）

〔……〕關於我們能視為**實踐**（praktisch）者（就它因此值得被納入一門實踐哲學而論），有一項重大的、且甚至對學問底討論方式極為不利的誤解。人們曾以為可將治國之術、國家經濟、家政準則和社交準則、健康之道，以及心靈和肉體底攝生法均歸諸實踐哲學（何不乾脆將所有行業和技術均歸入其中？）；因為它們畢竟均包含一套實踐命題。然而，實踐命題固然在設想方式上有別於理論命題（這些命題涉及事物底可能性及其決定），但並不因此即在內容上與之有別，而是唯有探究依乎法則的**自由**的那些實踐命題才與之有別。[24]

「治國之術、國家經濟、家政準則和社交準則、健康之道，以及心靈和肉體底攝生法」等所包含的實踐命題其實都是假言命題，它們所表達的無非是目的與手段之間的關係，故康德不將它們歸入實踐哲學之中。反之，唯有「探究依乎法則的**自由**的那些實踐命題」（亦即關乎道德法則的命題）才真正屬於實踐哲學。

這足以顯示陳瑞麟的根本錯誤之所在：他像林毓生一樣，將「實踐必然性」誤解為「因果必然性」。**此處一錯，全盤皆錯**。〈宣言〉並非主張：現代科學與民主是達成儒家價值的唯一手段。在現代的民主理論當中，有關於「民主制度是否僅具有工具價值？」的辯論。〈宣言〉的簽署者決不會同意「民主制度僅具有工具價值」之說，而當會同意美國政治學者安德森（Elizabeth Anderson）的主張：民主制度不僅具有工具價值，而是民主的生活方式可作為正義的問題而被證明為合理。[25]

類似地，〈宣言〉的簽署者固然不會否認現代科學的工具價值（誰能否認呢？），但其觀點並不會停留於此。美國學者安靖如（Stephen Angle）在最近

---

24 Immanuel Kant, "Erste Einleitung in die Kritik der Urteilskraft," *KGS*, Bd. 20, S. 195f.

25 參閱 Elizabeth Anderson, "Democracy: Instrumental vs. Non-Instrumental Value," in *Contemporary Debates in Political Philosophy*, ed. Thomas Christiano and John Christman (Malden/MA: Blackwell, 2009), pp. 213-227.

發表的一篇論文中為牟宗三的「自我坎陷」之說辯護。儘管他承認牟宗三的「自我坎陷」之說在若干細節上說得不清楚，有時甚至會引起誤解，但他基本上依然認為：「它仍然是一個有力而連貫的理論。對於儒學的未來而言，這一理論至關重要。」[26]其辯護的要點如下：

> 我對於自我坎陷說的中肯的辯護，其關鍵在於：道德倫理價值和那些從自我坎陷的角度得以突顯的價值是彼此密切相關的。也就是說：1. 自我坎陷的觀點中內在地包含價值和規範；2. 這些價值和規範既受到我們以之為起點的根本道德倫理價值的影響，同時也反過來對那些道德倫理價值發生影響。[27]

安靖如並未像陳瑞麟那樣，將儒家的基本價值與藉由自我坎陷而凸顯的價值（如現代科學與民主）理解為目的與手段之間的關係，從而避開了陳瑞麟所犯的錯誤。安靖如將兩者的關係理解為相互影響的關係，並且強調前者內在地包含後者。這種說法並不算錯，但是還不夠明確。不過，他的說法至少顯示：「科學開出論」與其說是要提出一套「科學底哲學」，以說明科學知識是什麼，不如說是要說明儒家的良知如何面對包括現代科學在內的知識。當然，牟宗三可能有他的科學觀，但是其科學觀與其「自我坎陷」之說並不屬於同一層次。因此，陳瑞麟從「科學底哲學」的觀點來批評「自我坎陷」之說，可說是弄錯了焦點。

　　康德在《純粹理性批判》第二版〈前言〉中有一句名言：「我必須揚棄**知識**，以便為**信仰**取得地位。」[28]必須說明的是：康德在這裡所說的「信仰」，

26　安靖如：〈牟宗三論自我坎陷：詮釋與辯護〉，《中國儒學》（北京）第 7 輯（2012 年 9 月），頁 470。

27　同前注，頁 478。

28　"Ich Mußte also das **Wissen** aufheben, um zum **Glauben** Platz zu bekommen [...]" 語出 Immanuel Kant, *Kritik der reinen Vernunft* (以下簡稱 *KrV*), hrsg. von Raymund Schmidt (Hamburg: Felix Meiner, 1976), BXXX. (A ＝ 1781 年第 1 版，B ＝ 1787 年第 2 版) 底

並不是指宗教信仰，而是指他所謂的「理性信仰」（Vernunftglaube）或「道德信仰」（moralischer Glaube）。這句話是康德哲學的總綱領，所以界定道德與知識的關係，勞思光很恰當地以「窮智見德」一語來表述此義。[29]康德在此使用「揚棄」（aufheben）一詞，特別值得玩味。德文中的 aufheben 是個很奇妙的字眼，因為它同時包含「取消」、「提升」與「保存」三義。所以，後來黑格爾用此詞來形容辯證法中的發展過程。中國的黑格爾研究者結合此詞的第一、二義，將它翻譯為「揚棄」，[30]亦不失為妙譯。[31]康德的這句話表明：道德與知識（包括科學知識）的關係是一種上下統屬的辯證關係。這也是牟宗三的「科學開出論」之所本。

　　牟宗三首先在其《王陽明致良知教》（1954 年初版）中提出「良知的自我坎陷」之說。在該書第三章〈致知疑難〉中他以事親為例，來說明王陽明「致良知」之義。我們在此不妨引述其中的一段文字，來概括其旨：

　　　　〔……〕依陽明，「事親」為一物，實即一行為。在此「行為物」中，
　　　　必有「親」一個物為其中之一員。「事親」這個行為物，必帶著「親」
　　　　這個知識物。既帶著這個物，則對於這個物自必有一個了當才行。是以
　　　　在致良知而成就「事親」這件「行為物」中，必有一套致良知而成就

線為筆者所加。以下引述此書時，直接標注這兩個版本的頁碼。

29　例如，其〈致唐君毅先生〉云：「康德秉承重智精神之傳統而興，獨能窮智見德
　　〔……〕」（見其《書簡與雜記》〔臺北：時報文化出版公司，1987 年〕，頁 216）；
　　又參閱其〈論「窮智見德」〉，收入其《儒學精神與世界文化路向》（臺北：時報文化
　　出版公司，1986 年），頁 226-231。

30　例如，張世英主編的《黑格爾辭典》（長春：吉林人民出版社，1991 年）便是採取這
　　個譯法。

31　有人可能會質疑：將 aufheben 譯為「揚棄」，有以黑格爾詮釋康德之嫌。康德的確未
　　像黑格爾那樣，將此字當作一個專門術語來使用，但此字並非黑格爾所造，它在德文的
　　用法中原本就包含三義，將它譯為「揚棄」，很難說是以黑格爾詮釋康德。康德在這句
　　話中使用 aufheben 一詞，除了有「放棄」知識之義外，還有超越知識而「上升」至道
　　德界之義，譯為「揚棄」，孰曰不宜？

「知親」這件事為其一副套。「知親」這件事就是一種「知識的行為」。「知親」中的親是這個知識中的對象。知親固然是一種知識，而要去知親，則亦表示是一種行為。這行為就是成就知識或使吾獲得知識的行為。既是一種行為，則亦必由吾良知天理之所決定。良知天理決定去事親，同時亦決定去知親。故云：在致良知而成就「事親」這件行為物中必有一套致良知而成就「知親」這件事（亦是一行為物）為其一副套。「知親」這件行為既在成就知識，故「知親」中的親就是知識中之對象，亦就是「知識物」也。是以副套之致良知的行為皆是成就知識或獲得知識之行為。在良知天理決定去成就「知親」這件行為中，良知天理即須同時決定**坎陷**其自身而為了別心以從事去了別「親」這個「知識物」。就在此副套之致良知行為中，天心即轉化為了別心。既為了別心，必有了別心之所對。故即在此時，心與物為二，且為內外。「知親」這件行為為良知天理之所決，故不能外於良知之天理，故曰心外無物。然在「知親」這件行為中，要去實質了解「親」這個知識物，則天心轉化為了別心，了別心即與「親」這個知識物為二為內外。了別心是天心之**坎陷**，而二與內外即因此**坎陷**而置定。[32]

「了別心」即是牟宗三後來所說的「認識心」。故「天心之坎陷」即是良知之坎陷為認識心。至於「坎陷」一詞，他後來在《現象與物自身》中論「知性之辯證的開顯」時特別聲明：這是「黑格爾意義的辯證，非康德意義的辯證」，並且將「自我坎陷」等同於「自我否定」。[33]儘管黑格爾經常以「否定」、「否定之否定」等說法來描述精神之辯證發展，但據筆者所知，他自己並未直

---

32 牟宗三：《王陽明致良知教》（臺北：中央文物供應社，1954 年），頁 35-36。黑體字為筆者所用。由於此章其後收入其《從陸象山到劉蕺山》中，《牟宗三先生全集》（臺北：聯經出版公司，2003 年）的編者在《王陽明致良知教》中略去此章。其文亦見《牟宗三先生全集》，第 8 冊，頁 207-208。以下引用牟宗三的著作時，以方括號將全集本的冊數及頁碼直接置於原版頁碼之後。

33 牟宗三：《現象與物自身》（臺北：臺灣學生書局，1975 年），頁 122〔21：126〕。

接使用「自我否定」（Selbstnegation）一詞。此詞倒是見諸黑格爾研究的二手資料當中。例如，德國學者夏夫（Julius Schaaf）在其〈自我否定與中介〉一文的開頭便寫道：「自我否定與中介（Vermittlung）是基本概念，黑格爾借助於它們而規畫了其包括且理解上帝、世界與人的一種思辨辯證法之系統。」[34] 美國學者杜楷廷（David Elstein）與安靖如為了避免英文讀者的誤解，將「自我坎陷」譯為 self-restriction，而非 self-negation。[35]這種譯法固然較淺白易懂，但卻違背牟宗三自己的意思，也遮蔽了此詞與黑格爾的思想關聯，其得失很值得懷疑。[36]

　　其後，牟宗三在《歷史哲學》中提出「綜和的盡理之精神」與「分解的盡理之精神」這組概念。在《政道與治道》中，他又提出「理性之運用表現與架構表現」和「理性之內容的表現與外延的表現」兩組概念。這三組概念所要表達的是同一個意思，即「一心開二門」的思想間架與「良知（道德主體）的自我坎陷」之說。[37]

34　Julius Schaaf, "Selbstnegation und Vermittlung," *Perspektiven der Philosophie*, Bd. 11 (1985), S. 129；參閱 Charles Taylor, "Dialektik heute, oder: Struktur der Selbstnegation," in *Hegels Wissenschaft der Logik. Formation und Rekonstruktion*, hrsg. von Dieter Henrich (Stuttgart: Klett Cotta, 1986), S. 141-153。

35　David Elstein, "Mou Zongsan's New Confucian Democracy," *Contemporary Political Philosophy*, 11, no. 2 (May 2012): 198ff.; Stephen Angle, *Contemporary Confucian Political Philosophy* (Cambridge: Polity, 2012), pp. 24ff., 152n3；安靖如：〈牟宗三論自我坎陷：詮釋與辯護〉，前引書，頁 469。

36　然而要注意的是：「自我坎陷」一詞雖然取自「黑格爾意義的辯證」，但是牟宗三在〈超越的分解與辯證的綜和〉一文中特別強調：「要講黑格爾式的辯證的綜和，必須預設康德的超越分解。」（《牟宗三先生晚期文集》，收入《牟宗三先生全集》，第 27 冊，頁 459）換言之，他認為黑格爾的辯證法必須預設康德的系統。

37　牟宗三藉這三組概念來說明中國文化與西方文化所代表的不同觀念形態。在《歷史哲學》中，他提到中國文化中還有一種「綜和的盡氣之精神」，表現為英雄之精神與藝術性之精神，以及政治上「打天下」之精神。在《政道與治道》中，「理性之運用表現與架構表現」和「理性之內容的表現與外延的表現」兩組概念是可以互換的，但第一組概念之使用較為寬泛，第二組概念之使用則偏重於政治領域。

　　筆者曾詳細討論這套間架的涵義，[38]此處無意重述。在此我們不妨引述牟宗三論「理性之運用表現與架構表現」的一段話，以概其餘：

> 凡是運用表現都是「攝所歸能」，「攝物歸心」。這二者皆在免去對立：它或者把對象收進自己的主體裡面來，或者把自己投到對象裡面去，成為徹上徹下的絕對。內收則全物在心，外投則全心在物。其實一也。這裡面若強分能所而說一個關係，便是「隸屬關係」（sub-ordination）。〔……〕而架構表現則相反。它的底子是對待關係，由對待關係而成一「對列之局」（co-ordination）。是以架構表現便以「對列之局」來規定。而架構表現中之「理性」也頓時即失去其人格中德性即具體地說的實踐理性之意義而轉為非道德意義的「觀解理性」或「理論理性」，因而也是屬於知性層上的。[39]

依牟宗三之意，儒家的良知屬於理性之運用表現，表現為實踐理性；而民主與科學則須預設理性之架構表現，表現為理論理性。以科學知識來說，良知（道德主體）並不直接要求科學知識，而是要先轉為理論理性，然後才能藉由主客對待之架構來建立科學知識。這個辯證的過程便是所謂的「良知的自我坎陷」。這也符合康德所謂「實踐理性優先於思辨理性」之義。[40]

　　黑格爾藉辯證法來展現精神的發展歷程，但這種發展歷程不是一種在時間中的發生（genetic）過程，故不是一種在因果關係中的發生過程。牟宗三在描述良知的自我坎陷時往往使用「暫」或「暫時」這樣的時間性概念，而使安靖如感到困惑。例如，他在《政道與治道》如此描述理性之運用表現在政治領域中轉為架構表現：「當人們內在於此架構表現中，遂見出政治有其獨立的意

38　參閱拙作：〈論所謂「儒家的泛道德主義」〉，收入拙著：《儒學與現代意識》，頁 106-115。

39　牟宗三：《政道與治道》（臺北：臺灣學生書局，1987 年），頁 52-53〔10：58〕。

40　參閱 *KpV*, *KGS*, Bd. 5, S. 119ff.

義，自成一獨立的境域，而**暫時**脫離了道德，似與道德不相干。」[41]其實，〈宣言〉中也有類似的說法，例如：

> 〔……〕中國人不僅當只求自覺成為一道德的主體，以直下貫注於利用厚生，而為實用活動之主體；更當兼求自覺成為純粹認識之主體。當其自覺求成為認識之主體時，須能**暫**忘其為道德的主體，及實用活動之主體。（頁 37）[42]

安靖如認為：「暫時性階段的隱喻是嚴重誤導的。」[43]並強調：「自我坎陷是我們生活中的一個持久特徵，而非暫時的或階段性的訴求對象。」[44]姑不論這個隱喻是否會誤導讀者，安靖如對「自我坎陷」的理解無疑是正確的。但對於熟悉黑格爾的表達方式的人來說，這種誤解是可以避免的。這也顯示：將「自我坎陷」譯為 self-restriction，是要付出代價的。

黑格爾在《哲學百科全書》（*Enzyklopädie der philosophischen Wissenschaften*）第三部〈精神哲學〉中將「客觀精神」區分為「法權」（Recht）、「道德」（Moralität）與「倫理」（Sittlichkeit）三個環節。其後，他在《法哲學大綱》（*Grundlinien der Philosophie des Rechts*）中展現「抽象法權」、「道德」與「倫理」三階段的辯證發展。牟宗三並未完全接受黑格爾的上述架構，因為「良知的自我坎陷」僅相當於由「道德」到「倫理」的發展。讓我們撇開黑格爾令人望而生畏的表述方式，而借用賀麟簡單扼要的說明：「自由意志在內心中的實現，就是道德。自由意志既通過外物，又通過內心，得到充分的現實性，就是倫理。」[45]至於由「道德」到「倫理」的發展，賀麟表述如

41　牟宗三：《政道與治道》，頁 59〔10：65〕。黑體字為筆者所用。

42　黑體字為筆者所用。

43　安靖如：〈牟宗三論自我坎陷：詮釋與辯護〉，前引書，頁 481；參閱 Angle, *Contemporary Confucian Political Philosophy*, p. 35.

44　同前注。

45　賀麟：〈黑格爾著《法哲學原理》一書評述〉，見黑格爾著，賀麟譯：《法哲學原理》

下：

> 只有主觀的道德意志的表現才算是真正的行為。始終貫徹在行為中的就
> 叫做目的，目的要通過一系列的道德行為或階段才能最後達到。當然只
> 有在倫理階段目的才能真正完成。因此在道德這一階段包含一種不斷的
> 要求，包含一種不斷的應然，因而在道德意志與外部世界之間就存在著
> 不斷的緊張狀態和一定的距離。46

這段文字簡直可以完全借來說明「良知的自我坎陷」之義。在黑格爾的系統
中，「善」與良知屬於「道德」的階段；至於「倫理」的階段，則包含家庭、
市民社會與國家，以至於世界史。因此，筆者曾借用「道德」與「倫理」的關
係來說明儒家由「內聖」通往「外王」的要求。47賀麟在他的表述中雖然使用
了「目的」一詞，但是目的在其客觀化的過程中所經歷的一系列道德行為或階
段並非外在的「手段」，而是其自我實現過程中的「內在環節」。牟宗三擴大
了傳統的「外王」概念，以之涵蓋知識領域與政治領域，故稱為「新外王」。
同樣地，在「良知的自我坎陷」之說當中，現代科學與民主與其說是良知的
「手段」，不如說是良知自我實現的「內在環節」。這是〈宣言〉強調民主與
科學是中國文化的「內在要求」之涵義所在。

　　由以上的討論可知：「良知的自我坎陷」並不是一個經驗意義的發生過
程。但是陳瑞麟在文中卻寫道：

> 〔……〕當他〔牟宗三〕從現象與物自身二分架構來談論「儒家思想開
> 出科學」時，他已經混淆了邏輯實證論對於證成脈絡和發現脈絡的區分

（北京：商務印書館，1995 年），頁 12。

46　同前注。

47　拙作：〈「內聖外王」問題重探〉，收入周大興編：《理解、詮釋與儒家傳統：展望
　　篇》（臺北：中央研究院中國文哲研究所，2009 年），頁 81-84；拙作：〈儒家傳統在
　　現代東亞的命運與前景〉，《上海師範大學學報》2010 年第 6 期，頁 25-26。

──因為「開出」（發展出）乃是「發現脈絡」之事。從康德的先驗邏輯範疇、時空範疇、知性綜合範疇以及羅素的外延性原則、原子性原則來談論科學知識的建立，而且要求中國文化透過這些先驗知性範疇或邏輯原則來「開出」科學，乃是把證成脈絡的原則誤當成發現脈絡的原則了。（頁 67-68）

首先要指出：這段文字的措辭充分顯示陳瑞麟對康德哲學的隔閡。因為在康德哲學中，時間與空間並不是範疇，故所謂「時空範疇」是不恰當的說法。又對康德而言，範疇是純粹知性概念。陳瑞麟所謂的「先驗邏輯範疇」與「知性綜合範疇」究竟是一回事還是兩回事？它們與純粹知性概念是什麼關係？從中完全看不出一位研究「科學底哲學」的學者應有之嚴謹態度。這也顯示了他對康德哲學僅有常識性的理解，遠遠不及於牟宗三對康德哲學的深入理解。但更嚴重的是：陳瑞麟誤認為「『開出』（發展出）乃是『發現脈絡』之事」。因此，「把證成脈絡的原則誤當成發現脈絡的原則」的並非牟宗三，反倒是陳瑞麟自己。

　　走筆至此，已足以顯示陳瑞麟對「科學開出論」的批評是失焦的。但筆者還想附帶評論一下他對於康德的科學觀之批評。陳瑞麟為現代科學提出一套非康德的形上學架構，即所謂「主客平行架構」。他在文中解釋道：

所謂「主客平行架構」是指存在一個主體與主體的內在世界，也存在一個外於主體的客體世界。不管主體是否是一個獨立的心靈實體（心物平行論）或者只是物質世界的一環（唯物論），都無礙於主體和客體的平行關係（而非從屬關係）。進一步如前述，主體有兩個功能：道德功能和認識功能，道德功能規範主體與其它主體的關係，認識功能認識客體世界，因此道德與知識也是平行的。這個主客平行架構和道德與知識平行架構已經發展出現代科學，具有「已實現性」。（頁 62-63）

陳瑞麟認為：這是「現代科學產生的哲學條件」（頁 73）。他所謂的「主客

平行架構」其實包含兩個不相隸屬的架構：一是主體與客體的平行架構，二是道德與知識的平行架構。前者涉及知識（包括科學知識）成立的哲學基礎，後者卻涉及「如何定位價值（特別是道德價值）與知識」的關係。前者或許屬於「科學底哲學」的問題領域，但後者卻超出了這個領域，而屬於另一層次的問題。陳瑞麟將後一架構加入「主客平行架構」之中，顯然是針對康德的「實踐理性優先於思辨理性」之說與牟宗三的「兩層存有論」。撇開「主客平行架構」的理論能否成立不談，若只是說：主體與客體的平行架構是「現代科學產生的哲學條件」，我們至少還可以理解；但是說：道德與知識的平行架構是「現代科學產生的哲學條件」，就令人有不知所云之感。這兩種平行架構如何納入一個「主客平行架構」之中，而成為「現代科學產生的哲學條件」呢？陳瑞麟實在欠我們一個說明。

現代的科技倫理學一再究問：科學知識與價值領域的關係為何？科學家在進行研究時負有道德責任嗎？為此，德國哲學家約納斯（Hans Jonas, 1903-1993）發展了一套「責任倫理學」。[48]在現代科學家當中實不乏具有強烈道德感者（例如愛因斯坦），他們未必會接受「道德與知識的平行架構」，反而可能會接受康德的「實踐理性優先於思辨理性」之說。陳瑞麟又說：「在理論和事實上，康德的形上學架構並不是為了發展出現代科學而提出的，相反地，是先有現代科學的發展，才有康德的形上學構思〔……〕」（頁 64）他所謂的「主客平行架構」又何嘗不是如此呢？其實，「科學底哲學」的一切主張都是理論回溯的結果，在這個意義下，都是「後見之明」。否則，你不妨問李遠哲，他是否知道所謂的「主客平行架構」？

陳瑞麟強烈地質疑康德「現象與物自身」二分的架構能說明科學知識成立的條件。他在文中寫道：

48　參閱其 *Das Prinzip Verantwortung: Versuch einer Ethik für die technologische Zivilisation*, Frankfurt/M.: Insel, 1979; *Technik, Medizin und Ethik. Zur Praxis des Prinzips Verantwortung*, Frankfurt/M.: Suhrkamp, 1985.

總之，六七十年代興起的科學哲學論辯，在證成的脈絡上也拒絕了邏輯實證論的「觀察與理論的二分法」──也相當於拒絕了康德式的「現象與物自身的二分架構」。（頁 72）

但在文中的另一處他又寫道：

然而，現代科學的種種理論必然在方法論上需要一個獨立於人類主體的<u>物自身</u>世界，而且科學理論必須對此世界作範疇設定或許諾才得以被提出，也就是說科學理論必定要預設<u>事實領域</u>的**超越經驗的存有論範疇系統──亦即一種方法學的實在論立場**。（頁 69）[49]

筆者的質疑有兩點：首先，在康德哲學中，「物自身」係相對於「現象」而言，而既然依陳瑞麟的說法，現代的科學理論拒絕「現象與物自身」的區分，如何還會承認「一個獨立於人類主體的<u>物自身</u>世界」呢？其次，依陳瑞麟所說，現代的科學理論係在「事實領域」預設「一種方法學的實在論立場」，何以他的「主客平行架構」又涵蓋了道德與知識的關係，而涉及價值領域呢？這些相互矛盾的說法該如何解釋呢？當然，在陳瑞麟所描述的「後孔恩科學觀」中，第四點便是：「事實與價值（含道德實踐）並沒有截然二分，因此科學判斷是高度價值相關。」（頁 66）而且他支持「一種事實判斷與價值判斷在實踐上相互依賴的互動論」（頁 66 注 19）。然而，強調事實判斷與價值判斷的相關性並不等於否定兩者的區別，否則他何以還要特別強調「事實領域」呢？無論康德、牟宗三，還是約納斯，都不會否認事實判斷與價值判斷的相關性，而將兩者截然二分，但事實判斷畢竟還是不等於價值判斷。

　　然而，這仍未觸及陳瑞麟的批評重點。依陳瑞麟的說法，在「後孔恩科學觀」中，「科學意義不是純粹由經驗提供」，「事實領域的存有論範疇（即存有論設定或許諾〔ontological posit or commitment〕）反而是科學的必要成

49　底線為筆者所加。

分」（頁66）。他解釋道：

> 這個觀點主張「經驗和觀察命題的意義」並不只是單純由感官經驗（或
> 現象）來提供，而總是預設了理論背後的存有論範疇——它們也提供意
> 義給經驗和觀察命題。也就是說，對於科學命題和判斷之**證成**，要依賴
> 於科學命題和判斷的**意義**，可是，科學命題和判斷的意義，並不單純地
> 依賴於經驗，而是要依賴於**超越經驗的**科學理論（蘊涵一套存有論範
> 疇，也就是依賴於某套特定的事實存有論）。換言之，**「理論存有物」**
> **要有獨立於經驗現象的意義，在形上學範圍內必須有先驗的知識意義**
> **（但當然不是先驗地被證成）**。（頁71-72）

我們不妨將此一架構稱為「經驗－理論存有物」的架構，或是「經驗－先驗」
的架構。

　　陳瑞麟認為：康德的「現象與物自身」的架構不符合這個「經驗－理論存
有物」的架構。因為：

> 〔……〕康德式的架構會主張對於外物的存有論設定必不是或不可及於
> 「物自身」，這些設定如果沒有現象的基礎，就無知識意義，因為此架
> 構堅持只有現象界才具可知性和可及性。如果物自身是不可知和不可及
> 的話，就無法決定科學理論命題的意義。（頁70）

但是他也想到：康德式的架構或許也能容許在現象界中設定科學的存有論範
疇。不過，他立刻就否定了這種可能性。他寫道：

> 一個可能的辯護方式是把「理論存有物」在形上學範圍內歸屬給「現象
> 界」，而不是歸屬給「物自身」。但是這樣一來，把「理論存有物」化
> 約到經驗上，就變成「把現象化約到現象上」，這是什麼意思？這又要
> 如何解釋「理論存有物」與經驗現象的異質性？以及「理論存有物」的

先驗性？而且一旦化約有困難，「理論存有物」又要如何被歸屬給現
象？（頁72）

最後，他進一步將批評的焦點轉向牟宗三，因為牟宗三將「物自身」理解
為「一個價值意味的概念，而不是一個事實概念」[50]。陳瑞麟寫道：

> 但是，**牟宗三的康德式架構卻把「物自身界」理解為道德王國，因此他
> 的事實領域就只剩下現象界，再也不能要求任何超出現象外的事實領域
> 的「存有論範疇」**；同時他要求這個架構能開出現代科學，等於是跨出
> 「證成脈絡」到「發現脈絡」，這是一個理論上無法成立的要求，所以
> 他的「科學開出論」不僅面對康德架構所面對的困難，還加上自己系統
> 內在難以克服的困難。（頁72）

我之所以不嫌辭費地引述陳瑞麟的說法，是希望不要曲解他的立場，而對他做
到基本的公平。

　　上面引述的最後四段文字涉及康德哲學中最引起爭議的「物自身」概念。
筆者曾發表〈牟宗三哲學中的「物自身」概念〉一文，[51]詳細討論這個概念在
康德哲學中的涵義，以及牟宗三對此一概念的詮釋。此處無法詳述，有興趣的
讀者可自行參閱。一般學者了解康德的「物自身」概念，主要是根據其《純粹
理性批判》，特別是其中的〈先驗感性論〉與〈先驗分析論〉。據此，一般學
者往往將「物自身」理解為我們必須在「現象」背後預設之不可知的依據；由
於它不可知，它只是一個「界限概念」（A254f./B310f.）。我們不妨稱之為
「物自身的**知識論**意涵」。

50　牟宗三：《現象與物自身》，頁7〔21：7〕。

51　收入拙著：《當代儒學之自我轉化》（臺北：中央研究院中國文哲研究所，2013 年修
　　訂版），頁 23-52；簡體字版《當代儒學的自我轉化》（北京：中國社會科學出版社，
　　2001 年），頁 20-47。

　　然而，在〈先驗辯證論〉中，「物自身」概念的意涵卻有了微妙的轉變。康德為了化解「自由」與「自然底必然性」之背反，將前者歸諸物自身，將後者歸諸現象。此外，他根據「物自身」與「現象」的雙重觀點來區分人的「智思性格」（intelligibler Charakter）與「經驗性格」（empirischer Charakter），以保住人的道德責任（A538ff./B566ff.）。這便使「物自身」概念取得倫理學的意涵。後來在《基礎》一書中，康德為了說明「自由」的積極意義，根據「物自身」與「現象」的雙重觀點來區分人的雙重身分，並將人的道德主體理解為作為「物自身」的自我。在知識論的脈絡中，康德將「智思世界」（intelligible Welt/mundus intelligibilis）等同於物自身的世界。但是在《基礎》第二章的一處，他卻將「智思世界」直接等同於「有理性者底世界」，亦即「目的王國」（Reich der Zwecke）。[52]我們不妨稱之為「物自身的**倫理學意涵**」。這也顯示：「物自身」概念的究竟義不在於其知識論意涵，而在於其倫理學意涵。

　　因此，牟宗三將「物自身」理解為「一個價值意味的概念，而不是一個事實概念」，並非他強加於康德的，而是在康德哲學發展的內在理路中有跡可循。在這個意義下，牟宗三對「物自身」概念的重新詮釋是對康德哲學立場的順成。這不僅是牟宗三個人的看法。新康德學派的卡西勒（Ernst Cassirer, 1874-1945）和以撰寫《從康德到黑格爾》（*Von Kant bis Hegel*）而知名的克隆納（Richard Kroner, 1884-1974）都有類似的看法。卡西勒說：「**倫理學**才使物自身的概念之真正根源及其所指向的目標完全清晰地凸顯出來。」[53]克隆納則指出：

> 此處所探討的概念〔「物自身」概念〕之真實意義決非知識論的。它是以自然與自由間的倫理學對比為依據，並且由這個道德根源擷取其力

52　*GMS*, *KGS*, Bd. 4, S. 438.

53　Ernst Cassirer, *Das Erkenntnisproblem in der Philosophie und Wissenschaft der neueren Zeit*, Bd. 2 (Darmstadt: Wissenschaftliche Buchgesellschaft, 1974), S. 759.

量。〔……〕物自身的客觀性並非展現為一個新的知識對象之客觀性，而是展現為義務之客觀性——意志的對象。[54]

這些說法都與牟宗三的看法不謀而合，可見牟宗三的看法有其一定的理據。

　　牟宗三將「物自身」理解為一個價值意味的概念，除了可以化解將它理解為一個事實概念而可能陷入的理論糾葛之外，[55]對於解決本文的問題還有一項額外的好處：它不但未在康德的理論困難之外，增加了額外的困難，反而使問題單純化。因為如果物自身被視為一個價值領域，現象便是唯一的知識領域，而科學也屬於這個領域，因而也不存在混淆「證成脈絡」與「發現脈絡」的問題。如陳瑞麟所指出的，康德在現象界中主張「經驗實在論」。所謂「經驗實在論」，簡言之，即是在現象界中承認外物與外在世界之真實存在。因此，康德也可以在現象界中區分「經驗」與「理論存有物」，而容納「經驗－先驗」的架構。事實上，在康德的「經驗實在論」中，時間、空間、範疇、基於範疇的「純粹知性原理」（包括因果律），以及理念，便構成「理論存有物」。在康德的知識論系統中，這些「理論存有物」均屬於「先驗的」（transzendental）領域。在康德的用法裡，「先驗的」意謂：無待於經驗，又同時是經驗底可能性之依據。此詞不同於「超越的」（transzendent）一詞，後者指涉的才是物自身的領域。儘管在康德意義下的「理論存有物」可能與陳瑞麟所設想的不同，但陳瑞麟至少不能否定康德的知識論也可以在現象界中容納一個「經驗－先驗」的架構。英國知名的康德專家佩通（Herbert James Paton, 1887-1969）詮釋《純粹理性批判》的名著便稱為《康德的經驗底形上學》（*Kant's Metaphysic of Experience*）。「經驗底形上學」一詞便預設一個包含經驗及其形上學預設的雙重架構，何嘗有「把現象化約到現象上」的問題？

　　最後要提到，陳瑞麟所謂的「後孔恩科學觀」還包含一項特點：

54　Richard Kroner, *Kant's Weltanschauung*, trans. John E. Smith (Chicago: The University of Chicago Press, 1956), pp. 92f.

55　參閱拙著：《當代儒學之自我轉化》，頁32-48；簡體版，頁29-44。

科學的產生的確與心理認知、社會物質環境和文化形態密切相關：特定
形態的文化會產生特定形態的科學。例如中國傳統文化產生中國傳統科
學；古代希臘文化產生古代西方科學；現代西方文化產生現代西方科
學。（頁66）

他並據此推斷：

〔……〕發展現代科學其實是基於一個特定時空脈絡（一個可能世界）
的要求，如果時空脈絡轉變，現代科學甚至有可能不再是「要求」（例
如當中國強大之後，其文化可能反而「要求」發展中國式的科學，而不
是「西方現代科學」）。（頁62）

筆者對「科學底哲學」的發展所知很有限，但是不免好奇：如果陳瑞麟所言不
虛，那麼未來可能出現的「中國式現代科學」會呈現出什麼面貌呢？是建立在
「陰陽五行」的原則之上呢？還是建立在其他原則之上呢？
　　在中國傳統科學當中，迄今仍為中國社會所保留的，大概僅剩下中醫。但
在現代社會中，傳統中醫與現代西醫的關係始終是個爭論不休、懸而未決的問
題。筆者既不懂傳統中醫，也不懂現代西醫，實在無資格為傳統中醫與現代西
醫的關係定位。眾所周知，傳統中醫預設了一套「陰陽五行」的原則。我們該
如何為「陰陽五行」的原則在現代科學中定位呢？筆者在此引述李淳玲的觀點
供陳瑞麟及讀者參考。李淳玲的背景相當特殊。她原是牟宗三的弟子，在其指
導下於國立臺灣大學哲學研究所取得碩士學位後赴美國習醫，成為有證照的針
灸醫師。在行醫之餘，她不忘研習康德哲學，而著有《康德哲學問題的當代思
索》一書。此書有〈從康德的認識論探討傳統中醫在二十一世紀可能的走向〉
及〈從康德哲學看「傳統中醫」作為「哲學」與作為「科學」的兩面向〉二
文，根據康德的知識論為傳統中醫定位。[56]康德區分純粹理性之「構造原則」

56　她還有兩篇尚未正式出版的會議論文〈中醫作為學問之理論詮釋與運用：以針灸之臨床

（konstitutives Prinzip）與「軌約原則」（regulatives Prinzip）。[57]根據這項區分，李淳玲認為：傳統中醫依據「陰陽五行」理論所建立的學說是透過「類比」原則而發展，而「類比」原則只是「軌約原則」，而非「構造原則」；[58]反之，現代（西方）醫學基本上卻是「以數學、物理學、化學這些依循直覺與機械因果的構造原則開拓的，具有經驗實在的物質基礎」。[59]她又指出：傳統中醫必須由「哲學中醫」轉化為「科學中醫」，此時它所根據的原則不能再是「陰陽五行」理論，而必須是「定性定量」的範疇化過程。[60]她進而指出：傳統中醫的經驗實踐已累積了不少這一類「定性定量」的經驗知識，例如針灸學度量穴位的人身尺寸、中藥方劑學度量劑量的錢兩分毫，甚至陰陽五行本身的數量化，而傳統中醫當中這些屬於經驗科學的部分可以成為未來開拓「科學中醫」的基礎，並成為普世醫學的一部分。[61]但在另一方面，她又強調：如果我們希望從「整體性」與「生命全體」的觀點來談一套關於身心關係的特殊學問，它只能屬於「哲學中醫」的層面，僅具有軌約原則的作用，而不能被當作一門科學醫學或病理學來看待。[62]最後，她歸結道：

> 傳統中醫有一套「辨症」的方法，卻從來沒有發展出一套「病理學」；說穿了是向來的中醫沒有走進科學的範圍，並不是中國人另外有一套醫學科學的緣故。[63]

這個結論否定了未來中醫成為有別於現代西醫的另一套醫學系統之可能性，或

運用為例〉與〈重解「陰陽五行」〉，也涉及此一問題。

57　*KrV*, A508ff./B536ff.

58　李淳玲：《康德哲學問題的當代思索》（嘉義縣：南華大學社會學研究所，2004年），頁 201。

59　同前注，頁 214。

60　同前注，頁 257。

61　同前注，頁 257-258。

62　同前注，頁 258。

63　同前注。

許值得參考。李淳玲的現身說法也佐證了藉康德哲學來為傳統中醫與現代科學定位的理論效力。

　　長期以來，筆者被視為牟宗三思想（包括「良知的自我坎陷」之說）的辯護者，但論者常忽略筆者的辯護策略之重點。對於新儒家的「開出說」及牟宗三的「良知的自我坎陷」之說，筆者係持開放的態度，而非視為唯一有理論效力的主張。但有效批評的前提是：批評者必須準確而相應地理解他所批評的主張。筆者對林毓生與陳瑞麟的回應均著重於指出：他們誤解了「開出說」與「良知的自我坎陷」之說的真實意涵，故其批評不免也成了「無的放矢」。

The "Self" of Contemporary Neo-Confucianism: An Approach Based on the Debates of Immanent Transcendence

Hsia-Yang Liu[*]

Introduction

In this essay, I will start by talking about the ideas of Confucian "self," using the definition and debates of "immanent transcendence" of Contemporary Neo-Confucianism.[1] Next this essay will attempt to answer the challenging question: Can immanent transcendence be justified, and is it possible to clarify Contemporary Neo-Confucianism's concept of self. What is it to be a self? In this regard, Robert C.

---

[*]   PhD student, Department of Philosophy, National Chengchi University; MPhilStud student, Department of Philosophy, Birkbeck College, University of London.

[1]   When referring to Contemporary Neo-Confucian scholars, I take a comparatively narrow meaning. It is identified by Fang Keli 方克立 (1938-) and Li Jinquan 李錦全 (1926-), and assigned by Liu Shu-hsien 劉述先 (1934-). There are four groups in three generations. The First Generation: Group I: Liang Shuming 梁漱溟 (1893-1988), Xiong Shili 熊十力 (1885-1968), Ma Yifu 馬一浮 (1883-1967), and Carsun Chang 張君勱 (1887-1969). Group II: Feng Youlan 馮友蘭 (1895-1990), He Lin 賀麟 (1902-1992), Qian Mu 錢穆 (1895-1990), and Thomé H. Fang 方東美 (1899-1977). The Second Generation: Group III: Tang Junyi 唐君毅 (1909-1978), Mou Tsung-san 牟宗三 (1909-1995), and Hsu Fo-kuan [Hsü Fu-kuan] 徐復觀 (1903-1982). Group IV: Yu Ying-shih 余英時 (1930-), Liu Shu-hsien, Cheng Chung-Ying 成中英 (1935-), and Tu Weiming 杜維明 (1940-).

Solomon (1942-2007) declared, "That question invites an ontological or phenomenological response, a discourse on the transcendental unity of consciousness or Cartesian introspection, but it also suggests the urgency of a cross-cultural and comparative quest. Nowadays, people would notice that the related study for self and subjectivity become more and more extensive."[2] Many scholars recognize the fundamental meaning of self-awareness to the human mind and common normativity. Throughout the course of their daily lives, people's moral principles are influenced and molded by the notion of self.

In the beginning of the 20th century, several Confucian scholars such as Liang Shuming 梁漱溟 (1893-1988) and Xiong Shili 熊十力 (1885-1968) became concerned about the threat to national confidence arising from China's encounter with the West. They attempted to rediscover the value of Confucian tradition in guiding one's life and use this to help reconstitute the essential spirit of Chinese culture. In 1958, four renowned Chinese scholars wrote "A Manifesto on the Reappraisal of Chinese Culture" 為中國文化敬告世界人士宣言 in which they fully conveyed their sense of cultural crisis and personal duty. In recent decades, many Confucian scholars have established their own publications to facilitate integrating the philosophies of the East and West. For example, Feng Youlan 馮友蘭 (1895-1990) launched a new approach to the history of Chinese philosophy, applying the ideas of Pragmatism and New Realism to ancient Chinese thought. Xiong Shili's thought, by contrast, was strongly influenced by Buddhist philosophy. Thomé Fang's 方東美 (1899-1977) Chinese philosophy was borne of a comparative culture perspective. The model of spiritual spheres of mind proposed by Tang Junyi 唐君毅 (1909-1978) is clearly similar to Hegel's "absolute spirit." Mou

---

2　Robert O. Solomon, "Recapturing Personal Identity," in *Self Person in Asian Theory and Practice*, ed. Roger T. Ames, Wimal Dissanayake and Thomas P. Kasulis (Albany, NY: State University of New York Press, 1994), p.8.

Tsung-san 牟宗三 (Mou Zongsan, 1909-1995) thought Kant's theoretical framework could help spell out the implications of the moral insights found in the Confucian tradition. And he believed that his contemporaries had to learn to appreciate the strengths of the Western tradition in order to absorb them into Chinese culture. Their disciples, Liu Shu-hsien 劉述先 (1934-), Cheng Chung-Ying 成中英 (1935-), and Tu Weiming 杜維明 (1940-) further interpreted Confucianism and extended the spirit of New Confucianism to develop insights into the problems of modern ethical living and social and cultural phenomenon. In recent years, studies on Confucianism have flourished. Numerous younger scholars have also put great effort into works comparing Confucianism with Western philosophy and religion.

Immanent Transcendence of Confucian Self

Mou Tsung-san stated that the essence of Chinese philosophy is embodied in subjectivity and morality. He has said that "Chinese philosophers did not care about intellectual dialectics and paid no attention to defining ideas or concepts. Greek philosophy is concerned about dissection, but Chinese philosophy is concerned about practice…. The sage king devotes himself to the practice of his ideal. Practical activities are political actions. They are based on one's relationship to other human beings, world affairs, and heaven."[3] If we agree with this opinion, we could say that Confucianism is mainly about the self. Therefore, it is crucial to identify and sort out the important propositions and debates current among contemporary Confucian scholars.

Of these debates, I think the most important one is concerned with whether "Confucianism is a set of ethics or a religion of immanent transcendence?" In

---

3 Mou Tsung-san 牟宗三, *Zhongguo zhexue de tezhi* 中國哲學的特質 (The Distinguishing Characteristics of Chinese Philosophy) (Taipei: Taiwan xuesheng shuju, 1963; repr. 1987).

Contemporary Neo-Confucianism, this question was perhaps first articulated by Tang Junyi and refined by Mou Tsung-san.[4] This idea of immanent transcendence was also expressed in "A Manifesto on the Reappraisal of Chinese Culture."[5]

4　Tang Junyi: "Classical Chinese philosophical thought contains lofty metaphysical and religious wisdom, juxtaposing and contrasting *dide* 地德 (the virtues of the Earth) and *tiande* 天德 (the virtues of Heaven)… On the one hand, the virtues of Heaven, do not forego their transcendence over human beings and all other objects; while on the other hand, they are immanent within all human beings and objects, and are all around them." (「在中國思想中，於天德中開出地德，而天地並稱，實表示一極高之形上學與宗教的智慧。……故天一方不失其超越性，在人與萬物之上；一方亦內在人與萬物之中，而宛在人與萬物之左右或之下。」) See Tang Junyi 唐君毅, *Zhongguo wenhua zhi jingshen jiazhi* 中國文化之精神價值 (The Spiritual Values of Chinese Culture) (Taipei: Taiwan xuesheng shuju, 1953), p.338. Mou Tsung-san: "*Tiandao* 天道 (The Way of Heaven) is high above, i.e. transcendent. When perfused throughout the human body, it becomes a constituent part of *xing* 性 (human nature); that is to say, the Way of Heaven becomes immanent. Therefore, we can also use Immanuel Kant's usage and describe the Way of Heaven as transcendent on the one hand, while also immanent on the other (as immanent and transcendent are antonyms). The way of Heaven is immanent and transcendent and features both religious and moral meaning. Religion emphasizes transcendent meaning, whereas morality emphasizes immanent meaning." (「天道高高在上，有超越的意義。天道貫注於人身之時，又內在於人而為人的性，這時天道又是內在的（immanent）。因此，我們可以康德喜用的字眼，說天道一方面是超越的（transcendent），另一方面又是內在的（immanent 與 transcendent 是相反字）。天道既超越又內在，此時可謂兼具宗教與道德的意味，宗教重超越義，而道德重內在義。」) See Mou Tsung-san, *Zhongguo zhexue de tezhi,* pp.30-31. However, Feng Yaoming 馮耀明 (1947-) claims that this concept was first proposed by Xiong Shili, but expressed as *ti yong buer* 體用不二 (essence and function are indivisible). See Feng Yaoming, "Dangdai xinrujia de chaoyue neizai shuo" 當代新儒家的超越內在說 (The Transcendent Immanence of Contemporary Neo-Confucianism), in *Chaoyue neizai de misi──cong fenxi zhexue guandian kan dangdai xinruxue* 超越內在的迷思──從分析哲學觀點看當代新儒學 (The Myth of "Transcendent Immanence": A Perspective of Analytic Philosophy on Contemporary Neo-Confucianism) (Hong Kong: The Chinese University Press, 2003), pp.179-194.

5　Lee Ming-huei 李明輝 summarizes several points from "A Manifesto on the Reappraisal of Chinese Culture": (1) China ritually worshipped the Heaven and the Earth, displaying a

Furthermore, it closely pertains to discussions regarding the religious characteristics of Confucianism. Liu Shu-hsien discussed how to define a religion and laid out a clear description of the process in his article "On the Immanence and Transcendence of Religion."[6] Tu Weiming interpreted "the religion of Confucian" with "ultimate self-transformation," [7] while Guo Qiyong 郭齊勇 (1947-) comprehensively commented on several theories concerning the religious characteristic of

---

religious transcendental sentiment. (2) Such statements by Chinese thinkers as *tian ren hede* 天人合德 (the union of the virtues of Heaven and human), *tian ren heyi* 天人合一 (the integration of Heaven and human), *tian ren buer* 天人不二 (the affinity between Heaven and human), and *tian ren tongti* 天人同體 (the oneness of Heaven and human), demonstrate that the significance of "Heaven" clearly surpasses that of people and their relationships with others. (3) The Chinese philosophy of morality, *yili zhi xue* 義理之學 (ethics and metaphysics) involves a belief in virtues of *ren yi* 仁義 (kindheartedness and justice) and *Dao*, and regards the value of kindheartedness and justice as superior to the value of a person's own life. Thus a person could voluntarily sacrifice his or her own life for a noble cause, with this constituting a form of religious transcendental belief. See Lee Ming-huei 李明輝, "Rujia sixiang zhong de neizaixing yu chaoyuexing" 儒家思想中的內在性與超越性 (The Transcendence and Immanence of Confucianism), in *Dangdai ruxue de ziwo zhuanhua* 當代儒學的自我轉化 (Self-transformation of Contemporary Confucinism) (Beijing: Zhongguo shehui kexue chubanshe, 2001), p.120.

6　Liu Shu-hsien 劉述先, "Lun zongjiao de chaoyue yu neizai" 論宗教的超越與內在 (On Transcendence and Immanence of Religion), in *Rujia sixiang yihan zhi xiandai chanshi lunji* 儒家思想意涵之現代闡釋論集 (Essays on the Modern Interpretation of Confucianism) (Taipei: Institute of Chinese Literature and Philosophy, Academia Sinica, 2000), pp.157-177; and Liu Shu-hsien 劉述先, "Chaoyue yu neizai wenti zhi zaixingsi" 超越與內在問題之再省思 (Reflections on the Question of Transcendence and Immanence), in *Rujia zhexue de dianfan zhonggou yu quanshi* 儒家哲學的典範重構與詮釋 (Confucian Philosophy: Reconstruction and Interpretation) (Taipei:Wanjuanlou tushu gufen youxian gongsi, 2010), pp.19-50.

7　Tu Weiming 杜維明, "Lun ruxue de zongjiaoxing" 論儒學的宗教性 (On Religiousness of Confucianism), in *Tu Weiming wenji* 杜維明文集 (Collected Works of Tu Weiming), ed. Guo Qiyong 郭齊勇 and Zheng Wenlong 鄭文龍 (Wuhan: Wuhan chubanshe, 2002), vol. 3, pp.459-485.

Confucianism raised by scholars Tang Junyi, Mou Tsung-san, Tu Weiming, and Liu Shu-hsien. He also felt these theories deepen and enrich our understanding of the characteristics of the Confucian spirit.[8] Yao Xinzhong 姚新中 (1957-) wrote a book in which he completed a significant comparative study of the concepts defining Confucianism and Christianity and explained clearly how votaries of each religion achieve their "transcendence."[9] From my perspective, however, four major questions remain:

(1) Are the definitions of "immanence" and "transcendence" clear enough, especially in Mou Tsung-san's theory? Zheng Jiadong 鄭家棟 (1956-) doubted whether Mou Tsung-san's approach of completely altering Kant's usage, in order to revive the old meaning of transcendent, was feasible.[10] Zheng pointed out:

> Kant shifted the meaning of "transcendence" away from medieval usage, so that it referred only to what goes beyond experience. This shift blocked the path from knowledge reaching directly to metaphysics and faith. The starting point of Mou Tsung-san's philosophy was originally to alter Kant's usage so

---

[8] Guo Qiyong 郭齊勇, "Dangdai Xinrujia dui Ruxue zongjiaoxing wenti de fansi" 當代新儒家對儒學宗教性問題的反思 (Reflections on the Question about Confucian Religiousness of Contemporary Neo-Confucianism), in *Zhongguo zhexueshi* 中國哲學史 (History of Chinese Philosophy) 1999.1, pp.40-53, 61.

[9] Yao Xinzhong 姚新中, "Renbenzhuyi zhong de chaoyue yu youshenlun zhong de chaoyue" 人本主義中的超越與有神論中的超越 (Transcendence in Humanism and Theism), in *Rujiao yu jidujiao—ren yu ai de bijiao yanjiu* 儒教與基督教——仁與愛的比較研究 (Confucianism and Christianity: A Comparative Study of Ren and Agape) (Beijing: Zhongguo shehui kexue chubanshe, 2002), pp.157-182.

[10] Zheng Jiadong 鄭家棟, "Chaoyue yu neizaichaoyue—Mouzongsan yu Kangde zhijian" 「超越」與「內在超越」——牟宗三與康德之間 ("Transcendence" and "Immanent Transcendence"—Between Mou Zongsan and Kant), in *Duanliezhong de chuantong: xinnian yu lixing zhijian* 斷裂中的傳統：信念與理性之間 (Fractured Tradition: Between Belief and Reason) (Beijing: Zhongguo shehui kexue chubanshe, 2001), pp.202-252.

as to recover the old meaning of "transcendent." By affirming the premise that human beings have intellectual intuition, Mou invested the concept of transcendence with implications of existence, being, and reality, and in this way attempted to rebuild a transcendental ontology. However, the combination of his identification with Kant's subjectivist approach and his complete denial of the boundary between the human and the divine tends to make Mou's understanding and definition of the concept of transcendent and the system of thought he developed from it vacillate between pre-Kantian transcendental ontology and post-Kantian humanistic philosophy.

Yang Zebo 楊澤波 (1953-) also argued that Mou's coupling of these two concepts would obscure the divergence between the mind and the world.[11] Both thinkers frequently quoted Kant's distinction[12] and stated their doubts that Mou's theory of immanence and transcendence could sustain both an epistemological and ontological meaning.

(2) What is Confucian (or Chinese) transcendence? David L. Hall and Roger T.

---

[11]   Yang Zebo 楊澤波, "Chaoyuecunyou de kunhuo—Mou Zongsan chaoyuecunyoulun de lilun yiyi yu neizai quexian" 超越存有的困惑──牟宗三超越存有論的理論意義與內在缺陷 (Exceeding the Perplexity of Being: The Theoretic Meaning and Defect of Mou Zongsan's Transcendental Ontology), in *Fudan xuebao* 復旦學報 (Journal of Fudan University) (Shanghai: Fudan University Press), 2005.5, pp.169-174.

[12]   Norman Kemp Smith explains this as, "The contrast between the transcendental and the transcendent, as similarly determined upon by Kant, is equally fundamental, but is of quite different character. That is transcendent which lies entirely beyond experience; whereas the transcendental signifies those a priori elements which underlie experience as its necessary conditions. The transcendent is always unknowable. The transcendental is that which by conditioning experience renders all knowledge, whether a priori or empirical, possible. The direct opposite of the transcendent is the immanent, which as such includes both the transcendental and the empirical." See Norman Kemp Smith, *A Commentary to Kant's "Critique of Pure Reason"* (New York: Palgrave Macmillan, 2003), p.75.

Ames, using three pairs of concepts, proposed a strict definition of transcendence.[13] According to them, "Strict transcendence may be understood as follows: a principle, A, is transcendent with respect to that, B, which it serves as principle if the meaning or import of B cannot be fully analyzed and explained without recourse to A, but the reverse is not true." They tried to highlight the differences between Confucian thought and the Western tradition, and argued against Neo-Confucianists'/Neo-Confucian's usage of the concept of transcendence in their interpretation of Confucian thought.

(3) What are the problems for the immanent transcendence of Confucianism? This also pertains to whether the connection between *Dao* (the Way, or the Heaven) and human nature is tenable? Lin Yu-sheng 林毓生 (1934-) accepted the idea of immanent transcendence in Chinese Culture, but thought that, in theory, there is tension between immanence and transcendence. However, he felt that the idea of "immanent transcendence" slides into "immanence," which implies that the origin of the universe is the mind. In turn, this trend in the Confucian tradition would directly result in treating morality and thought as the fountainhead of all forms of world order. Thus, when facing social and political difficulties, Confucianists will tend to respond through ways and means emerging from "thought and culture."[14] Chang Hao 張灝 (1937-) also maintains a similar viewpoint.[15]

---

[13] See David L. Hall and Roger T. Ames, *Thinking through Confucius* (Albany, NY: State University of New York, 1987), p.13.

[14] Lin Yu-sheng 林毓生, "Xinrujia zai Zhongguo tuizhan minzhu de lilun mianlin de kunjing" 新儒家在中國推展民主的理論面臨的困境 (The Difficulties Neo-Confucianists Confront in Advocating Their Democratic Theory in China), in *Zhengzhi zhixu yu duoyuan shehui: shehui sixiang luncong* 政治秩序與多元社會：社會思想論叢 (Political Order and Pluralistic Society: Essays in Social Thought) (Taipei: Lianjing chuban gongsi, 1989; repr. 2001), pp.337-349.

[15] Chang Hao 張灝, "Chaoyueyishi yu youanyishi" 超越意識與幽暗意識, in *Youanyishi yu minzhu chuantong* 幽暗意識與民主傳統 (On Consciousness of Darkness and Democratic

(4) Can immanent transcendence, this ethics-ontology proposition of Confucianism, be justified as sound knowledge? Sound knowledge usually includes semantic analysis and logic deduction. Feng Yaoming 馮耀明 (1947-) wrote a book to challenge these concepts (ex. philosophy and self) and the methodology of Contemporary Neo-Confucianism and he argued against the theories of immanent transcendence of Xong Shili and Mou Tsung-san. He claimed in his conclusion that immanent transcendence cannot qualify as the primary characteristic of Chinese culture and philosophy, but instead is a narrative of self-negation and is harmful to the development of Confucianism.[16]

Can "Immanent Transcendence" Be Justified?

My main focus here will be on the fourth criticism. It is perhaps problematic to justify pre-suppositions about value and meaning using the methods of semantic analysis and logical deduction. However, posing semantic and logical questions is still eminently worthwhile because they push us to think further and question where the boundaries of cognition or belief or faith lie. If we need a dialogue model for a better communication with Anglo-American philosophy, a mainly analytic philosophy, it is essential to respond to this (4) criticism seriously during the next stage of Confucianism's development.

Twenty years ago, Feng Yaoming wrote a book to inspect the methodology of Chinese philosophy. He asked, "Can we properly deal with Chinese philosophy using the methods of analytic philosophy?" Next he argued that we genuinely can analyze the semantics and functions of a non-cognition language. Feng believed that we should try to bring the development of Chinese philosophy into the modern era, seeking a broader array of methods for conducting investigation and embrace an

---

Tradition) (Taipei: Lianjing chuban gongsi, 1989), pp.33-78.

[16] Feng Yaoming, *Chaoyue neizai de misi—cong fenxi zhexue guandian kan dangdai xinruxue.*

open spirit of dialogue. Furthermore, he believed we should build a normal and accessible language in order to establish a bridge with western philosophy.[17] He claimed that we could deal with Chinese philosophy in an analytical manner, contrary to the prevailing mythology that it could only "be sensed, but not expressed in words." Via authentic dialogue with Western philosophy, he opined that Chinese philosophy could establish a base from which to embrace modernity and achieve globalization.

Although I agree with the notion that analytic methods would beneficially impact Chinese philosophy, I do not view Confucian thought as standing in so negative a light. Feng criticized concepts, sentences, and arguments without reservation and condemned abstruse or incomplete expression as ridiculous and wrong; he also treated all phenomena inaccessible to logic as being illogical. I find that hostile and destruction-oriented approaches are generally conducive to ineffective theorization and conclusions. For instance, he wrote that, "Chinese *gongfu* 工夫 (skill) cannot be analyzed, but the problems of Chinese *gongfu* can." However, when criticizing the theories of Chinese *gongfu*, he did not seem to notice the difference between the two.

If we summarize the moral theory of Contemporary Neo-Confucianism, it can be described as *you huan yishi* 憂患意識 (suffering consciousness) which inspires people to realize that there is *Dao*—the goal and model of human moral life. People have the ability and duty to pursue and fulfill this *Dao*. This "consciousness" indicates that *Dao* lies within the "mind-heart" of all people and is a part of human nature. Hence, the goal of a moral life is not externally but instead internally focused. Moreover, to pursue *Dao* means to know and manifest the internal, which is permeated by *Dao*, but not to abandon one's mind-heart. And moral practices and

---

[17] Feng Yaoming 馮耀明, *Zhongguo zhexue de fanfalun wenti* 中國哲學的方法論問題 (Methodological Issues of Chinese Philosophy) (Taipei: Yunchen wenhua gongsi, 1987), p.23.

moral life embody *Dao*. Therefore, the significance of moral practice is that human can connect with *Dao* through active implementation.

Unless we can clearly define the concept of immanence and transcendence using a semantics and logic-based method, it will be difficult to argue and justify immanent transcendence. However, must we always remain aware of the purpose of our Chinese philosophical work and of what kind of philosophical analysis it requires? For ancient Chinese philosophers, the ethical meaning of their thoughts was always more significant than the epistemological analysis of the thoughts. Nevertheless, this does not mean that the proposition of immanent transcendence can never be justified epistemologically or that the philosophical analysis of works is meaningless.

Clarification of Contemporary Neo-Confucianism's Concept of Self

Here, I wish to clarify the meaning of Contemporary Neo-Confucianism's concept of self. Clearly, the primary concern of Confucian scholars was not whether their theories could be subjected to conceptual analysis and logical deduction and justified. Besides, philosophical analysis might neither verify nor falsify their statements or propositions. In fact, interpreting works focusing on ancient Confucianism employ a special logic: an integrated proof of reason, emotion, and volition. During the process of being convinced by the authenticity of the Confucian propositions, religious identification and conversion tend to appear in people's minds, as opposed to their simply tackling issues of agreement with rational and intellectual factors. In response to various complex cultural and social problems emerging in the development of Contemporary Neo-Confucianism, these scholars have published many academic studies and theories. The manners in which they lived and fulfilled their ideals differ greatly from classical Confucianism. Nonetheless, they not only identify with this doctrine, but also feel a sense of mission handed down as a legacy from this culture. So, how can this phenomenon be philosophically analyzed?

As for the issue of how the immanent transcendence of the Confucian self can be justified in epistemology and cognition, we can conduct our investigation from three perspectives: 1) linguistics and logic; 2) cognition mode; and 3) concept analysis. For the content of the Confucian self, we can at minimum divide self into four aspects: "moral self," "cognitive self," "aesthetic self," and "physical self."[18] And since the essence of Confucianism is considered to be practical philosophy, we will focus on the discussion of "moral self."

Before we try to describe a cognitive model of the Confucian moral self, there are several relevant works that should first be mentioned. Chad Hansen (1942-) has investigated the patterns and expressions of language and logic in ancient China and he reminds Occidentals not to apply their own logic and mentality when reading Chinese classical works.[19] Roger T. Ames (1947-) and Henry Rosemont (1934-) have also pointed out several pertinent features of classical Chinese (文言文), stating "Although there is logic and reason reflected in classical Chinese, we cannot expect complete logic and rules of reason to be summarized in the Chinese viewpoint and language. That is the reason for our stress on the principle of aesthetics."[20]

The dissemination of Confucianism was accomplished by Confucian scholars encouraged by their volition to become sages or benevolent men. They imparted their own exploratory experience, and that of classical sages, regarding *Dao* to their students through discourse, words, and exemplary behavior. Other than their

---

[18] Lao Sze-kwang 勞思光, *Xinbian Zhongguo zhexueshiu (yi)* 新編中國哲學史(一) (A New Account of History of Chinese Philosophy, vol. 1) (Taipei: Sanmin shuju, 1995), p.249.

[19] Chad Hansen, *Language and Logic in Ancient China* (Ann Arbor: University of Michigan Press, 1983).

[20] Ames, Roger T. and Henry Rosemont, *The Analects of Confucius: A Philosophical Translation* (New York: The Ballantine Publishing Group, 1998), p.289.

concerns about practice, the core proposition is to facilitate the relationship between moral practice and transcendent *Dao*, which leads to the discussion of immanent transcendence and how the limited mind-heart can be expanded infinitely. In answering these questions, it is first crucial to understand the structure and dynamic functions of the mind-heart. The first and second generation scholars tried to build on the traditions of the period encompassing Mencius to *Lu-Wang xinxue* 陸王心學 and were deeply influenced by Buddhism. For instance, Xong Shili, Tang Junyi, and Mou Tsung-san constructed a system explaining subjectivity, which is a function model of "mind-heart."[21] Feng Yaoming also criticized each of their theories of subjectivity.[22]

In addition, Tu Weiming wrote elaborate texts to explain the practical experience of self-cultivation and its special knowledge. He stressed that in the tradition of Chinese philosophy, there is a special knowledge called "experimental knowledge."[23] From the perspective of a cognitive analysis of Confucian self-knowledge, we can link Tu's important concepts of self-knowledge, inner experience, and intellectual intuition in an explanation of a cognitive process. We can do so through a series of acts and thereby obtain the capacity for intellectual intuition, which allows us to directly perceive an inner experience which helps revealing the true self. He stated, "One of the main goals of Confucianism is

---

21 Xong Shili's *Xin weishilun* 新唯識論 (New Treatise on the Uniqueness of Consciousness), *Tiyonglun* 體用論 (Treatise on Essence and Function), *Yuanru* 原儒 (On Original Confucianism); Tang Junyi's *Shengming cunzai yu xinling jingjie* 生命存在與心靈境界 (Life Existence and Horizons of Mind); Mou Tsung-san's *Xianxiang yu wuzishen* 現象與物自身 (Phenomenon and Thing-in-itself), *Yuanshanlun* 圓善論 (Treatise on *Summum Bonum*), etc.

22 Feng Yaoming 馮耀明, "Dangdai xinrujia de zhuti gainian" 當代新儒家的主體概念 (The Concept of Subjectivity of Contemporary Neo-Confucianism), in *Chaoyue neizai de misi— cong fenxi zhexue guandian kan dangdai xinruxue*, pp.45-73.

23 Tu Weiming 杜維明, "Lun tizhi" 論體知 (On Experiential Knowledge), in *Tu Weiming wenji*, vol. 5, pp.329-376.

acquiring self-knowledge, which is the same as becoming a profound person. In order to reach this goal, a type of social practice is necessary, through which we can develop an intellectual intuition, which is the key to obtaining the inner experience of our true selves. Thus, social practice or intellectual intuition can help us directly obtain self-knowledge without logical reasoning."[24]

Some scholars recently have formulated responses to Tu's theory. Yao Xinzhong argued, "The experiential functions as transcendental by which the self initiates and empowers the transformative process. Through exploring the spiritual significance of Confucian experiences, transcendental experience is the most important path for Confucians by which the self is enabled to become fully integrated with ultimate reality."[25] In Chi Chienchih's 冀劍制 (1969-) article on Tu's "self-knowledge," he asked what kind of knowledge this is and how it can possibly work. According to Tu, Chi tried to analyze Confucian self-knowledge in its cognitive respects. Based on his analysis, he then discussed whether self-knowledge accurately describes our true self, stating that there are two main issues in this cognitive process: "The first is about inner experience. How can inner experience reveal a real self or the real nature of human beings, and why can this only be found through a series of social practices? The second is about intellectual intuition. Does intellectual intuition really exist? Can it work as Tu expected?"[26] These discussions should benefit our comprehension and reflections upon Contemporary Neo-Confucian scholars' systems of explaining the subjectivity of activities.

---

[24] Tu Weiming, *Confucian Thought: Selfhood as Creative Transformation* (Albany, NY: State University of New York Press, 1985), p.26.

[25] Yao Xinzhong, "The Confucian Self and Experiential Spirituality," *Dao: A Journal of Comparative Philosophy* 7.4 (2008): 393-406.

[26] Chi Chien-chih, "A Cognitive Analysis of Confucian Self-Knowledge: According to Tu Weiming's Explanation," *Dao: A Journal of Comparative Philosophy* 4.2 (2005), pp.267-282.

Conclusion

In recent years, researches and publications on the topic of the self have increased significantly across a number of disciplines, including philosophy, psychology, neuroscience, and sociology. The contributions of several philosophers have established a direction for contemporary Western philosophical reflection on personal identity, as well as for several Asian traditions inclining to stress a "field of selves" notion on self.

In tracing out the careful distinctions raised by thinkers from Aristotle to Rousseau concerning the passions, emotions, and sentiments, Amélie Oksenberg Rorty (1932-) seeks to describe dramatic shifts and transitions in what the West, as a cultural tradition, meant by the conception of self—all individuated, autonomous self, and civil self. As Rorty declared, "the truth of the matter is that we are multiple selves: we are wild animal creatures; we long for, and are committed to identifying ourselves with a universalized rational autonomy."[27] Charles Taylor (1931-) did remarkable work on this in his book *Sources of the Self: The Making of the Modern Identity*. He tried to map the connections between the senses of the self and moral visions, between identity and the good. In order to see this, he has to appreciate the place of the good, in more than one sense, in our moral outlook and life.[28] Jürgen Habermas (1929-) also expounded upon the relation between self-reassurance and the philosophical concept of modernity.[29] The problem of personal identity might be taken more generally to mean, what is it to be a human being? The answer to this

---

[27] Amélie Oksenberg Rorty, "Self as Person in Asian Theory and Practice," in Ames et al., *Self as Person in Asian Theory and Practice*, p.52.

[28] Charles Taylor, *Sources of the Self: The Making of the Modern Identity* (Cambridge, MA: Harvard University Press, 2001).

[29] Jürgen Habermas, *The Philosophical Discourse of Modernity: Twelve Lectures*, trans. Frederick G. Lawrence (Cambridge, MA: The MIT Press, 1990).

question is built into virtually every language, every oral, mythological, and philosophical tradition in most cultural contexts.

In sketching out the contribution of these Confucian philosophers and the process through which theories of self have gradually taken on their conceptual shape and content, we should consider the tension between acknowledging cultural specificity and the predilection of systematic philosophy to brandish universalistic claims. Based on previous discussions, we should have a clearer picture of the concept of self of Contemporary Neo-Confucianism. In future, it will likely be necessary to go further to compare the Confucian self with the Western philosophy of morality through exploring such types of self-knowledge, the various formations and functions of moral self, and so forth, in order to build a broader and more profound dialogue between the Confucian self and the ideas of Western philosophy.

How Is a Liberal Confucianism Possible?
Some Remarks on Liberal-Confucian Debate
in Modern China*

Hsin-chuan Ho**

A Long Debate

In the contemporary Chinese-speaking world, one of the most important debates is the relationship between Western liberalism and Chinese Confucianism. For liberal thinkers such as the early Chen Duxiu 陳獨秀 (Chen Tu-hsiu, 1879-1942), Hu Shi 胡適 (Hu Shih, 1891-1962) and Yin Haiguang 殷海光 (1919-1969), liberalism and Confucianism are two incompatible doctrines, and it seems to be incredible for them to connect the two into a so-called "liberal Confucianism." By contrast, for the most Contemporary Neo-Confucian scholars, they think that Confucianism and modern liberal values are not irreconcilable. It has been a long debate between the two camps since the May Fourth Movement through postwar Taiwan. Until now, it seems still to be a vexed, unsettled question.

---

*   This paper was presented originally at "Confucianism and Modern Society" International Conference, sponsored by the International Institute for Asian Studies & Modern East Asia Research Center, Leiden University, The Netherlands, 28-29 May 2009. It has been revised especially with some clarifications of the related issues based on the deeper thinking after its presentation.
** Professor, Department of Philosophy, National Chengchi University

In 1958, the Contemporary Neo-Confucian philosophers—Carsun Chang 張君勵 (1887-1969), Tang Junyi 唐君毅 (1909-1978), Mou Tsung-san 牟宗三 (Mou Zongsan, 1909-1995) and Hsu Fo-kuan [Hsü Fu-kuan] 徐復觀 (1903-1982)—published "A Manifesto for a Re-appraisal of Sinology and Reconstruction of Chinese Culture." [1] In this manifesto, they made an attempt to reconcile Confucianism and modern liberal values and indicated that it is possible to absorb liberal values into a Confucian framework of political philosophy.[2] However, the liberal thinkers strongly dissented from the optimistic points of view in the manifesto.

In this paper, in order to explore the debate about the issue of reconciliation between liberalism and Confucianism, I would like to review the related points of the two camps, and further to make an examination of the possibility of a liberal Confucianism. I will review the justifications for the construction of a liberal Confucianism, and then make some remarks on the related issues.

The Liberals' Challenges

To begin with, according to the liberals' viewpoints there are at least some

---

[1] The manifesto was published in Chinese simultaneously in *The Democratic Review* and *National Renaissance* in Taiwan, New Year issues of 1958. The English translation is collected as an appendix in Carsun Chang, *The Development of Neo-Confucian Thought*, Vol. II (New York: Bookman Associates, 1962), pp. 455-483. Hereafter cited as "Manifesto."

[2] It is a very interesting thing that Liang Shuming 梁漱溟 (1893-1988), as a neo-Confucian, stresses the Chinese dilemma of modernity. Liang indicates that Chinese culture might be incompatible with modernization, so that the European road of modern political democracy will not work for the Chinese people. See Liang Shuming 梁漱溟, *Zhongguo minzu zijiu yundong zhi zuihou juewu* 中國民族自救運動之最後覺悟 (Final Awakening of the Chinese People's Self-salvation Movement) (Taipei: Xueshu Chubanshe, 1971), pp. 101-141. See also Guy S. Allito, *The Last Confucian: Liang Shu-ming and the Chinese Dilemma of Modernity* (Berkeley and Los Angeles: University of California Press, 1979), chaps. 3, 4.

divergences between liberalism and Confucianism. In term of liberalism, just as Frederick Watkins points out that liberalism is "the ideals and methods of constitutional democracy." and "at its inception, modern liberalism was a product not of theoretical considerations but of practical experience."[3] Watkins also stresses the point that "the evolution of liberal practice could not continue indefinitely, however, without the support of an appropriate liberal theory."[4] That is to say, in addition to the evolution of liberal practice, there is the liberal theory constructed by modern liberal thinkers. As we know, the most influential modern liberal thinkers, such as John Locke (1632-1704), Charles Montesquieu (1689-1755), Jean-Jacques Rousseau (1712-1778) and John Stuart Mill (1806-1873), their most important theories of liberty consist of two main theses: the protection of individual liberty and the principle of the rule of law. Actually, two theses could be united to a set of principles of a free society: based on social contract, liberalism proclaims that everybody is naturally free and equal, the state and government exist by the consent of the people in order to protect individual liberty, and all people including the rulers and the governed people are bound by the general or universal law.

According to the doctrine of Western liberalism, the most liberal intellectuals in modern China criticized that Confucianism as the dominant guideline of traditional Chinese politics, the central figure of Confucian political philosophy was based on family system and the "rule of sage-king." For example, Chen Duxiu, the new intellectual leader in the May Fourth Movement, considered that in contrast to the West, the Chinese tradition lacks individualism. Just as Chow Tse-tsung indicates:

Chen Tu-hsiu realized that the most significant difference between East and

---

3 Frederick Watkins, *The Political Tradition of the West: A Study in the Development of Modern Liberalism* (Cambridge, MA: Harvard University Press, 1967), p. 238.

4 Ibid., p. 239.

West was that Western civilization … was based on a thoroughgoing individualism, whereas the Eastern variety was based on family or clan units…. Western ethics, moral principles, political theories, and law all tend to advocate individual rights … as well as the development of individuality. Under the Eastern system, a man was a member of his family or clan, and not an independent individual. This system destroyed individual dignity and self-respect, choked free will and independent thought, deprived a person of equal right under the law, and encouraged people to rely on others. Consequently, he suggested the substitution of individualism for the family system.[5]

In addition to Chen Duxiu, Hu Shi also criticized that the lack of individualism is the deficiency of Confucian tradition. As J. B. Grieder points out:

[Hu Shih considers that] Western concepts of individualism, and Western attempts to reconcile the conflict between individual and social purposes… as a point at which Chinese and Western social traditions diverged radically. Confucian social theory emphasized authoritarian hierarchies and relative status within them, placing a premium on the preservation of social equilibrium and on time-honored distinction between those who govern and those who are governed.[6]

In postwar Taiwan, Yin Haiguang also pointed out that Confucianism replaces rule

---

[5]　Chow Tse-tsung, *The May Fourth Movement: Intellectual Revolution in Modern China.* (Cambridge, MA: Harvard University Press, 1960), p. 295.

[6]　Jerome B. Grieder, *Hu Shih and the Chinese Renaissance: Liberalism in the Chinese Revolution, 1917-1937* (Cambridge, MA: Harvard University Press, 1970), p. 91.

of law with rule of rite. He indicated that in the Confucian tradition, corresponding to economic "social class," there is the so-called moral "ethical class," and what is more, the moral "ethical class" is one-to-one correspondent to the political "official class."[7] Therefore, according to Yin's point, as a big hierarchical system based on three kinds of classes (social class, ethical class and official class), there was no independent and free individual in traditional Chinese society. It is the essential difference between Chinese and Western society. Just as we know, modern Western society is constituted of free individuals.

In addition to the lack of individualism, Chinese liberal scholars criticized that Confucian political ideal is the "rule of sage-king," instead of the rule of law based on the consent of people. They indicated that Confucian political philosophy is basically a style of elitism based on the "rule of a super-ruler" which contradicts the principle of the rule of law in modern liberal democracy.

Most of us agree that the political ideal in the Confucian tradition is the "rule of sage-king." However, it would be noticed that although it is not based on the consent of people, in contrast to the traditional Western doctrine of "the divine right of kings" which asserts that king's right to rule is designated directly from the will of God, Confucianism emphasizes that the sage-king is cultivated by a process of self-realization as a moral agent, namely, from *neisheng* 內聖 (inner sagehood) to *waiwang* 外王 (outer kingship). According to *Daxue* (The Great Learning), one of the most famous classics of Confucian political philosophy, all men are endowed with the same human nature and through the "eight stages," i.e., the investigation of things, extension of knowledge, sincerity of the will, rectification of the mind, cultivation of the personal life, regulation of the family, national order and world peace, one would put Confucian doctrine of humanity (*ren*) "into actual living,

---

[7]   Yin Haiguang 殷海光, *Zhongguo wenhua de zhanwang* 中國文化的展望 (The Prospect of Chinese Culture) (Taipei: Guiguan tushu gonsi, 1990), pp. 197-198.

carefully maintaining the balance and harmony of the individual on the one side and society on the other."[8] That is to say, the common man will become the super-ruler through the process of cultivation of personal life.

In short, instead of individualism and the rule of law, Chinese liberal scholars indicated that Confucian ideal style of political institutional framework is based on family system and the rule of sage-king, and these are the reasons why Confucianism and liberalism are incompatible. For them, it is not possible to connect the two into a so-called "liberal Confucianism."

Neo-Confucian Scholars' Responses

According to the above discussion, it seems to be admitted that there are some divergences between Confucianism and liberalism, and we are eager to investigate the reasons why the Contemporary Neo-Confucians proclaimed that their approach could reconcile the two.

Let us review the manifesto in 1958. The Contemporary Neo-Confucian scholars indicated that the Neo-Confucianism of Sung and Ming dynasties represents the highest intellectual achievement after Confucius and Mencius in the pre-Chin era in China. They interpreted Chinese culture on the basis of "the doctrine of '*hsin-hsin[g]*' (concentration of mind on an exhaustive study of the nature of the universe), which is a study of the basis of ethics and forms the nucleus of Chinese thought and is the source of all theories of the 'conformity of heaven and man in virtue.'"[9] In other words, they affirmed Confucian doctrine of *xinxing* 心性 (*hsin-hsin[g]*), and pointed out that the doctrine "does implicitly contain a metaphysics, but this metaphysics is more like Kant's 'ethical' metaphysics. It serves as the basis

---

8　Wing-tsit Chan, trans. and comp., *A Source Book in Chinese Philosophy* (Princeton, NJ: Princeton University Press, 1963), p. 84.

9　"Manifesto," p. 461.

for moral conduct, and in turn is testified to by this conduct."[10] That is to say, the Contemporary Neo-Confucian approach to reconcile liberalism and Confucianism is based on the Confucian doctrine of *xinxing* and Kantian ethics. For them, the Chinese Neo-Confucian doctrine of *xinxing* and Western Kantian ethics can meet and become the common ground for reconciling liberalism and Confucianism.

Admittedly, the Neo-Confucian scholars confessed that there are some deficiencies of Chinese culture, in particular, the lack of democracy and science which resulted in the decline of modern China. But they indicated:

> China certainly lacks the modern democratic system and scientific and technological achievements of the West; yet, it is erroneous to think that her culture contains neither the seeds of democracy nor such tendencies, or that it is hostile to science and technology.[11]

Then, how can Contemporary Neo-Confucian scholars justify that there is the germ of democracy in traditional Chinese culture? According to their interpretation, they considered that "Chinese monarchy was quite different from its West counterpart, for Chinese political thought early identified popular will with the decree of Heaven."[12] That is to say, according to the Confucian "conception that the nation belonged not to one man but to the people of the nation and that government aimed at the good of the people."[13] It follows from what has been said that democracy would be the natural direction of development for Chinese political history.

---

[10] Ibid., p. 463.
[11] Ibid., p. 469.
[12] Ibid., p. 471.
[13] Ibid.

In addition to the conception that the nation belongs not to one man but to the people of the nation, Contemporary Neo-Confucian scholars emphasized the importance of Confucian conception of the equality of human personality that everyman is a moral subject. And for the achievement of everyone's own moral self-realization, it is necessary to establish a democratic government so that everyone has a free situation to realize himself as a moral subject. According to the traditional Confucian idea of "reign by virtue," they pointed out:

> … the monarch could, to be sure, reign with moral integrity and the people thus bathe in his morality. But the people would still be passive, and therefore unable to achieve moral self-realization … the ruler must first make his position accessible to each and every one of those qualified for it, and in this way affirm political equality for all the citizens. It then follows that a constitution must be drawn up, in accordance with the popular will, to be the basis of the exercise by the people of their political rights. Only thus may the people all attain moral self-realization, since self-realization demands, politically, the freedom both to ascend to and to retire from official positions.[14]

In short, the most important justification of Contemporary Neo-Confucian approach consists of two main theses: the nation belongs not to one man but to the people and there should be political equality for all citizens. They believed that for the protection of everyone's moral self-realization, liberal democracy would be the natural and necessary development of Confucianism.

As we know, Chinese liberal thinkers don't agree on the above-mentioned viewpoints of Contemporary Neo-Confucian scholars. They criticized that the Neo-

---

[14] Ibid.

Confucians' conclusion seems to be too optimistic and hasty. Which one is correct? Some clarifications are needed.

First, let us refer to Robert Redfield's distinction between "great tradition" and "little tradition." According to Redfield's description, the great tradition composes of the spiritual creations of religious prophets, saints, artists or thinkers, it is the creations of intellectuals in the search of knowledge, the liberation of individuality, the acquisition of new things and the establishment of new atmosphere. By contrast, the little tradition comprises customs, habits and conventions, and is represented by general and popular culture.[15] If my point is correct, the Contemporary Neo-Confucian scholars' justifications are based on the great tradition, and by contrast, the liberal scholars' critiques are based on both the great tradition and little tradition.

Secondly, it has come to my notice that both liberalism and Confucianism are umbrella concepts, and under the same umbrella concept there are various schools. For liberalism, there are at least two styles: one is based on British empiricism, and the other is based on the tradition of the European Enlightenment. If we categorize them according to an ontology-epistemology-ethics category, the former is basically a kind of realism-empiricism-utilitarianism style of liberalism which has been prevailing since the 19th century, especially in Anglo-American countries; and the latter is a kind of idealism-rationalism-Enlightenment (Kantianism) style of liberalism which was prevalent in the 18th century and seems to be revived in the late 20th century.

For the most liberal thinkers, such as early Chen Duxiu, Hu Shi and Yin Haiguang, their liberal thoughts are based on British empiricism and essentially

---

15 Redfield also indicates that this pair of phrases is chosen from among others, including "high culture" and "low culture," "folk and classic cultures," "popular and learned traditions," and "hierarchic and lay cultures." See Robert Redfield, *Peasant Society and Culture: An Anthropological Approach to Civilization* (Chicago: The University of Chicago Press, 1956), pp. 70-75.

belong to the realism-empiricism-utilitarianism style of liberalism. If we analyze Hu's liberal thought, we would find his justifications derive from John Dewey's experimentalism and instrumentalism, and as we know the Deweyan conception of scientific method actually originates from the tradition of British empiricism. In addition, Yin's thought of liberalism is based on logical positivism (logical empiricism), which is basically a branch of British empiricism.

Confucianism is also an umbrella concept: there are several kinds of styles under the same title of Confucianism. In addition to the distinction between pre-Chin Confucianism and Sung-Ming Neo-Confucianism, just as Wing-tsit Chan indicated, there are at least three schools of Confucianism: idealistic Confucianism, such as Mencius (372-289 B.C.E.), Cheng Hao 程顥 (1032-1085), Lu Xiangshan 陸象山 (1139-1193), Wang Yangming 王陽明 (1472-1529) and Xiong Shili 熊十力 (1884-1968); naturalistic Confucianism, such as Xunzi 荀子 (313-238 B.C.E.) and rationalistic Confucianism, such as Cheng Yi 程頤 (1033-1107), Zhu Xi 朱熹 (1130-1200), and Feng Youlan 馮友蘭 (1895-1990).[16] I think it is a useful and explanatory distinction for our understanding of the development of the Confucian tradition.

Accordingly, if we ask the question whether the relationship between Confucianism and liberalism is incompatible, we first have to ask which liberalism and which Confucianism we are referring to? For Chinese liberal thinkers, liberalism refers to the style of British empiricism, and by contrast for the Contemporary Neo-Confucian scholars, liberalism refers to the style of the European Enlightenment. And therefore, as an idealistic form of Confucianism, the Contemporary Neo-Confucian approach for reconciling Confucianism and liberalism is actually based on the relationship between idealistic Confucianism and idealism-rationalism-Enlightenment (Kantianism) style of liberalism. The question remains: how is this

---

[16]　See Chan, *A Source Book in Chinese Philosophy*.

style of liberal Confucianism possible?

The Enlightenment as Common Ground

Let's review further the Contemporary Neo-Confucian approach for the construction of a liberal Confucianism. Concerning the development of modern liberalism, it will be noticed that there is an idealistic turn in the contemporary age. Instead of British style based on empiricism, the mainstream of liberalism after the 1970s basically returned to the Enlightenment or Kantian style of liberalism of the 18th century. We would agree that after John Rawls (1921-2002) published his famous book *A Theory of Justice* in 1971, the trend of liberalism has changed. In this most influential book concerning the contemporary liberalism, Rawls points out his liberal "theory that results is highly Kantian in nature."[17] Rawls rejects utilitarianism and alternatively adopts Kantian moral theory as the basis to construct his theory of justice. In other words, Rawls's liberalism is based on the conception of universal reason, originating from the tradition of the Enlightenment represented by Locke, Rousseau and Kant.

As we know, Rawls's liberalism is individualistic and based on social contract. His contract approach assumes that the persons (individuals) in the original position are rational. For Rawls, human rationality motivates individual in the original position, and it "allows for persons' autonomy, the objectivity of their judgments of right and justice ... the unity of the self and enable human beings to express their nature as free and equal moral persons"[18] in a well-ordered society. According to Rawls's viewpoint:

> ... moral personality is characterized by two capacities: one for a conception

---

[17] John Rawls, *A Theory of Justice* (Cambridge, MA: Harvard University Press, 1971), p. viii.

[18] Ibid., p. 513.

of the good, the other for a sense of justice. When realized, the first is expressed by a rational plan of life, the second by a regulative desire to act upon certain principles of right. Thus a moral person is a subject with ends he has chosen, and his fundamental preference is for conditions that enable him to frame a mode of life that express his nature as a free and equal rational being as fully as circumstances permit.[19]

In other words, Rawls considers that corresponding to the classical term "human nature," human being as a moral subject possesses two moral capacities, i.e. a conception of the good and a sense of justice. That is to say, these two capacities of moral person are our inner moral powers. As a Kantian, Rawls emphasizes the Kantian dimension of this idea of the two moral powers. Rawls points out:

> Corresponding to the moral powers, moral persons are said to be moved by two highest-order interests to realize and exercise these powers. By calling these interests "highest-order" interests, I mean that, as the model-conception of a moral person is specified, these interests are supremely regulative as well as effective. This implies that, whenever circumstances are relevant to their fulfillment, these interests govern deliberation and conduct. Since the parties represent moral persons, they are likewise moved by these interests to secure the development and exercise of the moral powers.[20]

---

[19]　Ibid., p.561.

[20]　John Rawls, "Kantian Construction in Moral Theory," *The Journal of Philosophy* 77, no.9 (1980): 525. And in *Political Liberalism,* Rawls uses the term "higher-order interests" when he points out "Since citizens are regarded as having the two powers, we ascribe to them two corresponding higher-order interests in developing and exercising these powers." See John Rawls, *Political Liberalism* (New York: Columbia University Press, 1993), p. 73.

From two moral powers to two "highest-order" interests, Rawls actually makes a further step towards Kant's concept of moral autonomy. As we know, Kant's concept of moral autonomy represents the optimistic conception of human nature in the Enlightenment tradition. If we review the doctrine of *xinxing* in idealistic Confucianism, we would agree that moral autonomy or universal conception of reason are the common ground between idealistic Confucianism and Kantian-Rawlsian liberalism. And from this common ground, we could justify individual liberty and the rule of law which are the most important theses in the Western liberal tradition.

For idealistic Confucianism, the idea of moral autonomy or universal conception of reason originated from Mencius's conception of human nature. Wing-tsit Chan indicates:

> Since man is originally good, it logically follows ... that he possesses the innate knowledge of the good and "innate ability" to do good;.... His doctrine of innate knowledge and ability became the backbone of the idealistic philosophy of Wang Yang-ming ... and those who followed him for two hundred years. His general theory of the goodness of human nature exercised a tremendous influence on the whole movement of Confucianism in the last millennium....21

For Mencius, since human nature is good, humanity (*ren*) and righteousness (*yi*) are therefore inborn moral qualities, and therefore humanity and righteousness should be the guiding principles in government. Chan points out:

> As moral power is inherent in everyone's nature, therefore every individual is

---

21   Chan, *A Source Book in Chinese Philosophy*, p. 50.

"complete in himself"; every individual can become a sage; and everyone is equal to everyone else. For Mencius, people are the most important factor in government, and they have the right to revolt. This idea of revolution was not only novel in Mencius, but it also made him the greatest advocate of political democracy in Chinese history.[22]

After Mencius, Lu Xiangshan advocated that "mind is principle", which derives from Mencius's thesis that "human nature is originally good", and that is to say, "all principles are inherent and complete in the mind."[23] Lu Hsiang-shan indicated:

> Principle is endowed in me by Heaven, not drilled into me from outside. If one understands that principle is the same as master and really makes it his master, one cannot be influenced by external things or fooled by perverse doctrines.[24]

Lu's optimistic view of human nature depend on the conception of moral autonomy, which was developed further in Wang Yang-ming's doctrine of the extension of innate knowledge of the good (*zhi liangzhi* 致良知). For Wang, the moral laws, such as the principles of filial piety, loyalty, faithfulness and humanity are all innate. Wang pointed out:

> They are all in the mind, that is all, for the mind and principle are identical. When the mind is free from the obscuration of selfish desires, it is the

---

[22]　Ibid.

[23]　Ibid., p. 573.

[23]　Ibid.

[24]　Lu Hsiang-shan, *The Complete Works of Lu Hsiang-shan*, quoted from ibid., p. 574.

embodiment of the Principle of Nature, which requires not an iota added from the outside.... The main thing is for the mind to make an effort to get rid of selfish human desires and preserve the Principle of nature.[25]

According to the above-mentioned discussions, we would agree that the moral autonomy is a very prominent and outstanding idea in idealistic Confucianism. It coincides with the liberal individualistic thesis which emphasizes the value of self-determination and leads to respect every individual as a fully moral subject. Just as Will Kymlicka (1962-) points out:

> Many liberals think that the value of self-determination is so obvious that it does not require any defence. Allowing people to be self-determining is, they say, the only way to respect them as fully morally beings. To deny self-determination is to treat someone like a child or an animal, rather than a full member of the community.[26]

In short, the individualistic thesis of self-determination is based on the optimistic conception of human nature, i.e. moral autonomy or universal reason, which could be the common ground for reconciling idealistic Confucianism and Kantian-Rawlsian liberalism.[27] As we have discussed, although Confucian political

---

25 Wang Yangming, *Instructions for Practical Living*, quoted from ibid., p. 667.

26 Will Kymlicka, *Contemporary Political Philosophy: An Introduction,* 2nd ed. (Oxford: Clarendon Press, 2002), pp. 212-213.

27 Some scholars have indicated that "personalism" seems to be more suitable than "individualism" for Confucianism. See Yü Ying-shih 余英時, *Zhongguo sixiang chuantong de xiandai quanshi* 中國思想傳統的現代詮釋 (A Modern Interpretation of the Tradition of Chinese Thoughts) (Taipei: Lianjing chuban gonsi, 1987), pp. 32-36. See also Wm. Theodore de Bary, *Asian Values and Human Rights: A Confucian Communitarian Perspective* (Cambridge, MA: Harvard University Press, 1998), p. 25. If my argumentation is correct,

philosophy is a kind of rule of the sage-king, it is also a very important point for Confucianism that all human beings are endowed with the same nature, including the sage-king and the common man. The proposition reveals the universal conception of human nature or reason, which is no doubt the common idea connecting idealistic Confucianism and Kantian-Rawlsian liberalism.

In addition to individualism, according to the thesis of liberalism, the realization of individual liberty is dependent on the principle of the rule of law. With regard to the principle of the rule of law, just as F. A. Hayek (1899-1992) indicated, Rousseau's "concept of the 'general will' lead to important elaborations on the conception of the rule of law."[28] And in Kant's creative transformation, Rousseau's general will in political philosophy was transferred to Kant's universal formula of the categorical imperative, i.e., "Act only on that maxim through which you can at the same time will that it should become a universal law."[29] It is the most important principle of "universalizability" in modern moral and legal philosophy.

In other words, the liberal discourses of Rousseau-Kant-Rawls are based on the universal law of freedom, namely, the self-legislation of pure practical reason. Just as Kant indicated:

> Freedom, however, among all the ideas of speculative reason is the only one whose possibility we know a priori. We do not understand it, but we know it as the condition of the moral law which we do know.[30]

"personalism" is also suitable for Kantian-Rawlsian liberalism.

[28] F. A. Hayek, *The Constitution of Liberty* (Chicago: The University of Chicago Press, 1960), p. 194.

[29] Immanuel Kant, *Groundwork of the Metaphysic of Morals*, trans. H. J. Paton (New York: Harper & Row, 1964), p. 88.

[30] Immanuel Kant, *Critique of Practical Reason*, trans. Lewis W. Beck (Liberal Arts Press,

Kant applies the concept of social contract to explain the union of free individuals for some common end which they all share. The contract establishes a civil constitution, regulates external rights and duties of men under coercive public laws, and this argumentation derived entirely from the concept of freedom in the mutual external relationships of human beings. According to Kant's point of view:

> Right [public law] is the restriction of each individual's freedom so that it harmonizes with the everyone else (in so far as this is possible within the terms of a general law)—Since every restriction of freedom through the arbitrary will of another party is termed coercion, it follows that a civil constitution is a relationship among free men who are subject to coercive laws, while they retain their freedom within the general union with their fellows. Such is the requirement of pure reason, which legislates a priori, regardless of all empirical ends (which can all be summed up under the general heading of happiness).[31]

In other words, according to Kant's argument, the reason why individuals are free within the general union with their fellows is the possibility of obedience to general or universal law. Instead of depending on empirical ends, the general or universal law is based on *a priori* self-legislation of our pure practical reason. Kant pointed out:

> The civil state, regarded purely as a lawful state, is based on the following *a priori* principles:

1956), p. 4.

31   Immanuel Kant, *Kant's Political Writing*, ed. Hans Reiss and trans. H. B. Nisbet (Cambridge: Cambridge University Press, 1970), p. 73.

1. The freedom of every member of society as a human being.

2. The equality of each with all the others as a subject.

3. The independence of each member of a commonwealth as a citizen.[32]

As the basis of universal law, it is basically the same justification for Kant's *a priori* self-legislation of practical reason and Mencius's "human nature is good," Lu Xiangshan's "mind is principles" and Wang Yangming's *zhi liangzhi*. Concerning the principle of the rule of law, Hayek indicates that the rule of law is "not only as a safeguard but as the legal embodiment of freedom. As Immanuel Kant put it (and Voltaire expressed it before him in very much the same terms), 'Man is free if he needs to obey no person but solely the laws.'"[33] That is to say, according to Kant's conception of "universalizability," the external legal law as a characteristic of universal law, which ought to correspond to the internal moral law (i.e. categorical imperatives). Therefore, the realization of liberty and obedience of law would be congruent based on the principle of intersubjectivity.

If we agree to the arguments above which are based on the individualistic thesis of moral autonomy and rule of law, it seems to be reasonable for us to agree that it is possible for a Contemporary Neo-Confucian approach to reconcile idealistic Confucianism and Kantian liberalism into a liberal Confucianism.

Concluding Remarks

From what has been said above on moral autonomy and the rule of law, I would like to indicate that the Contemporary Neo-Confucian approach to reconcile Confucianism with liberalism into a so-called "liberal Confucianism" is possible and

---

[32] Ibid., p. 74.

[33] F. A. Hayek, *The Road to Serfdom* (Chicago: The University of Chicago Press, 1944). pp. 81-82.

feasible. In modern China, the reasons why liberal thinkers oppose the possibility of "liberal Confucianism" depended on their special perspective, i.e., the liberalism was based on the tradition of British empiricism. From this specific perspective, they reject the possibility of a style of liberalism based on Kantian ethics. Both Hu Shi and Yin Haiguang died before 1970, and unfortunately, they could not witness the idealistic turn of Western liberalism after the 1970s. In short, for reconciling Confucianism with liberalism, I think that the Contemporary Neo-Confucian approach is a very important contribution for the development of Confucianism in modern society.

However, although I basically agree on the Contemporary Neo-Confucian approach of reconciling Confucianism with liberalism, I think it is needed for the Neo-Confucian scholars to make some further reflections on their approach.

First, just as Liu Shu-hsien indicated, there are three meanings of Confucianism: spiritual Confucianism, politicized Confucianism and popular Confucianism. For the Contemporary Neo-Confucian scholars, the meaning of Confucianism which they hold is basically a kind of spiritual Confucianism, namely, the tradition of great thinkers such as Confucius, Mencius, Cheng, Zhu, Lu, and Wang.[34] According to this distinction, Contemporary Neo-Confucianism is basically a kind of spiritual Confucianism focused on the great tradition. It is reasonable for us to consider the point of Liu: "As a spiritual tradition Confucianism needs some readjustment to find its place in the present stage, while as a sociopolitical program it needs radical transformation to enable China to just survive among the imperial powers. Clearly, the transformation of our tradition is not only a theoretical issue, but also an existential as well as practical issue."[35] In other words, in addition to the resolution

---

34 Shu-hsien Liu, *Essentials of Contemporary Neo-Confucian Philosophy* (Westport, CT: Praeger, 2003), p. 23.

35 Shu-hsien Liu, "Democratic Ideal and Practice: A Critical Reflection," *Journal of Chinese*

of theoretical issue of spiritual Confucianism, the Contemporary Neo-Confucian scholars have to confront with the query based on practical issue of sociopolitical program.

Secondly, the related critique is that the Contemporary Neo-Confucian approach seems to be still a subjective scheme in thought for the resolution of China's predicament in modern age. Lao Sze-kwang (1927-2012) indicated that the Contemporary Neo-Confucian scholars adopt a Hegelian model which reduces the "given world" into the "world of ideas." As a Hegelian model, it neglects the independence of social structure and its operations, and misconcieves the social world just as the product of idea.[36] The historical effect of idealistic model could have led to what Charles Wei-hsun Fu 傅偉勳 (1933-1996) said: "…we must distinguish the ideal aspect from its actual aspect. I have consistently upheld the Confucian ideal, but I have never denied the fact that our traditional sociopolitical institution no longer suits the actual needs of the present China; the ultra-conservative attitude held by those second-rate Confucians today even becomes an obstacle to any [sociopolitical] progress in our modern time."[37] Indeed, for the resolution of China's predicament, in addition to the subjective scheme in thought, we have to face the complicated factors in social reality. In contrast with the experiences of the West, it would be worthy of our reflections that Watkins emphasized the importance of liberal practice (besides liberal theory) in the development of modern democracy.

Thirdly, if we could face the complicated factors in social reality, it would be helpful for us to adopt other approaches simultaneously. For the resolution of

---

Philosophy 34, no. 2 (2007): 258.

[36] Lao Sze-kwang 勞思光, *Zhongguo wenhua luxiang wenti de xinjiantao* 中國文化路向問題的新檢討 (A New Exploration of the Trend of Chinese Culture) (Taipei: Dongda tushu gonsi, 1993), pp. 21-23.

[37] Quoted from Liu, "Democratic Ideal and Practice," 257.

China's predicament, there are at least two main approaches. One is a historical approach based on historical cause-effect model, and the other is a philosophical approach based on the logical premises-conclusion model. The historical approach thinks about the related state of affairs in social reality, while the philosophical approach focuses on the inner logic of the relationships between ideas in thought. With such a broad description of the difference, I think that both approaches are explanatory and mutually complementary for the explorations of the relationships between Confucianism and liberalism. The Contemporary Neo-Confucian approach puts aside the historical cause-effect model and basically adopts the philosophical approach to examine the possibilities of a liberal Confucianism, which seems to be insufficient for the whole framework to resolve the predicament in modern China.

Fourthly, in addition to a liberal Confucianism, perhaps there are other possibilities that need not be excluded, for example, maybe there is a communitarian Confucianism or even a socialist Confucianism. For the development over two thousand years, there is not only one Confucian orthodoxy. Confucianism has been actually developed into various schools after Confucius, and therefore there are some debates, such as Mencius-Xunzi debate and Chu-Lu debate in the intellectual history of Confucianism. To employ a useful metaphor: it is just as the spirit of the European Union which is a situation of "unity in diversities." For the further development of Confucianism in the future, there is little doubt that it would be desirable and welcome to develop the various new styles of Confucianism in the modern age. And if so, one general point seems to become clear: Confucianism will "like a phoenix reborn from the ashes, appears to be thriving and well in the new century and millennium."[38]

---

38 Liu, *Essentials of Contemporary Neo-Confucian Philosophy*, p. 23.

程伊川、朱子思想型態的
當代詮釋之反省

楊祖漢*

一、對伊川、朱子思想的當代詮釋

　　牟宗三的《心體與性體》，主張宋明儒可分成三系，程伊川、朱子的思想型態，牟先生衡定為「橫攝系統」，不同於其他二系的以「逆覺體證」的工夫為主的「直貫創生系統」，[1]即牟先生認為伊川、朱子是心與理為二，要以心知通過格物窮理的工夫來認識性理，然後才能依理而行。如此的思想型態，理是心所認識的對象；如此一來，心的活動與理便需要區分，心的活動是氣，而理只是存有而不能活動。由於心與理為二，心必須通過格物致知才能明理，理為心知所知的對象，此所謂「順取」，而理不是本心自身的活動，則道德實踐的動力也因而缺乏。經過牟先生詳細的論證分析，朱子便被判為宋明儒的別子，而「縱貫系統」的型態才是儒學的正宗。牟先生又認為，由於心理為二，故伊川、朱子之言「持敬」是沒有本心的呈現作根據，或作根源之動力者，故此「主敬涵養」只是涵養氣心，不能促成真正的道德行為的出現，故此涵養可說是「空頭的涵養」，只是言行態度的整齊專一，養成良好的習慣而已。此可

*　國立中央大學中國文學系教授兼文學院院長
1　牟宗三：《心體與性體》（全 3 冊）（臺北：正中書局，1968-1969 年），第 1 冊，頁 42-60。

以為道德心（本心）呈現提供條件，但並不能直接生發本心。而「格物致知」是求理於外，牟先生認為性理或道德法則是由意志之自我立法而給出的，對於此性理或道德法則的了解是反身即知的，不必在外物處求理，於意志之外的對象尋求道德之理，便是意志的他律。如此一來，伊川、朱子思想的兩個要點，即「主敬」與「窮理」，對於道德實踐都非本質、關鍵的工夫，最多只能是重要的輔助工夫而已。牟先生雖然一再強調朱子的思想有其價值，朱子也不愧是一大哲學家，但經過上述的衡量，「主敬」與「窮理」便不是內聖學所必需，雖說二者是重要的輔助工夫，但既非本質工夫，便不是必要的，從事內聖之學者，對於「主敬」、「窮理」便自然會有輕視忽略。朱子之後八百多年的東亞儒學，不可否認的都以朱子學為中心，而「主敬」、「窮理」一直被認為是重要的聖學工夫，是能對道德實踐起真實的作用的，不只是助緣而已。如果主敬窮理對道德實踐有真實的作用，是必要的，而現在卻因被判為只是輔助的工夫，而被忽略，恐怕是對內聖之學不利的。這是筆者此文要對朱子思想型態再作思考的用心所在。

　　對於牟先生的分判，學者們當然是有異議的。劉述先在其有關朱子哲學的專著中，對朱子哲學作了有系統而且明白的陳述，亦有補充，如對朱子〈仁說〉的著作年代做了考證，但主要見解同於牟先生之說。[2]劉先生在比較後出的《論儒家哲學的三大時代》書中，則認為若順西方哲學一般對於「道德自律」的規定，則伊川、朱子在修養工夫上強調如實依理而行，自然不是以「行德行的目的為了德性以外的快樂、功利」的「他律道德」哲學。[3]此說很有啟發性，即劉先生認為牟先生的自律、他律的分判可能太嚴。朱子對於義利之辨為道德的第一義，是十分清楚的，朱子之說符合道德行為是為了義務而行之義，故不宜把朱子學歸於他律的倫理學。錢穆認為朱子提到「理」的時候都與心關聯來說，即他認為朱子雖然說「心」、「理」有區分，但亦一體貫通，「就其本始言，則是心與理一。就其終極言，亦是心與理一。就其中間一段

2　劉述先：《朱子哲學思想的發展與完成》（臺北：臺灣學生書局，1982年）。

3　劉述先：《論儒家哲學的三個大時代》（香港：中文大學出版社，2008年），頁115。

言，則人生不免有氣稟物欲之蔽，非可不煩修為，便是具眾理而可以應萬事。」[4]錢先生此說相當有參考價值，只是他沒有仔細論證何以「心」與「理」要區分但又要關聯在一起說。金春鋒則認為朱子所說的「心」是有「本心」義的，[5]金先生雖然引了一些文獻來佐證，但如果朱子的「心」是「本心」，那朱、陸異同便是出於誤會，這恐怕也不是事實。唐君毅對朱子思想的看法，前後期有一些改變：他比較早期的看法與牟先生相近，即認為朱子所說的「心」是「氣心」，心與理為二，依此理解，唐先生應該同意牟先生所說「心是通過格物致知而具理，即是後天關聯地、認知地具，而非本具」；但唐先生後來認為朱子有心是本體的意思，即他認為心體本來是高明廣大的，只因為氣稟的限制與干擾，使心之本體不能呈現，而朱子所強調的主敬窮理的工夫，就是讓心之本體得以朗現的工夫。[6]唐先生又認為朱子言格物窮理雖然是要明外在事物之理，但在物之理也是在我生命中本有的性理，所以明事物之理也等於是把本有的性理暢通表現的工夫，此所謂「求諸外，正所以明諸內」。[7]唐先生之說也有相當多的朱子文獻作根據，但此說認為朱子有「心是本體」的意思，恐怕不合於朱子對於心的規定，朱子所說的心很明顯是屬於「氣」之心，雖然可以說心具理，但並不能直接說心是本體，雖然如此，上述錢、唐二位先生之論，可進一步思考。

　　據上所說，對於牟先生關於朱子思想的衡定，似乎是很難動搖的。但對於伊川、朱子所重的主敬窮理，難道只能理解為是不相應於道德實踐的本質的輔助工夫？儒家內聖學的工夫，是否只有「逆覺體證」一途？而格物窮理、道問學難道不是踐德所必需？朱子依《大學》八條目的順序，以格物致知為誠意的先行工夫，而格物致知重在以心知來窮理，此一解釋於文句是很通順的；《中庸》所說的「不明乎善，不誠乎身矣」也與朱子所理解的《大學》實踐工夫相

4　錢穆：《朱子新學案》（臺北：三民書局，1971 年 9 月），第 2 冊，頁 7-8。

5　金春峰：《朱熹哲學思想》（臺北：東大圖書公司，1998 年），頁 300、332-333。

6　唐君毅：《中國哲學原論‧原性篇》（香港：新亞研究所，1968 年），頁 618-624。

7　唐君毅：《中國哲學原論‧原教篇》（香港：新亞研究所，1975 年），第 11 章，頁 272。

合；又孔子之教，「仁」與「智」是重點，所謂「學不厭，智也；教不倦，仁也」，仁且智才是聖人。「智」是從「學不厭」來說，可見道問學之「智」也是成聖的必要工夫。從這個角度來看，格物窮理、學問思辨的工夫也應該是成德之教所必須的。固然牟先生所說的「逆覺體證」說明了「理」可當下呈現，人本心的活動，即是理的活動，在本心的感通不隔，與物為一體的情況下，人才可以真切地感到道德之理的意義，離開了這種感通覺悟，而把道德之理當作一對象來研究，是有問題的。因為在把「理」當作一客觀對象來研究時，人的生命主體是以認知的智心來活動的，認知心的活動與感通不隔的道德心是不同的，所以如果一直用認知心來認知理，則「理」一定只以心所對的外在對象之身分而存在，而不能回到心理是一的感通不隔的本心狀態，由此牟先生認為對於道德之理的理解，不能採取認知的方式，把理當作認識的對象來看。這一說法，是一大發明，且給出了了解孔子言仁，孟子言本心，及宋儒程明道言仁是覺，王陽明言良知與萬物一體呈現等義之恰當途徑。但我們對於理的掌握，是否就只有「逆覺體證」一種方式，只有當下反求，讓作為道德實踐的根源或甚至是存在根據的本心朗現，只有這個才是理解道德之理的恰當方式？當然，此說涵理解理的同時，就是作為道德實踐的根源、宇宙的大本之直貫創造，人在此時感受到與萬物為一，與天道生化相通，在這種工夫論及由工夫而達到的生命境界中，是極高的，而亦即是天人合一、天人不二之意義之具體呈現。但若以此境界為標準，而呈現此境只有逆覺一途是恰當的工夫，而於此境中道問學的工夫、學問性的思辨都無可用之地。由此，曲折的智的思辨或以制衡為主的民主政治、科學的研究，依牟先生，便要由此萬物一體的境界而作自我的坎陷，由此開出民主科學才有可能，這是牟先生站在以「逆覺體證」、「心性天道為一」為正宗儒學的型態所作出的衡量，又指出中國文化的精神應該作怎樣的轉型。此一衡斷當然是非常精深的。但如果相對而言，比較重智的伊川、朱子義理系統所說的格物窮理，或學問思辨的工夫是成德之教下該有的工夫，則學問思辨用於對道德法則的理解也是必要的，依此一義理系統的角度，純智的思辨與道德實踐之活動亦可有密切的關連，並非截然為不同的兩種心靈活動。或雖可區分為兩種心靈活動，但二者不能不相交涉。

　　筆者前此曾認為朱子有在良心呈現時，以「持敬」的工夫提撕良心，使良心能繼續其光明，並主宰人的生命活動，由此說明朱子的「持敬」並非空頭的涵養；又認為朱子弟子陳淳（號北溪，1159-1223）以「心是理氣之合」來說明心與理氣的關係，是很值得注意的。如果認為心是理氣之合，則理有可以在心直接起作用的可能，藉此可以說明朱子的文獻中屢見的「心本具理」及「明德為人所本具」的說法，希望由此可以對朱子的有關文獻給出較為妥善的解釋。[8]最近因為講授康德《道德形上學之基本原理》，覺察到該書中康德所說的「必須要由對道德的一般理解進而實踐哲學的理解」，及「從通俗的道德哲學須進至道德的形上學」的說法，是非常有啟發性的。康德此說表示了哲學的思辨對於道德的實踐是必要的，其所以是必要，依康德意，對於道德之理的講明，可以克服人在從事道德實踐時常會引發的「自然的辯證」之生命毛病。筆者希望重述北溪之意，又引入康德此說來說明伊川、朱子所言心與理之關係，及伊川、朱子所以重格物致知的緣故。

二、陳北溪「心是理氣之合」的涵義

　　如果理的真實存在或呈現，是在人恢復本心而感受到心體的感通無外然後可能，則牟先生所說是不可搖動的，即若理作為心知所知的對象，便不是理的真實呈現。伊川、朱子的窮理工夫，便是視理為心知所知之對象，亦可說理在心外。若是則學問思辨用於對性理的理解，便只是重要的輔助工夫而已。但我們似乎可以換一個角度來思考。據上文所述，有不少學者認為朱子所說心與理的關係，是心本來就具備理的，因此在人心的活動中常會有理的直接表現，或人對於道德法則、義務本來是有理解的，此種對道德的理解不能歸給後天經驗，如以上所說的意思在朱子的文獻裡也是屢見不鮮的。[9]韓國朝鮮朝儒學有

8　楊祖漢：〈朱子心性工夫論新解〉，《嘉大中文學報》第 1 期（2009 年 3 月），頁 195-210。

9　德元問：「何謂『妙眾理』？」曰：「大凡道理皆是我自有之物，非從外得。所謂知

許多重要儒者都有接近上面所說的意思，如李退溪認為四端之心是理的直接表現，並非出於氣，這就表示了退溪認為理在心中有它的直接作用，這種作用不能用氣化活動來說明；李柬（號巍巖）認為在情緒未發之前，人的心是純善無惡的，雖然心仍然是氣心，但乃是氣純而理亦純的心，即他肯認一個本來具備理，而且理可以自然而然地於其中表現的心體，此心體雖然是氣心，但不可說心理為二。[10]到朝鮮朝後期，李震相（號寒洲）更直接說「心即理」。他並不同意象山、陽明的「心即理」說，寒洲所謂的「心即理」，是理是心的本體，心雖然是氣，但本體是理，理的作用在心知的主宰性的活動中表現。[11]以上諸位韓儒的說法雖有不同，但都共同表示了「心本具理」的意思，即不同於牟先生所認為的：朱子所說的心具理只是後天認知地具，而非本具。依此，筆者想提出一個綜合心、理為二及心本具理二義之說法，即理本具於心，但必須要通過格物窮理才能把心本具的理充分展現，筆者希望用這個詮釋來說明朱子既說「心本具理」但又必須「格物致知」才能明理的意思。[12]筆者認為朱子所說的「心本具理」，是理解到人常有惻隱羞惡等四端呈現的事實，人的道德意識或對道德義的善惡是非的了解，好像先天本有的，即是不需學習，本來就有的，這一點朱子應該很有體會，這就是朱子所說的「心具理」的意思，此「具」可以說是「本具」，而由此也可以說明為什麼可以說「性即理也」。仁義禮智等道德之理是我們本有的，故道德性就是我們的人性，這應該是程伊川「性即理也」一語之涵義。而如果我們的心對於理的認知了解不是原來就有的，必須要通過後天的、經驗性的活動如「格物窮理」才能得到，則何以能說「性即理

者，便只是知得我底道理，非是以我之知去知彼道理也。道理固本有，用知，方發得出來。若無知，道理何從而見！所以謂之『妙眾理』，猶言能運用眾理也。『運用』字有病，故只下得『妙』字。」見黎靖德編：《朱子語類》（臺北：文津出版社，1986年），卷17，頁382。

10　關於李巍巖的說法，我在《從當代儒學觀點看韓國儒學的重要論爭》（臺北：國立臺灣大學出版中心，2005年）第9章中有論述，頁425-462。

11　關於李寒洲的說法，我在〈比較李寒洲與鄭霞谷的「心即理」說〉一文中有論述，收於《鵝湖》第418期（2010年4月），頁18-29。

12　此意略同於上文所說的，用「心是理氣之合」來說明心本具理，但心不等同於理。

也」？言性即理，即表示仁義禮智等理即是吾人之性。而如果道德之理不可以在我們的生命中常常自然地呈現出來，便很難說道德性就是我們的人性。所以如果要證成「性即理也」，便要預設性理在心中可以自然呈現，或者人心對於道德之理的了解是先天地、普遍地具有的，不必經過後天經驗地學習才有。筆者想用這個意思來理解朱子說「性即理」或「心具理」的語意。

此須徵引文獻來討論，《朱子語類》載：

> 問：「靈處是心，抑是性？」曰：「靈處只是心，不是性。性只是理。」

> 問：「知覺是心之靈固如此，抑氣之為邪？」曰：「不專是氣，是先有知覺之理。理未知覺，氣聚成形，理與氣合，便能知覺。譬如這燭火，是因得這脂膏，便有許多光燄。」問：「心之發處是氣否？」曰：「也只是知覺。」[13]

以上引文都是陳淳所記錄的，第一條說靈處是心，第二條說知覺是心之靈，靈與知覺都是就心而言，而據第二條，知覺不只是氣的作用，朱子說理與氣合，便能知覺，應表示在知覺的作用處，有理與氣兩方面的作用合在一起，筆者認為在朱子的想法裡，這句話表示了心的知覺或虛靈的作用，不能夠只以氣來說明之意，若只從氣來理解心，心不會如此的靈；但心也不能只是理，理不活動，而知覺與靈是活動，活動是屬於氣的。綜合上面的意思，筆者認為可以理解為在心之知覺或虛靈處，其活動固然是氣，但也有理的直接作用在。如果這樣理解，理與心的關係，依朱子應該是心本具理，但心的活動是氣，故朱子雖然區分心與理的不同，但心的虛靈知覺不能單以氣論，其中亦有理。如果此說可通，則心對於理之知是本來便有的，不是通過後天經驗的活動才能認知的。此一對朱子言心與理的關係的說法，可能是陳淳個人的理解，但這個也是對朱

13　《朱子語類》，卷5，頁85，陳淳錄。

子說法的可能詮釋。對於「心是理氣合」之意，在陳淳的著作中，有比較詳細的說明。如云：

> 心者，一身之主宰也。人之四肢運動，手持足履，與夫飢思食，渴思飲；夏思葛，冬思裘，皆是此心為之主宰。如今心恙底人，只是此心為邪氣所乘，內無主宰，所以日用間飲食動作皆失其常度，與平人異，理義都喪了，只空有箇氣，僅往來於脈息之間未絕耳。大抵人得天地之理為性，得天地之氣為體，理與氣合方成箇心，有箇虛靈知覺，便是身之所以為主宰處。然這虛靈知覺，有從理而發者，有從心（按：應作「氣」）而發者，又各不同也。[14]

> 心只似箇器一般，裏面貯底物便是性。康節謂「心者，性之郭郭」，說雖粗而意極切。蓋郭郭者，心也。郭郭中許多人煙，便是心中所具之理相似，所具之理便是性。即這所具底便是心之本體。理具於心，便有許多妙用。知覺從理上發來，便是仁義禮智之心，便是道心。若知覺從形氣上發來，便是人心，便易與理相違。人只有一箇心，非有兩箇知覺，只是所以為知覺者不同。且如飢而思食，渴而思飲，此是人心。至於食所當食，飲所當飲，便是道心。如有人飢餓瀕死，而蹴爾、嗟來等食皆不肯受，這心從何處發來？然其嗟也可去，其謝也可食。此等處理義又隱微難曉，須是識見十分明徹，方辨別得。[15]

> 性只是理，全是善而無惡。心含有理與氣，理固全是善，氣便含兩頭在，未便全是善底物，才動便易從不善上去。心是箇活物，不是帖靜死定在這裏，常愛動。心之動，是乘氣動。故文公感興詩曰：「人心妙不測，出入乘氣機。」正謂此也。心之活處，是因氣成便會活。其靈處，

14　陳淳著，熊國禎、高流水點校：《北溪字義》（北京：中華書局，1983 年），頁 11。
15　同前注。

是因理與氣合便會靈。所謂妙者，非是言至好，是言其不可測。忽然
出，忽然入，無有定時；忽在此，忽在彼，亦無定處。操之便存在此，
舍之便亡失了。故孔子曰：「操則存，舍則亡，出入無時，莫知其鄉
者，惟心之謂與？」存便是入，亡便是出。然出非是本體走出戶外，只
是邪念感物逐他去，而本然之正體遂不見了。入非是自外面已放底牽入
來，只一念提撕警覺便在此，人須是有操存涵養之功，然後本體常卓然
在中為之主宰，而無亡失之患。所貴於問學者，為此也。故孟子曰：
「學問之道無他，求其放心而已矣。」此意極為人親切。[16]

以上引文的第一段認為，心恙之人所以會失常，是因為被邪氣所乘，失掉了義
理，只空有個氣。據此可知，依北溪，正常人的心是本具義理的，即是說正常
人的心中的作用，本來就有義理在，如果只是氣的作用，便不能有主宰性。此
段後半明白說「理與氣合方成箇心」，用「方成」是表示理氣二者不能缺其一
之意，此即表示言心不能離開理的作用來說，依此意，心不能夠只以氣論，一
般人的心不能被認為「只是氣」。又此段說「虛靈知覺，便是身之所以為主宰
處」表示由於心是虛靈知覺，所以能有主宰的作用，故從心的對身的主宰作用
來說，也有理氣二者的功能在。此段之末所說，知覺有從理而發，從心而發，
此「心」字應作「氣」，[17]此說與李退溪之理氣互發說相近。按前文所說，知
覺的作用合理與氣二者，則知覺之從理或從氣，應都是就心中本有的理與氣而
說，心的活動是氣，故知覺之從氣而發，是直接而自然的。同樣地，知覺本來
就有理的作用在，故知覺之從理，也應該是當下可能的，並不能說從氣是當下
自然的，而要從理則需要通過後天的明理工夫。據北溪文意，知覺之從理或從
氣，都是順從心中本有的作用而發。從理與從氣當然意義是不一樣的，從理才
會產生道德的行為，但由知覺之從理或從氣，都是依從本具的能力而言，二者

16　同前注，頁 12。

17　據張加才：《詮釋與建構——陳淳與朱子學》（北京：人民出版社，2004 年），
　　「心」應作「氣」，見該書，頁 249，注 4。

的情況可以一例看。北溪這一條的說法，可以為退溪的理發說給出根據。

　　以上引北溪之第二段文獻說性理具於心，而為心之本體，這可以說心與理為二，但他又說「理具於心，便有許多妙用」，則心的妙用，是不能夠離開理的作用來說的，此如上一條所表達的意思。此條又說，知覺從理上發來，便是道心，若從形氣上發來，便是人心，其文意也如上一段，人心道心之分是知覺之從理或從氣的不同，而知覺之從理或從形氣，是從其心中之理或氣的作用，氣固然不在心外，理也不在心外。依此義來理解朱子的人心道心說，應該也是順當的。朱子所說的「或原於性命之正」的道心，是知覺原於它本具的性命，由於性命是本具的，故朱子說「雖下愚不能無道心」（〈中庸章句序〉）。既然說下愚者不能無道心，則依朱子意，道心是人人本具的，即此具是先驗的，非由後天經驗認知而來。如果道心是本具的，而心又不即是理，則應該如北溪所說，在心的知覺活動處，是有理氣兩種作用在的，理與氣合，方成箇心。當然，理是形而上的，氣是形而下的，是否有形上者與形下者綜合在一起，而表現一種特別的，不只是理又不只是氣的作用，這是很難說明的，但吾人可以先不試圖去說明形而上者如何可能與形而下者綜合而起用，而就此「心是理氣合」之言，對北溪甚至朱子所理解的心的意義，作一體會。即是說，在北溪與朱子心目中，心的虛靈知覺的活動，固然是氣，但又不能只以氣來論，理的意義在心的虛靈知覺中，當下就能了解。只要保持心知的清明，便能知理。虛靈知覺對於理之知，是本有的，故心是理氣合之言，是表達出心對於理之知是本有的之意。北溪此段又說，「蹴爾、嗟來等食皆不肯受，這心從何處發來？」（另一版本此句下有「便是就裏面道理上發來」）[18]如果北溪原文是認為道心是就裡面道理上發來，則他很清楚表示了道理是心中本有的，而且可以說純理直接作用於心的可能性。又此段最後所云，「此等處理義又隱微難曉，須是識見十分明徹，方辨別得」是承上文對嗟來之食「其嗟也可去，其謝也可食」之衡量上說，由此可見在事上做出合於道德的判斷，是需要格致以求真知的。此表示了北溪或朱子雖然認為理本具於心，而且心的虛靈知覺本來便知道理，但

18　見《北溪字義》及《詮釋與建構──陳淳與朱子學》二書。

此對於理之知還不夠明白，必須要將此對於理之知加以深化，才能夠保證有真正的道德實踐。此說與伊川所言的需要由常知進到真知之意相同，依伊川，對於理常知是本有的，但必須進到對於理的真知，而所以必須由常知進到真知，才能有真正的實踐，是因為其中有「隱微難曉」處，北溪此處所說的「隱微難曉」，應該可以引申出康德所說的自然辯證之義。即人對於本來知道的道德之理所以會感到隱微難曉，是由於人要按照心中本具、知覺本知的理而行時，人的性好欲望會反抗之故，在此時人的性好欲望會質疑心中所依之理，使心本來具有的對於理之知與肯定弄得曖昧不明，而格物致知，便是要以對於理的加強了解來克服此由實踐而產生的「隱微難曉」的問題。

　　第三段引文說，心含有理與氣，故不能完全是善的，此即朱子所謂「心兼善惡」之意，此段又說，因理與氣合便會靈，同於上段所說的，心是虛靈之意，心之靈要合理氣二者來理解。依北溪此語意，朱子所謂的「心是氣之靈」，此靈也不能夠只以氣來理解，再進一步言之，朱子所謂的「人心之靈，莫不有知」（《大學章句・格致補傳》），依北溪之意，這可解釋為此知是理與氣合的作用，故此知是理本在其中起作用之知，於是此知可說為知理之知，因此朱子後文雖說，「而天下之物莫不有理」，但不能理解為知與理截然為二，在物之理也就是吾心本具之理，而且為心所知的，朱子接著所說的：「莫不因其已知之理而益窮之，以求至乎其極」，此所謂已知之理是心知對於理原有之知，而格物窮理，是以原來具有的對於理之知加強了解，以求至乎其極。這樣一來，由於心知對於理是原來有了解的，故格物致知是藉著對外物的理的了解，來加強吾人本有的知理之知，而物與我之理是同一的，明外物之理，可以加強我們對本有的、本知的理的了解。以知明理，知與理固然是二，但此知理之知中，原有其所知之理。在知理明理的過程中，心中之理亦逐漸彰明昭著，此心、理便不能是二，而在此段文中，朱子所說的，一旦豁然貫通，便有其理論上的依據，如是便不必說，從格物致知到一旦豁然貫通是異質或異層的跳躍。說跳躍，是認為這種覺悟是沒有保證的，而如果格物致知是以本有的知理之知加以推擴，則豁然貫通是有保證的。

　　北溪此第三段文獻，又以心雖然靈妙，是不可測的，但未必是善的。他以

不可測來理解心之妙，而所謂妙並不一定是善的作用，而是說心出入無時、可善可惡。北溪是從心是理氣合，是故靈妙不測，來說心具有自由意志之意義，依此意，北溪對於心有抉擇上的自由一義，是很有體會的。從此處體會心，可見要心維持它本有之善，是非常不容易的，必須要用深微的工夫，才能讓心了解其本有之善，把心之妙用表現在彰顯性理的意義上，而由於心有其妙，故不能夠只用外加的、強制的限制，也不能只用道德的說教，而是要讓心明瞭它本有的性理，從對於理之知的加強，而自願地遵守自己原來本已明白的性理，克服感性欲望的干擾，作長期而穩定的實踐。又由於性理為心所本具、本知，故北溪可以提出「只一念提撕警覺便在此」的工夫，這雖然不同於孟子所說的「求則得之」，但相去也不太遠。由於北溪所理解的心雖非本心，但也可以說心本具理，故可以講一念警覺理便在此；從這個角度，其實也可以理解朱子所說的由持敬而提撕猛省的工夫之意義，依此義朱子所說的持敬，是有良心之活動作為源頭的。

　　在陳淳的《北溪大全集》有以下一段，其義可與上文相參：

　　　所示〈大學疑〉……謂「虛靈不昧皆屬氣」，此當詳本文全句。其曰：「明德者，人之所得乎天而虛靈不昧，以具眾理而應萬事者也。」此句皆是解「明德」兩字為言，所謂「明德」者是專以理言之謂；「人之所得乎天」者，是得于天之理；謂「虛靈不昧」者，是狀此德之光明；謂「具眾理而應萬事」者，是又兼舉此德體用之實要圓備。《或問》中曰：「方寸之間，虛靈洞澈，萬理咸備。」亦只是再詳此句，無異旨。凡此主意本皆是以理為言，但今實論其所以為根原底裏，則理無形狀，其為物是如何？而解如此之靈且明哉！畢竟是理絕不能離氣而單立，因人生得是氣而成形，理與氣合便有如此妙用爾。外日姑就四字分析其實：靈與明處非可專指氣之自會如此，亦非可專指理之自會如此，要之，氣非理主宰則不會自靈且明，理非氣發達則亦不會自靈且明，理與氣本不可截斷作二物去，將那處截斷喚此作「理」，喚彼作「氣」，判然不相交涉耶？粗一譬之，明德如燭之輝光燦爛，理則燭之火，而氣則

燭之脂膏者也。今指定燭之輝光燦爛處是火耶？是脂膏耶？專以為火而不干脂膏事，不可也；專以為脂膏而不干火事，亦不可也。要之，火為之主而脂膏以灌注之，方有是發越輝光燦爛爾。此等處須了了，豈可含糊！[19]

北溪此段文先說明德是理，虛靈不昧是對理的形容，但又認為理無形狀，必須即於氣然後表現為虛靈洞澈、光明不昧，故明德固然指理，但也必須連帶著氣才能虛靈。此如上文所說「理與氣合方成箇心」之意。此段雖偏就明德為理來說，但也可以用來說心或知覺，即明德亦可從心上說。當然，若明德是心，是指「知覺從理上發來」之道心。北溪此處之說明與在《北溪字義》中之說明應該是一致的。又此段引文說「理與氣本不可以截斷」，不能以為理氣「判然不相交涉」，這些話很值得注意。據此可知，北溪認為理氣兩者是相交涉，不能截然分開的，如此就可以證明「理氣合而為心」，所謂的「合」不只是形而上形而下二者不離，或形而下之氣有形而上之理作根據之意，而是理氣二者之作用交涉在一起，合二者而表現為虛靈知覺，故心之虛靈知覺，不只是氣，也不只是理。北溪此段話說得比較詳細，可以幫助吾人了解「理氣合而為心」之義。

北溪一再強調心之虛靈知覺不只是氣，則我們可以這樣了解：只要操持心的清明，則理自然就可以呈現。於是操持此心之虛靈明澈，便不只是涵養氣心，因為知覺的活動不只是氣，而又是理的作用。依此，對於朱子所說的「主敬涵養」可以作異於牟先生的詮釋，即在持敬中可使氣維持其清明之狀態，而在此狀態中，心之知覺便有理之呈現。朱子在「中和新說」中說：

按《文集》、《遺書》諸說，似皆以思慮未萌，事物未至之時，為喜怒哀樂之未發。當此之時，卻是此心寂然不動之體，而天命之性當體具

19　見陳淳：〈答梁伯翔三〉，《北溪大全集》（臺北：臺灣商務印書館，1983 年，《景印文淵閣四庫全書》本，集部 194 冊），卷 30。

　　焉，以其無過不及，不偏不倚，故謂之中。[20]

對此段文，依上述之意，可以理解為：在情未發時作持敬的工夫，便可以保守著心中所具的性理。如果上文所論的北溪之義符合朱子的原意，則朱子所謂的「未發時涵養」，固然並非涵養即是理之本心，但也非涵養只是氣之心，即在持敬涵養之工夫下之心，是知覺清明，彰顯著理的，此心不能只從氣來理解。依北溪之說，只有心惡之人，其心才會只是氣。故心之虛靈如果得到涵養，便可以使心中本具之理如實呈現。故朱子又云：

　　然未發之前不可尋覓，已發之後不容安排。但平日莊敬涵養之功至，而無人欲之私以亂之，則其未發也，鏡明水止，而其發也，無不中節矣。此是日用本領工夫。至於隨事省察，即物推明，亦必以是為本。[21]

朱子此段文認為，通過未發時涵養的工夫，便可以發而皆中節。如果此「未發時涵養」只是涵養氣心，則未必能保證發而皆中節，因為心的具理必須要通過格物窮理的工夫然後才可以，而此段文及上一段引文，都沒有說到窮理的工夫，只表示持敬涵養就足以發而中節，故在涵養時，心的活動一旦恢復其平靜的狀態，便可以有理在心中顯現；如果不是如此，則朱子之「中和新說」，仍然是不完備的理論。依此也可以了解朱子強調先涵養後察識之意，所以要先涵養，是因為心以敬涵養時，可以保住心所具之理，由此做工夫，便是有理做根據的。又朱子在〈又答林擇之書〉云：

　　古人只從「幼子常視（示）毋誑」以上，灑掃應對進退之間，便是做涵養底工夫了。此豈待先識端倪而後加涵養哉？但從此涵養中，漸漸體出這端倪來，則一一便為己物。又只如平常地涵養將去，自然純熟。今

20　《朱文公文集》，卷64，〈與湖南諸公論中和〉第一書。
21　同前註。

曰：「即日所學便當察此端倪自加涵養之功」，似非古人為學之序
也。……蓋義理，人心之固有。苟得其養，而無物欲之昏，則自然發見
明著，不待別求。格物致知亦因其明而明之爾。[22]

依朱子此書之說，在涵養中會漸漸體出端倪，而此所謂端倪即上引文所說的
「義理人心之固有，苟得其養，則自然發見明著，不待別求」，如果朱子所理
解的「心」不是本具理，或如北溪所說的「心之知覺是理氣之合」，則便不能
說以「敬」涵養便能養出端倪，而且義理會自然發見明著。固然牟先生對此段
文解釋為朱子是順孟子的原文來說，並不表示朱子之本意合於孟子；[23]但如果
上述的本文的理路可以解得通，就不必說朱子此處所言並非其本意，朱子其實
亦可言理義為人心本具。但如何說明既肯定「心本具理」而又必須「格物致
知」的工夫，才能有真正的道德實踐呢？如果心本具理，本來對理有所知，則
用持敬工夫保住此知，又推致此知便可以了，何以一定要做格物窮理之工夫？
由於重格物窮理之工夫，於是便表現了心理為二，理為心所對之相，而使人認
為朱子是以講知識的方式來講道德，是將理視作外於心的「義外」之論。朱子
的確認為如果沒有通過「格物致知」，是不可能有真正的道德實踐的，這又如
何能說明呢？我認為朱子這個說法正如程伊川所說的「常知」與「真知」的不
同，而人一定要從「常知」進到「真知」，才能有相應於道德意義的真正實
踐。而此由常知進到真知，學問思辨是必須的。由於學問思辨在實踐上為必
須，則伊川、朱子之以心明理、致知格物之說，亦有其於成德之教中之必要
性，則吾人可認為不能因為程朱之重以心明理及格物致知，便判定其為成德之
教的非本質的工夫。何以可如此說，此須引入康德之論以助說明。

22　《朱文公文集》，卷43，〈答林擇之〉三十三書之第二十一書。
23　牟宗三：《心體與性體》，第 3 冊，頁 188。

三、引康德之言以證伊川之說

何以在心知對於理本來有了解，或伊川所說的「常知」的情況，人不能有真切的道德實踐呢？何以人非要進至「真知」不可呢？這個問題可藉康德的說法幫助說明：

> 天真確是一爛漫可喜之事，只是另一方面，它不能善自保持其自己，而且它很容易被引誘，這是十分可惜的。以此之故，甚至智慧（智慧原是比較更存於行為而不更存於知識）猶尚有需於科學（學問），其有需於科學（學問），不是為的從科學（學問）裏去學習，乃是為的去為其自己的規準得到認可及持久。對理性所表象給人（由於其如此值得受尊敬而表象給人）的一切義務之命令，人感覺到在他自己身上有一極強的敵對勢力來反抗這些命令，這極強的敵對勢力就是他自己的欲望和性好中的勢力，而這些欲望和性好底全部滿足，他總束之於幸福之名下。現在理性自無屈撓地發佈其命令，對於性好不許諾任何事，而且對於那些要求，即「如此強烈，而同時又如此可稱許，而又將不允許其自己為任何命令所壓服」的那些要求，似是毫不顧及，而且予以輕蔑。因此，這裏就發生出一種「自然的辯證」，即是說，發生出一種意向，以反抗這些嚴格的義務之法則，並且去致疑它們的妥效性，或至少去致疑它們的純淨性和嚴格性；而且如果可能的話，去使它們更順從於我們的願望與性好，那就是說，從它們的根源上去腐化它們，而且完全去毀滅它們的價值——這一種事，甚至通常的實踐理性也畢竟無法稱其為善。
> 這樣，人底通常理性便被迫走出它的範圍之外，而進入一實踐哲學之領域。其進入實踐哲學之領域並不是要想去滿足任何思辨的需要，（其實只要當人之通常理性滿足於其為純然的健全理性時，這種思辨的需要是不致發生於它身上的），而實是基於實踐的根據上。其基於實踐的根據而進入實踐哲學之領域乃為的是要想在通常理性內去得到關於「通常理性底原則底來源」方面之報告與清楚的教導，並且要想去得到通常理性

之原則之在其「對反於那基於欲望與性好的格準」方面之正確的決定，這樣，它便可以免除敵對方面的要求之攪擾，而且不致因它所常易陷入的曖昧歧義而踏喪失一切真正道德原則之危機。這樣，當實踐的理性修明其自己之時，即不覺在此理性中發生一種辯證，這辯證迫使它去求助於哲學，正如其在其理論的（知解的）使用中所發生於它者一樣；因此，在這情形裏，一如在其他情形裏（在理論理性之情形裏），它將見除對於我們的理性作一徹底的批判考察外，它無處可以止息。[24]

筆者覺得此兩段話有很深的涵義，對成德之教也有重大的啟發。依此義，似可以在牟先生所區分的順取、逆覺二系統之外，給出一個強調要運用智的思辨，但又不算歧出的義理型態。本來若道德法則是意志之自我立法而給出的，則法則之朗現必須在道德心的發用下才可能，即是說，人如果沒有道德意識，便不知何謂道德法則。或雖知之，也是理為理、我為我，不會有非要依理而行的自我要求。故如果要有真正的道德實踐，必須要有心即理之心的呈現。由於此心就是理，故心的活動就是理的呈現，而實踐之動力亦源源不斷，此所謂暢通價值之源。故若要有真正之實踐，要下的工夫是求本心之恢復，「求其放心」是本質的工夫。吾人本來就有心即理之本心隨時呈現之可能，故隨時亦可以依本心之呈現而擴而充之，本心是在越去盡的情況下，越能朗現其自己，而在此時也一定會知性知天，性、天之意義在盡心中，逐步朗現。越去盡心，越證實此是我們本有之性，也越能印證天道是一道德的意義之創造。此大體上是牟先生所說的逆覺體證、直貫創生的義理型態的意義，不合乎此，便為歧出。但按照上文所引的康德的想法，可開啟另一思路，即雖然承認人對道德法則、義務之意本有所知，但必須對此本來便知之理，作加強的了解。故此以心明理，是要明心本具之理。在要明白心中本具之理時，雖表現了心、理為二，理為心知之對象之情況，但並不能因此便說理在心外。而只可說，在要求對性理有充分了

---

24 康德著，牟宗三譯註：《道德底形上學之基本原則》，收入康德著，牟宗三譯註：《康德的道德哲學》（臺北：臺灣學生書局，1982年），頁31-32。

解之過程中，顯出了理是心知之對象之相，而在其心知致乎其極而對理無所不知時，知之所在，亦即理之所在，而心、理為二，理為心之所對之相便消失。而且此心對理之加強認知是必要的，因為我們對道德之理固然是本來有所知的，但當吾人對法則有所知，而依法則的意義對自己有所要求，即要從事於無條件的道德實踐時，會遇到生命中的感性本能、性好的反抗，而生起對法則的懷疑，使本來清楚的對法則的了解，變得曖昧不明。由於有此問題，故需要對我們本來就知道的道德法則、道德義務的意義，作進一步地分析，展開其中的涵義。此一作法，即是把本來在日常生活，或人生的事件上，具體表現的道德法則抽引出來，以求了解此理本生所具備的意義，即將理從人「習焉而不察」的情況抽引出來，使理成彰明昭著之狀態。此時，對理之內容意義，如道德之理是普遍而必然的，道德之理是以無條件的律令的方式來表示的，義務是要我們為了義之所在、理所當然而去遵循，除了此義之所在、理所當然的涵義外，不會有任何經驗上的成分。所謂經驗上的成分，例如是服膺了義務會使我們有哪些好處，或在性好上得到哪些滿足。道德法則完全擺脫一切後天經驗性的思考，單以理本身就給出命令，要人無條件的遵行。而若能純粹地為了義務，即僅因為是道德法則的緣故，便去力求實踐，則此行動之存心本身就有道德價值。此價值不會因為行動之結果是好是壞而有絲毫之影響。對於道德法則或義務的這些內容，雖然一般人都能有了解，都有這種道德意識，但要把這些人人都有了解的道德的涵義充分地、明白地展示出來，還是不容易的，這裡需要相當嚴格的哲學性思辨。而康德認為，由於自然的辯證是在實踐上不能免的現象，而要克服此辯證，必須從對道德的一般理性理解，進到實踐哲學的理解；或由通俗的理解，進到道德的形而上學。筆者對康德這些話的理解是，為了克服「自然的辯證」此一在要求自己實踐道德時，會產生的生命的毛病，必須要用哲學性的思辨於道德法則的內容展示上。如果這個理解是不錯的，則哲學的思辨在這個實踐的要求下，是必須要運用的。此用哲學的思辨於道德法則的內容之展示，並非順著理性的理論的要求，推類至盡，而產生思辨的形上學理論；而是扣緊道德法則本身，或一般人都有的道德意識作分解性的展示，如此地運用思辨的作用是把思辨用於實踐的要求上，而且是用於對道德法則的內容

的展示上。而其所完成的工作，便是康德所說的「道德底形而上學」。筆者認為上述康德的主張，可以用來解釋伊川與朱子所以要重視致知格物、主敬窮理的緣故。

　　對於這自然辯證一詞中所涵的意義，實須作更仔細的討論。此一人性中之自然的辯證的現象，是由於道德實踐而引發的生命中的毛病。此病與求為善之實踐，是相連而生的。即此是與善共處、俱存的惡。康德曾在《單在理性限度內的宗教》第一章指出：人順著感性欲求而使存心滑轉，使本來應該無條件的實踐，變成為有條件的。這種順著感性欲求而作出存心的滑轉，是人性中的根本惡，是非要對付不可的。故如果仔細考察，當我們從事道德實踐之時，是會面對一深藏不露之敵人的，此敵人會使我們順著感性欲望的要求，而暗中轉移了我們純粹為善的心，使我們在從事道德實踐時，不能純粹地行所當行，而希望藉著行善得點個人的好處。人從事實踐時所面對的敵人是這種敵人。此敵人固然是因著感性欲望而起作用，但如果沒有無條件的道德實踐之要求，也不會冒出來，故此敵人或生命中的毛病，似乎是處於感性欲求與道德理性兩種力量的交會處。如果真是這樣，此一道德實踐上的敵人，是非常難以對付的。如果實踐道德的敵人只是感性的欲望，則儘量控制欲望，便可以克服此敵人，這雖不容易，但亦非太難，且目標明確，縱然難亦總可以做到；又若道德理性足以為善去惡，則興發人的道德意識，加強道德理性的力量，便足以消滅此敵人，此亦是有確定之途徑可以依循，及可期待有一穩定之進程者，故若是以上兩種情形，為善去惡以成聖賢，應是有明確的工夫可用，且可以累積效果之事，但何以成聖如是之難？由康德所說之自然之辯證，或根本惡之義，可見此惡根，是沒有明顯的面目者，此是順感性欲求而質疑道德律令之嚴格性，要使無條件之實踐成為有條件的「傾向」，此一傾向若有若無，是在人要作出行動之存心上表現其作用，使人之存心格準作了移轉，此是很難對付的。又若此順感性欲求而質疑及反抗道德律令的傾向，是與人決定無條件地實踐同時而生的，則很可能越有踐德之熱情，便越會引發感性欲望的反彈，如果是這樣，則在決定踐德之純粹道德意識之興發處，便亦觸動了生命中將意向轉成不純粹的惡根，若果真是如此，則是神魔並存，如影隨形，這便非常微妙複雜，難以應付了。此

亦可理解為人的私欲與道德理性並行，或甚至私欲因道德理性之發皇而會作不正常的滋長之情形，對此，有內聖踐德之志願者，是未必都能自覺的，這應便是成聖所以困難之緣故。基督教使徒保羅有名的感嘆，亦表示此義。[25]

　　如果人之踐德會遭遇到上述的生命中深微的毛病，而要解開其中的糾結，是必須仔細的學問思辨的，則吾人便可理解伊川、朱子何以特重格物窮理。上文已提到，程伊川有「常知」與「真知」的區別：

> 真知與常知異。常見一田夫，曾被虎傷，有人說虎傷人，眾莫不驚，獨田夫色動異於眾。若虎能傷人，雖三尺童子莫不知之，然未嘗真知。真知須如田夫乃是。故人知不善而猶為不善，是亦未嘗真知。若真知，決不為矣。（《河南程氏遺書》，卷第二上）

此段雖然屬於二先生語，但應該是伊川常說的話。[26]此段用對於虎能傷人雖三尺童子莫不知之，譬喻人對於何為道德之理是有了解的，此正如康德所說的對道德的一般理性的理解，伊川認為對於道德之理的理解，是人人都有的，此所謂「常知」；但這種「常知」並不能保證人一定能作出道德實踐，此好比是對於老虎的可怕，人人都會知道，但只有曾經為老虎傷害過的人，才會談虎色變，而談虎色變便表現了對於老虎的可怕之真知。而人如果對道德之理的理解如同談虎色變的情況，則便會有「見善如不及，見不善如探湯」的情況出現，即見善必去為，見惡必排拒。由於伊川肯定了人對道德之理的「常知」，是故他所說的「格物窮理」是用在根據人對於理的一般了解而求作進一步的明白，即他是將道問學或學問思辨的工夫用在本有的對性理的了解上，希望從對道德之理的一般了解進到真切的了解。如果是這樣理解伊川的「格物致知」說，便

25　《新約·羅馬書》7：15「我所願意的，我偏不作；我所憎恨的，我反而去作。」
26　在《河南程氏遺書》，卷 18，〈伊川先生語四〉，便有一段相類似的話，亦用田夫「談虎色變」一例。而且此條有「親見」之語，可知定是伊川之親身經歷，而亦可證此「真知」說，是伊川之特有見解。

不必是如牟先生所說的「他律道德」或以講知識的方式來講道德。從伊川所說的「常知」可知他是預認我們對於道德之理是本來有了解的，依此本有的了解進一步求真切的了解，而不是本來不知道何謂道德之理，而要通過主敬涵養、格物致知來求了解之；如果是後者的情況，當然是如牟先生所說的「他律道德」，而且此希望通過格物窮理來了解道德之理，是沒有保證的，因為從事物之然推證其所以然，此「所以然」不一定是道德的，於是牟先生便會說伊川把道德之理看成為「泛存有論意義的存有」。此存有雖然是形而上的，但不必然是道德的，此如同康德所說的「以存有論的圓滿來規定善」，是意志的他律的一個型態。但如果伊川的說法是本著原有的知理之知而進一步推致，應該可以避免他是「他律道德」的批評。而朱子的說法也可以如是看，即朱子是肯定心知對於理是原來有所知的，但必須本著本有的心理之知而加以擴充、推致以至乎其極，才能使心知完全明白理的意義，此時才可以有真正的道德實踐。程伊川很明白地說一定要從「常知」進到「真知」，才有真正的道德實踐。此是伊川一著名而重要的主張。此一從「常知」一定要進到「真知」的意思，下一段文表達得更為清楚：

> 人苟有「朝聞道夕死可矣」之志，則不肯一日安其所不安也。何止一日？須臾不能。如曾子易簀，須要如此乃安。人不能若此者，只為不見實理。實理者，實見得是，實見得非。凡實理，得之於心自別。若耳聞口道者，心實不見。若見得，必不肯安於所不安。人之一身，儘有所不肯為，及至他事又不然。若士者，雖殺之使為穿窬，必不為，其他事未必然。至如執卷者，莫不知說禮義。又如王公大人皆能言軒冕外物，及其臨利害，則不知就義理，卻就富貴。如此者，只是說得，不實見。及其蹈水火，則人皆避之，是實見得。須是有「見不善如探湯」之心，則自然別。昔若經傷於虎者，他人語虎，則雖三尺童子，皆知虎之可畏，然不似曾經傷者，神色懾懼，至誠畏之，是實見得也。得之於心，是謂有德，不待勉強，然學者則須勉強。古人有捐軀隕命者，若不實見得，則烏能如此？須是實見得生不重於義，生不安於死也。故有殺身成仁

　　者，只是成就一箇是而已。（《河南程氏遺書》，卷第十五）

伊川此段話明白表示了，對於道德有「真知」，才會有真正的道德實踐之意，故依伊川，對於道德的真切理解是使人決意為善的先行條件，這裡對於法則的「真知」的達成，應即是上文康德所說的用思辨於道德法則上，把法則或義務本來含有的意義，展示出來之意。而這種對於法則之知的加強，是一定可以幫助人產生真切的實踐的。上引文伊川一再強調要見到實理，此語應含有對於道德法則本身所具有的種種涵義，作如實的了解之意。理是真實的，所以是實理，而我們對於此理本具的種種涵義，也要清楚地如實地了解。筆者認為此實理之「實」含有從客觀上，言理是真實的；及從主觀上言，我是真實地了解到之意。伊川說的「實理者，實見得是，實見得非」便含有上述主客兩方面的意思。也可以這樣來詮釋：當我了解到此理的真實涵義之後，才能真正證實（證悟）此理的確是真實存在之理。伊川此說含有很深的意思，他表示了我們需要根據本來就有的知理之知作深刻化、進一步地分析研究，使我們對知理之知逐步加強，到了我們對理本有的涵義能夠真實地了解之後，對於理是真實存在，是我們一定要無條件地遵循的，就有一種肯定。即越真實了解此理，便越能肯定此理之為真實的存在，而吾人之遵行此理便越有不可移的決心。筆者認為伊川這個意思，的確與康德所說的須進至實踐的哲學，方能克服自然的辯證，是若合符節的。伊川此一對實理的理解，亦可以用唐君毅所說的，我們對於道德之理有了解的時候，會證實此理為真實的存在，而且我們亦會按照理的要求而實踐。此了解理、證理為真實存在，及力求相應於理而實現，三事是「相持而共長」之意。[27]唐先生此一說法也是十分精當的，引入唐先生此一解釋，可以說明伊川上引文之意。伊川所說的從「常知」到「真知」，所用的工夫雖然是

27　唐君毅：〈由朱子之言理先氣後論當然之理與存在之理〉，《中國哲學原論·原道篇》
　　（香港：新亞研究所，1974 年），卷 3 之附錄。又筆者在〈唐君毅先生對朱子哲學的
　　詮釋〉一文中，對此意有較詳細的討論，該文收入劉笑敢主編：《中國哲學與文化》第
　　7 輯（桂林：廣西師範大學出版社，2010 年），頁 143-166。

在「知」上用，但這種知理之知的加強，是會有實踐力量源源不絕產生的。而對道德之理的知的加強，所以會產生實踐的力量，是因為這個時候所知的是道德之理，不是一般的事理，人越能了解道德之理的純粹性、無條件性、及單是理本身就是吾人服膺的理由，只因為是理，就需要吾人完全地遵從。對這些理的意義的了解的同時，的確會興起人的道德意識，使人有按理而行的自我要求。若依康德之意，對法則的了解是會使人產生尊敬的，而由對法則之尊敬，便有服膺義務之自我要求，對於法則的這種無條件性，越能了解，人便越不由自主地尊敬道德法則，而此尊敬之情，會推動人去服膺義務。由康德此一說法，也可以幫助我們了解伊川、朱子所以「重敬」之緣故。

　　當然如果要證成此說，則須先說明伊川（亦可以包含朱子）所以要通過格物窮理來使人對道德有「真知」，是有見於如康德所說的「自然的辯證」的事實，要面對人心容易因順著欲望的要求而懷疑道德法則的「傾向」。從這個角度看，筆者認為伊川對於人心的偏邪確有所見。伊川云：

> 「養心莫善於寡欲」，不欲則不惑。所欲不必沈溺，只有所向便是欲。
> （《河南程氏遺書》，卷第十五）

「只有所向便是欲」是伊川很有名的話，伊川以此來了解「欲」是相當深刻的。他的意思應該近於康德所說的「人容易順著感性欲望的欲求而作存心上的轉移」，及「人往往在應該無條件為善時，總想從中得點好處」的意欲傾向，這種以感性欲望的欲求為先的人性中的傾向，是很根深蒂固，不容易擺脫的。伊川所說的「有所向」應該可往這個意思來規定。如果如此理解「欲」，則「欲」就是人心的傾向，也是一種為惡的根源。這種傾向深藏不露，並不同於一般所謂的感性欲求。假如從這個角度來省察，那麼伊川所說的「主敬論」可以理解為是針對這種人心之所向對對治工夫。由此亦可說明伊川重敬之故。此一深藏於人生命中之惡根是很難對付的，若伊川有見於此而要以主敬對治之，則伊川所言之敬，是很深刻的從生命之內部以克服非理性者的工夫，依此意，對下列引文，吾人當可有更深微的解釋：

閑邪則誠自存，不是外面捉一箇誠將來存著。今人外面役役於不善，於不善中尋箇善來存著，如此則豈有入善之理？只是閑邪，則誠自存。故孟子言性善，皆由內出。只為誠便存，閑邪更著甚工夫？但惟是動容貌、整思慮，則自然生敬，敬只是主一也。主一，則既不之東，又不之西，如是則只是中。既不之此，又不之彼，如是則只是內。存此，則自然天理明。學者須是將「敬以直內」涵養此意，直內是本。（《河南程氏遺書》，卷第十五）

「敬以直內」，有主於內則虛，自然無非僻之心。如是，則安得不虛？「必有事焉」，須把敬來做件事著。此道最是簡，最是易，又省工夫。為此語，雖近似常人所論，然持之，必別。（《河南程氏遺書》，卷第十五）

閑邪則固一矣，然主一則不消言閑邪。有以一為難見，不可下工夫。如何一者，無他，只是整齊嚴肅，則心便一，一則自是無非僻之奸。此意但涵養久之，則天理自然明。（《河南程氏遺書》，卷第十五）

據此數條，伊川所言之敬的工夫，是針對人生命中之偏邪處說，如上文所說的有所向。他認為克服此，便可存誠、天理明，而於此時，亦可見理從內出。即若能以敬來對治內心深微之易順性好而偏邪之意向、傾向，便可以從生命內部，作根本的澄治工夫，而作了此工夫後，便可使原本具有的善性生發出來。故伊川之持敬，雖似是作外部的動容貌等工夫，但其所對治的是很深微的毛病，由此亦可見伊川主敬之故。綜上所言，伊川之重由常知進至真知，及重敬之工夫，都是如康德般有見於人生命中之「自然的辯證」之現象，而要克服之。若從這一角度來理解伊川之學，似可作一新的衡定。

四、伊川對道德性理的分解及朱子的承繼

如果上說不誤，即伊川是有見於人在從事道德實踐時，感性欲望的反抗，及我們有一種與生俱來，遷就感性欲望，以欲望的滿足為優先的傾向。則伊川所說的「主敬窮理」論就可以有實踐工夫上的必要性。如上文所說，「主敬」不只是針對形貌動作作工夫，而是以閑邪存誠為主，這是有見於人意念之容易偏邪，而以主一之工夫以貞定之；而格物窮理就應該可以從康德的思路來理解，即希望通過對於性理本身作哲學性分析，以對性理能有清晰的了解。康德所說的對道德法則或義務，要從一般理性的了解進到道德哲學的了解，其關鍵也就是在於對道德法則從現實經驗中抽象出來，而理解法則普遍而形式的意義，能夠把普遍性的法則從經驗中抽象出來，而正視其普遍而形式的意義，是哲學思辨的作用。[28]依康德義，道德作為一人人可知、坦然明白的事實，是不需要思辨理論來證成的，所以這裡所說的「以哲學思辨來建立實踐哲學」並不是要把道德實踐根據思辨理論來成立；而是如上文所說，必須要對道德法則，或義務的意義作清晰的說明與分解，而這種說明與分解是有幫助於道德實踐，或甚至可以說，如果不通過這一步哲學思辨，人很難克服「自然的辯證」此一現象。筆者認為康德所謂的實踐哲學還是「哲學」，而他所謂的「哲學」就是能把法則從經驗中抽象出來的思辨性活動。

如果伊川或朱子的「格物窮理」論，是要透過「致知格物」的方式，對道德法則本身作抽象而形式的了解，免得被現實經驗或情感活動所困，則伊川、朱子這一步的工夫，如同康德所說的「道德底形上學」，是有其必要的。對於道德法則本身如果要有清楚的分析，則法則與心的認知成為主客對立的狀態，如上文所說，好像道德法則是心所認知的外在對象，這種情況應該也可以說是不可免的。法則成為哲學思辨的對象，一定是用力於對法則本身作分析，而顯

28　康德說：「抽象普遍的知識是思辨的知識，具體普遍的知識是普通的知識。哲學知識是理性的思辨知識，它開始於普通的理性使用著手探索抽象普遍知識的時候。」見康德著，許景行譯：《邏輯學講義》（北京：商務印書館，1991年），頁17。

「心理為二」之相。伊川確如牟先生所說，重分解的表示，而通過分解，性理之普遍、先驗之意義確能凸顯。如云：

> 一陰一陽之謂道。道非陰陽也，所以一陰一陽道也。如一闔一闢謂之變。（《河南程氏遺書》，卷第三，二先生語三。謝顯道記伊川先生語）

> 性即理也，所謂理性是也。天下之理，原其所自未有不善。喜怒哀樂未發何嘗不善？發而中節，則無往而不善。凡言善惡皆先善而後惡，言吉凶，皆先吉而後凶；言是非皆先是而後非。（《河南程氏遺書》，卷第二十二上，伊川先生語八上）

> 問仁。曰：「此在諸公自思之，將聖賢所言仁處，類聚觀之，體認出來。孟子曰：惻隱之心仁也。後人遂以愛為仁。惻隱固是愛也。愛自是情，仁自是性。豈可專以愛為仁？孟子言惻隱為仁，蓋謂前已言惻隱之心仁之端也。既曰仁之端，則不可便謂之仁。退之言博愛之謂仁，非也。仁者固博愛，然便以博愛為仁，則不可。」（《河南程氏遺書》，卷第十八，伊川先生語四）

> 問：「『孝弟為仁之本』，此是由孝弟可以至仁否？」曰：「非也。謂行仁自孝弟始。蓋孝弟是仁之一事，謂之行仁之本則可，謂之是仁之本則不可。蓋仁是性也，孝弟是用也。性中只有仁義禮智四者，幾曾有孝弟來？仁主於愛，愛莫大於愛親。故曰：『孝弟也者，其為仁之本歟！』」（《河南程氏遺書》，卷第十八，伊川先生語四）

伊川這些說法的確如牟先生所說是重分解的表示，[29]由於重分解，理氣的

29　牟宗三：《心體與性體》，第 2 冊，頁 251。

區分就很明顯，但如此一來「理」便成為存有而不活動。牟先生這些衡定固然有理據，但如果順著上文的思路來了解，伊川這種分解的表示，是如同康德般把性理、道德法則從通常理性的使用中抽引出來，分解地表明「理」雖然不離開經驗生活，但它與現實經驗是不同的。所謂「性即理也」是以「理」規定「性」，強調人性應從理性義的法則來規定，而在人的生命中所表現出來的法則，它是普遍的、先驗的，甚至是絕對的，雖然在人的生命中表現，但是不為人的現實生命所限制。所謂「性中沒有孝弟」，是表示孝悌固然有仁義理智作為根據，但孝悌是具體的行為，與其所依據的「理」還是要區別清楚。同樣地，在博愛中一定有理性法則作根據，使人之愛心能不受自己之感情限制；但博愛這種活動跟「仁」作為道德法則的存在究竟不一樣。從以上的說明，伊川的確有見於道德法則的普遍性、先驗性，而努力要把法則與現實生命活動區分開來。通過這一步的分解，當然可以對性理的普遍性、先驗性與必然性有明白的了解，這種把性理的意義通過分解而明白表示的工夫，當然就是思辨性的哲學分析。如果從這個角度來看伊川的分解，則此一步的分解是非常有意義、有其必要性的。而如果伊川這一步的分解與康德所說的相類，而此一步哲學性的分解又為道德實踐所必須，則伊川的重分解強調「理氣二分」、「仁是性，愛是情」，二者有形上形下的分別等說，便是要將道德性理從具體經驗中抽引出來的必要有的一步作法。

　　如同牟先生所說，朱子順著伊川的分解而進一步，對於「格物致知」、理氣關係等有更詳細的表示。從朱子的文本中，我們不難找到朱子所說的「致知」如同伊川所論，是要對道德法則有更進一步的了解；他並不是認為人對性理毫無了解，然後要通過格物窮理來了解，而是肯定人對道德法則是有所了解的，只是了解得不夠透徹。朱子利用《大學》所說的「物格而後知至，知至而後意誠」的說法，認為誠意是在格物致知而對性理有充分了解之後，這也應該就是伊川所說的「真知」的意思。假如人雖然對性理有所知，但當自我要求要依性理而行時，往往會順著感性欲望的要求，而使性理的意義弄得曖昧不明，甚至藉仁義禮智來滿足人的欲望，那麼對性理之知的加深的確是使人能「意誠」，真誠地從事實踐的先決條件。即是說，朱子的強調「格物窮理」，認為

對於性理之知是先於「誠意」的，也有其理據。如果不從事「格物致知」的工夫，而停留在對道德之理通常的了解的層次中，是不能對治「自然的辯證」的；如果不能抵抗及消解「自然的辯證」，則人雖知善亦未必能行善。如果對性理有「真知」，便可以衝破「自然的辯證」的話，那麼「知至」的確是「意誠」不可少的工夫。當然這個說法要能成立，則朱子通過「格物致知」所要了解的「理」是道德的性理，而且是在對道德有所了解的情況下加深性理之知。即如同伊川從常知進至真知之意。此一意思在朱子文獻中確是有的，而且並非不常見，如上文曾提到朱子的《大學章句‧格致補傳》裡便有「人心之靈莫不有知，而天下之物莫不有理〔……〕莫不因其已知之理而益窮之，以求至乎其極。」一段話，其中有「已知之理」的字句，此可以說明吾人上文所表示的，朱子認為人對於道德意義的性理是已有所知的，只是要知得透徹才能真誠地、無例外地從事道德實踐。朱子此一對性理是人人本來有所知，只是必須知得透徹的講法，與程伊川的常知與真知的區分是若合符節的，以下再引用朱子幾段文獻來證此義：

> （1）若夫知則心之神明，妙眾理而宰萬物者也。人莫不有，而或不能使其表裏洞然，無所不盡，則隱微之間，真妄錯雜，雖欲勉強以誠之，亦不可得而誠矣，故欲誠意者，必先有以致其知。致者，推致之謂，如「喪致乎哀」之致，言推之而至於盡也。至於天下之物，則必各有所以然之故，與其所當然之則，所謂理也，人莫不知，而或不能使其精粗隱顯，究極無餘，則理所未窮，知必有蔽，雖欲勉強以致之，亦不可得而致矣，故致知之道在乎即事觀理，以格夫物。[30]

按：此段文有「所謂理也，人莫不知，而或不能使其精粗隱顯，究極無餘」等句，可知朱子所說的致知的工夫，的確是就已知之理而進一步知得透徹。對於

---

[30] 朱熹：《大學或問》上，收入《朱子全書》（上海：上海古籍出版社，2002 年），第 6 冊，頁 511-512。

此理，人莫不知，朱子的解釋是天下之物，必各有所以然之故，與其所當然之
則。察其語意，人對於道德性理的知，應該是普遍的為所有人都具有的，即那
是先驗之知，並非通過後天經驗而後有。若是因後天經驗而有，便沒有普遍
性，不能說「人莫不知」。

（2）張仁叟問致知、格物。曰：「物莫不有理，人莫不有知。如孩提
之童，知愛其親；及其長也，知敬其兄；以至於飢則知求食，渴則知求
飲，是莫不有知也。但所知者止於大略，而不能推致其知以至於極耳。
致之為義，如以手推送去之義。凡經傳中云致者，其義皆如此。」[31]

按：說人莫不有知，是就「知理」之義說，此知是人人都有的，如孩提之童的
知愛知敬，但此種知只是「大略」之知，必須推致其知以至於極。

（3）致知所以求為真知。真知，是要徹骨都見得透。[32]

（4）知，便要知得極。致知，是推致到極處，窮究徹底，真見得決定
如此。程子說虎傷人之譬，甚好。如這一箇物，四陲四角皆知得盡，前
頭更無去處，外面更無去處，方始是格到那物極處。[33]

按：此二條與伊川之意全同。

（5）或問：「莫不有以見其所當然而不容已，與其所以然而不可易
者。」先生問：「每常如何看？」廣曰：「『所以然而不可易者』，是
指理而言；『所當然而不容已』者，是指人心而言。」曰：「下句只是

31　《朱子語類》，卷15，頁291。
32　《朱子語類》，卷15，頁283。
33　《朱子語類》，卷18，頁390。

指事而言。凡事固有『所當然而不容已』者，然又當求其所以然者何故。其所以然者，理也。理如此，固不可易。又如人見赤子入井，皆有怵惕、惻隱之心，此其事『所當然而不容已』者也。然其所以如此者何故，必有箇道理之不可易者。今之學者但止見一邊。如去見人，只見得他冠冕衣裳，卻元不曾識得那人。且如為忠，為孝，為仁，為義，但只據眼前理會得箇皮膚便休，都不曾理會得那徹心徹髓處。[34]

按：要從所當然而不容已，進至所以然而不可易，便是由常知進至真知，即對性理之了解，必須至徹心徹髓處。

（6）或問：「六章之指，其詳猶有可得而言者耶？」曰：「天下之道二，善與惡而已矣。然揆厥所元，而循其次第，則善者天命所賦之本然，惡者物欲所生之邪穢也。是以人之常性，莫不有善而無惡，其本心莫不好善而惡惡。然既有是形體之累，而又為氣稟之拘，是以物欲之私，得以蔽之，而天命之本然者，不得而著。其於事物之理，固有瞢然不知其善惡之所在者，亦有僅識其粗，而不能真知其可好可惡之極者。夫不知善之真可好，則其好善也，雖曰好之，而未能無不好者以拒之於內；不知惡之真可惡，則其惡惡也，雖曰惡之，而未能無不惡者以挽之於中。是以不免於苟焉以自欺，而意之所發有不誠者。[35]

按：此條很能表達對道德性理的真知足以解決雖知善而不能為善之實踐問題。此段先以人性本善，好善惡惡之心人人本有為立論之前提，然後說好善惡惡之所以不能貫徹，是因為氣稟所拘，私欲所蔽。故若不真知善之可好、惡之可惡，便不能免於好善時有不好者拒於內；於惡惡時，有不惡者挽之於中，此的

34　《朱子語類》，卷18，頁414。

35　朱熹著，黃坤校點：《大學或問》，收入《四書或問》（上海：上海古籍出版社，2001年），頁28-29。

確如康德所說的「自然之辯證」之意。朱子表達此意之文獻並不少見，如云：

> （7）只爭箇知與不知，爭箇知得切與不切。且如人要做好事，到得見不好事，也似乎可做。方要做好事，又似乎有箇做不好事底心從後面牽轉去，這只是知不切。[36]

按：此條所說，與康德所言的「自然的辯證」之現象，亦是很相似的，「要做好事，到得見不好事，也似乎可做。方要做好事，又似乎有箇做不好事底心從後面牽轉去。」正如上文所說的惡的原則是與善的原則同時並起的。由此亦可見，為了克服在實踐上常會遭遇到的本能欲望的反彈，是朱子強調致知之工夫的一個重要原因。[37]

> （8）問：「『誠意』章『自欺』注，今改本恐不如舊注好。」曰：「何也？」曰：「今注云：『心之所發，陽善陰惡，則其好善惡惡皆為自欺，而意不誠矣。』恐讀書者不曉。又此句，《或問》中已言之，卻不如舊注云：『人莫不知善之當為，然知之不切，則其心之所發，必有陰在於惡而陽為善以自欺者。故欲誠其意者無他，亦日禁止乎此而已矣。』此言明白而易曉。」曰：「不然。本經正文只說『所謂誠其意者，毋自欺也』；初不曾引致知兼說。今若引致知在中間，則相牽不了，卻非解經之法。……」[38]

按今本《大學章句》「毋自欺」處注云：「自欺云者，知為善以去惡，而心之所發有未實也」，與此條所言之「今注」及「舊注」皆不同，此條所說的「今注」言「心之所發，陽善陰惡」，即表示人在要為善時，內心又有不要為善的

36　《朱子語類》，卷9，頁154。此條文獻由游騰達同學提供。

37　又在《朱子語類》論《大學・誠意章》（卷16）處，亦常見此意。

38　《朱子語類》，卷16，頁336。

想法；而此條所說的「舊注」講得更為明白。文中說「人莫不知善之當為」，即表示知善之知是人人皆有的，但如果「知之不切」，則一定有「陰在於惡而陽為善以自欺者」，這便明白表示了上文所說的「自然的辯證」的情況。即為惡的想法，常常與為善的要求糾纏在一起，而如果要釐清這種心理上的糾纏，格物致知的思辨工夫，是不可少的。

　　由以上數條，可知朱子的想法同於伊川，即雖肯定人對道德法則是本來有所知的，但必須由常知進至真知，原因是有徇性好以致陽好善而陰不真好之情況，如果對道德法則有真實的體證，就可以堵住這種生命的毛病。故朱子以格物致知以求真知，保證實踐之真實貫徹，是有其必要的。伊川、朱子之重視格物致知，是有見於如康德所說的自然之辯證之生命問題，而不是認為人對於性理本無所知，必須要有認知活動來了解之。對於道德性理用哲學的思辨加以詳細展開，是可以堵住自然之辯證之問題的，此是伊川、朱子理論的特別功效，這種工夫對於道德實踐的重要性，應該不在陽明的致良知工夫之下。此意可見下文。

　　（9）問去私欲、氣稟之累。曰：「只得逐旋戰退去。若要合下便做一次排遣，無此理，亦不濟得事。須是當時子細思量，認得道理分明，自然勝得他。次第這邊分明了，那邊自然容著他不得。如今只窮理為上。」[39]

此條表示了，窮理的工夫對於對治私欲與氣稟的複雜，是切要的工夫，故曰「認得道理分明，自然勝得他」。這是以對道理的了解明白，來堵住私欲，正是上文康德所說的，必須要從通常理性的理解，進至道德哲學的理解之意。

　　以上是朱子對致知之必要性之說明，他固然是要通過認知的活動，以主客對待的方式以知理，但若此致知之活動，是用在對本有之知之加強、深化上，而深化此知，會有克服自然的辯證之效果，則此對理之認知，也是必須的。且此種知，是由嚴格的哲學性的思辨得來，不同於一般泛說的經驗之知。順此

39　《朱子語類》，卷18，頁412。

意，吾人亦可對朱子之理氣論之大意稍作說明。朱子的理氣論理論內容非常豐富，不只是康德所謂的道德形上學的涵義，而是要對存在界作一道德價值的說明；雖然如此，朱子的理氣論也有相當多同於康德所謂「道德底形上學」的內容。康德的「道德底形上學」主要是說明道德法則的無條件性，人的理性所給出的道德法則，他本身便必須完全服從，道德法則的必須被服從不依靠其他任何條件，即使按法則而行的人在現實上得不到任何的成果，也無損於法則自足的價值。康德這些意思其實朱子都有，朱子之理氣論強調「理在先」，即雖然理氣不離，有氣便有理、有理便有氣，但理不依於氣，氣必須依於理；或雖然理氣不離，但理一定在先而為本，理氣決然是二物。朱子這些講法確可以表示「理」在天地之間是價值標準所在，不管現實上如何不合理，但氣的存在終究會合理之意。又朱子說，萬一山河大地都陷落了，畢竟理卻只在這裡。[40]朱子此一說法本來有理氣可以分開之嫌，但也正表示了在朱子心目中，「理」是價值標準之所在，雖然現實上沒有讓「理」去表示其意義的場所，但還是有「理」存在。這些意思與康德道德底形上學是相近的，即表示單是理便要人無條件地遵從，及上帝是以道德法則統治世界的。通過這樣明白的分析，人便可以肯認理是具有絕對價值的，我們絕不能為了現實有形的存在，如感性欲求、經驗事功，而違背道德原則。如果朱子所說的理氣論，「理」是就道德法則來說的，而「理先氣後」、「理氣決是二物」是要說明「理」具有絕對價值，並非具體現實的氣化所可以比擬之意，則朱子的理氣論也可以達成康德的構作道德形上學的目的；而如果康德道德底形上學是為了堵住「自然的辯證」的話，那朱子的理氣論也可以有這種效果。

五、結語

　　上文從陳北溪「心是理氣之合」的說法，論證在朱子理論中，心與理的關係可以是「心本具理」，故心知對於理之知，亦是本有的，由此可證伊川、朱

40　《朱子語類》，卷1，頁4。

子所言之格物致知，是藉著本有的對性理之知之加強，達至真知的地步，以保證人能真正實踐道德。而由康德「自然的辯證」之說，可以證伊川、朱子之格物致知的工夫，對於道德實踐是必要的。而在持敬的工夫方面，既然持敬可以保持心知的清明，則在心中的本具之理也應當可以起作用，故以「敬」涵養的工夫也應該是可以生起真正的道德行動的；又據伊川所說的敬論可知，主敬也可以對治順著感性欲望而以利己為先的傾向，此可見主敬工夫的重要性。由是吾人認為，伊川、朱子之「主敬窮理」論，並不只是成德之教的輔助工夫而已。據此，吾人或可對伊川、朱子的義理型態作新的衡定。

伊川、朱子與其他宋明理學家比較起來，確是比較重智的，但他們所要加強認知的，是道德之理。儒家所言之理是道德之理，對此理之了解，必透過如孟子所說的義利之辨，由無條件性契入，又以此理為吾人之性，此義是宋明儒所共許的。此理被理解為不依於一切而停當獨立的（如程明道言天理的意義），由此義可以推出此當然之理便具有力量，若心能明此理之意義，則理在心便起作用。何以故明理便會使理起作用於心？此須如上文伊川及唐君毅所說，對理越了解，便越肯定此理為真實，並一定會生起實踐之要求。亦可如康德所說，因為明理會引發尊敬之故。人一旦了解到道德法則的意義，便自然生敬，越了解便引發敬意，由此可以說明由知理而來的實踐的動力，而不會認為此一型態會缺乏實踐的動力。故此對理的意義的了解，決定了理在生命中之作用，如果伊川、朱子所說的格物致知具有此種作用，則此知是越知理越會起實踐作用的知，不只是水平的認知而已。筆者想用這個意思來規定伊川、朱子是「重智的」型態的意義。由於真正的道德實踐、實踐動力的產生，是有賴於對性理之真知，故伊川、朱子確是「重智的」的思想型態。但此致知或知至之知，並不與一般所說的認知為同類，此知是連同理來說的，說「人心之靈，莫不有知」，此知不只是知，也是知理；說「吾心之全體大用無不明」是以對於理全然的了解為知的作用的充分完成，都是從知與理兩方面關聯在一起來說的。而且吾人可說，在一旦豁然貫通的時候，心知的作用即是理的作用，知與理是渾然不分的，在「吾心之全體大用無不明」的活動中，亦是理之全幅意義的彰明昭著，此時吾人不能區分，那個是理之用，那個是心知之用。這個應該

是順著伊川、朱子的格物窮理論作出的必至之論。由於對道德之理的「常知」是被肯定的，故可以說，對「常知」的加強而成為的「真知」，是把本有的知理之知，推到極致的地步。即是說，在「常知」中本來已是知與理不離，則在「真知」中便可說知與理渾然是一。在知之彰明處，便是理的顯現處。這種知與理交澈的情況，亦是很高妙的，可以與由「盡心知性知天」而證悟心、性、天是一的境界相比，或可以說此二者所用的工夫雖然不同，但都可以達到一相同的渾化的境界，二者是殊途而同歸的。

薛敬軒哲學思想研究

鍾彩鈞[*]

一、前言

　　薛瑄，字德溫，號敬軒，山西河津人。生於明太祖洪武二十二年，成祖永樂十九年（辛丑1421）進士，卒於英宗天順八年，年七十六（1389-1464）。

　　敬軒與吳康齋並列為明代理學的開山，[1]各有足稱開山祖的特色。相對於康齋完全將理學作為自己受用之物，敬軒有更多的學問性格，對理學傳統有更全面的繼承與消化。所著《讀書錄》對明代理學的影響甚大。[2]

　　敬軒對於理學傳統也和康齋一樣當作為己之學，但相對於康齋對聖賢的熱

---

[*]　中央研究院中國文哲研究所研究員

[1]　《明儒學案》初稿本以〈崇仁學案〉吳康齋（1391-1469）為首，刊刻始於萬貞一，成於鄭性，稱為二老閣本（1691-1739），但最初的全刻本則為賈潤紫筠齋本（1693-1707），以〈河東學案〉薛瑄為首。見沈芝盈：《明儒學案・前言》。這種差別雖可能攙雜刊刻者的南北地域之見，但亦反映了兩人皆當得起明代理學開山的地位。

[2]　本文引用《讀書錄》、《讀書續錄》，見薛瑄撰，孫玄常等點校：《薛瑄全集》（太原：山西人民出版社，1990年），頁1009-1502。並以《四庫》本參校，薛瑄撰：《讀書錄》、《讀書續錄》（臺北：臺灣商務印書館，1983年《景印文淵閣四庫全書》本）。許齊雄指出不僅河東學派，其他許多學者也受敬軒本人或其著作啟發，特別是《讀書錄》廣為流通，成為各傳統的入門讀物，而把敬軒哲學視為工夫起點。如晚明陽明學者羅汝芳、鄒元標，朱子學者高攀龍，還有朱王學派以外的呂坤、顏元等。參看 Khee Heong Koh, *A Northern Alternative: Xue Xuan (1389-1464) and the Hedong School* (Cambridge, MA and London: Harvard University Asia Center, 2011), pp. 33-35。

切嚮慕與自身氣質難變的焦慮，所流露的強烈情緒，敬軒則顯得寬大和平，於知於行皆有充分的思考與反省。有云：

> 體認之法，須於身心之所存所發者，要識其孰為中？孰為和？孰為性？孰為情？孰為道？孰為德？孰為仁？孰為義？孰為禮？孰為智？孰為誠？又當知如何為主敬？如何為致恭？如何為存養？如何為省察？如何為克己？如何為復禮？如何為戒慎恐懼？如何為致知力行？如何為博文約禮？於凡天理之名，皆欲識其真，於凡用功之要，皆欲為其事。如此則見道明，體道力，而無行不著、習不察之弊矣。（《讀書錄》卷3，頁1095-1096，240條）

《讀書錄》不是一般的讀書筆記，而是在知行相須並進的要求下，以宋元理學傳統為資源，對切己身心的天理之名義作思考，用功之切要作反省。但他不是逐項去求知力行，更進而尋求一貫的說明與工夫，唯因如此，其學問才有哲學的深度。

敬軒對北宋儒學有較全面的研究與吸收，對朱子學採批判繼承的態度，雖發揮其精義，但在理氣、心性關係上有自己的抉擇，並未雷同。本文旨在研究敬軒的本體論與工夫論，理解其思想的特有風貌，進而指出這些雖是明代理學的特色，仍可視為朱子學內在因素的發展。

二、本體論

（一）理與氣

現今對敬軒理氣論的研究，皆以朱子的理氣論為參照，以為敬軒除了強調理氣不分先後，與理氣不離之外，皆準確地接受朱子的觀點。

當今研究朱子理氣論者，皆舉理氣不離不雜與理先氣後的關係。前說蓋本於朱子〈太極圖解〉：「○，此所謂無極而太極也，所以動而陽、靜而陰之本

體也。然非有以離乎陰陽也，即陰陽而指其本體不雜乎陰陽而為言耳。」[3]但朱子似未將「不離不雜」作為熟語使用。對於理氣間不離而且不雜的描述亦不多，除了對於〈太極圖解〉的討論外，便是對於《中庸》「天命之謂性」的解說。[4]至於理先氣後，則見於《朱子語類》，如「問先有理抑先有氣？曰：理未嘗離乎氣。然理，形而上者；氣，形而下者。自形而上下言，豈無先後？理無形，氣便粗，有渣滓。」[5]

敬軒對理氣不離不雜之說屢加舉出與解說，如云：

> 可見者是氣，氣之所以然便是理。理雖不離氣而獨立，亦不雜氣而無別。（卷4，頁1130，278條）

> 以不雜者言之，謂之本然之性。以不離者言之，謂之氣質之性。非有二也。（卷7，頁1208，269條）

> 陽動之時太極在陽中，陰靜之時太極在陰中，以至天地萬物無所不在。此「理不雜乎氣，亦不離乎氣」也。（卷10，頁1256，4條）

相較於朱子，敬軒除了繼承太極陰陽、天命之性氣質之性的不離不雜，更擴及普遍的理氣，且屢屢稱述。[6]「不離不雜」一詞很可能透過敬軒才成為描述朱子理氣論的標準用語。但對於理先氣後之說，敬軒則云：

3　周敦頤撰，董榕輯：《周子全書》（臺北：臺灣商務印書館，1978年人人文庫本），卷1，頁2。

4　「天命謂性之命是純乎理言之，然天之所命畢竟皆不離乎氣，但中庸此句乃是以理言之。」黎靖德編：《朱子語類》（臺北：正中書局，1970年景印明成化本），卷4，頁124，92條。

5　《朱子語類》，卷1，頁3-4，10條。

6　其餘例子，可見於《讀書錄》續卷1，頁1302，214條；續卷2，頁1325，23條；續卷2，1344頁，255條。

> 理只在氣中，決不可分先後。如「太極動而生陽」，動前便是靜，靜便
> 是氣，豈可說「理先而氣後」也？（卷4，頁1120，171條）

> 前天地之終，今天地之始，氣雖有動靜之殊，實未嘗有一息之斷絕，而
> 太極乃所以主宰流行乎其中也。（卷3，頁1074，5條）

這兩條說的是理氣不離的狀況。其言「理氣不可分先後」，明是針對朱子而
言。然而朱子主張理氣不雜，指的是形而上下之別，敬軒亦未嘗違背，如此處
所謂「主宰流行乎其（氣）中」者。敬軒又謂形而上者有決定者的地位：

> 理氣雖不可分先後，然氣之所以如是者，則理之所為也。（卷4，頁
> 1119，163條）

這就是朱子所說「理氣雖不可分先後」，「然自形而上下言，豈無先後？」的
意思。因此雖然批評朱子理先氣後的主張，差別是字面上的，意旨似無不同。
再衡量以敬軒的理氣不離之談多過理氣不雜，則其與朱子的差別似只是重點的
不同。[7]

　　筆者認為敬軒在用朱子的詞語申論朱子思想之時，隱含著思想形態上的選
擇。簡言之，當他說理氣「不離」時，重點在二者互為表裡的關係，因此雖然
也說「不雜」，二者難再相離。敬軒對朱子的著作並非全體等視，他說：「朱
子至精至粹之言，已見於《四書集注》、《章句》及《易本義》、《詩傳》
中。其《文集》、《語類》之屬所載者，或有非定論者，讀者擇焉可也。」

7　吳孟謙云：「遍覽《讀書錄》與《讀書續錄》，敬軒對於『理氣不離』義的強調，明顯
　　地多過『理氣不雜』義。」「敬軒之所以如此不厭其煩地發明此義，恐怕與當時朱子後
　　學懸空談理，不切實行的流弊有莫大的關係。」「除了顯示出他較重融貫的思維習慣以
　　外，背後亦應有其補偏救弊的一番苦心。」「敬軒（並提理氣）之說，應可說是對朱子
　　學的一種『重點上的補充』，而非『內容上的修正』。」見氏著：《默識天人之際——
　　薛敬軒理學思想探微》（新北市：花木蘭文化出版社，2012年），頁54、55、62。

（續卷 9，頁 1465-1466，31 條）對於這種軒輊，除了分判朱子精心撰述與隨機酬答或他人記錄的不同外，還可以用朱子思想隨時代早晚而改變來說明。此處所提到的幾部書中，《四書集注》、《章句》雖然畢生修改不輟，但其成書與《易本義》、《詩傳》皆在中年，[8]特別是此處沒提到的〈太極圖說解〉亦是中年之作。[9]朱子思想在中年與晚年有一大區別，可分別用形上形下一體的道器論與形上形下區別的理氣論來代表。後者，特別是「理先氣後」之論是六十歲以後之說。[10]敬軒論理氣關係屢引朱子〈太極圖說解〉為證，此篇對於敬軒理氣思想的形塑有絕對的重要性。[11]〈太極圖說解〉中，理雖有形上的純粹性，卻內在於氣中，「不離不雜」一語即本於此篇。但此篇對敬軒的重要性是作為形上形下一體的道器論，而接上二程的本體論。在那裡，形而上下有更多的關涉。敬軒說：

8　王懋竑：《朱子年譜》（臺北：臺灣商務印書館，1971 年）將《論孟集註或問》、《周易本義》、《詩集傳》成書繫於淳熙四年丁酉四十八歲。見卷 2 上，頁 65、67、69。《大學中庸章句》雖序於淳熙十六年己酉六十歲，但據朱子〈答呂伯恭書〉，淳熙元年甲午四十五歲已有《大學中庸章句》、《詳說》（疑即《或問》稿）草本，見卷 3 下，頁 168-169。

9　朱子〈太極圖說〉、〈西銘解義〉雖於淳熙十五年戊申五十九歲始出示學者，實完成於乾道八年壬辰四十三歲、九年癸巳四十四歲。《朱子年譜》，卷 3 上，頁 166；卷 1 下，頁 51、53。

10　筆者曾討論朱子的理雖屬形而上者，但其與氣的關係由內在性發展到超越性，是朱子在四十六歲至五十九歲之間，通過與陸象山、陳同甫的尊德性道問學之辯、天理人欲之辯、無極太極之辯而達成的。參看 Tsai-chun Chung, *The Development of the Concepts of Heaven and of Man in the Philosophy of Chu Hsi* (Taipei: Institute of Chinese Literature and Philosophy, Academia Sinica, 1993), pp. 204-221。陳來有更細密的分段，參看氏著：《朱子哲學研究》（上海：華東師範大學出版社，2000 年），頁 75-99。

11　敬軒對周濂溪〈太極圖〉、〈太極圖說〉與朱子〈太極圖說解〉的重視，除了《讀書錄》大量引用討論外，並盛稱其道理極至，有云：「學者誠欲求其意，當即朱子之〈解〉以求周子之〈說〉，熟讀精思，潛玩默體，期以數十年之功，俟其融會貫通，超然有得於圖象之表，庶幾造化之源，性命之微，天人之理，畢貫於一，而其實不外乎吾心矣。」（續卷 5，頁 1410，1 條）

> 理、氣、象、數初不相離。如乾之健，理也；其象，天象也；其所以為
> 象者，氣也；氣之有次第節限者，數也。（卷 10，頁 1263，81 條）

理、氣、象、數可以理解為一體之中超越與實然的四個要素，也就是所以然
（理）與然（氣、象、數）。但所以然如果不只是必要條件，還是充足條件的
話，理便生出氣、象、數，縱使不是直接地生出氣，至少不應該視為由外部相
結合的二元。這種理解可以說明敬軒何以不斷強調理氣無縫隙。前述理氣不離
不雜，即是二者雖不能不分但有相為表裡的關係。如云：「天地間無別事，只
一理、陰陽、五行化生萬物而已。」（卷 4，頁 1123，202 條）「『易有太
極』，言氣以原理。『太極動而生陽』，言理以及氣。」（卷 4，頁 1121，
182 條）「太極中無所不有，分而為陰陽、五行、男女、萬物，無所不在。」
（卷 8，頁 1222，40 條）從敬軒的口氣，理氣不能只視為外部連結的異質之
物。例如最後一條既說「太極中無所不有」，太極固然純然無雜，然氣由之而
生，再化生萬物，故一切皆含蘊於太極之中。於是，若說太極只是外在地賦於
一再分化的氣之上，而不包含一絲氣質於其中，似亦不足稱為太極。

　　以下，試舉一條綜合性的命題來討論。

> 「體用一原，顯微無間」；「動靜無端，陰陽無始」；「其大無外，其
> 小無內」。非知道者，孰能知之。（卷 9，頁 1244，30 條）

此條連舉三句作為綱領式的陳述，敬軒對這些綱領陸續做了申論。須注意朱子
對此雖多討論，但前二句實出於程伊川。此外，三句皆有濃厚的理氣合一的意
味。體用顯微典出伊川〈易傳序〉：「至微者理也，至著者象也。體用一源，
顯微無間。」至於相關而常被引用的一條是「沖漠無朕，萬象森然已具。未應
不是先，已應不是後。如百尺之木，自根本至枝葉皆是一貫。不可道上面一段
事無形無兆，卻待人旋安排引入來，教入塗轍。既是塗轍，卻只是一箇塗

轍。」[12]朱子的闡述是：

> 體用一源者，自理而觀，則理為體，象為用，而理中有象，是一源也。
> 顯微無間者，自象而觀，則象為顯，理為微，而象中有理，是無間也。[13]

敬軒有以下解說：

> 太極中涵陰陽、五行、男女、萬物之理，體用一原也。陰陽、五行、男
> 女、萬物具太極之理，顯微無間也。（卷9，頁1243，26條）

> 沖漠無朕之中而萬象森然已具，體用一原也。即事即物而理無不在，顯
> 微無間也。（卷9，頁1243，27條）

> 體用一原，顯微無間。見道器合一之妙。（卷9，頁1243，28條）

伊川論體用顯微的關係，主要為了提出「有其然，必有其所以然」，以建立實
然界的意義，如枝葉所具有的塗轍是從根本中發出來的。由於伊川重視的是實
然界自身的存在價值，而不是以自上而下的理加以規範，因此重點在形上之理
與形下之象間互為表裡的關係，朱子的闡述與敬軒解說皆此意，因此可視為對
程朱的繼承。敬軒「太極中涵陰陽、五行、男女、萬物之理」一句，含蘊太極
會生出陰陽、五行、男女、萬物，這樣才稱得上「體用一原」。從生出的萬物
看，則為用中具體、物中有理的「顯微無間」，合言之便是道器合一不離。須
注意的是朱子此說出於〈答何叔京〉，屬中年期道器論之作，理並沒有孤立於

12　程顥、程頤：《二程全書・二程遺書》（臺北：臺灣中華書局，1969 年《四部備要》
　　本），卷 15，78 條。

13　朱熹：〈答何叔京〉，《朱子大全》（臺北：臺灣中華書局，1970 年《四部備要》
　　本），卷 40，頁 38 下。

氣之外的性格。因此敬軒對朱子乃是選擇性的繼承。[14]

關於陰陽動靜，伊川曰：「道者，一陰一陽也。動靜無端，陰陽無始，非知道者，孰能識之？」[15]可知他對「一陰一陽之謂道」的解說，不是只有著名的「所以陰陽者道」[16]的說法。「所以」一詞固然可以循朱子理解成超越根據，但參看前說，伊川的重點無寧在道對於陰陽的推動力，因而有「無端」、「無始」的效果，因此是理氣連說，不是只說氣，猶言「陰陽不測之謂神」。但朱子〈太極圖說解〉解釋「一動一靜，互為其根」為「推之於前而不見其始之合，引之於後而不見其終之離也」，而引伊川之言為證，其主意在陰陽之氣永存，「理主宰流行於其中」的意思只是含蘊著，用以建立理氣內在性的關係。敬軒對「動靜無端，陰陽無始」的說法也是取於〈太極圖說解〉，他說：

> 今天地之始，即前天地之終。其終也，雖天地混合為一，而氣則未嘗有息。但翕寂之餘，猶四時之貞，乃靜之極耳。至靜之中，而動之端已萌，（既）〔即〕所謂「太極動而生陽」也。「動極而靜，靜而生陰，靜極復動。一動一靜，互為其根；分陰分陽，兩儀立焉。」原夫前天地之終，靜而太極已具；今天地之始，動而太極已行。是則太極或在靜

14　此處的理是存在之理，與現實事物對應。有事物就有理為其依據，相對地，有理就有事物為之實現。此種關係類似於唯識宗的種子與現行，因此理與事物相應，從潛存說是理，從實現說是事物。事物之理指事物的形上層面。吳孟謙解說云：「『體用一源』純以理言，『體』指無形無象的無極，『用』指太極中含具的萬理萬象；『顯微無間』則兼理氣言，『顯』指形而下的氣，『微』指形而上的理。故體用、顯微的詮釋重點並不相同。」（《默識天人之際──薛敬軒理學思想探微》，頁 76）筆者以為「體用一源」是體中含用，「顯微無間」是用中含體。體是理，用是事物。「體用一源」之為體中含用，意義是「體用一源」雖就體言，而必顯發為用。如果將用解釋為萬理萬象，「體用一源」將止於獨立的理世界，疑非伊川、朱子、敬軒此處的意思，或者與朱子後期理氣二元之說相近。

15　《二程全書・伊川經說》，卷 1，頁 2 上。

16　「一陰一陽者道，所以陰陽者道。」（《二程全書・二程遺書》，卷 15，124 條）「陰陽氣也，氣是形而下者，道是形而上者。」（卷 15，137 條）

中，或在動中，雖不雜乎氣，亦不離乎氣也。若以太極在氣先，則是氣（不）〔已〕斷絕，而太極別為一懸空之物，而能生夫氣矣。是豈「動靜無端，陰陽無始」之謂乎？以是知前天地之終，今天地之始。氣雖有動靜之殊，實未嘗有一息之斷絕，而太極乃所以主宰流行乎其中也。（卷3，頁1073-1074，5條。據《四庫》本改字）

臨川吳氏曰：「太極無動靜，故朱子釋〈太極圖〉曰：『太極之有動靜，是天命之流行也。』此是為周子分解。太極不當言動靜，以天命有流行，故只得以動靜言。」竊謂天命即天道也。天道非太極乎？天命既有流行，太極豈無動靜乎？朱子曰：「太極，本然之妙也；動靜，所乘之機也。」是則動靜雖屬陰陽，而所以能動靜者，實太極為之也。使太極無動靜，則為枯寂無用之物，又焉能為「造化之樞紐，品滙之根柢」乎？以是而觀，則太極能為動靜也明矣。（卷9，頁1252，141條）

陰陽動靜是對周濂溪〈太極圖說〉的解說。由於〈圖說〉有「太極動而生陽，……靜而生陰」句，涉及太極是否動靜的問題。第一條中，敬軒否定「太極生陰陽」的解釋，否則便有懸空的太極。於是氣恆存在而為陰陽動靜的循環，氣的存在與循環，就是太極在氣中作為動靜的主宰，又隨著氣的動靜而流行。第二條中，關於太極有動靜，吳澄表示反對，敬軒則贊成。問題在於作為「本然之妙」、「所以動靜之理」的太極，能否說有動靜？這問題可從兩方面看。朱子說：「天地之間只有動靜兩端循環不已，更無餘事，此之謂易。而其動其靜，則必有所以動靜之理，是則所謂太極者也。」這是從理氣不雜看，動靜是事實（氣），動靜的理由（理）不能有動靜，否則仍是事實而可再追溯理由。朱子又說：「動靜陰陽皆是形而下者。然動亦太極之動，靜亦太極之靜，但動靜非太極耳。」[17]這是從理氣不離看，理造成動靜，又隨動靜而運作於中，因此太極有動靜。然其末句云「但動靜非太極耳」，則太極於動靜只能從

17　朱子語轉引自周敦頤撰，董榕輯：《周子全書》，卷1，頁8。

作為理由來說，一旦動靜真實發生，又只能稱為氣，太極至多能說是乘著氣機而有動靜。[18]於是兩人的歧異，是因為吳澄守著理氣不雜，敬軒偏重理氣不離。二人中，吳澄應較接近朱子原意，敬軒則軼出朱子。敬軒結語「太極能為動靜也明矣」，不是僅以太極為動靜的理由，否則就與吳澄無別。依敬軒說法，「天命即天道」，理的流行塑造出陰陽動靜的對立循環，其理論效果便不只為潔淨空闊的世界，而是由理到氣的道器合一的世界。這點將在下文論「天命不已」處繼續分析。

關於大小內外，也有古代與理學典籍的根據。[19]朱子《中庸章句‧20章》：「君子之道費而隱。夫婦之愚，可以與知焉，及其至也，雖聖人亦有所不知焉；夫婦之不肖，可以能行焉，及其至也，雖聖人亦有所不能焉。天地之大也，人猶有所憾。故君子語大，天下莫能載焉；語小，天下莫能破焉。」《章句》云：「費，用之廣也。隱，體之微也。」「君子之道，近自夫婦居室之間，遠而至於聖人天地之所不能盡，其大無外，其小無內，可謂費矣。然其理之所以然，則隱而莫之見也。」據此，朱子將「其大無外，其小無內」合起來解「費」，指無窮無盡的事物。《中庸章句》是敬軒推尊而熟悉的典籍，因此當為此語的出處。但他卻用來解釋「隱」，亦即理。他說：

18　又可參考下條。問：「『太極動而生陽』，是有這動之理，便能動而生陽否？」曰：「有這動之理，便能動而生陽；有這靜之理，便能靜而生陰。既動，則理又在動之中；既靜，則理又在靜之中。」曰：「動靜是氣也，有此理為氣之主，氣便能如此否？」曰：「是也。既有理，便有氣；既有氣，則理又在乎氣之中。」（《朱子語類》，卷94，頁3769，37條）按，「動之理」、「靜之理」造成動靜，但本身不是動靜。

19　古代典籍出處有數個，包括《管子‧內業》：「靈氣在心，一來一逝。其細無內，其大無外。」《管子‧心術上》：「道在天地之間也，其大無外，其小無內，故曰不遠而難極也。」《莊子‧天下》：「惠施曰：『至大无外，謂之大一；至小无內，謂之小一。』」以宋明人閱讀習慣而言，最可能是依據《莊子》。因此至大至小只言形式，並未確指對象。理學的出處除朱子外，還包括《正蒙‧大心篇》：「天大無外，故有外之心，不足以合天心。」《橫渠易說‧繫辭下五章》：「天大无外，其為感者，絪縕二端而已焉。」見張載：《張子全書》（臺北：臺灣中華書局，1968年《四部備要》本），卷2，頁21上；卷11，頁24下。

萬物至大者皆有外，惟理之大無外。萬物至小者皆有內，惟理之小無內。（卷 10，頁 1263，77 條）

「語大，天下莫能載」，萬物統體一太極也。「語小，天下莫能破」，萬物各具一太極也。（卷 9，頁 1253，145 條）

推想其原因，敬軒以為「其大無外，其小無內」是說絕對的大小，而這只能是理。[20]可知他對朱子用語亦加上自己的體認，而不是亦步亦趨。大小之間既然不成相對，則是一種雖然分立而又同一的關係，就是統體一太極與物物一太極的關係，雖有對立又只是一個太極。大小之間是理一分殊的關係，敬軒用來解說《中庸》、《易傳》大德、小德，天道、性命的關係。[21]同一太極會出現「若有分」的相貌，是因為氣與物的涉入。

　　以上敬軒列舉三個「非知道者，孰能知之」的項目。體用、顯微言理氣相為表裡，陰陽、動靜言氣之流行而理在其中操作，大小、內外言絕對之理因氣而有對。於是敬軒構造出一種無處不是理，亦無處不是氣，二者渾融相互作用的世界觀。理帶來氣的存在與變化，氣形成理的分殊而須尋求超越的統一。他以這樣的理氣關係來理解經書與宋儒的重要觀念，可引一些言談來說明。

　　〈繫辭上‧4 章〉：「神无方而易无體」。敬軒云：「神無方而易無體，就〈太極圖〉亦可見。太極或在陰中又在陽中，或在陽中又在陰中，此神無方也。或為陽又為陰，或為陰又為陽，此易無體也。究而言之，陰陽之易無體，太極之神無方，氣與理蓋未嘗離也。」（續卷 2，頁 1333，119 條）太極含蘊

20　但敬軒也不僅用來釋理。物雖不能有至大至小，但氣卻可以。他釋孟子養氣云：「至大，是氣之盛大而無外。至剛，是氣之流行而無間。」（續卷 3，頁 1362，34 條）

21　參看諸條：「萬物之生，同一太極，此不可分也。因物物各具一太極，若有分耳。雖若有分，而統體之太極實未嘗分也。」（續卷 4，頁 1402，199 條）「『大德敦化』，理一也。『小德川流』，分殊也。」（卷 10，頁 1267，124 條）「『維天之命，於穆不已』者，理一也；『乾道變化，各正性命』者，分殊也。」（卷 10，頁 1267，125 條）

陰陽動靜，因此當太極寓於現實的陰陽動靜時，不會因在陰中而受限於陰，而是同時又在陽中，此為無方。現實的陰陽動靜因太極而形成，故相互變易而無定體。可見理氣相連結而理具主動性格。

〈繫辭上・11 章〉：「易有太極。」敬軒云：「兩儀、四象、六十四卦之變易者，易也。其所以變易者，太極也。故曰易有太極。」（續卷 3，頁1361，23 條）與上條同樣地以「氣有理」來理解「易有太極」。

《中庸・26 章》引詩「維天之命，於穆不已」。敬軒云：「太極動靜循環無端，即『維天之命，於穆不已』。」（續卷 3，頁 1363，37 條）這是說理還是說氣呢？太極、天命既等同，當屬理。天命為元亨利貞，則太極亦是動靜循環，隨之才有陰陽之氣。唯因理即流行，故含蘊氣。氣則流行而承載著理，[22]理氣須相連著說。[23]太極有動靜，故含蘊陰陽。從實然上說則太極與全體世界並存，並無一個太極懸空的時候。敬軒在沿用朱子理氣論時，強化了理對氣的直接作用與連帶關係，其理想世界觀也不再是潔淨空濶的理世界，而是理氣渾然無間、精粗本末一貫的整個世界。

〈繫辭上・1 章〉：「在天成象，在地成形。」〈繫辭上・5 章〉：「顯諸仁，藏諸用。」敬軒云：「『在天成象，在地成形』，萬狀彌滿於天地之間，皆『顯諸仁』也。而其所以然，乃『藏諸用』也。」（續卷 1，頁 1294，119 條）仁是體，仁之顯是所含蘊的全體得到彰顯，故萬狀彌滿天地間。萬狀中每一物都有所以然，即物物一太極，故分殊而理未嘗不一。

22　參看下兩條：「『太極之有動靜，是天命之流行也。』天命，元亨利貞也。動者，『元亨，誠之通』，靜者，『利貞，誠之復』。天命之流行，是即太極之流行。太極、天命，其理一也。」（續卷 2，頁 1341，219 條）「『維天之命，於穆不已』。天命即元亨利貞。天命深遠，流行不已，即程子所謂『動靜無端，陰陽無始』。朱子所謂『太極之有動靜，是天命之流行也』。」（續卷 2，頁 1341，220 條）

23　參看下引諸條：「太極者，至大、至極、至精、至妙，無以加尚，萬理之總名也，與『上天之載，無聲無臭，至矣』同。」（續卷 1，頁 1303，217 條）「陰陽不在五行外，太極亦豈在陰陽外？所謂精粗本末無彼此也。」（卷 10，頁 1260，49 條）「四方上下，往古來今，實理實氣，無絲毫之空隙，無一息之間斷。」（卷 10，頁 1261，61 條）

《伊川易傳・乾・卦辭》：「乾，天也。天者，天之形體。乾者，天之性情，健而无息之謂乾。夫天，專言之則道也，天且弗違是也。分而言之，則以形體謂之天，以主宰謂之帝，以功用謂之鬼神，以妙用謂之神，以性情謂之乾。」敬軒云：「程子曰：『乾，天也。』一節，論天至矣。」（續卷 6，頁1435，7 條）敬軒有取於程子綜合之論，於天兼取專言（兼形而上下）與分言（形體之天），表達了體用一源、顯微無間的結構。

（二）性與物

理氣作為整體性的原理，其關係既經討論，當進而觀察敬軒對較具體的性與物的看法。先從著名的日光飛鳥之喻談起。這個比喻歷經探究，應已無遺義。此處試並列其前後數條來觀察：

> 一片實理，澈上澈下，萬古完具，而有生之類自不能外。（卷 5，頁1145，100 條）

> 理如日光，氣如飛鳥。理乘氣機而動，如日光載鳥背而飛。鳥飛而日光雖不離其背，實未嘗與之俱往，而有間斷之處，亦猶氣動而理雖未嘗與之暫離，實未嘗與之俱盡，而有滅息之時。「氣有聚散，理無聚散」，於此可見。（卷 5，頁 1145，101 條）

> 一理古今完具，而萬物各得其一。（卷 5，頁 1145，102 條）

> 理如日月之光，小大之物各得其光之一分，物在則光在物，物盡則光在光。（卷 5，頁 1145，103 條）

> 消息者氣，而所以消息者理。（卷 5，頁 1145，104 條）

綜合諸條來看，理永恆不動，如日無滅息；氣聚散流動，如鳥有來去。但理氣

不是偶然相遇，「消息者氣，而所以消息者理」，理為氣之消息的理由。理不與氣俱盡（鳥飛而日光不與俱往、物盡而光在光），並非理有孤立之時。敬軒屢引〈太極圖說解〉「動靜無端，陰陽無始」，又有云：「道則萬古不易，氣化則日新。」（續卷 7，頁 1449，69 條）氣雖有散時，理卻不斷生出新的氣（不斷有新的鳥、新的物出現），因此理永遠在氣之中，並無虛懸之時。

　　這幾條與太極動靜之說不能完全等視。太極動靜說的是理氣全體的關係，因此於氣只言陰陽動靜，而理內在其中。這幾條中，與理對立的氣有明顯的聚散，則主要從個物說，故以飛鳥為喻，又明指「物在」、「物盡」。[24]如果就理在個物而言，則稱為性。以下討論敬軒對於性與物的種種發言：

> 太極只是性。朱子曰：「乾男坤女，以氣化者言也，各一其性而男女一太極也。萬物化生，以形化者言也，各一其性而萬物一太極也。」又曰：「天下無性外之物，而性無不在。此無極二五渾融而無間也。」則太極只是性可見。（續卷 1，頁 1310，276 條）

朱子兩言分別見於〈太極圖解〉與〈太極圖說解〉。前語解釋第四圈「乾道成男、坤道成女」，男女各一性而共一太極；以及第五圈「萬物化生」，物各一性而萬物共一太極。因此太極下降於物則為性。後語解釋「無極之真，二五之精，妙合而凝」，濂溪已經指出男女萬物來自「無極之真」，朱子更用「天下無性外之物，而性無不在」來說明。這是描摹太極的方式，故敬軒以為「太極只是性可見」。此語敬軒常引用，朱子原意當仿自程明道「道外無物，物外無道」，此語和伊川「體用一源，顯微無間」相當，前半言體含用，後半言用包體。朱子用同樣模式言性與物，便把性與道、體、乃至太極等同了。但性原從

24　理氣聚散之說，朱子原用來說明生死與祭祀。云：「性只是理，不可以聚散言。其聚而生，散而死者，氣而已矣。所謂精神魂魄，有知有覺者，皆氣之所為也。故聚則有，散則無，若理則初不為聚散而有無也。」（〈答廖子晦二〉，《朱子大全》，卷 45，頁 19 下）。敬軒的日光飛鳥之喻甚美，基本上同樣是個體存在的問題。

個物說，與道、體、乃至太極從整體說不同，朱子的模仿加上敬軒的解說，確立了「太極只是性」的地位。人雖是個物，因為擁有太極的賦與，從人的立場放眼宇宙，則說性含蘊宇宙萬物，而每一物都有性，於是可說「天下無性外之物，而性無不在」。

太極與性是天人之間的關係，一方面是原委，一方面又是等同。從原委說，敬軒云：「天有元亨利貞，地順承天施，亦有元亨利貞。人稟受天賦，亦有仁義禮知，是天地人同一性命之理，三才各一太極又同一太極也。太極者何？即性命之統名與！」（續卷 3，頁 1366，80 條）由於人是天地間一物，與天地有承受關係，故仁義禮智自元亨利貞而來。然而同一性命之理，三才各一太極又同一太極。「凡天地萬物有形而可見者，皆『乾道變化，各正性命，誠斯立焉』。」（續卷 2，頁 1331，98 條）這是對《通書・誠上第一》的解說，相對於「大哉乾元，萬物資始，誠之源也」言「體用一源，統體太極」，此處所言為「顯微無間，各具太極」。故太極與性，從原委說是天人之分。但就理而言，統體與各具是相同的。原委是從形氣說，同一是從體上說。由用識體，不論從天契入還是從人契入，是一樣的體。因此識性復性的工夫，在於自反而不在外求。這是從天道論轉向形上學的關鍵。於是敬軒解釋經書與宋儒的相關概念，便不再追溯天道。以下試舉例以明之。

從各具太極來說，敬軒有云：「朱子曰：『聖人，太極之全體，一動一靜，無適而非中正仁義之極。』是則太極即中正仁義也，四者之外別無太極。」（續卷 1，頁 1310，278 條）朱子以為聖人的太極表現到道德上，敬軒進一步說道德即太極，因此各具者即是全體太極，而不是反溯才到達太極。又云：「太極上一圈是天地之性，陰陽、五行、男女、萬物各一太極，是氣質之性。然氣質之性即天地之性墮在氣質中，非有二也。」（續卷 1，頁 1313，304 條）〈太極圖說〉原說太極創生萬物而寄託其中的過程，敬軒詮釋為天地之性墮於氣質的過程，氣質之性之外別無天地之性。又云：「『天地設位而易行乎其中』，而易亦天地也。『成性存存，道義之門』，而道義亦性也。」（續卷 6，頁 1435，4 條）易指陰陽變化，是天地交感所生，敬軒則謂這「所生」即是天地，而不待回溯天地。同樣地，存性而所行皆道義，道義是出自於

性的具體德目，敬軒則謂道義即是性，因此道義不必溯源於性，更不待於對天道的仿效。又云：「天下無性外之物而性無不在，此天體物而不遺也。」（續卷 3，頁 1363，39 條）這是敬軒用張橫渠「天體物而不遺」來解釋「天下無性外之物」，性居天的位置。又云：「人能常存仁義禮智之性，則與天命之元亨利貞渾合無間，所謂永言配命也。」（續卷 7，頁 1452，105 條）敬軒以仁義禮智配元亨利貞，解釋「永言配命」。但他的說法是存仁義禮智則與元亨利貞渾合無間，其工夫在內求仁義禮智，而自然符合於元亨利貞，是反身自求的形上學。又云：「知『一陰一陽之謂道，繼之者善也，成之者性也』，則知道德之本源矣。」（續卷 10，頁 1473，29 條）道德的本源雖可追溯到天道，然而全具於成性之中。以上，從形氣上看，太極與性是賦受關係，其實在內容上不僅相同，甚至是同一的。論者謂敬軒後期的論說以「復性」為主。[25]此說不僅有文獻的證據，從思維邏輯看，天道論向形上學的轉換，人極取得太極的位置，亦當屬較成熟的理論。

　　以上說明以道德為內容的太極與性，接著討論氣拘物蔽的問題。現實世界不善的來源，朱子歸咎於氣，而敬軒承之。如果從理氣間形而上下與先後關係來說，敬軒與朱子無別，形成區別的在氣的道德性。朱子思想中，形上為善，形下則善惡雜糅。故云：「理無形，氣便粗，有渣滓。」在敬軒亦有與之相當的說法：

　　　　只是合當如是便是理。（卷 4，頁 1119，164 條）

　　　　觀太極中無一物，則性善可知；有不善者皆陰陽雜糅之渣滓也。（卷 2，頁 1061，126 條）

25　許齊雄指出：《讀書錄》以討論理氣關係為主，又根據《讀書續錄》與年譜等材料指出：敬軒晚年教學集中於復性的主題。見 Koh, *A Northern Alternative*, pp. 55-58。李元慶亦指出：敬軒最後八年教學生涯中，應邀撰寫的有關修廟學的碑記之文，主旨全在於集中闡述「以復性為本」的思想。見氏著：《明代理學大師薛瑄》（太原：山西高校聯合出版社，1993 年），頁 93。

此外，又說到君子小人之別，在性是否能做主，不能做主是因為氣強理弱。[26]
這些地方看來都與朱子相同，然而有個區別，敬軒更常說的不是理氣相對，而
是理氣與物相對。故云：

> 理氣在天地為公共之物，一麗於形則萬殊矣。（卷 3，頁 1076，34
> 條）

> 凡大小有形之物，皆自理氣至微至妙中生出來，以至於成形而著。張子
> 曰：「其來也幾微易簡，其究也廣大堅固。」（卷 2，頁 1049，6 條）

於是不是在一物中區分形上（理）、形下（氣）兩個要素，而是將物之顯與理
氣之微相對立。這說法有其合理性，氣固然清濁，但要到理氣凝結成物之後，
善惡的品質才能顯現出來。理氣雖有不離不雜的關係，敬軒合視為道的流行，
與物相對。物因氣的影響而有差別，主要在智愚與理欲，因此說：

> 下民雖所稟之性同，而其實拘于氣質，愚昧無知者多。《傳》曰：「堯
> 舜帥天下以仁，而民從之；桀紂帥天下以暴，而民從之。」使皆有知，
> 則帥之以暴而不從矣。如異端怪誕之說，分明理所無者，而民皆靡然信
> 從之，可見其無知也。（卷 5，頁 1144，90 條）

> 「百姓日用而不知」，皆為氣所隔。昏蔽之極，殆與物無異。（卷 4，
> 頁 1131，291 條）

---

[26] 「君子性其氣，小人氣其性。」（卷 5，頁 1153，193 條）「氣強理弱，故昏明、善惡
　　皆隨氣之所為，而理有不得制焉。至或理有時而發見，隨復為氣所掩，終不能長久開
　　通。所謂為學者，正欲變此不美之氣質，使理常發見流行耳，然非加百倍之功，亦莫能
　　致也。」（卷 5，頁 1152，179 條）

人之物欲淺深，由於氣質之有清濁也。氣質極清者，自無物欲之累，其次雖或有之，亦淺而易去。氣質極濁則物欲深，而去之也難。（續卷7，頁1447-1448，44條）

人生皆具聰明，亦皆有自我保全的本能，但因氣質差距而擴大至積重難返的地步，因此需要有變化氣質的工夫。敬軒和朱子一樣，把過惡歸於氣質，但只在個物領域中說。氣的整體和理結合，屬於天地流行層次，則不能說有惡。

（三）神與心

敬軒論理氣、性物、體用、理一分殊，皆以一遍在於多的形式，這是他論述的基本模式。在解釋《論語》「一以貫之」概念時，有以下諸種說法：

萬物各具一理，萬理同出一原，故一以貫之。（卷6，頁1167，90條）

天之生物一本，故一以貫之。（卷6，頁1167，92條）

聖人之心，萬事之理，絲毫無間，故一以貫之。（卷6，頁1167，93條）

一只是性。天下無性外之物，而性無不在。（卷6，頁1167，98條）

一以心言，貫以情言，所謂心統性情者也。（卷6，頁1167，99條）

知一人之性、十人之性、百人之性、千萬億人之性，無不同也；知一物之性、十物之性、百物之性、千萬億物之性，無不同也。知人物古今之性無不同，則心（知）〔之〕全體大用無不該貫，初無限量之可言矣。（卷6，頁1177-1178，214條。據《四庫》本校正）

「一以貫之」是一與多的關係，敬軒廣泛應用於各種情況中，包括一源之理／萬理、生物一本／萬物、聖人之心／萬事之理、一性／萬物之性、心性／情、一人物之性／千萬億人物之性。以上幾條除了以一為理、為性外，值得注意的是聖人之心統萬理與「心統性情」之說，表示敬軒以為心與性一樣有整體的、形而上的地位，至少也有超過形體的準形而上的性格。

朱子對心的定義是「氣之靈」，氣是形而下者，心作為靈，對形而上的性有「包含、該載、敷施、發用」的能力，可視為形上之性在現實世界的媒介，但心仍屬於個體，有氣質的限制。[27]敬軒類似的定義有「心者，氣之靈而理之樞也。」（卷 6，頁 1170，134 條）「道理浩浩無窮，惟心足以管之。」（卷 6，頁 1170，135 條）加強了對於理的主宰性格。敬軒更從朱子其他有關言論得到心與性同屬形上位階的看法。朱子〈仁說〉：「仁者，天地生物之心，而人得之以為心者也。」敬軒闡釋云：「仁者，天地生物之心，人之所得以為心，即專言仁則包四德。」（續卷 7，頁 1446，22 條）「『天地以生物為心』，元亨利貞也。『人得天地之心為心』，仁義禮智也。是即天命之性與！」（續卷 11，頁 1483，44 條）在此處，心、仁、性並無分別。

朱子〈中庸章句序〉：「心之虛靈知覺，一而已矣，而以為有人心道心之異者，或生於形氣之私，或原於性命之正，而所以為知覺者不同。」敬軒則說：「道心即仁義禮智之心，性是也。」（續卷 5，頁 1426，174 條）「人心即食色之性，道心即天命之性。」（續卷 9，頁 1465，23 條）將道心等同於性。這固然不是朱子將心視為虛靈知覺的意思，然而朱子將道心人心的根本分屬於性命與形氣，仍可視為敬軒說法的來源。

朱子常引用張橫渠「心統性情」，以為心之體為性，心之用為情。敬軒

27　朱子又有云：「氣之精英者為神。金木水火土非神，所以為金木水火土者是神，在人則為理，所以為仁義禮智信者是也。」（《朱子語類》，卷 1，頁 14，52 條）「氣之精英」，類似於「氣之虛靈」，然而這是從宇宙論上說產出、推動五行者為神，因此在氣中，神是精英而五行是重滯。在人則產生、推動五性者是相當於神的心。心若不就氣質限制而言，具有形上性格。可參考吳孟謙：《默識天人之際——薛敬軒理學思想探微》，頁 101-103。

說：「天命、性、道、德，皆天理也。……然所以具天命之性，行率性之道，得仁義禮知之德，全天理之體用者，皆本於心。故張子曰：『心統性情。』」（續卷 2，頁 1354，353 條）敬軒「全天理之體用」之說，補充了心性等同說的缺失。應該說，在敬軒體用一源的思維中，天命之性必連結於發用，稱仁義禮智為心，是連著發用而說的。

我們先從天地的層面觀察。前文曾引用程伊川在天的統稱之下，「以妙用謂之神，以功用謂之鬼神」。神與鬼神是天的兩個面向，因此仍有本體的地位。敬軒又發揮張橫渠的說法，論述神與鬼神的本體地位。[28]神與鬼神都是從體起用。神即太極，稱之為神是因為太極會興起陰陽之用。鬼神向下看是物之體，本身是陰陽二氣的良能，但陰陽所以能動能靜是由於太極，因此為太極陰陽的綜合。前文指出敬軒的思維是理氣一體流行，與凝結成物相對，這一體流行可視為鬼神，而為物之體。

回到人的層面。相較於性之為體，心是承體起用的，道心表現天命之性。敬軒說：「天體無外，心體無外，道體無外。」（續卷 3，頁 1363，40 條）天、心、道皆是含蘊一切的本體，具體地說則皆是理氣合一者。「萬起萬滅而本體湛然有常者，其心之謂歟！」（卷 6，頁 1180，236 條）此處所說兼含了人心道心，道心是本體。敬軒有〈讀《陰符經》雜言〉云：

> 經曰天道、天行、五賊、天性、人心，一也。天道者，元亨利貞；天行者，春夏秋冬；五賊者，仁義禮智信；天性者，即天道、天行、五賊之德具于人心者也。人心萃理氣之靈，有作為運用之妙。觀天道，執天行，見五賊，而施行於天，囊括宇宙而造化在我，皆由此心而已。故曰：人心，機也。機之一字，又《陰符經》之至要至要者歟！」（卷

28　「張子曰：『一故神。』神即太極也。或者謂『太極不會動靜』，則神為無用之物矣。豈所以為『造化之樞紐，品彙之根柢』哉？」（卷 7，頁 1211，300 條）「鬼神體物而不可遺，物物一太極陰陽也。」（續卷 2，頁 1354，348 條）「鬼神是合太極陰陽而言。」（續卷 3，頁 1365，68 條）「〈太極圖〉陰陽之能動能靜者即是鬼神，故張子曰『二氣之良能』也。」（續卷 3，頁 1365，67 條）

6，頁 1159-1160，1 條）

此條對人的地位說的最清楚。心是理氣之靈，與朱子說「氣之靈」者不同，氣本含理，所謂無極二五妙合而凝。人彰顯天主要在心，心是立天定人之機。因此心不可妄發，而要以天的規範來自我規範，而充盡其分量。[29]因此，心在危微之間，須要做工夫。「良心開而天理明，猶山徑之蹊間介然用之而成路。良知蔽而天理暗，猶為間不用則茅塞之也。」（卷 8，頁 1231，139 條）但若充盡而為聖人之心：「聖人一片實心，種種道理皆從此出。」（卷 7，頁 1211，295 條）心實是理之所出，而與性、太極同一位階。

〈西銘〉開頭幾句：「乾稱父，坤稱母，予茲藐焉，乃混然中處。故天地之塞，吾其體；天地之帥，吾其性。」《讀書錄》有云：

〈西銘〉曰：「予茲藐焉，乃混然中處。」混然則內外一致，物我無間也。（卷 1，頁 1041，232 條）

心大，則如天之無物不包；心小，則如天之無物不入。（卷 1，頁 1041，233 條）

〈西銘〉混字、塞字、帥字皆一意，但有理氣之別。（卷 1，頁 1041，234 條）

混然中處，是說我處於天地之間而無隔，「物我無間」先指我與萬物全體無間，而後與其中任一物無間。「心大」條應該也是討論〈西銘〉幾句的。混然

29　「天性，人也；人心，機也；立天之道以定人也。總結上兩節而言。」（卷 6，頁 1160，2 條）「機發太過而變怪見，機發得宜而萬化定，理欲之謂也。」（卷 6，頁 1160，3 條）「理明則心定。」（卷 6，頁 1167，89 條）「私欲盡而心體無量。」（卷 6，頁 1167，104 條）

中處，與物無間，由於心與天通，故能如天無物不包，無物不入。塞與帥從氣與理的方面說，可以區別，然而混、塞、帥一意，指天與我（即心）相通，我的體、性即天地的體、性。敬軒在此雖然提到理氣，但更基本的顯然是天人關係。

三、工夫論

（一）默識

敬軒對於理有默識的工夫。要默識自然界運行的本體：「天雖不言，而元亨利貞循環無端，運而為春夏秋冬之序，發而為溫熱涼寒之氣，萬物生長遂成，各正性命，夫豈待言而後顯哉？」（卷 11，頁 1275，41 條）也要默識應事接物間的聖人之道：「聖人發無言之教以示，學者當求聖人之道於一身動靜應事接物之間，不可專求聖人之道於言語文字之際也。」（卷 11，頁 1275，42 條）兼天人而言，就是「默識性天之際，內外合一，無處不有，無時不然。」（續卷 7，頁 1448，55 條）。

然而，「默識」一詞便表示所識不是春夏秋冬、應事接物的表象，而是背後的本體。他說：「天之晝夜陰陽，人之語默動靜，皆與道為體，運行而不息也。」（續卷 1，頁 1297，146 條）謂晝夜陰陽、語默動靜承載著道，與之為一體。晝夜陰陽、語默動靜是器，而承載著形而上之道。天理是太極，「天理流行」是「即陰陽動靜而太極無不在」。[30]因為即器識道，即流行之氣識太極之理，故需要默識。

默識的方法，是由觀天地之化、觀聖人言行，而體會其中的道，目的在道而不在器，故與科學認識無關。由於道超越器，終歸結於內求。因此引〈繫辭

30　「天理流行，即陰陽動靜而太極無不在，理雖不雜乎陰陽，亦不離乎陰陽也。」（續卷 2，頁 1332，107 條）「『太極之有動靜，是天命之流行也。』天命之流行即天理之流行也。」（續卷 2，頁 1332，109 條）

上・12 章〉：「理非利口辨舌者所能知，惟『默而成之，不言而信，存乎德行』者識之。」（卷 4，頁 1129，266 條）說明理是人已具有的德性，唯有成就、信實、有其德行，才能默識。因此默識是自知其有的意思。若要知覺客觀的天道，唯有去私欲以全人德，再由人德體會天德的剛健流行，[31]不僅以天為人的效法典範，更是要在人自全其德的條件下始能體會天德。於是默識之道不必外求，而是存心體認，久而默悟，[32]也就是「敬」的工夫。其次則在去私欲以得性情之正，這是敬軒對《中庸・5 章》「中庸不可能也」的解釋，於是默識工夫乃是在去私欲的工夫之後，在所存所發之際對於性的體認。[33]

（二）格物致知與知行關係

敬軒默識的對象是形而上的性理，然而默識不是神秘主義之悟，而是在性理內在的依據下，在心地工夫純熟時的自我體認。關於知行關係，《讀書錄》一連六條解釋〈繫辭上・7 章〉：「子曰：《易》其至矣乎！夫《易》，聖人所以崇德而廣業也。知崇禮卑，崇效天，卑法地。天地設位而易行乎其中矣。成性存存，道義之門。」敬軒說：

> 「天地設位而易行乎其中」，天之生生不已也。「成性存存，道義之門」，理之生生不已也。（卷 8，頁 1221，26 條）

31　「元亨利貞，天之四德；仁義禮智，人之四德。天德流行而不息者，剛健而已。人雖有是德而不能無間斷者，由有私柔雜之也。故貴乎自強不息。」（卷 1，頁 1018，7 條）「人心有一息之息，便與天地之化不相似。」（卷 1，頁 1018，8 條）

32　「心常存，即默識道理無物不有，無時不然。心苟不存，茫無所識，其所識者，不過萬物形體而已。」（續卷 1，頁 1311，289 條）「理不外乎氣。惟心常存，則能因氣而識理。」（續卷 1，頁 1311，290 條）「天理無聲無臭，自非存心體認之久，不能默悟其妙也。」（續卷 1，頁 1311，291 條）

33　「『中庸不可能』者，以人不能得性情之正也。私欲盡則性情得其正，而中庸可能矣。故曰用求中庸之道者，不外乎性情得其正也。」（續卷 1，頁 1313，310 條）「日用體認仁義禮智之性於所存所發之際，最是為學之切要。」（續卷 2，頁 1334，140 條）

「知」、「禮」皆性也。人能知崇如天，禮卑如地，便是「成性存
存」，而道義自此出也。人之知不能如天之高，禮不能如地之卑，是壞
其性而不存，道義何自而出哉？反此，則成性存存而道義出矣。（卷
8，頁 1221，27 條）

只「知崇禮卑」便是「成性存存」。（卷 8，頁 1221，28 條）

「知崇禮卑」、「成性存存」應「天地設位」，「道義之門」應「易在
其中矣」。（卷 8，頁 1221，29 條）

「博文」，知崇也。「約禮」，禮卑也。（卷 8，頁 1221，30 條）

《中庸》之「道問學、致廣大、盡精微、極高明、溫故知新」，皆
《易》「知崇」之事。「尊德性、道中庸、敦厚崇禮」，皆《易》「禮
卑」之事。（卷 8，頁 1221，31 條）

〈繫辭〉原意疑謂《易》書描摹天地之間萬物變化，聖人讀《易》以崇德廣
業。知、禮是聖人法天地而成之性，屬於後得而非本來。能存此後成之性，則
生出道義，猶如天地設位而易行於其中。朱子《周易本義》解末三句云：「天
地設位而變化行，猶知禮存性而道義出也。成性，本成之性也。存存，謂存而
又存，不已之意也。」將性視為本有而非後得，是理學家的共法，性與天地相
應，由之而生的道義（事理）亦與易（變化與萬物）相應。然而朱子「知禮存
性」之言，似以知、禮為知、行，是存性的工夫，而不指性本身。敬軒的解
說，則以知、禮為性中本有而與天地相應者，至於崇如天、卑如地，也就是博
文、約禮，才是知、行的工夫。由於知、禮本在性之四德之中，敬軒的說法並
不算突兀。在崇與卑的要求下，認識更朝向形上之理，而實踐則重在日用尋
常。
　　於是說到認識，敬軒要求從道義（事理、分殊）走向天理、理一的形上之

知，這知落在具體層面，便有「是非」的道德形式。於是「格物致知」乃是即事即物統一於「是」，這是道德意義之「是」，但包含知識之「是」。[34]認識既然是即事即物明理，則實踐亦要回到具體的情境。[35]如果單就格物致知而言，是由一物一理達於萬物一理。[36]物皆有理，窮理之至是由分殊達到理一，這是分析命題，且是形而上之理，彷彿對現實沒有實質助益，其實不然。求一事一物之「是」的活動，已經包含存天理去人欲的道德活動，則物格知至而達到形而上的一理之時，則心亦轉化為聖人之心。從明白事物上的道理上達於通天地之德，是哲學認識的升進，同時也是以心地向道理德性的轉化，而稱之為而「繼志述事」。[37]有聖人之心，便能道德地回應天下之事。[38]而且，物格知至而心明之時，不僅有道德判斷力，亦有知識判斷力，而帶來實用的效益，這是把知識納入道德的範疇，所謂「萬事得其當」。[39]雖然敬軒也講「博文約

34　「或讀書，或處事，或論人物，必求其是處，便是格物致知之功。蓋是者，天理也；非者，人欲也。得其是，則天理見矣。」（卷 3，頁 1081，89 條）「蓋下學父子、君臣、夫婦、長幼之人事，便是上達仁、義、禮、智，元、亨、利、貞之天理也。謂之天知者，非聞見之知也，乃天與聖人默契為一，是以人不能知而天獨知也。」（卷 4，頁 1112，82 條）

35　「自一身言之，耳有耳之理，目有目之理，口鼻有口鼻之理，手足有手足之理；以身之所接而言，父子有父子之理，君臣有君臣之理，夫婦、長幼、朋友，有夫婦、長幼、朋友之理，以至萬物有萬物之理。既知其理，於一身之理必有以踐之，於人倫之理必有以行之，於萬物之理必有以處之。」（卷 4，頁 1104，1 條）「如仁義禮智是德，行仁義禮智之德見於人倫事物之實為業。德業非有二也。」（續卷 7，頁 1445，18 條）

36　「『物格』是知逐事逐物各為一理，『知至』是知萬物萬事通為一理。」（續卷 3，頁 1359，3 條）「通天地萬物總是一理。致知格物者，正欲推極吾心之知，以貫天地萬物之理也。」（續卷 6，頁 1438，39 條）

37　「天地為人父母，故人知天地變化之道，則所行者能述父母之事矣；通天地神明之德，則所存者能繼父母之志矣。」（續卷 4，頁 1400，176 條）

38　「人知天地萬物為一體，則薰然慈良惻怛之心，有不覺而自發於中者。」（卷 7，頁 1199，148 條）「雖明善而反諸身不誠，終未有得也。」（續卷 7，頁 1445，13 條）「聖人只以仁義禮智之心應天下之事。」（續卷 11，頁 1484，54 條）

39　「物格知至，則異端邪誕妖妄之說不辨而自明矣。」（續卷 11，頁 1481，24 條）「人君之德，惟明為先。書稱堯曰欽明，舜曰文明，禹曰明明，湯曰克明，文王曰若日月之

禮」，顯然格物並非博物，重點在心明而能辨是非邪正，而不是各種知識的堆積。這裡有一個由知行向形上之理升進，而又由形上之理落實於具體知行的過程，亦即由博文約禮而知禮成性，而後「知禮成性而道義出」的過程。

至於敬軒的具體讀書內容，綜合以下三條可知：

> 五經之後，《大學》、《論》、《孟》、《中庸》，程朱《易傳》、《義》、《詩傳》、《四書集注》，周子〈太極圖說〉、《通書》、張子〈西銘〉。（續卷 2，頁 1336，163 條）

> 濂、洛、關、閩之書一日不可不讀，周、程、張、朱之道一日不可不尊。舍此而他學則非矣。（續卷 4，頁 1395，117 條）

> 支流多則迷本源，雜說多則亂本旨。今五經、四書，傳注之外，增錄後儒之說日益多，學者至白首不能遍讀，吾恐本源本旨迷而亂也。（續卷 5，頁 1416，69 條）

從這裡清楚看到敬軒讀書集中在四書、五經、宋代理學專著，而且是哲學式地閱讀，目的在明理而非知識，最後一條所批評的是元儒對朱子經學著作再加疏釋之作，明初的《四書大全》、《五經大全》極其流衍，敬軒以為其說過多過細，反而迷亂經書本旨。反對元代至明初經書的疏釋，而直尋經書與宋儒學說的大旨精義，可以說是敬軒的問題意識。

（三）心的始終體用工夫

理在天在人最大不同，是在天有推動力，故謂「神即太極」，但在人則動力在心，所以有做工夫的必要，而不能依賴理的自動性。敬軒認為《尚書》

照臨，皆言明也。明則在己之理欲判然，在人之邪正別白，處己處人，萬事皆得其當矣。」（續卷 5，頁 1411，4 條）

「唯時唯幾」、孔子「人能弘道，非道弘人」、孟子「勿忘」、「存心」，皆言不等候理的自己出現，須要心的自我提振，亦即敬，理始得呈現於其中。[40]性是人的形上依據，不待外求，相應地道德亦不外求。但這不表示不需工夫，而是要自存與外推，此即忠恕。因此敬軒引朱子語而申論云：

> 朱子曰：「忠者，誠有是心而不自欺也；恕者，推待己之心以及人也。」推其誠心以及人，則其所以愛人之道不遠於我而得之矣，此「忠恕違道不遠」也。（續卷 1，頁 1286，25 條）

此外，敬軒又申論《孟子‧盡心章》云：

> 盡心工夫全在知性知天上。蓋性即理，而天即理之所從出。人能知性知天，則天下之理無不明，而此心之體無不貫。苟不知性知天，則一理不通，而心即有礙，又何以極其廣大無窮之量乎？是以知盡心工夫全在知性知天上。（卷 1，頁 1030，94 條）

兩條合看，可建構心地工夫的始終。忠恕言心地自身的工夫，盡心則是格物致知工夫。忠恕而近道，與格物致知而盡心，成為始終循環的關係。朱子以格物致知來解釋知性盡心，乃是工夫起點，然而格物致知可達於豁然貫通，亦即至極境界。敬軒隨著朱子《集注》以格物致知來解釋知性知天，亦以盡心為格物致知之極至，故言：「人能知性知天，則天下之理無不明，而此心之體無不貫。」能達到理無不明的境界，則心亦是聖人之心。此條言理之極至，而聖人

---

[40] 「如手足耳目口鼻之類，皆人也；其理則道也。須是於手足之類事事操持，其理斯存，所謂『人能弘道』也。若手足之類不加操持，則理豈能自存哉？此『道不能弘人』。」（卷 4，頁 1120，175 條）「『惟時惟幾』，聖人警戒之心曷嘗有頃刻毫髮間斷！」（卷 6，頁 1166，83 條）「理義之心不可少有間斷，孟子所謂勿忘是也。」（卷 8，頁 1220，20 條）「心斯須不存，即與理義背馳，可不念哉！」（卷 8，頁 1221，21 條）「無忘無助，即天理存。」（續卷 1，頁 1293，108 條）

之心是天理所在。[41]因此工夫除了默識性天之外，也包含自我提升，使此心成為聖人之心。敬軒的格物致知，其起點與終點都是心，起於自心的兢惕，終於聖人之心。因為心同理同，聖人之心只是盡我之心，而不在我心之外。[42]

於是工夫仍要回到我的心。相應於性體情用，心亦有體用，而工夫皆有著落。由於心與性俱生，是本體與自覺之間一而二、二而一的關係，心可以稱為性的自覺面。[43]相應於性情的自然連結，心有具體的活動可觀察，可施以工夫。心的體用如下所言。

> 未應物時，心體只是至虛至明，不可先有忿懥、恐懼、好樂、憂患在心。事至應之之際，當忿懥而忿懥，當恐懼、好樂、憂患而恐懼、好樂、憂患，使皆中節，無過不及之差。及應事之後，心體依舊至虛至明，不留前四者一事於心。故心體至虛至明，寂然不動，即「喜怒哀樂未發之中，天下之大本也」。心之應物各得其當者，感而遂通，即「喜怒哀樂發而中節之和，天下之達道也」。心之寂，即「利貞，誠之復」；心之感，即「元亨，誠之通」。一感一寂，動靜循環無端，心之體用，其妙如此。（續卷3，頁1367-1368，96條）

心的體用，從動靜說是寂為體、感為用。從道德說是虛明為體、應物得當為用，也就是廓然大公為體，物來順應為用。心在本質上是寂感動靜的循環。[44]然而這循環同時是合道德的，否則不能說是「寂然不動、感而遂通」或「誠

41　「天地之所以大，日月之所以明，四時之所以運，鬼神之所以靈，是皆理之自然也。……天地也，日月也，四時也，鬼神也，聖人也，形雖有異，而道則無間，是皆自然一致，夫豈有一毫強合之私哉？」（卷2，頁1060，119條）

42　「養氣則人之氣與天地之氣同其大；盡心則人之性與天地之性同其大。」（續卷11，頁1481，20條）「一息之運與古今之運同，一塵之土與大地之土同，一夫之心與億兆之心同。」（續卷11，頁1481，21條）

43　「天理流行，命也。命賦於人，性也。心與性俱生者也。性體無為，人心有覺，故心統性情。」（續卷4，頁1395，121條）

44　「寂而感，感而寂，動靜循環，人心之妙也。」（續卷3，頁1369，115條）

復、誠通」。由於中和被歸屬於性情，[45]因此在心合乎道德時，心性並無差別。

敬軒的工夫論顯然主張心經由工夫而合乎道德。因此說「主靜以立其本，慎動以審其幾」（續卷 3，頁 1369，113 條）。主靜、慎動工夫實以靜為主，心體涵養至純一寧靜，則動而自能中節。[46]因此所謂工夫是心的自主、振拔，使之沒有忿懥、恐懼、好樂、憂患之雜，而不是被動地學習、遵守外加的道德法則。此因「心與性俱生」，道德法則內含，心在則理在，[47]故又有自然的面向。

主靜工夫包含一要項，就是夜氣的體驗。敬軒云：

> 平旦未與物接之時，虛明洞徹，胸次超然，真所謂「清明在躬，志氣如神」者，此蓋夜氣澄靜之驗。苟一日之間勿使物欲汨雜，而神清氣定，常如平旦之時，則心恆存而處事無過不及之差矣。（卷 2，頁 1063-1064，160 條）

這工夫正呼應了前述敬軒「動靜無端，陰陽無始」的宇宙論。敬軒形容終始之際云：「前天地之終，今天地之始。氣雖有動靜之殊，實未嘗有一息之斷絕，而太極乃所以主宰流行乎其中也。」（卷 3，頁 1074，5 條）人當寧靜無事時，容易體驗天地萬物一體氣象，這是由氣清而默識天理。[48]涵養夜氣是有意識地將這經驗推到極致。夜氣是天地一日的終始，是氣的翕靜之極，又是發舒

45　「寂感以心言，中和以性情言，心統性情者也。」（續卷 3，頁 1369，116 條）

46　「心性為天下之大本，必涵養純一寧靜，則萬事由此而出者，皆天理之公矣。」（續卷 2，頁 1337，170 條）

47　「心之理即仁也。『三月不違仁』者，心在內，即仁在內為主。『日月至焉』者，心在外，即仁在外為賓。」（續卷 2，頁 1345，268 條）

48　可參考下引。「余往年在中州，嘗夢一人，儒衣冠，其色暗然，謂是朱文公。告余曰：『少嗜欲多明理。』明發，遂書其言於壁。一日，在湖南靖州讀《論語》，坐久假寐，既覺，神氣清甚，心體浩然，若天地之廣大。忽思前語，蓋欲少則氣定，心清理明，幾與天地同體，其妙難以語人。」（卷 1，頁 1028，82 條）

之始。斯時是氣最清澄無障蔽之時，也是理的作用最顯著之時，因此是存養的
最佳時機。涵養夜氣的工夫有宇宙論做基礎，且近乎神秘經驗，但又是易於明
瞭，人人可及的工夫。敬軒工夫論的特色是具有朝向深淺兩端的開放性格。

四、結論

以上根據《讀書錄》、《讀書續錄》整理敬軒的本體論與工夫論。雖然大
體不出已有研究，仍可顯出敬軒思想的特色，並回答明代思想史上朱學地位的
問題。朱學自明代中葉以來雖倍受威脅，但因科舉等因素關係，從未走下廟
堂。筆者認為研究明代朱學的現代意義，一在考察其重視心地與悟境的特色，
一在從主要人物與次要人物之中尋找更多更廣的思想資源與可能。

明初朱子學的特色，依古清美的研究，特色是注重個人心性體驗與涵養實
踐，而開啟陽明心學的先聲。薛敬軒有「此心始覺性天通」之說，吳康齋有
「精白一心，對越神明」之說，皆表現了理學內部的一種變化。古清美後來貫
通薛敬軒、羅整菴、高景逸，而建構明代朱子學系譜，及其重視心與悟解的特
色。如此則明代朱子學自成源流，但在與心學互動之中受到後者的影響。[49]明
代朱子學自成系譜是沒有問題的，不只因為有這三位主要人物，而且後進稱引
先進，有自覺地批判繼承之處。敬軒作為這傳統的開山人物，對其思想作客觀
深入研究，將有助於對這傳統的理解。在本文研究中，的確可以說明敬軒思想
中理氣合一、心性合一、體驗自得等與心學相接近的面向。然而斯時心學未
起，敬軒的依據只是北宋以至朱子的理學傳統，我們要考慮理學傳統中本來有
這些面向，敬軒只是提出並加以發展而已。其中理有動靜與心之體用說，一方
面可通於心學，另一方面，理氣維持著形而上下關係，心即理僅限於聖人之
心，則保持著朱子學立場。

---

49 古清美：〈明代前半期理學的變化與發展〉，《明代理學論文集》（臺北：大安出版
社，1990 年），頁 1-22；〈明代朱子理學的演變——從薛敬軒、羅整菴到高景逸〉，
《慧菴論學集》（臺北：大安出版社，2004 年），頁 41-94。

　　近來吳孟謙的研究，對理學家的義理形態，以工夫實踐的取徑或入路為著眼點，提出「一系二路說」。一系者，即宋明理學家共通的天人信仰與終極關懷；二路者，即其求道過程中所開出的兩大工夫路向：觀理與觀心。一路以「窮理盡性」的精神為主，重視觀照天人萬物之「理」；一路以「盡心知性」的精神為主，重視體證本然至善之「心」。[50]吳君的分派與傳統理學心學之分大體一致，並從工夫論立場恢復被牟宗三取消的程朱正統身分，使之與心學並列。吳君用這方式為程朱理學派恢復地位，而敬軒則是這傳統在明初復興最重要的代表。相較於此，本文有更多本體論的討論。敬軒的問題意識是自少年得聞程朱理學以來即已愛好而全盤接受，卻對宋末以來理學流於訓詁章句與科舉文章深感不滿，故其終身致力之處，在經由理學傳統而明道力行。敬軒在實踐中重新詮釋心性天的相通一致，他開啟心學之處，其實是理學傳統中原來含蘊之意義。如此則明代朱子學之所以重心重悟，未嘗不可以「朱子學派的心學」視之，得以與陽明心學相對照。從本體論與工夫論來看，敬軒都是本於朱子，特別是接近較早期屬於道器論的思想。敬軒的發揮頗為切實可依，具有可操作性。於是敬軒之學足以自立，而為明代朱子心學一派的開山祖師。

50　吳君以為觀心傳統的工夫，是牟宗三先生所舉返歸本心的「逆覺體證」，又區分為「內在的體證」與「超越的體證」兩種。對於窮理工夫，牟先生以「順取之路」或「泛認知主義」評價之，吳君認為不公允，而改稱之為「開放的體證」，亦即將自己開放到天地萬物、聖賢典籍之中，對貫徹於其間的生命律動與恰當條理加以感受、思維，使自身的生命見地獲得躍升。「開放的體證」不求在剎那間返視此心本體，而總是在積累式的契會之中漸次豁顯此心。見氏著：《默識天人之際——薛敬軒理學思想探微》，頁150-151、130-131。吳君亦以窮理為漸教，未能直指心源，與牟先生所判及一般對理學的評價並無不同，其提出觀理傳統與開放體證，意在指出窮理雖非逆覺體證本心全體，對於理仍有深入的感受，其所窮者存在之理、道德之理，不只是知識活動，而與實踐轉化有直接的連結。

王陽明良知學新詮

馮耀明[*]

一、王陽明的「良知」並非知性概念

「良知」是王陽明哲學中的一個至為重要的概念，但歷來對此一概念之解說紛紜，且缺乏善解。由於它不可被理解為知覺思慮或見聞之知，不少學者遂以良知為一種非感性、非經驗或超經驗的知識或認知能力。但「非經驗」或「超經驗」之意為何？一些有超越主義傾向的學者為了說明此點，他們會斷定此乃既不是感性直覺也不是分解智性的能力及知識，並構想其必為一種非感性的直覺（non-sensible intuition）或智的直覺（intellectual intuition），以此直覺為與物無對者。一些較少或沒有超越主義傾向的學者則以良知之能力在其能發動道德踐履，故可視為一種如何之知（how-knowing）的能力。但我認為，前者是值得置疑的，因為其說與主張人心有一種弔詭性或不可說之神秘精神力量的神秘主義十分接近。後者也是難以被接受的，因為其說並不能說明何以王陽明相信良知是「無知而無不知」的，及「草木瓦石也有良知」等說法，更遑論有關「性即氣」、「心外無物」及「知行合一」等說法。一般而言，二說皆不能回應從文本中提出的問題。

我認為這些不同的詮釋都是錯誤的，這不僅是因為諸說不能提供一令人滿意的解說，更且因為它們並不是在正確的進路上。要給王陽明的良知說一個融貫而完備的解釋，必須擺脫上述這些觀點所共有的心靈主義的（mentalist）或

---

* 臺灣東吳大學哲學系訪問教授

知性的（epistemic）進路，不管是超越主義或非超越主義的類型。不同觀點的學者都會認同，良知並不是一種感覺經驗的知識或理論認知的能力，但大家沒有注意到更重要的一點，即對「良知」概念之理解不是或不僅僅是基於其所指者之非經驗或非感性、非知性或非辯解的特性，而是基於此說背後有一深層的結構。以下，我將嘗試展示此一深層結構，並論證良知不能只描述為非經驗的或非感性的，或非知性的或非辯解的，更重要的是不能被界定為任何種類的知識和認知能力、覺悟和體悟能力、或智的直覺和神秘感受等。究其實，「良知」並不是一個知性概念（epistemic concept）。將之理解為一種知性的機能或心靈能力，將會遠離王陽明哲學列車的軌道。

二、以人為天地之心的宇宙觀

依照王陽明的宇宙觀或世界觀，宇宙或世界並不是在物理規律下為靜態的和機械的，而是在一種規範秩序下為動態的和有機的一個場域。天或太虛（《王陽明全集》，頁 95-96、106、211、1299、1306）[1]乃是一個內具規範秩序或理序方向的宇宙場域。此理序乃是能軌範其中的萬物萬事之天理或道，而天理之軌範是憑藉其體現（realization/embodiment/manifestation）於萬物萬事中而得以實現。正因天之虛，故它能藉天理之體現於萬物萬事之中，而無所不包容。此即天理之發生流行。當其發生流行，太虛中無一物可為其障礙。（《王陽明全集》，頁 106、211、1299）

天理或道作為一種普遍的規範力或規範性能夠在宇宙場域中流行發用，換言之，它有點類似 Aristotle 所說的 formal cause，能夠體現於各種由氣化而成的特殊的物事中而發生作用。此內在（immanent）於各特殊物事中的理可名之為「性」。但所有這些體現只能由萬物之靈的人之參贊化育或裁成輔相才能直接地展示出來或啟動起來。（《王陽明全集》，頁 861）對王陽明來說，這是因為人是天地的心（中心），而且只有人才有心（心靈）。（《王陽明全

1　王陽明著，吳光等編校：《王陽明全集》（上海：上海古籍出版社，1992 年）。

集》，頁 336）心乃是人身內的一種靈能或虛靈明覺，它由至清至靈的氣所構成，並能儲存太虛中的規範力或規範性，此即所謂生生不息之仁（《王陽明全集》，頁 26、36、976）或天機不息處（《王陽明全集》，頁 91）。當內具此生生不息之性理的心起用時，它能傳達或引發此性理至身內、身上及身外之物事。換言之，心作為一種精神能量是本源地賦予此性理的，並能傳達或引發此性理之功能性至外在世界的物事上去。當心在持續的虛明狀態下發出心靈作為（mental act）或由心靈作為而生出意向性行動（intentional action）時，性理之功能性便能由此而被展現或顯現出來，此過程及狀態可稱為（良知之）「呈現」、「發見〔現〕」、「發生」、「發用」、「運用」、「妙用」、「流行」或「充塞」等。（《王陽明全集》，頁 6、15、21、26、35-36、69、71-72、85、101、106、111、118、145、971、978、1176、1361、……）

　　心所隱含者乃天之規範秩序或理序方向在心中處於寂然的本體狀態或本來體段。此序向乃一性能，其所體現或發用於心所起動的心靈事件乃是此一序向或性能在心中處於感或已發的狀態。對於心靈事件的發生，此理序或性能之作用有點類似 Aristotle 所說的 formal cause，而作為氣之靈的心之作用則有點類似 Aristotle 所說的 material cause。用王陽明的話說，這便是天理的發用流行。簡言之，天理（太虛中的生生理序）、性（天理內存於人中的性能）或良知（天理內存於人中的靈能）乃是同一生生性能或此性能在不同狀態下而形成的連續相或連續體之不同描述（《王陽明全集》，頁 15、84、86、95-96、254、263、266-267、1303）：它是宇宙中生而又生過程中之自然的又是規範的秩序或理序的方向；也是天地間萬物所內具的性能或生力；對人而言，更是人心所內含的靈能之本來體段，或能體現於心靈作為及由此作為所生之道德實踐或意向性行動（包括發動心靈至覺悟狀態）中的生生之仁。

　　心作為氣之靈可名之為「人心」；心內含此太虛性能或宇宙精神可名之為「本心」，即從本以來是天所賦予此性能的本來體段。就此本體的心而言，可謂之「靈能」或「靈竅」。由於它能藉感官之竅而接觸或觸動外在世界，故亦

可稱之為「發竅」或「竅中竅」。[2]由此靈竅，人便能傳輸太虛中之性能至人身之內，並由身內之性能去觸動身外之物，貫通小宇宙與大宇宙而為一體。若無私欲之阻隔蔽障，此天地萬物一體的生生之仁是無所不在的。人為天地的心，人可以藉其心靈活動去觸動或激活外物，由此感而得彼應。（《王陽明全集》，頁 50、64、77、114、124、801、853-854、978、1176、1281、1295、1587、1600）所謂「感應」，乃是人之靈能所參贊於天理之發用流行之化育過程，裁成輔相。人以外的萬物和人一樣，都潛具天命之性，但只有人才能藉其內具的靈能去觸動或激活外物，從而使其潛具的天命之性得以「一時明白起來」，否則無感無應之內外二方只有「同歸於寂」。正如紙、木皆潛具可燃（flammable）之性，但只有藉火種（人心之發竅）才能使之燃燒（flaming）起來。換言之，物所內具的天命之性只是在傾向（dispositional）狀態之性，而人所內具的天命之性乃是在本具（intrinsic）狀態之性，此乃人物之別，亦人之所以異於禽獸者。

　　當靈能發用或天理流行於身內的念慮情意的活動中，便是致其靈知於心靈作為中而有思慮之正、意念之誠、情發中節及行為中理之效。用今天哲學的語言說，這裡所謂心靈作為（mental act）其實只是大腦神經的活動事件（neural event），可以說前者的心靈描述（mental description）是隨伴著（supervenient on）後者的物理描述（physical description）。用王陽明自己的話說，致其靈

2　就我所知，這一系列的概念如「虛靈」、「精靈」、「靈明」、「靈能」、「明覺」、「虛靈明覺」、「昭明靈覺」、「天地根」、「天植靈根」、「造化的精靈」、「靈昭不昧處」、「發竅之最精處」及「圓明竅」等，經常出現在王陽明及其弟子的著作中，但從未出現在王陽明以前的儒家論著中。但相關概念卻為大多數王陽明以前的道教著作，特別是內丹的論著所使用。例如王陽明的「圓明竅」一詞（見吳震編：《王畿集》〔南京：鳳凰出版社，2007 年〕，頁 460）乃是從內丹著作中借用過來。王龍溪和錢德洪經常使用的概念如「靈竅」、「靈氣」、「靈機」、「玄機」、「天根」、「性之靈源」、「人身靈氣」、「一點虛明」、「一點靈機」、「真陽種子」、「第一竅」、「天然之靈竅」、「先天靈竅」及「虛靈靈明」之體等，大都來自或引伸自內丹的一個基本概念，即「玄竅」、「靈關一竅」或「玄關一竅」。詳論見拙作：〈王陽明「心外無物」說新詮〉，《清華學報》第 32 卷第 1 期（2002 年 6 月），頁 65-85。

知於念慮情意的心靈作為（即心念之為）乃是一種心靈描述之所指，而其物理描述則是指氣之流通。（《王陽明全集》，頁 124）就心靈作為所觸動的外在行為而言，此行為之物理描述乃是有關其發出言行的身體動作之物理移動（physical movement），而其心靈描述則可理解之為意向性行動（intentional action）。我們亦可以說，意向性行動之心靈描述是隨伴著身體動作之物理描述的。王陽明稱此內外之互動為「感應」。用我們的 mental language 去描述，此可稱為 "mental causation from prior intention to intentional action"；用我們的 physical language 說，此亦可稱為 "physical causation from neural event to physical movement"。

三、二域三層之架構

王陽明的宇宙觀隱含著一理論架構，我們可以稱此架構為一「內外（身內／身外）二域和（理／氣／人與物）三層」之架構。茲圖示如下：

天成人作圖

人作：裁成輔相	天成：無為而成
(Human's conduction)	(Tian's production)

3rd layer:

良知發見	天理流行
Tian-li's realization in	*Tian-li*'s flowing on
mental act (internal domain)	body (internal domain)
& action (external domain)	& movement (external domain)

2nd layer:

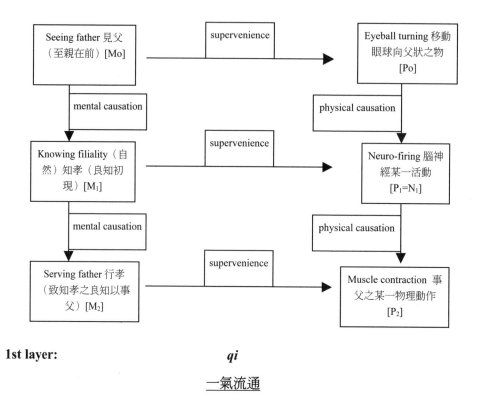

1st layer:　　　　　　　　　　　　　　*qi*

<u>一氣流通</u>

　　從宏觀和物理的角度看，人可被理解為在天地間其中一種具有物質形體的對象；但從微觀看，人不過是氣聚而成之物。當這些氣在流動的狀態中，可稱之為「氣」；當其在凝結濃縮的狀態中，可稱之為「精」；當其在聚合成形的狀態中，可稱之為「物」。（《王陽明全集》，頁 62）但若從心靈的角度看，人乃是具有心靈活動的個體，乃是藉其竅中竅以體現天理於身內，並從而藉其外竅以使天理流行於身上及身外。由此內外二竅而感通外在世界，可說是良知由發用而充塞於天地之間。身內的心靈作為可被理解為隨伴著（supervenient on）身內的物理的大腦神經事件（neural event），及身上或身外的意向性行動可被理解為隨伴著身上或身外的物理的生理事件（physiological event）。而藉著由心靈作為至意向性行動生發的心靈因果（mental causation），或由大腦神經事件至物理的生理事件生發的物理因果

（physical causation），體現在竅中竅中的天理便可以出竅而流行充塞至身外之萬物，使之由 flammable 轉化為 flaming 的狀態。其「點燃」（turn on the ignition）此 *spiritual fire* 之功唯人才能，亦即只有人才能裁成輔相，參贊天地之化育也。[3]

　　此三層架構中的底層乃是世界在現象之中的（phenomenal）或形而中的面相，即充滿於天地之間的或流動或凝聚的氣。第二層乃是世界在現象之下的（sub-phenomenal）或形而下的面相，即人所創造的心靈內容或此心靈內容所隨伴著的物理內容，而此物理內容乃是氣所凝結或形聚而成者。最上層乃是世界在現象之上的（super-phenomenal）形而上的面相，即生生之性能或自然往復的生序。生生之仁就其本身而言是沒有現實性（actuality）或實現其自我的獨立的存有角色，它的實化（actualization）不能離開第一或第二層的事物。它必須在氣之流變之中及在心靈作為和意向性行動的生發之中，才能體現（realized）或呈現（manifested）出來。在沒有私欲阻隔或氣質蔽障的情況下，知覺運動等心靈作為能為良知所發用，為天理所流行。此所體現於心靈作為中者，乃是天理於身內之構造體現（constitutive realization）；當由此知覺運動等心靈作為生發一意向性行動或外部行為時，此所體現於行動或動作中者，乃是天理於身上及身外之因果體現（causal realization）。第二種體現之發生，乃是憑依由身內所造的心靈作為之原初意向性（original intentionality）至心靈所及之外部行動的導出意向性（derived intentionality）之間的心靈因果關係之過程。沒有此一 mental causation，內與外便無感通，外行和外物與內在的我便同歸於寂，而良知天理也就無從發用流行於外。一旦感通無礙，內外貫通，外物潛具的 *spiritual fire* 就可以被「點燃」起來，此時亦可謂「心外無

3　簡言之，身內的 mental act 是 supervenient on neural event，而其生發的 intentional action 則是 supervenient on physical movement。對前者言，天理由竅中竅而 constitutively realized 在身內；對後者言，天理則出竅而 causally realized 在身上或身外。有關此兩種 realization，詳見拙作："Wang Yang-ming's Theory of *Liang-zhi*: A New Interpretation of Wang Yang-ming's Philosophy," *Tsing Hua Journal of Chinese Studies* 42, no. 2 (June 2012): 261-300。

物」、「性外無物」及「天地萬物一體」矣！

這兩種體現（即 constitutive realization 和 causal realization）可以用以下的類比例子來說明：

電腦的軟件和硬件的關係：我們可以說：軟件作為 formal program 與硬件作為 physical equipment 是不同的，雖然前者必須安裝在後者中才能使電腦運作。用 Artificial Intelligence 的電腦語言說，軟件藉硬件所作的物理動作而提供電腦以 semantic content 或 meaning。雖然在籠統意義上說，當電腦開動時其程式在運行（the program is *running*）；但嚴格言之，軟件程式既不能說是 "running"，也不能說是 "not running"。說它在 "moving" 或 "not moving" 都是 category-mistake。只有硬件才可被形容為 "running" 或 "not running"，"moving" 或 "not moving"。良知天理之 realization、embedding 或 embodiment 在人的心靈作為或心靈事件中，和軟件之裝嵌在硬件中一樣，都是一種 constitutive realization。因此，良知天理就其本來體段言，既不能說「動」，也不能說「靜」；既不能說「先」，也不能說「後」。由於軟件程式藉硬件活動而顯其功能，故可間接地說軟件程式之「運行」，實質上是「運而無運」，「行而不行」。同樣的，良知天理藉心靈作為而顯其性能，藉思慮情意而有所謂「知感」，實質上是「知而無知」，「感而無感」。相對於此種 constitutive realization，良知天理藉心靈作為所生發的意向性行動而體現者，乃是其 causal realization。因為這體現是透過身內至身上及身外的 causation 才得以完成。換言之，前者（心靈作為）的 realizee（i.e., what is to be realized）是其 realizer（i.e., what is to realize）之構成內容之一，而後者（意向性行動）之 realizee 則不是 original realizee，而是 realizee in a derived sense，它是由 causation 而「點燃」起來的。王陽明所說的「良知未嘗不在」和「良知本有」，乃是指天賦於身內的良知天理；其所謂「良知流行」和「良知充塞」於身上或身外之物，乃是指由人心以貫通內外而激活萬事萬物所潛具的良知天理。人心若能貫通內外，此時之知，乃是「真知」；此時之物，乃是「真物」。

用王陽明的話說，體現（特別是第一種體現或構成體現）可理解為體與用的關係：「體在用中，用在體中。」（《王陽明全集》，頁 31、61、266）在

某一意義下，這本體之物頗類似 G. E. Moore 的 "goodness" 理念。他認為 goodness 是一種 simple non-natural property，其本身是不可界定的，而且是非感覺經驗所能及者。但他又認為 goodness 之被確認是不能不透過相關的那些可為感覺經驗所能及的 natural properties 而獲取的。[4]類似地，天理、良知或性體之為體是形而上的，即超乎物理形體之上，但其功能之確認卻不能不透過物理事件而得。

基於上述的二域三層的架構，所有看似弔詭、反常及不可理解的王陽明用語都可以得到合理的解釋。例如他說的「無知而無不知」，「性即氣」，及「心外無理」都可理解為 constitutive realization（構成體現）；而「草木瓦石也有良知」，「心外無物」及「心外無事」都可理解為 causal realization（因果體現）。此外，王陽明之所以認為人心之作用於外在世界不能無氣，亦可理解為心靈活動或心靈事件是 supervenient on 物理活動或物理事件的。[5]

4　見 G. E. Moore, "The Conception of Intrinsic Value," in G. E. Moore, *Philosophical Studies* (Harcourt, Brace & Co. Inc., 1922), p. 261。一般學者認為 goodness 與其相關的 natural properties 之關係是 supervenience，我則認為將之理解為 realization 更恰當。

5　王陽明不只以心不外於氣，他亦同意朱熹所說的「心者氣之靈」。比喻地說，心像耶穌一樣，祂不只是一個人，祂同時也是一個賦有 God's incarnation 的人。換言之，祂不只是 the body of flesh，祂也是 the body of flesh which realizes the God's essential nature，即其 holy spirit。同樣的，心在血肉之軀中乃是由氣所成，但心作為竅中竅也能體現天理這種 cosmic spirituality。心作為氣之靈可以作出心靈活動和心靈事件，而這些心靈活動和心靈事件乃是 supervenient on 物理活動和物理事件之上的。此乃「第一義的心」。由於心是唯一能儲存或體現天理這種 cosmic spirituality 之竅，我們可以轉而稱此所儲存或體現者（即天理或良知）為「心」，此即「第二義的心」，亦即所謂「本心」，而非「氣之靈的心」。依此二義，王陽明乃可說良知「無所不在」（《王陽明全集》，頁217），「良知……便是太虛之無形。……天地萬物俱在我良知的發用流行中。」（《王陽明全集》，頁 106、1306），「良知是造化的精靈」（《王陽明全集》，頁104）等。我認為將良知理解為某種 intellectual intuition 或非感性的體悟，和理解為任何其他 epistemic concept 都是錯誤的。當王陽明說「無知無不知」（《王陽明全集》，頁 109、113、1360）時，他是認為良知不是認知的機能，故直接地說是無知的；但當祂體現在思慮、意念、七情或知覺運動之中，祂又間接地可說是無不知的。（《王陽明全集》，頁 146）

四、「性即氣」與「心外無物」說的解釋

性雖不等同於氣且不是由氣所構成，然依王陽明之說，二者乃是不可分離的。所以他說：「然性善之端須在氣上始見得，若無氣亦無可見矣。惻隱、羞惡、辭讓、是非即是氣。」（《王陽明全集》，頁 61）「良知不外喜怒哀樂，……除卻喜怒哀樂，何以見良知？」[6]為什麼性或良知只能在氣或氣所成之物中發現？這是由於性或良知乃是一種生生之功能性，它能發生或發用於經驗事件的隨伴性質（即心靈性質）之上。此外，性或良知也能流行或充塞於意向性行動之中。基於心靈作為或事件是行動產生的原因此一事實，及性或良知能發用於心靈作為或事件之中，我們可以說行動是依從性或良知而出現的。故王陽明總結地說：「若曉得頭腦，依吾良知上說出來，行將去，便自是停當。然良知亦只是這口說，這身行，豈能外得氣，別有個去行去說？……氣亦性也，性亦氣也，但須認得頭腦是當。」（《王陽明全集》，頁 101）此「頭腦」或「主宰」非他，正是那能構造體現於身內及因果體現於身外的天理、良知。然而，沒有體現的載體（即氣或物），頭腦亦不能藉其體現而得其主宰。

一如附注 5 所論，王陽明的「心」有二義。就其第二義言，「心不是一塊血肉」。所以他說：（《王陽明全集》，頁 36）

> 所謂汝心，亦不專是那一團血肉。若是那一團血肉，如今已死的人那一團血肉還在，緣何不能視聽言動？所謂汝心，卻是那能視聽言動的，這個便是性，便是天理。有這個性才能生。這性之生理便謂之仁。這性之生理，發在目便會視，發在耳便會聽，發在口便會言，發在四肢便會動，都只是那天理發生。以其主宰一身，故謂之心。這心之本體，原只是個天理，原無非禮。這個便是汝之真己，這個真己是軀殼的主宰。若無真己，便無軀殼。真是有之即生，無之即死。

6　水野實、永富青地、三澤三知夫校注，張文朝譯：〈陽明先生遺言錄〉，《中國文哲研究通訊》第 8 卷第 3 期（1998 年 9 月）。

　　如果人的物理軀體只是一團血肉，那就不能有視聽言動。這是因為它沒有一個真己或真吾作為頭腦。一若一台電腦，如果它只有硬件，沒有裝上軟件，那就不算是一台能行的電腦。同樣的，缺少了心、良知、性或天理的一團血肉，便不能有感知與行動，及由感知而涉及對象，由行動而產生事件。換言之，沒有真吾便沒有真物。王陽明相信：真我擴充其良知以體現於身軀和行為之中，從而得以正物或格物。物則藉此過程而由死物轉化為真物。此乃由良知至物之應跡。故說：「此處致得，方是真知。此處格得，方是真物」；「今日雖成此事功，亦不過一時良知之應跡」。（《王陽明全集》，頁 1600）例如，當依禮而視聽言動時，亦即依於天理所體現在規範之中的形式而有視聽言動時，人身的每一部分便成得個真正的人身部分。亦即是：「若為著耳目口鼻四肢時，便須思量耳如何聽，目如何視，口如何言，四肢如何動，必須非禮勿視聽言動，方才成得個耳目口鼻四肢，這個才是為著耳目口鼻四肢。」（《王陽明全集》，頁 35-36）此語的意思是：沒有被體現者（realizee），便沒有體現者（realizer）。同樣的，沒有體現者，也沒有被體現者。所以當九川疑曰：「物在外，如何與身心意知是一件？」先生曰：「耳目口鼻四肢，身也，非心安能視聽言動？心欲視聽言動，無耳目口鼻四肢亦不能，故無心則無身，無身則無心。」（《王陽明全集》，頁 90-91）

　　然而，以下一段似有 Berkeley 的主觀唯心論之嫌：（《王陽明全集》，頁 107-108）

> 先生遊南鎮，一友指巖中花樹問曰：「天下無心外之物，如此花樹，在深山中自開自落，於我心亦何相關？」先生曰：「你未看此花時，此花與汝心同歸於寂。你來看此花時，則此花顏色一時明白起來。便知此花不在你的心外。」

如果細讀原文，可知此段並非主觀唯心論之說。其意是：當人的感知不作意向性的活動時，那作為感知的頭腦主宰的生生之性便不會體現於那花之上，而那花亦不能顯示或生發那生生的性能。雖然那外在的光禿禿之物（bare object）

仍擺在那裡，它只是和那未起用的良知或心同處於「寂」的狀態。但為何那生生的性能必須藉人的心靈作為和外部行動而起動或發用？一般而言，這是因為人是天地萬物之心，而人的良知或本心乃是此宇宙中心中的靈竅，它能存藏太虛中的生生的性能，及藉人的心靈作為和外部行動而運轉此生生的性能至宇宙萬物之中。由於人和其他事物都在一氣之流通之中，故可合成一體而不可分。（《王陽明全集》，頁 107、124）以底層一氣之流通為基礎，中層的心靈作為和外部行動便可貫通內外二域，並擴展身內所體現的天理或良知（上層）而轉運至身外。體現於身內心靈活動的生生之性就好像是一個精神火種，而身內與身外之間在感應之幾上的互動則使外物為此火種點燃著。類比言之，在有機的宇宙中外物雖然本具此精神之火，但此只屬可燃性（flammable），而非實在的燃燒（flaming）。只有當人透過身內的內竅即靈竅而發出「初火」（first spark），才能點燃那些身外的可燃之物事。

基於此二域三層的架構，我們便能說明心、性之無內外。（《王陽明全集》，頁 1173）因為心或性是 constitutively realized 在身內，及透過 mental causation 而 causally realized 於外物之中。只當外物藉人的心靈活動而體現宇宙中的生生之性能時，才能有真物。故云：「人不得〔道〕焉，不可以為人；而物不得焉，不可以為物。」（《王陽明全集》，頁 861）及「有是意即有是物；無是意即無是物。」（《王陽明全集》，頁 47、1295）此二段的意思是：沒有先在的意向，便沒有意向性的行動；沒有良知、天理或道體現於意向之中，便沒有藉 mental causation 而使良知、天理或道體現於行動之中。因之，外物也就不能成得個真物。由於心誠之體乃良知，而心不誠便不能使良知體現於外物中，故可說「不誠無物」。（《王陽明全集》，頁 35）

總而言之，「心／性外無物／事」是建基於「性即氣」之說而成立的。後者包括以下兩種關係：在內域中，良知（存藏於心這靈竅中的宇宙生生之性能）能使其自己構造地體現於四端之情、思慮及知覺（諸心靈作為及事件）之中。而這些心靈作為及事件則是 supervenient on 某些由氣所成的大腦神經活動及事件之上。此乃「性即氣」之原義。在外域中，良知能藉意向性行動的因果關係而因果地體現於行動及行動所涉及的對象之中。而這些行動則是

supervenient on 某些身體動作之上。此乃「性即氣」之引申義。

五、「知行合一」說的解釋

　　依王陽明之說，要將每個人的明德顯明出來，必先要將那遮蔽心之原初體段的私欲隔斷現象去除。如是，人才能體現那生生之德或復其天理本然之性。但如何能去除私欲隔斷？簡單的答案便是作道德實踐的工夫。對大人言，他要做的工夫乃是以仁愛民。如果他能擴充其仁愛至每一事物，由君主、臣下、丈夫、妻子、朋友，以及山河、鬼神、鳥獸、草木，他便能達至「以天地萬物為一體」之境。（《王陽明全集》，頁220、968）

　　透過心靈作為與外部行為之間的心靈因果關係，生生之仁或天理這種內存於靈竅中的宇宙的精神生力便能體現於道德實踐或行動之中。這些實踐或行動又進而可以對人心發生影響，從而加強或鞏固內存的天理、良知的狀態。當進行道德實踐之前，人的良知在思緒中部分隱現，人因之而可以藉著去掉私念或私欲以建立一先在意向。這便是王陽明所說的「行之始」。而因應外在某一處境的道德行動之產生乃肇因於此一有良知部分隱現於其中的先在意向。這過程可謂是「感物而動」。人的內在心靈對外在某一處境的迎接乃是「感」，此乃形成先在意向的必要條件。而其後由內在對外在的行動反應乃是「應」，這是作出行動的充分條件。此來回二程之發生可以稱之為「隨感隨應」。當應之時，良知便能全體體現於人的心靈狀態之中，並擴充至外部行動之中。此乃王陽明所說的「知之成」、「知至」或「盡性」。

　　對王陽明來說，知與行是不可分的。二者的關係可謂是內外「交養互發」或本末「一以貫之」的。也可說是「知行並進」。可是他也說「工夫次第能不無先後之差」。顧東橋以為此說有矛盾。但王陽明卻指出這並非真有矛盾。他認為心靈程序可分兩層：一層是純粹內在的心靈作為和心靈狀態；另一層是由內而外的意向性行動。由內而外，當有先後次序。例如：「欲食之心即是意，即是行之始矣。」但「食味之美惡待入口而後知」。換言之，由人的先在意向所及之味乃是尚未成實感之味；只有透過實在的進食行為才能真有品味的經

驗。此一最後進食的階段，亦即到達品味的實有經驗的階段，才是知味的「知之成」。同樣的，就如稱某人知孝，某人知弟。必是其人已曾行孝行弟，方可稱他知孝知弟。」此外，王陽明也說：「無孝親之心，即無孝之理矣。」（《王陽明全集》，頁 1294）當良知體現於人的心靈作為中，心靈作為便有力量使一道德行動產生。例如由思慮而生一欲要閱讀《論語》中的道理之意向，此意向便會推動一儒家學者去拿起《論語》一書來閱讀。於此，天理、良知不僅體現於意欲閱讀《論語》一書的心靈作為中，亦體現於閱讀的行動中。此心靈作為作為一種活動（第一義的「行」）是繫於良知之體現，故可謂之（第一義的）「致良知」（於閱讀的意向中）。因此，藉著心靈作為，良知之呈現是不能離開推致之活動，故曰知（良知）與行（心靈作為）是合一並致的。此乃第一義的「知行合一」。此外，當此心靈作為之發生（透過修練以克服意志軟弱而）有足夠的力量，它便會自發地推動人去作閱讀的行動。當行動發生時，透過由心靈作為施加於外部行動的意向性，良知便能體現於行動之中。此行動作為一道德實踐是用以矯正不當的行為的。王陽明稱之為「正物」或「格物」。「格物」作為一種引致良知呈現的行動（第二義的「行」）可被理解為（第二義的）「致良知」（於閱讀的行動中）。然而，與第一義比較，第二義的「致良知」不只使良知顯現於心中，亦使良知發用於行動中。依第二義，可說是良知流行的最後階段，或曰「知之成」或「知至」。而良知呈現於其中的心靈作為則可被理解為「行之始」。在第一義的「致良知」活動中，良知或天理是發生或發見於內在心靈之中；在第二義的「致良知」活動中，良知或天理是流行或充塞於外在世界之中。如果我們以一種實體一元論來連接心靈與物理之間的鴻溝，我們可以說意欲閱讀的心靈作為是隨伴著（supervenient on）某一大腦神經活動的事件（亦即氣之某一形態的活動事件），而肇因於此閱讀的心靈作為之閱讀的行動則是隨伴著某一肌肉收縮和眼部移動的物理事件（亦即氣之另一形態的活動事件）。王陽明清楚知道：在行動發生之前，即使良知可體現於心中的作為，但在尚未致良知之時，良知之呈現是不穩定的，亦即可以被意識到亦可以隱藏於潛意識之中。但當致良知時，良知必定是在呈現的狀態中；否則便無內在的力量以推致之。一若沒有種子便不能有植物的生

長。依 A 由 B 構成的意義，可說 A 和 B 是合一的（此如上述第一義的知行合一）。

　　依王陽明之說，性是無內外的。性作為一種內在的生生之性能或心靈創造性之本質是可以體現於人的心靈作為之中的。藉著心靈作為在意向性行動上的因果性，性亦可以體現於外部行動之中。王陽明說：「功夫不離本體，本體原無內外。只為後來做功夫的分了內外，失其本體了。如今正要講明功夫不要有內外，乃是本體功夫。」（《王陽明全集》，頁 92）他的意思是：真正的道德修養工夫必然內外兼及。不管是心靈作為的實踐或意向性行動的實踐，本然狀態之心，即本心、良知，是可以體現於內外兩種活動之中的。由內而外雖有先後之差，但就二種體現言，內外之實踐實俱可說是知行合一的。

　　若一心靈作為或事件沒有因果地產生外部行動，則是處於一種潛隱的狀態：生生之性、天理或良知可或隱或現地體現於某一內在作為或事件之中。依王陽明的觀點，若只探求於內而不實在於行動中作工夫，則會產生「玩弄光景」的情況。（《王陽明全集》，頁 1170、1279）然而，如果人有足夠的心靈力量，性或良知便不只可以體現於心靈作為或事件中，亦能體現於心靈作為所因果地產生的意向性行動或事件中。依此，便可說性或良知是「無內外」的。換言之，知（良知或性）之可與行（心靈作為）合一（第一義），在於良知可以構造地體現於（constitutively realized in）心靈作為之中；而透過心靈作為至意向性行動之因果關係，良知又可以因果地體現（causally realized in）於意向性行動之中，此亦知（良知或性）與行（意向性行動）之合一（第二義）。

　　綜上所述，對於「知行合一」的問題，我們認為亦可以用 realization 和 supervenience 這一雙概念來說明。當王陽明說：「但要曉得一念發動處，便是知，亦便是行。」（《王陽明全集》，頁 1172、96），他說的是「第一義的知行合一」，即指在身內天理良知 constitutively realized in 心靈作為的行動中的意義。當他說：「知至者，知也；至之者，致知也。此知行之所以一也。」（《王陽明全集》，頁 189、278、971、999），他說的是「第二義的知行合一」，即指天理良知藉 mental causation 而 causally realized in 身上的知覺運動

及身外的行為事物。至此，致知之極至乃是知之成矣！茲圖示如下：

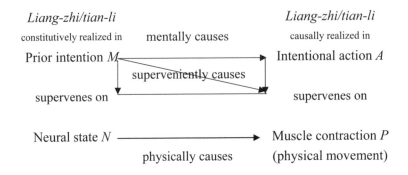

Xing-zhi-shi（行之始）
(the beginning of *zhi*)
(the revelation of *liang-zhi* in mental act)

Zhi-zhi-cheng（知之成）
(the completion of *zhi*)
(the extension of *liang-zhi* in action)

Liang-zhi/tian-li
constitutively realized in　　mentally causes

Liang-zhi/tian-li
causally realized in

Prior intention *M* ⟶ Intentional action *A*

superveniently causes

supervenes on

supervenes on

Neural state *N* ⟶ Muscle contraction *P*
physically causes　　　(physical movement)

六、「靈竅說」的解釋

　　王陽明的「萬物一體」說固然與泛神論或泛心論的解釋不悖，但接受泛神論或泛心論的解釋卻要付出一個背離儒學基本精神的代價，即宇宙心靈吞噬了個體心靈的代價，則道德個體的自由意志便難以確立。相對來說，本節提出的「靈竅說」的解釋則或不必付此代價，仍可說明「萬物一體」之義。這裡所謂「靈竅」，乃是我們用來標示王陽明的機體性世界觀的一個概念。在陽明的著作和語錄中，他常稱良知為「虛靈」、「精靈」、「靈明」、「靈能」、「明覺」、「虛靈明覺」、「昭明靈覺」、「天植靈根」、「造化的精靈」、「靈昭不昧處」、「發竅之最精處」、及「圓明竅」等，此「發竅之最精處，是人心一點靈明」，（《王陽明全集》，頁 107）故可概括為「靈竅」一詞。王門高弟王龍溪和錢緒山則直接以「靈竅」稱謂良知，龍溪更有「靈氣」、「靈機」、「玄機」、「天根」、「性之靈源」、「人身靈氣」、「一點虛明」、「一點靈機」、「真陽種子」、「第一竅」、「天然之靈竅」、「先天靈竅」

及「虛竅靈明之體」等種種稱謂。就個人所知，陽明之前似無儒者以「靈竅」或「發竅」等一系列的詞語來稱謂本心或良知。但在醫書與道教的著作中則不乏類似的詞語出現。醫書常有「發竅」之說，而陽明之前的道教著作雖無直接以「靈竅」立論，卻有類似的概念出現。道教內丹術語中有「玄關」、「玄竅」、「關竅」、「祖竅」、「歸根竅」、「先天道竅」、「虛無一竅」，更有「虛靈一點」、「真知靈知之體」、「靈機」及「真陽種子」。相傳尹真人高弟所著而於萬曆年間初刻的《性命圭旨》則有「靈關」、「靈關一竅」及「靈明一竅」等用語。從這些陽明之前及稍後的道教內丹著作中有關「玄竅」或「靈竅」的概念群之發展，可知陽明及其高弟所言良知之「發竅」或「靈竅」之說或多或少是淵源於內丹心性之學的。當然，王學與道教內丹心性之學有關「發竅」或「靈竅」之說也許有根本差異之處，例如有關致知成善與返虛成丹之異；但二說亦不無類似的地方，此即陽明所謂，「不可誣」的「上一截同者」。（《王陽明全集》，頁 18）如此假設成立，則或可證陽明受道教之影響並不比佛教的為少也。

我們知道，道教因受《黃帝內經》及醫家之說的影響，肯定天地之大宇宙和人體之小宇宙之間有互相感應及相通的關係。例如白玉蟾的〈陰陽昇降篇〉有云：「人受沖和之氣以生於天地之間，與天地初無二體。天地之氣，一年一周；人生之氣，一日一周。自子至巳，陽昇之時，故以子時為日中之冬至，在易為復。自午至亥，陰降之時，故以午時為日中之夏至，在易為姤。陰極陽生，陽極陰生，晝夜往來，亦有天地之昇降。人能效天地萬纍節之用，沖虛湛寂，一氣周流於百骸，開則氣出，闔則氣入，氣出則如地氣之上昇，氣入則如天氣之下降，自可與天地齊其長久。」[7]這是以天地與人本一體，即所謂「一點圓明等太虛」，人生以後不識一體之本，「只因念起結成軀」。[8]王陽明所謂隨「軀殼起念」、為「私欲間斷」，以致不能「復其天地萬物一體之本

7　《宋白真人玉蟾全集》（臺北：宋白真人玉蟾全集輯印委員會，1976 年），頁 104-105。

8　同前注，頁 504。

然」，（《王陽明全集》，頁 968）實亦與此有類似的意思。白玉蟾認為「人之有生，稟大道一元之氣」，而此元氣是可「與天相接」的，[9]故可藉煉養以「歸根復命」，與道為一。王陽明雖不必認同此一「逆化」之說，卻並不反對「天地萬物與人原是一體」之原因在一氣之流通，故云：「只為同此一氣，故能相通耳。」（《王陽明全集》，頁 107）

　　大宇宙與小宇宙本為一體而相通，關鍵在於一氣之流通；而二者後來轉變為二體而相隔，原因則在形軀及有我之私之蔽。要使天人復歸相通而為一，必須倚靠一種去蔽的修復工夫；而此工夫之可能則在於人身之內有一開關的通道及發動的機能，以使人所稟之一元之氣可復通於天之太虛。此一開關的通道與發動的機能，道教內丹著作稱之為「玄關」、「玄竅」、「玄關一竅」、「靈關」、「靈明一竅」或「靈關一竅」等。白玉蟾在〈玄關顯秘論〉中認為此歸根復命的「玄關」「乃真一之氣，萬象之先。太虛太無，太空太玄。杳杳冥冥，非尺寸之所可量；浩浩蕩蕩，非涯岸之所可測。其大無外，其小無內。大包天地，小入毫芒。上無復色，下無復淵。一物圓明，千古顯露，不可得而名者。聖人以心契之，不得已而名之曰道。以是知心即是道也。」[10]此心即是玄關，它可以「會萬化而歸一道」，亦即「一點圓明等太虛」。人能藉煉養而體會得此，便知「心外無別道，道外無別物」。[11]如果我們將上述這些說法所牽涉的有關精、氣、神的煉養過程略去，這種作為「玄關」、「玄竅」、「靈竅」或「一點圓明」的「即道之心」，不是與王陽明的作為「發竅之最精處」或「圓明竅」的「良知」甚為相似嗎？丹道以此心為萬物一體之機體性的宇宙之機括，故為「造化之根」、「天地造化之电龠」。而陽明也以良知為「造化的精靈」、「乾坤萬有基」。丹道的「心外無別道，道外無別物」涵蘊「心外無（別）物」，無疑是一種以宇宙為有機整體的觀點，即以有機整體內任何部分都不能離開機體性之機能而獨存。陽明言「心外無物」也是以「萬物一體」

9　同前註，頁 105。

10　同前註，頁 105。

11　同前註，頁 415。

的機體性觀點為前提，故當人的精靈遊散而與物同歸於寂時，所謂人與物皆為死物，已不是陽明以「生生之仁」來規定的道德性的宇宙機體之成分。李道純的《中和集》以此即心即道之玄關為「中」，而「所謂中者，非中外之中，亦非四維上下之中，不是在中之中」。陽明亦以「未發之中」說心體，以「性無內外」，（《王陽明全集》，頁 1173）並認為「人必要說心有內外，原不曾實見心體」。（《王陽明全集》，頁 76）張繼先在〈心說〉中認為心為「真君」，「其大無外，則宇宙在其間，而與太虛同體矣。其小無內，則入秋毫之末，而不可以象求矣。」[12]陽明亦說：「良知之虛，便是天之太虛；良知之無，便是太虛之無形。日月風雷山川民物，凡有貌象形色，皆在太虛無形中發用流行，未嘗作得天的障礙。聖人只是順其良知之發用，天地萬物，俱在我良知的發用流行中，何嘗又有一物超於良知之外，能作得障礙？」（《王陽明全集》，頁 106）王唯一的《道法心傳》說：「夫玄關一竅，內藏天地陰陽，日月星宿，三元八卦，四象五行，二大四氣，七十二候，風雲雷電雨，皆在其中矣。」[13]陽明亦以良知本體「廓然與太虛而同體」，此「本體只是太虛。太虛之中，日月星辰，風雨露雷，陰霾饐氣，何物不有？而又有何一物得為太虛之障？人心本體亦復如是。」（《王陽明全集》，頁 1306）陳虛白的《規中指南》以「太虛之中一靈為造化之主宰」；[14]而陽明亦以良知為「造化的精靈」。（《王陽明全集》，頁 104）上舉種種對比只是其中一隅，實質丹道的「玄竅」與陽明的「靈竅」皆為人心一點靈明，虛靈不昧，而與太虛同體。二家皆以天地萬物為一有機整體，皆為一氣之流通，而只有得天地一點靈光或靈明的人才能逆反或修復一體之本然，以貫通天人。

　　如果我們試用「磁力現象」來比喻陽明的「一體氣象」，也許可以「磁力」喻「心（能）」或「良知」，以「磁場」喻「太虛」，以「磁性」喻「性（理）」，以「磁場中的帶磁性之物」為「真物」。依此，「良知即太虛」可

12　《三十代天師虛靖真君語錄》卷 1〈心說〉，《正統道藏》正一部。
13　《道法心傳》，《正統道藏》正一部「席」字號。
14　《規中指南》，《正統道藏》第 10 冊，頁 44。

表示「磁力不離磁場」，「心、性、天為一」可表示「磁力、磁性、磁場三者不離」，「心外無物」則可表示「磁力的作用之外無帶磁性之物」，或曰「無真吾即無真物」。所謂「心無內外」，即以心能之作用不限於己身（小宇宙）與身外（大宇宙），可喻為「磁力之作用不限於磁石本身，亦及其他鐵物」。如此比喻不誤，陽明的道德化的宇宙機體中的「靈竅」，便可被理解為人人同具的生生之仁的機能，它是可以用來維繫或修復機體性之一體之本然的關竅。

　　這種機體性的觀點可以在王陽明年譜中記錄的〈天成篇〉中找到更明顯的描述。其說云：（《王陽明全集》，頁 1338）

> 吾心為天地萬物之靈者，非吾能靈之也。吾一人之視，其色若是矣，凡天下之有目者，同是明也；一人之聽，其聲若是矣，凡天下之有耳者，同是聽也；一人之嘗，其味若是矣，凡天下之有口者，同是嗜也；一人之思慮，其變化若是矣，凡天下之有心知者，同是神明也。匪徒天下為然也，凡前乎千百世已上，其耳目同，其口同，其心知同，無弗同也；後乎千百世已下，其耳目同，其口同，其心知同，亦無弗同也。然則明非吾之目也，天視之也；聽非吾之耳，天聽之也；嗜非吾之口，天嘗之也；變化非吾之心知也，天神明之也。故目以天視，則盡乎明矣；耳以天聽，則竭乎聽矣；口以天嘗，則不爽乎嗜矣；思慮以天動，則通乎神明矣。天作之，天成之，不參以人，是之謂天能，是之謂天地萬物之靈。

此篇之主旨在說明耳目心知具有客觀性及靈通性，乃是發自人心，而復歸根於天地萬物之機體中的一點靈能。此一靈能可透過人與天地萬物同體之「發竅之最精處」（即所謂「人心一點靈明」）顯發出來，由之而成就的耳目心知之現象，乃可說是「天作之，天成之」的。此篇在年譜上未有明言作者是誰，與年譜引錄文字的一貫做法不同。此篇似隱含道教的思路，錢緒山也許不欲明言其為師作或己作。此篇所言確與陽明的良知與萬物一體之說一致，陽明與其高弟如王龍溪等亦曾一再使用「天成」一概念於各人語錄中。此篇揭示於嘉義堂

上，錢緒山作為此一祀先師的書院之主講，亦有可能是承師說以作此文。日本《陽明學大系》輯有是篇，標示〈錢緒山遺文抄〉。但此文亦有可能是師作而非緒山之作，因為此篇出現於年譜中，年譜為緒山所作，而此篇未標作者名，日人也許就此推斷為緒山之作，故作如是處理。此外，年譜中凡有引錄文字，都注明「洪作」（錢德洪作）或「畿作」（王畿作），何以此篇之作者不予注明呢？也許此篇隱含道教觀點，故緒山不欲明言為師說，此一可能實亦不可排除也。

李道純的《中和集》有一很好的譬喻，他說：「傀儡比此一身，絲線比玄關，弄傀儡底人比主人公。一身手足舉動，非手足動，是玄關使動；雖是玄關動，卻是主人公使教玄關動。」[15]這「主人公」為何？正是與人人同具之「玄關」相即的「本來真性」，[16]也就是即「心」之「道」。這種身體活動、玄關、本來真性之三元關係，在王陽明的機體性的宇宙觀中便轉為視聽言動、心、真己（作為性之生理的仁體）之三元關係。故陽明可說：「這性之生理，發在目便會視，發在耳便會聽，發在口便會言，發在四肢便會動，都只是那天理發生。以其主宰一身，故謂之心。這心之本體，便只是個天理，原無非禮，這個便是汝之真己。」（《王陽明全集》，頁 36）沒有這個真己為軀殼的主宰，那便是死物，便不是「精神流貫，志氣通達」的，不是「元氣充周，血脈條暢」（《王陽明全集》，頁 55）的生命機體，亦不是與天地萬物為一體的感應機體。就生理或真性對於宇宙萬物之作言，那是「天之所敘」，直接言是「天未有為也」；就大人之心或玄竅對宇宙萬物之主宰言，那是「自我立之」，間接言是「天已有為也」。此天無為而人有為之間的關係，又可說是「暗符」、「默契」或「吻合」的。此即陽明所謂「裁成輔相」之義也。（《王陽明全集》，頁 844）此義即為「自然天成」與「自立人為」之一致。白玉蟾說：「天地本未嘗乾坤，而萬物自乾坤耳」，「大造無為」而「風自

15　《中和集》卷 2 第 11，《正統道藏》第 7 冊，頁 201。

16　同前注，卷 3 第 3，頁 206。

鳴，籟自動」，正因為「天地本無心」。[17]王陽明亦認同「天地本無心」，但「以人為心」，故天成而不為，而人宰則有為。天成與人宰本對立，若為一致，便須有人心之靈竅來調和貫通，也才可以避免泛神論所面對的「氣質命定論」的挑戰。[18]

17　《宋白真人玉蟾全集》，頁 415、419。
18　有關「氣質命定論」的挑戰，可參閱馮耀明：《超越內在的迷思：從分析哲學觀點看當代新儒學》（香港：中文大學出版社，2003 年）。

略論甘泉學派的思想特色與學術貢獻

姚才剛*

甘泉學派是以湛若水為代表的一個思想流派。該學派人數眾多，流傳較廣，在中晚明心學發展史上產生了較大的影響。目前學界對甘泉學派創立者湛若水給予了一定的關注，但鮮有學者對該學派進行整體考察，結合明代心學發展軌跡對甘泉學派加以論述的成果則更少。本文擬探討甘泉學派的思想特色及主要學術貢獻。

一、甘泉學派的思想特色

甘泉學派興起於嶺南，但其後來的發展並不只限於嶺南地區，而是遍及嶺南內外，在時間上則貫穿於中晚明及清初時期。湛若水為該學派的創立者，其後學人數眾多，影響較大者有如下諸人：湛氏一傳弟子呂懷、何遷、洪垣、唐樞，二傳弟子許孚遠，三傳弟子馮從吾，等等。此外，明末大儒劉宗周早年曾受學於許孚遠，故亦與該學派有一定的淵源關係。劉宗周主張將理氣論納入心性之學中，倡導理氣、心性合一之論，在一定程度上即濫觴於湛學。

甘泉學派內部的確存在著較大的差異，學派的理論銜接也相對薄弱。不過，甘泉學派主要代表人物的思想學說也表現出某些共同的特色。概而言之，甘泉學派的思想特色可歸納為以下方面：

---

* 　湖北大學哲學學院教授

（一）會通諸家，兼容並包

　　湛若水以及不少湛門後學均表現出此種學術態度，他們在闡揚心學理論的同時，又吸取、融合了諸家之說。以湛若水為例，一方面，他具有鮮明的心學立場，如他嘗說：「吾所謂天理者，體認於心，即心學也。有事無事，原是此心。」[1]又說：「蓋道，心事合一者也。隨時隨事，何莫非心？」[2]類似的表述在其論著中還多次出現，此處不一一列舉。從這個角度來看，我們可將其學說稱為心學。另一方面，湛若水之說又不像陽明心學那樣純正，而是具有相容的特色。湛氏在格物問題就受到了程朱理學的影響，認為格物即「至其理」；[3]而其所謂的「理」（天理）亦帶有程朱理學的痕跡，他除了講身心性命之理之外，也涉及到事事物物之理。湛若水還吸取了張載的氣學思想，認為「宇宙間一氣而已」，[4]即是說，從實然的或宇宙本原的角度來看，宇宙間乃一氣充盈。當然，這並不表明湛氏是一個氣本論者，在他看來，氣、道、心、性、理均可通而為一。後世學者對湛學的學術定位多有爭議，[5]根本原因即在於其學說有融合諸家的特色。筆者認為，湛若水儘管對諸家之說均有所吸取，但從總體上看，他仍堅持了心學的學術立場。

　　我們再以湛門後學呂懷、馮從吾為例來說明此點。呂懷是湛若水的親炙弟子，他既繼承了其師「隨處體認天理」的心學宗旨，又沿襲了其師以心學來統攝理學、氣學的思想特色。呂懷說：「夫心即理，理即心，人心天理，無非中

1　黃宗羲：《明儒學案》（北京：中華書局，1985 年），卷 37，〈甘泉學案一〉，頁901。

2　湛若水：《湛甘泉先生文集》（「四庫全書存目叢書」本）（濟南：齊魯書社，1997年），卷 7，〈答歐陽崇一〉，頁 574。

3　同前注，卷 7，〈答陽明王都憲論格物〉，頁 572。

4　同前注，卷 2，〈新論〉，頁 531。

5　有的學者認為，湛若水的學說屬於心學；也有學者指出，湛學尚未擺脫程朱理學的影響，仍可歸入程朱學派。關於此點，參見黎業明：〈近百年來國內湛若水思想研究回顧〉，載蔡德麟、景海峰主編：《全球化時代的儒家倫理》（北京：清華大學出版社，2007 年），頁 242。

者。然性本人心，而有不出於理者，是形氣之私，而非性之真。」[6]又說：
「此氣流行，生生不息，是吾之本心也。」[7]他認為，論心、性不可罔顧
「理」，而論理、氣又須落腳於「心」。由此可見，呂懷試圖在心學的架構之
內，盡可能地吸納理學、氣學思想。湛氏三傳弟子馮從吾亦如此，他以心學為
根底建構了自己的哲學體系，同時又力求會通諸家。首先，馮從吾肯定了儒家
聖賢之學即是心學，認為「自古聖賢學問，總只在心上用功，不然終日孳孳，
總屬樹葉」。[8]其次，馮從吾言「心」，從未捨棄「理」，在他看來，「丟過
理說心，便是人心惟危之心」，[9]「心」與「理」結合起來講，才可防止一味
宣揚心之靈明而使人心走作，故他對朱子理學也頗為重視。再次，馮從吾出生
於關中，後來又常講學於關中，其學說受到張載氣學思想的影響自不待言。在
馮從吾的著述中，不乏氣論以及變化氣質等方面的論說，而關學躬行實踐、敦
本尚實的學風在其身上也得到了很好的體現。總之，馮從吾之學也是以心學為
本，而又兼攝了理學、氣學等思想。

（二）極力倡導「合一」論

　　湛若水構造了一個「合一」的思想體系。首先，在理氣關係上，湛若水
說：「古之言性者，未有以理、氣對言之者也，以理、氣對言之也者，自宋儒
始也，是猶二端也。」[10]他認為，古聖先賢未嘗割裂理、氣，至宋代朱熹等人
始倡理氣二分之論。但在湛若水看來，理氣本為一體，理不可脫離氣而獨立存
在，理（或道）即是氣的中正狀態。其次，在心物關係上，湛若水認為，心體
廣大，無所不包，心與萬物不分內外，融為一體。他說：「心體物而不遺，認

6　黃宗羲：《明儒學案》，卷38，〈甘泉學案二〉，頁913。

7　同前注。

8　馮從吾：《少墟集》（上海：上海古籍出版社，1987年），《四庫全書・集部別集
　　類》第1293冊，卷1，《辨學錄》，頁8。

9　黃宗羲：《明儒學案》，卷41，〈甘泉學案五〉，頁985。

10　湛若水：《湛甘泉先生文集》，卷2，〈新論〉，頁531。

得心體廣大，則物不能外矣。」[11]可見，湛若水所講的「心」包羅天地萬物，又貫通於天地萬物之中。反過來，天地萬物在他看來並不是心外之物，而是以心為存在的根據。除此之外，湛若水還主張性氣、心性、心理的合一。

　　湛門不少後學也倡導「合一」論。比如，洪垣主張內外合一，認為「內外兼該，是貫處，蓋一則內外兼該也」。[12]內、外關係在一定程度上也即心、物關係。在洪垣看來，內（心）、外（物）是一體的，「逐外而忘內」與「求內而遺外」都割裂了內、外之間的有機聯繫。再如，倡導合一論也是湛氏三傳弟子劉宗周的理論旨趣之所在，他常將分立或對立的觀念合而為一，認為「凡分內分外、分動分靜、說有說無，劈成兩下，總屬支離」。[13]劉宗周不僅主張理氣與心性的統一，還強調已發與未發、氣質之性與義理之性、動與靜、道心與人心、涵養與省察、無極與太極等的統一。以氣質之性與義理之性的關係為例，劉宗周認為，義理之性即是氣質之性的本然狀態，兩者具有內在的關聯。

（三）凸顯修養工夫的重要性

　　甘泉學派的成員多為躬行踐履之儒，致謹於一言一行，篤行自律。此點既表現於他們的日用常行中，又在他們的學說中展露無遺。

　　湛若水的學說將修養工夫論擺在十分突出的位置，他尤其倡導「執事敬」、「煎銷習心」等工夫。「執事敬」一語出自《論語‧子路》，原指做事嚴肅認真。而湛若水論「執事敬」，並非僅限於此種含義。在他看來，「執事敬」作為一種切要的工夫，貫通內外，一方面人要保持一顆內在的虔敬之心，所思所慮應合乎當然之則；另一方面人在處理實際事務時也應做到專注與敬業。湛若水又倡導「煎銷習心」。他說：「煎銷習心，便是體認天理工夫。到見得在理時，習心便退聽。如煎銷鉛銅，便是煉金，然必須就爐錘，乃得煉之

11　同前注，卷 7，〈與陽明鴻臚〉，頁 560。
12　黃宗羲：《明儒學案》，卷 39，〈甘泉學案三〉，頁 929。
13　劉宗周：《劉子全書》（臺北：華文書局，1968 年），卷 40，《年譜》，頁 3666。

之功。」[14]湛氏認為,「煎銷習心」如同「煎銷鉛銅」,後者通過千錘百煉,始可獲得無比珍貴的純粹金銀;而「煎銷習心」則意味著,人須做持續不斷的修養工夫,除去「習心」之弊,方可體認天理。

湛門後學許孚遠徑直以「克己」標宗。許孚遠的學術興趣不在於體悟天道性命之類的超越之理上,他所關注的主要是「下學」或者說是儒家道德的實踐問題。在許孚遠看來,傳統儒家心性之學經過宋代以來諸儒的闡發,義理已相當完備。可是,對以上諸儒闡發的種種義理,如果不加落實,甚或為了追求義理之新而刻意「立異」,就會與儒家的為學宗旨背道而馳。因此,許孚遠突出工夫的重要性,認為人們只須平平實實地去做「克己」工夫,戒慎恐懼,默識存養,遷善改過,自然可以達到無過無不及的境地。「克己」來自孔子的「克己復禮」一語,許孚遠對此作了較多的闡發。概而言之,他所謂的「克己」,即是「將纏繞著人的生命的肉體之累,即氣質之障蔽等主觀的、利己的欲念盡行克治,而復歸於純粹客觀的性命之真體的工夫」。[15]

許孚遠的弟子劉宗周更是以工夫嚴苛而著稱。以其「改過」說為例,劉宗周主張對人的各種過錯,尤其是對他人未見而自己獨知之過,須加以痛改而不能放過。且看他對改過方法的描述:「一炷香,一盂水,置之淨幾,布一蒲團座子於下。方會平旦以後,一躬就坐,交跌齊手,屏息正容。正儼威間,鑒臨有赫,呈我宿疚,炳如也。乃進而敕之曰:『爾固儼然人耳,一朝跌足,乃獸乃禽,種種墮落,嗟何及矣!』應曰:『唯唯。』復出十目十手,共指共視,皆作如是言,應曰:『唯唯。』於是方寸兀兀,痛汗微星;赤光發頰,若身親三木者。」[16]劉宗周這裡將自我設想為「真我」與「妄我」兩種善惡對立的角色,在「真我」的道德詰難之下,「妄我」不得不坦承過失,並立志改過,直至將犯過之心、邪惡之念都驅逐盡淨。此種工夫論雖然較為篤實,但也走向極

14　黃宗羲:《明儒學案》,卷 37,〈甘泉學案一〉,頁 893。

15　岡田武彥著、吳光等譯:《王陽明與明末儒學》(上海:上海古籍出版社,2000年),頁 262。

16　《劉子全書》,卷 1,《人譜》,頁 181。

端，它「使行仁踐德轉成一味自克，甚至流於自懲」。[17]

二、甘泉學派的主要學術貢獻

有明一代，心學特盛。應該說，陳獻章是開啟明代心學的先驅人物，王陽明是明代心學的集大成者，而湛若水及其創立的甘泉學派在明代心學陣營中也具有重要的地位。該學派在闡揚、發揮陳獻章心學以及與陽明學派相互辯難的過程中發展出較具特色的學說，為嶺南心學以及整個中晚明時期心學的興盛、繁榮作出了較大的學術貢獻。

（一）重新詮釋和改造陳獻章學說，為嶺南心學注入了新的活力

陳獻章是嶺南心學的奠基人。他年輕時曾拜吳與弼為師，但卻較難適應吳氏恭敬拘謹的學風，受業半載即歸。陳獻章又經過了經年累月的苦學，仍然感到無所得。後來毅然放棄書冊，捨繁求約，專事靜坐，從而開創了不同於朱子學的思想體系。陳氏之說「學宗自然，而要歸於自得」。[18]所謂「自然」，就是指出於天然，不待安排，不假人力。所謂「自得」，即「自我得之，自我言之」，[19]它突出的是人的自我體認、自我反思。在方法上，陳獻章的「自得」之學則強調靜坐，認為「為學須從靜中坐，養出個端倪來，方有商量處」。[20]在他看來，通過靜坐，可以使人脫去物累、消解各種思想成見，進而直透人之心體，呈現內心的善端。陳獻章之說為明初儒學發展開創了一個新氣象。

湛若水的學說直接淵源於陳獻章心學。他在繼承陳獻章心學宗旨的前提下，又從以下數方面作了重新詮釋和改造：揚棄其師「靜中養出端倪」說，主

17　東方朔：《劉蕺山哲學研究》（上海：上海人民出版社，1997 年），頁 32。

18　黃宗羲：《明儒學案》，〈師說〉，頁 4。

19　陳獻章：《陳獻章集》（北京：中華書局，1987 年），卷 2，〈復張東白內翰〉，頁 131。

20　同前注，卷 2，〈與賀克恭黃門〉之二，頁 133。

張「動靜一體」；在接受其師「自得」、「以自然為宗」等思想的基礎上，提出了「體認於心，即心學也」、「隨處體認天理」等主張；糾正其師學說過於傾向於內省等缺失，倡導合內外之道，等等。這裡僅以其中兩點為例略加闡述。比如，在動靜問題上，湛若水不贊同其師陳獻章一味求之於靜的做法，而主張貫通動靜。在他看來，「靜坐」主要是針對初學者而言的，通過「靜坐」而淨化思慮，使人不至於陷入雜亂、紛擾之中。可是，若將「靜坐」視為唯一的修養方法，則又適得其反，它可能使人走向虛無寂滅，甚至落入佛、道窠臼之中。再如，湛若水的「隨處體認天理」說也極大地豐富和發展了嶺南心學。此說深得陳獻章讚賞，湛若水被視為嶺南心學的傳人，與其創發此說不無關係。由此說可以看出，湛若水既主張反求諸己，體認內心之理，又主張探究外部事物之理，或者說，「隨處體認天理」就是「隨處體認體現在此心物合一之中正體上的性理」。[21]在湛若水看來，天理並非外在於人心，「蓋心與事應，然後天理見焉。……心得中正，則天理矣」，[22]人心與天地萬物本為一體，心可體察萬物，隨感隨應，心之中正即是天理，而對萬物的體察恰好可以印證心中之理。

湛門後學也能通過湛若水而消化、發揮陳獻章之說。關於此點，限於篇幅，筆者不再詳論。可以說，正是有了湛氏及其後學的竭力弘揚，以及通過創造性的詮釋而不斷賦予其新義，才使得陳獻章創立的嶺南心學綻放異彩，並逐漸蔚為大觀。

（二）湛學的傳衍、流播，促進了整個中晚明時期心學的發展與繁榮

湛若水出生於嶺南，且受學於嶺南心學開創者陳獻章，但湛氏後來的足跡卻踏遍嶺南內外，其學說的影響力也遠遠超出嶺南地區。湛氏為官三十餘年，官至南京禮部、吏部、兵部三部尚書。同時，湛氏熱衷於講學與創辦書院，去

---

21 張學智：《明代哲學史》（北京：北京大學出版社，2000 年），頁 61。
22 湛若水：《湛甘泉先生文集》，卷 7，〈答聶文蔚侍御〉，頁 573。

世之前仍講學不輟，而他平生在全國各地創辦的書院有近四十所，弟子多達數千人，且遍佈大江南北，其中不乏頗具聲望者。因此，以湛若水為代表的甘泉學派不但為嶺南心學注入了新的活力，而且促進了整個中晚明時期心學的發展與繁榮。

湛若水以「隨處體認天理」說標宗，在中晚明心學發展史上佔有一席之地。而湛門部分後學既能在學術上與湛學相呼應，又能別開新義，因而極大地豐富了中晚明心學的內容。這裡試舉兩例。洪垣是湛若水的得意門生，被湛氏視為「可傳吾釣臺風月者」，[23]即可成為其學說的衣鉢傳人。洪垣對其師的「隨處體認天理」說有獨到的詮釋。他認為，「體認天理」應是「不離根之體認」。[24]在他看來，「體認天理」乃指體認本心具有之理，此理不在已發之意念上，亦不在外物上，而須在未發之隱微處著力。洪垣說：「竊以為今之學者，止於意氣作為上論志，不於天行乾乾主宰上論志，所以終未有湊泊處。」[25]又說：「天理上有何工夫可用？只善識克去人欲為體認切要。近來學者間失此意，每以天理為若有物想像而得之，亦若有物得焉，卒成虛見。」[26]他認為，若在已發之意念上用功，將難以挺立道德主體，天理的超越意涵也無法凸顯出來；而一味在萬物上尋覓天理或者將天理想像為某種實存之物，又將導致逐物之弊。洪垣試圖通過強調「不離根之體認」對以上兩種傾向加以糾正。

唐樞也是湛若水較為欣賞的弟子。他青年時仰慕王陽明之說，但因故未能見到陽明，後來成為湛氏的入室弟子。唐樞在會通湛、王兩家學說的基礎上，標舉出「討真心」說。他說：「真心乃人實有之心，是人自知的所在，無賢愚，無古今，無老幼，無操舍，無貴賤」。[27]這裡的「真心」與陸王心學中的「本心」、「良知」概念十分相近。依唐樞，拈出一個「真」字，可將其與感性欲念之「心」相區別。「真心」人人具足，並無虧欠，但若桎梏於過多的欲

23　黃宗羲：《明儒學案》，卷39，〈甘泉學案三〉，頁928。

24　同前注，頁934。

25　同前注，頁939。

26　同前注。

27　黃宗羲：《明儒學案》，卷40，〈甘泉學案四〉，頁959。

望之中，「真心」則會暗而不彰，所以討求「真心」的工夫就不可缺少。此處之「討」也即湛若水所言之「體認」或王陽明所言之「致」。唐樞說：「於其生而思所以主之者，是討也。心無兩心，立乎其心之大，耳目口鼻四肢百骸從其所令，則為真心。」[28]通過「討」的工夫，可使「真心」成為人行為的主宰。

另外，湛門後學呂懷注重闡發「變化氣質」說；何遷倡導「知止」說；馮從吾之學重會通而求自得，強調從「本源處透徹」，等等。筆者認為，明代中葉以來心學能夠走向興盛、繁榮，固然有賴於王陽明的創發以及王門後學的傳播、推廣，但不可否認的是，以湛若水為代表的甘泉學派也有較大的功勞，此學派是中晚明心學發展史上一個不可缺少的環節，殆無疑義。

（三）湛、王之辯開啟了中晚明心學發展的不同面向

湛、王之辯是中晚明心學發展史上的一件大事。明弘治十八年（1505年），湛若水結識了王陽明，並一見定交，共同倡明聖學。正德五年（1510年），湛若水居於南京，王陽明調任南京刑部主事，二人因此有機會得以相見，共同會講於大興隆寺。正德八年（1513 年）、十年（1515 年）又曾相會、論學。同時，兩人也多次互致書信討論學問。湛若水與王陽明在學術上既有相似的地方，也有歧異之處。湛、王兩家心學即是在相互辯難、相互影響之中共同發展起來的。

湛、王之辯主要圍繞心物關係、格物、良知、「勿忘勿助」等問題而展開。這裡試舉兩點略加說明。其一，在心物關係問題上，湛若水認為，「心」非空洞虛無之心，而是渾淪之心，無論是人的「一念之發」還是天地萬物都可以融攝於其中。在湛若水看來，王陽明所講的「心」卻專就「腔子」而言，「心」與天地萬物相分離了。如此一來，陽明心學就有「是內非外」之弊。王陽明並不認同此種指責，他進而批評湛若水之說「求之於外」。其二，湛、王對於格物的解釋也多有扞格之處。依湛若水，格物即指體認、察識內心及外部

28　同前注，頁 957。

事物之理，而王陽明則從端正意念的角度解釋格物。陽明說：「物者，事也，凡意之所發必有其事，意所在之事謂之物。格者，正也，正其不正以歸於正之謂也。」[29]王陽明將格物之「格」訓為「正其不正以歸於正」。他認為，人的意念端正了，則自然能夠為善去惡。湛若水反對王陽明如此解釋格物。他認為，王陽明將「格物」訓為「正念頭」（即端正意念），將使得「格物」與《大學》「誠意」、「正心」所含文義重複，而且導致儒家道德學說過於內傾，以至於失去定準。湛、王格物之辯反映了他們為學宗旨上的差別，對於湛若水來說，「格物」即「至其理」，也即「隨處體認天理」；對於王陽明來說，「格物」與「致良知」是一致的，只是強調的側重點不同而已，「致良知是正面的端正意念，──推致本正之意念於具體事為，格物是負面的端正意念──正其不正以歸於正。能近取譬與省察克治都是他所強調的」。[30]

　　湛、王二人均是中晚明時期心學的中堅人物，儘管他們都持心學立場，但對一些具體論題的看法則不盡相同，因而爭辯就在所難免。相較而言，王陽明更主張向內自省、反躬自求。在他看來，如果不返求內心，向外追逐，則愈求愈遠，反而不利於成就道德。這種突出本心、良知的做法雖然簡約易行，可是卻產生了漠視事物存在、忽略客觀知識的弊病，因而遭到湛若水的批評。湛若水在彰顯心學的同時，部分地保留了朱熹學說重「智」的思想及對客觀物理的探索精神，宣導「合內外」之學，其學說既不同於程朱理學，也有異於陸王心學。當然，湛、王之間的差異仍屬心學內部的差異。兩人不同的思想傾向也影響到他們各自的後學。湛門後學多倡導「合一」論，主張兼顧內外；而王門後學則多突出本心、良知的主宰功能。正是有這些不同面向的存在，才使得心學異彩紛呈，成為中晚明時期的主導性思潮。

29　王守仁：《王陽明全集》（上海：上海古籍出版社，1992 年），卷 26，〈大學問〉，頁 972。

30　張學智：《明代哲學史》，頁 69。

（四）湛門部分後學糾彈王學末流之弊，有利於明末王學的健康、理性發展

王陽明意氣風發，敢創新論，其掀起的思想解放潮流在當時具有「震霆啟寐，烈耀破迷」的作用。可是，王陽明心學在促進思想解放運動的同時，也埋下了後來王學末流弊病叢生的禍根。一些王學末流逐漸突破了陽明心學的藩籬，滋生流弊。這種狀況引起了晚明時期不少學者的不滿，其中包括湛門部分後學，他們起而批評、矯正王學末流之弊，以扭轉盛行於明末王學中的玄虛之風。甘泉學派對於中晚明心學發展產生的積極影響，亦可由此略窺一斑。

湛若水的及門弟子唐樞一方面致力於調停湛、王之學，另一方面又救治了王陽明及其部分後學輕視修養工夫的弊病。他倡導「討真心」說，突出躬行踐履，旨在使儒家心性之學落於實地。唐樞門人許孚遠（也即湛氏的二傳弟子）與王門後學周汝登就「無善無惡」問題展開過激烈辯論。周汝登曾在南京講會宣講「天泉證道」的有關問題，對陽明高足王畿的「四無」之說讚譽有加。許孚遠以「無善無惡不可為宗」，[31]作〈九諦〉以辯難之，周汝登則作〈九解〉，對〈九諦〉一一加以回應。黃宗羲的《明儒學案・泰州學案五》以及周汝登的《東越證學錄》均全文收錄了〈九諦〉、〈九解〉。大體而言，許孚遠把善、惡當成是一對對立的範疇，界限分明，不容混淆。他在〈九諦〉中說：「宇宙之內，中正者為善，偏頗者為惡，如冰炭黑白，非可私意增損其間。」[32]在他看來，善是善，惡是惡，各有其特殊的規定性。而且，善（善性、善行等）是應該受到鼓勵的，惡（惡性、惡行等）是應該受到貶抑的。故而，古人常講「為善而去惡」、「賞善而罰惡」，儒學經典也極力宣揚一個「善」字。許孚遠進而對王陽明「四句教」的首句及王畿的「四無」之說加以批評。可是，在周汝登看來，善、惡之別並非那麼絕對，而只有相對的價值。他認為，將善、惡截然相分，是「兩頭語」。[33]真正的善是絕對的至善，至善不與惡相

31　黃宗羲：《明儒學案》，卷36，〈泰州學案五〉，頁854。

32　同前注，頁862。

33　同前注，頁863。

對待，而是超出了善惡對待的層次。

　　許孚遠與周汝登關於「無善無惡」問題的辯論，在中晚明心學發展史上產生了較大的影響。需要指出的是，許孚遠在「上達」方面不及周汝登。他由於具有太強烈的道德感與救世意識，對「無善無惡」說可能帶來的負面影響極為憂慮，因而，他無法體察到該說的實義。[34]不過，許孚遠極力批駁「無善無惡」說，的確有其良苦用心。在他看來，若倡導「無善無惡」說，就會與「為善去惡」的道德實踐產生矛盾。原因在於，講「無善」，自然就不需要追求善；講「無惡」，就不需要消除惡，如此一來，人們就會忽視「為善去惡」的道德踐履。許孚遠辯難王門「無善無惡」，旨在端正學風，進而重振世道人心。[35]此外，湛氏的三傳弟子馮從吾則批駁了王學末流中出現的禪學化傾向，力辨儒釋之異。王陽明心學對佛、道的思想資源多有吸收和借鑒，尤其受到禪宗的影響。陽明心學發展到明末，禪學化的趨勢愈加明顯。馮從吾對這種摻禪入儒的做法十分反感，他從心性本體論、修養工夫論等方面對王學末流中的禪學化傾向作了鞭辟入裡的剖析，並進行了糾正。

　　其他湛門後學亦致力於糾彈王學末流之弊。應該說，湛門後學此舉有其積極正面的價值，它對明末王學中的玄虛之風有所抑制。當然，有的湛門後學（如唐伯元、楊時喬等）對王學的辯難、斥責則不完全合理，帶有意氣之爭。

三、簡短的結論

　　由以上分析可以看出，甘泉學派屬於心學一系，而且是明代較具特色的心學流派。它對中晚明心學的發展產生了積極的影響。也就是說，該學派的興起及傳衍不但改變了當時嶺南思想文化相對落後的局面，使嶺南地區的思想文化

34　當代學者彭國翔指出，王門「無善無惡」說主要包括兩層涵義，「一是存有論意義上的至善；一是境界論意義上的無執不滯」。參見氏著：《良知學的展開──王龍溪與中晚明的陽明學》（臺北：臺灣學生書局，2003 年），頁 439。

35　參見姚才剛：〈許孚遠哲學思想初探〉，《中國哲學史》，2008 年第 1 期。

邁上了一個新臺階，也促進了整個中晚明時期心學的發展與繁榮。

　　甘泉學派與陽明學派均是中晚明時期心學陣營中的重要派別。不過，明末清初以及近現代的一些學者在論及中晚明心學時，往往多留意王陽明及陽明學派，對於湛若水及甘泉學派則未能給予足夠的重視，甚或將其排除在明代心學之外，這是不夠確切的。甘泉學派與陽明學派之間的確具有千絲萬縷的聯繫，從師承角度來看，湛門弟子轉投王門者有之，王門弟子轉投湛門或受湛學影響而對王學末流之弊加以修正者亦有之；從學術見解上來看，兩個學派也有一定的相似之處。不過，甘泉學派並未為陽明學派完全同化，我們可將其視為異於陽明學派的一個獨立學派。應當承認，陽明學派在中晚明心學發展史上發揮了主導性的作用，甘泉學派的影響力遠不及陽明學派。但不可否認的是，在明代中葉以來的心學發展歷程中，並非只有陽明學派的一枝獨秀，以湛若水為代表的甘泉學派同樣是該時期心學發展史上一支不容忽視的力量。

　　謹以此文祝賀劉述先老師八秩嵩壽，恭祝劉老師身體健康、福壽綿長！

黃宗羲《明儒學案》對陽明學的評價*

黃敏浩**

一、前言

　　明末黃宗羲的《明儒學案》是有關中國學術史的一部重要著作。儘管當代學者對《明儒學案》的部分內容已提出一些質疑或修正，[1]但這仍不會動搖《明儒學案》的價值與地位。箇中原因，筆者認為是一方面《明儒學案》客觀地選錄明代重要儒者的代表性文獻，從而忠實地反映每位儒者獨特的思想面貌，另一方面則加入黃宗羲對各儒者及思想流派的評價或判斷，這些評判或許有偏頗的成分，但由於黃宗羲在中國思想史上的顯赫地位，直到今日，他的評判對研究明代學術的學者而言，仍有著相當重要的參考價值。這些都是《明儒學案》不可磨滅的貢獻。

　　與上面提到的第二點貢獻相關，本文所關注的是黃宗羲在《明儒學案》中對明代儒者思想，尤其是陽明學的評價問題。我們知道，在《明儒學案》中，

*　本文曾於 2012 年 6 月在香港理工大學舉行之「中國近現代經典著作之形成與詮釋」國際學術研討會上宣讀，經研討會負責人同意，交由「劉述先先生八秩壽慶論文集」籌備小組發表。筆者受劉述先教授著作及講學的啟迪甚多，謹以此文祝賀劉教授。

**　香港科技大學人文學部副教授

1　關此，可參考如彭國翔：〈周海門的學派歸屬與《明儒學案》相關問題之檢討〉，《清華學報》新 31 卷第 3 期（2001 年）；吳震：〈泰州學案的重新釐定〉，《哲學門》第 5 卷第 1 期（2005 年）；錢明：〈陽明學派論考〉，收入氏著：《王陽明及其學派論考》（北京：人民出版社，2009 年）。

有關陽明學（即王陽明及其後學的思想）的篇幅幾佔全書的四成以上，這多少反映著陽明學在明代學術，或至少是明代儒學的主流地位。作為思想家的黃宗羲如何評價陽明學這一股影響至大的思潮，以及其評價背後的根據，都是值得吾人關注的問題。我們將會看到，黃宗羲一直是依據他的老師劉宗周的思想來對陽明學作出評判的。[2]這點早有學者提出了。如陳祖武便說：「……《明儒學案》評一代儒林中人，多以其師劉宗周之說為據，各案皆然，不勝枚舉。」[3]劉述先也說：「……他（案指黃宗羲在《明儒學案》中）以蕺山（案即劉宗周）思想之綱領為判準，簡擇陽明，平章各家學術，謹守繼承自蕺山思想的原則而勿失」。[4]然而，陳祖武對此觀點沒有作詳細的發揮。劉述先雖有發揮，但在他的書要照顧整個黃宗羲心學的背景下，相對而言所述較為寬泛。本文則集中地處理《明儒學案》對陽明學的評價此一課題，雖取資於劉述先的研究，但有補充，且在論述過程中做了些批導性的工作。透過本文，讀者可知黃宗羲《明儒學案》對陽明學的評價是如何受到劉宗周思想的影響，以及其受影響之深入的程度。

二、《明儒學案》對陽明學派的評價

首先須指出的是，現代學者對陽明學的分派有著不同的說法，如岡田武彥的現成、修證、歸寂的三派說，及錢明的虛無、日用、主靜、主敬、主事的五派說等，都是從義理系統或教法的角度對陽明學派進行劃分。[5]他們都沒有遵循黃宗羲以地域劃分陽明學派的做法。這表示宗羲的分法已不能滿足現代學者

2　其實恐怕不只陽明學，就連對陽明學派以外的明儒思想的評判也是如此。不過本文處理的範圍只限於陽明學。

3　陳祖武：《中國學案史》（臺北：文津出版社，1994 年），頁 155。

4　劉述先：《黃宗羲心學的定位》（臺北：允晨文化實業公司，1986 年），頁 60。

5　岡田武彥著，吳光、錢明、屠承先譯：《王陽明與明末儒學》（上海：上海古籍出版社，2000 年），頁 103-159；錢明：《陽明學的形成與發展》（南京：江蘇古籍出版社，2002 年），頁 132-157。

的要求。但也有學者甚能欣賞宗羲的做法，如林月惠便說：

> 梨洲（案即宗羲）並未貿然、斬釘截鐵地以義理系統來劃分陽明學派，
> 而僅僅以地域加以區別，這正是梨洲有識見之處。因為，他也許留意到
> 王門諸子思想的多源性、複雜性與獨特性，實難驟然以精確的義理來判
> 斷歸類，彼此也無從化約。更重要的是，如此區分，首先是終止判斷的
> 介入，而給予我們更多加深理解與詮釋的空間，更能深入王門諸子的思
> 想裡，發掘其思想的內在價值。[6]

無論如何，宗羲以地域劃分陽明學派，應是經過深思熟慮的決定。他把陽明學
分為八派：浙中王門、江右王門、南中王門、楚中王門、北方王門、粵閩王
門、止修、泰州。下面且看他對各派的評語。〈浙中王門學案〉：

> 姚江之教，自近而遠，其最初學者，不過郡邑之士耳。龍場而後，四方
> 弟子始益進焉。郡邑之以學鳴者，亦僅僅緒山、龍溪，此外則椎輪積水
> 耳。然一時之盛，吾越尚講誦習禮樂絃歌之音不絕，其儒者不能一二
> 數。……[7]

〈江右王門學案〉：

> 姚江之學，惟江右為得其傳。東廓、念菴、兩峰、雙江其選也。再傳而
> 為塘南、思默，皆能推原陽明未盡之意。是時越中流弊錯出，挾師說以

6　林月惠：《良知學的轉折：聶雙江與羅念菴思想之研究》（臺北：臺灣大學出版中心，
　　2005 年），頁 28。不過，即使承認以地域劃分陽明學派有其好處，也應指出，透過現
　　代學者的研究發現，宗羲從地域上對陽明學派的整理仍有不盡完備的地方。可參考錢
　　明：〈王學的傳播──地域考〉，收入氏著：《王陽明及其學派論考》，頁 273-307。
　　本文所關注的，只是宗羲如何劃分陽明學派及對它們的評價。

7　黃宗羲：《明儒學案》（臺北：世界書局，1973 年），卷 11，頁 91。

杜學者之口,而江右獨能破之,陽明之道賴以不墜。蓋陽明一生精神俱在江右,亦其感應之理宜也。8

〈南中王門學案〉:

> 南中之名王氏學者,陽明在時,王心齋、黃五岳、朱得之、戚南玄、周道通、馮南江其著也。陽明歿後,緒山、龍溪所在講學,於是涇縣有水西會,寧國有同善會,江陰有君山會,貴池有光岳會,太平有九龍會,廣德有復初會,江北有南譙精舍,新安有程氏世廟會,泰州復有心齋講堂,幾乎比戶可封矣。而又東廓、南野、善山先後官留都,興起者甚眾。……9

〈楚中王門學案〉:

> 楚學之盛,惟耿天臺一派,自泰州流入。當陽明在時,其信從者尚少。道林、闇齋、劉觀時出自武陵,故武陵之及門獨冠全楚。……然道林實得陽明之傳,天臺之派雖盛,反多破壞良知學脈,惡可較哉!10

〈北方王門學案〉:

> 北方之為王氏學者獨少。穆元菴既無問答,而王道字純甫者,受業陽明之門,陽明言其自以為是,無求益之心。其後趨向果異,不可列之王門。非二孟嗣響,即有賢者,亦不過跡象聞見之學,而自得者鮮矣。11

8　同前注,卷 16,頁 131。
9　同前注,卷 25,頁 249。
10　同前注,卷 28,頁 274。
11　同前注,卷 29,頁 279。

〈粵閩王門學案〉：

> 嶺海之士，學於文成者，自方西樵始。及文成開府贛州，從學者甚眾。
> 文成言潮在南海之涯一郡耳。一郡之中，有薛氏之兄弟子姪，既足盛
> 矣。而又有楊氏之昆季，其餘聰明特達，毅然任道之器以數十。乃今之
> 著者，唯薛氏學耳。……閩中自子莘以外，無著者。……12

〈止修學案〉：

> 見羅從學於鄒東廓，固亦王門以下一人也。而別立宗旨，不得不別為一
> 案。今講止修之學者，興起未艾。其以救良知之弊，則亦王門之孝子
> 也。13

〈泰州學案〉：

> 陽明先生之學，有泰州、龍溪而風行天下，亦因泰州、龍溪而漸失其
> 傳。泰州、龍溪時時不滿其師說，益啟瞿曇之秘而歸之師，蓋躋陽明而
> 為禪矣。然龍溪之後，力量無過於龍溪者，又得江右為之救正，故不至
> 十分決裂。泰州之後，其人多能以赤手搏龍蛇，傳至顏山農、何心隱一
> 派，遂復非名教之所能羈絡矣。顧端文曰：「心隱輩坐在利欲膠漆盆
> 中，所以能鼓動得人，只緣他一種聰明，亦自有不可到處。」義以為非
> 其聰明，正其學術之所謂祖師禪者，以作用見性。諸公掀翻天地，前不
> 見有古人，後不見有來者。釋氏一棒一喝，當機橫行，放下拄杖，便如
> 愚人一般。諸公赤身擔當，無有放下時節，故其害如是。……14

12　同前注，卷30，頁287。
13　同前注，卷31，頁293。
14　同前注，卷32，頁311。

從這些評語看來，宗羲對楚中（湖北、湖南）王門的評價不高，蓋楚中王門雖有蔣道林得陽明之傳，但基本上以來自泰州之耿天臺一派為獨盛，對陽明良知學脈多所破壞。北方王門則學者較少，陽明學在北方似乎沒有很大的發展。至於粵閩（廣東、福建）王門，所傳亦盛，但至宗羲之時，所著者惟薛侃一派。止修則指李材（見羅）之學，因為見羅別立止修之宗旨，宗羲遂不得不替他別立一學案。實則見羅從學於鄒東廓，東廓屬江右王門，見羅實亦可歸屬江右。而泰州一派，若從地域上言，實應歸入南中（江蘇、安徽）王門，不過因為宗羲認為泰州派影響甚大，且其思想已從陽明學脫落開去，所以別立一泰州學案而已。[15]

　　如是，從宗羲的評述可以窺見，上述的楚中、北方和粵閩表現較遜，在王門中他是比較重視浙中（浙江）、江右（江西）和南中（包括泰州）三派。[16]三派當中的南中王門除泰州派外，主要受到錢緒山、王龍溪、鄒東廓、歐陽南野及何善山等講學的影響，而他們都是浙中或江右派的人物。於是，南中實以泰州較為突出，以別於浙中、江右，而受到宗羲的重視（但非欣賞）。這樣看來，我們似乎可以把範圍縮小，只就浙中、江右和泰州三派看宗羲對陽明學是如何評價。

　　首先，陽明學濫觴於浙中，浙中王門自有其一定的地位。雖然，宗羲認為其中最著者不過錢緒山與王龍溪。依宗羲，緒山忠於陽明學說，「雖無大得，亦無大失」，[17]龍溪則較為獨特而引起爭論。是以浙中派當以龍溪為代表。我們且看宗羲之評龍溪云：

15　繆天綬即以〈止修學案〉括入〈江右王門學案〉，以〈泰州學案〉括入〈南中王門學案〉，而析王門弟子為六派。見繆天綬選註：《明儒學案》（臺北：臺灣商務印書館，1968 年），〈新序〉，頁 14。

16　我們也發現，從篇幅的比例上言，《明儒學案》中〈楚中王門學案〉、〈北方王門學案〉、〈粵閩王門學案〉及〈止修學案〉各佔一卷，而〈浙中王門學案〉佔五卷，〈江右王門學案〉佔九卷，〈南中王門學案〉佔三卷，〈泰州學案〉佔五卷。此編排或許也可作為宗羲較重視浙中、江右和南中（包括泰州）三派的佐證。

17　黃宗羲：《明儒學案》，〈浙中王門學案一〉，頁 95。

先生謂良知原是無中生有，即是未發之中。此知之前，更無未發，即是
中節之和。此知之後，更無已發，自能收斂，不須更主於收斂，自能發
散，不須更期於發散，當下現成，不假功夫修證而後得。致良知原為未
悟者設，信得良知過時，獨往獨來，如珠之走盤，不待拘管，而自不過
其則也。以篤信謹守，一切矜名飾行之事，皆是犯手造作。唐荊川謂先
生篤於自信，不為行迹之防，包荒為大，無淨穢之擇，故世之議先生
者，不一而足。夫良知既為知覺之流行，不落方所，不可典要，一著功
夫，則未免有礙虛無之體，是不得不近於禪。流行即是主宰，懸崖撒
手，茫無把柄，以心息相依為權法，是不得不近於老。雖云真性流行，
自見天則，而於儒者之矩矱，未免有出入矣。然先生親承陽明末命，其
微言往往而在。象山之後不能無慈湖，文成之後不能無龍溪，以為學術
之盛衰因之。慈湖決象山之瀾，而先生疏河導源，於文成之學，固多所
發明也。[18]

宗羲認為龍溪雖親承陽明，於其學多所發明，但由於以良知當下現成，實不得
不近於佛老，於儒者之矩矱已有出入。是他對龍溪雖有所肯定，但已有微詞。
即使是浙中的另一重要學者錢緒山，宗羲認為他在相較之下「不失儒者之矩
矱」，[19]但仍將之與龍溪合論而批評說：

先生與龍溪親炙陽明最久，習聞其過重之言。龍溪謂寂者心之本體，寂
以照為用，守其空知而遺照，是乖其用也。先生謂未發竟從何處覓，離
已發而求未發，必不可得。是兩先生之良知，俱以見在知覺而言，於聖
賢凝聚處，盡與掃除，在師門之旨，不能無毫釐之差。[20]

18　同前注，〈浙中王門學案二〉，頁 101-102。
19　同前注，〈浙中王門學案一〉，頁 95。
20　同前注。

很明顯，在宗羲心目中，龍溪、緒山一重照用一重已發，雖仍是陽明學的範圍，但已有走作之勢。陽明學濫觴於浙中，龍溪、緒山親炙陽明最久，是陽明最重要的弟子，然而從宗羲看來，他們似乎並未能完全繼承陽明之學。

　　反而江右王門才是陽明之學的真傳。是以宗羲謂「姚江之學，惟江右為得其傳」。又謂「陽明一生精神俱在江右，亦其感應之理宜也」。宗羲以鄒東廓、羅念菴、劉兩峰、聶雙江為江右派的代表。我們且看他對四人的評價是如何。其評東廓曰：

> 先生之學，得力於敬。敬也者，良知之精明，而不雜以塵俗者也。吾性體行於日用倫物之中，不分動靜，不舍晝夜，無有停機，流行之合宜處謂之善，其障蔽而壅塞處謂之不善。蓋一忘戒懼，則障蔽而壅塞矣。但令無往非戒懼之流行，即是性體之流行矣。離卻戒慎恐懼，無從覓性，離卻性，亦無從覓日用倫物也。故其言道器無二、性在氣質，皆是此意。……陽明之沒，不失其傳者，不得不以先生為宗旨也。[21]

其評雙江曰：

> ……先生之學，獄中閑久靜極，忽見此心真體，光明瑩徹，萬物皆備。乃喜曰：「此未發之中也。守是不失，天下之理，皆從此出矣。」乃出與來學立靜坐法，使之歸寂以通感，執體以應用。……陽明自江右以後，始揭良知。其在南中，以默坐澄心為學的，收斂為主，發散是不得已。有未發之中，始能有中節之和。其後學者有喜靜厭動之弊，故以致良知救之。而曰良知是未發之中，則猶之乎前說也。先生亦何背乎師門，乃當時群起而難之哉。[22]

21　同前注，〈江右王門學案一〉，頁132。
22　同前注，〈江右王門學案二〉，頁150-151。

其評念菴曰：

> ⋯⋯先生之學，始致力於踐履，中歸攝於寂靜，晚徹悟於仁體。⋯⋯而轟雙江以歸寂之說號於同志，唯先生獨心契之。⋯⋯天下學者，亦遂因先生之言，而後得陽明之真。其嘵嘵以師說鼓動天下者，反不與焉。⋯⋯先生以濂溪無欲故靜之旨，為聖學的傳。⋯⋯鄧定宇曰：「陽明必為聖學無疑，然及門之士，概多矛盾。其私淑而有得者，莫如念菴。」此定論也。[23]

其評兩峰曰：

> 〔先生〕言默坐澄心，反觀內照，庶幾外好日少，知慧日著，生理亦生生不已，所謂集義也。又言吾心之體，本止本寂，參之以意念，飾之以道理，侑之以聞見，遂以感通為心之體，而不知吾心雖千酬萬應，紛紜變化之無已，而其體本自常止常寂。彼以靜病云者，似涉靜景，非為物不貳、生物不測之體之靜也。凡此所言，與雙江相視莫逆，故人謂雙江得先生而不傷孤零者，非虛言也。然先生謂吾性本自常生，本自常止。⋯⋯生而不逐，是謂常止；止而不住，是謂常生。主宰即流行之主宰，流行即主宰之流行。其於師門之旨，未必盡同於雙江。蓋雙江以未發屬性，已發屬情。先生則以喜怒哀樂，情也，情之得其正者，性也。[24]

四人之學，各有特色，不必盡同。然綜觀之，東廓言敬言戒慎恐懼，雙江言靜坐歸寂，念菴言無欲寂靜、兩峰言默坐澄心，常止常寂，皆有一共通之處，而為宗羲所肯定而沒有任何微詞者。此共通處即良知之收斂凝聚之一面。也就是說，他們均強調良知之作為寂體與未發之中，一切工夫都落在如何使此寂體或

23　同前注，〈江右王門學案三〉，頁157-158。

24　同前注，〈江右王門學案四〉，頁179。

未發之中充分朗現之上，由此其已發之用便自然中節。此適與浙中之龍溪、緒山之重照用與已發，認為良知本體不離已發之用而呈現，成為對比。宗羲以為，江右之歸寂主靜，實得陽明學之真傳，而浙中之重照用與已發，則已差之毫釐，從陽明之本旨脫落開去。

從這一條線索看泰州派，便可知在宗羲心目中，泰州派是沿著龍溪的思路而往前發展，已達至氾濫無歸的地步。在宗羲對陽明各派的總評中，論篇幅無過於泰州派，而皆是負面語。蓋泰州派的流弊在當時影響甚大，不得不猛烈抨擊之。而宗羲之不滿泰州派，最明顯的莫過於只立〈泰州學案〉而不說泰州王門，蓋認為泰州派已完全脫離王學，與禪結合。是以我們看到宗羲說「陽明先生之學，有泰州、龍溪而風行天下，亦因泰州、龍溪而漸失其傳」，泰州、龍溪「躋陽明而為禪」。又說龍溪「不至十分決裂」，至泰州則「復非名教之所能羈絡」，更以泰州派為祖師禪，而為害尤甚。當然，宗羲站在儒家立場而不滿禪宗，是不在話下的了。

在對泰州派的總評中，宗羲提到了顏山農與何心隱，顏、何都是陽明後學而何為顏之弟子。且看宗羲如何評價他們。宗羲述山農曰：

> ……其學以人心妙萬物而不測者也。性如明珠，原無塵染，有何覩聞？著何戒懼？平時只是率性所行，純任自然，便謂之道。及時有放逸，然後戒慎恐懼以修之。凡儒先見聞，道理格式，皆足以障道。此大旨也。[25]

宗羲在述山農之學後，沒有進一步提出批評。但我們從上文所述可知，他對這種論調是不會同意的。所謂「率性所行，純任自然，便謂之道」，與龍溪現成良知之所謂「信得良知過時，獨往獨來，如珠之走盤，不待拘管」，何其相似！宗羲既認為龍溪不合儒者之矩矱，則他對類似的言論也不會十分恭維，是可以想見的。他評心隱曰：

25　同前注，〈泰州學案〉，頁 311。

心隱之學，不墜影響，有是理則實為是事。無聲無臭，事藏於理；有象有形，理顯於事。……又曰：「孔孟之言無欲，非濂溪之言無欲也。欲惟寡則心存，而心不能以無欲也。欲魚欲熊掌，欲也。舍魚而取熊掌，欲之寡也。欲生欲義，欲也。舍生而取義，欲之寡也。欲仁，非欲乎？得仁而不貪，非寡欲乎？從心所欲，非欲乎？欲不踰矩，非寡欲乎？」此即釋氏所謂妙有也。蓋一變而為儀、秦之學矣。[26]

宗羲大概認為周濂溪的無欲合乎孔孟之旨。心隱之言寡欲，既違反濂溪，亦不合乎孔孟。蓋孟子雖言寡欲，但這是指點學者工夫，非究竟語。心隱以寡欲為究竟，則最終肯定心有所向之欲為道德修養所應有，此在宗羲已同於佛家之妙有，寖假而可流於蘇秦、張儀之縱橫家之學。所謂儀、秦之學，當指雖可馳騁其才，縱橫天下，但畢竟在名利私欲中作活計。是故宗羲在同一段文字中引顧端文謂「心隱輩坐在利欲膠漆盆中」。泰州派的流弊，由此可見一斑。

　　至此，我們可以總結一下宗羲對陽明學的評價。宗羲從地域的角度把陽明學派分為七（〈止修學案〉之李見羅括入江右派），而較重視其中的浙中、江右和泰州派。依宗羲，江右得陽明之傳，浙中於陽明學已有走作，至泰州則與禪結合，完全偏離陽明的思想。[27]當然，各派的特色是就大體而言，每位儒者的思想皆有其獨特性，不一定全受地域或學派的局限（例子見下文）。這兩者（學派與學者自身的思想）之間的不必然一致在《明儒學案》的編排中取得了巧妙的平衡——宗羲一方面在各派的總論評述各派特色，另一方面在分論中評述個別的儒者，並選錄了他們重要的文獻。[28]

---

[26] 同前注，頁312。

[27] 本文無意處理宗羲如此評價陽明學是否恰當的問題。但關此值得一提的是，牟宗三在分析陽明學時，也重視宗羲所分出的浙中、江右、泰州三派，但其判斷卻與宗羲完全相反，以浙中、泰州為得王學之傳，而江右則歧出而走上另一條道路。這明顯是對宗羲判斷的反駁。見牟宗三：《從陸象山到劉蕺山》（臺北：臺灣學生書局，1979 年），頁266-311。劉述先也有相近的說法，見氏著：《黃宗羲心學的定位》，頁125-157。

[28] 有關學派的風格與所屬該學派的學者的思想之間的不一致，可見的例子如鄒元標，元標

　　若問宗羲如此評判的依據在何？我們大可以回答謂此是宗羲經過一番研究後的結論。但除此之外，我們發現宗羲其實是很受其老師劉宗周的影響而作這些判斷的。《明儒學案》中各學案之前有〈師說〉一篇，即指作為宗羲老師的劉宗周之說。據學者考證，〈師說〉當取材自宗周的《皇明道統錄》。[29]〈師說〉中二十條論明儒二十五人，其中屬陽明學派（包括陽明）者十一人。裡面沒有對陽明學進行分派，不過對宗羲所最重視的三派中的一些人物都有論及。讓我們看看宗周如何評論浙中的王龍溪：

> ……先生獨悟其所謂無者，以為教外之別傳，而實亦併無是無。有無不立，善惡雙泯，任一點虛靈知覺之氣，縱橫自在，頭頭明顯，不離著於一處，幾何而不蹈佛氏之坑塹也哉！……若吾儒日在世法中求性命，吾慾薰染，頭出頭沒，於是而言無善惡，適為濟惡之津梁耳。先生孜孜學道八十年，猶未討歸宿，不免沿門持鉢，習心習境，密制其命。此時是善是惡？只口中勞勞，行腳仍不脫在家窠臼，孤負一生，無處根基，惜哉！王門有心齋、龍溪，學皆尊悟，世稱二王。心齋言悟難（筆者案難字似為雖字之誤）超曠，不離師門宗旨。至龍溪，直把良知作佛性看，懸空期個悟，終成玩弄光景，雖謂之操戈入室可也。[30]

其實龍溪最有名的是他從陽明四句教脫胎而來的四無說。四無引起很大的爭論，宗周、宗羲都有評說，不過由於不是本文重點，其詳還是暫置不論。此處

屬宗羲所謂得陽明真傳之江右派，但宗羲謂他「於禪學亦所不諱」，認為他已有禪佛的傾向。又如王一菴屬泰洲派，宗羲對泰洲派人物多有批評，對一菴則無貶辭，謂他「稟師門格物之旨而洗發之」，又謂他「不以意為心之所發」，而為「心之主宰」，與其師劉宗周之說相同。見《明儒學案》，〈江右王門學案八〉，頁 229 及〈泰州學案一〉，頁 324。

29　見陳榮捷：〈論明儒學案之師說〉，收入氏著：《王陽明與禪》（臺北：臺灣學生書局，1984 年），頁 182-183。案《皇明道統錄》已佚。

30　黃宗羲：《明儒學案》，〈師說〉，頁 4-5。

宗周所批評的便是龍溪的四無，及由之而來的「任一點虛靈知覺之氣，縱橫自在」、「適為濟惡之津梁」、「終成玩弄光景」等之毛病。此與宗羲批評龍溪之認為良知「當下現成，不假功夫修證」、「篤於自信，不為行迹之防」、「無淨穢之擇」等，語雖不同，實同出一轍，不過宗周重在評其言良知之蕩於虛無，宗羲重在評其言良知之流於現成而已。虛無、現成，實一體之兩面（見下文）。宗羲既熟諳其師之說，又以〈師說〉置於《明儒學案》之首，實難說他對龍溪的判斷不受其師所影響。

在江右方面，宗周在〈師說〉中提到鄒東廓及羅念菴。他評論東廓說：

> ……東廓以獨知為良知，以戒懼謹獨為致良知之功。此是師門本旨，而學焉者失之，浸流入猖狂一路。惟東廓斤斤以身體之便，將此意做實落工夫，卓然守聖矩無少畔援。……先生（筆者案指陽明）之教，卒賴以不敝，可謂有功師門矣。後來念菴收攝保任之說，實遡諸此。[31]

其評念菴則說：

> 按王門惟心齋氏盛傳其說。從不學不慮之旨，轉而標之曰自然、曰學樂。末流衍蔓，浸為小人之無忌憚。羅先生後起有憂之，特拈收攝保聚四句，為致良知符訣。故其學專求之未發一機，以主靜無欲為宗旨，可為衛道苦心矣。……王先生之後，不可無先生，吾取其足以扶持斯道於不墜而已。[32]

我們把這兩段與宗羲對東廓、念菴的評語比較一下，便可發現師徒二人的判斷實無大差別。宗周謂東廓之說「是師門本旨」、「卓然守聖矩無少畔援」、「有功師門」，謂念菴「衛道苦心」、「足以扶持斯道於不墜」，都與宗羲之

31　同前注，頁4。
32　同前注，頁6。

謂陽明之學「惟江右為得其傳」、「陽明之道賴以不墜」若合符節。宗義繼承其師之判斷實甚顯然。

　　至於泰州派，須知此派實始於陽明的弟子王艮（心齋），前述泰州派之顏山農即心齋之再傳。宗周在上引其評龍溪及念菴之文中亦提及心齋，謂其言悟超曠，「從不學不慮之旨，轉而標之曰自然、曰學樂。末流衍蔓，浸為小人之無忌憚」。此言與宗義之評泰州「復非名教之所能羈絡」、「率性所行，純任自然」、「坐在利欲膠漆盆中」，意亦相通。我們再看看宗義之評論心齋，在述其淮南格物說之後，評曰：「而以緝蠻為安身之法，無乃開一臨難苟免之隙乎？」[33]蓋意謂若以安身為所當止之地，便開一臨難可以苟免的藉口了。又以其「孔子修身講學以見於世，未嘗一日隱」之說為「蒲輪轍環意見，陽明之所欲裁抑者，熟處難忘也。於遯世不見知而不悔之學，終隔一塵」，[34]蓋隱隱然已有好名之心之故也。可見宗義與宗周的想法相同，認為陽明學的流弊已肇端於陽明弟子王心齋，宗義不過補充以心齋為泰州派之始祖而已。

　　由此可知，宗義對陽明學派的評價是深受劉宗周的影響。然而，論者或謂宗義其實有好些地方的見解與其師未必一致。如羅近溪是泰州派十分重要的一員，宗周在〈師說〉中提到他時略評謂「羅先生之所養，蓋亦有大過人者。余故擇其喫緊真切者載於篇，令後之學莽蕩者，無得藉口羅先生」，[35]對他基本持肯定的態度。反觀宗義之述近溪，雖有贊語，但也有如下的批評：

　　……然所謂渾淪順適者，正是佛法一切現成。所謂鬼窟活計者，亦是寂子速道莫入陰界之呵。不落義理，不落想像，先生真得祖師禪之精者。……故儒者於流行見其畫一，方謂之知性。若徒見氣機之鼓蕩，而玩弄不已，猶在陰陽邊事，先生未免有一間之未達也。……許敬菴言先

33　同前注，〈泰州學案一〉，頁315。

34　同前注。

35　同前注，〈師說〉，頁6。

生大而無統，博而未純，已深中其病也。[36]

宗羲謂近溪真得祖師禪之精，是諷刺語而非贊語。又謂近溪一間未達，「大而無統，博而未純」，則明顯是批評。雖衡之於整體的評語，與宗周之見未必完全相反，但一抑一揚之間，給人的印象總是有異。此外，又如二人對龍溪與泰州派的評判，從比較上引文可知，宗周以泰州派之始祖心齋言悟雖超曠，仍不離師門宗旨，龍溪卻把良知看作佛性，玩弄光景，於王門可謂操戈入室。宗羲則反說龍溪於師門多所發明，雖有走作仍不至十分決裂，至泰州則非復名教所能羈絡。固然宗周也說心齋末流浸為小人之無忌憚，與宗羲之說終究無大分別，但對於龍溪的評價，二人明顯有輕重之不同。

　　像上述二人判斷不同的例子還可以舉出更多。[37]然則我們是否可說：宗羲固受其師宗周之影響，但這只是就某程度而言，吾人實不宜過分強調，蓋宗羲對明儒畢竟有其獨立的判斷之故。這個說法並非沒有道理，宗羲乃明末大儒，絕非泥守師說，亦步亦趨，而總有其個人的見解。但我們還是要說，宗羲受宗周影響之程度，實值得吾人強調及正視。儘管對人物的論述未必都相同，宗羲與宗周對陽明學的評價，至少在方向上是完全一致。我們有理由相信此與宗羲繼承宗周之論當時思想界之風氣有莫大關係。宗周曾說：

　　今天下爭言良知矣。及其弊也，猖狂者參之以情識，而一是皆良；超潔

36　同前注，〈泰州學案三〉，頁336。

37　如果包括不屬於陽明學派的明代儒者，陳白沙便可算是另一個顯例。宗羲謂「有明之學，至白沙始入精微，其喫緊工夫，全在涵養，喜怒未發而非空，萬感交集而不動。至陽明而後大」；見前注，〈白沙學案〉，頁 28。綜觀〈白沙學案〉，對白沙幾無貶辭。宗周亦謂白沙「學宗自然，而要歸於自得。自得故資深逢源，與鳶魚同一活潑，而還以握造化之樞機，可謂獨開門戶，超然不凡」，似乎與宗羲一樣都是讚賞有加，但隨後卻說：「今考先生證學諸語，大都說一段自然工夫，高妙處不容湊泊，終是精魂作弄處。蓋先生識趣近濂溪，而窮理不逮，學術類康節，而受用太早。質之聖門，難免欲速見小之病者也。似禪非禪，不必論矣。」見前注，〈師說〉，頁 2-3。如此批評，所呈現的白沙的面貌便與宗羲之說十分不同。

者蕩之以玄虛，而夷良於賊，亦用知者之過也。……今之賊道者，非不
知之患，而不致之患，不失之情識，則失之玄虛，皆坐不誠之病，而求
之於意根者疏也。……孟子云：「我亦欲正人心，息邪說，距詖行，放
淫辭，以承三聖。」又曰：「能言距楊、墨者，聖人之徒也。」予蓋有
志焉，而未之逮也。[38]

所謂「今天下爭言良知」，可見當時陽明學風行的程度。但宗周卻同時看到陽
明學存在著兩大流弊，一是「猖狂者參之以情識，而一是皆良」，即氣質狂放
者誤以情識之流為良知，而肆無忌憚；一是「超潔者蕩之以玄虛，而夷良於
賊」，即氣質超潔者誤以玄虛之體為良知，不能切合日用倫常。簡言之，此即
「情識而肆」與「虛玄而蕩」。[39]宗周更以此兩大流弊比作孟子時的楊朱、墨
翟，立志如孟子之拒斥異端，而嘆息自己力有未逮。若問此二流弊於何處可
見？答曰當然是見於當時陽明的弟子及後學的言行之上。學者已指出，順龍溪
之學風可誤引至「虛玄而蕩」，順泰州派之學風可誤引至「情識而肆」。[40]我
們認為，宗羲正是認同宗周所謂兩大流弊，以之分配給浙中（尤指龍溪）和泰
州派，而對它們作負面的評價。從宗周對心齋及宗羲對泰州派的評語看來，他
們均認為泰州派儒者的學風有「情識而肆」的流弊，是十分明顯的。至於浙中
的龍溪，宗周說他「直把良知作佛性看，懸空期個悟，終成玩弄光景」，宗羲
則說他「懸崖撒手，茫無把柄，以心息相依為權法」，都是指其「虛玄而蕩」
的毛病而言。若更仔細一點看，「情識而肆」與「虛玄而蕩」其實是一體的兩

38　劉宗周著，戴璉璋、吳光主編：《劉宗周全集》（共5冊6本）（臺北：中央研究院中
　　國文哲研究所籌備處，1996年），第2冊，〈證學雜解〉，頁325。

39　這是牟宗三用來總括宗周所說的陽明學流弊的兩個詞語。見牟宗三：《從陸象山到劉蕺
　　山》，頁454。

40　見牟宗三：《從陸象山到劉蕺山》，頁297-298。必須補充說明的是，牟宗三並不認為
　　龍溪及泰州派的思想本身有問題；所謂「虛玄而蕩」、「情識而肆」，只是在他們的思
　　想下義理分際不清楚或工夫不真切而有的「人病」，而非他們思想本身的「法病」，見
　　頁298。此與宗周及宗羲的想法畢竟有別。

面。依宗周，它們實已肇端於龍溪的思想。我們回顧宗周在〈師說〉之評龍溪之無善無惡乃至四無說：

> ……幾何而不蹈佛氏之坑塹也哉！夫佛氏遺世累，專理會生死一事，無惡可去，併無善可為，止餘真空性地，以顯真覺，從此悟入，是為宗門。若吾儒日在世法中求性命，吾慾薰染，頭出頭沒，於是而言無善惡，適為濟惡之津梁耳！[41]

依宗周看來，龍溪的心、意、知、物皆無善無惡（所謂「四無」），正好掉進佛家的窠臼。一方面如果捨離世累而求真覺，便進入真空性地，無惡可去，但亦無善可為；此正是虛玄而蕩。另一方面如果投入世間以作事，無所謂善惡，便會肆無忌憚，適為濟惡之津梁；此正是情識而肆。然則陽明學的兩大流弊均來自無善無惡乃至四無，而此說實倡於龍溪。

我們發現，宗羲也是緊承宗周此觀點。讓我們也回顧一下宗羲之評龍溪：

> ……夫良知既為知覺之流行，不落方所，不可典要，一著工夫，則未免有礙虛無之體，是不得不近於禪。流行即是主宰，懸崖撒手，茫無把柄，以心息相依為權法，是不得不近於老。[42]

所謂良知為知覺之流行，「一著工夫，則未免有礙虛無之體，是不得不近於禪」，是評其情識而肆。而如上所言，所謂「流行即是主宰，……是不得不近於老」，是評其虛玄而蕩。宗羲分別以佛與老言此二流弊，恐怕只是方便說，蓋在他的心目中，佛、老思想是差不了許多的。如是，宗羲認同兩大流弊之說而與宗周一樣將之歸咎於龍溪。他以泰州派是沿著情識而肆一路而發展（宗周亦謂心齋末流浸為小人之無忌憚），於浙中的龍溪則認為其兩種流弊皆有而較

41　黃宗羲：《明儒學案》，〈師說〉，頁4。
42　同前注，〈浙中王門學案二〉，頁101-102。

強調其情識而肆一面，與宗周之較重言其虛玄而蕩一面有畸輕畸重之不同。但無論如何，以虛玄而蕩及情識而肆來定位浙中的龍溪及泰州派，是宗羲完全繼承自宗周而來的看法。

　　我們再來看看江右派。上文已述，宗周與宗羲對江右派的一些人物的評價實無大分別，都承認他們能把握陽明宗旨，可說對他們高度肯定。也許可進一步問為何對他們的思想予以如此高度的肯定？此問題的答案其實很簡單，這是因為宗周的思想跟他們有吻合之處。宗羲曾歸納宗周之思想特色有四，當中第一點便是「靜存之外無動察」。[43]這是把動而省察收攝於靜而存養的一種主靜之說。宗周自己也說：

> 聖學之要，只在慎獨。獨者，靜之神，動之機也。動而無妄曰靜，慎之至也。是謂主靜立極。[44]

眾所周知，宗周學問的宗旨在慎獨，而這段引文也表明，慎獨與主靜在宗周心目中實具有同等的地位。我們不需要進入宗周思想的內部作詳細分析，只需知道，宗周的主靜與江右派之收斂凝聚、無欲歸寂的風格即使不同，也應類似。是以當宗周看到江右派人物的主張時，便一拍即合，大為讚賞。很明顯，宗羲是完全認同宗周的學說逐對江右派作出高度的肯定與評價。

　　至此，宗羲如何受到宗周的影響已是十分清楚。尤有可得而言者，依宗羲，江右與浙中王門的分別在一重寂體一重動用、一重未發一重已發，關此上文已明。但須知動靜（寂）體用、已發未發，至少在宗羲看來，都是陽明所謂良知之不同面向，都是良知教所蘊含者。江右派重視寂體、未發固是，但浙中之重言動用、已發又何可厚非？蓋浙中的龍溪、緒山並非抹煞寂體、未發而不講也。這只是重點的不同，如何可就此而把情識而肆及虛玄而蕩的流弊都推到浙中龍溪等人的身上？這當然是個複雜的問題。不過就本文的目的而言，我們

只須注意宗義對此所提供的一個解釋。而我們發現，這個解釋其實也是來自宗周的。宗義在江右之聶雙江受到同門批評而為之辯解時說：

> 夫心體流行不息，靜而動，動而靜。未發，靜也；已發，動也。發上用功，固為徇動；未發用功，亦為徇靜，皆陷於一偏。而中庸以大本歸之未發者，蓋心體即天體也。周天三百六十五度四分度之一，而其中為天樞。天無一息不運，至其樞紐處，實萬古常止，要不可不歸之靜。故心之主宰，雖不可以動靜言，而惟靜乃能存之。此濂溪以主靜立人極，龜山門下以體夫喜怒哀樂未發前氣象為相傳口訣也。[45]

這便是為何宗義贊成雙江乃至江右派的主靜歸寂之說。我們再看看宗周下面兩段話：

> 動中有靜，靜中有動者，天理之所以妙合而無間也。靜以宰動，動復歸靜者，人心之所以有主而常一也。故天理無動無靜，而人心惟以靜為主。以靜為主，則時靜而靜，時動而動，即靜即動，無靜無動，君子盡性至命之極則也。[46]

> 自濂溪有主靜立極之說，傳之豫章、延平，遂以「看喜怒哀樂未發以前氣象」為單提口訣。夫所謂未發以前氣象，即是獨中真消息，但說不得前後際耳。……[47]

宗周以心之本體即天理，無動無靜，本不可以動靜言。但就心之主宰言，「靜以宰動，動復歸靜」，畢竟以言靜較有持循，是以主靜。若言主動，重動用，

45　黃宗羲：《明儒學案》，〈江右王門學案二〉，頁151。

46　《劉宗周全集》，〈學言上〉，第2冊，頁442-443。

47　同前注，〈學言中〉，第2冊，頁485。

便會容易失去主宰而滑落開去，便會有情識而肆與虛玄而蕩的流弊出現。宗周以主靜實乃周濂溪、楊龜山、羅豫章、李延平相傳下來的統緒，與自己的慎獨宗旨密合無間。十分明顯，宗羲完全繼承宗周主靜的思想，以靜言心之主宰，更以靜言天體，並以之作為他推崇江右派的理據。他是完全吸收消化宗周的思想作為準則，以評判陽明學。儘管對個別人物的判斷不必盡同，誠如劉述先所言，宗羲是謹守宗周思想的原則而勿失的，至少他自己認為是如此。

三、《明儒學案》對陽明思想的評價

當我們把焦點放在陽明思想本身時，便發現宗羲與宗周關係的情形也同樣發生在宗羲對陽明思想的評價上。從上文所述已知，宗羲對陽明思想持非常肯定的態度。他說：

> 有明學術，白沙開其端，至姚江而始大明。……自姚江指點出良知，人人現在，一反觀而自得，便人人有個作聖之路。故無姚江，則古來之學脈絕矣。[48]

可見宗羲對陽明推崇備至。這當然與其師宗周之推崇陽明有關。宗周在〈師說〉中謂陽明：

> 先生承絕學於詞章訓詁之後，一反求諸心，而得其所性之覺曰良知，因示人以求端用力之要曰致良知。……可謂震霆啟寐，烈耀破迷，自孔孟以來，未有若此之深切著明者也。……先生命世人豪，龍場一悟，得之天啟，亦自謂從五經印證過來，其為廓然聖路無疑。[49]

---

48 黃宗羲：《明儒學案》，〈姚江學案〉，頁74。
49 同前注，〈師說〉，頁31。

不但與宗羲意見相同，甚至「反求諸心」、「廓然聖路」的文字也反映在宗羲的評語中。然而，在陽明思想中，唯獨是引起後世爭論的「四句教」似乎得不到宗羲的認同。宗羲在《明儒學案》評價龍溪時也論及四句教：

> 〈天泉證道紀〉謂師門教法，每提四句：無善無惡心之體，有善有惡意之動，知善知惡是良知，為善去惡是格物。……以四有論之，惟善是心所固有，故意、知、物之善從中而發，惡從外而來。若心體既無善惡，則意、知、物之惡固妄也，善亦妄也。工夫既妄，安得謂之復還本體。斯言也，於陽明平日之言無所考見，獨先生（筆者案即龍溪）言之耳。[50]

引文中的「天泉證道紀」是龍溪門人對陽明與弟子在天泉橋論四句教的記錄，而「四有」即是四句教。宗羲認為，若依四句教的第一句，後三句便不能說，蓋心體既無善無惡，則意、知、物的善惡皆妄，又如何可有有善有惡、知善知惡及為善去惡？然則四句教只會導向心、意、知、物皆無善無惡的四無的結論。是以宗羲以四句教不是陽明之言，而應是龍溪之說。像這種對四句教的批評在《明儒學案》中不只見於一處。在他處如論及薛侃時宗羲也批評四句教：

> 考之《傳習錄》，因先生（案指薛侃）去花間草，陽明言無善無惡者理之靜，有善有惡者氣之動。蓋言靜無善無惡，不言理為無善無惡，理即是善也。猶程子言人生而靜以上不容說，周子太極而加之無極耳。獨天泉證道記有無善無惡者心之體，有善有惡者意之動之語。夫心之體即理也，心體無間於動靜，若心體無善無惡，則理是無善無惡，陽明不當但指其靜時言之矣。釋氏言無善無惡，正言無理也。善惡之名，從理而立矣。既已有理，惡得言無善無惡乎？就先生去草之言證之，則知天泉之言，未必出自陽明也。[51]

這是說陽明只言無善無惡是理之靜，不是心之體；作為理的心之體畢竟是善的。然則四句教之言無善無惡是心之體，便不是陽明之說。我們發現，宗義上述這兩點批評都是來自宗周的。宗周說：

> 先生（案指陽明）每言：「至善是心之本體。」又曰：「至善只是盡乎天理之極，而無一毫人欲之私。」又曰：「良知即天理。」錄中言天理二字，不一而足。有時說「無善無惡者理之靜」，亦未曾徑說「無善無惡是心體」。若心體果是無善無惡，則有善有惡之意又從何處來？知善知惡之知又從何處來？為善去惡之功又從何處來？無乃語語斷流絕港！[52]

這段話實包含上引宗義對四句教的兩點批評。不特此也，宗義對四句教是否出自陽明的懷疑也是源於宗周的。他嘗引用宗周這段話，並說「蕺山先師嘗疑陽明天泉之言與平時不同」，言下之意，即指宗周早就懷疑四句教非來自陽明。[53]宗周自己也說：

> 愚按四句教法，考之陽明集中，並不經見，其說乃出於龍溪。則陽明未定之見，平日間嘗有是言，而未敢筆之於書，以滋學者之惑。至龍溪先生始云四有之說猥犯支離，勢必進之四無而後快。既無善惡，又何有心、意、知、物？終必進之無心、無意、無知、無物而後已，如此則致良知三字著在何處？……幾何而不蹈佛氏之坑塹也哉！[54]

在對陽明四句教的判斷此一問題上，宗義沿襲宗周之跡，十分明顯。

52　劉宗周：〈陽明傳信錄〉，《劉宗周全集》，第 4 冊，頁 107。這段話宗義亦引於《明儒學案》，〈姚江學案〉，頁 91。

53　黃宗義：《明儒學案》，〈江右王門學案一〉，頁 132。在同一段話中，宗義也企圖根據鄒東廓的記錄，提出四句教的首句可能是「至善無惡者心」而非「無善無惡者心」，而四句教也可能是緒山之言，非陽明教法。

54　黃宗義：《明儒學案》，〈師說〉，頁 4。

　　然而，奇怪的是，在《明儒學案》中，我們發現宗羲對四句教有另類的評判。在〈姚江學案〉論述陽明之學時，宗羲以四句教為陽明的教法，並予以非常正面的詮釋：

> 天泉問答：無善無惡者心之體，有善有惡者意之動，知善知惡是良知，
> 為善去惡是格物。今之解者曰：心體無善無惡是性，由是而發之為有善
> 有惡之意，由是而有分別其善惡之知，由是而有為善去惡之格物。層層
> 自內而之外，一切皆是粗機，則良知已落後著，非不慮之本然，故鄧定
> 宇以為權論也。其實無善無惡者，無善念惡念耳，非謂性無善無惡也。
> 下句意之有善有惡，亦是有善念惡念耳。兩句只完得動靜二字，他日語
> 薛侃曰：無善無惡者理之靜，有善有惡者氣之動，即此兩句也。所謂知
> 善知惡者，非意動於善惡，從而分別之為知，知亦只是誠意中之好惡，
> 好必於善，惡必於惡，無是無非而不容已者，虛靈不昧之性體也。為善
> 去惡，只是率性而行，自然無善惡之夾雜，先生所謂致吾心之良知於事
> 事物物也。四句本是無病，學者錯會，反致彼以無善無惡言性者，謂無
> 善無惡，斯為至善。善，一也，而有有善之善，有無善之善，無乃斷滅
> 性種乎？彼在發用處求良知者，認已發作未發，教人在致知上著力，是
> 指月者，不指天上之月，而指地上之光，愈求愈遠矣。得義說而存之，
> 而後知先生之無弊也。[55]

關於這一大段話的內容，下文會續有討論。我們現在注意的，是宗羲竟一反上所引有關文字，承認四句教是陽明的教法，並賦予正面的評價。試問在同一部著作中出現相反的言論，究當如何解釋？

　　事實上，早已有學者注意及此。如古清美便認為宗羲在《明儒學案》用了三種態度來處理四句教。第一種態度是絕不同意四句教的成立，並批評四句教在義理上的錯謬。第二種態度是正面的、直接而明白的辨明四句教，如上面

55　同前注，〈姚江學案〉，頁74。

剛引的一段文字便是要辨明四句教之無弊。第三種態度是否定四句教出自陽明。[56]儘管這三種態度的說法於文獻有據，我們認為，當中第三種態度其實是可以歸入第一種的。如是則宗羲對四句教應該只有兩種態度：一是認為四句教有錯謬，非源自陽明；一是以之為陽明教法，本來無弊。

另外，陳熙遠則承認宗羲對四句教的態度有兩種，而企圖進一步說明為何這兩種相悖的立場會並存於《明儒學案》。他首先認為宗羲的兩種立場並非前後的異動，而是與宗羲當時面臨的課題有關。他說：

> ……梨洲所面臨的課題是：從王學發展的流弊來看，陽明「心體無善無惡」之說顯然難辭其咎，但站在肯定陽明思想的立場，梨洲卻想試圖轉移陽明所遭致的訾議，而唯一的辦法就是：辨析陽明思想的本原與王學末流發展，兩者有根本的歧異性……。[57]

在這個背景之下，他找到了兩種相悖的立場何以並存的理由：

> 梨洲兩種立場似乎矛盾的疏解，其實正說明了梨洲想要雙管齊下的焦切心態：不論是透過史料的考證，及義理的對勘來驗明「四句教」非出自陽明；抑或將其「心體無善無惡」說詮解為「無善念惡念」，以異於後世用「性」字作解。實皆基於亟望將陽明思想的本原和王學發展的末流，能涇渭分明的劃割開來。[58]

換言之，兩種相悖立場的結合點便是在於要把陽明思想與王學的末流區別開來：如果四句教有錯謬，它不是陽明之說，而是源於陽明的後學；如果四句教

56　古清美：《黃梨洲之生平及其學術思想》（臺北：國立臺灣大學文學院，1978 年），頁 75-82。

57　陳熙遠：〈黃梨洲對陽明「心體無善無惡」說的疏解與其在思想史上的意涵〉，《鵝湖》第 15 卷第 9 期（1990 年），頁 23。

58　同前注。

本來無弊，它是陽明的教法，其流弊不過來自陽明後學的錯解。無論採取哪一種立場，都將無損於陽明思想本身。然而，這樣一個結合點畢竟是心理意義上的，是以陳熙遠最後仍是說：「當然，梨洲自己並未察覺到他的這些疏解，其實隱含著『兩種』迥異甚至矛盾的進路……。」[59]

　　雖然說陳熙遠的解釋不能說完全沒道理，但我們對之仍是有所保留。理由很簡單，說宗羲把兩種不同的解釋同時置於其編著中而不察覺它們互相矛盾，這個可能性應該很小，蓋面對四句教如此重大的議題，宗羲怎會如此糊塗而自陷於混亂？也許可作如下的補充：我們相信，編撰《明儒學案》是一個複雜而漫長的過程。宗羲很有可能在編輯的過程中因接觸不同的文獻或看法的改變而逐漸調整他對某些議題的觀點，那怕是十分重要的議題。他大概是初時接受宗周的看法，認為四句教在義理上的毛病極大，並企圖拒之於陽明思想之外，後來接觸大量材料或證據而使他不得不承認四句教是陽明之說，並試圖給它一個合理的解釋。也就是說，這兩個相悖的立場是反映著宗羲看法的前後的變化。但當他完成編撰《明儒學案》的工作時，他似乎認為沒有必要修改對四句教的前期之說。蓋前期之說其實是繼承宗周之說，保留之是對師說乃至是老師對自己的影響（那怕是早期）的尊重。且保留此一相反之論正符合他編撰《明儒學案》所謂「此編所列，有一偏之見，有相反之論，學者於其不同處，正宜著眼理會，所謂一本而萬殊也。以水濟水，豈是學問」的精神。[60]而更重要的，可能是他認為兩說雖有衝突，但它們都可以達至他心目中的共同目的，即是把陽明學說及其末流區分開來，於是兩說並存實無傷大雅。是以他以為在〈姚江學案〉正述陽明思想時把自己對四句教的後期見解說出，代表自己的最後定論便

59　同前注，頁 24。有關宗羲對四句教的兩種立場的得失，並不是本文要討論的範圍。有興趣的讀者可參考陳熙遠文，有詳細的說明。另外也可參考古清美，《黃梨洲之生平及其學術思想》；黃敏浩：〈論黃宗羲對「四句教」的詮釋〉，收入楊祖漢、楊自平主編：《黃宗羲與明末清初學術》（中壢、新北市：國立中央大學出版中心 & Airiti Press Inc., 2011 年），頁 1-20。

60　黃宗羲：《明儒學案》，〈凡例〉，頁 1。

可，其餘散見他處的前期之見便留待讀者自行裁斷好了。[61]這便是到目前為止我們對宗羲對四句教所持的兩種相反意見何以並存於《明儒學案》的初步論斷。

兩種相反評價的關係既得澄清，就讓我們回到宗羲對四句教的第二種評價。上文已述宗羲的第一種評價源自宗周，其第二種評價既與第一種評價相悖，這便似乎表示宗羲在第二種評價中已脫離師說。但細看之下，第二種評價仍與宗周脫不了關係。這種評價承認四句教為陽明的教法。其實這幾乎是學界的定論了。宗周與宗羲欲翻案是十分困難的。於此學者已多有說，茲不贅。[62]我們只需知道，從宗周的文集可見宗周在晚年完全承認四句教乃陽明之說。即使在較早期的〈師說〉，我們回顧上面所引，宗周在以四句教法「出自龍溪」的同時，也不得不緊接著說「則陽明未定之見，平日間嘗有是言，而未敢筆之於書」，可知他早已明白陽明與四句教的關係不能抹煞，然則宗羲對四句教誰屬的態度上的轉變乃繼承其師，仍是十分明顯。

然而，宗周對四句教的內容方面，卻一直只有批評，從來沒有正面的評價。就在這點上，我們看到了宗周與宗羲的分別。有趣的是，我們發現宗羲就宗周對陽明的態度有耐人尋味的敘述。劉汋（宗周之子）在宗周的年譜中述其

---

61 必須指出，陳熙遠在其文章中曾考慮宗羲對四句教的兩種見解為前後之見，但對此予以否定。他首先指出宗羲的兩種論述錯落於各學案之中，表示其態度非有前後的異動。其次，他說宗羲在「與董吳仲論『四句教』不合陽明『致良知』宗旨的同年，也曾在〈與友人論學書〉中，為陽明『心體無善無惡』的義理進行辯解。可見這兩種相悖的進路，是為梨洲同時並行的」；見陳熙遠：〈黃梨洲對陽明「心體無善無惡」說的疏解與其在思想史上的意涵〉，頁 14。關於第一點，我們認為兩種論述錯落於各學案並不必然表示宗羲的態度非有前後的異動，蓋宗羲的編撰學案的次序並不必就是學案編排的次序。關於第二點，宗羲的〈答董吳仲論學書〉及〈與友人論學書〉分別為宗羲《南雷文案》卷 3（四部叢刊本）的第一及第二篇。前書標題下有小字「丁未」表示成書年份，後書則無。不知謂兩書著於同一年的根據在何？即使兩書著於同年，前書評四句教不合陽明致良知宗旨，是偏就四句教的第三句「知善知惡是良知」而說，後書為之辯解的，是四句教的第一句「無善無惡心之體」。宗羲在肯定第一句時，不必表示他也肯定第三句，也不必表示他同時肯定整個的四句教。

62 可參考黃敏浩：〈黃宗羲對「四句教」的詮釋〉。

父對陽明學說的態度時謂：

> 先生於陽明之學凡三變，始疑之，中信之，終而辨難不遺餘力。始疑之，疑其近禪也。中信之，信其為聖學也。終而辨難不遺餘力，謂其言良知，以孟子合大學，專在念起念滅用工夫，而於知止一關全未堪入，失之粗且淺也。夫惟有所疑，然後有所信，夫惟信之篤，故其辨之切，而世之競以玄渺稱陽明者，烏足以知陽明也與！[63]

宗羲在述其師時也有類似的話而較略，謂：

> 蓋先生於新建之學凡三變；始而疑，中而信，終而辨難不遺餘力，而新建之旨復顯。[64]

表面看來，這兩段話一詳一略，似無大分別。宗羲所謂始疑中信終辨難，字句與劉汋的完全一樣，而「而新建之旨復顯」則好像是劉汋那段話的末句的總括。然而，當我們熟知宗周與宗羲對陽明（尤指其四句教的內容）的態度實不一樣時，便會注意到這兩段話之間的微妙的差異。劉汋與宗羲都同意宗周對陽明學說的態度有三變，這恐怕是不爭的事實。所謂始疑陽明近禪，此是宗周早期看法，且不論。中信其為聖學，這是指宗周著《皇明道統錄》（即〈師說〉）時對陽明的態度。至於終而辨難不遺餘力，是指宗周晚年對陽明雖有迴護但也極力批評其四句教，其定論是認為陽明「失之粗且淺」。劉汋那段話的末句謂「有所信」、「信之篤」，是要表示宗周相信陽明哲學動機之純正，非謂其完全接受陽明哲學，尤其是他的四句教。宗周是要透過不遺餘力的辨難以凸顯陽明想要達到然而未能至的宗旨。我們認為，劉汋的敘述已得其父之實。反觀宗羲，他把劉汋的末句總括為「新建之旨復顯」，此語其實頗曖昧。蓋透

63　《劉宗周全集》，〈劉宗周年譜〉，第 5 冊，頁 480-481。
64　黃宗羲：〈子劉子行狀〉，頁 50。

過宗周的辨難以復顯的陽明之旨，究竟是陽明所未達致的理想抑或是陽明學說本身的宗旨？在這個問題上，此語是模棱兩可的。我們相信，宗羲是有意無意地把語意滑轉為陽明學說宗旨的復顯，因為與宗周的想法很不同的，在他心目中，陽明學說（包括四句教）畢竟無弊。此意可在《明儒學案》宗羲對四句教的第二類或後期評價中得到印證。只是要真正復顯陽明學說宗旨的，其實不是宗周，而是他自己而已。

　　現在，我們來看看宗羲在其後期評價是如何「復歸」陽明四句教之旨。於此有關的文字其實上文已引過，即引〈姚江學案〉之一大段文。宗羲在〈東林學案〉有一段表達其對四句教的後期立場，與〈姚江學案〉的一段大同小異。茲不憚煩錄之如下：

> 按陽明先生教言：無善無惡心之體，有善有惡意之動，知善知惡是良知，為善去惡是格物。其所謂無善無惡者，無善念惡念耳，非謂性無善無惡也。有善有惡之意，以念為意也。知善知惡，非意動于善惡，從而分別之為知；好善惡惡，天命自然，炯然不昧者，知也，即性也。陽明於此加一良字，正言性善也。為善去惡，所謂有不善未嘗不知，知之未嘗復行也。良知是本體，天之道也。格物是工夫，人之道也。蓋上二句淺言之，下二句深言之。心、意、知、物，只是一事。今錯會陽明之立論，將謂心之無善無惡是性，由是而發之為有善惡之意，由是而有分別其善惡之知，由是而有為善去惡之格物。層層自內而之外，使善惡相為對待，無善無惡一語，不能自別於告子矣。陽明每言至善是心之本體。又曰至善只是盡乎天理之極，而無一毫人欲之私。又曰良知即天理。其言天理二字，不一而足。乃復以性無善無不善，自墮其說乎？且既以無善無惡為性體，則知善知惡之知流為麀幾，陽明何以又言良知是未發之中乎？是故心無善念、無惡念，而不昧善惡之知，未嘗不在此至善也。……65

65　黃宗羲：《明儒學案》，〈東林學案一〉，頁615-616。

此段與上引〈姚江學案〉之一段都是反映宗義對四句教的後期解釋，亦即最後定論的最詳細的文字，其內容大致相同，而詳略互異。讀者合觀並看，當更能掌握宗義之意。驟眼看去，這完全是宗義自己的正面解釋，與宗周對四句教只有負面的批評不同。但細心觀察，恐仍是脫離不了宗周思想的影響。

首先，宗義不滿當時一般對四句教的解釋。一般的解釋以為無善無惡是心之體，心之體是性，即性是無善無惡。由性發出來的意念則有善有惡，即有善的意念，也有惡的意念。分別覺知善的意念與惡的意念的便是良知。順著善的意念落實使成善的行為，就著惡的意念去除之使沒有惡的行為，便是格物。宗義認為由性發而為意念，從而知覺此意念以指導行為，層層自內而外，皆是粗機，實並不能接觸到內在的道德價值之源。當中最嚴重的問題是以性無善無惡，是謂至善。既有善之善，今又有無善無惡之善，則此無善無惡之善須有別於善之善，便只能墮於虛無，而否定了一切道德的善的價值。另外一個嚴重的問題是良知之知覺善念惡念，都是在善或惡的意念萌生之後，如此則良知便永遠落於後著，流為粗機，又如何為善去惡？我們發現，宗義對四句教的一般解釋的批評是沿襲宗周對四句教的批評的。宗周對「無善無惡心之體」的批評，上文已述。他對「知善知惡是良知」的批評，則具見於他晚年的〈良知說〉，所謂「知善知惡，蓋從有善有惡而言者也。因有善有惡，而後知善知惡，而知為意奴也，良在何處？」[66]此評「知為意奴」，與宗義所言之「良知已落後著，非不慮之本然」、「知善知惡之知流為粗幾」實同一意思。在此宗義之承襲宗周，是清楚可睹的。

我們再看宗義對四句教的正面解釋是如何。他說「無善無惡心之體」是指心之無善念惡念，非謂性無善無惡，性必然是善的。這是要保住儒家的道德價值之源。姑勿論宗義此解是否採自高攀龍「彼（案指陽明）以善為念」[67]之

66　劉宗周：〈良知說〉，《劉宗周全集》，第 2 冊，頁 372-373。

67　高攀龍：〈方本菴性善繹序〉，見《明儒學案》，〈東林學案一〉，頁 636；其言曰：「陽明先生所謂善，非性善之善也。何也？彼所謂有善有惡者意之動，則是以善屬之意也。其所謂善，第曰善念云爾；所謂無善，第曰無念云爾。吾以善為性，彼以善為念也。⋯⋯」

說，這樣解釋的背後是有著他自己的一套義理作支持的。宗羲在他處有說：

> 陽明言無善無惡心之體，原與性無善無不善之意不同。性以理言，理無
> 不善，安得云無善。心以氣言，氣之動有善有不善，而當其藏體於寂之
> 時，獨知湛然而已，亦安得謂之有善有惡乎？[68]

宗羲以陽明的「心之體」是指心而非性，心以氣言，其理想的境界為無善
（念）無惡（念）。至於性即是理，乃定然無不善者。此說一方面保住作為道
德價值根源之性之至善，另一方面亦能承認陽明無善無惡心之體之說。但如此
區分心、性，其理論效果是有待商榷的，今且不論。我們當知，這一套心、性
二分的義理也是來自宗周的。在宗周的文集中便有一條，與這段文字幾乎一字
不差，可見宗羲是完全參考了宗周之說。[69]

　　四句教的第二句「有善有惡意之動」，意指有善有惡的意念，對此宗周、
宗羲乃至一般的解釋均無異辭。但宗羲以為首兩句實即陽明「無善無惡者理之
靜，有善有惡者氣之動」的兩句之意。我們回顧他的前期立場，卻以此兩句來
證明「無善無惡心之體」非陽明之教。很明顯，宗羲在前期是以「無善無惡心
之體」解作性是無善無惡，遂認為與「無善無惡者理之靜」扞格不入，蓋在他
心目中「理之靜」只說得個動靜之靜，非理（亦即性）之本身，只能屬於心之
氣之層次。到後期觀點改變，認為「無善無惡心之體」應解作心無善念惡念，
此便與他心目中「無善無惡者理之靜」若合符節了。在觀點轉變的過程中，他
對次句「有善有惡意之動」的理解則始終如一。

　　宗羲對第三句「知善知惡是良知」的理解也是前後不同。此時他強調知善
知惡之知並不是在動念之後，從而知覺分別其為善為惡之知，否則知便永遠落
於後著，不得為良知。他認為此處之知應該是誠意中之好惡，而好必於善，惡
必於惡。也就是說，知善知惡即是好善惡惡。而此好善惡惡並非刻意而為，而

68　黃宗羲：《明儒學案》，〈泰州學案五〉，頁 372。
69　《劉宗周全集》，〈學言中〉，第 2 冊，頁 484。

是天命自然，無是無非而不容已地如此，此實即虛靈不昧之性體也。關於知善知惡、好善惡惡（亦即知是知非、好是惡非）如何可以同時是虛靈不昧、無是無非，宗羲在他處有較詳細的發揮：

> 夫知是知非，不落於是非者也。發而有是有非，吾從而知之謂之照。無是無非，澄然在中，而不可不謂之知是知非，則是知之體也。猶之好好色，惡惡臭，好惡之體，何嘗落於色臭哉？[70]

所謂「知是知非，不落於是非」，是說真正的知是知非是超越是非善惡的。此超越之知絕不是「發而有是非、吾從而知之而落於後著」的知，後者正落於是非善惡相對待的層次。此超越的良知之體澄然在中，好善惡惡，知是知非，而又不著於是非，不落於相對，遂呈一無是無非之相，非真是沒有是非之謂也。是以宗羲直以之為虛靈不昧之性體，亦即至善之性是也。宗羲如此解釋四句教的第三句，好像是他個人的見解，然細體之，恐怕仍是蘊含宗周的思想在其中。如果我們熟悉宗周的思想，便知道宗周以意為心之所存，非所發；又參考〈大學〉「如無惡臭、如好好色」而以好善惡惡規定意之內涵。意為心之所存，表示意為超越的，非經驗層上的意念。其好善惡惡之好惡，乃一幾湛然而無好惡之相。凡此皆是宗羲以「誠意中之好惡」釋「知善知惡是良知」之意。毫無疑問，宗羲正是以宗周的意詮釋四句教第三句的知的。[71]

　　最後，第四句「為善去惡是格物」，宗羲不再把它解作從後著之知（實即意念）所發的道德行為，而是把它理解為透過「致吾心之良知於事事物物」而達致「有不善未嘗不知，知之未嘗復行」，甚至是「無善惡之夾雜」的「率性而行」。這是直承第三句所言的超越的良知本體所呈現的真實的道德行為。此

70　黃宗羲：《明儒學案》，〈江右王門學案六〉，頁 207。

71　可參考宗周有關意方面的言論，如「意者心之所存，非所發也。或曰：好善惡惡，非發乎？曰：意之好惡，與起念之好惡不同。意之好惡，一機而互見；起念之好惡，兩在而異情。以念為意，何啻千里？」見《劉宗周全集》，〈學言中〉，第 2 冊，頁 485。

處圓滿，便是個體生命的天德流行之境。於此，我們發現宗周在修改四句教時也有「為善去惡是物則」之說。[72]所謂物則，意即事事物物的法則，亦即天理。為善去惡，其實便是天理自然的呈現，便是天理流行，其說與宗義的解釋實際上並無二致。

　　宗義又以他新詮的四句教中上二句為淺言之，下二句為深言之。蓋首句言無善念惡念之心，雖非落於經驗層，但心非性，且就氣言，已有下落之勢，第二句則明言經驗層之意念；故上二句是淺言之。第三、四句一言屬天道之良知本體，一言屬人道之格物工夫，但都是從超越層的良知即性體上說；故下二句是深言之。像如此對陽明思想的詮釋，確是宗義所深造自得，但我們也已羅列證據，證明其深造自得實與宗周思想有著密切的關係。一言以蔽之，一如對陽明學派的評價，在相當的程度上，宗義對陽明思想的評價也是受到宗周深遠的影響。

四、餘論

　　廣義地說，宗周與宗義的思想有同有異，學者多能言之。如張學智便說：

> 《明儒學案》中對一些學者的評論以劉宗周的相關論述為根據，這是事實，但《明儒學案》的根本編纂思想卻是黃宗義自己的。……即就對具體人物的評價說，兩人也有不一致的地方，……即使黃宗義在相當多的觀點上同劉宗周吻合，也應看做黃宗義同意並繼承了其師的觀點，非與其師不同而曲為袒護。[73]

侯外廬等主編的《宋明理學史》也說：

72　《劉宗周全集》，〈學言上〉，第 2 冊，頁 459。
73　張學智：《明代哲學史》（北京：北京大學出版社，2000 年），頁 482。

《明儒學案》對於明代不少重要理學家的論述，其思想觀點確實導源於劉宗周的《師說》。因此，《師說》稱得上是《明儒學案》學術淵源之所自。……承認《明儒學案》與《師說》之間有學術淵源關係，並不意味著前者沒有獨立的學術見解。……《明儒學案》的學術觀點，既有所師承，又有所獨創。[74]

此外，陳榮捷在比較〈師說〉與《明儒學案》時也評論說：

稍以師說比諸學案，即可見與師之不歸一矣。……是以舉其師說以冠學案之首。所以尊師，亦所以重道。……宗羲之品論明儒，不輕與人同，亦不輕與人異，蓋本此精神以採擇師說也。[75]

黃進興肯定陳榮捷的觀點，並總結謂：

即使《明儒學案》有取材宗周著作之處，仍無損於黃氏獨特的貢獻，因其力求擺脫獨門宗旨的影響，而以客觀鋪陳學術源流為鵠的。[76]

這些學者或多言二人之同，而亦承認其異；或重言二人之異，但也不忽略其所同，總之是肯定二人之間有同有異，皆不失為持平中肯之論。然而，透過本文的論述，在此似乎仍有進一步可言者。宗羲之繼承宗周之處固毋論矣，其異於宗周之獨特處究為何？除了對個別儒者的不同評價外，宗羲對有明一代儒者的思想皆有其判斷的準則，此準則實隱含於各學案之中而為其評價的指導原則。此準則實即宗羲本人之哲學而亦應為其獨特性之所在。我們就宗羲之對陽明學

---

74 侯外廬、邱漢生、張豈之主編：《宋明理學史》上、下冊（北京：人民出版社，1997年），下冊，頁784。

75 陳榮捷：〈論明儒學案之師說〉，頁188。

76 黃進興：〈「學案」體裁補論〉，收入氏著：《優入聖域：權力、信仰與正當性》（臺北：允晨文化實業公司，1994年），頁431。

的評價來看，發現無論是對陽明學最重要的三派的評價，對浙中的低貶，對江右的推崇，對泰州的抨擊，乃至對陽明思想本身的評價，或屬前期的以四句教為有弊，非陽明教法，或屬後期的以之為無弊，乃陽明教法，在在都在宗周思想的籠罩之下，與之形影不離。儘管在對個別人物的評價上與宗周不同，但在思想的大原則大方向上宗羲基本上是繼承宗周的。這絕非意謂宗羲拘泥師說，亦步亦趨，否定了宗羲的獨創性。我們相信，宗羲是吸收消化了宗周之學，把它融會於自己的生命，而成為自己的思想，而以自己的思想為判斷明代儒者思想的準則。如此看來，何者是繼承，何者是獨創，實際上已是有點難解難分了。是以我們總認為劉述先之說宗羲「所繼承的乃蕺山的精神」，又謂「梨洲之說自不可與蕺山劃等號，因為他博覽載籍，熟悉文獻，對於蕺山之說有進一步的發揮，但於其綱領，則謹守而勿失也」，應是合乎事實的結論。[77]研究宗羲《明儒學案》的思想，乃至宗羲本人的思想，都不應忽略劉宗周。宗羲以〈師說〉冠於《明儒學案》，又依其師之意撰《孟子師說》，都可為吾說之佐證。或曰既然如此，然則宗羲之思想系統與宗周實相同乎？此是另一複雜的問題，已非本文的範圍，當別論。

77　劉述先：《黃宗羲心學的定位》，頁4，78-79。

論中、韓新儒學的解釋框架：
以牟宗三與高橋亨爲例*

林月惠**

一、問題的提出

眾所周知，新儒學（Neo-Confucianism）[1]在中國宋、元、明（960-1643）時代與韓國朝鮮（1392-1910）時代，都曾是主流的思想，也是中、韓儒學史上發展的高峰，影響甚大。若擴大至東亞思想世界來看，自十三世紀以降，新儒學思想也在韓國、日本、越南等國的政治社會、文化思想上，各自展現在地化特色。換言之，新儒學在宋代復興以後，逐漸成為東亞文明的體現，[2]也是漢

---

* 本文曾於2013年7月2日宣讀於 "Constructing and Interpreting the *Daotong* (Transmission of the Way) in the Perspective of Chinese and Korean Neo-Confucianism" International Conference (Paris: INALCO)，經主辦單位王論躍教授同意，先在本論文集刊登，謹申謝忱。筆者謹以此文敬賀劉述先先生八秩壽慶。

** 中央研究院中國文哲研究所研究員

1 宋（元）明六百多年的儒學，著重性理、心性之學的研究，依傳統的術語，有道學、理學（廣義）、性理學等名，但其指涉大抵相同。中文學界的中國哲學史論述，通常稱之為「宋明理學」或宋明儒學；西方學者，稱之為「新儒學」（Neo-Confucianism）。上述名稱，雖也有中、西方學者有不同的看法，但因非本文重點，不予以討論。而本文在論述時，對於中國的新儒學有時也採宋明理學之名，對於韓國的新儒學，因論述重點不同，有時也採朝鮮儒學或朝鮮性理學之名。

2 杜維明曾指出：「儒學在宋代復興以後逐漸成為東亞文明的體現。」見氏著：〈儒學第

字文化圈的共同思想資源。值得注意的是，中國宋明新儒學發展六百餘年，旨在回歸先秦儒學而有所創新，原創性儒者前後相承，不僅回應佛、老挑戰，也將儒家「終極關懷」（ultimate concern）的面向充分展現，[3]並力圖重建政治社會秩序。[4]而在韓國的朝鮮時代，獨尊朱子學（性理學），奉之為正統（orthodoxy），體現為朝鮮王朝的治國理念與方針，名儒輩出，在政治與思想的交錯中，也經過五百餘年的講習論辯，成為東亞朱子學發展的奇葩。[5]就此而言，中、韓新儒學源同流異，各具特色，可資比較。

　　面對如此龐大的中、韓新儒學傳統，現代學者的研究汗牛充棟，研究取徑也多樣化。或著重思想史的演變，或梳理學術發展的軌跡，或關注哲學論題的深化。隨之而來的，古今學者乃有不同的解釋框架（explanatory framework）或分類法。例如，就宋明儒學來說，明代以後有程、朱「理學」與陸、王「心學」的二分，今人沿用，似為常識，但卻偏離史實，悖於理論。又中國大陸學界，受意識形態影響，1937 年張岱年（1909-2004）就提出「唯理論」、「唯

三期發展的前景〉，《現代精神與儒家傳統》，收入郭齊勇、鄭文龍編：《杜維明文集》（武漢：武漢出版社，2002 年），第 2 卷，頁 603。陳來也說：「新儒學是東亞文明的共同體現。」見氏著：《東亞儒學九論》（北京：三聯書店，2008 年），頁 2。

3　牟宗三對於宋明儒學的論述，強調心性之學、內聖之學、成德之教，指出「成德」的最高目標在於成為聖人，而其真實意義則在於個人有限生命中取得無限而圓滿的意義。此為即道德即宗教，而為人類建立一「道德的宗教」。此領域有其永恆獨立之意義，可使儒家不與政治糾纏在一起。見氏著：《心體與性體》（全 3 冊）（臺北：正中書局，1987 年），第 1 冊，頁 4-6〔5：6-9〕。【作者按：以下凡引牟宗三著作，方括號內為《牟宗三先生全集》（臺北：聯經出版事業公司，2003 年）之冊數、頁碼，下同，不另注明。】

4　余英時對於宋明儒學的研究，則強調重建政治秩序的首出性與重要性，認為建立形上世界在整個理學系統中只能居於第二序（second order）的位置，第一序的身分則非秩序重建莫屬。詳參氏著：《朱熹的歷史世界》（臺北：允晨文化出版公司，2003 年），上篇，頁 251。

5　詳參拙著：《異曲同調：朱子學與朝鮮性理學》（臺北：臺大出版中心，2010 年），頁 1-43。

氣論」、「唯心論」的三分法，影響中國大陸學界甚深。[6]至於臺灣與香港學界，則有牟宗三（1909-1995）的「三系說」[7]與勞思光（1927-2012）的「一系三型說」。[8]其中，牟宗三作為當代新儒家最富原創性的哲學家，因其對宋明儒學所投注的心血與功力，及其對中西哲學的深厚造詣，「三系說」的影響力最大，最具代表性。不論贊成或反對，都必須面對牟宗三的宋明儒學研究成果與其三系說。

另一方面，就朝鮮時代的儒學來說，韓末儒者鄭殷采於 1917 年所重刊的《續修聖蹟圖後學錄》，包含中國的〈道統源流圖〉與韓國的〈東方聖學源流圖〉、〈東方儒林淵源錄〉，後者採兩大學派的區分，即是以李退溪（名滉，1501-1571）為主的嶺南學派與李栗谷（名珥，1536-1584）為主的栗谷學派。而河謙鎮（1870-1946）纂《東儒學案》（1970 年），張志淵（1864-1921）編著《朝鮮儒教淵源》（1973 年），多以學案式的方式來呈現韓國儒學史，偏重學術史的考鏡源流。嗣後，第一位以系統性的解釋框架來詮釋朝鮮儒學史的學者，竟是日本學者高橋亨（1878-1967）。他於 1929 年發表〈李朝儒學史に於ける主理派主氣派の發達〉一長文，[9]以「主理派／主氣派」分類方式來詮

6　參張岱年：《中國哲學大綱》（1937 年），收入《張岱年全集》（石家莊：河北人民出版社，1996 年），第 2 卷，頁 39-123。嗣後，馮友蘭《中國哲學史新編》、侯外廬《宋明理學史》、陳來《宋明理學》也大抵採取此解釋框架。不過，後來馮友蘭《新理學》、陳來諸多研究宋明理學專家著作，卻不再強調此框架。另外，向世陵對於大陸學界的分系與最近的看法，也有系統性的整理。詳參氏著：《理氣性心之間：宋明理學的分系與四系》（長沙：湖南大學出版社，2006 年），第 5 章。

7　詳參牟宗三：《心體與性體》，第 1 冊，第 1 部〈綜論〉。

8　詳參勞思光：《中國哲學史》（香港：友聯出版社，1980 年），第 3 卷上，第 2 章。

9　此文原載於《朝鮮支那文化の研究》，收入田保橋潔編：《京城法文學會第二部論集》第 1 冊（東京：刀江書院，1929 年），頁 141-281。由於原文誤植之處甚多，2011 年川原秀城、金光來又重新編譯：《高橋亨朝鮮儒學論集》（東京：知泉書館，2011 年），頁 175-350。本文引用此文時，先注明原稿出處頁碼，並於括號內注明編譯之頁碼，以資參照。又日本學者多將「朝鮮朝」稱之為「李朝」，韓國學者認為此乃殖民史觀下的貶抑詞，故本文除引用高橋亨原文外，行文一律以「朝鮮儒學史」取代「李朝儒學史」。

釋朝鮮朝儒學史，而此分類方式也意味著解釋框架。[10]此說一出，影響韓國學界甚大，從殖民地時期至今，如韓國學者玄相允的《朝鮮儒學史》（1949年）、裴宗鎬的《韓國儒學史》（1974 年）、劉明鍾的《韓國哲學史》（1979 年）、李丙燾的《韓國儒學史略》（1986 年）等，多採取高橋亨「主理派／主氣派」的解釋框架。但隨著韓國學界對於韓國儒學研究的累積與深入，上個世紀九十年代左右，開始出現批判的聲音，如李基東、李東熙、崔英辰、趙南浩等學者，皆認為高橋亨之說有待商榷。[11]近年來，高橋亨的解釋框架，也再度在韓國學界引發討論，2005 年與 2011 年，韓國學界皆出版高橋亨的專輯，[12]進行客觀的學術批判，並尋求新的解釋框架。

　　在筆者看來，在中、韓新儒學的解釋框架上，牟宗三的「三系說」與高橋亨的「主理派／主氣派」，對中、韓學界的影響力最大，頗具代表性。若能將二者對比而觀，對於中、韓新儒學的研究，將帶來更深入的思考。筆者認為，基於牟宗三、高橋亨對於中、韓新儒學長期而全面性的研究，他們所提出的解

10　筆者認為高橋亨「主理派／主氣派」不只是分類方式，因其涉及學派思想本質的規定，故也是一種解釋框架。本文行文之際，因上下文之脈絡，分類方式與解釋框架互用。

11　參李基東：〈李朝儒學史에 있어서의 主理派主氣派의 發達에 대한 分析〉〔析論李朝儒學史主理派主氣派之發展〕《東洋哲學研究》第 12 輯（1991 年）；李東熙：〈朝鮮朝朱子學史에 主理主氣用語使用의 問題點에 대하여〉〔針對朝鮮朝朱子學史主理主氣用語使用的問題點〕，《東洋哲學研究》第 12 輯（1991 年）；崔英辰：〈朝鮮朝儒學思想史의 分類方式과 그 問題點──主理主氣의 問題를 中心으로〉〔朝鮮朝儒學思想史之分類方式及其問題點──以主理主氣之問題為中心〕，《韓國思想史學》第 8 輯（1994 年）；趙南浩：〈조선에서 주기철학은 가능한가〉〔在朝鮮主氣哲學可能嗎？〕，《논쟁으로보는 한국철학》〔論爭所見韓國哲學〕（서울：예문서원，1995年）。

12　2005 年 9 月《오늘의 동양사상》〔今日的東洋思想〕（首爾：藝文東洋思想研究院）第 13 號，即是以「해방 60년, 우리 속의 식민지 한국철학」〔解放 60 年，我們內部的殖民地韓國哲學〕為專輯，有八位韓國學者撰文（崔英成、李炳性、朴洪植、金基柱、李相浩、李盛煥、高熙卓、洪元植），檢討高橋亨之說；2010 年 6 月《大同哲學》（釜山：大同哲學會）第 55 輯也出版高橋專輯，有九位學者撰文（權仁浩、李炳性、孫興徹、金美英、李基鏞、趙南浩、李相俊、韓慈卿、鄭世根）。

釋框架，不是憑空立說，而是奠基在他們對中、韓新儒學的理解與詮釋上，也意味著他們對新儒學的定位問題。在這個意義上，他們的解釋框架也深具方法論的反省意義。筆者想探問的是：對於中、韓新儒學的研究，在多元取徑中，哪一種解釋框架，理論的解釋效力較強，較能體現中、韓新儒學的精神傳統？

二、牟宗三對宋明儒學的解釋框架：三系說

牟宗三對於中國哲學的研究，質量兼備，不僅來自他對中國哲學文本的客觀理解與梳理，也來自他對西方哲學的消化與吸收，故能將中國哲學研究推向高峰。同樣地，他對宋明儒學的研究亦然。從撰著歷程來看，1961 年牟宗三轉任香港大學，開始撰寫《心體與性體》，經八年之心血，乃於 1968 年 5 月出版第一冊，同年 10 月出版第二冊，1969 年 3 月出版第三冊。十年之後，1979 年 8 月出版《從陸象山到劉蕺山》，可視為《心體與性體》第四冊。自此之後，此四冊作為牟宗三宋明儒學的扛鼎之作，一氣呵成，具有「典範」（paradigm）的意義。牟宗三在其序文中就有感而發地說：

> 了解有感性之了解，有知性之了解，有理性之了解。彷彿一二，望文生義，曰感性之了解。意義釐清而確定之，曰知性之了解。會而通之，得其系統之原委，曰理性之了解。[13]

面對宋明六百年諸儒的體道之言（語言文字），牟宗三自覺地將其視為整體的學術發展，先作客觀的了解。尤其對於宋明儒學中語意概念的釐清、確定，義理系統的確解、會通與評鑑，更是他著力之處。當然，除了客觀的了解之外，牟宗三還強調研究者需要有相應的生命為基點，亦即研究者的精神世界與宋明儒者應有所感應。顯然地，牟宗三對於宋明儒學的研究取徑，一開始就不是哲學史、思想史或學術史的進路，而是以哲學基本問題為導向。因此，《心體與

13　牟宗三：《心體與性體》，第 1 冊，〈序〉，頁 1〔5：5〕。

性體》三冊與《從陸象山到劉蕺山》，形式上雖是古典文本的義理疏解，內容上卻呈現精密的哲學分析與論證，進而作出義理系統的判定。

為了詮表宋明儒學作為心性之學（成德之教）的義理形態與內在發展邏輯，牟宗三擇取從北宋至明末九位重要理學家為代表（周濂溪、張橫渠、程明道、程伊川、胡五峰、朱子、陸象山、王陽明、劉蕺山），全面梳理與詮釋諸儒的重要哲學文本，將宋明儒學的義理系統分為三系。據此，牟宗三的「三系說」是屬於「類型學畫分」（typological distinction），「三系說」之「系」，意指義理「系統」之「系」（system），而非學派「分系」之「系」（branch）。牟宗三在《心體與性體》第一冊第一部〈綜論〉中，詳盡地展示其「三系說」，他也很明確地指出其三系說分判的判準（criterion）。從先秦儒學的經典來看，牟宗三指出宋明諸儒透過《中庸》、《易傳》、《論語》、《孟子》、《大學》的重新詮釋，創新並建構自家的學問系統與義理世界。從本體論上說，牟宗三上承先秦儒家「天命於穆不已」的形上智慧，以「即存有即活動」（being at the same time activity）與「只存有而不活動」（merely being but not at the same time activity）為判準，來分判諸儒對本體（道體、性體、心體）的理解與體會。就工夫論而言，牟先生也以「逆覺體證」與「順取之路」為判準，來分判宋明儒學。故筆者認為，相應於宋明儒學內部的論述，在「經典」（文本）、「本體論」、「工夫論」的三組判準下，牟先生將宋明儒學分為三系：第一系是五峰、蕺山系，此承濂溪、橫渠至明道之一本而開出。此系客觀地講性體，以《中庸》、《易傳》為主；主觀地講心體，以《論語》、《孟子》為主。特別揭示「以心著性」的義理形態，其所體證的本體是「即存有即活動」，工夫則著重「逆覺體證」。第二系是象山、陽明系，此系以《論語》、《孟子》為主來含攝《中庸》、《易傳》，著重於一心之朗現、一心之申展，一心之遍潤，所體證的本體也是「即存有即活動」，工夫也以「逆覺體證」為主。第三系是伊川、朱子系，此系以《中庸》、《易傳》與《大學》合，而以《大學》為主。所體證的本體成為一「只存有而不活動」之

理，強調橫攝認知的「格物致知」工夫，此乃「順取之路」。[14]

牟宗三的三系說，雖然可以簡單概括如上。但此詮釋框架所蘊含的理論深度、高度，仍有說明的必要，以免誤解，也才能作更客觀的評價。

第一，三系說的詮釋框架，是相應於宋明儒學的義理與實踐問題而提出的。就牟宗三已發表的三十多部學術著作來看，除譯著外，有偏向獨立運思，會通中西哲學，表現哲學家精微體系與洞見的專著，如《認識心之批判》、《智的直覺與中國哲學》、《現象與物自身》、《圓善論》等；也有以詮釋中國哲學為主的專著，如《名家與荀子》、《才性與玄理》、《佛性與般若》等，《心體與性體》屬於後者。故牟宗三「三系說」的提出，是以紮實而客觀的文本理解與詮釋為基礎，其目的是將宋明儒者所講習與體證的學問，在當今學術上有更為清楚而確定的定位。[15]在這個意義上，三系說的詮釋框架，乃為了客觀地理解宋明儒學，而不是為了解決或滿足牟宗三個人哲學體系而建構出來的。[16]

第二，三系說中所根據的先秦儒學五部經典，並非任意的擇取，而在宋明儒學的義理發展上，有其理論意義。牟宗三指出，先秦儒學的義理發展，由《論語》指點「仁」、《孟子》即心言性而道「性善」，首重道德主體性的挺立，故強調主觀面（內在）的心性問題。而《中庸》、《易傳》則在孔、孟心性的基礎上，以誠體與乾元、坤元，進一步言超越的天道性命，著重客觀面，完成儒家「道德的形上學」（moral metaphysics）。此「道德的形上學」是以「道德」為進路，對天地萬物的存在有所說明。在這個意義下，先秦儒學是以價值來說明存有，亦即對於天地萬物的存在作價值的解釋。換言之，由《論語》、《孟子》、《中庸》、《易傳》的發展，本就蘊含儒家「道德的形上學」。至於《大學》，則提供主客觀的實踐綱領。故牟宗三認為，宋明儒學的

14　同前注，頁 49-51〔5：52-54〕。

15　同前注，頁 11〔5：13〕。

16　如大陸學者楊澤波以為牟宗三之所以另立「五峰、蕺山系」，就是為了解決程朱理學與陸王心學的流弊，此說法可謂倒果為因。參氏著：《牟宗三三系論論衡》（上海：復旦大學出版社，2006 年），第 7 章。

「心性之學」（成德之教），若用現今的學術語言來詮表，即是「道德的形上學」。值得注意的是，牟宗三指出，從宋明諸儒對先秦這五部經典的側重，可以得知，宋明儒學與先秦儒學的義理發展方向有別，而義理內容相應。宋明儒學因應佛、老的挑戰，其義理之發展，乃從《中庸》、《易傳》側重天道的超越、客觀面，逐步歸向孔、孟心性的主觀面，強調主體性。我們的確從周濂溪（名敦頤，1017-1073）、張橫渠（名載，1020-1077）的思想中，看到由《中庸》、《易傳》向《論語》、《孟子》的回歸。既然先秦儒學與宋明儒學義理發展方向有別而內容相應，那麼在理論上，兩者相互迴向，就應該是最理想的義理形態。據此，就不難理解，牟宗三為何給予程明道（名顥，1032-1085）一本論極高的評價，也認為「五峰、蕺山系」與「象山、陽明系」可會通為一大系，視為一圓圈的兩往來。[17]

　　第三，「即存有即活動」與「只存有而不活動」的理解。就形上本體（實體，reality）的體會而言，「即存有即活動」與「只存有而不活動」這兩個哲學術語，是牟宗三《心體與性體》及其三系說的「正法眼藏」，也是牟宗三詮釋與衡定宋明儒學最具關鍵性的概念。其實，筆者認為，牟宗三所謂的「即存有即活動」，其意涵本於先秦儒家的形上智慧而來。牟宗三認為，《中庸》引《詩經》〈周頌・維天之命〉而闡明「天之所以為天——於穆不已」以及「文王之所以為文——純亦不已」，可謂先秦儒家最根源的形上智慧，也是宋明儒學「天道性命相貫通」義理之所據。牟宗三認為，中國傳統從「生」講存在，是動態的講法，所以沒有像西方那樣分別講的本體論與宇宙論，而是兩者合而為一地講，此即是「本體宇宙論」（onto-cosmological）。[18]故《中庸》言「天命」（於穆不已），《易傳》論「乾道」（乾道變化，各正性命），乃至宋明儒學所言的「天道」（天命）、「太極」、「太虛」、「誠體」、「性體」等形上實體，都要從本體宇宙論來看。因此，先秦儒學與宋明儒學所體證

17　牟宗三：《心體與性體》，第 1 冊，頁 49〔5：52〕。

18　牟宗三：《四因說演講錄》（臺北：鵝湖出版社，1997 年），頁 116-117〔31：121-122〕。

的「天道」（天命）、「太極」等，是就萬物存在的「超越根據」與「創造根源」言。就前者言（超越根據），天道是「形而上的實體」（metaphysical reality），使萬物成為真實的存在，故是本體論的「存有」（being）。就後者說（創造根源），天命不已地起作用，使萬物得以生成變化，故是宇宙論的「活動」（activity）。筆者認為，若用宋明儒學的傳統術語來說，「存有」與「活動」即是天道自身的「體」、「用」，二者相即不可離析，所謂「體用一源」、「體用不二」、「即體即用」（即用即體），以此來彰顯儒家天道的創生性。因此，牟宗三常以「本體宇宙論的實體」來詮表宋明儒學的形上本體，強調此本體是「即存有即活動」的創造實體（creative reality）。

　　猶有進者，天命「於穆不已」的創生，不僅超越地為萬物之「體」，也內在地為萬物之「性」。相應於天命的創生義，以及人、物之異來說，就人而言的「性體」，是緊扣道德實踐之所以可能根據，以及人之能自覺作道德實踐而言的「道德的性能」（moral ability），而非西方哲學所謂的「本質」（essence），故牟宗三也強調「性體」之為「性能」的「活動」義。既然「性體」作為「道德的性能」或「道德的自發性」（moral spontaneity）來理解，落實在道德主體而更內在地說，乃由「道德的本心」（moral mind）來證實，此即「本心」或「心體」。[19]總之，天命於穆不已，客觀而超越地說，是本體宇宙論的創生實體；主觀而內在地說，是能起道德創造的「性體」、「心體」。據此，道體、性體、心體都是「即活動即存有」的「活理」（active reason）——生生之理。對儒家而言，沒有靜態孤懸超絕的「存有」，「存有」不能脫離道德實踐（活動）而隔絕，這是「攝存有於活動」，也是儒家形上智慧的大方向。因此，牟宗三詮釋與衡定宋明儒學時，反覆重申：道體、性體、心體是「即存有即活動」之「理」，並強調：神、誠、心是本體（理）的活動（activity），而非氣的運動（movement）。根據筆者的理解，若說「體用一源」、「即體即用」是宋明儒學對形上本體的古典表述，則「即存有即活動」就是牟宗三對道體、性體、心體之現代哲學意義的表述。

19　牟宗三：《心體與性體》，第 1 冊，頁 37-42〔5：40-45〕。

　　明白「即存有即活動」的意涵後，「只存有而不活動」就不難理解。根據牟宗三的分析，程伊川（名頤，1033-1107）與朱子（名熹，1130-1200）因無法契合先秦儒家天命於穆不已的形上智慧，故其所理解的形上本體（道體、性體），只是靜態的、超越的所以然之理，意味著「存有論的圓滿」概念。尤其，在朱子理氣不離不雜的二元性思維裡，凡涉及「活動」義，就屬於形而下之「氣」，因而也出現「理弱氣強」的困境。就此而言，牟宗三屢屢指出，朱子所理解的形上實體，是「只存有而不活動」的「但理」（只是理，mere reason）、[20]「靜理」，[21]體與用斷為兩橛。舉凡天道、天命、道體、性體，都只是人與萬物之超越的存在根據。其結果，不僅偏離儒家道德創生的形上智慧方向，道德實踐的動力也不足。

　　第四，「五峰、蕺山系」與「以心著性」。對於宋明儒學的研究，胡五峰（名宏，1105-1155）義理系統的揭示，是牟宗三的一大發現。在牟宗三之前的宋明儒學研究，五峰未受矚目，湖湘學派也未受重視。[22]胡五峰為湖湘學統之開創者，牟宗三認為五峰的義理系統，有其獨立之意義，此即是：以心著性。因為，依牟宗三的理解，五峰不僅從客觀面消化濂溪、橫渠、明道以來所言「天道性命相貫通」的「性體」義，將性體視之為「客觀性原則」（principle of objectivity）、「自性原則」（principle of making things as thing-in-itself）；也本明道之識仁，強調「心」的重要性，視之為「主觀性原則」（principle of subjectivity）、「形著原則」（principle of concretion, realization, or manifestation）。[23]要言之，依據五峰思路，性體是存在的存在性，人與萬物因性體而有客觀性，也得其自性。然而客觀的性體之真實而具體的內容，必須通過主觀的心體之覺用活動來彰著、體現，所謂：「心也者，知天地宰萬物

20　牟宗三：《心體與性體》，第 3 冊，頁 18〔7：22〕。

21　牟宗三：《心體與性體》，第 1 冊，頁 69〔5：74〕。

22　即使如港、臺學界的唐君毅與勞思光，雖對宋明儒學皆有深入的理解，但卻未重視胡五峰。

23　牟宗三：《心體與性體》，第 2 冊，頁 525-526。

以成性者也。」[24]嗣後，明末劉蕺山（名宗周，1578-1645）分立性宗、心宗，強調「天非人不盡，性非心不體」，[25]其思路也與五峰同。據此，牟宗三認為，「五峰、蕺山系」的義理型態是心、性並重，主觀面與客觀面兼具；性之主觀地說即是心，心之客觀地說即是性，心、性為一。心、性俱就本體自身之體用言。也可以說，性為體，心為用，心與性的關係是「以心著性」，亦即「即用以顯體」。這樣的義理型態，不同於程朱與陸王兩系，在理論上較為圓足。

第五，「縱貫系統」與「橫攝系統」所涉及的道德與知識之關係。若將三系說所根據的本體論與工夫論的判準合觀，三系說也可歸為兩系，此即牟宗三所謂的「縱貫系統」與「橫攝系統」。因為就「五峰、蕺山系」與「陽明、象山系」而言，二系所體會的道體、性體、心體都是「即存有即活動」的形上實體，心、性、天的立言分際有別，義理內容則指向道德的創生義。而在工夫論上，則以主體向內或向上超越的「逆覺體證」為主。故牟宗三稱之為「縱貫系統」。至於「伊川、朱子系」，其所體會的本體是「只存有而不活動」，轉為靜態超越之理（本體論的存有）。而就工夫論來說，則需藉由心、性二分，將超越之理與後天之心（形而下的氣之靈）的能所對立，心遂向外認知順取所以然之理與所當然之則，以成就道德行為。據此，不論就對天道的體會，或是道德的實踐，轉為能所對舉的義理格局，牟宗三稱之為「橫攝系統」（co-ordinated horizontal system of cognitive apprehension）。[26]由此引申的道德實踐問題，就「縱貫系統」而言，道德與知識問題有別（「德性之知」不同於「聞見之知」），道德實踐較知識認知具有優先性，而「逆覺體證」的工夫，才能豁顯道德的本性，是成德之教的本質工夫。但在「橫攝系統」下，道德與知識問題混雜無別，依心、性能所對立下的「格物致知」工夫（順取工夫），是以

24　胡宏撰，王立新校點：《知言》，卷 1，收入《胡宏著作兩種》（長沙：岳麓書社，2008 年），頁 7。

25　劉宗周撰，戴璉璋、吳光主編：《劉宗周全集》（臺北：中央研究院中國文哲研究所，1996 年），第 2 冊，〈易衍〉，頁 160。

26　牟宗三：《心體與性體》，第 3 冊，頁 48〔7：56-57〕。

知識的進路來成就道德行為，此為道德的主智主義，既不能彰顯道德與知識之本性，且對於道德實踐只有補充助緣的作用。

第六，「道德的形上學」與「自律道德」之相關問題。如果從更嚴格的理論意義來看，三系說的判準可以緊扣在「心、性關係」（心、性為一或為二）與「自律、他律的區分」。前者之判定需要以基本文獻的解讀為根據，後者之判定需要對康德（Immanuel Kant, 1724-1804）哲學有深入的把握。在《心體與性體》中，牟宗三也借用康德哲學的概念與架構，將宋明儒學的研究推向理論的高峰。故他在〈綜論〉第三章〈自律道德與道德的形上學〉詳述康德倫理學「自律」原則，及其與宋明儒學的義理關聯。牟宗三認為最純淨而能保持道德自性的道德法則必須是「意志底自律」（autonomy of the will），即意志自身給它自己立法。[27]牟宗三認為，就意志之自我立法而言的「自律」與宋明儒學所言的道德理性（性體、心體），最能相應於道德之本性（道德性當身之體）。然而，牟宗三不同於康德，他認為宋明儒者作實踐工夫以體現性體時，將道德情感納入道德法則、道德理性之表現上最本質的一環，故道德情感上講而轉為既超越而又內在、既普遍而又特殊的具體道德之情與道德之心。[28]雖然如此，在彰顯道德本性上，康德倫理學「自律」仍是三系說的重要判準。

再者，牟宗三認為康德僅將自由意志視為「設準」（postulate），故只能建立「道德底形上學」（metaphysics of morals），對於道德的純粹性加以分析；而無法像宋明儒學那樣，將良知心體視為「呈現」，[29]由此而建立「道德的形上學」（moral metaphysics）。相較之下，康德只能順其宗教傳統而意識到「道德的神學」（moral theology），宋明儒學則本於儒家的形上智慧而意識到

27　牟宗三：《心體與性體》，第 1 冊，頁 130〔5：134〕。

28　同前注，頁 125-129〔5：129-134〕。

29　有關良知是「呈現」而非「設準」，在中國現代就有熊十力與馮友蘭的談論。牟宗三記載，馮友蘭《中國哲學史》出版後，訪問熊十力。馮友蘭認為：良知是個假定；熊十力則認為：良知是真真實實，而且是個呈現。參牟宗三：〈我與熊十力先生〉，《生命的學問》（臺北：三民書局，1984 年），頁 136。

「道德的形上學」。[30]在這個意義下，宋明儒學所成就的「道德的形上學」，既是道德，也是宗教；儒家的宗教性在宋明儒學的體現上，也達到高峰。

在牟宗三消化吸收與批判康德哲學之後，以「自律」原則與「道德的形上學」為判準，指出「象山、陽明系」與「五峰、蕺山系」，因其心、性為一，故屬於自律道德；又因此二系所體會的本體，是「即存有即活動」，故能契合先秦儒學的形上智慧，完成「道德的形上學」，故是先秦儒學之調適上遂的發展。至於「伊川、朱子系」，因其心、性分為能所對列，後天之心不能自我立法，故屬於他律道德；又因其所體會本體為「只存有而不活動」之理，無法證成「道德的形上學」，故是歧出而轉向「本體論的存有之系統」（system of ontological being）。據此，牟宗三認為，相較於先秦儒學，朱子固然歧出而開出另一新傳統，且取得正宗地位，但就義理的判定來說，實只是「別子為宗」。[31]

三、高橋亨對朝鮮儒學的解釋框架：
「主理派／主氣派」的對立二分

如同中國宋明儒學一樣，韓國朝鮮時代的儒學也蓬勃發展，蔚為學術主流。根據史料所載，麗末鮮初（約 14-15 世紀），由元朝傳至朝鮮的新儒學，主要是朱子學。其名稱雖有「道學」、「程朱學」、「性理學」之別，但所指涉的內容多是環繞朱子思想所展開的儒學思想。降至朝鮮後期（約 17-20 世紀），雖有「陽明學」、「實學」的不同學風出現，但皆從朱子學轉出，故朝鮮儒學的主幹仍是程朱性理學。面對朝鮮儒學五百餘年的發展，文獻龐雜繁多，義理精微，更與政治文化有錯綜複雜的聯繫，現代研究者該如何掌握？這的確是傳統學術如何現代化的重要課題。因而，高橋亨首先對朝鮮儒學史提出「主理派／主氣派」的解釋框架，在學術的方法與系統化上有其意義。

30　牟宗三：《心體與性體》，第 1 冊，頁 8-11〔5：11-13〕。

31　同前注，頁 11-19〔5：13-21〕。

　　高橋亨（1878-1967），號天室，生於新潟縣，是日本通貫於戰前戰後而
活躍於朝鮮思想研究的第一人。[32]高橋亨於 1902 年畢業於東京帝國大學文科
大學漢文科，1903 年赴韓擔任中學教師。此後，他定居韓國四十餘年，在朝
鮮總督府的授權下，擔任諸多學術與教育行政工作。對於當今韓國首爾大學、
成均館大學、東國大學均有影響。戰後，高橋亨返回日本，在天理大學任教，
並創立朝鮮學會、創刊《朝鮮學報》，關注朝鮮文化思想的研究。[33]高橋亨的
論著極多，研究範圍極廣，涵蓋朝鮮語文、朝鮮文學、朝鮮儒學與朝鮮佛教。
他於 1927 至 1930 年在京城帝國大學（今首爾大學）開講朝鮮儒學史，對朝鮮
儒學下過工夫，而〈李朝儒學史に於ける主理派主氣派の發達〉可謂其代表

32　通堂あゆみ：〈高橋亨と朝鮮〉，收入川原秀城、金光來編譯：《高橋亨朝鮮儒学論
　　集》，頁 399-416。

33　根據〈高橋亨先生年譜略〉的記載，高橋亨於明治三十五年（1902）畢業於東京帝國大
　　學文科大學漢文科，其畢業論文為：《漢易を難して根本博士の易說に及ぶ》，翌年年
　　末（1903）受韓國政府之邀請，赴韓擔任中學教師。高橋亨先是從事韓國語文的學習與
　　研究，後於 1911 年因總督府之命，歷訪韓國三南（忠清道、全羅道、慶尚道），調查
　　儒生的動向；因驚見義兵諸將的桌上有《退溪集》，從而開始研究朝鮮儒學。同年又受
　　命調查朝鮮圖書，有機會於王室圖書館奎章閣遍覽珍貴藏書。大正元年（1912）高橋亨
　　又因史庫調查之需，前往江原道江陵五台山月精寺，認識韓國僧侶，志於朝鮮佛教的研
　　究。有此田野調查的基礎與豐富圖書資源，高橋亨乃於大正八年（1919）以《朝鮮の教
　　化と教政》，取得博士學位。1921 年至歐美各國出差考察約一年半，被任命為朝鮮總
　　督府視學官。值得注意的是，高橋亨自歐美返回朝鮮後，更關心教育問題。大正十二年
　　（1923）高橋亨被任命為京城帝國大學創立委員會幹事，翌年（1924）為大學採購漢籍
　　之需，前往中國北京，親見胡適，也於南京、上海遊歷。自 1926 年 4 月起，高橋亨為
　　京城帝國大學教授，任職於法文學部，擔當朝鮮語學文學第一講座。由於高橋亨對於朝
　　鮮文化，特別是朝鮮儒學的長年研究，1940 年朝鮮總督府授予朝鮮文化功勞章，並敕
　　旨授予京城帝國大學名譽教授。直至 1945 年韓國光復為止，高橋亨在韓四十餘年。戰
　　後，高橋亨返回日本後，於 1950 年受邀為天理大學教授，創立「朝鮮學會」，擔任副
　　會長，直至去世前。1951 年創立朝鮮學會的機關學誌《朝鮮學報》，繼續推廣朝鮮學
　　的研究成果。〈高橋亨先生年譜略〉由大谷森繁、中村完共編，原載於《朝鮮學報》第
　　14 輯（1959 年），頁 1-14。高橋亨逝世後，又有增補，載於《朝鮮學報》第 48 輯；
　　後者亦收入川原秀城、金光來編譯：《高橋亨朝鮮儒学論集》，頁 431-438。

作。[34]此文所提出的「主理派／主氣派」分類方式，無論在韓國或日本學界，都受到矚目，影響超過半世紀。

高橋亨〈李朝儒學史に於ける主理派主氣派の發達〉一文篇幅極長，共141頁，除「緒言」外，共六章。他在「緒言」開宗明義地指出，李朝（朝鮮朝）儒學歸統於朱子學，諸多學術論爭來自於朝鮮儒者對朱子內容解讀之差異所致。李朝儒學史所出現的論爭，可分為關於「禮論」的論爭，以及關於「學理」的論爭。前者即是發生於十七世紀的「禮訟」論爭，後者則是貫穿於朝鮮朝前後期的「四端七情」論爭。在高橋亨看來，李朝的學術論爭與黨爭關係密切。退溪與栗谷之後，其後學將二人學說與黨議相結合，若黨爭未終絕，則四七論爭也不會止息，故四七論爭是朝鮮學界「三百年未了之論案」。[35]因而，高橋亨宣稱：

> 朝鮮儒學的兩大學派就是主理派與主氣派，而此二流派所從出的天池源泉即是退溪、高峰二氏的四七論。從此一派流向東南成為嶺南學派，因主理而發展；一派流向西南成為畿湖學派，因主氣而發展。[36]

據此，高橋亨在「緒言」後的六章論述，有如下的安排：第一章「李退溪、奇高峰的四端七情論爭」、第二章「李栗谷的四七說」、第三章「四七論爭與朱子學說」、第四章「嶺南學派的四七說」、第五章「畿湖學派的四七說」、第

34　韓國學者趙南浩於 1999 年首先編譯《조선의 유학》〔朝鮮的儒學〕（서울：소나무），收錄高橋亨的 6 篇朝鮮儒學研究論文，涵蓋性理學、陽明學、實學等代表性儒者。後李炯性也於 2001 年編譯：《다카하시 도루의 조선유학사》〔高橋亨的朝鮮儒學史〕（서울：예문서원），收錄高橋亨朝鮮儒學研究的 4 篇論文。而日本學者川原秀城、金光來於 2010 年編譯：《高橋亨朝鮮儒学論集》，也收錄高橋亨朝鮮儒學研究的 4 篇論文。以上三書收錄論文略有不同，但〈李朝儒學史に於ける主理派主氣派の發達〉一文必收，可見此文之代表性。

35　高橋亨：〈李朝儒學史に於ける主理派主氣派の發達〉，頁 142-143〔177-178〕。

36　同前注，頁 143〔178〕。高橋亨之文有陳瑋芬中譯（未刊稿），筆者有所參考，謹致謝忱。

六章「農巖門派的四七說」。從內容來看，高橋亨所謂的「李朝儒學史」，指涉的是「朝鮮朝的性理學史」，亦即朝鮮時代朱子學的發展。從分章來看，他是以李退溪與李栗谷所成就的兩次「四端七情」論爭，作為朝鮮朝儒學史的主軸。在退溪、栗谷逝世後，退溪的論點為嶺南學派所繼承，栗谷的論點為畿湖學派所繼承，各有特色。高橋亨把李退溪與嶺南學派的四七說，以「主理派」來概括；也把李栗谷與畿湖學派的四七說，以「主氣派」來說明。但在這兩派之外，高橋亨也發現無法歸屬的學者。如鄭愚伏（名經世，1563-1633）雖屬嶺南學派，卻採取栗谷的四七觀點；朴南溪（名世采，1631-1695）雖屬畿湖學派，卻也批判栗谷；林滄溪（名泳，1649-1696）、趙拙修齋（名聖期，1638-1689）、金農巖（名昌協，1651-1708）亦然。因而，高橋亨就以金農巖為主，將農巖門派另立一派，稱之為「折衷派」。自此之後，「主理派」、「主氣派」、「折衷派」的分類，就成為理解韓國儒學史的一種解釋框架。筆者認為，高橋亨此長文可視為簡明版的朝鮮朝性理學史。他以素樸的二分法，符合人們的經驗認知模式，似乎讓人易於掌握與勾勒朝鮮儒學史的圖像。

若參照高橋亨的其他朝鮮儒學著作，不難發現，他對朝鮮儒學史的詮釋，背後有其殖民史觀為主導。[37]但本節撇開高橋亨殖民史觀不論，直接從高橋亨「主理派／主氣派」分類方式的「論據」（reasons for justification）切入，討論高橋亨〈李朝儒學史に於ける主理派主氣派の發達〉一文的思路及其相關問題。[38]

第一，高橋亨對於朱子理氣論的理解。高橋亨認為朝鮮儒學的諸多論爭來

---

[37] 在韓國學者看來，高橋亨的殖民史觀是以「從屬性」、「事大性」、「黨派性」來解釋朝鮮儒學史，前二意味著朝鮮儒學對於中國儒學的依附，後者實指朝鮮儒學與黨爭相連，如此一來，朝鮮儒學已失去其主體性與自主性，無獨立性可言。參김기주〔金基柱〕：〈다카하시 도루 朝鮮儒學觀의 의의와 특징──「李朝儒學史に於ける主理派主氣派의 發達」을 중심으로〉〔高橋亨朝鮮儒學觀的意義與特徵──以〈李朝儒學史主理派主氣派之發展〉為中心〕，《東洋哲學研究》第43輯（2005年），頁84-110。

[38] 以下的討論，多採自拙作：〈韓國儒學史「主理派／主氣派」解釋框架之檢討──兼論韓國儒學思想研究的新展望〉，臺灣大學人文社會高等研究院主辦：「東亞視域中的韓國儒學研究」國際學術研討會（2012年9月28日）。

自於對朱子思想理解的差異所致，所以要研究朝鮮儒學必須要細究朱子學。高橋亨認為：「朱子的宇宙人生觀即是『以理為本』的理氣二元論，所以朱子認為心兼理氣，而心之用有善惡之分。」[39]高橋亨由朱子的「理氣二元論」，推知「心兼理氣」，他也以氧氣與氫氣的化合物來比喻理氣合的心，[40]並將理與氣也分屬善與惡，由此也得出朱子為「善惡二元論」。這樣從西洋哲學借用的「一元論」、「二元論」的運用，是明治以來日本學者研究朝鮮儒學廣泛使用的概念，[41]高橋亨也不例外。高橋亨也以「理氣二元論」來論斷退溪與退溪學派，才是朱子學的正統。[42]影響所至，直至今日，「理氣二元論」與「理氣一元論」也常被韓國學者用來概括退溪與栗谷的思想。

　　第二，高橋亨對於退、栗「四七論爭」的理解與批判。高橋亨將朝鮮儒學發展的主軸聚焦於「四七論爭」，實有其學術敏感度，這也是朝鮮儒學異於宋明儒學而最為獨特的議題。僅就高橋亨此一長文來看，他所欲探究的是朝鮮儒學的「學理」（哲學理論）部分。他將李退溪的四七論，以「理氣互發」說來界定；將奇高峰、李栗谷的四七論，理解為「理氣共發」說。二者針鋒相對，形成論爭。高橋亨認為：「退溪理氣互發說的根本，最首要的解釋，終究存在於下述觀念——理與氣具備相異的體用，人心之善性原理存乎理，惡性原理存乎氣，理為善之源，氣為惡之源。」[43]依此解讀，四端與七情雖是人心之用，但其內在所指（根據）不同，「理與氣，受各自的自體發動」，「理自身就具

39　高橋亨：〈李朝儒學史に於ける主理派主氣派の發達〉，頁145〔180〕。

40　高橋亨說：「例如，水是氫氧化合物，若將具體的心，用水的作用來比喻，就必須面對水的作用不單是氫氧對立的問題。」見〈李朝儒學史に於ける主理派主氣派の發達〉，頁153-154〔190〕。

41　參井上厚史：〈近代日本における李退溪研究の系譜學——阿部吉雄・高橋進の學說の檢討を中心に〉，島根縣立大學總合政策學會：《總合政策論叢》第 18 號（2010年），頁61-83。

42　高橋亨說：「故總括退溪、高峰、栗谷、牛溪等四七論爭，下列的判斷應該是妥當的。大體而言，信奉朱子學的人，於情認同理發、氣發的『理氣互發』，這是屬於朱子思想的正統。」見〈李朝儒學史に於ける主理派主氣派の發達〉，頁218〔269〕。

43　見高橋亨：〈李朝儒學史に於ける主理派主氣派の發達〉，頁155〔191〕。

備發動為情的作用力」。[44]理與氣各自都因外物的刺激而發用，但善來自於理發，惡來自於氣發。相對地，高橋亨曾多次提及「理氣共發」，並以此來標示高峰、栗谷的四七說，但他對此命題未有清楚的界說。細繹其含義，大抵從「心兼理氣」而來。亦即因為具體活動的心，是理氣打成一片而具於一心（心兼理氣），故無論多麼細微的作用，皆可視之為「理氣共發」。[45]亦即心一旦發用，必是理與氣同時發用，理氣不離混為一體。因此，高橋亨指出：李栗谷雖然認為在存有論位階上理氣有主從之分，但在宇宙論與心性論上，理氣之發用無先後、無離合，否則就會出現只有理或氣單獨存在的斷裂之時。[46]亦即栗谷堅決否定理與氣隔離開來，相互發動，而認為四端七情皆是理氣所共發。[47]

不過，高橋亨對於退溪的「理氣互發」與栗谷的「理氣共發」並不滿意，他批判：「以為七情與四端對立——以七情為氣發，以四端為理發，朱子本人先產生了誤解——他把邏輯上內容相異之物，以同一類的情來概括，實在不合理。」故他主張：「四端應該訂正為理發，而不惻隱、不羞惡、不辭讓、不分是非為氣發。七情亦必須訂正為：中節者為理發，不中節者為氣發。」[48]這樣的論斷，乃根據他所理解的朱子「理氣二元論」與「善惡二元論」而來。

第三，高橋亨由「理發」、「氣發」推論「主理」、「主氣」，並將二者對立，而有「主理派」、「主氣派」的對峙。高橋亨在論述退、栗四七論爭時，也注意到四七論爭的根本差異，在於善惡之情的根源性說明。故高橋亨由「理發」（善情）與「氣發」（惡情），進而討論「主理」與「主氣」。高橋亨認為，退溪是由「理」的角度來解釋善惡之情，亦即理能支配氣則為善，理無法支配氣則為惡，故如何增強理的能動性而支配氣，是道德修養的關鍵。據此，理主氣從，退溪被稱之為「主理」論。至於栗谷，則由「氣」的角度來解釋善惡之情，亦即理本無為而至善，善惡之別，來自氣之作用。若理乘清氣而

44　同前注，頁 151〔187〕。

45　同前注，頁 153〔190〕。

46　同前注，頁 184〔227〕。

47　同前注，頁 188〔233〕。

48　同前注，頁 218〔269-270〕。

發則為善情，若理乘濁氣而發則為惡情。如何使濁氣變為清氣，如何變化氣質，這是道德修養的第一義。就此而言，栗谷正視氣質是道德實踐中必須對治與轉化的對象。據此，栗谷被高橋亨稱之為「主氣」論。兩相對照之下，當理無法支配氣，或是氣無法被轉化時，惡才產生。亦即道德修養所對治的對象，皆就氣而言。只是退溪從積極面來強化理的能動性，栗谷從消極面來正視氣的對治。「主理」與「主氣」並非對立的概念。

　　然而，高橋亨卻進一步將「主理」與「主氣」之分類運用於嶺南學派與畿湖學派的區分，使二者成為對立（矛盾）的概念，且相互排斥。他認為嶺南學派的發展，由「心合理氣而主理」，最後遂發展為李寒洲（名震相，1818-1885）的「心即理」。畿湖學派所主張「心即氣」，到了任鹿門（名聖周，1711-1788）卻發展為「性即氣，氣即性」。根據高橋亨的理解，他認為：「『心即氣』是主氣派中最重要的觀念，與主理派的『心即理』原理表現恰好相反。」[49]又說：「栗谷、沙溪、尤庵、寒水齋、南塘、鹿門，朝鮮主氣派如斯傳了六代，最後竟倡導『性即氣』，明明白白地推翻了朱子的性之定義與『性即理』。」[50]顯然地，高橋亨將「主理」與「主氣」的區分，推至「心即理」與「心即氣」的對立矛盾，亦即「主理派」與「主氣派」的對峙。並斷定主氣派的「心即氣」會導致「性即氣」的理論後果，違背朱子「性即理」思想，故再次證實退溪為主的主理派才是朱子學的正統。

　　第四，由高橋亨「主理派」、「主氣派」的對立，邏輯上必導致「唯理論」、「唯氣論」的對立。高橋亨雖然沒有提及「唯理論」、「唯氣論」，但當他將「主理」與「主氣」對立時，則在理論上就會推演出，「主理派」以「理」為首出的（primary）概念，「氣」由「理」衍生而來。對應於朱子的理氣論，則強調理氣二元（理氣為二物）、理氣不雜、理先氣後、理生氣。反之，「主氣派」則以「氣」為首出的概念，「理」是「氣」的屬性，甚或否定理的實在性。對應於朱子的理氣論，則是主張理氣一元（理氣為一物）、理氣

49　同前注，頁 254〔314〕。
50　同前注，頁 266〔329〕。

不離、理氣無先後離合、理氣妙合。如此一來，在高橋亨「主理派／主氣派」分類的影響下，朝鮮朝儒學史的發展，其論述脈絡，常蘊含在如下的圖示中：

主理派：

李晦齋→李退溪（理氣二元論、理氣為二物、理氣不雜、理先氣後）

　　　→嶺南學派（南人）→李寒洲＝唯理論＝心即理＝觀念的＝保守的

主氣派：

徐花潭→李栗谷（理氣一元論、理氣為一物、理氣不離、理氣無先後）

　　　→畿湖學派（老論）→任鹿門＝唯氣論＝心即氣＝現實的＝進步的

這樣的朝鮮儒學史的圖示，是受高橋亨「主理派／主氣派」解釋框架所形成的論斷，不少韓國的歷史、文學、政治學、文化等方面的學者，並未重新檢討就直接使用「主理派」與「主氣派」，足見高橋亨解釋框架的影響。[51]

四、中、韓新儒學解釋框架的比較與反思

由於中、韓新儒學在發生的意義上有其關聯性，在學問性格上有其親和性，故透過牟宗三「三系說」與高橋亨「主理派／主氣派」解釋框架的比較，更可以看出中、韓新儒學的特色，也可以評價此兩種解釋框架的理論效力。

對於牟宗三與高橋亨而言，他們所提出的解釋框架，其意圖都聚焦於理論層面（哲學問題或學理），而非學派描述性的概括或歸納。因此，我們應從理論效力來評價這兩個解釋框架。筆者認為所謂的理論效力，可從幾方面來看：一是中、韓新儒學的學問性格定位；二是概念的清晰與義理的簡別度；三是能否凸顯普遍的哲學問題。

---

51 參李炳性：〈다카하시 도오루의 조선 성리학 연구 영향과 새로운 모색〉〔高橋亨的朝鮮性理學研究影響與新摸索〕，《오늘의 동양사상》〔今日的東洋思想〕（首爾：藝文東洋思想研究院）第 13 號（2005 年），頁 184-185。

（一）中、韓新儒學的學問性格定位

　　從中、韓新儒學的學問性格來看，「道學」、「理學」、「性理學」等傳統學術術語，都指向此學問性格是窮究天人之際，既包括形而上「天道性命」與人性內在根源的參究，也包含「為己之學」、「成德之教」所需的工夫實踐。在這個意義下，本體論與工夫論是中、韓新儒學最本質的內容，涉及深度的哲學思考、哲學體系與實踐哲學的建立，可稱之為「實踐的智慧學」。由此推擴出去，還涵蓋歷史、政治、社會的經世致用之學。僅就牟宗三與高橋亨的解釋框架而言，都不涉及經世層面的討論，而是聚焦於理論層面。所不同的是，宋明儒學在於回歸先秦儒學的形上智慧與實踐動力；而朝鮮儒學乃以朱子哲學思想為依歸，顯示新儒學在朝鮮時代的在地化特色。儘管中、韓新儒學的發展方向與重點有別，但本體論（含心性論）與工夫論都是諸儒講學的最大公約數。因而，牟宗三「三系說」強調天命「於穆不已」的形上智慧，藉由康德哲學的對比（道德的神學），以「道德的形上學」來詮表傳統宋明儒學的學問性格，使此傳統學問在現代學術研究中，有更為清楚而確定的定位。同時，此「道德的形上學」之定位，從北宋的周濂溪到明末的劉蕺山，皆能貫通，足見其理論效力。

　　反觀高橋亨的「主理派／主氣派」解釋框架，雖聚焦於退、栗的「四七論爭」，也深知朱子理氣論的重要性。但他對於朱子理氣論的理解，只停留在日本明治時期日本學界借用西洋哲學術語的陳說，無所發明。由高橋亨將朱子理解為「主理的理氣二元論」，並推出「善惡二元論」來看，他對朱子哲學沒有深入的研究，也缺乏哲學的思考訓練。因為，朱子的理氣論以「理氣不離不雜」為論述主軸，理、氣雖有二元性的傾向，但在存有、價值與實踐位階上，「理」都高於「氣」；且在東方哲學的整體論（holism）思維下，並無西方哲學「一元論」（monism）與「二元論」（dualism）的思維模式。顯然地，高橋亨對於朱子理氣論的理解是有問題的，隨之而來的「四七論爭」、「主理」與「主氣」的哲學意涵也無法掌握。如此一來，高橋亨對於朝鮮儒學（或性理學）的研究，只停留在漢學家大量文本的整理分類，無法對其學問性格有整全

而相應的理解。

（二）概念的清晰與義理系統的簡別度

　　對現代研究者而言，中、韓新儒學的研究，最難以掌握的部分，就是概念之哲學意涵的理解。不論宋明或朝鮮時代，諸儒雖使用同一概念，但其意涵並不相同，需視諸儒各自義理系統而定。如「心」（人心與道心）、「性」（義理之性與氣質之性）等都是顯例。牟宗三的「三系說」，在本體論與工夫論上都有很明確的判準；據此，有助於研究者對於宋明儒學進行「概念史」的釐清與定位。如在「五峰、蕺山系」與「象山、陽明系」的義理系統下，「性即理」與「心即理」就不是對立的命題。又如朱子、王陽明、劉蕺山的「心」概念，在「即存有即活動」的判準下，研究者可以相應於三者的文本，區分其哲學意涵的不同，也能指出三者義理系統的差異。

　　值得注意的是，在「即存有即活動」的判準下，相較於其他宋明儒學的解釋框架，牟宗三能夠簡別《中庸》、《易傳》屬於先秦的「本體宇宙論」，而非歸屬於兩漢的「氣化宇宙論中心」。[52]猶有進者，牟宗三也在「即存有即活動」的判準下，不僅明確地指出儒家與佛教義理系統的差別所在，彰顯儒家生生不息的創生義；同時，牟宗三也據此區分程明道與程伊川義理形態的不同。並且在哲學理論上，判定朱子並非北宋五子（周濂溪、張橫渠、邵康節、程明道、程伊川）思想的集大成者，而是繼承伊川的思路。[53]

　　相對地，在「只存有而不活動」的判準下，牟宗三指出朱子「心性情三分而理氣二分」的義理間架，進而完成「理氣不離不雜的形上學」。這樣解析，顯示朱子心性對舉（心性不一、心理為二），分屬理氣，而成為能所對列（知覺之心認知超越之理）的「橫攝」認知型態。其結果，心雖為實踐主體，但卻

---

[52]　牟宗三與勞思光都反對兩漢的「氣化宇宙論中心」思想，但牟宗三將《中庸》、《易傳》歸屬於先秦儒學的「本體宇宙論」，勞思光則將此二經典劃歸於兩漢的「氣化宇宙論中心」。參氏著《中國哲學史》，第1卷，頁68-79。

[53]　參牟宗三：《心體與性體》，第1冊，〈綜論〉第1章、第2章。

無法自立道德法則（心具眾理而為氣之靈）；落實於道德實踐，儘管朱子「格物致知」工夫的目的在於道德的完善，但採取的卻是向外「順取」的知識進路，致使道德與知識混淆。據此，牟宗三判定朱子哲學思想為「本體論的存有之系統」，[54]流於「他律道德」，減殺道德的實踐動力。牟宗三如此的解析與論斷，若對照於象山對朱子「學不見道」[55]的批評、陽明對朱子「析心與理為二」、「義外」、「知行為二」[56]的批評、蕺山對朱子「心性為二」[57]的批評，都若合符節，與文本相應，足見牟宗三「三系說」之判準，有其理論效力，也能有效區分三系義理形態的差異。即以朱子為例，在「只存有而不活動」、「順取之路」的判準下，使朱子龐大文本的諸多概念得以有清晰的定義，也顯示朱子哲學系統的邏輯完整性。雖然有些現代的研究者對牟宗三有關朱子義理系統的論斷有所保留，但也不得不承認，經由三系說的解釋框架，朱子哲學思想的清晰性與系統性，得以彰顯。

　　然而，高橋亨對於退、栗「四七論爭」與「主理」、「主氣」概念，都缺乏清楚的論述。如根據退、栗「四七論爭」的文本，兩者的差異點在於「理氣互發說」與「氣發理乘一途說」。換言之，「理」自身能否發用（活動）才是哲學思考的關鍵所在。但高橋亨卻將二者以「理氣互發」與「理氣共發」來區分，如是，「理氣共發」（理氣俱發）與「理氣互發」不是對立的命題。若「理氣共發」是指「理發」、「氣發」同時發用，不可相離，則心之發用必有兩個來源，兩個動力。如此一來，「理氣共發」就成為「理氣互發」的前提，心之發用為情，都有兩個不同來源。而「理氣共發」與「理氣互發」的差別，僅在於理氣共發時，理發為主或氣發為主。就此而言，「理氣共發」此一命題，反而適用於退溪，而非栗谷。由此可見，高橋亨對於四七論爭的理解，不僅是曲解，也缺乏哲學問題意識與哲學思考。更嚴重的是，在退、栗四七論爭

54　同前注，頁 49-50〔53-54〕。

55　陸九淵：《陸象山全集》（臺北：世界書局，1977 年），卷 34，〈語錄〉，頁 266。

56　王守仁：《傳習錄》下卷（黃以方錄），見陳榮捷：《王陽明傳習錄詳註集評》（臺北：臺灣學生書局，1983 年），321 條，頁 372。

57　參《劉宗周全集》第 2 冊，〈原心〉、〈原性〉，頁 327-330。

中，高橋亨並未意識到「理是否能活動」的哲學提問。

另就「主理」、「主氣」概念而言，從退溪開始直至韓末，雖是朝鮮儒學史固有的傳統術語，但此概念在諸多朝鮮儒者的文本中，各自有不同的意涵，有其多義性。如退溪將「主理」、「主氣」與「理發」、「氣發」相對應，其含義著重在心之作用為情的根源處，故理發（四端理發而氣隨之）＝主理（四端主於理而氣隨之），氣發（七情氣發而理乘之）＝主氣（七情主於氣而理乘之）。[58]然而，栗谷認為，僅就氣發（氣發理乘）的方向發展，才有所謂「主理」、「主氣」可言，[59]故氣發涵蓋主理與主氣。又如韓末崔惠岡（名漢綺，1804-1877），也使用「主理」、「主氣」，[60]但其含義乃在指涉朱子「性理學」與其自身的「氣學」。高橋亨並未意識到朝鮮諸儒在不同論述脈絡下，「主理」、「主氣」含義也不同；他只採取退溪的看法，無視「主理」、「主氣」概念的多義性。如此一來，高橋亨對於嶺南學派與畿湖學派的義理形態就無法作出有效的區分。例如被高橋亨歸屬於「主氣派」（畿湖學派）的田艮齋（名愚，1841-1922）就抨擊「主理派」（嶺南學派）李寒洲為「主氣」之學，[61]此論斷恰與高橋亨的論斷矛盾，足見高橋亨「主理派／主氣派」解釋框

58　李退溪云：「七情之發，雖不可謂不由於五性，然與四端之發對舉而言，則四端主於理而氣隨之，七情主於氣而理乘之。」見《退溪集》，卷11，〈答李仲永〉，頁6a，收入《韓國文集叢刊》，第29輯，頁304。

59　李栗谷云：「且四端謂之主理可也，七情謂之主氣則不可也。七情包理氣而言，非主氣也。人心道心，可作主理主氣之說，四端七情則不可如此說。以四端在七情中，而七情兼理氣故也。」又云：「人心、道心俱是氣發，〔……〕氣順乎本然之理者，固是氣發，而氣聽命於理，故所重在理，而以主理言。氣變乎本然之理者，固是原於理而已，非氣之本然，則不可謂聽命於理也，故所重在氣，而以主氣言。」分別見《栗谷全書》，卷10，〈答成浩原〉（第2書），頁7b-8a、〈答成浩原〉（第6書），收入《韓國文集叢刊》，第44輯，頁201-202、212。

60　崔漢綺云：「燭中自有照物之理，主理者之言也。火明乃是照物之氣，主氣者言之也。主理者，推測之虛影。主氣者，推測之實踐也。」見《增補明南樓叢書》（首爾：大東文化研究院，동아시아學術院，2002年），《推測錄》，〈推氣測理〉。

61　田艮齋批評李寒洲云：「蓋析氣未密，將氣之神明英妙者，尊之為命物之理。而至於性，則以其無知無為而薄之，遂自名為主理之學。於是孔門尊性之說晦，而後世本心之

架無法有效區分嶺南學派與畿湖學派。類似的例子，如高橋亨以「心即理」作為「主理」派的原理，以「心即氣」作為「主氣」派的原理，並將二者對立互斥，也無法說明李寒洲「心即理」與王陽明「心即理」之差異。值得注意的是，即使我們採取退溪「主理」、「主氣」相互對立，但「主氣」並不意味著否定理的實在性，「主理」也不意味著否定氣的活動性。高橋亨卻對「主理」、「主氣」所涉及的哲學問題，毫無說明。嚴格地說，退溪與栗谷，皆肯認理的實在性與主宰性，二者的分歧乃在於理的能動性（活動性）。[62]筆者認為，在朱子學的主導下，退溪與栗谷都是「主理」（以理為主）之學，退溪強調「理發」的主宰性、能動性；栗谷重視「理無為」的根源性，皆以體現人性之善，性理之價值為歸趣。即使嶺南學派與畿湖學派，皆不悖離此重性理的思想主旋律。

　　由於高橋亨對於退、栗「四七論爭」的學理差異，以及朝鮮儒學史「主理」、「主氣」概念的多義性都無法掌握，導致現代研究者即使採用他「主理派／主氣派」解釋框架，卻出現不同的解讀，不但無法釐清概念，反而產生不少混淆，莫衷一是，甚至相互矛盾。[63]由此可見，高橋亨的解釋框架，既無法

論盛矣。夫既以心為本而視尊性為極者，為主氣之流，則其末流之弊，亦將何所極哉？」見《艮齋集》I，前編卷 9，〈答吳震泳〉癸卯，頁 4a-b，收入《韓國文集叢刊》，第 332 輯，頁 384。

62 성태용〔成泰鏞〕即指出：「主理主氣的問題最終歸結為承認理的運動性與否的問題。四七論辯與此問題直接相關。不僅如此，人物性同異論的根本問題也與之相關。」見氏著：《기본적 관점의 제시를 통한 한국유학사 연구의 반성》〔通過基本觀點的提出反思韓國儒學史研究〕，《철학》〔哲學〕，第 27 輯（1987 年），頁 18。

63 如琴章泰就指出，主理論認為理比氣具有根源性，主氣論則反之。參氏著：《유교사상의 문제들》〔儒教思想之問題〕（首爾：驪江出版社，1991 年），頁 96。又如丁大丸是以理的實在性來作為主理與主氣的判準。參氏著：《조선조 성리학연구》〔朝鮮朝性理學研究〕（江原：江原大學校出版部，1992 年），頁 179。筆者認為，就性理學而言，並未否認理的根源性與實在性，栗谷學派亦然。據此，難以解釋被歸屬於栗谷學派的主氣論。此外，也有學者從社會、歷史觀來解釋主理論與主氣論，如柳初夏就認為主氣論展現進步的歷史觀。參氏著：〈조선종기 성리학의 사회관：한원진〉〔朝鮮中期性理學的社會觀：韓元震〕，《한국사상사의인식》〔韓國思想史之認識〕（首爾：한

使朝鮮諸儒不同脈絡下的「四端七情」、「主理、主氣」概念有清晰的定位，也無法在理論或義理系統上有效區分嶺南學派與畿湖學派的差異。

（三）普遍的哲學問題之提出

承上所述，「即存有即活動」是牟宗三「三系說」最重要的判準。筆者也指出，「即存有即活動」（即活動即存有）是宋明儒學「即體即用」（即用即體）的現代表述。此一判準，對外可以從天理實體（本體）上分判儒家「創生義」與佛教「緣起性空」的差異；對內可以對顯朱子「只存有而不活動」之理的歧出。固然牟宗三「三系說」採用了康德哲學的「自律」原則，但牟宗三判定朱子之理為「只存有而不活動」的「但理」、「靜理」，並非來自康德哲學的運用。換言之，形上本體是否具有活動性、能動性，創生（創造）如何可能？這是一個普遍的哲學問題。牟宗三以其哲學洞見，在宋明儒學中揭示此重要而普遍的哲學問題。有趣的是，牟宗三之所以判定朱子之理「只存有而不活動」，在朝鮮儒學的對照下，更能得到證實。

如前所述，在退、栗的「四七論爭」中，退溪的「理氣互發」與栗谷的「氣發理乘一途」是兩大義理系統的差異所在，此一論爭所凸顯的哲學問題，就在於：朱子之理自身是否具有活動性、能動性？從退溪在四端七情論上的「理發說」、宇宙生成論上的「理動說」、格物論上的「理到說」，[64]都顯示退溪所理解的形上之理，不只是靜態的存有之理，它自身還有能動性、自發性與活動性。相反地，栗谷反對退溪「理發」而堅持：「發之者，氣也；所以發者，理也。非氣則不能發，非理則無所發。」[65]亦即能活動的是氣，理是氣能

길사，1994 年），頁 219。但池斗煥則認為栗谷學派的主氣論是保守的，參氏著：〈朝鮮後期禮訟論爭의 性格과 意味〉〔朝鮮後期禮訟論爭的性格與意涵〕，《韓國近世文化의 特性：朝鮮王朝後期》〔韓國近世文化的特性：朝鮮王朝後期〕（首爾：檀國大東洋哲學研究所，1993 年），頁 50。但柳初夏與池斗煥的論斷則互相矛盾。

64　參尹絲淳：〈李退溪理氣哲學的現代詮釋〉，收入陳榮照主編：《儒學與新世紀的人類社會國際學術會議論文選集》（新加坡：新加坡儒學會，2004 年），頁 386-390。

65　《栗谷全書》，卷 10，〈答成浩原〉（第 2 書），頁 5a，收入《韓國文集叢刊》，第

活動的超越根據。而在心性論上，也根據朱子「心之虛靈知覺，一而已矣」，論斷「心是氣」。[66]因此，在退溪與栗谷思想的對比中，證實：「理」能否活動，的確是普遍的哲學問題。牟宗三並未研究過朝鮮儒學，也似乎未曾閱讀過退溪與栗谷的文本，但他判定朱子所言之理「只存有而不活動」，朱子所言之「心」屬於氣，皆與栗谷的論斷如出一轍。在此判定下，栗谷思想才是朱子思想的正統；而退溪思想已經與朱子有距離，是朱子思想的「創造性詮釋」。此外，韓國學者韓慈卿更從比較哲學的視域，指出「理能否活動」，確實是普遍的哲學問題。[67]

　　然而，遺憾的是，在高橋亨的「主理派／主氣派」解釋框架下，因其無法掌握朱子思想，無法理解「四七論爭」的哲學問題性，又泯除「主理」、「主氣」概念的多義性，致使其解釋框架無法使諸多義理概念有清楚的定位，也無法簡別義理系統的根本差異，毫無理論效力可言，遑論提出普遍的哲學問題。事實上，根據朝鮮儒學的諸多文本，「主理」、「主氣」本是重要的概念，在嶺南學派與畿湖學派諸儒的論述中，有不同的意涵，也有義理的簡別度，需要進行「概念史」的釐清與分析。尤其，「主理」、「主氣」概念不等同於「主理派」、「主氣派」，[68]前者有理論意義，後者充其量具有描述性的功能。嚴格地說，朝鮮性理學的發展，只有嶺南學派與畿湖學派，而沒有「主理派」與「主氣派」的區分。當然，嶺南學派與畿湖學派的激烈對立，嶺南學派的李葛菴（名玄逸，1627-1704）與畿湖學派的宋尤庵（名時烈，1607-1689）都是關鍵性人物。栗谷或畿湖學派並未自稱自己為「主氣」派，嶺南學派柳稷（號百

---

44 輯，頁 200。

66 同前注，〈答成浩原〉（第6書），頁28b，收入《韓國文集叢刊》，第44輯，頁212。

67 韓慈卿認為「主理」、「主氣」論爭的關鍵在於是否承認理的活動性、能動性，故此論爭具有哲學意義，是我們永遠追問的哲學難題。參韓慈卿：〈高橋亨的韓國儒學理解的功和過：以主氣、主理概念為中心〉，臺灣大學人文社會高等研究院主辦：「東亞視域中的韓國儒學研究」國際學術研討會（2012 年 9 月 28 日）。

68 高麗大學金炯瓚教授提醒筆者：「朝鮮時代『主理／主氣』用語的使用，是在強調『主理』傾向的前提下，對理氣關係的相對評價。故『主理派／主氣派』的問題應該與『主理／主氣』的概念用語問題區分來看」。筆者同意此見，謹致謝忱。

拙庵，1602-1662）曾批評李珥的理氣說是主氣論，且是異端。如此一來，主理為正學，主氣為異端，就帶有價值評判，主氣派乃帶有負面評價。[69]換言之，在朝鮮新儒學尊重性理的共識下，不論嶺南學派或畿湖學派，都無法接受「主氣派」的標籤。顯然地，「主理」、「主氣」概念必須與「主理派」（主理論）、「主氣派」（主氣論）區分，前者是朝鮮儒學本有的重要概念，後者則是高橋亨在概念不清之下所虛構的分派，在義理簡別與描述功能上，都不能精準地掌握朝鮮儒學。因此，高橋亨的解釋框架，該是壽終正寢的時候了。

五、餘論

　　中、韓新儒學曾各自流衍近六百年，深入影響中、韓的思想文化與政治社會，是前現代最珍貴的傳統思想資源。在牟宗三「三系說」與高橋亨「主理派／主氣派」解釋框架的對比下，兩者都聚焦於哲學理論層面，但作為哲學家（philosopher）的牟宗三與作為漢學家（sinologist）的高橋亨，二者的解釋框架，呈現強烈的反差，也讓我們有所反思。

　　持平地說，牟宗三的「三系說」是奠基在文本分析與哲學探問所提出的三大義理系統，是義理類型學的區分，而非著眼於歷史分期或學派傳承。因此，就理論層面而言，牟宗三的解釋框架，因其理論判準明確，邏輯嚴密，故理論效力極強。對於宋明儒學的學問定位、概念釐清、系統義理的簡別，作出極大的貢獻，也使宋明儒學的研究，提至哲學理論的高度與深度。相對地，正如所有解釋框架都有其限制一樣，牟宗三的「三系說」，因其採取義理類型的區分，故能解釋的對象，必是理論體系圓足的宋明儒學第一流理學家，這些理學家所反映的思想不僅是自己的時代，還包括過去與未來。如朱子、王陽明、劉蕺山等人，都是很明顯的例子。但對於當時有些思想創造力較弱卻又能反映時

69　參이종우〔李宗雨〕：《韓國儒學史분류방식으로서 主理・主氣에 관한 비판과 대안》〔韓國儒學史主理・主氣分類方式之批判與方案〕，《철학연구》〔哲學研究〕第64輯，頁8-13。

代痕跡的第二流理學家，牟宗三的「三系說」就難以概括，他們也無義理系統的獨立性，如呂東萊（名祖謙，1137-1181）、張南軒（名栻，1133-1180）等人，或如為數眾多的陽明後學。[70]

此外，相對於宋明儒學「心」、「性」、「理」、「道」等概念，牟宗三認為「氣」雖重要，但卻不是首出的概念，加上此一概念在中國哲學與宋明儒學的運用範圍太廣，漫無界定，故牟宗三認為，在朱子「理氣二分、不離不雜」的思維下，「氣」才可視之為清晰的概念，可以有獨立意義。牟宗三也指出，朱子講氣，仍重視一元意義的氣，多元意義的氣還是沒有講出來。[71]依牟宗三之思路，筆者認為，宋明理學所言之氣，可以上下講，上講則為「體用圓融」、「體用不二」[72]之義下的先天之氣、形上之氣，意味著本體的作用；下講則為「理氣不離不雜」之義下的形下之氣，意味著氣化活動。據此，對於形上之氣的可能性，如張橫渠與劉蕺山所言之氣，牟宗三都歸於理氣圓融來理解。如此一來，以氣為首出的自然主義（唯物論、唯氣論）「氣學」（氣論），就不是牟宗三「三系說」解釋的對象。就此而言，牟宗三對明代王浚川（名廷相，1474-1544）的氣論思想隻字不提，也因黃梨洲（名宗羲，1610-1695）論氣有自然主義的傾向，將他分判在宋明儒學之外。[73]

至於高橋亨以「主理派／主氣派」解釋框架，相較於以往以「人物」、「學派」為主的朝鮮儒學研究，在方法論的自覺上，有創新之功，可視為墊腳

70　在牟宗三「三系說」的分判下，陽明逝世後，陽明後學（陽明學派）蓬勃發展，但牟宗三卻視為「象山、陽明系」到「五峰、蕺山系」的「過渡」，本身無獨立的義理系統。參拙文：〈唐君毅、牟宗三的陽明後學研究〉，《詮釋與工夫：宋明理學的超越蘄嚮與內在辯證（增訂版）》（臺北：中央研究院中國文哲研究所，2012 年），頁 409-412。

71　牟宗三：《四因說演講錄》，頁 44〔31：42〕。

72　「體用不二」之圓融義論述，詳參牟宗三對張載「太虛即氣」之解析，及對程明道一本論的疏解，見氏著：《心體與性體》，第 1 冊，頁 457-482；第 2 冊，頁 91-116。

73　牟宗三認為黃梨洲誤認「天命流行之體」為「實然之氣化」，有自然主義之嫌。參氏著：〈黃宗羲對于天命流行之體之誤解〉，《心體與性體》，第 2 冊，頁 117-135〔6：126-146〕。職是之故，牟宗三以劉蕺山為宋明儒學的殿軍，黃梨洲不在宋明儒學之列。

石。但因他無法掌握朱子與退、栗思想的哲學問題，也泯除「主理」、「主氣」概念的多義性，致使其解釋框架缺乏堅實的理論基礎，毫無理論效力。故其「主理派／主氣派」解釋框架也造成對朝鮮朝儒學史的混淆與曲解，可說是絆腳石。前者提醒我們，對於朝鮮儒學史的理解，必須有系統性論述；後者顯示必須內在於哲學問題來思考朝鮮儒學史。高橋亨作為朝鮮思想文化的研究者，以其漢文學科的學術訓練，在文獻資料的收集與考證上，紮下深厚的基礎，是其優點，這也是今日研究朝鮮儒學思想所應具備的基本功。然而，朝鮮儒學思想研究，並不等於漢學研究，除基本功外，還必須具備哲學性的思維才能入其堂奧，也才能彰顯朝鮮儒學的深度。在牟宗三「三系說」的對比下，高橋亨雖有方法論上的自覺，但因其缺乏哲學的敏感度，故對於朝鮮儒學的精髓與精神世界，只有皮相之見。

　　事實上，朝鮮朝儒學包含性理學、陽明學與實學，高橋亨的分類也僅止於解釋朝鮮朝的性理學史，無法涵蓋陽明學與實學。職是之故，韓國學界在批判高橋亨之說時，也嘗試提出新的解釋框架。如崔英辰在批判高橋亨之說後，認為如何看待理與氣，以及如何設定二者的關係，才是決定性理學體系的根本因素。[74]不過，由於高橋亨所使用的「主理」與「主氣」用語，原是朝鮮性理學的固有概念，致使高橋亨以後的韓國學者在詮釋韓國儒學史時，免不了籠罩在此二概念所形成的「效果歷史意識」（historically effected consciousness）中而難以掙脫。筆者認為，既然「主理」與「主氣」不等同於「主理派」與「主氣派」，就應對前者進行「概念史」的研究與釐清，才能擺脫高橋亨解釋框架所帶來的糾葛。當然，面對龐雜、豐富而析理入微的朝鮮儒學史，要提出系統理論性的解釋框架而又能對應哲學問題，並不容易，仍須研究者繼續努力。[75]

---

[74] 參崔英辰：〈朝鮮朝儒學思想史의 分類方式과 그 問題點──主理主氣의 問題를 中心으로〉〔朝鮮儒學思想史之分類方式及其問題點──以主理主氣之問題為中心〕。

[75] 如崔英辰提出的方案是以退溪學派為理氣「離看」，栗谷學派為理氣「合看」。又將主理、主氣設定為分類範疇，而又有主理的合看派與主氣的合看派。詳參前注。又韓亨祚的方案是以「問題史」切入，並立足於思考類型而勾勒出朝鮮儒學的地形圖。詳參氏著：〈조선유학의 지형도：조선 유학시의 전개와 리기 개념의 지형 변화〉〔朝鮮

　　值得一提的是，在牟宗三與高橋亨對中、韓新儒學解釋框架的對比中，筆者意識到雙向的哲學提問。從退、栗「四七論爭」的關鍵在於「理能否活動」來看，牟宗三判定朱子之理為「只存有而不活動」是一普遍的哲學問題，足見牟宗三的哲學睿識。但就牟宗三判定朱子為「他律道德」而言，尊奉朱子的退、栗思想，是否也成為他律道德呢？尤其，退溪因其「理發」說所呈現的思路，又不同於朱子的靜態之理；但退溪堅持心性有別，也不同於陽明的「心即理」。整個朝鮮性理學所堅持的是價值的客觀主義，此與朱子又是同調。換言之，退溪的義理型態，介於朱子與陽明之間，[76]而與二者不同。此義理型態也不是牟宗三「三系說」所能解釋的，值得深思。

　　總之，對於中、韓新儒學的研究，現代研究者固然可以從多元的取徑與角度切入，但中、韓新儒學依照其學問性格，哲學理論與實踐層面是核心所在，不能視而不見。牟宗三與高橋亨的解釋框架，都著眼於哲學理論的分判，但前者有其理論效力，後者則缺乏理論效力。當然，牟宗三的「三系說」不能滿足思想史或學術史研究者之所需。但若以思想史或學術史的角度來批判牟宗三的「三系說」則是不相應的批判，因為牟宗三的「三系說」並不解釋歷史問題。批判者當就「三系說」本身是否圓足，或是提出更具有理論效力的解釋框架，才是建設性的批評。

　　不過，我們也必須察覺到，不少中、韓新儒學的重要概念，既有理論的意

儒學的地形圖：朝鮮儒學史的展開與理氣概念的地形演變〕，《오늘의 동양사상》〔今日的東洋思想〕第 11 號（首爾：藝文東洋思想研究院，2004 年 9 月），頁 275-322。筆者也贊同以「問題史」切入，從「理的能動性」（理能否活動）、「心的本質與功能」（心屬於氣或理）、「情是否有異質性」（四端與七情的同異）這三大問題來探究朝鮮儒學，以便進行「概念史的分析」與「哲學史的清理」。詳參拙作：〈韓國儒學史「主理派／主氣派」解釋框架之檢討——兼論韓國儒學思想研究的新展望〉。

76　退溪思想的義理形態介於朱子與陽明（孟子）之間，是朱子學的「創造性詮釋」。此見參 Tu Wei-ming, "T'oegye's Creative Interpretation of Chu Hsi's Philosophy of Principle," *Korea Journal* 22, no. 2 (February 1982): 12；亦見《退溪學報》第 35 輯（1982 年 9 月），頁 54。又參李明輝：《四端七情論——關於道德情感比較哲學探討》（臺北：臺大出版中心，2005 年），第 8 章〈李退溪與王陽明〉。

涵，也留有歷史演變的痕跡。就如同宋明儒學的「道統」概念一樣，既可以採取哲學的詮釋，也可以著重歷史（如思想史）的詮釋。即以朱子為例，朱子的「道統」概念，原有相當的包容性與開放性；且不論程朱或陸王，宋明儒學對於道統的理解，多偏於哲學思想層面的意義，強調道統獨立於治統（政治）之外，具有永恆的性質，它可能會有隱晦，但絕不會斷絕。但隨著朱子弟子黃勉齋（名榦，1152-1211）將此概念窄化，加上朱子學自元代成為官學之故，遂把道統「意識形態化」，凸顯它的正統性與權威性，也把朱子道統概念所涵蘊的對現實政治的批判精神都忽視了。晚清以降，在反傳統的風氣下，道統已是一個瀕於死亡的語言，幾乎成為保守主義、僵化與陳腐的同義語。[77]以此為例，當我們從中、韓新儒學的視域研究道統的建構與詮釋時，實應以批判的態度，兼顧哲學與歷史的取徑，清理歷史的殘餘，並活化傳統的思想資源，以開放更多意義世界的可能性。

---

[77] 參張亨：〈朱子的志業──建立道統意義之探討〉，《思文之際論集：儒道思想的現代詮釋》（臺北：允晨文化出版公司，1997 年），頁 333-342。此文探究朱子「道統」觀念，兼顧哲學意義與歷史演變。其他如余英時的《朱熹的歷史世界》、田浩（Hoyt Cleveland Tillman）的《朱熹的思維世界（增訂版）》（臺北：允晨文化出版公司，2008 年）等，都採取歷史的（思想史）的進路來探究朱子道統的建構與詮釋，著重歷史演變的過程與發展。

德川日本孟子學論辯中的管仲論及其相關問題[*]

黃俊傑[**]

一、引言

　　《孟子》這部儒家經典大約在公元第九世紀左右傳入日本，[1]到了德川時代（1603-1868）已經廣為日本儒者所熟知。因此，孟子（約公元前 372-289）思想世界中內涵深刻，而對專制王權極具挑戰的價值理念，如「王霸之別」、「義利之辨」、湯武放伐論等政治理念，以及「養浩然之氣」等工夫論問題，在與德川日本特定的政治體制與思想風土碰撞之後，就擦撞出新的思想火花，

---

[*]　本文曾於 2012 年 12 月 3 日在中央研究院中國文哲研究所講論會宣讀，承蒙劉述先教授及其他同仁惠賜指教，衷心感謝，謹以此文敬賀劉先生八秩壽慶。

[**]　臺灣大學講座教授／教育部國家講座

[1]　據井上順理（1915-2009）考證指出：天長四年（公元 827 年），滋野貞主所撰之《經國集》中已引用《孟子》書之文句，至寬平年間（公元 890 年）《孟子》書已著錄於《日本國見在書目錄》，此下經鎌倉、南北朝時代及室町時代，《孟子》書在日本流傳甚廣，不僅地方學者研習《孟子》，朝廷幕府及博士家亦講讀傳授，參看井上順理：《本邦中世までにおける孟子受容史の研究》（東京：風間書房，1972 年），頁 214。關於《孟子》在日本的流傳狀況，參考尾關富太郎：〈孟子の傳來とその普及〉，《漢文教室》第 43 號（1959 年 7 月），頁 1-9；小林俊雄：〈孟子傳來とその周邊──井上順理著本邦中世までにおける孟子受容史の研究を讀みて〉，《就實論叢》第 3 號（1973 年 11 月），頁 1-12。

使日本儒者提出許多新的解釋。

　　管仲（公元前 730-645）這個春秋時代（公元前 722-481）早期齊國重要
政治人物，在德川日本孟子學者中爭辯最多，眾說紛紜。管仲卒於公元前 645
年，早於孔子（公元前 551-479）出生之年 96 年。傳世《管子》一書並非管
子所撰，係戰國時代人之作品。[2]管仲輔佐齊桓公（在位於公元前 685-643）治
齊，「通貨積財，富國彊兵，與俗同好惡」（《史記・管晏列傳》），[3]史稱
管仲在齊國實施「三選」之制，[4]選賢任能，遂成齊桓公之霸業，但「三選」
之制僅見於《國語》，未見於《左傳》，或非當時歷史之真實，然必保留古代
中國尚賢政治之歷史餘影。[5]在《論語》中出現的自堯至周代的歷史人物共
140 人，孔子同時代的弟子則有 27 人，[6]除了堯、舜、禹、湯、孔、孟等之
外，管仲其人其事在東亞儒者之間最受矚目。孔子學生子路（公元前 542-
480）就曾懷疑管仲並非仁者，因為「桓公殺公子糾，召忽死之，管仲不

2　朱熹（1130-1200）早已懷疑《管子》一書非管仲所撰，朱子說：「《管子》非仲所
　　著。〔……〕想只是戰國時人收拾仲當時行事言語之類著之，並附以它書」，見黎靖德
　　編：《朱子語類》（北京：中華書局，1986 年），卷 137，頁 3252。羅根澤及 Allyn
　　W. Rickett 均主張《管仲》各篇多為戰國時代人之作品，參看羅根澤：《管子探源》
　　（香港：太平書局，1966 年）；Allyn W. Rickett, trans., *Kuan-tzu: A Repository of Early
　　Chinese Thought* (Hong Kong: Hong Kong University Press, 1965), pp. ix-x。

3　司馬遷：《史記》（臺北：鼎文書局，1981 年），卷 62，頁 2132。

4　左丘明撰，韋昭注：《國語》（臺北：中華書局，1965 年《四部備要》本），卷 6，
　　〈齊語〉，頁 5b-6b。

5　我在舊作對此一史實曾作探討，參看黃俊傑：《春秋戰國時代尚賢政治的理論與實際》
　　（臺北：問學出版社，1977 年），頁 46-48。關於春秋時代齊國的「從俗」思想傾向，
　　參考緒形暢夫：《春秋時代各地における思想的傾向》（東京：汲古書院，1987
　　年），頁 161-169。

6　據皇侃（488-545）：《論語義疏・序》，見《論語義疏》（大阪：懷德堂刊本，1923
　　年），頁 5，下半頁。此書收入《武內義雄全集》第 1 卷《論語篇》（東京：角川書
　　店，1978 年）。《論語義疏》見於南宋尤袤（延之，1127-1194）的《遂初堂目》，
　　但亡佚於中國，後在日本足利學校發現、校刻，再回傳中國，收入《四庫全書》之中，
　　並收錄於鮑廷博（以文，1728-1814）校的《知不足齋叢書》（臺北：藝文印書館，
　　1966 年），始廣為中國學界所熟知。

死」，但孔子認為「桓公九合諸侯，不以兵車，管仲之力也。如其仁！如其仁！」（《論語・憲問・17》）[7]孔子關於「仁」的思想，或與傳說中的管仲之思想有某種關連。《管子・小問》云：「非其所欲，勿施於人，仁也。」[8]《管子・戒》云：「以德予人者謂之仁。」[9]皆與孔子「仁」學內涵近似。子貢（公元前 520-450）也與子路一樣對管仲出處進退懷有類似的疑問，[10]孔子也是從文化命脈的延續著眼說：「管仲相桓公，霸諸侯，一匡天下，民到于今受其賜。微管仲，吾其被髮左衽矣。豈若匹夫匹婦之為諒也，自經於溝瀆而莫之知也。」（《論語・憲問・18》）[11]但孔子也曾評論「管仲之器小哉」，而且不知禮（《論語・八佾・22》）。[12]到了戰國時代（公元前 480-222）晚期的孟子在與公孫丑討論到管仲的功業時，就明白表達對管仲的鄙視，因管仲雖有大展鴻圖的機會，卻未能施行孟子理想中的王道政治（《孟子・公孫丑上・1》）。[13]自孔孟以下，歷代中國學者對管仲之歷史形象多所爭辯，褒貶不一。

　　德川時代日本儒者的孟子學論辯中所涉及的管仲形象，表面上顯示諸儒對管仲的評價不同，實際上卻涉及日本儒者對「仁」的理解及其「實學」思想傾向，以及王道與霸道的問題（也就是道德與功利孰先的問題），都反映日本儒學的特殊風貌。本文第二節首先將管仲的歷史形象放在東亞比較思想史的視野，以釐定日本儒者的管仲論的特質。本文第三節進一步在東亞儒學視域中，探討日本儒者的管仲論所透顯出來的「仁」的「實學」思想傾向。本節也討論日本管仲論在一般倫理學上的意義與啟示。本文第四節則析論日本管仲論中的

7　朱熹：《論語集注》，收入《四書章句集注》（北京：中華書局，1983 年），頁 153。

8　羅根澤（1900-1960）考證認為此篇係「輯戰國關於管仲之傳說而成」，見羅根澤：《管子探源》，頁 108-111。

9　羅根澤認為此篇係「戰國末調和儒道者作」，見羅根澤：《管子探源》，頁 74-76。

10　依據錢穆之考證，見錢穆：《先秦諸子繫年》，收入《錢賓四先生全集》（臺北：聯經出版事業公司，1998 年），第 5 冊，頁 693。

11　朱熹：《論語集注》，收入《四書章句集注》，頁 153。

12　同前注，頁 67。

13　朱熹：《孟子集注》，收入《四書章句集注》，頁 227-229。

「道德」與「功利」之張力問題。

二、日本孟子學論辯中的管仲論：東亞比較的視野

（一）日本儒者思想中的管仲形象

德川時代日本儒者思想中的管仲有兩個對立的形象。一方面，大多數日本儒者認為管仲是一位「仁」者。十七世紀古學派大師伊藤仁齋（1627-1705）在《童子問》中有以下一段文字：

> 問：「聖人之仁與管仲之仁，是同是不同？」
> 曰：「同。堯舜之仁，猶大海之水，汪汪洋洋，不可涯涘也；管仲之仁，猶數尺井泉，雖不足觀，然遇旱歲，則亦可以資灌溉之利。雖有大小之差，豈謂之非水而可乎！」[14]

仁齋認為管仲的「仁」在數量上雖不如堯舜的「仁」，但在本質上都是「仁」。

接著，十八世紀古文辭學派大師荻生徂徠（1666-1728）不贊成孔子斥責管仲「器小」，他認為管仲應稱為「大器」，他說：

> 孔子無尺土之有，亦異於湯與文武焉，使孔子見用於世邪，唯有管仲之事已。然其時距文武五百年，正天命當革之秋也，使孔子居管仲之位，則何止是哉。故孔子與其仁而小其器，蓋惜之也，亦自道也。夫孔子小之，而終不言其所以小之，可以見已。夫管仲以諸侯之相，施政於天

14　伊藤仁齋：《童子問》，卷之上，第 52 章，收入井上哲次郎、蟹江義丸編：《日本倫理彙編》（東京：育成會，1901 年），第 5 冊，古學派の部（中），頁 100。

下，可謂大器已，而孔子小之，或人之難其解，不亦宜乎？[15]

荻生徂徠認為管仲「以諸侯之相，施政於天下」之事功，應是「大器」。

　　十八世紀下半葉的松邨九山（名良猷，字公凱，1743-1822）認為管仲應可稱為「仁者」，他說：

> 夫仁之工夫不同，堯舜自有堯舜之仁，湯武自有湯武之仁，伊周自有伊周之仁，管仲自有管仲之仁。比而同之，豈不詭哉？夫管仲所謂善人也，不踐迹，亦不入室，雖先王之制不必從焉。隨時而變，應俗以化，非聖人而自作，何屑屑從事於學者之務哉？故奢而失禮，亦不害於其仁也。[16]

松邨九山認為「仁」有各種不同的表現方式，管仲雖然「奢而失禮，亦不害其仁」。

　　十九世紀上半葉的東條一堂（1778-1857）也推崇管仲的政治事功是「仁

15　荻生徂徠：《論語徵》，乙卷，收入關儀一郎編：《日本名家四書註釋全書》（東京：鳳出版，1973 年），論語部 5，頁 68。荻生徂徠在上文說「管仲以諸侯之相，施政於天下」一語之「相」字，必須加以釐清。徂徠之說當本於《左傳·成公九年》鮑叔建議齊桓公以「管夷吾治於高傒，使相可也」，桓公從之。春秋早期所謂「相」與戰國時代之宰相完全不可同日而語。《左傳·僖公十二年》載公元前 648 年管仲對周王說：「臣賤有司也，有天子之二守國、高在」，可證管仲官位在國子與高子之下。《韓非子·外儲說左下》云齊桓公「令隰朋治內，管仲治外以相參」，可證管仲之相桓公以外交事務為主。劉向（公元前 77-6）《說苑·尊賢》載齊桓公使管仲治國，管仲對曰：「賤不能臨貴」、「貧不能使富」、「疏不能制親」。（見劉向撰，向宗魯校證：《說苑校證》〔北京：中華書局，1987 年〕，卷 8，頁 198）均可證管仲出身較低。當代學者甚至指出在齊桓公霸業鼎盛期間（公元前 685-662），管仲之名均不見於《左傳》，據此推論管仲之權力可能不如後世傳說之大，見 Sydney Rosen, "In Search of the Historical Kuan Chung," *Journal of Asian Studies* 35, no. 3 (May 1976): 432ff.。

16　松邨良猷：《管仲孟子論》，收入關儀一郎編：《日本儒林叢書》（東京：鳳出版，1978 年），續續編隨筆部及雜部，第 12 卷，編 13，頁 1-17，引文見頁 7。

者」之事業，他說：

> 按翼戴君子，安定儲位，周室之不亡者，實管仲之功也。外則攘夷狄，
> 而存三亡國；中國不變左衽之俗者，實管仲之功也。管仲有濟世安民之
> 功，而其利澤恩惠，遠被後世，豐功偉績〔……〕，如仲之大功，謂之
> 非善人仁者，可乎？[17]

東條一堂稱許管仲為「仁者」，實以管仲的政治事業有濟世安民之功，澤被後
世。

　　德川日本儒者思想的管仲具有另一個對立的形象：管仲不是「仁」者。十
九世紀的日尾荊山（名瑜，字德光，1788-1859）撰寫題為〈管仲非仁者辨〉
長文，主張「以管仲為仁者，非啻誤聖言，其為害甚多矣」。[18]在日尾瑜的長
文論述中，最重要的是以下這段文字：

> 夫君臣父子夫婦兄弟朋友五者，天下大倫也，能以誠處於其間，大之天
> 下國家，小之一鄉一邑，中心說服不能忘焉，此之謂仁也。如小白子糾
> 兄弟爭國，姑置焉。設令兄弟相讎，奉其兄者讎其弟，奉其弟者讎其
> 兄，各以其所奉為君，以其所見奉為臣，於義為然。管仲未知君臣之義
> 乎？又未知兄弟之友乎？其初出也奉公子糾，子糾為小白所殺，而自請
> 囚，反相桓公霸諸侯，是遺君而奉讎也，弒兄者不友也，貳君者不忠
> 也。嗟呼！仲也抱不忠之罪，奉不友之君，恬乎如不知者，汲汲圖霸，
> 後世有背君親、侮兄長、黨不義、行不仁，管仲為之俑而已。其何仁之
> 有？[19]

17　東條一堂：《論語知言》，收入《日本名家四書註釋全書》，論語部6，頁403。

18　日尾荊山：《管仲非仁者辨‧序》，收入《日本儒林叢書》，第5卷，頁1-2，引文見
　　頁1。

19　日尾荊山：《管仲非仁者辨》，收入《日本儒林叢書》，第5卷，頁2。

日尾瑜以「五倫」定義「仁」，認為管仲「抱不忠之罪，奉不友之君」，所以不可被稱為「仁者」。

此外，日本儒者對管仲的另一種類似的形象是：認為管仲有「仁」之功而無「仁」之德。十八世紀的藪孤山（1732-1790）認為「如管仲者可謂與仁同功者也」，[20]但不可視管仲為「仁」者，正如燭火之不能等同於日月。

（二）與中國及朝鮮儒者的管仲形象之比較

現在，我們可以將日本儒者對於管仲是否「仁」者的爭辯，放在東亞的比較視野之中，取之而與中國及朝鮮儒者的管仲形象互作比較。

孔子與孟子對管仲之評價互有出入，自孔孟以降中國儒者心目中的管仲形象也多半承認管仲功業有「仁之功」，但未推崇管仲為「仁」者，朱子的評論尤具有代表性。朱子（晦庵，1130-1200）基本上認為「管仲之德，不勝其才」，[21]「管仲不知王道而行霸術」，[22]所以「管仲雖未得為仁人，而其利澤及人，則有仁之功矣」。[23]

那麼，管仲不死節而事桓公以成就霸業又如何解釋呢？朱子評斷說：

> 蓋聖人之於人，有功則稱其功，有罪則數其罪，雜而兼舉之，既不以罪掩其功，亦不以功掩其罪也。今於管仲，但稱其功不言其罪，則可見不死之無害於義，而桓公、子糾之長少，亦從以明矣。[24]

---

20 藪孤山：《崇孟》（東京：崇文院，1929年），頁8上半頁。

21 朱熹：《論語集注》，〈憲問・10〉，收入《四書章句集注》，頁151。

22 朱熹：《孟子集注》，〈公孫丑上・1〉，收入《四書章句集注》，頁227。

23 朱熹：《論語集注》，〈憲問・17〉，收入《四書章句集注》，頁153。

24 朱熹：《孟子或問》，收入《四書或問》（上海：上海古籍出版社；合肥：安徽教育出版社，2001年），頁325。朱子又指出孔子與孟子所處時代背景不同：「春秋定哀間，周室猶得。至孟子時，天命人心已離矣。」所以孔孟對管仲評價不同。見黎靖德編：《朱子語類》，卷52，頁1231。

朱子基本上認為管仲之不死節實無害於義，他在春秋時代歷史背景中理解管仲的行為與責任，朱子說：

> 蓋周之衰亂，固非一日之積，而《小雅》盡廢，又豈桓公、管仲之罪哉？適當其時，起而救之，蓋亦仁人君子之所必為，但責其非有至公惻誠之心，以復於文、武規模之盛，則管仲無所逃其責。[25]

朱子對管仲的衡斷，成為十三世紀以後東亞各國儒者爭辯管仲的指標性言論。

關於孔孟對管仲評價之不同，自朱子以降許多中國儒者都從孔孟的時代背景之差異加以解釋。例如明代的魯論說：

> 孟子之卑管仲，非卑仲，卑仲無王佐之業也。何也？就戰國時言也。使管仲居戰國之時，不能使桓公致王，則誠卑也。戰國之時，即孔子復生，不能使其主之不願為湯武也，何也？此時而取天下，非取天下於周，取天下於蔑周之群雄也，時也。〔……〕戰國有其時，有其勢，故事易於文王。能為王不當為伯，故不屑為管仲。由此推之，勢以宏仁者也，時以運勢者也。[26]

明人管志道（1536-1608）更進一步指出孟子不能體諒管仲所處的時勢難以實行王道政治，他說：

> 孟子太輕管、晏，亦與孔子之仁管仲相違，且其卑管仲也，不辨其心迹又不諒其時勢，徒以己之能以齊王，過於仲之祇以齊伯，然則必以湯、武之放伐桀者放伐周天王耶？竊謂孟子之不為管仲自有在，而亦不在尊

---

25 朱熹：《孟子或問》，收入《四書或問》，頁 427。

26 魯論：《四書通義》，收入《四庫全書存目叢書》（臺南：莊嚴文化事業出版公司，1997 年），經部第 165 冊，頁 685。

王賤伯間也。吾考孟子之以齊王也，易；管仲之以齊伯也，難。公孫丑
智足以知之，是以有文王猶不足法之疑，得孟子事半功倍之解，則必渙
然冰釋矣！吾猶疑孟子能察文王百里王天下之難，不能察管仲千里伯諸
侯之匪易也。[27]

如果將管仲放在春秋早期的歷史脈絡中衡評他的行止，就會對管仲採取一
種較為同情的理解。十七世紀日本古學派大師伊藤仁齋的長子伊藤東涯（名長
胤，1670-1736）說：

> 春秋之時，先王之遺化尚在。當時豪傑之士，如管仲百里奚，皆有所抱
> 負，欲得斯君而濟斯民，故管仲仕子糾盡節，至於射桓公中其鉤，及運
> 盡局變，則反面事桓，卒收一匡九合之功。〔……〕若以名理家法律裁
> 之，則出處之間，有可議者，卒不如召忽宮之奇之正也，然彼豈隱忍以
> 為之哉？蓋亦有所自信焉，其道雖不如伊傅之純，而非叔向子產之所能
> 及也。[28]

伊藤東涯認為管仲在春秋時代歷史背景中欲施展抱負而服事齊桓公，完全可以
理解。正是從歷史背景來看，孟子之批判管仲也完全可以理解。[29]如此一來，
將管仲完全在歷史情境中予以「脈絡化」，並承認管仲在時勢之下的權變行
為，豈不是解消了歷史行動者的道德責任，從而使管仲免於「不仁」的歷史審
判？我們在本文第三節將討論這個問題。

現在我們轉而觀察朝鮮儒者的管仲形象。早在十四世紀高麗末期朝鮮初期

27　管志道：《孟義訂測》，上海圖書館藏明萬曆 36 年刻本，收入《四庫全書存目叢
　　書》，經部第 157 冊，頁 509。

28　伊藤東涯：《閒居筆錄》，收入《日本儒林叢書》，第 1 卷，頁 37。

29　廣瀨旭莊（1807-1863）也說：「孟子時，商鞅韓非說功利之徒，爭祖述管子，儼然為
　　一家之鼻祖。孟子將明大道於一世，則不得不黜之以器小哉，亦為時然而已。」見廣瀨
　　旭莊：《塗說》，收入《日本儒林叢書》，第 2 卷，頁 27。

的學者李穡（字穎叔，號牧隱，1328-1396），就賦詩贊管仲曰：「仲也才奇志又忠，贊成齊霸美哉功」。[30]十四世紀編修《朝鮮經國典》的鄭道傳（字宗之，號三峯，1342-1398），以「管仲之相桓公」比擬於「孔明之輔後主」。[31]十六世紀的許筠（字端甫，號蛟山、惺所、白月居士，1569-1618）也懷疑「管子書龐雜重覆，似不出一人之手」。[32]十六世紀中韓外交官員在和約談判中就觸及管仲的行為。明代派赴朝鮮的外交官劉海與朝鮮文臣張維（字持國，號谿谷、默所，1587-1638）談判，劉海就舉《論語》所載「桓公殺子糾，管仲不死，孔子以為仁」之史事，要求張維投誠。張維雖不通華語，但以語勢意脈推斷知劉海所舉乃管仲之事，於是就舉《論語》「自古皆有死，民無信不立」一語以應，使對方為之語塞。[33]管仲史事及其形象，在十六世紀就已出現在中韓外交折衝爭辯之中。

　　朝鮮儒者基本上都同意管仲以功利之心行霸道之術，例如十六世紀朝鮮中期主氣派的重要儒者李珥（字叔獻，號栗谷、石潭，1536-1584）所說：「獨恨夫管仲不知聖賢之道，孔明未免申韓之習，功烈只此而已，此所謂能任賢者而行霸道者也。」[34]這句話有相當的代表性。十六世紀末的金昌協（字仲和，號農巖、三洲，1651-1708）說「以管仲之不死，於心或有所不安，而其義有不當死者，則不足害於仁也。」[35]十七世紀栗谷學派的繼承人、朱子學大師宋時烈（字英甫，號尤庵、尤齋，1607-1689）也以管仲不死節為憾，他說：

30　李穡：《牧隱詩藁》，〈管仲〉，收入《韓國文集叢刊》（首爾：景仁文化社，1996年），第 4 輯，頁 26c。

31　鄭道傳：《三峯集》，卷 9 上，收入《韓國文集叢刊》，第 5 輯，頁 382a。

32　許筠：《惺所覆瓿藁》，卷 13，文部，〈讀〉，收入《韓國文集叢刊》，第 74 輯，頁 250c-251a。

33　張維：《谿谷集》，附錄，《谿谷漫筆》，卷 1，收入《韓國文集叢刊》，第 92 輯，頁 579c-d。

34　李珥：《栗谷全書》，卷 15，《東湖問答》，〈論君道〉，收入《韓國文集叢刊》，第 44 輯，頁 316c-d。

35　金昌協：《農巖集》，卷 20，〈答魚有鳳〉，收入《韓國文集叢刊》，第 162 輯，頁 113d-114a。

「先儒猶以為管仲雖死為當云，則仲之不死，亦可愧也。君臣之義，豈不重乎？始與之同事，則終與之同死，乃理之正也。」[36]

　　問題是：「仲之不死，亦可愧也」的管仲，能否算是一個「仁」者？我們先看看十八世紀朱子學者丁若鏞（字美庸，號俟菴、籜翁、苕叟、紫霞道人、鐵馬山人、茶山，堂號與猶，1762-1836）的意見。丁茶山深受朝鮮第二十二代君主正祖（在位於 1776-1800）的信任，著作甚豐，均收入《與猶堂全書》，針對朱子學而救弊補過，蔡振豐稱之為「東亞『後朱子學』的代表作」。[37]丁茶山認為不應以是否殉死作為判斷是否「仁」者的標準，他說：

> 子糾、小白均是僖公之子，既正其位，斯我君也。子糾之未死，我以子糾為君，故可以讎桓；子糾既死，猶必讎之乎？召忽之死，固為仁矣；管仲之事，未必為不仁也。王珪、魏徵，亦其所秉者如此，必以殉死為仁者，違於經也。[38]

丁茶山認為管仲「未必不仁也」，所以他對朱子所持「管仲非仁者，但有仁之功」的說法提出質疑：

> 〔質疑〕朱子曰：「管仲雖不得為仁人，而其利澤及人，則有仁之功矣」。案：仁者非本心之全德，亦事功之所成耳。然則既有仁功而不得為仁人，恐不合理。然孔子於二子之問，每盛言其功，以拒未仁之說，而亦未嘗親自口中直吐出一個仁字。則孔子於此亦有十分難慎者，朱子之言其以是矣。李卓吾云：子路以一身之死為仁，夫子以萬民之生為

36　宋時烈：《宋子大全拾遺》，卷 9，〈經筵講義‧孝宗戊戌〉，收入《韓國文集叢刊》，第 116 輯，頁 173b-c。

37　蔡振豐：《朝鮮儒者丁若鏞的四書學：以東亞為視野的討論》（臺北：國立臺灣大學出版中心，2010 年），頁 311-312。

38　丁若鏞：《論語古今注》，收入《與猶堂全書》（首爾：民族文化文庫，2001 年），第 5 冊，〈集 2‧經集〉，卷 7，總頁 585。

仁，孰大孰小？[39]

丁茶山反對朱子對管仲的評論，[40]他認為管仲既有「仁之功」，就有「仁心」，因為他認為所謂「仁」不應理解為「本心之全德」，而應視為「事功之所成」。這就涉及朱子的「仁」說及其在日韓儒者間的迴響，將於本文第三節討論。

　　現在，我們再看極為重視文化發展的朝鮮第二十二代國君正祖（名祘，字亨運，號弘齋，1752-1800，在位於 1776-1800）對於管仲的意見。正祖主張「仁」之多方，有「仁」之全體或部分、「仁」之存心或結果（事功）之不同。正祖說：

> 仁字雖同，而所以言仁之旨，則亦各不同。有以全體而言之者，有以一段而言之者。有以心而言之者，有以事功而言之者。人而不仁之仁，以全體而言之也，以心而言之也。如其仁之仁，以一段而言之也，以事功而言之也。管仲霸者之佐耳，其於仁也，假之而已。其於禮也，不知宜矣。故曰管氏知禮，孰不知禮？此正與所謂人而不仁，如禮何者？同一意也。蓋以仁之心，仁之全體而言之。則管仲固不可謂之仁也。然而當管仲之時，周室已卑，而夷狄日盛，若非管仲尊攘，則天下將不免淪於左袵矣。特以管仲之故，而得免於左袵。則管仲之心，雖不可謂之仁。而管仲之功，則不可不謂之仁也。管仲之仁，雖不可許之以全體，而惟此一段，則不可不謂之仁也。由此觀之，則夫子之斥管仲以不知禮者，蓋不以仁之心與仁之全體而許管仲也。稱管仲以如其仁者。蓋以仁之功

39　同前注，總頁 582-583。蔡振豐對於丁茶山與朱子的管仲論有深入之分析，參看蔡振豐：《朝鮮儒者丁若鏞的四書學：以東亞為視野的討論》，第 2 章第 2 節，頁 45-61。

40　其實，朱子學生就曾質疑過朱子：「管仲之心既已不仁，何以有仁者之功？」朱子舉漢高祖與唐太宗為例說這兩個國君「未可謂之仁人」，但是安邦定國，造福百姓，所以「此二君者，豈非是仁者之功耶！若以其心言之，本自做不得這箇功業。然謂之非仁者之功，可乎？管仲之功，亦猶是也」。見黎靖德編：《朱子語類》，卷 44，頁 1128。

與仁之一段而許管仲也。一斥一與，可見聖人之權衡也。苟不論旨意之
不同，而徒以稱仁之故，有疑於不知禮之訓，以斥之以不知禮之故。有
疑於稱仁之訓，則是何異於高叟之為詩耶？[41]

正祖的「仁之多方」的說法，很能有效解釋孔子對管仲的不同評價，他也傾向
於稱許管仲為「仁」者。

　　總之，從東亞比較的視野來看，德川日本儒者的主流意見將管仲視為
「仁」者，雖然也有人主張管仲之「仁」係量小之「仁」，然其本質仍為
「仁」。日本儒者的管仲論與中韓儒者的管仲論，互相呼應而同中有異。中國
朱熹主張管仲有「仁」者之功而無「仁」者之德，但朝鮮的丁茶山與正祖則認
為管仲可視為「仁」者。其實，以管仲為「仁」者，正是朝鮮宮廷中君臣的共
識，我們只要披閱《朝鮮歷代大王實錄》及《承政院日記》所載君臣對話中有
關管仲的史料，就可發現朝鮮君臣對管仲的肯定。例如 1706 年領議政崔錫鼎
（字汝時、汝和，號存窩、明谷，諡號文貞，1646-1715）在上疏中，就說管
仲不死而請囚，能「隨時制義，屈身行權，〔……〕以利澤及物為心，故孔子
〔……〕以仁許之」。[42]1725 年知事閔鎮遠對英祖進講《論語》，明言「仲
無可死之義」，[43]均可視為代表性的意見。日韓儒者的管仲論有其「實學」之
思想背景，也與「仁」學之思想內涵有關，因此，我們轉而分析日韓儒者的管
仲論中的「仁」之涵義。

41　正祖：《弘齋全書》，卷 3，《春邸錄》，〈答宮僚〉，收入《韓國文集叢刊》，第
　　262 輯，頁 42c-43a。正祖在另一場合亦說孔子之於管仲「評其仁者，非全德也，謂其
　　利澤及人，有仁之功也。斥其不知禮，謂其不知聖賢之道，不能正心修德，自歸於奢
　　而犯禮也。一則以其事業成就而言，一則指其本領褊卑而言。」見正祖：《弘齋全
　　書》，卷 122，《魯論夏箋》，收入《韓國文集叢刊》，第 265 輯，頁 525b-c。

42　《肅宗實錄》，收入國史編纂委員會編：《朝鮮王朝實錄》（首爾：探求堂，1968-
　　1970 年），第 40 冊，卷 43，32 年（1706 年，丙戌，清康熙 45 年）3 月 9 日（丁
　　卯），頁 214。

43　《英祖實錄》，收入《朝鮮王朝實錄》，第 41 冊，卷 3，1 年（1725 年，乙巳，清雍
　　正 3 年）1 月 28 日（丁卯），頁 468。

（三）日本與朝鮮儒者的管仲論中「仁」之涵義

1. 中日「仁」學的差異

德川日本儒者爭辯管仲是否「仁」者，最重要的關鍵在於「仁」之定義及其內涵。為了討論這個問題，我們必須從日本儒者對朱子的「仁」學的批判說起。

「仁」之一字出現在《論語》書中 58 章，共 105 見，是東亞儒家傳統中最重要的核心價值理念。「仁」之古義是愛人，《國語・晉語一》「愛親之謂仁」，[44]《論語・顏淵・22》孔子以「愛人」答樊遲問仁，[45]《孟子・離婁下・28》「仁者愛人」，[46]孔孟皆以具體之行為「愛人」釋「仁」。最近廖名春研究新近出土文獻，指出「仁」字從人從心，其本義就是指「愛人」。[47]到了南宋朱子理學大興，才以「心之德，愛之理」，釋「仁」，賦予儒家倫理學以形上學與宇宙論的高度。但是，朱子的「仁」說東傳日本之後，受到極大的批評。我最近撰文指出：德川時代日本儒者回應朱子的仁說，主要表現在以下兩條思路。[48]第一是對形上學的解構：日本儒者言「仁」，多不取朱子以「理」言仁之說，林羅山（1583-1657）[49]與貝原益軒（1603-1714）[50]均從人倫說「仁」。伊藤仁齋在 32 歲時所撰之〈仁說〉，[51]尚籠罩在朱子學之下，

---

44 韋昭：《國語》，卷 7，頁 9b。

45 朱熹：《論語集注》，收入《四書章句集注》，頁 139。

46 朱熹：《孟子集注》，收入《四書章句集注》，頁 298。

47 廖名春：〈「仁」字探源〉，《中國學術》總第 8 輯（2001 年 4 月），頁 123-139。

48 黃俊傑：〈朱子「仁」說在德川日本的迴響〉，收入鍾彩鈞主編：《東亞視域中的儒學：傳統的詮釋》（第四屆國際漢學會議論文集）（臺北：中央研究院中國文哲究所，2013 年），頁 409-429。

49 京都史蹟會編：《林羅山文集》（東京：ぺりかん社，1979 年），卷 67，頁 832 上半頁。

50 貝原益軒：《慎思錄》，卷 1，收入《益軒全集》（東京：國書刊行會，1973 年），卷 2，頁 4。

51 伊藤仁齋：〈仁說〉，《古學先生詩文集》，收入《近世儒家文集集成》（東京：ぺりかん社，1985 年），第 1 冊，卷 3，頁 60-61。

但是到了中年以後所撰的論著如《語孟字義》、《童子問》就完全擺脫朱子學的影響，而走以「愛」言「仁」的道路，強調在具體的「人倫日用」之中實踐「仁」的價值理念。[52]荻生徂徠（1666-1728）則以「安民之德」[53]釋「仁」。不論是採取闡朱或反朱之立場，德川日本儒者都不能同意在具體的德行之中另立一個形上的「理」，他們都致力於解構朱子學的形上學基礎。用傳統的語彙來說，他們都在「氣」論的基礎上，反對朱子仁學中的「理」學思想。日本儒者釋「仁」的第二條思路是：在社會政治生活中賦「仁」以新解。日本儒者既反對朱子之以「理」言「仁」，也反對以「覺」言「仁」，他們主張「仁」只能見之於並落實於「愛」之中。伊藤仁齋在人與人相與互動的脈絡中言「仁」；荻生徂徠在政治脈絡中釋「仁」。

　　德川日本儒者爭辯管仲是否「仁」者這個問題，實有其政治史之背景，正如張崑將所說，這項爭辯「背後懷有更深層的政治意涵，尤其是日本有特殊的朝幕體制，管仲論往往為德川儒者尊皇或尊幕的一項政治關懷之重要指標」，[54]但是德川封建體制這項政治史的外緣因素，仍不能完全充分解釋日本儒者的管仲論，我們必須從日本儒者「仁」學的實學思想傾向入手，才能提出更周延的解釋。

　　德川日本儒者常同的關鍵詞就是「人倫日用」，[55]德川儒者都有心於體神化不測之妙於人倫日用之間，他們解構宋儒的形上學，而將他們的眼光從天上拉回人間。在德川日本儒者思想中，所謂「仁」不是抽象的朱子式的「心之

52　伊藤仁齋：《語孟字義》，收入《日本倫理彙編》，第 5 冊，古學派の部（中），頁 22；伊藤仁齋：《童子問》，收入《日本倫理彙編》，第 5 冊，古學派の部（中），頁 239。

53　荻生徂徠：《辨名》，「仁」第 1 則，收入《日本倫理彙編》，第 6 冊，古學派の部（下），頁 37。

54　張崑將：《日本德川時代古學派之王道政治論：以伊藤仁齋、荻生徂徠為中心》（臺北：國立臺灣大學出版中心，2004 年），頁 297。

55　尤其是伊藤仁齋最常用「人倫日用」一語，子安宣邦就認為伊藤仁齋的思想是「人倫的世界的思想」，參考子安宣邦：《伊藤仁齋の世界》（東京：ぺりかん社，2004 年），第 2 章，頁 51-85。

德，愛之理」，而是在具體的「愛人」的倫理行動或是政治功業之中展現。[56]

十七世紀以降的日本儒者，深深浸潤在這種具有日本文化特色的「實學」思想氛圍之中，當他們思考中國春秋早期的管仲是否「仁」者這個問題時，他們念茲在茲的「仁」，並不是如朱子學中之抽象的、超時空的形上學概念的「心之德，愛之理」，而是具體的、在時空之中的政治社會經濟作為。當伊藤仁齋與荻生徂徠推崇管仲為「仁」者時，他們想像的是管仲九合諸侯、一匡天下的政治事業，使孔子推崇為「民到于今受其賜」（《論語‧憲問‧18》）。[57]正如伊藤仁齋所說：「其愛出於實心，而利澤及于人，則亦可謂之仁也」，[58]日本儒者所看重的是「利澤及于人」的功業，他們在這個基礎上推崇管仲為「仁」者。此外，松村九山肯定「管仲自有管仲之仁」，與堯舜的「仁之工夫不同」，但也是「仁」。東條一堂也在「愛人」的意義肯定管仲是「仁」者。

值得注意的是，甚至是斥責管仲不是「仁」者的日尾瑜，也是在十七世紀以降日本實學的脈絡中提出他的管仲論，他說：

> 夫仁也者，人也。人各盡其誠，對物無恥之謂。〔……〕孝悌也，忠恕也，慈愛也，禮也，信也，義也，森然羅列乎其中。故一介背其誠，則不得為仁為。是以孔子許仁者，僅不過五六人，其難可以觀也矣。若夫管仲者，曠世之豪傑，一時之英才，無以尚為。然律之先王之法，則鑿矣，其焉得仁？[59]

日尾瑜心目中的「仁」包括孝悌、忠恕、慈愛之禮、信義等，都是具體的德

---

56 山下龍二曾指出：朱子的管仲論近於倫理主義的立場，而荻生徂徠的管仲論則近於政治主義的立場。但是，朱子的倫理主義的《論語》解釋之內涵，卻又有強烈的政治主義的改革目標。見山下龍二：〈朱子‧徂徠的管仲論──倫理主義と政治主義〉，《名古屋學院大學外國語學部論集》創刊號（1990 年 3 月），頁 307-316。

57 朱熹：《論語集注》，收入《四書章句集注》，頁 153。

58 《論語徵》，卷之上，第 54 章，頁 101；第 47 章，頁 99 論管仲亦持同樣看法。

59 日尾荊山：《管仲非仁者辨》，收入《日本儒林叢書》，第 5 卷，頁 1-2。

行。他認為管仲的行止違背了這些德行，所以不能稱為「仁」者。細譯日尾瑜的管仲論述，我們可以發現日尾瑜正是在日本實學的思想脈絡中，衡斷管仲並非「仁」者。

2. 朝鮮儒學的特質與茶山「仁」學的創新

　　十六世紀以後的朝鮮知識分子，也是在實學思想氛圍之中，肯定管仲不死節的生命抉擇。但在進入這個議題之前，我們先宏觀朝鮮儒學的特質。

　　朝鮮儒學在東亞儒學發展的過程中，至少展現以下兩項特質：第一，朝鮮時代儒學影響巨大，近於國家宗教之地位。[60]朝鮮儒學深深浸潤在朱子學的思想傳統之中，十六世紀以降朱子學大師李滉（退溪，1507-1570）、李珥（栗谷），踵其後者則為宋時烈（尤菴，1607-1689）及韓元震（南塘，1682-1751）等思想家，所思考的如「理」、「氣」、「本然之性」與「氣質之質」、「四端」、「七情」、「已發」、「未發」、「人心」、「道心」等均為朱子學中的重要課題。[61]但是，朝鮮儒者在繼承朱子學的基礎之上，另有創新。朝鮮儒學的發展史，應被視為朝鮮建立文化與思想之主體性及其開展之過程，而不應被視為中國儒學在朝鮮的發展。第二，朝鮮儒學是中國儒學與日本儒學發展的中介平臺，發揮重要的橋樑的作用。十七世紀日本儒學的開山祖師藤原惺窩（1561-1619）就深受朝鮮儒者姜沆（1567-1618）的啟發。林羅山（1583-1657）更是通過朝鮮本《延平答問》而進入朱子學的思想世界。山崎闇齋（1618-1682）的朱子學更是與李退溪關係極為密切。[62]

　　總之，在東亞儒學形成與發展的過程之中，朝鮮儒學既深深地浸潤在中國儒學（尤其是朱子學）的思想傳統之中，又因應朝鮮半島的時空情境而進行創

60　參考 Martina Deuchler, *The Confucian Transformation of Korea: A Study of Society and Ideology* (Cambridge, MA and London: Council on East Asian Studies, Harvard University, 1992), pp. 3-27。

61　Cf. Sasoon Yun, *Critical Issues in Neo-Confucian Thought: The Philosophy of Yi T'oegye* (Seoul: Korea University Press, 1990).

62　阿部吉雄：《日本朱子學と朝鮮》（東京：東京大學出版會，1975 年），第 1 編，第 1-2 章，頁 35-238。

造性轉化。正如李退溪編《朱子書節要》〈序〉中所說：「況今生於海東數百載之後，又安可蘄見於彼，而不為之稍加損約，以為用工之地」，[63]朝鮮儒者在吸收中國儒學的同時，致力於建立朝鮮儒學的主體性，並發揮中國儒學與日本儒學之間的橋樑的作用，對日本儒學的發展影響至為巨大。

十八世紀朝鮮大儒丁茶山融合在他之前的東亞儒者的學問（尤其是朱子學），與來自西方的天主教有所接觸，[64]並開創儒學思想的新方向。丁茶山在東亞儒學史上實扮演融舊鑄新、承先啟後的角色。

丁茶山學問門庭寬闊，他與朱熹或其他東亞儒者一樣，都通過重新詮釋歷史經驗或儒家經典而建構自己的思想體系。[65]丁茶山對《易經》、《論語》、《孟子》、《中庸》、《大學》等經典都著有專書，既繼承朱熹四書學的重要遺產，又吸納日本古學派的思想。

丁茶山的「仁」學論述與十八世紀日本儒者的論述互相呼應。丁茶山不能同意朱熹的「性即理」的人性論，他反對朱子將人性區分為「氣質之性」與「本然之性」，主張「言性者必主嗜好而言」。[66]茶山更在人之實存的（existential）具體脈絡之中闡釋「仁」的涵義，他說：

集注曰：仁者，本心之全德。案，仁者，人也，二人為仁，父子而盡其

63　李滉：〈朱子書節要序〉，收入《陶山全書》（首爾：退溪學研究院，1988 年據舊抄樊南本陶山全書影印），第 3 冊，卷 59，頁 259。

64　Don Baker, "Tasan Between Catholicism and Confucianism: A Decade under Suspicion, 1797-1801," *Journal of Tasan Studies* 5 (2004): 55-86. 亦有學者指出：茶山思想中的「天」、「性」與「人」等概念，都呈現某些基督教思想的投影。見 Seoung Nah, "Tasan and Christianity: In Search of a New Order," *The Review of Korean Studies* (The Academy of Korean Studies) 4 (2000): 35-51.

65　Chun-chieh Huang, "The Philosophical Argumentation by Historical Narration in Sung China: The Case of Chu Hsi," in *The New and the Multiple: Sung Senses of the Past*, ed. Thomas H. C. Lee (Hong Kong: Chinese University Press, 2004), pp. 107-120.

66　丁若鏞：《孟子要義·滕文公第三》，卷 5，〈集 2·經集〉，收入《與猶堂全書》，第 4 冊，頁 435。

分則仁也，君臣而盡其分則仁也，夫婦而盡其分則仁也，仁之名必生於
二人之間，近而五教，遠而至於天下萬姓，凡人與人盡其分，斯謂之
仁，故有子曰：孝弟也者，其為仁之本；仁字訓詁，本宜如是
〔……〕。67

丁茶山在上文中主張「仁之名必生於二人之間，〔……〕，凡人與人盡其分，
斯謂之仁」，他翻轉了朱熹以「心之德，愛之理」為「仁」所下的定義，而將
朱子的形而上意義的「仁」，翻轉而成為倫理學的關係意義下的「仁」。茶山
思想中的「仁」的核心尤其在於強調人與人相互之間的（inter-personal）互動
關係。誠如蔡振豐所指出：在丁茶山的「仁」學論述中，作為道德主體的人是
一種「實踐性主體」，也是一種「交互性主體」。68與朱熹比較之下，茶山的
倫理學更為平實，更具有實踐性，而且玄想的成分較少。69

　　丁茶山以「互為主體性」（inter-subjectivity）作為核心的「仁」學新論
述，比德川時代日本儒者的「仁」說更為深刻，更具創新性。70十七世紀日本
的林羅山雖然循朱子的體用說言「仁」，但強調在具體的倫理行為中實踐
「仁」之「用」。71三宅尚齋強調在具體的生活中體驗作為「愛之理」的

67　丁若鏞：《論語古今注‧顏淵第十二》，卷 12，〈集 2‧經集〉，收入《與猶堂全
　　書》，第 5 冊，頁 453-454。茶山又說：「仁者，二人相與也。〔……〕凡二人之間，
　　盡其道者，皆仁也」，均同樣意思。見《論語古今注》，收入《與猶堂全書》，第 5
　　冊，總頁 20。蔡振豐認為丁茶山除了強調主體性外，亦強調主體間性。參看氏著：
　　《朝鮮儒者丁若鏞的四書學：以東亞為視野的討論》，頁 319。

68　蔡振豐：《朝鮮儒者丁若鏞的四書學：以東亞為視野的討論》，頁 122。

69　Seungkoo Jang, "Tasan's Pragmatic View of Ethics," *The Review of Korean Studies* (Seoul:
　　The Academy of Korean Studies) 4 (2000): 19-33.

70　我在這裡所謂「互為主體性」一詞，指在茶山思想中的「父」、「子」、「君」、
　　「臣」均各自是一個具有自主性（autonomy）的獨立個體，而不能化約為相對的「他
　　者」的衍生物或附屬品。

71　《林羅山文集》，卷 67，頁 832。

「仁」。[72]伊藤仁齋批判宋儒「以仁為性」之說，他主張在「用」而不是從「體」中落實「仁」的涵義。[73]十七世紀的伊藤仁齋[74]與十八世紀的豐島豐洲（1737-1814）[75]雖然都撰有以〈仁說〉為題的論文，但都未強調「二人相與」之際的「互為主體性」作為「仁」之本質。[76]

丁茶山的「仁」學論述充滿實學精神，他特別強調：只有在具體而特殊的行為完成之後，才能體會抽象而普遍的價值理念。丁茶山說：

> 仁義禮智之名，成於行事之後，故愛人而後謂之仁；愛人之先，仁之名未立也。善我而後謂之義。善我之先，義之名未立也。賓主拜揖而後禮之名立焉。事物辨明而後智之名立焉。[77]

丁茶山主張所謂「仁」只有在「愛人」的行動完成之後，才可以說是「仁」。他批評「俗儒」只會空談仁義理氣。他認為「真儒之學，本欲治國安民，攘夷狄裕財用，能文能武，無所不當，豈尋章摘句注蟲釋魚，衣逢掖習拜揖而已

72　三宅尚齋：《默識錄》，卷 1，收入《日本倫理彙編》，第 7 冊，朱子學派の部（上），頁 482。

73　伊藤仁齋：《語孟字義》，卷之上，收入《日本倫理彙編》，第 5 冊，古學派の部（中），頁 290。

74　伊藤仁齋：《語孟字義》，頁 60。

75　豐島豐洲：〈仁說〉，收入《日本儒林叢書》，第 6 卷，頁 5。

76　我在紀念丁茶山誕辰 250 週年的 6th International Tasan Studies Conference on Heritage of Humanity: Tasan's Schematics for a Liveable World (sponsored by Tasan Cultural Foundation, Seoul, Korea, July 5, 2012)所作的主題演講中，對以上論點有較詳細之討論，參看 Chun-chieh Huang, "The Role of Tasan Learning in the Making of East Asian Confucianisms: A Twenty-first-century Perspective," *Taiwan Journal of East Asian Studies* 9, no.2 (Issue 18) (December 2012): 153-168，收入 Chun-chieh Huang, *East Asian Confucianisms: Texts in Contexts* (Bielefeld and Taipei: V&R Unipress and National Taiwan University Press, 2014)。

77　丁若鏞：《孟子要義・公孫丑第二》，卷 5，〈集 2・經集〉，收入《與猶堂全書》，第 4 冊，頁 413。

哉？」[78]在這樣的實學思想的立場上，丁茶山主張「管仲之功足以當召忽之仁也」，[79]完全符合他的思想邏輯。

事實上，從十六世紀開始朝鮮儒者的共識就是：管仲的政治事業造福人民，所以不必如召忽之死節，例如十六世紀的金尚憲（字叔度，號清陰，1570-1652）有詩云：「沐沐薰薰日幾三，高俁治績判無堪。百年民受皆君賜，地下應逢子糾慙」，[80]他尊敬管仲的是「民到于今受其賜」的政治功業，所以正如李珥所說「管仲之事，不亦稍優於召忽之死乎？」[81]

總之，日韓儒者的主流意見都肯定管仲之行為，可稱為「仁」者。[82]相對而言，如果說日本儒者比較傾向於「一度空間的」社會倫理意義下的「人倫日用」說「仁」，那麼，朝鮮儒者既重視「多度空間的」互為主體性，而且強調注重行為結果的實學立場。

3. 日本儒者管仲論中的道德責任問題

包括日本儒者在內的東亞儒者的管仲論，觸及一個倫理學問題：管仲原是公子糾之臣下，公子糾被小白（即齊桓公）所殺，[83]管仲不但未能如召忽自殺

78　丁若鏞：《茶山詩文集》，卷 12，〈俗儒論〉，收入《韓國文集叢刊》，第 281 輯，頁 253c-d。

79　丁若鏞：《論語古今注》附見《論語對策》，收入《與猶堂全書》，第 6 冊，總頁 245。

80　金尚憲：《清陰集》，卷 9，《朝天錄》，〈過管仲墓〉，收入《韓國文集叢刊》，第 77 輯。

81　李珥：《栗谷全書》，卷 32，〈語錄〉，收入《韓國文集叢刊》，第 45 輯，頁 270b。

82　不僅日韓儒者持論如此，十八世紀越南學者范阮攸（1739-1786）著《論語愚按》（臺北：國立臺灣大學出版中心，2011 年景印本），也主張管仲「有仁者之功」，參看蔣秋華：〈范阮攸《論語愚按》析論——以對管仲的批評為例〉（待刊文稿）。

83　關於桓公與公子糾孰兄孰弟，歷來學者爭議甚多，程、朱皆以桓公為兄，公子糾為弟；清初儒者顧炎武（1613-1682）《日知錄》〈管仲不死子糾〉條（見顧炎武著、黃汝成集釋：《日知錄集釋》〔長沙：岳麓書社，1994 年〕，卷 7，頁 245-246）及毛奇齡（1623-1716）《四書改錯》（卷 1）均不從此說。韓儒丁茶山更考證桓公為弟，公子糾為兄，茶山所著《論語古今注》卷 7（頁 49-50）中有詳細考證。

殉節，反而輔佐齊桓公成就霸業。依據「份位原則」，[84]管仲之職份既係公子糾之舊臣，在公子糾被小白（後來的齊桓公）所殺之後，依據春秋時代的政治倫理應死節以顯其「忠」。但是，依「行事原則」，管仲如果為了更高的價值理念──「九合諸侯，一匡天下」，使「民到于今受其賜」，則可以權宜本末輕重而不死並服事齊桓公。前一項抉擇略近於所謂「道義倫理」，後一種選擇略近於「功利倫理」。雖然「道義倫理」與「功利倫理」的區分可能容易落入二分法的窠臼，但是，許多推崇管仲是「仁」者的日本儒者，確實是傾向於「功利倫理學」的立場，他們認為雖然管仲在齊桓公殺公子糾而即位後，未能自殺殉節，反而輔佐桓公，但是管仲的政治功業卻使「民到于今受其賜」，所以可稱為「仁」者。[85]日本及朝鮮儒者不太關心管仲作為公子糾之臣的職份應自殺而彰顯「忠」之倫理這件事，他們也不太關心管仲採取不死節之行為時，是否存心良善並以天下蒼生為念，他們更關心的是管仲的行為所產生的實質後果。李明輝（1953-）曾區分「功效倫理學」與「存心倫理學」說：

> 功效倫理學主張：一個行為的道德價值之最後判準在於該行為所產生或可能產生的後果；反之，存心倫理學則堅持：我們判定一個行為之道德意義時所根據的主要判準，並非該行為所產生或可能產生的後果，而是

84　我所謂「行事原則」是指以道德行為本身之價值為最終目的之原則；相對而言，「份位原則」則是指在人際互動的關係網絡中，當事者在其職份或地位上必須採取某種與其職份對應的行動之原則。參看黃俊傑、吳光明：〈古代中國人的價值觀：價值取向的衝突及其消解〉，收入沈清松編：《中國人的價值觀──人文學觀點》（臺北：桂冠圖書公司，1993 年），頁 5。

85　這裡應說明的是，我認為日本儒者寬容管仲不死君難並推尊管仲事功，故對「仁」的解釋有「功效倫理學」的傾向，但這僅是針對古學派或朱子學派的儒者立論而言。事實上在江戶知識社群之中，因為學習儒業者大多出身武士，忠君倫理深入內心，所以德川幕府雖然禁止為藩主殉死之風，但亦不乏殉死之事件，可見儒學的學問在武士的國度裡，在「忠」與「仁」之間確實存有相當多元而且緊張的關係。上述意見係張崑將教授提示，謹申謝意。

行為主體之存心。[86]

採取上述定義，我們可以說：日韓儒者正是在「功效倫理學」的立場上主張管仲應被視為「仁」者。

但是，日韓儒者的管仲論卻又涉及一個問題：管仲不死節之行為之所以被接受，是基於這是管仲自己無私之心的判斷之後所採取的行動。舉例言之，伊藤仁齋肯定「若管仲，雖未見其事全當理，而心果無私」，[87]仁齋的說法很可以與北宋大儒程頤（伊川，1033-1107）的意見互相發明。程頤說：

> 與人同事而死之，理也。知始事之為非而改之，義也。召忽之死，正也。管仲之不死，權其宜，可以無死也。故仲尼稱之曰如其仁、謂其有仁之功也。[88]

依據伊藤仁齋與程頤的說法，如果管仲自我反省「心果無私」，或者確實有「一匡之才」，[89]就可以「權其宜」，死或不死均無不可，[90]如此，則歷史人物（如管仲）之行為將因各自之自主意志或自由心證而有不同的抉擇，如此一來，歷史人物的責任將完全成為「唯我論」而使「責任的普遍論」成為不可

---

86 李明輝：〈孟子王霸之辨重探〉，《孟子重探》（臺北：聯經出版事業公司，2001年），引文見頁47。

87 伊藤仁齋：《童子問》，卷之上，收入《日本倫理彙編》，第 5 冊，古學派の部（中），頁 100。

88 程顥、程頤：《河南程氏遺書》，卷 22 上，〈伊川先生語八〉，收入《二程集》（北京：中華書局，2004 年），頁 284-285。

89 這是朝鮮的英祖所提出的問題，英祖讀《論語》至管仲不死章問曰：「管仲有一匡之才，則不死可也，否則處義當如何？」見《英祖實錄》，卷 3，1 年（1725 年，乙巳，清雍正 3 年）1 月 28 日（丁卯），收入《朝鮮王朝實錄》，第 41 冊，頁 468。

90 朱熹引程子曰：「桓公，兄也；子糾，弟也。仲私於所事，輔之以爭國，非義也。桓公殺之雖過，而糾之死實當。仲始與之同謀，遂與之同死，可也；知輔之爭為不義，將自免以圖後功亦可也。〔……〕」見朱熹：《四書章句集注》，頁 153。

能。這是日本儒者的管仲論激發我們思考的倫理學問題。

四、日本儒者管仲論中的「王道」與「霸道」：
道德與功利孰先？

　　德川日本儒者的管仲論所觸及的另一個重大課題，就是「王道」與「霸道」的分野問題。張崑將對日本古學派的王道政治論，已有精詳論述，[91]我不必再重複。我在本節中想扣緊日本儒者管仲論所涉的「王霸論」中的兩個問題加以析論，並取之而與中國儒者意見互作比較。

（一）功效倫理學的立場

　　正如本文第三節業已指出者，德川日本儒者之所以稱許管仲為「仁」者，主要是著眼於管仲的濟世安民之功。日本儒者所採取的是一種「功效倫理學」而不是「存心倫理學」的立場。伊藤仁齋曾解釋何以孔子不輕以「仁」許其弟子，卻稱管仲為「如其仁」，他說：

> 蓋仁大德也，非慈愛之心頃刻不忘，則固不可許，而濟世安民之功，能被于天下後世，則亦可以謂之仁矣。故孟子以伯夷、伊尹、柳下惠，君於百里之地，皆能朝諸侯，有天下為仁，是也。此所以雖高弟弟子，不許其仁，而反於仲許之歟！[92]

仁齋推崇管仲有「濟世安民之功」所以是「仁」者，完全是在日本實學思想氛圍中，在社會政治經濟脈絡中衡斷「仁」之內涵。也正是在日本實學思想語境

91　參張崑將：《日本德川時代古學派之王道政治論：以伊藤仁齋、荻生徂徠為中心》，頁297。

92　伊藤仁齋：《論語古義》，收入《日本名家四書註釋全書》，論語部1，卷7，頁211-212。

之中，仁齋斷定管仲雖有「實材」但於「實德」尚有一間未達，誠如張崑將所說：「仁齋論王道乃就『實德』的成效而言，無關乎個人的道德修養，故推尊管仲之事功，是極自然之結果。」[93]

　　伊藤仁齋並不關心管仲在決定不死節之時的存心是否良善，他以管仲所成就的外在事功作為評判是否符合「仁」之標準。逮乎十八世紀，荻生徂徠更是完全從現實政治角度衡斷管仲，因為徂徠主張「非離禮樂刑政別有所謂道者也」。[94]徂徠雖然批判宋儒「各立門戶設宗旨，以己所見強之孔門諸賢」，[95]實際上徂徠自己對孔學所進行的政治性解讀，也是極其旗幟鮮明！

　　仁齋與徂徠所採取的「功效倫理學」立場，可以說與中國宋代以降的功利學派思想人物如李覯（泰伯，1009-1059）、王安石（介甫，1021-1086）一脈相承，[96]遙相呼應。日本儒者的「功效倫理學」傾向，使他們認為「王」與「霸」並非對立之敵體。我們接著分析日本儒者管仲論中的「王霸同質論」。

（二）王霸同質論

　　日本儒者的管仲論所觸及的「王道」與「霸道」，是中國古代政治思想史的舊課題。根據羅根澤考證，「王」之名始見於西周時代，「霸」則始見於春

93　張崑將：《日本德川時代古學派之王道政治論：以伊藤仁齋、荻生徂徠為中心》，頁153。

94　荻生徂徠：《辨道》，上冊，第7條，收入《荻生徂徠》，《日本思想大系》（東京：岩波書店，1982年），第36卷，頁202上。關於荻生徂徠的《辨道》的哲學內涵，討論最為簡捷清晰的是：John A. Tucker, "The *Bendō* and *Benmei* as Philosophical Dictionary," in *Ogyū Sorai's Philosophical Masterworks: The Bendō and Benmei*, ed. and trans. John A. Tucker (Honolulu: University of Hawai'i Press, 2006), Chap. 1, pp. 3-45. 關於徂徠的「道」的概念，參看此文頁19-21。

95　荻生徂徠：《論語徵》，收入《日本名家四書註釋全書》，論語部5，癸，頁349。

96　蕭公權（1897-1981）曾說宋元時代「三百餘年中之政治思想可分為理學與『功利』之二大派。前者承唐代學術之餘緒而光大之，後者懲國勢之積弱而思振救之。二者均依傍孔氏而皆不守秦漢師法。」見蕭公權：《中國政治思想史》（臺北：聯經出版事業公司，1982年），上冊，頁479。

秋時代，到了戰國中葉以後才出現「王政」、「霸政」之分野。在古代中國政
治思想史中，「春秋以至戰國之初，霸字祇謂勢為諸侯之長。及孟子始用為政
治名詞，以王表仁，以霸表力。荀子繼之，無大差異。惟孟則是王非霸，荀僅
大王小霸。韓非呂子以法與勢言霸王，而王霸之政無殊。」[97]「王霸之別」這
個問題到了公元第十世紀北宋以後，隨著《春秋》學的復興，宋儒特重尊王攘
夷之義，[98]而將「王霸之別」這個問題推向新的高峰，成為宋儒爭辯的焦點。
孟子高標「王霸異質論」，引起宋儒爭辯。我在舊作中曾指出：贊成與反對孟
子王霸異質論的宋儒雙方，是理想主義與現實主義的對立，前者高標「三代」
作為論政的標準，後者則以「三代」與秦、漢、隋唐無別。而且，宋代贊成孟
子尊王黜霸說者多半主張尊君，而反對者則多主張君臣相對論。[99]

　　正如中國宋儒之反對孟子尊王黜霸說者一樣，日本採取「功效倫理學」立
場而尊管仲為「仁」者的儒者，也主張「王霸同質論」。張崑將的研究指出，
伊藤仁齋思想中的「王」者具有與民同憂樂、尚儉、制民之產先於禮樂制度、
法天地以為德，以及不必「居天子位為王」而能行仁政等條件。仁齋正是在能
「行仁政」的政治功業的基礎上，推許管仲為「仁」者。仁齋肯定孟子的

---

[97] 羅根澤：〈古代政治學中之皇帝王霸〉，《管子探源》，頁 247-271，引文見 261。關
　　於中國政治思想史上「王」與「霸」概念的演變，參考 Sydney Rosen, "Changing
　　Conception of the Hegemon in Pre-Ch'in China," in *Ancient China: Studies in Early
　　Civilization*, ed. David T. Roy and Tsuen-hsuin Tsien (Hong Kong: Chinese University Press,
　　1978), pp. 99-114, esp. pp. 111-114；日原利國：〈王道から霸道への轉換〉，收入木村
　　英一博士頌壽紀念事業會編：《中國哲學史の展望と摸索》（東京：創文社，1976 年），
　　頁 57-175；此文有中譯本：范月嬌譯：〈王道到霸道的轉換衍變〉，收入余崇生、范
　　月嬌編：《日本漢學論文集》（一）（臺北：文史哲出版社，1985 年），頁 39-55。

[98] 牟潤孫：〈兩宋春秋學之主流〉，收入《宋史研究集》（臺北：中華叢書編審委員會，
　　1966 年），第 3 輯，頁 103-121；陳慶新：〈宋儒春秋尊王要義的發微與其政治思
　　想〉，《新亞學報》第 10 卷第 1 期（上冊）（1971 年 12 月），頁 269-368；並參考
　　Alan T. Wood, *Limits to Autocracy: From Sung Neo-Confucianism to a Doctrine of Political
　　Rights in China* (Honolulu: University of Hawai'i Press, 1995).

[99] 黃俊傑：《孟學思想史論（卷二）》（臺北：中央研究院中國文哲研究所，1997
　　年），頁 148。

「王」與「霸」確有其差異，「王」者以德為本，養民如子，「霸」者以法為本以治民，[100]但仁齋重外王事業而輕內聖修為，他推崇管仲「濟世安民之功，能被于天下後世，則亦可以謂之仁矣」，[101]已隱寓「王」與「霸」非不相容。仁齋傾向於主張形式上的「王」與「霸」並不重要，最關鍵的是施政是否福國利民，所以仁齋在 65 歲時撰〈孟子勸諸侯行王道論〉，闡發「王者」不必「踐天位」之理念。[102]仁齋更明白主張中國戰國時代的霸主如齊、梁之君，秦楚之王，均可成為「王」者。仁齋說：

> 苟能行仁政，而得天下之心焉，則雖為諸侯，皆可以稱為王者也。〔……〕孟子不必以踐天位為王，而苟行仁政，則秦楚二王，亦皆可以稱王者也。[103]

仁齋的論點是明確的「王霸同質論」。十七世紀的荻生徂徠更進一步指出：所謂「王」與「霸」「其所以異者，時與位耳，當春秋時，豈有所謂霸道哉，使孔子見用於時，亦必為管仲也。」[104]徂徠弟子太宰春台（1680-1747）也說：「王天下之謂王，長諸侯之謂伯，所事大小之異耳，非有二道也。〔……〕不能伯，未有能王者也。」[105]

　　仁齋與徂徠評論管仲功業時，所主張的「王霸同質論」實與中國北宋以降的功利學派所謂的「王霸同質論」一脈相承。李覯說：

---

100 伊藤仁齋：《語孟字義》，收入《日本倫理彙編》，第 5 冊，古學派の部（中），卷之下，頁 64-65。

101 張崑將：《日本德川時代古學派之王道政治論：以伊藤仁齋、荻生徂徠為中心》，頁 153。

102 伊藤仁齋：〈孟子勸諸侯行王道論〉，收入《古學先生文集》（東京：ぺりかん社，1984 年），卷 2，頁 51。

103 伊藤仁齋：《孟子古義》，收入《日本名家四書註釋全書》，孟子部 1，頁 7-8。

104 荻生徂徠：《辨名》，「王霸」，收入《日本倫理彙編》，第 6 冊，古學派の部（下），頁 118。

105 太宰春台：《孟子論》上，收入《日本儒林叢書》，第 4 卷，頁 19。

> 皇帝王霸者,其人之號,非其道之目也。〔……〕霸,諸侯之號也。霸之為言,伯也,所以長諸侯也。〔……〕所謂王道,則有之矣,安天下也。所謂霸道,則有之矣,尊京師也。[106]

李覯認為所謂「王」與「霸」只是形式上的名號,兩者並非水火不容,而是「西伯霸而粹,桓、文霸而駁也」,[107]所以,李覯說:「管仲之相齊桓公,是霸也。外攘戎狄,內尊京師,較之於今何如?」[108]也正是在「功效倫理學」的立場上,王安石說:「仁義禮信、天下之達道而王霸之所同也。」[109]李覯與王安石的「王霸同質論」,與伊藤仁齋與荻生徂徠的「王霸同質論」前後呼應,為管仲之為「仁」者的論述提供了政治理論的基礎。

　　從本節的分析,我們發現在日本儒者的管仲論中,哲學立場上的「功效倫理學」與政治理論上的「王霸同質論」互為補強,不可分割,使日本儒者推崇管仲為「仁」者的說法,取得紮實的理論依據。

五、結論

　　本文在東亞的宏觀視野中,探討德川日本儒者的孟子論述中所觸及的管仲論及其相關問題。從日本儒者激烈爭論中國春秋時代政治家管仲的政治事業是否可以稱為「仁」者,我們可以肯定:東亞儒家人文精神傳統的各個組成元素,如身心一如、自他圓融、天人和諧及歷史意識之中,實以歷史意識最為重要。[110]包括日本儒者在內的東亞儒家學者,都深深浸潤在孔子所說的「述而

---

[106] 李覯:〈常語〉下,第 1 條,卷 34,收入《李覯集》(北京:中華書局,1981 年),頁 372。

[107] 同前注,〈常語〉下,第 2 條,頁 373。

[108] 同前注,附錄 1,佚文,〈常語〉,頁 512-513。

[109] 王安石:〈王霸論〉,收入《臨川先生文集》(四部叢刊初編縮本),卷 67,頁 430 上。

[110] 我在拙著中詳論東亞人文精神,參看 Chun-chieh Huang, *Humanism in East Asian*

不作，信而好古」的精神氛圍之中，夏、商、周「三代」是他們思想中的理想家園，堯、舜、禹、湯、孔、孟是他們效法的典範人物。孔子與孟子對管仲其人其事評價互異，引起日本儒者的關心而成為他們思考管仲問題的出發點。雖然管仲這個議題之所以獲得日本儒者的注意，乃因孔孟之議論而起，但是，如果不是東亞各國儒者都長期浸潤在深厚的歷史意識之中，管仲這個歷史人物就不可能在東亞儒學史上持續成為爭辯的議題，並激發新的思想。

管仲其人其事之所以獲得日本儒者特別的關注，除了因為管仲史事觸及東亞儒者共同關心的「管仲是否仁者」以及「王道與霸道的差別」等課題之外，更觸及德川日本封建體制中的忠誠與反逆這個最敏感的政治議題。德川日本儒者雖然不像中國或朝鮮儒者一樣地分享政治權力，[111]但儒學在德川日本已「成為日本近世社會的市井之學，成為任何人都能夠親近的學問」，[112]作為德川日本社會的公共知識分子，他們心魂所繫，仍在淑世、經世，他們仍企盼通過「自我」的轉化而啟動世界的轉化。雖然他們的德治思想與德川政權的暴力本質格格不入，但是，他們的眼光仍深深地被管仲的政治功業所吸引。

根據本文的分析，德川日本儒者的主流意見大多不能接受孟子對管仲的鄙視，他們多半肯定管仲可稱為一位「仁」者。雖然表面上看來，日本儒者順著孔子稱許管仲「如其仁」的意見而提出論述，但是，他們心目中的「仁」之內涵卻具有德川實學思想的特質。日本儒者採取以「愛」言「仁」的思想，他們都拒斥朱子之以「理」言「仁」的宋學道路，他們反對將「人倫日用」的倫理

Confucian Contexts (Bielefeld, Germany: Transcript Verlag, 2010)，尤其是第 5 章 "Historical Consciousness," pp. 81-96.

111 參考 Hiroshi Watanabe, "Jusha, Literati and Yangban: Confucianists in Japan, China and Korea," in *Japanese Civilization in Modern World V: Culturedness*, ed. Tadao Umesao, Catherine C. Lewis and Yasuyuki Kurita (*Senri Ethnological Studies* 28) (Osaka: National Museum of Ethnology, 1990), pp. 13-30；渡邊浩：〈儒者・讀書人・兩班——儒學的「教養人」の存在形態〉，《東アジアの王權と思想》（東京：東京大學出版會，1997 年），頁 115-141。

112 子安宣邦著，陳瑋芬譯：〈朱子學與近代日本的形成〉，收入黃俊傑、林維杰編：《東亞朱子學的同調與異趣》（臺北：國立臺灣大學出版中心，2006 年），引文見頁 160。

學建立在形上學或宇宙論的基礎之上，他們在政治社會經濟脈絡中重新詮釋孔門「仁」學的涵義。日本儒者主張管仲的政治事業造福人民如孔子所說「民到于今受其賜」，所以符合「仁」者的標準。他們認為管仲不死節的抉擇雖有道德上的瑕疵，但是「過程」的不圓滿卻不妨礙「結果」之福國利民。德川日本儒者的管仲論，呈現他們傾向於「功效倫理學」而不是「存心倫理學」的哲學立場。朝鮮儒者的管仲論基本上也是傾向於「功效倫理學」的立場。

　　更進一層來看，日本儒者雖然肯定管仲是一位「仁」者，但是他們也都同意管仲所施行的是霸術而非王道。他們傾向於主張「霸者」可以成為「仁者」，這是因為他們就像宋代中國的李覯、王安石、陳亮（同甫，1143-1194）或葉適（水心，1150-1223）一樣，採取「王霸同質論」的立場，他們認為「王道」與「霸道」並非絕不相容之兩極，兩者之差異在數量而不在本質。日本儒者的管仲論中所顯示的「王霸同質論」，也部分地透露了德川日本實學思想的特質。

「國語」、「漢語」、以及「日本語」──近代日本的語言論述

陳瑋芬[*]

一、前言

　　首先必須先將文中討論的「國語」、「漢語」、「日本語」、以及「和語」、「大和語」等詞，主觀地界定為日本文化中使用的語言。其中，作為探討重點的「國語」、「漢語」，和「日本語」三者，則都是在近代日本出現，且在兩次大戰之間引發廣泛討論的詞彙，深刻地涉及本土性與外來性、自我及他者、內與外、東方思維與西方哲學等對比概念。

　　作為本文論述基礎，在此得先不避繁瑣，按今昔辭典的定義，對各語詞涵義分別進行辨別。

　　「漢語」大抵被認知為「中國的語言」，但在二次大戰前後出版的辭典與近十數年來出版的辭典，釋義出現微妙的不同。早期的《大言海》將「漢語」解釋為「支那的語言」；[1]《大漢和辭典》也引庾信〈奉和法筵應詔詩〉的「佛影胡人記，經文漢語翻」和白居易〈縛戎人〉的「遊騎不聽能漢語，將軍遂縛作蕃生」來解釋作「中國本土的語言」。[2]而當今習用的《廣辭苑》除了

＊　中央研究院中國文哲研究所副研究員
1　大槻文彥編：《大言海》（東京：富山房，1932-1937年），第一卷下冊，頁706。
2　諸橋轍次編：《大漢和辭典》（東京：大修館書店，1958年），頁7163。

「漢民族的語言、中國語」外，尚立一解「由漢字音組成的語言」；《岩波國語辭典》則解釋為「昔日，由中國傳來而成為日語的語詞。廣而言之，用漢字組合的音讀的語詞」。[3]《日本國語大辭典》對於「漢語」的說明有三：1）漢民族的語言、中國的標準語、中國語，如《續日本紀・天平二年三月辛亥》：「仰粟田朝臣馬養，（略）文元貞等五人各取弟子二人令習漢語。」；2）同「漢音」，如《性靈集四・為藤大夫啟一首》（約八三五年）「貸恩波於涸鱗，賜德花乎窮翼。則漢語易詠，吳音誰難。」；3）與和語相對，以漢音、吳音等漢字字音讀取的語言。[4]換句話說，除了「中國的語言」外，「漢語」和現代產生新的釋義，也就是日語當中可以溯源為中國的詞彙，或者說，日語中文字結構和語音方面，可以辨明是源自於中國之漢字或讀音的詞彙，也是「漢語」。

　　「和語」的概念是受到「漢語」概念的成立所促成。上述的定義，皆將「和語、倭語」對比於「漢語」，以視為日本固有之語言；[5]《岩波國語辭典》亦然，並說：「相對於漢語或者來自西洋的外來語，和語是日本固有的單詞。」[6]《日本國語大辭典》以三點說明道：1）相對於外國語而言，指日本的國語即日本語，該詞彙也包含了漢語等外來要素，如《靈異記上・二八》「吾乃聖朝人，道照法師（略）至新羅，於其山中講《法花經》，時虎眾中有人，以倭語舉問」；《西洋聞見錄・村田文夫後・四》（1869-1871）：「洋人習和語大苦，如邦人解洋語能語、作文，亦未嘗有之」。2）相對於漢語、外來語等外來語言，意指日本固有的語言，如「人（ひと）」「有（あり）」「豐（ゆたか）」等。3）和歌、大和歌，如《明衡往來》（十一世紀中葉）「聊慰愁緒耳，就中倭語雖無其能，稟外威之風所嚐思給也」。[7]簡言之，《日本

3　西尾實、岩淵悅太郎編：《岩波國語辭典》（東京：岩波書店，1963年），頁197。

4　日本國語大辭典第二版編集委員會、小學館國語辭典編集部編：《日本國大辭典》（第2版，東京：小學館，2003年），頁1260。

5　新村出：《廣辭苑》（第4版，東京：岩波書店，1995年），頁2755。

6　西尾實、岩淵悅太郎編：《岩波國語辭典》，頁1083。

7　日本國語大辭典第二版編集委員會、小學館國語辭典編集部編：《日本國語大辭典》，

國語大辭典》是企圖把「和語、倭語」對比於「外國語言」以及「外來語言」，以更精確地界定「和語、倭語」。

　　「國語」和「日本語」是有相關性的，《大漢和辭典》解釋「國語」為1）該國固有的語言，如《唐書・選舉志》：「閒習時務策，讀《國語》、《說文》、《字林》、《三蒼》、《爾雅》。」2）遼、金、元統治中國本土時，各民族原有的語言，如《遼史・國語解》：「故史之所載，官制、宮衛、部族、地理，率以國語為之稱號，不有註釋以辨之，則世何從而知，後何從而考哉？」3）日本國固有之語言，日本語。4）史書名。[8]就「一國的公用語、公定語」以及「日本語別稱」二解而言，《廣辭苑》的釋義一樣，唯不包含上述第二種解釋。《日本國語大辭典》則比較詳盡地指出「國語」是：1）某一國內的共通語或公用語。亦指以構成該國國民主流的民族在發展至今的歷史中所使用的語言，包括方言。如《解體新書》（1774）：「凡有物必有羅甸與國語，今所直譯，悉用和蘭國語也。」；《蕣錄上・考例》（1809）：「蓋西洋諸國各有其國語，非其國則不行。獨羅甸語通西洋諸國行之，亦猶此邦所謂漢文也。」；《明六雜誌》二十五號〈知說五〉（1874）：「凡於歐洲有志於學者，無不學習數國國家之國語。」（西周）。2）在日本特別指日本語，如《明六雜誌》一號〈以洋字書寫國語論〉（1874）：「今若以洋字書寫和語，不知其利害得失之結果為何（略）童蒙初學應以國語為先，其次通曉一般事物之名與理後，才能學習各國的語言」。3）不依靠借用的日本固有語言，與漢語、外來語相對。4）學校教育之科目，講授日本的語言及語言文化，與「漢文」相對又並稱，有時也涵蓋漢文。

　　關於「日本語」，《日本國語大辭典》[9]解釋為「日本國的國語」，除日本本土外，旅居海外的日本人也能用來溝通的語言。並進一步說明「日本語」

第 8 卷，頁 502。

8　諸橋轍次：《大漢和辭典》，頁 2351。

9　日本國語大辭典第二版編集委員會、小學館國語辭典編集部編：《日本國語大辭典》，頁 497。

的語言起源有二：1）與「國語」、「邦語」相同，一般都是從近世後期左右開始被使用，到幕末－明治初期時逐漸成熟。當時兩者主要的差別在於「國語」、「邦語」是日本國內的稱呼，「日本語」則是對外的稱呼。2）明治中期以後，國家意識濃厚地反映在「國語」上，「邦語」一詞逐漸少見，「國語」和「日本語」併用的情況，延續至今。

由上述所歸納的釋義中，我們應該可以窺見近代日本語言論述之端倪。首先，基於在日語詞彙中區別「來自中國的」（外來性）和「日本原有的」（本土性）的意圖，建立了「漢語」的概念，可以說「漢語」的概念是在關心本國固有語言的觀點上構造出來的。而將「漢語」詞彙區別出來的觀點，又奇妙地辨別出本國語言中的「和語」這一固有詞彙來。明治時期，為了對應由西方傳入的新概念、新詞彙，大量使用漢字創作新詞、翻譯詞。這些使用漢字的新造詞，在近代日本不斷地產生，以便因應西洋學術的交流過程中，以片假名表記的外來語數量之暴增。從政治、經濟、科學、哲學，到深繫我們的思考模式的詞彙，如「主觀」、「客觀」、「抽象」、「具象」、「概念」、「命題」、「定義」、「認識」、「現象」等，分別對應著西洋詞彙，差不多是在明治十年左右確立的翻譯詞語。這裡我們可以觀察到西方哲學與東方思維之間，如何透過詞彙來進行比附和聯繫。

至於「國語」和「日本語」，月刊《日本語論》[10]所編纂的「『國語』或『日本語』？」特集曾經有敏銳的分析，指出：「國語」是「日本國家」的語言，而「日本語」是「日本民族」的語言。更有學者將日本近現代史中「國語／日本語」的使用區分為：前者主要見於「佔領臺灣及合併韓國之際」，而後者則主要見於「滿州事變後、建設大東亞共榮圈之際」。他認為前者面對了如何定位「國語」，以令被殖民地區，使用不同母語的異民族接受的問題；而後者則是面對如何在「東亞共榮圈」內，將日本語普及成為共通用語的問題，這基本上與近代日本如何認知和定義「內－外」一事息息相關。

---

10 《日本語論》（東京：山本書房，1994 年）第 2 卷第 6 號。其實《日本語論》的刊名本身，便敏感地反映了當時的潮流。

　　早在 1930 年代，平井昌夫（1908-1996）便指出「國語、國字」等問題是「日本民族命定的問題」。他說：

> 我們知道日語和支那語無論在形態上還是在系統上都是截然無關的語言。這無關的兩種語言因地域上的鄰近，發生了最為密切的接觸。可以說發生這許多困難，也是理所必然的事情了。而且，因為接觸的當時，日語沒有與之相對應的表記方法，即文字，故而困難得到造成了異常特殊的發展。因此，國語、國字成了日本民族命定的問題。[11]

這位知名的語言學家在戰前便注意到「國語」、「漢語」的問題，開始著手在「系統與特徵完全不同的國語和支那語之命定接觸」方面，尋找產生國語、國字問題的癥結。他藉助日語系統論上比較語言學的理論，強調「日語和漢語根本不存在類似」的異質性，並以這樣的異質性為前提，將來自不同語言之間的交涉過程中出現的問題視為「日本民族命定的問題」來重新審思。

　　八十多年來，學界持續關注這個問題。由一個「外」國人的角度思考這個「日本民族命定的問題」，本文擬以「國語」為軸心，「言靈」、「漢語」、「日本語」等概念為緊密相隨的副線，著眼於本土性與外來性、自我及他者、東方思維與西方哲學等對比概念，來呈現「近代國民國家」日本如何在政治及文化的語境中詮釋「國語」、「和語」、「漢語」、「日本語」等語彙，這樣的詮釋過程，如何反映在近代日本的國家型態中，以及如何與其帝國主義的擴張互為映襯。

11　賴阿佐夫（平井昌夫之筆名）：《國語‧國字問題》（東京：三笠書房，1938 年），他另著有《國語國字問題の歷史》（東京：昭森社，1948 年）。

二、與「言靈」相繫的「國語」

日本人自古便以「言靈福澤之國（言靈の幸ふ[12]國）」自詡。為何使用「言靈」這麼充滿宗教性、形而上的詞彙來形容由人類所創造、自國的語言呢？語言本身，應當是具備社會性、制度性的，它傳達出人類的思考內容，又為什麼會與信仰、神靈有關呢？直接的聯想是，這也許和古代的日本人素樸地對於自然現象產生敬畏，認為自然界萬物皆具神性、皆可崇拜的想法有關，遂表達出對語言魔力的敬畏，並讚賞語言之為超越性的存在。或者也和古代舉行祭典或進行民間儀禮時誦唱的各種祝詞中，強調人與神的聯繫有關。這種對語言的使命感，可能衍生出「言靈」的聯想，肯認語言本身具備的靈力。

然而，1942 年「東亞共榮圈」的論調甚囂塵上，「日本語教育振興會」的理事大志萬準治發表了〈興亞與日本語〉一文，引用明治天皇「御製」的短歌：「能窺清澈之心者，語言之靈光也」，說明「言靈」的意義道：

> 吾人將祖先所傳承的語言視為言靈，尊之敬之。日本乃蒙受言靈福惠的幸運之國，吾人不僅真誠感恩，亦體認到此福惠與吾國國體之間，有密不可分的關係。日本人今天更毫無保留地維護日本語……更透過言靈，朝向創造大東亞新文化的目標，堅定邁進。[13]

按照他的解釋，「言靈」是「與國體密不可分」的，也被賦予「創造大東亞新文化」的概念，成為帶有政治性意義的詞彙。

類似的說法也出現在文部省圖書監修官竹下直之的論文中。他引用本居宣長（1730-1801）的文字，[14]強調「言靈」的信仰就是日本「國民思想之本

12　幸ふ：さきはふ，古語。使之豐盛、使之繁榮、賜予恩澤之意。

13　大志萬準治：〈興亞と日本語〉（卷頭言），《日本語》2 卷 11 期（1942 年 11 月）。

14　本居宣長：「まず大かた人は、言と事と心と、そのさま大抵相かなひて似たる物にて。言と事と心とは其さま相かなへるものなれば、後世にして、古の人の思へる心、なせる事を知りて、その世の有さまを、まさしくしるべきことは、古言、古歌にある

質」，而詞彙與國民思想之間的聯繫，也依據言靈：

> 我國之國語把事或言都讀作「コト」，兩者之間沒有任何區別。語言是
> 一種「コト」，語言所描述的內容同樣也是「コト」。……我國國民思
> 想的本質，可以由這兩者無從區分的現實來求得。如果把「コト」的真
> 實部分稱之為「マコト」，那麼，客觀的「マコト」、內心的「マコ
> ト」、以及語言的「マコト」三者將合而為一，無法加以分析，只能直
> 觀地把握。言靈是幸運之物。就其本質而論，言與事的關係是一體不可
> 分、相互配合，這正是我國國語的特色。[15]

竹下認為「言靈」體現了日本語言的特徵，同時也重新詮釋本居宣長之語，試
圖證明日本人透過語言，把說話的主體和描述的對象合而為一。他將「言靈」
直接連繫到「國民思想之本質」，指出詞彙超越了時空的界線，與人類這個認
識主體之間沒有隔閡。但是這樣的說法不斷受到各種意識型態的影響，成為
「必須通過國語（日語）的洗禮才能成為日本人」論調的根據，甚而進一步把
「國語」（日語）神格化，與「皇道」論、「國體」論緊密結合在一起。他
說：

> 我日本的語言深刻地反映了日本的民族性、道義感、與世界觀。言靈便
> 是由此衍生的幸運物。就這個意義而言，語言是一種帶有道德性的產
> 物，展現其世界觀，並發揮影響。[16]

這一段文字中的「言靈」似乎已經偏離本來的意義，失去了對語言本具的魔
力、神秘性而存在的敬畏之心，轉變為迎合時局而衍生的「世界觀」、「道義

也。」（うひ山ふみ）。

15　竹下直之：〈言語の道義性〉，《日本語》2 卷 11 期（1942 年 11 月），頁 8。

16　同前注，頁 9。

性」等意義，和「國體」、「國民國家」、「國語」等討論產生聯繫。

　　已經有學者指出，儘管中世、近世的日本人曾經藉由「言靈」的觀點來認知詞彙，以及人類與語言、語言與客觀性之間的關係，但這是國民國家（民族國家）成立以前的事，當時的言靈觀已經無法適用於近現代。[17]近代日本卻依然有不少知識分子堅持「言靈」僅存在於日語之中，而為其他各民族、語言所無的觀點。明治政府在臺灣、韓國等殖民地進行異族統治時，也依然強調舊式的言靈觀，肆無忌憚地用來強化天皇政治。

　　眾所周知，隨著天皇制國家的確立，「國家」之「想像的共同體」也被締造出來，語言與民族、語言與國家之間的關係因此更受到矚目。[18]帝國的統治者與擁護者透過種種手段剝奪殖民地本來的母語，將之統一為「國語」（即「日本帝國」的語言），並且在語言的層面上，建構一個得以向外擴張的理論基礎。「言靈」觀念的重新提出和重新改造，正是建構該理論的基本作業。

　　由於「國語」（national language）的概念與「母語」（日本語）本質上明顯不同，是一種蘊含政治性的意識型態、高度概念化的語言觀。帝國時期的「言靈」觀也同樣得接受這樣意識型態的洗禮。

　　著名的傳播人長谷川如是閑（1875-1969）在討論「言靈」時，雖然注意到「國語」和「日本語」之間的區別，卻也造成某些誤解：

　　　　日本人自詡為「言靈福澤之國」，國語古早便已盛行，又得文字發展遲緩之幸，而不斷往上精進，因此能及早統一國民。歐洲近代甫成立的國民國家型態，日本古代便已完成，因此國民的語言也能及早確立，並透

17　石剛：〈日本人の言語觀〉，《植民地支配と日本語──台灣、滿洲國、大陸占領地における言語政策》（東京：三元社，2003 年），頁 123。

18　如同班納迪克（Benedict Anderson）所指出，對於國家、國民而言，在創造「想像之共同體」的同時，灌輸對某一語言抱持的「意識」，要比共同擁有相同語言來的重要。見班納迪克・安德森（Benedict Anderson）著，吳叡人譯：《想像的共同體》（*Imagined Communities: Reflections on the Origin and Spread of Nationalism*）（臺北：時報出版社，2010 年）。

過近代國民語的發達而成功發展。[19]

就算不追究日本古代的國家型態是否為「國民國家」的問題，至少「較早盛行」的應該是「日本語」而非文中所謂「國語」。此外，長谷川如是閑還特立獨行地不使用「國家語」，而選擇了「國民語」這個詞彙，這應該不是明治以前日本人所慣用的語言學概念。雖然今天我們認為「日本語」是「日本國」這個政治統一實體的公定語言，明治時期沒有這樣的觀念。當時，愛奴（北海道）、琉球（琉球王國在 1889 年之前，尚非日本屬地）等地的語言及「藩語」，其實是有著因地區、階層、職業、文體變化而受到不同對待的各種語言，並非一個統一的語言。

縱然如此，上述大志萬準治、竹下直之、長谷川如是閑等人選擇了趨附神話的方式，假設出「統一的日語」自古便存在的虛幻構想。而回顧「國語」的形成史，它可以說是日本作為一個新興的近代民主國家，在持續整備其法律體系的同時，由國家之「中心」人為地建構而成的。

1886 年文部大臣森有禮（1847-1889）[20]發佈《學校令》後，由小學而中學、師範學校、乃至帝國大學的金字塔式教育制度宣告完成，又藉由軍隊式訓練的導入，學校與更有規律的訓練系統──軍隊之間的聯繫也被確立起來。當時，中學的「和漢文科目」被改為「國語及漢文科目」，師範學校新設立「國

19　長谷川如是閑：〈文化語と生活語〉，《日本語》1 卷 4 期（1941 年 7 月），頁 7。

20　森有禮在 1872 年（明治五年），主張日本語是「除我國列島外皆無法通用的貧乏語言」，並未將日本語視為神話，從語言角度分析近代以前的日本語。當時日本國內文明開化、歐化主義思潮高漲，促使當時許多人開始反省日本語，也陸續出現各種以改良日本語為目標的運動，即「國語國字改革運動」。如 1883 年（明治十六年）組成「カナノクワイ」，翌年一月外山正一等發起人創立「羅馬字會」。同年外山正一發表了〈應廢漢字〉（〈漢字を廢すべし〉）、〈廢漢字熾興英語為今日當務之急〉（〈漢字を廢し英語を熾に興すは今日の急務なり〉）、〈發起羅馬字會之要旨〉（〈羅馬字会を起すの趣意〉）等數篇文章。在民間語言調查研究團體方面，1885 年創立「方言取調所」，1888 年組織「語言取調所」。但明治二〇年代後，國語國字改革運動開始衰退，明治二十五年時則幾乎完全停滯。

語專業」，而帝國大學的「和文學專業」則被更名為「國文學專業」。於是關根正直提出了「國文－國民－國家」「三位一體」[21]的構想：

> 國文能統一國民，賦予同胞一體感，是一國之特徵。面對外國時，將可成為凝聚國民，化其為一之重要元素。職是，國文之於國家，乃極重要之物也。[22]

「國文」的存在，正是為了給予「同胞一體的感覺」，產生「國民凝聚力」，表現「國家的特徵」，因此振興國文的呼聲不絕，成為當時最強烈的籲求。

例如國語學家上田萬年（1867-1937）[23]便強調必須結合人種、歷史及語言三要素，他論述道：

> 言論是為一種精神，有如血液是為一種肉體。若譬之於日本國語，可謂日語乃日本人之精神血液也。日本之國體因此精神血液而得以維持，日本之人種亦因此而最為優良，可持續最長久之鎖鍊而不至於散亂。因此，一旦大難來臨，只消此聲響起，四千萬之同胞便當側耳傾聽，任憑差遣，誓死衛護之。而當一朝傳出慶報時，則於千島之涯、沖繩之角，萬眾應齊頌君之八千代也。於彼外國得聞此言語，實若一種音樂也，一

21　李妍淑：《「國語」という思想：近代日本の言語認識》（東京：岩波書店，1996年），頁90。

22　龜井孝、大藤時彥、山田俊雄編：《日本語の歷史 6：新しい國語への步み》（東京：平凡社，1976年），頁268。

23　1890年（明治二十三年）帝國大學總長加藤弘之以議長身分召開帝國大學評議會時決定命上田萬年留學德國三年，因為「欲著手修正邦語，設定文法，必先命俊秀一、二名留學歐洲，學習博言學」。上田在1894年學成歸國，任職文科大學教授。隨後積極地發表其所主張的國語論，如十月舉行著名演講：〈國語與國家〉、十一月演講〈關於國語研究〉（收錄在翌年《因為國語（全）》），翌年一月發表〈關於標準語〉等論文。

種天堂之福音也。[24]

換言之，「人種」、「歷史」、「語言」完全合為一體時，「四千萬之同胞」便會翕然奮起，因此「語言」必須成為「精神血液」。這樣的「國語」論述似乎潛藏一種「巧妙偷梁換柱」意味。[25]透過「血液」的比喻，表達以「人民」為對象的「語言」，那麼「語言」便置身於身體的自然屬性之中，再進一步與「國體」一體化，讓「國體」之「聲」遍傳「四千萬之同胞」的耳鼓，渲染「死而後已」的心情。

　　這樣一種把「國語」比喻為「血液」，以及統一「國民」之不可或缺之手段的論調，可以說是通過「國語」以平均差異，實現「國民」的一體化。關於這一點，安田敏朗（1968-）的評論值得注意，他指出上田熱愛語言一致且人種一致的國家，以此為日本值得誇耀的特殊性，並試圖據此「發現本民族的優越性」。他說：

　　　　此類以一個國家中只存在一種語言、一個民族為理想的思考模式，對於剛由近代國家起步的日本而言，是考慮國家運營效率時最值得採用的做法。上田萬年主張，無須施加特殊作為，日本自開天闢地便成就如此基礎。他的論點充分發揮了虛構的民族主義，令後發的近代國家潛藏的不安轉化為自信。[26]

24　上田萬年在哲學館的演講，題為〈國語と國家と〉（1894 年 10 月 8 日），收入久松潛一編：《明治文學全集 44：落合直文、上田萬年、芳賀矢一、藤岡作太郎集》（東京：筑摩書房，1968 年），頁 110。

25　李妍淑於《「國語」という思想：近代日本の言語認識》指出：「上田主張語言與民族有機結合的語言觀，惟有與拉丁語系等外在權威進行對抗，並且歷經以各種語言表達該民族之主體性的體驗，其歷史意義才可能彰顯。然而，上田為了從語言中抽去主體性契機，便導入有機性的語言觀。」（頁 123）

26　安田敏朗：《帝國日本言語編制》（橫濱：世織書房，1997 年），頁 43。

被視為國語改革先鋒的上田所發表的這篇〈國語與國家〉及其著名的「帝室之忠臣，國民之慈母」等論說，都表達了一種強烈的語言性國家主義。

　　然而上田萬年的論述有一個根本的問題，即「國語」的概念範疇與「母語」的概念範疇之間有所矛盾。語言學中的「母語」概念源於歐洲，結合「母之乳」的意義，意指在模仿母親的詞彙並加以接受。[27]俗語、自然的語言、故鄉語言、民眾語言等都是母語，它是一種生活語言，原本沒有政治屬性，有時甚至受到國家權力的敵視。上田卻將俗語、自然的語言、故鄉語言（方言）等母語視為「國體的標識」，指出：

> 語言不單是一種國體的標識，同時也是教育家、一位仁慈的母親。當我們誕生後，這位母親將我們放置膝上面對而坐，誠懇教導國民思考力與感動力。故這位母親的慈悲有如天日。[28]

他所謂「這位母親」已非指原來的「母語」，而是與高度國家意識型態相結合的「國語」。因此不僅愛奴語及琉球語等無法成為日本「國體的標識」，若按照致力於制訂並普及「標準語」的上田想法，各地「方言」也將有損於「國體」。

　　上田以近乎理直氣壯的態度混合使用母語與國語，提出以廢漢字、全面羅馬字化為目標的國語國字改革及母語論，又計畫統一標準語、鼓吹制訂文法、企圖制訂中央集權語言體制。他的弟子保科孝一（1872-1955）等人將這樣的觀念進一步深化，並與山田孝雄（1873-1958）等人的國粹國語學理論，對近代日本人的語言觀產生深遠的影響，令近代日本的國語論成為母語和國語概念兩者不斷交錯所產生的矛盾結合體。

27　田中克彥：《ことばと國家》（東京：岩波書店，1981年），頁28-29。

28　上田萬年：〈國語と國家と〉（1894年10月8日），收入久松潛一編：《明治文學全集44：落合直文、上田萬年、芳賀矢一、藤岡作太郎集》，頁110。

三、「漢語」及「國語」、「和語」的糾葛

　　研究者已經指出，日製漢語的數量在明治開化時期吸取西歐文明後顯著增加，原因有二：[29]第一，日本人對於抽象性、邏輯性的研究，習慣以日語化的中國語——也就是所謂的「漢語」——做為工具；並且在學習儒教、佛教、基督教的自然哲學或邏輯學、修辭學時，實際上也是利用漢語。明治初期（正確來說是德川末年到明治期間），日本人沿用了和過去相同的方法。第二，在以學術用語表達抽象概念時，中國語已足夠提供絕大部分的素材。漢語多為三字以內的詞彙，其中又以二字詞最多，能夠將學術性的概念整合為明確精準的形態，在創造觀念用語的體言（主要為名詞）時，也容易在此基礎上創造出同義的動詞、形容詞、副詞等，過去的日本人已經充分利用了這樣的優勢。有音讀亦有訓讀的「漢語」和日語同化的程度甚高，是日本人自然而然可理解的形式。

　　不過，最早探討日語中「漢語」問題的書——語言學家山田孝雄（1873-1958）所著的《國語中的漢語研究》（1940 年出版，1958 年再版）——如同它的書名所示，很早便將「漢語」定位為「國語中的漢語」。更明確地說，本來作為漢（中國）的語言之「漢語」，現在被山田視為日語的內容物。山田在〈序〉中說明他的寫作目的：

> 本書對於漢語本身既不是要謳歌，也不是要排斥，而只是對漢語在國語中所佔有的比重，佔據的地位和性質等實際狀態做報告。[30]

山田所認知的「漢語」是什麼呢？他在所編訂的《國語辭典》中，如此定義：「國語中所使用的起源於中國的語言，主要是以漢音、吳音而講說的。」[31]他

29　齋藤毅：《明治のことば：文明開化と日本語》（東京：講談社，2005 年），頁 26。
30　山田孝雄：《國語の中に於ける漢語の研究》（東京：寶文館，1958 年），頁 1。
31　山田孝雄：《國語辭典》「漢語」條，1955 年。他對「漢語」定義，受到此後的國語

更引用《言海》所統計的「和語」、「漢語」、「外語（外來語）」的比例，很訝異地指出：「根據現在這個統計數字，不能不驚訝的是固有語僅佔語詞總數的一半。而更驚人的是大約半數以上的外來語大多數又是漢語。」[32]

　　這一位國語學者的驚訝，顯露出一種先入為主的語言觀：即執著於「固有語」（native language）為本土語言的這個理念，以這種語言為前提，進而在語言的發展史上區別出來自外部的或者附加的，或者混入的，而且應該差別對待的「異質的語詞－外來語」，此即「漢語」、「外語」概念。山田說：

> 我試圖仔細探討這樣一些問題，如漢語是如何侵入我國的，從哪些方面移植進來，從什麼時代開始移植的，在國語中佔有怎樣的地位，又是以怎樣的勢力影響及於國語的，等等。[33]

在文字中清楚透露著，「漢語」在這位語言學家眼中，是闖入「國語」的侵略者。它也始終背負著「外來」的標籤，就如同上述《言海》將日本的詞彙區分為「和語」、「漢語」、「外語」（外來語）這三類一般，國語學者雖然表示理解這樣的分類，但也強調「漢語」可以劃歸為外來語：「漢語非本來之國語所有，故當稱之為外來語。」[34]對國語學者來說，「漢語」是外來語，又是與「國語」深刻融和的外來語。包括「漢語」在內的外來語，都必須經歷一個與國語融合、甚至極端地說同化於國語的過程。國語學者面對「漢語」的態度，

　　學辭典所承襲。如《國語學大辭典》（初版，東京：東京堂，1980 年）這樣定義「漢語」：「在中國指與外國語相對的本國語言，在日本，狹義上指起源於中國而以吳音、漢音發音的詞語，廣義上稱相對於和語、外來語以外的字音語詞。」（詞條作者為森岡健三）

[32] 《言海》係 1889-1890 年出版，而山田所引統計數字如下：

與和語有關的詞語數 24789（59%）

與漢語有關的詞語數 16500（39%）

與外語有關的詞語數 1016（2%）

[33] 山田孝雄：《國語の中に於ける漢語の研究》，頁 4。

[34] 山田孝雄：《國語の中に於ける漢語の研究》，頁 8。

顯然是曖昧也是矛盾的，正如山田所述：

> 缺乏文字的日語，因使用中國傳來的漢字而開始了自己的書寫活動。如此一來，古來從文字到漢字發音、漢字的借用等，都受到中國的影響。然而唯有排除掉這一切，才能描繪出本來的日語面貌。[35]

侵略者必須被逐出，「漢語」在近代日本，面對的是這樣多舛的命運。這種明確區分「內－外」的觀點，或許應當溯及本居宣長。就像是十八世紀後半「國學」意識高漲，本居主張以「漢學」來界定中國古典之學，與日本固有的「國學」劃清界線般，他以《古事記傳》重新詮釋《古事記》，宣稱《古事記》「實錄自更古相言傳之事」，所以那裡所展現的是「先代之實」。又提出「意」、「事」、「言」三者可以「互相稱謂」的說法，即「意、事皆以言相傳，書之宗旨則為記述之言辭矣」。[36]

　　在「意」、「事」、「言」三位一體的基礎上，他區分了一系列二元對立的範疇，如，「中華之言」與「皇國之意」、「後代之意」與「先代之實」、「漢字文化」與「大和語」等。近代日本確立國民國家與帝制後，又原封不動地繼承了這些二元對立的範疇，只不過此時的二元對立變為「西歐世界」對「貧窮落後的日本」。換言之，作為「外部」的「中華之言」／「漢語」衍生出身為「內部」的「日本」／「大和語」／「大和心」。關於本居宣長在《古事記傳》中詮釋「漢語」及「和語」的策略，子安宣邦（1933-）有精闢的論述：

> 我們可以這樣認為：本居宣長的學說是以某個敘事為前提才得以成立的。也就是說在《古事記》的記述中必須有一個能夠令「故作高深之舉」態度介入的外部環境，然後才會有一個自我保護的內部環境，即「某個

35　山田孝雄：《國語の中に於ける漢語の研究》，頁20。
36　《古事記傳》第1卷。

敘事」指的是圍繞著內部成立環境而展開的敘事。據此進而言之，如果沒有外部行為的介入的話，便可以原封不動地保持內部環境的存在，而且這一內部環境的存在是絲毫不會受到外部行為損害的事實。

在此，這個力圖介入的外部指的是漢字文化，而那個必須保持的內部則是指口口相傳的「大和語」。本居宣長便是以這種敘事模式對《古事記》進行重新解釋的。

漢文漢字的引進令「大和語」的寫作（écriture）成為可能，形成了「大和」的內部，承天武天皇的敕命而成立的《古事記》的撰寫工作擔負著以天皇為中心的「大和國」的生產及「大和語」的創造的雙重使命。37

本居宣長對《古事記》的重新詮釋表明這樣的目的：「大和語」因為漢文、漢字的引進，而成為可能的寫作體裁，它的基礎是從《古事記》的文本中，以訓詁的方式讀出神聖的口誦體古語。這裡面隱藏地預設一個因果關係：在文字出現之前先有聲音──「神聖的口誦古語」，這種聲音的起源有其權利的正統性。同時，由於《古事記》這一文本的成立，「大和音」才得以成為書寫體，也正因為如此，我們才能夠從《古事記》中「訓詁出」「大和語」──「國語」得以確立，「日本人」的民族意識得以被敘述，叫做「日本」的「內部」也才得以完成。換言之，聲音先行，而且其語音為神聖的口誦古語。之所以可以保證這種「古語」是「大和音」，是因為它能夠以聲音的方式訓詁出這些記述《古事記》的文字。

因此，作為「外部」的「漢國」，便不能是一個單一的存在，如果「外部」的單一性是支撐「內部」穩定性的必要條件的話，那麼「漢國」自身的非單一性則會令「內部」的神話破滅。所以一方面要將「中國」視為單一的存在，另一方面又要將與「中國」這一「外部」的關連切斷，只能夠在日本的

---

37 子安宣邦：〈宣長再論──「やまとことば」成立の語り〉，《批評空間》11 期
　（1993 年 10 月），頁 38。

「內部」討論日語問題，這便是本居宣長的策略。他從所謂的「中華之言」中「訓詁出」「先代之實」的做法本身，實際上是在刻意隱瞞一些曾經是「漢國」的東西。他又把「清朝考證學」與「國學」當作完全不同的學識來看待和經營，導致近代日本在劃分學科領域時，「國史」、「國語學」似乎與「中國學」、「東洋史」等完全無緣、毫無干係。這也令很多近代日本知識分子在談論日本近代化時，哪怕是涉及「西洋世界」，也要盡可能地抹消與「中國」，即「清國」之間的聯繫，把「外部」的多元性、非單一性抹消。

　　不過，另一位在大戰前後活躍的國語學者時枝誠記（1900-1967）由不同的角度提出的看法，也值得我們注意。他駁斥以「日本國家的語言或日本民族的語言」定義「國語」的做法，而主張「國語就是日語，是一個帶有日語特性的語言」（1941）。反對「國語」是「日本國家」或「日本民族」的語言，而是擁有「日語特性」的語言，這樣的觀點或與 1940 年代帝國日本面臨的歷史情況有關。時枝在《國語學史》的〈序〉中綜論道：

> 現今能夠成為國語學研究的對象者，有偏遠地帶的方言、在國家領土之外實施的日語，以及身為日本民族而必須使用的日語國語名稱，在當時就已經跨越國家與民族的界線。國語成為擁有日語特性的語言的總稱。[38]

他認為漢字不是執行記錄時借用的對象，而是在紀錄時實現語言主體性的媒介。由於漢字是象形文字，閱讀時沒有一定的規則可循，因此日本便主動規定如何以漢字為表記符號，來閱讀日語文本的規則。如此，漢字這個非本國的語言文字，在時枝的國語學中便失去了他者性，成為日語秩序的一部分。

　　時枝的國語學主張日語除了平假名、片假名外，還包括漢字，強調漢字這個非本國的語言文字記錄了日語文學發展的過程，因此他也試圖追尋漢字在日語文學上所留下的痕跡，並予以系統化的描述。

38　時枝誠記：《國語學史》（東京：岩波書店，1940 年），頁 4-5。

　　不論是外在性、他者性來認定「漢字」、「漢語」，或者將之納入日語的
秩序，作為日語表記的假借物，「大和民族」都是「國語」的主體。當認定漢
字、漢語為外在、他者時，便預設了內部、自我的語言作為對照物的立場。而
當把漢字視為侵略者時，便預設了內部的我將進行防衛和抵抗。而「大和民
族」也就是「日本民族」、「日本人」的同意語。在一九三〇到四〇年代，帝
制的氛圍中，形構成如上的「國語」及「漢語」的對應圖式。

四、「日本語」和東亞共榮圈

　　「國語」一詞主要通行於日本殖民臺灣及韓國時期，而「日本語」則通行
於偽滿、滿州國時期。國語學者認為，殖民地時期日本面對的是容納多種民族
之後如何定位「國語」的問題，而滿州國時期日本則面對如何在東亞共榮圈
內，將日本語普及成為共通語的問題。[39]如此可知，較之「國語」及「漢
語」，「日本語」問題是透過更具政治性的語言來描述、討論而產生。除了涉
及人種、主從、同化、施受的問題外，也牽涉權力與侵略等問題。

　　安藤正次（曾任臺北帝國大學校長，1878-1952）是帝制日本國語政策的
領航者[40]之一，他著眼於「日本語」的成立和「日本語問題」的發生，試圖整
合「國語國字問題」和「國語」的概念。他指出：

　　　此刻是我們實現肇國的理想、並奉載八紘一宇的聖旨、確立東亞共榮圈
　　　的時候了。在昭和維新時期，朝野間瀰漫檢討和反省國語、國字的聲

39　時枝誠記：〈朝鮮における國語政策及び國語教育の將來〉，《日本語》2 卷 8 期，頁
　　54-63。

40　安藤正次於 1943 年擔任國語審議會委員，除了職務略有更動外，基本上自戰前到戰後
　　都列名其中。從戰時到戰後都列名於國語審議會名冊的人除安藤外，還有金田一京助、
　　保科孝一、倉石武四郎等多人。這表示「國語國字問題」是近代日本一貫的問題，在國
　　語改良論、漢字限制論、表音主義式的假名使用論（以現用漢字、教育漢字、現代假名
　　使用等形式出現在戰後時期）等上導之下，「國語問題」也推陳出新，未曾斷絕。

音，我認為這反映著這一世紀以來劃時代的國民覺醒。關於日本語在海外發展的諸對策，各界人士都有討論，這和國威的伸張、國力的進展都有必然的關係。我們也應注意到有人已經預言東亞共通語──日本語的命運。總之，前者（案：東亞共通語）為對內政策，後者（案：日本語）為對外政策，這兩者都必須明確進行思考。世間之人動輒關注日本語在海外的發展，對於如何處理解決國內問題，反而較少提出意見。這樣未免本末倒置。

國語是遠古以來的祖先傳承給我們國民，屬於全體國民的語言。有關國語、國字的整理及改良，都必須兼顧國語的特質，並回應多數國民的需求。為了教授外人，為了能方便普及於海外社會而去整理並改善國語‧國字，是會敗壞國語的神聖的。我們必須時時遵從內主外從的道理。[41]

他以「遠古以來的祖先傳承給我們國民，屬於全體國民的語言」來說明「國語」的概念，透露了一種在帝國版圖的擴張中，更具有防衛性、內部性的語言概念。他認為如果把對外國人的日語教育、以及日語在海外的普及過程中，所衍生出對自國語言的反省與檢討（此即「國語問題」），是會「敗壞國語之神聖」的。

　　由此可知，安藤的「國語」概念是神聖不可侵犯、具備防衛性的「國家內」語言。與此相對，「日本語」則是「國家外」的語言，也就是所謂的「東亞共通語」。當然「東亞共通語」＝「日本語」的概念，經常因為政治、政策上立場的相異，而產生不同的詮釋。「日本語」原本是「國家內」的「國語」，藉由帝國主義對外的擴張而成為「東亞共通語」。安藤如此掛心並深切期待它更蓬勃發展：

　　　　日本語在東亞諸國的發展，……或許僅止於外國語的程度。即使我國在
　　　　東亞盟主的地位得以確立，我們尚必須把日本語──以東亞共通語的身

41　安藤正次：〈日本語と日本語教育〉，《日本語》1卷2期（1941年5月），頁6。

　　份——的發展掛在心上。……我們必須注意，在東亞共榮圈內的共通語
　　——日本語的發展，對於我國以外的東亞諸國來說，都還是一種外國
　　語。[42]

在「東亞共通語」＝「日本語」的概念下，似乎隱藏了富含政策性的「內主外
從」主張，新納入「日本語問題」的「國語問題」也因此由「對內政策」和
「對外政策」兩樣立場所構成。

　　刊登上述論點的是「日本語教育振興會」[43]所編《日本語》雜誌（一九四
一年創刊）。該刊物的宗旨是：「思考東亞的日本語問題……將日本語普及於
大東亞共榮圈內。以振興日本語教育為當務之急，為日本語的普及而努力」。
其發行人指出，發刊是因應「大東亞共榮圈」之歷史事件發生，為了確立共榮
圈在東亞的地位，並建設世界新秩序，逐將「國語問題」撇在一邊，甚至無暇
顧及那些活躍中的國語學者及語言學家，而提出嶄新的「東亞之日本語問題」
就教於社會。松尾長造在〈發刊之辭〉強調：

　　　恆久發展的我國國民文化所蘊蓄的性格，確立共榮圈在東亞的地位，並
　　　且在建設世界新秩序的過程中，樹立明確而堅定的路標。這些，才是現
　　　代日本人的當務之急。[44]

安藤等人認為，「國語國字問題」指的是在統一及教化國民語言的課題下，
「國語」出現在近代國家政治過程中所產生的問題。涵蓋了「單一化」民族的
語言、以及合理化「近代」的要求等問題，當然也包括「單一化」和「近代

42　同前注，頁 7。

43　「日本語教育振興會」於 1940 年 12 月，在興亞院與文部省的協助下成立。會長為文部
　　大臣橋田邦彥，理事長為文部省圖書局長松尾長造。振興會的業務以調查日本語之普及
　　狀況、日本語之教授法、建立教育資料、開辦講習會、發行刊物為主。

44　松尾長造：〈發刊の辭〉，《日本語》1 卷 1 期（1941 年 4 月），頁 2。

化」兩者之間相互對立和磨合的過程。[45]而「日本語」問題則是在思索「國語國字問題」中，為探討「國語」的國家性問題之過程而出現的，如此一來，「國語國字問題」將會隨著國運的發達而「擴張其範圍，提升其素質」。當日本面臨「朝向東亞共榮圈邁進」的歷史新局時，「國語國字問題」必須背負「日本語朝海外發展」的重大使命，因此「原來的國語國字問題，由國內性的問題，擴大成對外性問題」。關於「日本語」問題與「國語國字問題」之間的關連，安藤描述道：

> 我國的國語國字問題經常因革新與保守兩派論點相互對立，使得辯論無疾而終，往復循環。此運動將隨我國運之發達而起飛，同時也在不斷辯論的過程中擴張其範圍、提升其素質。[46]

他所謂的「隨我國運之發達而起飛」，指的應該是「國語」在十九、二十世紀之交，曾歷經被臺灣及韓國兩個「異民族」學習的經驗。而當三、四〇年代，當日本帝國的版圖朝向「東亞諸國」擴大時，「國語國字問題」也隨之提昇層次，並一舉擴大其既有的範圍。「日本語」被東亞各國所接受的新期許，為「國語國字問題」開創了新局。

　　「日本語」概念的出現，促成「國語國字問題」的重構，而「日本語問題」也不可避免地面臨如何結合既有的「國語」概念此一問題。即如同前節所述，上田萬年等人的「國語」概念是一種「國語乃帝室藩屏，國語乃國民慈母」[47]的「國家內」之概念，[48]「日本語問題」卻是一個以「國家外」為契機

45　「國語國字問題」的出現包含了兩方的爭論：一方主張讓多數人擁有所謂國民語言的國語，執行國語改革；另一方主張繼承歷史與傳統，尊重民族性語言。兩方在論爭中消長、對立、結合，架構出「國語問題」的軸線。

46　安藤正次：〈日本語と日本語教育〉，頁4。

47　上田萬年指出：「以日本為例，特別當一家族發達時便成為一人民，一人民發達時便成為一國民，……此實國家之一大慶事，當一朝有事，我日本國民共同的運動便是擁有忠君愛國之大和魂，以及一國內的普遍性語言，此二者為大和民族之原有物」（此為

而產生的概念，兩者勢必面臨整合的問題。

　　對於安藤將國語政策區分為「對內政策」的「國語」與「對外政策」的「日本語」此二分命題，子安宣邦注意到它的高度政治性，批評這樣的概念界定過於「天真」。他指出前引安藤的「國語是遠古以來的祖先傳承給我們國民，屬於全體國民的語言」，[49]雖然是在帝國版圖擴充時所建構而成的概念，但卻是一個閉鎖性的語言概念。而「我們必須留意，日本語作為東亞共榮圈內的共通語言，是東亞各國唯一可吸收成為共通語言的外國語。」這樣的話語，則架構出「國家外」語言的「外國語」即「東亞共通語」＝「日本語」的概念，這個概念不是藉由政策，而是藉由「國家內」的語言即「國語」的概念建構而成。

　　暫且不論安藤主張中所蘊含的政治性、政策性意圖，像這樣二分為「國語」及「日本語」的「內／外」概念，其實已預示「國語／日本語」可能會面臨的問題。安藤的主張，的確是將「日本語問題」限定在教育外國人日本語的實務層面，因而在政策性考量下，並未提及民族性語言這種純粹「國語」的境界。然而二分為「內／外」的政策性語言卻產生出一種從「外」在觀點所架構出的「日本語」，也就是對學習主體來說是「外國語」－「日本語」的概念。不過平心而論，安藤的主張對於思考「國語／日本語」的問題仍具有若干重要意義。例如「國語」是一種更為「國家內」的語言，是一種相當具有防衛性、閉鎖性的概念。而與之相關的「日本語」則是一種「國家外」的語言，對學習主體來說是「外國語」，也就是「東亞共通語」，是一種較為一般性的概念。

　　1894 年 10 月的演講，收入上田萬年：《国語のための》〔東京：平凡社，2011年〕）。

48　子安宣邦指出，上田萬年的「國語神學」式的言辭表現，與家族國家觀的「國家神學」式的言辭表現幾乎是互為表裡，於同時期成立。見子安宣邦：〈「國語」は死して「日本語」は生まれたか〉，《日本近代思想批判：一國知の成立》（東京：岩波書店，2003 年），頁 70。

49　同前注。

五、結論

　　日語在數千年前吸收中國文化，以及在十九世紀吸收西歐文明時，都充分地活用其造語能力。近代的日本人從最初將新西歐語歸化為漢語，其後又將這些詞彙歸化為日語的學術用語，這樣的過程讓我們瞭解近代日語的的確確發揮其自身的特質。不過就語言的歷史發展而言，日語的近代化算是遲的。

　　明治維新後，幕藩體制更易為天皇制，但由於德川時期的鎖國，減少語言近代化的條件與可能性，直到日語意識到漢字文化的威脅後，才開始朝近代化、統一化的方向邁進。1866 年，前島密（1835-1919）曾上呈德川慶喜〈漢字御廢止之議〉，關注政治與國防層面，強調漢字問題與交通、郵政制度皆為實現國家統一的要素，不過他並沒有意識到日本語近代化的語言學問題。六年後的 1872 年，第一任文部大臣森有禮發言指責日本語的缺陷，斷言：「沒有中國語的協助，我國的語言將無法流傳與進行溝通。由此可知我國語言之貧乏。」由此引發「國語」問題的討論，而在明治中期以後，「國語」概念才逐步確立起來。此段時期，「漢語」論與「國語」論之間的對比，比較深刻地關係到帝制日本對「內－外」認識的問題。而進入大正、昭和時期後，日本取得中日、日俄戰爭的勝利，確立其帝國體制、並納臺灣及韓國為殖民地、在中國東北創造「滿州國」，試圖鞏固「東亞共榮圈」的領導地位。此時期的「國語」論及「日本語」論之間的聯繫，則更多地與「自－他」認識有關。當時的討論涉及日語在海外的發展政策，認為日本「國語」和國威的申張、國力的進展息息相關，企圖將「日本語」普及為「東亞共榮圈」的共通語言。

　　筆者近年來針對可詮解近代日本儒學樣態的「關鍵詞」詞進行探討，發現以淑世、經世乃至救世為目標的經典詮釋，不僅見於宋代諸儒，類似的現實取向性格也見於日本近代。由知識分子對這些語詞的特殊闡釋和運用，可以清晰地對應到近代日本的學術發展、教育思維、和政治關懷。如果說「東洋」、「東亞」、「西洋」、「支那」，與自我認識、中國觀、和世界觀有關，它們不僅是地理空間位置，也是價值判斷尺度；「道」涉及主體與從屬的認識，結合「王道」、「皇道」、「天道」、「天命」等論述，則可以明瞭他們的天

觀、命觀、帝王觀；而「漢學」、「儒教」、「孔子教」、「支那學」除了表達日本學術界對儒學內容認知的轉換，也涉及儒學作為一種「教」或是「學」的知識體系，如何與其他信仰互動；至於「忠孝」、「革命」、「國體」等詞彙刻畫著近代日本的君臣觀、國家觀、政體觀，它們既是政治概念，也是文化概念；那麼「國語」、「漢語」、「日本語」則是討論宗主國和殖民地的語言問題、研究其語言觀時，重要且必要的概念。

可以發現近代日本知識分子對上述語詞的詮釋中，「是什麼」與「應如何」深刻地合而為一，「事實判斷」（factual judgment）與「價值判斷」（value judgment）也融合無間。筆者希望透過這樣的闡釋過程，彰顯近代日本知識分子在進行概念詮釋時，呈現的「普遍性」與「特殊性」之間的張力，以及他們在「文化認同」與「政治認同」間取捨時的張力。尤其對近代日本漢學者而言，概念詮釋不僅是「認知活動」，而成了他們躬身力行的「為己之學」、甚至「為君之學」、「為國之學」。

就某個角度而言，筆者這幾年處理的問題，也就是概念如何在不同文化之間旅行的問題。概念如何旅行？為什麼旅行？自何處往何處旅行？它借助什麼交通工具？是否受到外力的操控？又如何找到落腳處？如此自問自答的過程中，自然牽涉更根源的問題，那就是概念果真具備主體性嗎？當我們觀察到這些旅行的巡迴往復，會繼續找到推動它巡迴往復的媒介——詮釋或翻譯的活動。類似的一組表述，例如「東洋」、「東亞」、「西洋」與「支那」，或是「儒學」、「儒教」、「漢學」、「孔子教」、「支那學」，它們彼此之間概念的混雜，不僅延續了漢語、日語、英語中相對應詞彙在意義上的滑動，也反映了政治運作或社會實踐在語境中的複雜作用。本文所討論的「國語」、「漢語」、「日本語」亦然，而這幾個語詞本身，就牽涉到語言學的專業問題。也許所論尚不夠深入，但希望至少把問題的輪廓勾勒出來，凸顯漢字語詞概念在時間空間的向度上不斷變易的特質，或者說在「近代日本」這個特定時空之下被重新理解和詮釋的多重樣貌。

《尚書》史辨

胡治洪[*]

　　《尚書》是儒家基本經典之一，主要記載了唐虞以迄春秋時代聖王賢臣以仁德為核心的政治理念、政治言教及其政治實踐，[1]並廣涉天文曆法、輿地形勢、疆域劃分、物產貢賦、宗教禮儀、人倫規範、家國制度、律令典刑、職官序列、禮器用物、王朝譜系、歷史事件等多方面內容，對中華民族的人生觀、價值觀、政治觀、社會觀、歷史觀、自然觀、宗教觀以及認同意識之形成、鞏固與傳續發生了巨大的作用，成為中華民族精神命脈和文化傳統的一個重要來源。但是，從西漢以至當今的兩千多年間，《尚書》的真偽卻一直是個問題，特別是經清初考據家乃至民國早期「古史辨派」的「辨偽」和「疑古」，《尚書》為「偽書」的觀點竟儼然成為定讞，也成為學界的主流意見，這對中國歷史、文化、學術、思想乃至現實社會政治影響至巨，故極有必要對這一問題重新予以辨析。

---

[*]　武漢大學中國傳統文化研究中心教授

[1]　《尚書》也記載了一些失德君王和臣工的事蹟，如太康（《夏書·五子之歌》）、桀（《商書·湯誓》、《商書·仲虺之誥》、《商書·湯誥》）、太甲（《商書·太甲》上中下）、紂（《商書·西伯戡黎》、《商書·微子》、《周書·泰誓》上中下、《周書·牧誓》）、羲和（《夏書·胤征》）等，但對這些失德者都持批評甚至斥責態度，從另一方面凸顯了《尚書》的仁德政治主旨。

一、從先秦典籍的引述可證《尚書》古已有之

作為六經之一的《尚書》在先秦時期徑稱「書」，故《莊子・天下》曰：「《詩》以道志，《書》以道事，《禮》以道行，《樂》以道和，《易》以道陰陽，《春秋》以道名分。」[2]《莊子・天運》又假託孔子謂老聃曰：「丘治《詩》、《書》、《禮》、《樂》、《易》、《春秋》六經，自以為久矣。」[3]孔安國《尚書序》記載「至魯共王好治宮室，壞孔子舊宅，以廣其居，於壁中得先人所藏古文虞夏商周之書」，孔穎達疏曰：「不從約云得『尚書』，而煩文言『虞夏商周之書』者，以壁內所得，上有題目虞夏商周書，其序直云書序，皆無『尚』字，故其目錄亦然，故不云『尚書』而言『虞夏商周之書』，安國亦以此知『尚』字是伏生所加，惟此壁內所無，則書本無『尚』字明矣。」[4]之所以後來又名為「尚書」，孔安國《尚書序》解釋說：「以其上古之書，謂之《尚書》。」馬融亦曰：「上古有虞氏之書，故曰《尚書》。」[5]劉熙《釋名・釋典藝》也說：「《尚書》，尚，上也，以堯為上而書始其時事也。」[6]孔穎達《尚書正義》發揮此說曰：「尚者，上也，言此上代以來之書，故曰《尚書》。」[7]王充《論衡・正說》的解釋有所增益，其曰：「《尚書》者，以為上古帝王之書，或以為上所為下所書。」[8]王肅從王充後一說曰：「上所言，史所書，故曰《尚書》。」鄭玄又提出新說云：「尚者上也，尊而重之，若天書然，故曰《尚書》。」[9]綜合諸種解釋，不外是說，《尚書》是唐虞夏商周歷代史官對二帝（堯舜）三王（禹湯武）或三代（夏商周）

2　王先謙：《莊子集解・天下》，《諸子集成》（北京：中華書局，1954 年），第 3 冊，頁 216。

3　王先謙：《莊子集解・天運》，《諸子集成》，第 3 冊，頁 95。

4　見孔穎達疏：《十三經注疏・尚書正義》（北京：中華書局，1980 年），頁 115。

5　孔、馬二說均見前注，頁 115。

6　劉熙：《釋名》（北京：中華書局，1985 年），頁 100。

7　孔穎達疏：《十三經注疏・尚書正義》，頁 113。

8　王充：《論衡・正說》，《諸子集成》，第 7 冊，頁 273。

9　王、鄭二說均見孔穎達疏：《十三經注疏・尚書正義》，頁 115。

倫理政治實踐的記述，是非常重要的經典，亦即孔穎達《尚書正義序》所謂「人君辭誥之典，右史記言之策」。[10]

　　《莊子·天下》作為先秦經子學術思想的總結，概括地言及「《書》以道事」，已足證其時《尚書》之實有；而先秦典籍之頻繁引述《尚書》，則更加確鑿地表明《尚書》在該時期的存在。以《論語》來說，〈為政〉載孔子曰：「《書》云孝乎，『惟孝，友于兄弟，施于有政』，是亦為政，奚其為為政？」此段中的引文出於《周書·君陳》。[11]〈泰伯〉載「武王曰：『予有亂臣十人』」，此語見於《周書·泰誓中》。〈憲問〉子張曰「《書》云：『高宗諒陰，三年不言』」，引文見《商書·說命上》。[12]〈堯曰〉載「堯曰：『諮！爾舜！天之歷數在爾躬。允執其中。四海困窮，天祿永終。』舜亦以命禹」，引文見《虞書·大禹謨》；[13]又「予小子履，敢用玄牡，敢昭告於皇皇后帝：有罪不敢赦。帝臣不蔽，簡在帝心。朕躬有罪，無以萬方；萬方有罪，罪在朕躬」，引文見《商書·湯誥》；[14]又「雖有周親，不如仁人。百姓有過，在予一人」，引文見《周書·泰誓中》。[15]另外，〈堯曰〉所謂「周有大賚，善人是富」乃是對《周書·武成》「大賚于四海」一語的發揮，孔穎達、朱熹都指出了這一點。[16]

10　孔穎達疏：《十三經注疏·尚書正義》，頁 110。

11　〈君陳〉本文為「惟孝，友于兄弟，克施有政」。凡典籍引文與《尚書》本文相異者，注列《尚書》本文；凡相同者不注。

12　〈說命上〉本文為「王宅憂，亮陰三祀。既免喪，其惟弗言」。按《周書·無逸》亦載曰「其在高宗，時舊勞於外，爰暨小人。作其即位，乃或亮陰，三年不言」。

13　〈大禹謨〉本文為「天之歷數在汝躬，汝終陟元后。人心惟危，道心惟微，惟精惟一，允執厥中。無稽之言勿聽，弗詢之謀勿庸。可愛非君？可畏非民？眾非元后何戴？后非眾罔與守邦？欽哉！慎乃有位，敬修其可願，四海困窮，天祿永終」，乃舜命禹之言。

14　〈湯誥〉本文為「肆台小子，將天命明威，不敢赦。敢用玄牡，敢昭告於上天神后，請罪有夏。……爾有善，朕弗敢蔽。罪當朕躬，弗敢自赦，惟簡在上帝之心。其爾萬方有罪，在予一人。予一人有罪，無以爾萬方」。

15　〈泰誓中〉本文「不如仁人」和「百姓有過」之間尚有「天視自我民視，天聽自我民聽」兩句。

16　《周書·武成》「大賚于四海」孔穎達疏「所謂『周有大賚』，《論語》文」，見孔穎

　　《左傳》也多有引用《尚書》之例。[17]〈隱公六年〉載「《商書》曰：惡之易也，如火之燎于原，不可鄉邇，其猶可撲滅」，引文見於《商書‧盤庚上》。[18]《莊公八年》載「《夏書》曰：皋陶邁種德，德乃降」，引文見於《虞書‧大禹謨》。[19]〈僖公二十七年〉載「《夏書》曰：賦納以言，明試以功，車服以庸」，引文見於《虞書‧益稷》。[20]〈僖公三十三年〉載「《康誥》曰：父不慈，子不祗，兄不友，弟不共，不相及也」，引文據於《周書‧康誥》。[21]〈文公七年〉載「戒之用休，董之用威，勸之以九歌，勿使壞」以及下文陳說「六府三事謂之九功，水火金木土穀謂之六府，正德利用厚生謂之三事」，引述均據於《虞書‧大禹謨》。[22]〈文公十八年〉載「故《虞書》數

　　達疏：《十三經注疏‧尚書正義》，頁 185。《論語集注‧堯曰》「周有大賚，善人是富」朱熹注「武王克商，大賚于四海。見《周書‧武成》篇」，見朱熹：《四書集注》（長沙：岳麓書社，1998 年），頁 284。

17　關於《左傳》的成書年代及作者，兩漢以迄晉宋司馬遷、班固、王充、許慎、杜預、范曄等均認為是春秋時代左丘明；唐宋啖助、趙匡、王安石、葉夢得、鄭樵等則認為是戰國時人；清人顧炎武、姚鼐持兩可之說，認為左丘明始撰而其後學補之；及至晚清民初劉逢祿、康有為、崔適、錢玄同等始以《左傳》為西漢劉歆偽作，但章太炎、錢穆都對此說作出了有力的反駁。

18　〈盤庚上〉本文為「若火之燎于原，不可向邇，其猶可撲滅」。按《左傳‧莊公十四年》亦引此篇曰「《商書》所謂惡之易也，如火之燎于原，不可鄉邇，其猶可撲滅」。

19　孔穎達疏「此《虞書‧皋陶謨》之文，以述禹事，故傳謂之《夏書》」，見孔穎達疏：《十三經注疏‧春秋左傳正義》（北京：中華書局，1980 年），頁 1765。按孔穎達將引文係於《虞書》是，然卒歸〈皋陶謨〉則非是。

20　〈益稷〉本文為「敷納以言，明庶以功，車服以庸」。按〈舜典〉也有相似文句「敷奏以言，明試以功，車服以庸」，但孔穎達疏強調《左傳‧僖公二十七年》所引《尚書》乃自〈益稷〉而非〈舜典〉，見孔穎達疏：《十三經注疏‧春秋左傳正義》，頁 1823。

21　〈康誥〉本文為「子弗祗服厥父事，大傷厥考心。于父不能字厥子，乃疾厥子。于弟弗念天顯，乃弗克恭厥兄。兄亦不念鞠子哀，大不友于弟」，孔穎達疏「此雖言《康誥》曰，直引《康誥》之意耳，非《康誥》之全文也」，見孔穎達疏：《十三經注疏‧春秋左傳正義》，頁 1833-1834。

22　〈大禹謨〉本文為「戒之用休，董之用威，勸之以九歌，俾勿壞」。

舜之功，曰『慎徽五典，五典克從』，無違教也；曰『納於百揆，百揆時序』，無廢事也；曰『賓於四門，四門穆穆』，無凶人也」，引文見於《虞書‧舜典》。[23]〈成公二年〉載「《大誓》所謂『商兆民離，周十人同』者，眾也」，引文據於《周書‧泰誓中》。[24]〈成公十六年〉載「《周書》曰：惟命不於常」，引文見於《周書‧康誥》。[25]〈襄公三年〉載「《商書》曰：無偏無黨，王道蕩蕩」，引文見於《周書‧洪範》。〈襄公十四年〉載「故《夏書》曰：遒人以木鐸徇于路，官師相規，工執藝事以諫」，《襄公二十一年》載「《書》曰：聖有謨勳，明徵定保」，引文均見於《夏書‧胤征》。[26]《襄公二十五年》載「《書》曰：慎始而敬終，終以不困」，引文見於《周書‧蔡仲之命》。[27]《襄公二十六年》載「故《夏書》曰：『與其殺不辜，寧失不經。』懼失善也」，引文見於《虞書‧大禹謨》。〈襄公三十一年〉載「《大誓》云：民之所欲，天必從之」，引文見於《周書‧泰誓上》。〈昭公七年〉載「紂為天下逋逃主，萃淵藪」，引文見於《周書‧武成》。[28]〈哀公六年〉載「《夏書》曰：惟彼陶唐，帥彼天常，有此冀方。今失其行，亂其紀綱，乃滅而亡」，引文見於《夏書‧五子之歌》。[29]〈哀公十一年〉載「〈盤庚〉之誥曰：其有顛越不共，則劓殄無遺育，無俾易種於茲邑」，引文見於《商書‧盤庚中》。[30]凡此種種，不遑罄舉。

23　〈舜典〉本文為「慎徽五典，五典克從；納於百揆，百揆時敘；賓於四門，四門穆穆」。

24　〈泰誓中〉本文為「受有億兆夷人，離心離德；予有亂臣十人，同心同德」，孔穎達疏「引其意，非本文也」，見孔穎達疏：《十三經注疏‧春秋左傳正義》，頁 1897。按《左傳‧昭公二十四年》亦引此篇曰「紂有億兆夷人，亦有離德；餘有亂臣十人，同心同德」。

25　《左傳‧襄公二十三年》亦引此語。

26　〈胤征〉本文為「聖有謨訓，明徵定保」。

27　〈蔡仲之命〉本文為「慎厥初，惟厥終，終以不困」。

28　〈武成〉本文為「今商王受無道，暴殄天物，害虐烝民，為天下逋逃主，萃淵藪」。

29　〈五子之歌〉本文為「惟彼陶唐，有此冀方。今失厥道，亂其紀綱，乃底滅亡」。

30　〈盤庚中〉本文為「乃有不吉不迪，顛越不恭，暫遇奸宄，我乃劓殄滅之，無遺育，無

　　《禮記》徵引《尚書》亦復不少。[31]如〈學記〉「是故古之王者建國君民，教學為先。〈兌命〉曰『念終始典於學』，其此之謂乎」；又「故曰『教學相長也』。〈兌命〉曰『學學半』，其此之謂乎」，引文均見《商書‧說命下》。[32]〈坊記〉「〈君陳〉曰『爾有嘉謀嘉猷，入告爾君於內，女乃順之於外曰「此謀此猷，惟我君之德」，於乎是惟良顯哉』」，引文見《周書‧君陳》；[33]又「〈大誓〉曰『予克紂，非予武，惟朕文考無罪。紂克予，非朕文考有罪，惟予小子無良』」，引文見《周書‧泰誓下》；[34]又「高宗云『三年其惟不言，言乃讙』」，引文見《周書‧無逸》；[35]又「《書》云『厥辟不辟，忝厥祖』」，引文見《商書‧太甲上》。[36]《中庸》「壹戎衣而有天下」，引文見《周書‧武成》。[37]〈表記〉「〈甫刑〉曰『敬忌而罔有擇言在躬』」，又「〈甫刑〉曰『德威惟威，德明惟明』」，引文均見《周書‧呂刑》；[38]又「《大甲》曰『民非后，無能胥以寧。后非民，無以辟四方』」，

俾易種於茲新邑」。

[31] 關於《禮記》的來源，一般認為是孔門弟子及後學編撰而由漢儒輯成，其篇章內容主要形成於先秦，但也羼入了漢儒的文句。筆者採信此說，並曾在研究〈緇衣〉、《大學》的論文中做過考辨，參見拙作：〈原始儒家德性政治思想的遮蔽與重光——《緇衣》郭店本、上博本與傳世本斠論〉，《孔子研究》，2007 年第 1 期；〈論《大學》的作者時代及思想承傳〉，《陝西師範大學學報（哲學社會科學版）》，2008 年第 5 期。

[32] 〈說命下〉本文為「惟斅學半，念終始典於學，厥德脩罔覺」。

[33] 〈君陳〉本文為「爾有嘉謀嘉猷，則入告爾後於內，爾乃順之於外曰『斯謀斯猷，惟我後之德』。嗚呼！臣人咸若時，惟良顯哉」。

[34] 〈泰誓下〉本文為「予克受，非予武，惟朕文考無罪。受克予，非朕文考有罪，惟予小子無良」。

[35] 〈無逸〉本文為「其在高宗，時舊勞於外，爰暨小人。作其即位，乃或亮陰，三年不言。其惟不言，言乃雍，不敢荒寧」。

[36] 〈太甲上〉本文為「祗爾厥辟，辟不辟，忝厥祖」。

[37] 〈武成〉本文為「一戎衣，天下大定」。

[38] 〈呂刑〉本文為「敬忌，罔有擇言在身」，「德威惟畏，德明惟明」。孔安國傳〈呂刑〉題解曰「（呂侯）後為甫侯，故或稱《甫刑》」，見孔穎達疏：《十三經注疏‧尚書正義》，頁247。

引文見《商書‧太甲中》。[39]〈緇衣〉「〈甫刑〉曰『苗民匪用命，制以刑，惟作五虐之刑曰法』」，又「〈甫刑〉曰『一人有慶，兆民賴之』」，又「〈甫刑〉曰『播刑之不迪』」，引文均見《周書‧呂刑》；[40]又「〈尹吉〉曰『惟尹躬及湯咸有壹德』」，引文見《商書‧咸有一德》；[41]又「〈康誥〉曰『敬明乃罰』」，引文見《周書‧康誥》；又「〈君陳〉曰『未見聖，若己弗克見；既見聖，亦不克由聖』」，又「〈君陳〉曰『出入自爾師虞，庶言同』」，引文均見《周書‧君陳》；[42]又「〈太甲〉曰『毋越厥命，以自覆也。若虞機張，往省括於厥度則釋』」，又「〈尹吉〉曰『惟尹躬天見於西邑夏，自周有終，相亦惟終』」，引文均見《商書‧太甲上》；[43]又「〈兌命〉曰『惟口起羞，惟甲胄起兵，惟衣裳在笥，惟干戈省厥躬』」，又「〈兌命〉曰『爵無及惡德』」，引文均見《商書‧說命中》；[44]又「〈太甲〉曰『天作孽，可違也；自作孽，不可以逭』」，引文見《商書‧太甲中》；[45]又「〈君雅〉曰『夏日暑雨，小民惟曰怨。資冬祁寒，小民亦惟曰怨』」，引文見《周書‧君牙》；[46]又〈君奭〉曰『昔在上帝，周田觀文王之德，其集大命於厥

---

[39] 〈太甲中〉本文為「民非后，罔克胥匡以生。后非民，罔以辟四方」。

[40] 第一、三兩條〈呂刑〉本文為「苗民弗用靈，制以刑，惟作五虐之刑曰法」，「非時伯夷播刑之迪」，第二條引文與本文同。

[41] 〈咸有一德〉本文為「惟尹躬暨湯咸有一德」。鄭玄、孔穎達皆指出「尹吉」當為「尹誥」，實即〈咸有一德〉篇，見孔穎達疏：《十三經注疏‧禮記正義》（北京：中華書局，1980 年），頁 1648。

[42] 〈君陳〉本文為「凡人未見聖，若不克見。既見聖，亦不克由聖」，「出入自爾師虞，庶言同則繹」。

[43] 〈太甲上〉本文為「無越厥命以自覆。慎乃儉德，惟懷永圖。若虞機張，往省括於度，則釋」，「惟尹躬先見於西邑夏，自周有終，相亦惟終」。後一條孔穎達疏「吉當為告，天當為先。……據《尚書》是《大甲》之篇」，見孔穎達疏：《十三經注疏‧禮記正義》，頁 1650。

[44] 〈說命中〉本文為「惟口起羞，惟甲胄起戎，惟衣裳在笥，惟干戈省厥躬」，「爵罔及惡德」。

[45] 〈太甲中〉本文為「天作孽，猶可違；自作孽，不可逭」。

[46] 〈君牙〉本文為「夏暑雨，小民惟曰怨諮。冬祁寒，小民亦惟曰怨諮」。鄭玄、孔穎達

躬』」，引文見《周書・君奭》。[47]《大學》「〈康誥〉曰『克明德』」，又「〈康誥〉曰『作新民』」，又「〈康誥〉曰『如保赤子』」，又「〈康誥〉曰『惟命不于常』」，引文均見《周書・康誥》；[48]又「〈大甲〉曰『顧諟天之明命』」，引文見《商書・太甲上》；又「〈帝典〉曰『克明峻德』」，引文見《虞書・堯典》；又「〈秦誓〉曰『若有一個臣，斷斷兮無他技，其心休休焉，其如有容焉。人之有技，若己有之。人之彥聖，其心好之，不啻若自其口出，寔能容之。以能保我子孫黎民，尚亦有利哉！人之有技，媢嫉以惡之。人之彥聖，而違之，俾不通。寔不能容，以不能保我子孫黎民，亦曰殆哉』」，引文見《周書・秦誓》。[49]

《孟子》書中也往往引用《尚書》。〈梁惠王下〉引〈泰誓上〉「《書》曰『天降下民，作之君，作之師。惟曰其助上帝，寵之四方。有罪無罪惟我在，天下曷敢有越厥志』」；[50]又引〈仲虺之誥〉「《書》曰『湯一征，自葛始』……『東面而征西夷怨，南面而征北狄怨，曰奚為後我？』……『徯我后，后來其蘇』」。[51]〈公孫丑上〉引〈太甲中〉「天作孽，猶可違。自作孽，不可活」。[52]〈滕文公上〉引〈說命上〉「《書》曰『若藥不瞑眩，厥疾

皆指出「雅」為「牙」之假借字。

[47] 〈君奭〉本文為「在昔上帝，割申勸寧王之德，其集大命於厥躬」。

[48] 第一、三條〈康誥〉本文為「克明德慎罰」，「若保赤子」，第二、四條引文與本文同。

[49] 〈秦誓〉本文為「如有一介臣，斷斷猗無他伎，其心休休焉，其如有容。人之有技，若己有之。人之彥聖，其心好之，不啻若自其口出，是能容之。以保我子孫黎民，亦職有利哉！人之有技，冒疾以惡之。人之彥聖，而違之，俾不達。是不能容，以不能保我子孫黎民，亦曰殆哉」。

[50] 〈泰誓上〉本文為「天佑下民，作之君，作之師，惟其克相上帝，寵綏四方。有罪無罪，予曷敢有越厥志？」

[51] 〈仲虺之誥〉本文為「乃葛伯仇餉，初征自葛，東征西夷怨，南征北狄怨，曰：『奚獨後予？』攸徂之民，室家相慶，曰：『徯予后，后來其蘇。』」《孟子・滕文公下》亦引此篇。

[52] 〈太甲中〉本文為「天作孽，猶可違。自作孽，不可逭」。《孟子・離婁上》亦引此語。

不瘳」」。[53]〈滕文公下〉引〈泰誓中〉「我武惟揚，侵於之疆，則取於殘，殺伐用張，于湯有光」；[54]又引〈大禹謨〉「洚水警余」；[55]又引〈君牙〉「《書》曰：丕顯哉，文王謨。丕承哉，武王烈。佑啟我後人，咸以正無缺」。[56]〈萬章上〉引〈舜典〉「二十有八載，放勳乃徂落，百姓如喪考妣，三年，四海遏密八音」；[57]又引〈大禹謨〉「祇載見瞽瞍，夔夔齋栗，瞽瞍亦允若」；又引〈泰誓中〉「天視自我民視，天聽自我民聽」；又引〈伊訓〉「天誅造攻自牧宮，朕載自亳」。[58]〈萬章下〉引〈康誥〉「殺越人于貨，閔不畏死，凡民罔不譈」。[59]〈告子下〉引〈洛誥〉「享多儀，儀不及物，曰不享。惟不役志於享，為其不成享也」。[60]〈盡心下〉雜引〈仲虺之誥〉、〈牧誓〉、〈泰誓中〉「國君好仁，天下無敵焉。南面而征北夷怨，東面而征西夷怨，曰『奚為後我？』武王之伐殷也，革車三百兩，虎賁三千人。王曰『無畏，寧爾也，非敵百姓也。』若崩厥角，稽首」。[61]另外，〈盡心下〉還評論〈武成〉曰「盡信《書》則不如無《書》。吾于〈武成〉，取二三策而已矣。仁人無敵於天下，以至仁伐至不仁，而何其血之流杵也？」[62]雖然表示不信〈武成〉的記載，但卻恰恰證明〈武成〉的存在。

其餘諸子引《書》之例也屢見不鮮。如《墨子‧兼愛下》「〈泰誓〉曰

53　〈說命上〉本文為「若藥弗瞑眩，厥疾弗瘳」。

54　〈泰誓中〉本文為「我武惟揚，侵於之疆，取彼兇殘，我伐用張，于湯有光」。

55　〈大禹謨〉本文為「降水儆予」。

56　〈君牙〉本文為「丕顯哉，文王謨。丕承哉，武王烈。佑啟我後人，咸以正罔缺」。

57　〈舜典〉本文為「二十有八載，帝乃徂落，百姓如喪考妣，三載，四海遏密八音」。

58　〈伊訓〉本文為「皇天降災，假手於我有命，造攻自鳴條，朕哉自亳」。

59　〈康誥〉本文為「殺越人於貨，暋不畏死，罔弗憝」。

60　〈洛誥〉本文為「享多儀，儀不及物，惟曰不享。惟不役志於享，凡民惟曰不享，惟事其爽侮」。

61　「奚為後我」出於〈仲虺之誥〉。孫奭注曰：「《牧誓》言武王戎車三百兩，虎賁三千人。……又案《太誓》篇云『百姓懍懍，若崩厥角』。」

62　〈武成〉篇載「罔有敵于我師，前徒倒戈，攻於後以北，血流漂杵」。

『文王若日若月，乍照，光于四方，於西土』」；[63]又「禹曰『濟濟有眾，咸聽朕言！非惟小子敢行稱亂。蠢茲有苗，用天之罰。若予既率爾群封諸君，以征有苗』」；[64]又「湯曰『惟予小子履，敢用玄牡，告於上天后曰：今天大旱，即當朕身履，未知得罪於上下，有善不敢蔽，有罪不敢赦，簡在帝心。萬方有罪，即當朕身。朕身有罪，無及萬方』」；[65]又「周《詩》曰『王道蕩蕩，不偏不黨。王道平平，不黨不偏。其直若矢，其易若底。君子之所履，小人之所視』」。[66]《墨子‧明鬼下》「〈禹誓〉曰『大戰于甘，王乃命左右六人，下聽誓於中軍，曰：有扈氏威侮五行，怠棄三正，天用剿絕其命。有曰：日中，今予與有扈氏爭一日之命。且爾卿大夫庶人，予非爾田野葆士之欲也，予共行天之罰也。左不共于左，右不共於右，禦非爾馬之政，若不共命，是以賞于祖，而僇於社』」。[67]《墨子‧非命中》「于先王之書〈仲虺之告〉曰『我聞有夏人矯天命，布命於下。帝式是惡，用厥師』」；[68]又「先王之書〈太誓〉之言然，曰『紂夷之居，而不肯事上帝，棄闕其先神而不祀也，曰：我民有命。毋僇其務。天不亦棄縱而不葆』」。[69]又如《荀子‧修身》

---

[63]　語本《周書‧泰誓下》。〈泰誓下〉本文為「惟我文考，若日月之照臨，光于四方，顯於西土」。

[64]　語本《虞書‧大禹謨》，《墨子》名此篇為〈禹誓〉。〈大禹謨〉本文為「濟濟有眾，咸聽朕命！蠢茲有苗，昏迷不恭，侮慢自賢，反道敗德，君子在野，小人在位，民棄不保，天降之咎。肆予以爾眾士，奉辭罰罪。爾尚一乃心力，其克有勳」。

[65]　語本《商書‧湯誥》，《墨子》名此篇為〈湯說〉。〈湯誥〉本文已見前注。

[66]　此段引文乃雜引《周書‧洪範》及《詩經‧小雅‧大東》。《洪範》本文為「無偏無黨，王道蕩蕩。無黨無偏，王道平平」。

[67]　語本《夏書‧甘誓》，《墨子》名此篇為〈禹誓〉。〈甘誓〉本文為「大戰于甘，乃召六卿。王曰：「嗟！六事之人，予誓告汝：有扈氏威侮五行，怠棄三正，天用剿絕其命，今予惟恭行天之罰。左不攻于左，汝不恭命。右不攻於右，汝不恭命。禦非其馬之正，汝不恭命。用命，賞于祖。弗用命，戮於社」。

[68]　〈仲虺之誥〉本文為「夏王有罪，矯誣上天，以布命於下。帝用不臧，式商受命，用爽厥師」。

[69]　〈泰誓上〉本文為「惟受罔有悛心，乃夷居弗事上帝神祇，遺厥先宗廟弗祀。犧牲粢盛，既於凶盜。乃曰：吾有民有命。罔懲其侮」。

「《書》曰『無有作好，遵王之道。無有作惡，遵王之路』」，引自《周書‧洪範》；[70]《荀子‧解蔽》「故道經曰『人心之危，道心之微』」，當本於《虞書‧大禹謨》；《荀子‧宥坐》「《書》曰『義刑義殺，勿庸以即，予維曰未有順事』」，語本《周書‧康誥》。[71]再如《呂氏春秋‧貴公》「故《鴻範》曰『無偏無黨，王道蕩蕩。無偏無頗，遵王之義。無或作好，遵王之道。無或作惡，遵王之路』」，引自《周書‧洪範》；[72]《呂氏春秋‧順民》「湯乃以身禱于桑林，曰『余一人有罪，無及萬夫。萬夫有罪，在余一人。無以一人之不敏，使上帝鬼神傷民之命』」，當本於《商書‧湯誥》。[73]此類書證，實難一一列述。

作為先秦文獻徵引《尚書》之最為堅實的證據，就是《郭店楚墓竹簡》的〈緇衣〉篇和《上海博物館藏戰國楚竹書（一）》的〈緇衣〉篇。[74]郭店簡〈緇衣〉徵引《尚書》凡九條，依次為「〈尹誥〉云『惟伊尹及湯咸有一德』」，「〈君牙〉云『日傛雨，小民惟曰怨；晉冬耆滄，小民亦惟曰怨』」，「〈呂刑〉云『一人有慶，萬民賴之』」，「〈君陳〉云『未見聖，如其弗克見，我既見，我弗迪聖』」，「〈呂刑〉云『非用臸，制以刑，惟作五虐之刑曰法』」，「〈康誥〉云『敬明乃罰』」，「〈呂刑〉云『播刑之迪』」，「〈君奭〉云『昔在上帝，割紳觀文王德，其集大命於厥身』」，「〈君陳〉云『出入自爾師虞，庶言同』」。[75]上博簡〈緇衣〉徵引《尚書》

70　《荀子‧天論》亦引此語。

71　〈康誥〉本文為「用其義刑義殺，勿庸以次汝封。乃汝盡遜曰時敘，惟曰未有遜事」。

72　〈洪範〉本文為「無偏無陂，遵王之義。無有作好，遵王之道。無有作惡，遵王之路。無偏無黨，王道蕩蕩。無黨無偏，王道平平」。

73　〈湯誥〉本文為「其爾萬方有罪，在予一人。予一人有罪，無以爾萬方」。

74　郭店簡的入葬年代公認為在戰國中期偏晚，約公元前三百年左右，其寫定時間當更早，參見龐樸：〈古墓新知──漫讀郭店楚簡〉，《新華文摘》，1998 年第 12 期；上博簡經測定為戰國晚期作品，參見馬承源：〈前言：戰國楚竹書的發現保護和整理〉，載馬承源編：《上海博物館藏戰國楚竹書（一）》（上海：上海古籍出版社，2001 年），〈前言〉，頁 2。

75　參見荊門市博物館：《郭店楚墓竹簡》（北京：文物出版社，1998 年），頁 129-137。

的條數、篇目及次序都與郭店簡相同，唯文字略有差異，故不煩贅述。[76]另外，郭店簡〈成之聞之〉篇也徵引了《尚書》：「〈君奭〉曰『唯冒丕單稱德』」，「〈君奭〉曰『襄我二人，毋有合才音』」，「〈康誥〉曰『不還大暊，文王作罰，刑茲亡愿』」。[77]凡此均更加確鑿無疑地表明《尚書》存在於先秦時期。

二、秦晉之世《尚書》的坎坷遭際

據記載，《尚書》原有三千多篇，由孔子刪定為百篇。孔安國《尚書序》曰：「先君孔子，生於周末，睹史籍之煩文，懼覽之者不一，遂乃定禮樂，明舊章，刪詩為三百篇，約史記而修春秋，贊易道以黜八索，述職方以除九丘；討論墳典，斷自唐虞，以下訖于周，芟夷煩亂，翦截浮辭，舉其宏綱，撮其機要，足以垂世立教，典謨訓誥誓命之文，凡百篇。」《漢書·藝文志》也說「故《書》之所起遠矣，至孔子纂焉，上斷於堯，下訖于秦，凡百篇，而為之序，言其作意」。孔穎達引鄭玄《書論》亦云：「孔子求書，得黃帝玄孫帝魁之書，迄于秦穆公，凡三千二百四十篇。斷遠取近，定可以為世法者百二十篇，以百二篇為《尚書》，十八篇為《中候》。」[78]《史記·伯夷列傳》司馬貞《索隱》的說法大致同於孔穎達，其曰：「又《書緯》稱孔子求得黃帝玄孫帝魁之書，迄秦穆公，凡三千三百三十篇，乃刪以一百篇為《尚書》，十八篇為《中候》。」這些說法與《史記·孔子世家》所謂「孔子之時，周室微而禮樂廢，詩書缺。追跡三代之禮，序書傳，上紀唐虞之際，下至秦繆，編次其事」基本相符。孔穎達《尚書正義》中保存了百篇題目，其為：《虞書》之〈堯典〉、〈舜典〉、〈汩作〉、〈九共〉九篇、〈藁飫〉、〈大禹謨〉、〈皋陶謨〉、〈益稷〉；《夏書》之〈禹貢〉、〈甘誓〉、〈五子之歌〉、

76　參見馬承源編：《上海博物館藏戰國楚竹書（一）》，頁169-213。

77　荊門市博物館：《郭店楚墓竹簡》，頁167-170。

78　孔穎達疏：《十三經注疏·尚書正義》，頁115。

〈胤征〉、〈帝告〉、〈釐沃〉、〈湯征〉、〈汝鳩〉、〈汝方〉；《商書》之〈湯誓〉、〈夏社〉、〈疑至〉、〈臣扈〉、〈典寶〉、〈仲虺之誥〉、〈湯誥〉、〈明居〉、〈伊訓〉、〈肆命〉、〈徂后〉、〈太甲上〉、〈太甲中〉、〈太甲下〉、〈咸有一德〉、〈沃丁〉、〈咸乂〉四篇、〈伊陟〉、〈原命〉、〈仲丁〉、〈河亶甲〉、〈祖乙〉、〈盤庚上〉、〈盤庚中〉、〈盤庚下〉、〈說命上〉、〈說命中〉、〈說命下〉、〈高宗肜日〉、〈高宗之訓〉、〈西伯戡黎〉、〈微子〉；《周書》之〈泰誓上〉、〈泰誓中〉、〈泰誓下〉、〈牧誓〉、〈武成〉、〈洪範〉、〈分器〉、〈旅獒〉、〈旅巢命〉、〈金縢〉、〈大誥〉、〈微子之命〉、〈歸禾〉、〈嘉禾〉、〈康誥〉、〈酒誥〉、〈梓材〉、〈召誥〉、〈洛誥〉、〈多士〉、〈無逸〉、〈君奭〉、〈蔡仲之命〉、〈成王政〉、〈將蒲姑〉、〈多方〉、〈立政〉、〈周官〉、〈賄肅慎之命〉、〈亳姑〉、〈君陳〉、〈顧命〉、〈康王之誥〉、〈畢命〉、〈君牙〉、〈冏命〉、〈呂刑〉、〈文侯之命〉、〈費誓〉、〈秦誓〉，[79]這或許就是孔子所刪定的百篇之目，也就是春秋戰國時期所存在的《尚書》。

　　《尚書》之所以殘缺乃至發生真偽問題，起因於嬴秦禁書。秦始皇三十四年（前 213），丞相李斯奏請「史官非秦記皆燒之。非博士官所職，天下敢有藏詩、書、百家語者，悉詣守尉雜燒之。有敢偶語詩書者棄市。以古非今者族。吏見知不舉者與同罪。令下三十日不燒，黥為城旦」，秦始皇「制曰

79　其中正文亡佚之〈汨作〉、〈九共〉九篇、〈藁飫〉附目於〈舜典〉篇末，〈帝告〉、〈釐沃〉、〈湯征〉、〈汝鳩〉、〈汝方〉附目於〈胤征〉篇末，〈夏社〉、〈疑至〉、〈臣扈〉、〈典寶〉附目於〈湯誓〉篇末，〈明居〉附目於〈湯誥〉篇末，〈肆命〉、〈徂后〉附目於〈伊訓〉篇末，〈沃丁〉、〈咸乂〉四篇、〈伊陟〉、〈原命〉、〈仲丁〉、〈河亶甲〉、〈祖乙〉附目於〈咸有一德〉篇末，〈高宗之訓〉附目於〈高宗肜日〉篇首小序，〈分器〉附目於〈洪範〉篇末，〈旅巢命〉附目於〈旅獒〉篇末，〈歸禾〉、〈嘉禾〉附目於〈微子之命〉篇末，〈成王政〉、〈將蒲姑〉附目於〈蔡仲之命〉篇末，〈賄肅慎之命〉、〈亳姑〉附目於〈周官〉篇末，凡亡佚四十二篇。

『可』」！[80]可以想見，在專制暴政的行政權力幾乎覆蓋整個疆域的秦帝國，這項政策必然導致《尚書》在公開場合迅速絕跡，其大部分當被焚毀，雖然肯定會有一些藏匿，但這些藏匿文本也會因人世的無常以及自然的消磨而亡佚大半。不過，從李斯所謂「非博士官所職」云云推斷，當時民間私學之詩、書、百家語雖然被禁，但朝廷職官還是合法地保存著包括《尚書》在內的所有典籍的。[81]更具毀滅性的災難來自「楚人一炬」，史載：秦子嬰元年（前 206），「項羽引兵西屠咸陽，殺秦降王子嬰，燒秦宮室，火三月不滅」，[82]在這場浩劫中，本來作為「內部保存本」、當然也應該是完整的定本、尚有重新行世之希望的官藏《尚書》，也就「可憐焦土」了！

　　咸陽大火之後，先是楚漢相爭，及至漢朝初建，又有藩亂邊患，兵連禍結，救死不暇，直至惠帝四年（前 191），才始顧及文化政策，下《除挾書律》，[83]此時距嬴秦禁書已二十二年，典籍之損耗可知，但民間藏匿或據儒生記誦而筆錄的《尚書》畢竟又陸續出現。最先重新傳授《尚書》的是濟南伏生，據《史記》載：「秦時焚書，伏生壁藏之。其後兵大起，流亡。漢定，伏生求其書，亡數十篇，獨得二十九篇，即以教于齊魯之間」，「孝文帝時，欲求能治《尚書》者，天下無有，乃聞伏生能治，欲召之。是時伏生年九十餘，老，不能行，於是乃詔太常使掌故朝錯（按即晁錯）往受之」。[84]但孔安國《尚書序》的說法不同，其曰：「漢室龍興，開設學校，旁求儒雅，以闡大猷。濟南伏生，年過九十，失其本經，口以傳授，裁二十餘篇。」《史記》與孔《序》的共同點在於都肯定伏生最先重新傳授《尚書》，但前者以為伏生有

80　《史記・秦始皇本紀》。

81　王充《論衡・正說》曰「（丞相李斯）謂諸生之言，惑亂黔首，乃令史官盡燒五經，有敢藏諸書百家語者刑，唯博士官乃得有之」，《諸子集成》，第 7 冊，頁 270。

82　《史記・項羽本紀》。另見《史記・秦始皇本紀》「諸侯兵至，項籍為從長，殺子嬰及秦諸公子宗族。遂屠咸陽，燒其宮室」。

83　《漢書・惠帝紀》。

84　《史記・儒林列傳》。另見《史記・袁盎晁錯列傳》、《漢書・儒林傳》、《漢書・藝文志》、《漢書・袁盎晁錯傳》。按《漢書・儒林傳》記載伏生得書情況與《史記・儒林列傳》大同，顯然是抄襲前人陳說。

壁藏殘存之書，後者則認定伏生根本無書而僅憑口授。以孔安國的年輩及其《尚書》研究的功底而言，當信孔《序》之說較之《史記》更為確切。[85]晁錯用當時文字將伏生口授的《尚書》記錄下來，這就是後世所謂「今文《尚書》」。據衛宏《詔定古文尚書序》云：伏生「年九十餘，不能正言，言不可曉，使其女傳言教（晁）錯。齊人語多與潁川異，錯所不知者凡十二三，略以其意屬讀而已也」，[86]可以想見晁錯本的品質不高，故後來也就未見流傳，而伏生之學乃是通過自行傳授於張生和歐陽生以漸至盛大。[87]

今文《尚書》形成之後民間發現的另一種重要的《尚書》文本，是孔子舊宅藏本。孔安國《尚書序》說：「至魯共王好治宮室，壞孔子舊宅，以廣其居，於壁中得先人所藏古文虞夏商周之書及傳、《論語》、《孝經》，皆科斗文字。」《漢書·藝文志》亦載：「武帝末，魯共王壞孔子宅，欲以廣其宮，而得古文《尚書》及《禮記》、《論語》、《孝經》凡數十篇，皆古字也。」[88]

85　《史記·孔子世家》「安國為今皇帝博士」，《漢書·匡張孔馬傳》「安國、延年皆以治《尚書》為武帝博士」，以孔安國的博士身分，即可證其《尚書》研究的功底。《史記·儒林列傳》「伏生教濟南張生及歐陽生，歐陽生教千乘兒寬。兒寬既通《尚書》，以文學應郡舉，詣博士受業，受業孔安國」，《漢書·儒林傳》「孔氏有古文《尚書》，孔安國以今文字讀之，因以起其家，逸《書》得十餘篇，蓋《尚書》茲多於是矣。遭巫蠱，未立於學官。安國為諫大夫，授都尉朝，而司馬遷亦從安國問故。遷書載〈堯典〉、〈禹貢〉、〈洪範〉、〈微子〉、〈金縢〉諸篇，多古文說」，這兩條材料則不僅可證孔安國《尚書》研究的功底，而且表明其為司馬遷、兒寬等的師輩。或以為孔安國《尚書序》為漢晉時人偽作，但從該《序》所述伏生授書情況不同於《史》、《漢》記載這一點可得一反證：若孔《序》確為漢晉時人偽作，則作偽者不可能見不到《史》、《漢》記載從而與之保持一致；今孔《序》說法與《史》、《漢》記載並不一致，則恰可理解為其乃孔安國依據見聞之實錄。

86　見《史記·袁盎晁錯列傳》張守節《正義》引。伏生及其女為齊人，晁錯潁川人。

87　參見《漢書·儒林傳》。

88　顏師古注曰：「《家語》云孔騰字子襄，畏秦法峻急，藏《尚書》、《孝經》、《論語》於夫子舊堂壁中，而《漢記·尹敏傳》云孔鮒所藏。二說不同，未知孰是。」據《史記·孔子世家》，孔鮒和子襄為兄弟，均為孔子八世孫，孔鮒「為陳王涉博士，死於陳下」，子襄「嘗為孝惠皇帝博士，遷為長沙太守」。魯共王得古書事另見《漢書·景十三王傳》。

魯共王將這些古籍都交給孔子後裔孔安國，安國參照伏生所傳今文《尚書》，對古文《尚書》進行解讀，用漢隸寫定古文，即所謂「隸古定」，[89]一共整理出五十八篇，其中與今文《尚書》相同者凡二十八篇，其為：《虞書》之〈堯典〉、〈皋陶謨〉，《夏書》之〈禹貢〉、〈甘誓〉，《商書》之〈湯誓〉、〈盤庚〉、〈高宗肜日〉、〈西伯戡黎〉、〈微子〉，《周書》之〈牧誓〉、〈洪範〉、〈金縢〉、〈大誥〉、〈康誥〉、〈酒誥〉、〈梓材〉、〈召誥〉、〈洛誥〉、〈多士〉、〈無逸〉、〈君奭〉、〈多方〉、〈立政〉、〈顧命〉、〈呂刑〉、〈文侯之命〉、〈費誓〉、〈秦誓〉；又有五篇在今文《尚書》中被歸併於其他篇章，其為：〈舜典〉被歸併於〈堯典〉，〈益稷〉被歸併於〈皋陶謨〉，〈盤庚〉三篇被歸併為一篇，〈康王之誥〉被歸併於〈顧命〉，這樣，實際上古文《尚書》有三十三篇與今文《尚書》相同；另為古文《尚書》獨有的篇章凡二十有五，其為：《虞書》之〈大禹謨〉，《夏書》之〈五子之歌〉、〈胤征〉，《商書》之〈仲虺之誥〉、〈湯誥〉、〈伊訓〉、〈太甲上〉、〈太甲中〉、〈太甲下〉、〈咸有一德〉、〈說命上〉、〈說命中〉、〈說命下〉，《周書》之〈泰誓上〉、〈泰誓中〉、〈泰誓下〉、〈武成〉、〈旅獒〉、〈微子之命〉、〈蔡仲之命〉、〈周官〉、〈君陳〉、〈畢命〉、〈君牙〉、〈冏命〉。[90]還有一些實在無法辨識的簡文，大

---

89 《尚書序》孔穎達疏「言『隸古』者，正謂就古文體而從隸定之」，又曰「謂用隸書寫古文」，《史記・儒林列傳》稱「孔氏有古文《尚書》，而安國以今文讀之」，《漢書・儒林傳》亦稱「孔氏有古文《尚書》，孔安國以今文字讀之」，可知孔安國整理的古文《尚書》已經轉換成當時的文字了，但世人因其原本乃是古文，故仍習稱之為「古文《尚書》」。

90 關於今文《尚書》和古文《尚書》的篇數，歷來頗多淆亂。《史記・儒林列傳》稱伏生所傳今文《尚書》有二十九篇，《漢書・儒林傳》及〈藝文志〉均同此說，但《漢志》著錄今文《經》卻又作二十九卷。《史記・儒林列傳》泛說古文《尚書》比伏生二十九篇「滋多」十餘篇，劉歆〈讓太常博士書〉確稱孔壁古文「書十六篇」，《漢書・藝文志》既說古文《尚書》「以考（今文）二十九篇，得多十六篇」，但又著錄「《尚書》古文經四十六卷，為五十七篇」。凡此種種，不一而足，導致後來信從古文《尚書》者想方設法彌綸綴合，曲為之說捉襟見肘；而疑詆古文《尚書》者則以此作為偽書的重要

概就是孔子刪定百篇之書的其餘四十二篇了。孔安國將「隸古定」的五十八篇和無法辨識的文簡全部呈交朝廷收藏，朝廷詔令安國為五十八篇作傳，但到傳成之時，恰逢巫蠱之禍，孔《傳》也就壓下來了。[91]

　　當時重出於民間的《尚書》文本，主要還有河間獻王徵藏本和張霸「百兩篇」。《漢書·景十三王傳》載：「河間獻王德以孝景前二年立，修學好古，實事求是。從民得善書，必為好寫與之，留其真，加金帛賜以招之。繇是四方道術之人不遠千里，或有先祖舊書，多奉以奏獻王者，故得書多，與漢朝等。……獻王所得書皆古文先秦舊書，《周官》、《尚書》、《禮》、《禮記》、《孟子》、《老子》之屬，皆經傳說記，七十子之徒所論。」由於河間獻王「經術通明，積德累行，天下雄俊眾儒皆歸之」，引起武帝猜忌，史載：「孝武帝時，獻王朝，被服造次必于仁義。問以五策，獻王輒對無窮。孝武帝

證據。其實，按照孔安國《尚書序》的陳述，今、古文《尚書》的篇數清清楚楚，其曰古文《尚書》「增多伏生二十五篇。伏生又以〈舜典〉合於〈堯典〉，〈益稷〉合于〈皋陶謨〉，〈盤庚〉三篇合為一，〈康王之誥〉合于〈顧命〉，復出此篇，並序，凡五十九篇，……書序，序所以為作者之意，昭然義見，宜相附近，故引之各冠其篇首，定五十八篇」，即是說，古文《尚書》實為五十八篇，加上百篇小序合成一篇，總計五十九篇，現將百篇小序分別冠於各篇之首，復為五十八篇，五十八篇中有二十五篇是古文《尚書》獨有的，另有五篇在古文《尚書》中獨立成篇而在今文《尚書》中是併入他篇的，這樣，今文《尚書》就只能是二十八篇。關於今文《尚書》二十八篇之說，還有兩條材料可資證明，其一是漢武帝時太常孔臧致孔安國書云「唯聞《尚書》二十八篇，取象二十八宿，何圖乃有百篇」（見《史記·儒林列傳》司馬貞《索隱》引），這反映了今文《尚書》形成之後至古文《尚書》面世之前當時人們對於《尚書》篇數的認識，就是根據今文《尚書》二十八篇而來的；其二是王充《論衡·正說》曰「伏生已出山中，景帝遣晁錯往從受《尚書》二十餘篇。……至孝宣皇帝之時，河內女子發老屋，得逸《易》《禮》《尚書》各一篇奏之。宣帝下示博士，然後《易》《禮》《尚書》各益一篇，而《尚書》二十九篇始定矣」（見《諸子集成》，第 7 冊，頁 269），這表明在「益一篇」之前，伏生所傳今文《尚書》只有二十八篇。當然，考慮到《尚書》流傳的複雜情況，或許不應將其他說法全都指為無稽，也有可能是根據不同文本而對篇數做出的統計。孔穎達對今、古文《尚書》的篇數有比較清晰的梳理，參見孔穎達疏：《十三經注疏·尚書正義》，頁 116、118。

91　參見孔安國《尚書序》。

艴然難之,謂獻王曰:『湯以七十里,文王百里,王其勉之。』」河間獻王
「知其意」,由此自污避禍,「歸即縱酒聽樂,因以終」,[92]其所徵藏的「古
文先秦舊書」再也未聞下落,想必不久便風流雲散了。至於張霸「百兩篇」,
當時就辨明為偽書,《漢書·儒林傳》載:「世所傳『百兩篇』者,出東萊張
霸,分析合二十九篇以為數十,又采《左氏傳》、《書敘》為作首尾,凡百二
篇。篇或數簡,文意淺陋。成帝時求其古文者,霸以能為『百兩』徵,以中書
校之,非是。」另外還可一提的是民間所出單篇〈泰誓〉,劉向《別錄》云
「武帝末,民有得〈泰誓〉書於壁內者,獻之。與博士使讀說之,數月皆起,
傳以教人」,[93]劉歆〈讓太常博士書〉亦曰「〈泰誓〉後得,博士集而讀
之」。[94]這篇〈泰誓〉被歸入伏生二十八篇之中,[95]成為與古文〈泰誓〉並存
的今文〈泰誓〉,一度頗有影響,劉向、劉歆、馬融、鄭玄、王肅等漢魏大儒
都曾對之下過工夫,但後來發現先秦典籍所引〈泰誓〉文句,單篇〈泰誓〉中
往往不見,由此認定其「非本經」而貶之。[96]因此,自嬴秦禁書至漢惠解禁之

92　《史記·五宗世家》裴駰《集解》引《漢名臣奏》。

93　孔穎達疏:《十三經注疏·尚書正義》,頁115。

94　見《漢書·楚元王傳》附劉歆傳。

95　上文注引王充《論衡·正說》謂「至孝宣皇帝之時,河內女子發老屋,得逸《易》
　　《禮》《尚書》各一篇奏之。宣帝下示博士,然後《易》《禮》《尚書》各益一篇,而
　　《尚書》二十九篇始定矣」,此「益一篇」而使今文篇數達於二十九者,即單篇〈泰
　　誓〉。孔穎達也說「則〈泰誓〉非伏生所傳。而言二十九篇者,以司馬遷在武帝之世見
　　〈泰誓〉出而得行,入於伏生所傳內,故為史總之,並云伏生所出,不復曲別分析」。
　　王、孔二說皆肯定單篇〈泰誓〉入於伏生二十八篇之中,但在該篇出現的時間上又有宣
　　帝、武帝之歧異。孔穎達以司馬遷《史記·儒林列傳》已記今文為二十九篇,且劉向亦
　　云武帝末民有得〈泰誓〉者,故堅稱單篇〈泰誓〉出於武帝時,「不得云宣帝時始出
　　也」;不過他又為王說轉圜道「或者爾時重得之,故於後亦據而言之」(所引孔說均見
　　孔穎達疏:《十三經注疏·尚書正義》,頁115),可備一說。

96　〈泰誓上〉孔穎達疏引馬融《書序》曰:「〈泰誓〉後得,案其文似若淺露。又云:
　　『八百諸侯,不召自來,不期同時,不謀同辭。』及『火覆於上,至於王屋,流為雕,
　　至五,以穀俱來。』舉火神怪,得無在子所不語中乎?又《春秋》引〈泰誓〉曰:『民
　　之所欲,天必從之。』《國語》引〈泰誓〉曰:『朕夢協朕卜,襲於休祥,戎商必
　　克。』《孟子》引〈泰誓〉曰:『我武惟揚,侵於之疆,取彼兇殘,我伐用張,于湯有

後重現於世間且為當時和後世所肯認的《尚書》文本，就只有伏生所傳今文《尚書》和孔安國整理的古文《尚書》。如果說孔子刪定的《尚書》原有一百篇，那麼伏生所傳今文《尚書》和孔安國整理的古文《尚書》就都是殘缺本，不過這兩種文本的真實性卻是無可置疑的。

　　不幸的是，這兩種歷劫重出的《尚書》文本，此後的命運都不很好。比較而言，今文《尚書》的遭際一度幸運得多。據《漢書·儒林傳》記載，伏生所傳今文《尚書》衍生出歐陽和大、小夏侯三個系統，這三個系統都是「徒眾尤盛，知名者也」。大、小夏侯《尚書》於宣帝甘露三年（前 51）立為博士，史有明書。[97]歐陽《尚書》則「至曾孫高子陽為博士」，[98]其時或即武帝建元五年（前 136）。[99]儘管歐陽《尚書》立為博士的時間尚屬推論，但無論如何，歐陽和大、小夏侯三家《尚書》於西漢時期全都立為博士是沒有問題的，故《後漢書·儒林列傳》載：「前書云：濟南伏生傳《尚書》，授濟南張生及千乘歐陽生，歐陽生授同郡兒寬，寬授歐陽生之子，世世相傳，至曾孫歐陽

光。』《孫卿》引《泰誓》曰：『獨夫受。』《禮記》引《泰誓》曰：『予克受，非予武，惟朕文考無罪。受克予，非朕文考有罪，惟予小子無良。』今文《泰誓》皆無此語。吾見書傳多矣，所引《泰誓》而不在《泰誓》者甚多，弗復悉記，略舉五事以明之亦可知矣。」又引王肅曰：「《泰誓》近得，非其本經。」見孔穎達疏：《十三經注疏·尚書正義》，頁 180。

97　《漢書·宣帝紀》甘露三年「詔諸儒講五經同異，太子太傅蕭望之等平奏其議，上親稱制臨決焉。乃立梁丘《易》、大小夏侯《尚書》、穀梁《春秋》博士」。

98　《漢書·儒林傳》。

99　《漢書·百官公卿表》和〈武帝紀〉均載武帝建元五年（前 136）初置五經博士。設以伏生於惠帝四年（前 191）下《除挾書律》即始授《尚書》，時歐陽生以十八歲親受之，復按十八年出生一代，則至重孫歐陽高十八歲時恰在武帝建元五年前後，已有資格立為博士了。歐陽《尚書》立為博士早於大、小夏侯《尚書》的證據有：劉歆〈讓太常博士書〉云「往者博士《書》有歐陽，《春秋》公羊，《易》則施、孟，然孝宣皇帝猶復廣立穀梁《春秋》，梁丘《易》，大、小夏侯《尚書》」，見《漢書·楚元王傳》附劉歆傳；《漢書·儒林傳》載「初，《書》唯有歐陽，《禮》後，《易》楊，《春秋》公羊而已。至孝宣世，復立大小夏侯《尚書》，大小戴《禮》，施、孟、梁丘《易》，穀梁《春秋》」。

高，為《尚書》歐陽氏學；張生授夏侯都尉，都尉授族子始昌，始昌傳族子勝，為大夏侯氏學；勝傳從兄子建，建別為小夏侯氏學。三家皆立博士。」東漢中興之後，繼立五經博士，《尚書》仍立歐陽和大、小夏侯三家。[100]漢末喪亂，三國紛爭，天下未定，不遑遵古。[101]及至中原安輯，曹魏繼統，明帝太和四年（230）即下詔提倡經學，崇尚典謨。[102]齊王芳及高貴鄉公髦都講習《尚書》，君臣之間詔奏論說，所引無非今文。[103]西晉踵武曹魏，今文顯為官學，觀其時朝廷文書可知。[104]然未幾八王亂起，復繼以永嘉之亂，「京華蕩覆，渠閣文籍，靡有孑遺」，「歐陽、大小夏侯《尚書》並亡」，[105]傳續四五百年的今文《尚書》也就從此絕跡，後人只能從古文《尚書》相同於今文《尚書》的三十三篇窺其大概了。

　　如果說今文《尚書》雖然最終不免於亡佚的命運，但畢竟曾經擁有顯赫的地位，那麼古文《尚書》則幾乎從未真正獲得過這種聲華。孔安國將「隸古定」

---

100 《後漢書‧儒林列傳》「及光武中興，愛好經術，未及下車，而先訪儒雅，采求闕文，補綴漏逸。……於是立五經博士，各以家法教授，《易》有施、孟、梁丘、京氏，《尚書》歐陽、大小夏侯，《詩》齊、魯、韓，《禮》大小戴，《春秋》嚴、顏，凡十四博士，太常差次總領焉」。

101 建安二十五年（220）魏王曹操遺令「天下尚未安定，未得遵古也」，見《三國志‧魏書‧武帝紀》。

102 《三國志‧魏書‧明帝紀》。

103 《三國志‧魏書‧三少帝紀》載正始五年（244）五月癸巳齊王芳「講《尚書》經通」；正始八年（247）秋七月，何晏上奏引「舜戒禹曰鄰哉鄰哉」，見《虞書‧益稷》，「周公戒成王曰其朋其朋」，見《周書‧洛誥》，「一人有慶兆民賴之」，見《周書‧呂刑》，皆今文；嘉平六年（254）高貴鄉公髦詔引「安民則惠，黎民懷之」，見《虞書‧皋陶謨》，亦今文；甘露元年（256）夏四月丙辰高貴鄉公髦與博士庾峻討論《尚書》，所涉篇章為《虞書‧堯典》，還是今文。

104 例如《晉書‧鄭沖列傳》載晉武帝詔引《尚書》「天秩有禮，五服五章哉」，見今文《虞書‧皋陶謨》；《晉書‧庾峻列傳》載與博士太叔廣、劉暾、繆蔚、郭頤、秦秀、傅珍等上武帝表引《尚書》「帝堯克明俊德，以親九族」，見今文《虞書‧堯典》。

105 《隋書‧經籍志》。

的《尚書》五十八篇「悉上送官」之後，由於有經無傳，不能立於學官，[106]只能「藏之書府」而已。待他「研精覃思，博考經籍，採摭群言，以立訓傳」，從而具備了將古文《尚書》立於學官的條件時，卻又恰逢巫蠱之禍，「經籍道息」，以至孔傳古文《尚書》「用不復以聞」，此後便主要在民間傳授。[107]「藏之書府」的古文《尚書》曾被作為校勘本使用，漢成帝時，劉向奉詔領校中秘書，曾經「以中古文校歐陽、大小夏侯三家經文，〈酒誥〉脫簡一，〈召誥〉脫簡二。率簡二十五字者，脫亦二十五字，簡二十二字者，脫亦二十二字，文字異者七百有餘，脫字數十」，[108]劉向用來校勘歐陽和大小夏侯《尚書》的「中古文」，當即孔安國所上古文《尚書》；而其時用來判定張霸「百兩篇」之真偽的「中書」，亦當為孔氏書。至哀帝朝，劉歆承父業續校中秘書，因特別愛好古文《春秋左氏傳》，遂欲憑藉宗室身分以及權臣王莽的勢力立之於學官，連帶也褒舉了《毛詩》、逸《禮》、古文《尚書》等古文經典。劉歆的企圖激起今文五經博士以及崇尚今文的大臣們的強烈抵拒，[109]劉歆遂致書嚴厲批評他們「不思廢絕之闕，苟因陋就寡，分文析字，煩言碎辭」，「猶欲保殘守缺，挾恐見破之私意，而無從善服義之公心，或懷妒嫉，不考情實，雷同相從，隨聲是非」，「深閉固距，而不肯試，猥以不誦絕之，欲以杜塞餘道，絕滅微學」，「專己守殘，黨同門，妒道真，違明詔，失聖意」云云，於是「諸儒皆怨恨」，大司空師丹怒而參奏劉歆「改亂舊章，非毀

---

106 漢代經學立於學官的必要條件就是有經有傳，關於這一點，可參見張岩：《審核古文〈尚書〉案》（北京：中華書局，2006年），頁13-14。

107 以上引文均見孔安國《尚書序》。孔傳古文《尚書》傳授脈絡，參見《漢書·儒林傳》、《後漢書·儒林列傳》、《後漢書·賈逵列傳》及《尚書正義·堯典》孔穎達疏。

108 《漢書·藝文志》。

109 當時朝廷所立的學官具有很大的含金量，《漢書·儒林傳》曰：「自武帝立五經博士，開弟子員，設科射策，勸以官祿，訖於元始，百有餘年，傳業者浸盛，支葉蕃滋，一經說至百餘萬言，大師眾至千餘人，蓋祿利之路然也。」《漢書·夏侯勝傳》載「勝每講授，常謂諸生曰：『士病不明經術；經術苟明，其取青紫如俛拾地芥耳。』」故已經得立的今文諸經學官，深恐古文諸經侵害既得利益，遂不免與之形同冰炭。

先帝所立」，所謂「非毀先帝所立」，即指欲立古文博士以否定武帝以降的今文博士制度，而所謂「改亂舊章」，則當指欲立有經無傳的古文《尚書》從而破壞有經有傳方能立於學官的成規。雖然劉歆因「貴幸」而不僅沒有被治罪，而且他所喜好的《春秋左氏傳》以及《毛詩》、逸《禮》、古文《尚書》確於平帝年間賴王莽之力而增設博士，但因王莽之奸偽篡逆為天下後世所不齒，劉歆亦因依附王莽而每為人所不直，故古文《尚書》此次立於學官非但沒有增加榮耀，反而成為遭受後世懷疑或攻訐的口實。[110]

　　東漢恢復前朝學官制度，立今文十四博士，《尚書》仍然是歐陽和大小夏侯三家，不過章帝時「又詔高才生受古文《尚書》、毛《詩》、穀梁、左氏《春秋》，雖不立學官，然皆擢高第為講郎，給事近署，所以網羅遺逸，博存眾家」，[111]這是對西漢今古文之爭所做的折衷，雖然古文諸經仍不一定擁有官祿，或即使擁有官祿也一定視今文諸經等而下之，但畢竟使古文諸經取得了朝廷承認的學術地位。在這種情勢下，古文《尚書》便在社會上傳衍開來，文本也就不一而足。史載，孔安國以其書「授都尉朝。……都尉朝授膠東庸生。庸生授清河胡常少子，以明《穀梁春秋》為博士、部刺史，又傳《左氏》。常授虢徐敖，敖為右扶風掾，又傳《毛詩》，授王璜、平陵塗惲子真。子真授河南桑欽君長」；[112]又載孔氏後人「自安國以下，世傳古文《尚書》」，遞至章帝年間的孔僖，其子季彥猶「守其家業，門徒數百人」，[113]這兩條學脈所傳承的文本當即孔安國因武帝末年巫蠱之禍而未能獻上的孔傳古文《尚書》。另一種重要文本是杜林於新莽之末流寓西州時所得漆書古文《尚書》一卷，杜林以此文本傳授衛宏、徐巡，囑曰「林流離兵亂，常恐斯經將絕，何意東海衛子、濟南徐生復能傳之，是道竟不墜於地也。古文雖不合時務，然願諸生無悔

---

110 以上引文以及有關劉歆事蹟，見《漢書·楚元王傳》附劉歆傳。關於平帝年間增設《春秋左氏傳》、《毛詩》、逸《禮》、古文《尚書》博士之事，見《漢書·儒林傳》及《漢書·王莽傳上》。

111 《後漢書·儒林列傳》。《後漢書·賈逵列傳》亦記此事，係於章帝建初八年（83）。

112 《漢書·儒林傳》。

113 《後漢書·儒林列傳》。

所學」，因此「宏、巡益重之，於是古文遂行」，[114]嗣後「林同郡賈逵為之作訓，馬融作傳，鄭玄注解，由是古文《尚書》遂顯於世」。[115]馬融、鄭玄的傳注至唐代尚存，陸德明以之比較孔傳本，指出「馬、鄭所注並伏生所誦，非古文也」，[116]魏徵等也說馬、鄭注本「唯二十九篇，又雜以今文，非孔舊本」，[117]由此可以推知杜林本至少在篇數方面同於今文而異於古文；不過孔穎達也在比較之後指出，鄭注本在詞語方面往往同於古文而異於今文，「夏侯等書『宅嵎夷』為『宅嵎鐵』，『昧谷』曰『柳谷』，『心腹腎腸』曰『憂腎陽』，『劓刵劅剠』云『臏宮劓割頭庶剠』，是鄭注不同也」，[118]這又表明杜林本也是今古文的折衷，是一種既與歐陽和大小夏侯三家本以及孔傳本都有關聯、但又不全同於這兩個系統的獨特文本。而由杜林本衍生的「馬氏《尚書》」、「《尚書》鄭氏」等文本，[119]也當與祖本有所變異，否則不會出現卷數的差別，也不會導致後來王肅「善賈、馬之學而不好鄭氏」的取向分歧。[120]考慮到東漢時期經典淆亂的程度，[121]當時號稱「古文《尚書》」的文本很有可能還不止於上述幾種。所有這些文本肯定都是孔傳古文《尚書》的直接或間

---

114 《後漢書・杜林列傳》。

115 《後漢書・儒林列傳》。

116 陸德明：《經典釋文》（北京：中華書局，1983 年），頁 8。

117 《隋書・經籍志》。按「二十九篇」者，伏生二十八篇加後出〈泰誓〉一篇也。

118 孔穎達疏：《十三經注疏・尚書正義》，頁 118。

119 見《晉書・儒林列傳・董景道》、《晉書・荀崧列傳》、《晉書・劉元海載記》。「馬氏《尚書》」當即《隋書・經籍志》著錄的「《尚書》十一卷馬融注」，「《尚書》鄭氏」則應該是同書著錄的「《尚書》九卷鄭玄注」。這兩種文本當然是從東漢流傳到晉代乃至隋唐的。

120 引文見《三國志・魏書・王朗傳》附王肅傳。

121 《後漢書・儒林列傳》載「自是遊學增盛，至三萬餘生。然章句漸疏，而多以浮華相尚，儒者之風蓋衰矣。黨人既誅，其高名善士多坐流廢，後遂至忿爭，更相告言。亦有私行金貨，定蘭臺漆書經字，以合其私文」，以至靈帝不得已「乃詔諸儒正定五經，刊於石碑」。《後漢書・鄭玄列傳》亦曰「及東京，學者亦各名家，而守文之徒，滯固所稟，異端紛紜，互相詭激，遂令經有數家，家有數說」。《後漢書・蔡邕列傳》也說明了靈帝刊立石經的緣由乃因「經籍去聖久遠，文字多謬，俗儒穿鑿，疑誤後學」。

接變種，但因其時孔傳本並未受到特別推重，故不免被諸多文本所遮蔽，如杜林本就比孔傳本更加行時，因此，時人甚至一些重要學者見不到孔傳本，也就可以理解了。[122]

　　古文《尚書》多本歧出的局面至西晉末造基本結束，其時「帝京寡弱，狡寇憑陵，遂令神器劫遷，宗社顛覆，數十萬眾並垂餌於豺狼，三十六王咸隕身於鋒刃，禍難之極，振古未聞」，[123]「粉忠貞於戎手，聚搢紳於京觀。先王井賦，乃眷維桑。舊都宮室，咸成茂草」！[124]於是「渠閣文籍，靡有孑遺」，[125]「眾家之書並滅亡」。[126]毫無疑問，中華文化在當時又經歷了一次嚴重劫難，不過「眾書並亡、靡有孑遺」的說法卻是有所誇張，當時逃脫中原戰亂的官紳士民總會帶出一些典籍，而遠離兵燹的東南地區當然更多地保存了圖書，所以東晉荀崧才說「江揚二州，先漸聲教，學士遺文，於今為盛」。[127]正因此，晉室南渡甫安，豫章內史梅賾便奏上孔傳古文《尚書》，[128]這個文

122　東漢趙岐、鄭玄乃至於西晉杜預都未見到孔傳本，因而趙岐《孟子注》稱〈大禹謨〉、〈仲虺之誥〉、〈伊訓〉、〈說命〉、〈泰誓〉、〈武成〉、〈君牙〉等篇為「《尚書》逸篇」（見趙岐注：《十三經注疏‧孟子注疏》〔北京：中華書局，1980 年〕，頁 2675、2681、2701、2712、2714、2733、2735、2736、2738），鄭玄《禮記注》稱〈咸有一德〉、〈說命〉、〈君陳〉等篇「今亡」（見鄭玄注：《十三經注疏‧禮記正義》，頁 1521、1620、1648），杜預《左傳注》稱〈大禹謨〉、〈五子之歌〉、〈胤征〉、〈太甲〉、〈泰誓〉、〈武成〉、〈蔡仲之命〉等篇為「逸書」（見杜預注：《十三經注疏‧春秋左傳正義》，頁 1937、1958、1971、1986、1991、2016、2020、2059、2082、2162）。

123　《晉書‧八王列傳》。

124　《晉書‧劉曜載記》。

125　《隋書‧經籍志》。

126　陸德明：《經典釋文》，頁 8。

127　《晉書‧荀崧列傳》。

128　關於梅賾獻《書》的記載，概見《經典釋文》「江左中興，元帝時，豫章內史梅賾（字仲真，汝南人）奏上孔傳古文《尚書》」，《尚書正義‧堯典》孔穎達疏「汝南梅賾，字仲真，又為豫章內史，遂於前晉奏上其書而施行焉」，《尚書正義‧舜典》孔穎達疏「昔東晉之初，豫章內史梅賾上孔氏傳」，《春秋左傳正義‧襄公三十一年》孔穎達疏「及江東晉元帝時，其豫章內史梅賾始獻孔安國所注古文《尚書》」，《隋書‧經籍

本也於元帝年間立為博士；[129]而馬融、鄭玄、王肅所注《尚書》亦稍稍出焉。[130]嗣後人世滄桑，歷劫重出的漢魏《尚書》文本絕大多數又亡佚了，[131]

《志》「至東晉，豫章內史梅賾始得安國之傳，奏之」。又，《經典釋文》、《尚書正義》孔穎達疏及《隋志》均稱梅賾所獻孔傳古文《尚書》缺〈舜典〉一篇，陸德明說「乃取王肅注《堯典》，從『慎徽五典』以下，分為〈舜典〉篇以續之」，而指齊明帝建武中姚方興所獻〈舜典〉為「采馬、王之注」而偽造，「遂不行用」；但孔穎達及《隋志》都肯定所缺〈舜典〉乃姚方興得而獻之，不過二者之說又有差異，孔穎達說因姚氏以罪致戮，其書當時並未獻上，遲至隋開皇初年才又購求之（見《尚書正義·堯典》、〈舜典〉孔穎達疏）；《隋志》則說姚書當時就「始列國學」。揚榷言之，梅賾所獻孔傳本缺〈舜典〉一篇當無疑問，但如何補足、何時補足，則三說無從軒輊，總之，迄於唐初，孔傳本五十八篇業已完整無缺。還需說明的是，孔穎達和《隋志》都提到姚氏所獻〈舜典〉多二十八字一事。孔穎達說姚氏得「孔氏傳古文《舜典》」，其中「曰若稽古帝舜」等十二字「孔氏傳本無」，又說「此下更有『濬哲文明，溫恭允塞，玄德升聞，乃命以位』」，這十六字並前十二字，「此二十八字異」（見《尚書正義·舜典》孔穎達疏）；《隋志》則說姚氏所獻〈舜典〉「比馬、鄭所注多二十八字」。姚氏所獻〈舜典〉多二十八字或亦無疑，但按孔穎達之說則殊不可通，因為既說姚氏所得就是「孔氏傳古文《舜典》」，何以又說「孔氏傳本無」十二字乃至「二十八字異」呢？孔氏傳本身如何能構成對比關係呢？且孔穎達已明言「東晉之初，豫章內史梅賾上孔氏傳，猶闕〈舜典〉」（見同上），如此姚氏所獻〈舜典〉又從何處去找對比文本呢？相比之下，《隋志》的說法更為合理，據之可知姚氏所獻〈舜典〉乃比當時還在流傳的馬融、鄭玄《尚書》注本的〈舜典〉多出二十八字，可從。

[129]《晉書·荀崧列傳》載東晉元帝時「方修學校，簡省博士，置《周易》王氏、《尚書》鄭氏、古文《尚書》孔氏、《毛詩》鄭氏、《周官禮記》鄭氏、《春秋左傳》杜氏服氏、《論語》《孝經》鄭氏博士各一人，凡九人」。

[130]《隋書·經籍志》著錄「《尚書》十一卷，馬融注。《尚書》九卷，鄭玄注。《尚書》十一卷，王肅注」。

[131]《舊唐書·經籍志》和《新唐書·藝文志》著錄開元盛時朝廷藏書，其中漢魏《尚書》文本尚有「古文《尚書》十三卷孔安國傳，又十卷馬融注，又九卷鄭玄注，又十卷王肅注」（《舊唐志》），「古文《尚書》孔安國傳十三卷，王肅注十卷」，「馬融傳十卷」，「鄭玄注古文《尚書》九卷」（《新唐志》）。其後經安史之亂、黃巢之亂、昭宗播遷、五代亂離乃至靖康之難，至《宋史·藝文志》便僅存「《尚書》十二卷漢孔安國傳」一種了，另有「伏勝《大傳》三卷鄭玄注」，乃是解經類著述，而非《書》經本身。《明史·藝文志》格於體例，不錄前人著述，不論。《四庫全書總目·經部·書類》著錄的漢魏《尚書》文本也只有「《尚書正義》二十卷，舊本題漢孔安國傳」、

唯有孔傳古文《尚書》保存至今，使後人有幸賴以一窺聖哲的懿範和先民的史跡。然而，這部彌足珍貴的偉大經典卻又遭到苛刻的懷疑，甚至被釘上了「偽」字標籤！

三、《尚書》真偽辨正

從東晉梅賾奏上孔傳古文《尚書》，迄於北宋末年，八百多年間並無人對這部經典提出疑問，特別是唐初孔穎達奉敕依據梅賾之書撰《尚書正義》之後，其書更是成為官方定本頒行天下，為士庶所尊信。[132]最先對孔傳古文《尚書》表示懷疑者，大概是兩宋之際的吳棫（字才老），《宋史・藝文志》「《書》類」載「吳棫《裨傳》十三卷」，《四庫全書總目》稱此書對古文《尚書》「始稍稍掊擊」，[133]閻若璩《尚書古文疏證》也說「疑古文自吳才老始」。[134]接下來對古文《尚書》提出疑問的大家是朱熹，他認為「孔

「《尚書大傳》四卷補遺一卷，舊本題漢伏勝撰」，基本上同於《宋志》。而《清史稿・藝文志》列入「漢歐陽生《尚書章句》一卷」、「漢夏侯建《尚書章句》一卷」、「漢馬融《尚書傳》四卷」、「魏王肅《尚書注》二卷」、「漢張霸《百兩篇》一卷」、「漢鄭玄《尚書注》九卷」等，實乃馬國翰、王謨、袁鈞輯佚而得，恰恰反映這些古籍均已亡佚。

[132] 《四庫全書總目》之《尚書正義》提要曰「其書至晉豫章內史梅賾始奏于朝，唐貞觀十六年孔穎達等為之疏」；又《書纂言》提要曰「古文《尚書》自貞觀敕作《正義》以後，終唐世無異說」，又《古文尚書疏證》提要亦曰「唐以來雖疑經惑古如劉知幾之流，亦以《尚書》一家列之《史通》，未言古文之偽」，見《四庫全書總目》（北京：中華書局，1965 年），頁 89、96、101。

[133] 見《四庫全書總目・書纂言》提要，頁 96。

[134] 閻若璩述吳棫言曰：「伏生傳於既耄之時，而安國為隸古又特定其所可知者，而一篇之中、一簡之內，其不可知者蓋不無矣。乃欲以是盡求作書之本意與夫本末先後之義，其亦可謂難矣。而安國所增多之書，今書目具在，皆文從字順，非若伏生之書屈曲聱牙，至有不可讀者夫？四代之書，作者不一，乃至二人之手而遂定為二體乎？其亦難言矣。」但閻氏並未說明此段引述見於何處，倒是於下文慨歎「其不傳也，惜哉」！見閻若璩：《尚書古文疏證》（上海：上海古籍出版社，1987 年），頁 1109、1113、1115。

《書》至東晉方出，前此諸儒皆不曾見，可疑之甚」，「孔壁《尚書》，漢武帝時方出，又不行於世，至東晉時方顯，故揚雄、趙岐、杜預諸儒悉不曾見」，這是對孔傳古文《尚書》的來歷表示懷疑；他又認為「孔壁所出《尚書》，如〈禹謨〉〈五子之歌〉〈胤征〉〈泰誓〉〈武成〉〈冏命〉〈微子之命〉〈蔡仲之命〉〈君牙〉等篇皆平易，伏生所傳皆難讀。如何伏生偏記得難底，至於易底全記不得？此不可曉」，這是對古文《尚書》的文體表示懷疑；他還疑及《書》小序以及孔序和孔傳，說「某看得《書》小序不是孔子自作，只是周秦間低手人作」，「《書》序恐不是孔安國做，漢文粗枝大葉，今《書》序細膩，只似六朝時文字」，「《尚書》決非孔安國所注，蓋文字困善，不是西漢人文章」；由此他得出結論：「某嘗疑孔安國書是假書」，「《尚書》孔安國傳，此恐是魏晉間人所作，托安國為名」，甚至說「孔安國《尚書》序，只是唐人文字」！[135]實際上，朱子不僅致疑於古文《尚書》，而且並今文諸篇，如〈堯典〉〈舜典〉〈盤庚〉〈金縢〉〈大誥〉〈康誥〉〈酒誥〉〈梓材〉〈呂刑〉等亦表不信，[136]他也察覺如此疑經大為不妥，故又教誡弟子「《書》中可疑諸篇，若一齊不信，恐倒了六經」！[137]在分析《尚書》諸篇時，他對絕大多數古文篇章都作了正面闡論，未再曉曉於疑信問題。不過，以朱子在元明以降的巨大影響，他的疑《書》言論還是開啟了後世《尚書》辨偽的思想閘門和方法路徑。[138]

---

135 上引朱熹言論均見黎靖德編：《朱子語類》（北京：中華書局，1994 年），卷 78。

136 朱子曰：「《堯典》一篇自說堯一代為治之次序，至讓于舜方止，今卻說是讓於舜後方作。《舜典》亦是見一代政事之終始，卻說『曆試諸艱』，是為要受讓時作也。至後諸篇皆然。」又說：「書亦多可疑者，如《康誥》《酒誥》二篇，必是武王時書，人只被作洛事在前惑之。……《梓材》一篇又不知何處錄得來，此與他人言皆不領。」又說：「《金縢》亦有非人情者，……《盤庚》更沒道理，……《呂刑》一篇，如何穆王說得散漫」，「《大誥》一篇不可曉。」見《朱子語類》，卷 78、卷 79。

137 見《朱子語類》，卷 79。

138 略舉一例：閻若璩之子閻詠《尚書古文疏證後序》記載：「家大人微君先生著《尚書古文疏證》若干卷，愛之者爭相繕寫，以為得未曾有；而怪且非之者亦復不少。微君意不自安，曰：吾為此書，不過從朱子引而伸之，觸類而長之耳，初何敢顯背紫陽以蹈大不

　　宋末以迄明代，改竄攻訐《尚書》之甚者有王柏《書疑》、吳澄《書纂言》及梅鷟《尚書考異》和《尚書譜》。王柏為朱子三傳後學，其著「排斥漢儒不已，並集矢於經文」，「並全經而移易補綴」；[139]吳澄「本朱子之說，相繼抉摘」，直斥古文為「晉世晚出之書」，一概排除於其著之外；[140]梅鷟「因宋吳棫、朱子及元吳澄之說」，乃「謂孔安國序並增多之二十五篇悉雜取傳記中語以成文」，並「謂二十五篇為皇甫謐所作」，甚至「謂孔壁之十六篇出於孔安國所為」，其著以後世地名見於孔傳指證古文《尚書》晚出，一定程度上為清人閻若璩以考據方法證偽古文《尚書》指點了法門。[141]閻氏《尚書古文疏證》[142]集前代疑《書》成果之大成而凌屬其上，列舉一百二十八條，[143]從篇數、篇名、篇次、來歷、天象、曆法、輿地、祀事、名諱、禮儀、制度、刑法、史實、比勘、訓詁、體例等多方面，全面攻訐古文《尚書》的所謂「矛盾」，認為「此篇已亡而復出相距三百年，中間儒者如班固、鄭康成皆未之見，而直至梅賾始得而獻之，可疑之甚」，[144]基於這一前提以及

趙之罪！因命詠取《語類》四十七條、《大全集》六條，匯次成編，名《朱子古文書疑》，就京師刻以行世。告詠曰：夫破人之惑，若難與爭于篤信之時，待其有所疑焉，然後從而攻之可也，此歐公語也。歐公又言：孔子者，萬世取信一人而已！余則謂朱子者，孔子後取信一人而已！今取朱子之所疑告天下，天下人聞之，自不必盡篤其信，所謂有所疑，然後出吾《疏證》以相示，庶其有悟乎？」見閻若璩：《尚書古文疏證》，頁7。

139 參見《四庫全書總目・書疑》提要，頁106-107。

140 參見《四庫全書總目・書纂言》及《尚書古文疏證》提要，頁96、101。

141 參見《四庫全書總目・尚書考異》及《尚書譜》提要，頁99、109。

142 關於閻氏此著名稱，其子閻詠《尚書古文疏證後序》釋曰：「至微君所以名其書之義，實嘗與聞，蓋讀《漢書・儒林傳》孟喜得《易》家候、陰陽、災變書，詐言師田生枕喜膝，獨傳喜，諸儒以此耀之同門，梁邱賀疏通證明之。顏師古注疏通猶言分別也；證明，明其偽也。摘取此二字；首曰『尚書』，尊經也；次曰『古文』，傳疑也。」見閻若璩：《尚書古文疏證》，頁8。故此著當稱《尚書古文疏證》，而不當如《四庫全書總目》稱之為「古文尚書疏證」。

143 一百二十八條中，存目闕文者十二條，目文俱闕者十七條，凡闕二十九條，實有九十九條。所闕者乃清乾隆十年（1745）眷西堂初刻本原闕。

144 見閻若璩：《尚書古文疏證》，頁61。

「旁搜曲引，吹毛索瘢」式的舉證，從而讞定古文《尚書》是「不古不今、非伏非孔」的「晚出於魏晉間之書」。[145]閻氏的結論其實並未迥超先前疑《書》者，如朱子在五百多年前就曾作出大致相同的推測；但由於閻氏的考證工夫表現得更加充分和細密，因而大受時流讚賞。黃宗羲為閻著作序曰：「余讀之終卷，見其取材富，折衷當。……中間辨析三代以上之時日、禮儀、地理、刑法、官制、名諱、祀事、句讀、字義，因《尚書》以證他經史者，皆足以袪後儒之蔽，如此方可謂之窮經！……仁人之言，有功於後世大矣！」[146]可謂推崇備至。是後程廷祚《晚書訂疑》、惠棟《古文尚書考》、江聲《尚書集注音疏》、王鳴盛《尚書後案》、戴震《尚書義考》、崔述《古文尚書辨偽》、孫星衍《尚書古今文注疏》、丁晏《尚書餘論》、皮錫瑞《經學通論》等，紛紛風從閻說，推波助瀾。而以紀昀為首的館臣更是將閻說貫徹於官修《四庫全書總目》之中，一方面高度評價閻著「引經據古，一一陳其矛盾之故，古文之偽乃大明。……反復釐別，以袪千古之大疑，考證之學則固未之或先矣」，[147]另一方面對不合閻氏之說而尊信古文《尚書》者，如前代的陳第、朱朝瑛、楊文彩以及當朝的毛奇齡、孫承澤、陸隴其、徐世沐、顧昺、楊方達、顧棟高、郭兆奎、江昱等一概予以駁詰批評甚至嘲諷抨擊，[148]由此將閻氏疑《書》之論實際上抬高到官學地位，儼然作為評判準則，這在很大程度上引導或助長了有清一代疑《書》乃至疑古的學風世風。

在這種風氣下，晚清又突起一位疑古狂人康有為。康氏汲汲於經世，必欲借孔子以自重，而古文經典所見之孔子洵為「述而不作」的文獻學家或歷史學

---

145 同前注，頁 195。閻氏在別處又說古文《尚書》「抑魏晉之間假託者耶」，「偽作古文者，生於魏晉間」，見同書頁 134、329。

146 同前注，頁 3-4。

147 見《四庫全書總目・古文尚書疏證》提要，頁 101-102。

148 參見《四庫全書總目》之《尚書疏衍》、《讀尚書略記》、《書繹》、《古文尚書冤詞》、《尚書集解》、《古文尚書考》、《尚書惜陰錄》、《書經筍記》、《尚書通典略》、《尚書質疑》、《心園書經知新》、《尚書私學》諸書提要，頁 100、102、113、114、116、117、118。

家，不符康氏用意；唯今文經典（特別是《春秋公羊傳》）中的孔子乃是以「微言大義」為萬世立法的政治家或改革家，這才投合康氏的心志，於是康氏極力標舉今文經學而強烈否定古文經學。既要否定古文經學，當然莫如直斥歷史上最早公開爭立古文經學並首先向今文博士發起挑戰的劉歆，康氏襲取廖平《闢劉篇》成果，撰成《新學偽經考》，對劉歆進行了全面詆毀[149]（但從另一方面看卻又簡直是對劉歆作了無限抬高）。按康氏的說法，劉歆「挾校書之權，藉王莽之力」，「遍偽諸經，旁及天文、圖讖、鐘律、月令、兵法，莫不偽竄；作為《爾雅》、八體六技之書以及鐘鼎，以輔其古文之體」，據說劉歆偽造的古文經典包括費氏《易》、古文《書》、《毛詩》、《周官》、《逸禮》、左氏《春秋傳》、《爾雅》、《論語》、《孝經》乃至《樂經》，並且「歆既偽撰，又自注之」，[150]如此則煌煌十三經，連經帶傳竟然大半出於劉歆一人之手！猶有甚者，康氏說劉歆為了蒙蔽天下後世，還篡改《史記》，編造《漢書》，炮製古文經典傳授源流及其師承授受者姓名，假造前代鼎彝「或埋藏郊野而使人掘出，或深瘞山谷而欺紿後世」，借其銘文以證古文其來有自，[151]諸如此類，實在將公羊家「非常異義可怪之論」發揮得登峰造極！對於當時及後世信從古文的學者，康氏一概指為受到劉歆收買或迷惑，[152]卻不知劉歆何以具有如此巨大而深遠的影響力？對於後世尊奉古文經典的狀況，康氏也都以愚昧視之，斥之曰「自魏晉至唐，言術藝之士皆徵於歆，蜩淫既久，開口即是，孰能推見至隱，窺其瑕釁乎？此所以範圍二千年，莫有發難者

---

[149] 康氏不僅攻詆劉歆遍偽諸經，作偽亂道，而且還直接非毀其人品，如說王莽徵採民間百二十女與膳羞百二十品的荒淫行為乃「歆偽說以媚莽者也」，以至「隋之宮人萬計，唐宗之宮女三千，縱恣無厭，怨曠充塞，皆歆作俑之罪也」！又杜撰劉歆與乃父劉向的對立曰「夫向之《陳外家封事》也折王氏，而歆以宗室子佐莽篡漢；向之尊述六經也守孔學，而歆以世儒業而抑儒篡孔；向之持守《魯詩》也奉元王，而歆以作偽經而誣父悖祖」，從而質問「其為臣、為弟、為子，果何如也」！凡此皆捕風捉影而誇大其詞之說。見康有為：《新學偽經考》（北京：中國戲劇出版社，1999年），頁72、185。

[150] 見康有為：《新學偽經考》，頁26、35、41、44、50、55、61、68。

[151] 同前注，頁1、19、23、25、54、56、61、62、63、66、69、75。

[152] 同前注，頁19、50、62、68、76-85、88、91。

也」；[153]鄙之為「千載邈邈，群盲同暗室，眾口爭晝日，實無見者，豈不哀哉」，[154]不啻說自西京以降兩千年來中國的學術、思想、文化完全籠罩於劉歆學說之中，實在匪夷所思！

專就古文《尚書》來說，康氏據其「《漢書》為歆所作」的奇談，悍然否認《漢書・藝文志》、〈景十三王傳〉、〈楚元王傳〉的記載，將魯共王壞孔子舊宅得古書之說指為劉歆的杜撰，而一口咬定古文《尚書》是劉歆依託先秦以及秦漢典籍中所引古書文句而偽造。[155]至於古文《尚書》的流傳過程，康氏同樣悍然否認《漢書・儒林傳》的記述，而將孔安國以下的傳授譜系也指為劉歆的虛構，並認為劉歆以後其書為杜林、馬融、鄭玄所繼承，至魏晉之世遂與王肅偽造的另一種古文《尚書》並行，迨及永嘉之亂，劉歆之書湮沒，而東晉元帝時梅賾奏上的則是王肅之書了。[156]相比先前的疑《書》者，康氏的「新意」在於提出了「偽中之偽」說，即劉歆首先作偽，王肅再次作偽。關於王肅作偽的說法，朱彝尊、閻若璩、惠棟、江聲、王鳴盛、劉台拱、丁晏等早已言及，並非康氏的發明；而可推為康氏力倡的劉歆作偽說，[157]由於建立在否定《漢書》的基礎上，故根本沒有可信度而不值得認真對待。[158]其實，整部《新學偽經考》充斥著悖謬和荒誕言論，但這部既妄且悍的著作卻被當時引領世風的新進人物如梁啟超譽為「思想界之一大颶風」，在這種示範和慫恿下，更加猖狂的言論勢必出現，如胡適將《尚書》指為「儒家造出的『托古改制』的書」，[159]進而斷定「在東周以前的歷史，是沒有一字可以信的」，[160]

---

153 同前注，頁 68。

154 同前注，頁 54。

155 康氏說「共王壞壁」乃是劉歆「肆其烏有之辭」，又說「十六篇皆歆所偷竊偽造至明也」，參同前注，頁 23-26、69。

156 同前注，頁 25、61-62、97-98、106。

157 關於劉歆偽造古文《尚書》的說法，劉逢祿、廖平在康有為之前就已提出，但影響遠沒有康氏之大。

158 不過錢穆還是認真對待了康氏此著，在其 1930 年發表的《劉向歆父子年譜》中列舉二十八條反駁了康氏的謬說。

159 胡適說：「唐、虞、夏、商的事實，今所根據，止有一部《尚書》。但《尚書》是否可

倡言「現在先把古史縮短二三千年」，[161]疾呼「寧疑古而失之，不可信古而失之」；[162]以及受到胡適影響的顧頡剛將古文《尚書》視為偽書的標本，將由《尚書》衍發的帝系、王制、道統、經學視為偽史的中心，並圍繞這些觀點提出極具破壞力的「層累地造成的中國古史」說，[163]就真可謂是「懸崖轉

作史料，正難決定。梅賾偽古文，固不用說。即二十八篇之『真古文』，依我看來，也沒有信史的價值，……豈可用作史料？我以為《尚書》或是儒家造出的『托古改制』的書，或是古代歌功頌德的官書。無論如何，沒有史料的價值。」見《胡適全集》（合肥：安徽教育出版社，2007 年），第 5 卷，頁 213。

160 胡適說：「在東周以前的歷史，是沒有一字可以信的。以後呢？大部分也是不可靠的。……我們總要有疑古的態度才好。」見《胡適文集》（北京：人民文學出版社，1998 年），第 12 冊，頁 92-93。

161 見胡適：〈致顧頡剛函（1921 年 1 月 28 日）〉，載《古史辨》（上海：上海古籍出版社，1982 年），第 1 冊，頁 22。

162 見胡適：〈自述古史觀書〉，載《古史辨》，第 1 冊，頁 23。類似的話語胡適曾反覆說過，如「寧可疑而錯，不可信而錯」（《胡適文集》〔北京：人民文學出版社，1998年〕，第 3 冊，頁 357），「寧可疑而過，不可信而過」（《胡適日記全編》〔合肥：安徽教育出版社，2001 年〕，第 3 冊，頁 406）。

163 顧頡剛於 1916 年考入北京大學中國哲學門，次年胡適從美國回國，進入北大教授中國哲學史，顧氏遂成為胡適的學生，受胡適課上課後、有心無心的影響而走上疑古辨偽的道路（參見胡適：〈介紹幾部新出的史學書〉，載《顧頡剛學記》〔北京：三聯書店，2002 年〕，頁 1-7；顧頡剛：〈自序〉，《古史辨》，第 1 冊，頁 36）。顧氏不少疑古言論簡直就是胡適之說的翻版或注解，如胡適說「現在先把古史縮短二三千年」，顧氏就說「中國號稱有四千年（有的說五千年）的歷史，大家從《綱鑑》上得來的知識，一閉目就有一個完備的三皇五帝的統系，三皇五帝又各有各的事實，這裡邊真不知藏污納垢到怎樣！若能仔細的同他考一考，教他們渙然消逝這個觀念，從四千年的歷史跌到二千年的歷史，這真是一大改造呢」（〈告擬作《偽書考》跋文書〉，《古史辨》，第 1 冊，頁 12-13），「把偽史和依據了偽書而成立的偽史除去，實在只有二千餘年，只算得打了一個『對折』」（〈自序〉，《古史辨》，第 1 冊，頁 43）；胡適說「在東周以前的歷史，是沒有一字可以信的」，「以現在中國考古學的程度來看，我們對於東周以前的中國古史，只可存一個懷疑的態度」（《胡適全集》，第 5 卷，頁 213），「東周以前，無可信的材料，寧可闕疑，不可妄談『邃古』」（《胡適文存》〔上海亞東圖書館，1930 年〕，3 集，卷 7，頁 974），顧氏就說「照我們現在的觀察，東周以上只好說無史」（〈致王伯祥函〉，《古史辨》，第 1 冊，頁 35），「我們的古

史，……在東周以前，簡直渺茫極了」（〈中國古代史略〉，原載於《學術季刊》第 1 卷第 1 期〔1943 年 1 月〕，見《顧頡剛古史論文集》〔北京：中華書局，1993 年），第 2 冊，頁 477）；胡適說「打倒一切成見，為中國學術謀解放」（《胡適遺稿及秘藏書信》〔合肥：黃山書社，1994 年），第 17 冊，頁 484），顧氏就說「打破民族出於一元的觀念，打破地域向來一統的觀念，打破古史人化的觀念，打破古代為黃金世界的觀念」（〈答劉胡兩先生書〉），《古史辨》，第 1 冊，頁 99-102）。有學者指出「王國維『古史新證』諸作發表以前，中國學術界的內部意見，一直受到晚清今文家說影響，人們對《史記》等舊籍的信心，正在普遍動搖之中。胡適在《中國哲學史大綱卷上導言》發表的疑古論述，正是此種觀點的典型流露」（陳以愛：〈胡適對王國維「古史新證」的回應〉，《歷史研究》，2008 年第 6 期），理出了胡適疑古史觀與晚清今文家說主要就是康有為《新學偽經考》之間的關係；而顧氏的疑古事業秉承胡適的提撕，當然也就與康氏的謬說一脈相承，顧氏在《古史辨》第 1 冊〈自序〉中也坦承了這一點。雖然顧氏在 1929 年以後與胡適逐漸疏遠，但胡適對他的影響卻是深刻而長遠的（參見許冠三：〈顧頡剛：始於疑終於信〉，見《顧頡剛學記》，頁 94-95）。在前輩帶動下，顧氏「膽子更大了」（胡適語，見〈介紹幾部新出的史學書〉），甫過而立之年就提出否定整個中國上古史的判決式的「層累地造成的中國古史」說（見〈與錢玄同先生論古史書〉，首發於 1923 年 5 月 6 日《努力週報》副刊「讀書雜誌」），被胡適盛讚為「替中國史學界開了一個新紀元了」（見〈介紹幾部新出的史學書〉），顧氏從此名重史林。「層累說」以辨析偽書、偽人、偽事、偽史為手段，以追求「深澈猛烈的真實」相標榜，由之生發的要害是以「四設準」（關於上古的史料，以民族言，多元說可信，一元說不可信；以疆域言，商代「邦畿千里」之類說法可信，〈禹貢〉九州說不可信；以神性與人性的比例言，神性愈多愈可信，人性愈多愈不可信；以美化程度言，說上古並不美善快樂可信，反之不可信。參見〈答劉胡兩先生書〉，《古史辨》，第 1 冊）否定「四偶像」（作為種族偶像的三皇五帝系統，作為政治偶像的王制，作為倫理思想偶像的道統，作為學術文化偶像的經學。參見〈顧序〉，《古史辨》，第 4 冊），以期達到「四打破」（打破民族出於一元的觀念，打破地域向來一統的觀念，打破古史人化的觀念，打破古代為黃金世界的觀念），從而實現「三要使」（要使古人只成為古人而不成為現代的領導者，要使古史只成為古史而不成為現代的倫理教條，要使古書只成為古書而不成為現代的煌煌法典。參見〈顧序〉，《古史辨》，第 4 冊）。如果顧氏的目的真正實現，中華民族將不知根源何在，身存何地，心繫何所，魂歸何處？如果說為了真實而一切在所不計，那麼顧氏的「層累說」和「四設準」就一定真實嗎？事實上，顧氏在一九三〇年代就因考證方法的局限性而感歎他所追求的真實是可望而不可即的神山（參見〈顧序〉，《古史辨》，第 4 冊），直至晚年，他都自承作為其古史辨偽之核心的《尚書》考證「研究愈深，問題愈多，方面亦愈廣」（轉引自劉起釪：〈顧頡

石，非達於地不止」了！

　　夷考南宋以來疑《書》者們的思維邏輯，基本上具有相同的三個步驟，其一是認為古文《尚書》的傳承脈絡茫昧無稽，由此構成懷疑的前提；其二是從《尚書》內外「吹毛索瘢」式地尋找「破綻」，由此構成懷疑的證據；其三是確指或泛指某人拼湊綴合古籍中的引《書》文句以作成偽書，由此構成懷疑的結論。但古文《尚書》的傳承脈絡是不是茫昧無稽？其中的所謂「破綻」能不能構成作偽證據？被指控的作偽者有沒有作偽的必要和可能？這些都是大可商榷的。首先，從傳承脈絡來說，古文《尚書》（此指包括與今文重疊的三十三篇在內的五十八篇，下同）的歷史自西漢孔安國發端，《史記・儒林列傳》、《漢書・藝文志》及《儒林傳》、《後漢書・儒林列傳》都有明確記載，也是除康有為之外的大多數疑《書》者所肯認的。根據史載，孔傳古文《尚書》的流傳可以梳理出三條線索。其一，《漢書・藝文志》載安國於武帝末年曾將古

剛先生卓越的《尚書》研究〉，見《顧頡剛學記》，頁 163），不嘗承認其「層累說」和「四設準」並不那麼真實。如此則顧氏諸說既未能提供真實的古史，又瓦解了中華民族對於本有傳統的信心，除了聳動群倫、淆亂人心，還有什麼意義？有學者通過分析胡適、顧頡剛古史研究的得失，認為囿於證據的實證方法終究不可能把握上古史的真實，故而「可靠資料越稀少，時間跨度越長，歷史編纂對於理論、概念的依賴程度就越高」，「上古史重建工作必須衝破『材料』及『證據』的限制，建立在相關理論或富有闡釋力的『假設』之上」（李揚眉：〈「疑古」學說「破壞」意義的再估量——「東周以上無史」論平議〉，《文史哲》，2006 年第 5 期），這就以歷史理智和歷史想像彌補了胡、顧們所片面執著的歷史真實。其實，在古史研究中還應注入「了解之同情」和「溫情與敬意」，亦即歷史情感，以此抑制妄悍情緒，對古史多尊重而不要輕蔑，多闕疑而不要妄斷，多揚棄而不要否定，多維護而不要破壞，因為那是中華民族的根基所在，一旦毀壞了這個根基，中華民族將分崩離析，漂泊無依，只會使親痛仇快！當然，顧氏欲以歷史真實消解傳統信仰的作為僅僅屬於認識問題，完全不能曲解為動機問題，強硬的理據就是九一八之後他轉而研究中國輿地沿革、邊疆史地及民族歷史，以對抗日寇為吞併中國疆土而炮製的謬論，還編印抗日通俗讀物，由此表明他是一位文化民族主義者和愛國主義者。另外，顧氏提出的極具破壞力的「層累說」乃是八百年疑古風氣，特別是姚際恆、閻若璩、崔述、康有為、胡適、錢玄同等人影響的結果，並不應完全由其個人負責。對「層累說」的必要批評也不意味著對顧氏全部學術成就的否定，其《尚書》文獻學、民俗學、特別是歷史地理學方面的不少創獲實為彌足珍貴的學術遺產。

文《尚書》獻上朝廷，遭巫蠱事而未列於學官，這個文本就成為中秘書（或稱「中古文」），後來成帝年間劉向校勘今文《尚書》以及朝廷核實張霸「百兩篇」所用的應該就是這個文本，東漢章帝詔高才生所受古文《尚書》也當是這個文本，魏代漢、晉替魏，這個文本應該一直被繼統者承接收藏，至西晉末年方與三家今文《尚書》一齊亡佚，存續近四百年，起迄分明。[164] 其二，《漢書‧儒林傳》載安國以其書「授都尉朝。而司馬遷亦從安國問故，遷書載〈堯典〉、〈禹貢〉、〈洪範〉、〈微子〉、〈金縢〉諸篇，多古文說。都尉朝授膠東庸生。庸生授清河胡常少子，以明《穀梁春秋》為博士、部刺史，又傳《左氏》。常授虢徐敖，敖為右扶風掾，又傳《毛詩》，授王璜、平陵涂惲子真。子真授河南桑欽君長。王莽時，諸學皆立，劉歆為國師，璜、惲等皆貴顯」，這表明孔傳古文《尚書》有一個由安國開啟的面向民間社會的私學傳授譜系，這個譜系的存在也從劉歆《讓太常博士書》中得到證明。[165] 遞及東漢，這個譜系仍在延續，據《後漢書‧鄭范陳賈張列傳》之賈逵傳記載：「父徽，從劉歆受左氏《春秋》，兼習《國語》、《周官》，又受古文《尚書》于涂惲，學《毛詩》于謝曼卿，作《左氏條例》二十一篇。逵悉傳父業。」可見東漢大儒賈逵乃是孔傳古文《尚書》的直系傳人，憑藉漢章帝「特好古文《尚書》」的勢頭，他曾使孔傳古文《尚書》一度「遂行於世」。[166] 其後接續這

---

164 參見《漢書‧藝文志》、《後漢書‧儒林列傳》、《隋書‧經籍志》。上文曾說魏晉之世朝廷所重在今文《尚書》，不過重今文卻不意味著不收藏古文，魏晉如此，西漢後期以及整個東漢也都如此。

165 見《漢書‧楚元王傳》附劉歆傳。劉歆〈讓太常博士書〉說「孝成皇帝閔學殘文缺，稍離其真，乃陳發秘臧，校理舊文，得此三事（按指逸《禮》、古文《書》、左氏《春秋》），以考學官所傳，經或脫簡，傳或間編。傳問民間，則有魯國桓公、趙國貫公、膠東庸生之遺學與此同，抑而未施」。

166 《後漢書》賈逵傳又謂逵「以大夏侯《尚書》教授。……詔令撰歐陽、大小夏侯《尚書》古文同異，逵集為三卷」；《後漢書‧儒林列傳》載「扶風杜林傳古文《尚書》，林同郡賈逵為之作訓」，是賈逵對東漢時期存在的孔傳古文《尚書》、杜林古文《尚書》和三家今文《尚書》都有涉獵，由此成其一家之《尚書》學。賈逵傳還記載「逵數為帝言古文《尚書》與經傳《爾雅》詁訓相應」，這正與《漢志》概括的孔傳古文《尚

個譜系的是鄭沖，《尚書正義·堯典》孔穎達疏引《晉書》云：「晉太保公鄭沖以古文授扶風蘇愉，愉字休預。預授天水梁柳，字洪季，即謐（皇甫謐）之外弟也。季授城陽臧曹，字彥始。始授郡守子汝南梅賾，字仲真，又為豫章內史」，[167] 這就將自東漢獻帝年間以迄東晉元帝之初梅賾獻《書》為止的百年之中孔傳古文《尚書》的傳承脈絡呈現出來，大致完成了孔傳古文《尚書》的第二條流傳線索。[168] 其三，《後漢書·儒林列傳》載「孔僖字仲和，魯國魯人也。自安國以下，世傳古文《尚書》」，僖子「季彥守其家業，門徒數百人」，這則表明安國還開啟了一個作為「家業」的宗族內部傳授譜系，[169] 這個傳授譜系往往也與民間社會相溝通，季彥「門徒數百人」即其明證；而其本身的「世傳」脈絡更是十分堅實，《晉書·儒林列傳》載：「孔衍字舒元，魯國人，孔子二十二世孫也。……衍少好學，年十二，能通《詩》《書》。……

書》「讀應《爾雅》」的特點一致，故賈逵所言「古文《尚書》」當指孔氏書。而其本傳所載章帝建初八年「乃詔諸儒各選高才生，受左氏、穀梁《春秋》、古文《尚書》、《毛詩》，由是四經遂行於世」，就表明其時孔氏書曾較為流行。但自和帝晏駕，鄧后稱制，學風漸頹，古文《尚書》也就不復章帝之時的風光了。

167 孔穎達所引《晉書》之說並不見於今傳房玄齡所修《晉書》，四庫館臣云「案穎達作《正義》時，今本《晉書》尚未成，此蓋臧榮緒《晉書》之文」（見《四庫全書總目·尚書考異》提要，頁 99）。六朝時期有所謂「十八家《晉書》」，其中王隱《晉書》、虞預《晉書》、硃鳳《晉書》、何法盛《晉中興書》、謝靈運《晉書》、臧榮緒《晉書》、蕭子雲《晉書》、蕭子顯《晉史草》為《隋書·經籍志》著錄，表明其在唐初尚存，當為孔穎達所見。在房玄齡《晉書》修成之前，孔穎達所引《晉書》只能來自這數種，而其所引鄭沖傳授古文《尚書》的材料之不見於今傳《晉書》，當是被房玄齡等刪棄了。還需說明的是，上文曾指出鄭沖在魏晉朝廷均主今文《尚書》，但這並不妨礙他在私下傳授孔傳古文《尚書》。遵從正統與保留私好往往並存於一人之身，古今皆然。

168 應該承認，從賈逵經許慎到鄭沖之間百年左右孔傳古文《尚書》的傳承脈絡尚存缺環，不過這一缺環由其時學者的著述可以得到某些補充，表明孔氏書的師弟授受譜系雖然還不能環環相扣，但孔氏書仍流傳於其時卻是沒有問題的。

169 孔安國《尚書序》說：「承詔為五十九篇作傳，……既畢，會國有巫蠱事，經籍道息，用不復以聞。傳之子孫，以貽後代。若好古博雅君子，與我同志，亦所不隱也」，驗之史書所載兩個傳授譜系，真是若合符節。

衍經學深博，又練識舊典，朝儀軌制多取正焉，由是元明二帝並親愛之」，後衍為權臣王敦排斥出為廣陵郡，「雖郡鄰接西賊，猶教誘後進，不以戎務廢業」，可見這個傳授譜系直入東晉前期，也與梅賾獻《書》相銜接，且孔衍「教誘後進」亦是溝通民間之一證。[170]綜上所述，孔氏古文《尚書》的傳承脈絡並非茫昧無稽，而是犖犖大端有緒可尋。

　　另外，從東漢至西晉一些學人的著述中也可勾稽出孔傳古文《尚書》的流傳信息。許慎於東漢和安二朝間撰成《說文解字》，其中大量徵引《尚書》作為書證，明顯引自孔傳古文《尚書》的有《商書·說命》小序「《商書》曰：『高宗夢得說，使百工敻求，得之傅岩』」，[171]該書還徵引了〈說命上〉經文「若藥不瞑眩」，[172]以及《周書·泰誓中》經文「勖哉夫子」；[173]許慎甚至引用了孔安國的傳文，在「日」部「旻」字條中，其釋曰「秋天也。從日，文聲。《虞書》曰：『仁閔覆下，則稱旻天』」，[174]這一引語實是孔安國為《虞書·大禹謨》中「帝初於曆山，往于田，日號泣于旻天于父母」一段所作的注解「仁覆湣下，謂之旻天」，[175]凡此無疑表明許慎讀過孔傳古文《尚書》，也表明此書在當時的存在。而許慎作為賈逵的弟子，「本從逵受古學」，[176]他之讀到孔氏書當然可以逆證上文論述的賈逵在孔傳古文《尚書》

---

170 由此可能引出一個問題：東晉獻孔傳古文《尚書》者為何不是「世傳家業」的安國後人？合理的推測是，其時魯國故地已為後趙石勒佔據，故孔府藏書無從獲致，而隨晉室南遷的孔氏後人又不一定攜帶孔氏書，因此獻書使命便偶然而又必然地由已得孔氏書真傳並先前就安身於江南的梅賾完成了。

171 見《說文解字》（北京：九州出版社，2001 年），頁 186。〈說命〉小序本文為「高宗夢得說，使百工營求諸野，得諸傅岩」。

172 見《說文解字》，頁 418。許慎將《商書》誤作《周書》。〈說命上〉本文為「若藥弗瞑眩」。

173 見《說文解字》，頁 814。

174 同前注，頁 380。

175 許慎徑稱孔傳為《虞書》，乃王利器所謂「古人引經說，皆直稱本經」之例。王說見應劭著、王利器校注：《風俗通義校注》（北京：中華書局，1981 年），〈正失第二〉。

176 見許慎之子沖上漢安帝書，載《說文解字》，頁 884。

流傳過程中的地位，而他本身又將這一流傳脈絡作了進一步延伸。稍後於許慎的王符著《潛夫論》三十六篇，也多引《尚書》以證其說，其第五篇《賢難》所謂「尹據天官，柬在帝心」，頗似化用《商書·湯誥》「惟簡在上帝之心」一語；其第三十四篇〈五德志〉引《商書·說命上》「若金，用汝作礪；若濟巨川，用汝作舟楫；若時大旱，用汝作霖雨。啟乃心，沃朕心。若藥不瞑眩，厥疾不瘳；若跣不視地，厥足用傷」，[177]更是強硬證明了孔氏書於東漢中後期的存在。至東漢末年應劭《風俗通義》，仍可見孔傳古文《尚書》的文句，如〈過譽第四〉「〈太誓〉有云：『民之所欲，天必從之。』」乃一字不差地照引《周書·泰誓上》；同篇又引《商書·太甲中》「天作孽，猶可違；自作孽，不可逭」，也與原文一致不二；〈十反第五〉有「邁種其德」語，顯係本於《虞書·大禹謨》「皋陶邁種德」一語；而〈山澤第十〉引《尚書》「紂為逋逃淵藪」，又出於《周書·武成》「今商王受無道，暴殄天物，害虐烝民，為天下逋逃主，萃淵藪」，孔氏書之存在於其時，由此斑斑可考！入魏，王肅據今文本注《尚書》，其注本至唐代尚存，陸德明、孔穎達比較王肅注本與孔傳本，皆發現兩者頗多相類。陸德明說「王肅亦注今文，而解大與古文相類，或肅私見孔傳而秘之乎」？[178]孔穎達說「案王肅注《尚書》，其言多是孔傳，疑肅見古文，匿之而不言也」。[179]實際上，王肅得見孔傳古文《尚書》，於其本傳中即有一證，魏明帝太和四年，肅上疏陳政本，其中引《書》曰「敷奏以言，明試以功，能之與否，簡在帝心」，[180]前二句見於今古文俱有之《虞書·舜典》，末句則唯本於古文《商書·湯誥》，凡此殆非孔氏書存於魏世之鑿鑿證據歟？西晉皇甫謐撰《帝王世紀》，其中又見孔傳古文《尚書》內容，如引〈五子之歌〉「惟彼陶唐，有此冀方。今失厥道，亂其紀綱，

---

[177] 〈說命上〉本文為「若金，用汝作礪；若濟巨川，用汝作舟楫；若歲大旱，用汝作霖雨。啟乃心，沃朕心。若藥弗瞑眩，厥疾弗瘳；若跣弗視地，厥足用傷」。

[178] 陸德明：《經典釋文》，頁8。陸氏還說「王肅注頗類孔氏」，見同書頁37。

[179] 見孔穎達疏：《十三經注疏·春秋左傳正義》，頁 2162。孔氏還說「至晉世王肅注《書》，始似竊見孔傳，故注『亂其紀綱』為夏太康時」，見同書，頁118。

[180] 見《三國志·鍾繇華歆王朗傳》附王肅傳。

乃底滅亡」，引〈仲虺之誥〉「徯我后，后來其蘇」，「乃葛伯仇餉，初征自葛」，述〈太甲上〉小序「太甲既立，不明，伊尹放諸桐」，引〈咸有一德〉文末小序「仲丁徙於囂」、「河亶甲居相」、「祖乙圮于耿」，引〈伊訓〉小序「成湯既沒，太甲元年」以及孔安國傳「太甲，太丁子，湯孫也。太丁未立而卒，即湯沒而太甲立，稱元年」，[181]是西晉亦存孔氏書。而身歷兩晉的郭璞，在其所注《爾雅》中也同樣引用了孔氏書，[182]如《釋詁》「須竢替戾底止徯，待也」一條注引「《書》曰『徯我后』」，[183]見《商書·太甲中》；「昌敵彊應丁，當也」一條注引「《書》曰『禹拜昌言』」，[184]見《虞書·大禹謨》；〈釋畜〉「狗四尺為獒」一條注引「《尚書孔氏傳》曰『犬高四尺曰獒』」，[185]見《周書·旅獒》孔傳，這則證明孔傳古文《尚書》一直流傳

---

181 引文均見皇甫謐撰，宋翔鳳、錢寶塘輯，劉曉東校點：《帝王世紀》（瀋陽：遼寧教育出版，1997 年），頁 27、29、36、37。第一條皇甫謐引題作〈五子歌〉，第二條引題作〈仲虺誥〉，第三條又作〈仲虺之誥〉，以下諸條均未標題目，泛稱《書序》或《商書》而已。除「徯我后」、「仲丁徙於囂」兩條稍異於原文「徯予后」、「仲丁遷於囂」之外，其餘引文完全與原文一致。《帝王世紀》於宋代已有散佚，後世遂不得見，清人宋翔鳳從多種古籍中勾稽引文，輯成今書，功不可沒，然因宋氏局於今文門戶，又受有清疑《書》之風影響，故對書中所引孔傳古文《尚書》一概指為後人竄入，以為並當刪除，此說毫無說服力。

182 郭璞於晉明帝太寧二年（324）被王敦殺害，其時梅賾獻書已經七八年，但不能因此認為郭璞《爾雅注》引孔氏書是抄襲梅賾書。據郭璞《爾雅注序》稱，其於《爾雅》「少而習焉，沈研鑽極，二九載矣」，可見其注《爾雅》早在梅賾獻書之前。特別是《爾雅·釋詁》「顯昭覲釗覲，見也」一條郭璞注引「釗我周王」，此語見於《周書·武成》（本文作「昭我周王」），已在梅賾所獻五十八篇之中，但郭璞卻稱其為「逸書」（見《十三經注疏·爾雅注疏》〔北京：中華書局，1980 年〕，頁 2575），更可證明郭璞所引孔氏書並非梅賾書，而是流傳於當時的與梅賾書大同小異的孔氏書的另一種編排文本。簡言之，在梅賾獻書之前，孔傳古文《尚書》一直從東漢流傳到兩晉之際，儘管文本的字句篇章或有差異，但這個系統沒有出現大的頓斷。

183 見《十三經注疏·爾雅注疏》，頁 2574。《商書·仲虺之誥》有「徯予後」一語，與〈太甲中〉語微有不同。

184 見《十三經注疏·爾雅注疏》，頁 2576。

185 同前注，頁 2653。

至兩晉之際，與梅賾獻書業已重疊，其脈絡又何嘗茫昧無稽？

　　根據東漢至西晉學人著述引用孔氏書的情況，即可反駁疑《書》者們對於所謂「作偽者」的指控。如果說孔氏書為梅賾偽造，則無法解釋大致與他同時的郭璞何以在《爾雅注》中先於他引用了孔氏書；且郭璞入東晉尚存七八年，「博學有高才」，「詞賦為中興之冠」，元帝朝曾任著作佐郎、尚書郎，與朝廷及封疆俱有交往，[186]完全有條件親見梅賾書，若梅書為偽，豈不在當時便為其所指駁？如果再往前推，指作偽者為皇甫謐，則又無法解釋王肅《尚書注》何以已引孔氏書。如果又說王肅是作偽者，則其前許慎、王符、應劭之引孔氏書又當如何解釋？再說偽造孔氏書也只能在該書亡佚之後，若該書尚存，又有什麼偽造的必要和可能？而據《隋書‧經籍志》記載，官藏孔氏書亡佚乃在西晉之末永嘉亂中，如此則皇甫謐、王肅等俱無作偽的必要和可能，而有必要和可能的作偽者唯梅賾一人，但如上所述，郭璞《爾雅注》引用孔氏書這一事實以及郭璞的存在，又使梅賾作偽的指控不能成立。還當指出，永嘉之亂起於晉懷帝永嘉五年（311）匈奴攻陷洛陽，其時「京華蕩覆，渠閣文籍，靡有孑遺」，朝廷所藏今古文《尚書》一併亡佚。六年後（317），晉元帝司馬睿在建康重建東晉政權，一般認為就在此年或次年，梅賾獻出孔傳古文《尚書》。按照書亡而後作偽的常情推論，梅賾只會在這六七年間偽造孔氏書，問題是他有可能在這短短的幾年裡拼湊綴合古籍中的引《書》文句，從而造出足以亂真的五十八篇經文以及孔序和孔傳嗎？當疑《書》者們「吹毛索瘢」式地從古文《尚書》中尋找作偽證據時，他們都沒有從作偽的必要性和可能性方面進行反思，實在是小處精察，大體茫昧，細節上似乎紮實，但根本上卻說不通，誠乃孟子所譏之「明足以察秋毫之末而不見輿薪」！

　　至於疑《書》者們從孔傳古文《尚書》中找出的「破綻」，林林總總或有數百條之多，實非區區一文所能盡辯。綜觀指陳孔氏書之「破綻」的著述，信無出於閻若璩《尚書古文疏證》之右者；對閻氏《疏證》的反駁，基本上可以回應所有的疑《書》指控，當今學者張岩在這方面做了出色的工作，取得了令

---

186 參見《晉書‧郭璞列傳》。

人佩服的成就。在專著《審核古文〈尚書〉案》中，張岩將閻氏《疏證》羅列的問題歸納為文獻流傳、史地、史實、曆法、制度、引文等類，分類集中反駁閻若璩對孔氏書的攻訐，涉及孔安國二次獻書、蚤卒、家獻、孔氏傳與其《論語注》相異、古文卷篇數目、杜林書及賈馬鄭王注本、唐人義疏文本選擇、虞夏書之分、古帝名號、虞載夏歲商祀周年、堯舜二典分合、虞廷十六字、禹讓皋陶不讓稷契、太康失國其母不存、〈胤征〉玉石俱焚語源、仲康日食、伊尹放太甲年數、太甲稽首伊尹稱字、殷三宗排序及享國年數、〈泰誓〉聲紂之罪、夷族之刑、于湯有光、追書與實稱、〈武成〉日月書法、商郊牧野、血流漂杵、式商容閭、積石山在金城西南羌中、瀍水出河南北山、孟津在黃河北岸、濟瀆改道、《論語》引孝乎惟孝、《孟子》引〈泰誓〉〈武成〉、《說文》引《書》文字與孔氏書相異、《說文》引《書》內容為孔氏書所無、大馭太僕合一、九夷八蠻、德乃降、為山九仞、不學面牆、惟風惟草等閻若璩質疑孔氏書的幾乎所有主要問題，其中有些也是疑《書》者們共同認作所謂「鐵證」的材料，通過梳理原委，辨析毫釐，逐一反駁了閻氏的指控，從而認定「閻若璩的研究遠遠不足以支撐其結論。不僅如此，閻氏書中還包含許多刻意捏造的偽證」，故「所謂『偽古文《尚書》』的『定案』無法成立」！[187]張岩還通過紮實的檢索工作，分析了二十五篇古文《尚書》與三十三篇今文《尚書》以及先秦至宋明五十五種其他文獻的用字頻率差異（字頻特徵分析），由此得出結論：古文《尚書》「『作偽』難度太高，高到不可能實現的程度。從大量文獻的搜集，到引文、用文的查找；從上百個罕見詞語的查尋採用，到文化、制度方面的理解歸納和融會貫通；從搞清先秦兩漢文獻與今文《尚書》之間字頻不同，到『偽造』過程中拼湊引文和『字頻勾兌』。如此這般『偽造』的二十五篇不僅沒有明顯綴輯痕跡，且文采尤富於今文。其工程量之大，非一人一世所能及！」[188]允哉言乎！本文採信張岩對閻若璩所舉《尚書》「作偽」證據的反駁，進而從總體上認定疑《書》者們的思維邏輯，從前提到舉證

---

[187] 張岩：《審核古文〈尚書〉案》，頁1。

[188] 同前注，頁33。另參見該書附錄二〈《尚書》字頻特徵分析〉，頁322-341。

乃至結論，都根本不能成立，古文《尚書》的傳承脈絡並非茫昧無稽，所謂古文《尚書》「作偽」的證據沒有可信度，被指控的諸多「作偽者」一概沒有作偽的必要和可能；而梅賾書就是歷經四百年磨難終不湮滅的孔安國書，也就是孔子後人為避秦火藏於舊宅壁中的百篇遺存，也就是孔子親手刪定的先聖教言和華夏古史。縱起夫子於九原，當亦不易斯言！[189]

四、餘論

肯定東晉梅賾所獻且流傳至今的五十八篇《尚書》就是經孔安國整理和注釋的孔子刪定之百篇遺存，卻並不意味著承認其中所有篇章都完成於其所標繫的時代。根據殷墟卜辭有句無篇、記事簡扯的著述水準推測，[190]標繫時代早於卜辭的《虞書》、《夏書》以及《商書》的大部分，因其多篇幅宏大、結構考究、內容豐贍、鋪排有致、文采斐然，故當非各該時代的成品，而應是西周至春秋早期的文化精英們根據傳述或書寫的上古史料，加上自己的理解和想像，並注入若干理想成分而作成的典籍。這一推測由現代天文學的研究成果可

---

189 近年來，「清華簡」整理者們解讀了一篇短小的無名簡文（共計112字，整理者們將其擬題為〈尹誥〉，見《清華大學藏戰國竹簡（壹）》（上海：中西書局，2010年），頁133，因首句為「惟尹既及湯咸有一德」，而其餘文字全不同於孔傳本古文《咸有一德》，由此他們認定後者為偽書，進而更將二十五篇古文一概指為偽書（見〈清華簡證實：古文〈尚書〉確係「偽書」〉，《北京日報》，2012年1月6日）。且不論這篇無名簡文的真實性究竟如何（實際上已有專家認為這篇無名簡文為偽造），即使肯定它確為戰國文獻，它與古文《咸有一德》為什麼就不能是二者均真的古籍呢？為什麼肯定它的真實性就一定要否定古文《咸有一德》乃至二十五篇古文的真實性呢？這112字的簡文有這麼巨大的功能嗎？實際上，將無名簡文與古文《咸有一德》相比較，後者記錄伊尹對太甲的訓誡，始終扣住「一德」進行闡發；而前者為伊尹與湯的對話，除首句突兀一語外，再不見論及「一德」，可以說與「咸有一德」沒有什麼關係。以這篇與「咸有一德」沒有什麼關係的短小簡文否定古文《咸有一德》乃至二十五篇古文的真實性，實在失之於輕率。

190 關於卜辭的概況，參見郭沫若：《卜辭通纂》（北京：科學出版社，1983年）；陳夢家：《殷虛卜辭綜述》（北京：中華書局，1988年）。

以得到某些印證。例如《夏書・胤征》記載了夏代第三王仲康時期的一次非正常天象，即日食：「乃季秋月朔，辰弗集于房」；[191]按其意謂，季秋月朔辰集於房，亦即九月初一日月交會於房宿所在的天區，才屬正常。但據今人吳守賢、趙恩語等的推步，在公元前 2000 左右的仲康時期，《胤征》意謂的正常天象不可能出現。李學勤轉述吳守賢等的研究成果說：「吳守賢等先生經過嚴密計算，證明了房宿與季秋的對應是殷商到春秋戰國時期的天象。」[192]趙恩語則說「可以斷定，有『季秋月朔，辰弗集于房』這句話的《夏書》編定的年代只能在西元前 1130 年至西元前 498 年之間」，[193]也就是商代晚期至春秋晚期，比吳守賢等的推斷更加具體但也與之大致相合。由此表明，記載仲康時期史事的《胤征》，遲至商周之際乃至春秋時期方才編定成文，在編定過程中，編定者將其所在時代的天象羼入到這篇文獻之中了。由此也當承認，閻若璩以為「〈五子之歌〉不類夏代詩」，顧頡剛推斷《尚書》有些篇章「或者是史官的追記，或者是真古文經過翻譯」，這些看法還是有一定見地的。不過閻若璩不滿蘇轍將〈五子之歌〉歸於「商人之詩」而悍然指之為魏晉間人偽作；顧頡剛在肯定「偽《古文尚書》出於魏晉」的同時，連大部分今文篇章都疑為春秋戰國甚至秦漢間的偽作，這就不免疑古過當。[194]其實，西周至春秋早期的文化精英們根據傳述或書寫的上古史料編成《尚書》，根本不存在所謂「作偽」問題，而是軸心時代各大文明之元典產生的共同方式，如古印度最偉大的經典「四吠陀」自公元前 2000 年左右發生，經世代口耳相傳，直至公元前 900 年前後才結集完成；波斯瑣羅亞斯德教的前源也可追溯到約公元前 2000 年，而該教的創立及其經典《阿維斯陀》的編定則遲至公元前六世紀左右；約公元前

---

191 孔安國傳曰：「辰，日月所會。房，所舍之次。集，合也。不合即日食可知。」見孔穎達疏：《十三經注疏・尚書正義》，頁 158。

192 李學勤《仲康日食的文獻學研究》，載《煙臺師範學院學報》（哲學社會科學版）2000年第 1 期。

193 趙恩語：〈仲康日食的認證〉，《安徽史學》第 1 期（1997 年）。

194 上引閻、顧之說分別見於閻若璩：《尚書古文疏證》，頁 471-472；《顧頡剛學記》，頁 151-152。

2500 年就在美索不達米亞地區流傳的蘇美爾朝代烏魯克國王吉爾伽美什的英雄故事，到公元前 1000 年左右才最終著錄為史詩；《舊約全書》載錄的希伯來民族早期歷史，乃是在巴比倫之囚時期（前 597－前 538）才開始得以追記；而反映公元前十二世紀到前十一世紀古希臘文明狀況的《荷馬史詩》，也是在距所反映的時代二三百年之後首先由盲詩人荷馬傳唱，然後於公元前六世紀以文字記錄下來，再到公元前三世紀由亞歷山大里亞的學者們最終編定的。毫無疑問，所有這些偉大的經典都不是一時一地一人的作品，而是在或長或短的時段中，或廣或狹的地域裡，由眾多先民根據邈古的傳說或原始的符記所逐漸完成的，《尚書》也不例外。唯其如此，《尚書》的篇章存在風格不一致的現象就是完全可以理解的；若其各篇之風格雷同，倒恰恰匪夷所思。偉大的先師孔子將前輩傳下的三千多篇文獻加以精選纂輯，以「克明俊德」的主旨貫穿包絡百篇之書，呈現了由聖王賢臣的言行所集中反映的華夏初民的道德意識、倫理生活、德性政治及太和觀念，所有這些又通過經典教育的方式維繫並強化了中華民族的優秀傳統性格，在當今社會尤其需要大力弘揚並躬行實踐。而歷經磨難倖存於今的五十八篇《尚書》，正是中華民族保持和發揚優秀傳統性格的珍貴教本。

忠臣的弒罪——從趙盾弒靈公看
《春秋》的政治倫理*

黎漢基**

一

　　假如我們能擺脫一些流行的學科分類或固定偏見，就會發現中國政治哲學的思想資源比一般所想的更為豐富。傳統的五經，就是一例。《詩》不僅是文學作品，自《詩序》以降皆認為這是有關王化政教的寶典；《周易》不僅是占卜之書，它包含深奧的哲學智慧，其中不乏政治關係的見解；《春秋》不僅是記事的史書，它的用詞牽涉太多可玩味的實踐理念，指示各種類型的政治人物該如何行動；而《尚書》和《三禮》更不待言，前者是先王的政典，後者則記載各種政治安排和政治制度。如果我們把這些儒典所蘊藏的義理一一梳理，相信對於中國傳統政治理論，不難別有一番新體會。

　　本文探究的趙盾弒君事件，是歷代儒者熱烈討論的一個焦點。《春秋》稱弒之處許多，但並非每一個被加弒名的人都是存歹心、親劃刃的凶手，有的可能是無心之失的誤殺（如許世子止），有的可能是形勢所逼沒有選擇（如鄭公子歸生、齊相陳乞），有的完全被人擺布，毫無弒君的意圖和行動（如楚公子

＊　本文得到中山大學「985 工程」三期建設項目、高校基本科研業務費中山大學青年教師培訓項目（文科）贊助。
＊＊　中山大學政治與公共事務管理學院政治科學系副教授

比）。意圖良好，顯然並非免除弒名的必然保證；誠如《史記・太史公自序》所說，「為人臣子而不通於《春秋》之義者，必陷篡弒之誅，死罪之名。其實皆以為善，為之不知其義，被之空言而不敢辭。」[1]

按照三傳敘述，趙盾實非弒晉靈公的凶手，犯人是趙氏側室趙穿（一說是他的堂弟，一說是他的侄子），趙盾對弒君一事並不知情。但是，經書卻把弒名加在他的頭上。為什麼呢？許多人把他和不嘗藥而致令父親暴斃的許止相提並論，究竟兩者有何異同呢？在政治倫理的原則上講，該作如何定位？自宋明以降，儒者對三傳的見解不乏異議，又是否合理呢？

二

趙盾，亦稱趙宣子。其父趙衰，曾隨公子重耳出亡達十九年之久。當重耳入主晉國後，使趙衰為原大夫。趙盾憑藉家世和才能，官居正卿，執政二十年，所以《春秋》經傳有關他的記載不少，其中涉及弒君的主要是宣公二年「秋，九月，乙丑，晉趙盾弒其君夷獔」。這則經文月日兼書，而夷獔則是晉靈公的名字。杜預在解讀「衛州籲弒其君完」的經文時，提出了「凡弒君：稱君，君無道也」的傳例；以彼例此，他認為這一傳例也可以應用在晉靈公身上：「失君道也，以明於例應稱國以弒。」[2]

杜預這一傳例的可效性，不乏疵議；[3]但應用在晉靈公身上，問題似乎較少，因為三傳不約而同都在控訴晉靈公的「無道」。先看《左傳》。宣公二年傳記載：靈公徵收重稅以彩畫牆壁，又從高臺上用彈丸打人，看他們躲避的狼狽樣。因為廚子燒煮熊掌不熟，靈公便殺了他，放在畚箕裡，讓女人用頭頂著走過朝廷。趙盾和士季看見死尸的手，問起殺人的緣故，感到擔憂。士會搶先

1　司馬遷：《史記》（北京：中華書局，1959 年），第 10 冊，頁 3298。

2　孔穎達疏、李學勤主編：《春秋左傳正義》（北京：北京大學出版社，1999 年），上冊，頁 54；中冊，頁 594。

3　杜預這一傳例，曾被焦循指責，認為是為司馬氏篡弒開脫。我已另文研究，參閱〈死義的價值：以孔父、仇牧、荀息三人為研究中心〉（待刊稿）。

進諫，靈公仍不改正。後來趙盾屢次進諫，靈公感到煩躁，派遣鉏麑去刺殺他。清早時分，趙盾已打開臥室，穿得整整齊齊打算入朝。鉏麑看了嘆說：「不忘恭敬，民之主也。賊民之主，不忠；棄君之命，不信。有一於此，不如死也。」撞在靈公廷外槐樹上而死。[4]後來，靈公又趁請酒的機會，埋伏甲士準備殺死趙盾。陰謀被趙的車右提彌明察覺，便扶了趙盾下殿。靈公嗾使惡狗噬咬趙盾，提彌明上前搏鬥而殺死惡狗。趙盾說：「棄人用犬，雖猛何為！」在退避過程中，提彌明慘被殺死，幸而一個靈公的禁衛兵靈輒忽然倒戈，使趙盾免於禍難。原來，以前靈輒在山中打獵餓得屬害，曾得到趙盾施恩惠贈食物，而靈輒在倒戈後也過著逃亡的生活。最後，趙穿在桃園殺死了晉靈公，趙盾沒有走出國境回來重登卿位，使趙穿在成周迎接公子黑臀而立他為國君。太史董狐記載「趙盾弑其君」，趙盾看了不服。董狐說：「子為正卿，亡不越竟，反不討賊，非子而誰？」趙盾說：「烏呼！《詩》曰：『我之懷矣，自詒伊慼。』其我之謂矣。」孔子曰：「董狐，古之良史也，書法不隱。趙宣子，古之良大夫也，為法受惡。惜也，越竟乃免。」[5]讀了這個驚心動魄的敘述，以下有八點可說：

　　（1）《左傳》筆下的晉靈公，對臣民殘暴無禮，完全不把人當人（趙盾「棄人用犬」一語，可謂畫龍點睛），顯是典型的暴君。但也要注意，靈公年紀甚少，孔廣森說：「《左傳》戰於令狐之歲，靈猶在抱，則是時不過二十已下。迹其所為，乃昌邑、東昏之類，良由少席寵，靈未聞教戒，藉其位勢，濟彼童心，至於殺人以為笑樂。」他認為這都是教育出現問題：「今趙盾奉襁褓之主，前後左右不慎其選，諭教無術，陷之於惡，己則避禍而委君子於死，誰執其咎矣？」[6]限於史料不足，我們無法知道靈公的宮廷教育究竟如何，在這

4　杜預以為鉏麑所撞的槐是「趙盾庭樹」，據惠棟結合《呂氏春秋》、《韓詩外傳》、
　　《國語》和《周禮》的史料考證所得，其實此槐是在靈公廷外，「蓋當時麑退而觸靈公
　　之廷槐者，歸死于君也。」參閱惠棟：《春秋左傳補注》（上海：上海古籍出版社，
　　1987年），《文淵閣四庫全書》第181冊，卷2，頁153。

5　孔穎達疏、李學勤主編：《春秋左傳正義》，中冊，頁594-598。

6　孔廣森著、崔冠華校點：《春秋公羊經傳通義》（北京：北京大學出版社，2012

方面如何追究趙盾的責任，也難以確言。

（2）上述敘述，根本看不出趙盾有何逆心；相反，他的忠心和善行，反而很有感人力量。像鉏麑寧死不肯刺殺，提彌明忠心護主，靈輒不惜倒戈也要報恩，這些都不是普通人可以輕易遭到的福報，使得毛奇齡也嘆說「盾得人矣」。不過，毛的話鋒一轉，這樣自問自答：「得人非賢乎？曰：據此，則盾真弒君之賊，有意為之，而非一朝一夕之故也。」[7]無疑，春秋時代的亂賊，守禮以要譽者有之，行惠以結人心者有之，但總不能因為一個人受讚揚擁護，就斷定他居心叵測懷有逆謀吧！毛氏所論，毫無歷史證據，實在不能算是嚴謹的推論。

（3）趙盾事前對趙穿弒謀毫無所知，所以他不覺得自己要對靈公之死負責。但是，聽了董狐「亡不越竟」的理由，趙盾也無以自解。他所引用的逸詩「我之懷矣，自詒伊慼」，意思是因為我的懷戀，給自己帶來憂傷。奇怪的是，李石斷定這首逸詩，是反映趙盾預謀弒逆的心理證據，說：「趙盾逸詩之賦，心則知之，蓋趙穿自出其族，已為晉卿，內不能制之於家，又縱之於朝。」[8]趙穿是否被趙盾縱容行凶，暫勿深論，但李石的說法顯然不符合文本語境，因為當時趙盾是在辯護自己為何不越境。

（4）董狐出自晉國史官的董史家族，[9]《漢書・藝文志》云：「古之王者世有史官，君舉必書，所以慎言行，昭法式也。」[10]這一點在董狐身上就有很好的體現。趙盾權勢雖大，也被董狐折服了，「趙盾弒其君」的不利紀錄流傳於世，但趙盾至少也沒有像許多執政者般為了掩飾罪行而屠戮史臣，所以服虔

年），頁 165。

7　毛奇齡：《春秋毛氏傳》卷 20，《文淵閣四庫全書》第 176 冊，頁 219。

8　李石：《方舟集》卷 21，《文淵閣四庫全書》第 1149 冊，頁 793。

9　據許兆昌考證，董氏家族的良史，除了董狐外，還有董因、董安于二人。參閱許兆昌：《先秦史官的制度與文化》（哈爾濱：黑龍江人民出版社，2006 年），頁 321-323、328-329。

10　班固：《漢書》（北京：中華書局，1962 年），第 6 冊，頁 1715。

稱讚他「聞義則服」。[11]

（5）孔子除了歌頌董狐是良史，還為趙盾婉惜，說是「越竟乃免」。究竟出境是否就能免責呢？為什麼孔子會這樣說呢？[12]《左傳》在解讀莊公二十七年「公會杞伯姬於洮」的經文時，說：「卿非君命不越竟。」這是說，臣子是否出境，決定權在君主手中。像孔子所說，趙盾出境，等於自行絕斷臣義。但是，《左傳》哀八年傳記述公山不狃說：「君子違，不適仇國，未臣而有伐之，奔命焉，死之可也。」注云：「未臣所適之國，則可還奔命，死其難。」[13]這是要求君子出境後遇有必要，可以選擇死難。看起來，越境不越境，似乎並非君臣義斷的關鍵。趙盾弒君的責任歸屬，問題不僅在於靈公被弒的時刻趙盾是否離開國境，誠如程頤所說，「若出境而反，又不討賊也，則不免；除出境遂不反，乃可免也。」[14]假如趙盾完全離開晉國，不回來重登卿位，那麼自然不必承擔罪責。

（6）相對於「亡不越竟」，趙盾更難以自解的是「反不討賊」，因為趙穿沒有被討，趙盾還被他派到成周迎接公子黑臀回國。這一舉動，惹來莫大的疑竇。陳立說：「穿為盾宗，盾出穿弒，穿弒盾反，而自反其位，處穿如常。是時成公未立，盾之復位，誰實使之？其不臣之迹，顯而易見。」[15]柯劭忞說：「考之《左傳》，穿以乙丑弒君，盾復國使穿逆黑臀於周而立之，壬申朝於武宮，壬申距乙丑八日，逆於周安能速至如此？此盾蓋早有立黑臀之計，未弒而先逆之耳。」[16]由於趙盾自立回朝執政，而且另立新君的程序做得太快，

11 洪亮吉著、李解民點校：《春秋左傳詁》（北京：中華書局，1987年），上冊，頁399。

12 錢穆基本上完全不能理解孔子的想法，故此像某些宋儒那樣，批判《左傳》敘述謬誤：「不知正據《左傳》之事，即可見趙盾弒君之罪。（拙按：這個論斷是有問題的，參閱正文。）《左傳》作者乃為趙盾求解脫，其稱孔子語，苟非偽造，即是道聽塗說，不足為據。」參閱錢穆：《中國史學名著》（北京：三聯書店，2000年），頁19。

13 孔穎達疏、李學勤主編：《春秋左傳正義》，上冊，頁286；下冊，頁1646。

14 程顥、程頤著，王孝魚點校：《二程集》（北京：中華書局，1981年），上冊，頁230。

15 陳立：《公羊義疏》（上海：上海古籍出版社，1995年），《續修四庫全書》第130冊，卷45，頁449。

16 柯劭忞：《春秋穀梁傳補注》（北京：國立北京大學出版組，1927年），卷9，頁4。

於是懷疑趙盾早有安排，也就變成合乎情理的推測；當然，這仍是推測而已，因為沒有證據可以支持趙盾預知趙穿的逆謀。

（7）他即使回國殺了趙穿，是否就能釋除弒名，也很難說。汪琬說：「吾謂盾雖討賊，亦不免於書弒，何也？予更考魏唐之事，司馬昭既弒高貴鄉公，遂收濟、倅兄弟殺之；朱全忠既弒昭宗，已而朝於京師，亦殺友恭、叔琮。夫二人之心甚譎，謀甚狡，其殺濟、倅、友恭、叔琮者，豈非欲自解於篡逆哉！」[17]司馬昭殺了成濟及其哥哥成倅，朱全忠殺了朱友恭，但他們欲蓋彌彰，弒君之罪也沒有因此得到掩飾。

（8）不管如何，趙盾當時就不能洗刷弒君的惡名。他死後，靈公嬖臣屠岸賈率諸將攻殺趙氏，舉事的理由是：「趙穿弒靈公，盾雖不知，猶為首賊。臣殺君，子孫在朝，何以懲罪？請誅之。」[18]我們如今已不知道趙盾為何不肯討賊，但他及其族人在靈公死後仍掌握權勢，這也引起各種無以化解的猜疑和忌恨，最終幾乎導致趙氏滅族。[19]

《穀梁》對此事的判斷是「過在下也」，同樣認為趙盾有罪。儘管敘述不如《左傳》詳盡，但《穀梁》一反用詞簡約的作風，交代了靈公用彈丸打人，趙盾進諫不聽而逃亡，事後被董狐認定有罪等情節，只是記載董狐的言辭略有小異：「子為正卿，入諫不聽，出亡不遠。君弒，反不討賊，則志同，志同則書重，非子而誰？」[20]這裡所謂「志同」，也是《左傳》在鏊定趙盾罪名時忽略的環節，誠如葉夢得所說，「《左氏》傳史不傳經，故雖得於三言，而莫知《春秋》之義，正在於志同則書重，乃略而不言。」[21]

17　汪琬著、李聖華箋校：〈春秋論三（趙盾一）〉，載《汪琬全集箋校》（北京：人民文學出版社，2010年），第1冊，頁419。

18　劉向著、向宗魯校證：《說苑校證》（北京：中華書局，1987年），頁133。

19　呂文鬱：《周代的采邑制度（增訂版）》（北京：社會科學文獻出版社，2006年），頁230。

20　楊士勛疏、李學勤主編：《春秋穀梁傳注疏》（北京：北京大學出版社，1999年），頁190。

21　葉夢得：《葉氏春秋傳》卷12，《文淵閣四庫全書》第149冊，頁147。

但是，「志」字在漢語中涵蓋的內涵相當廣泛，可以指長遠的志向、心中的思慮，或未表露出來的打算。因此，說趙盾與趙穿「志同」，其實可以引申出完全不同的詮釋。柯劭忞因為迎接公子黑臀回國非常迅速，就把「志同」理解為二人皆有謀弒的打算，判斷「盾固有弒君之志，盾首而穿從之」。[22]但據《穀梁》敘述，人們同樣可以認為，即使趙盾不喜歡靈公，但事先卻不知道趙穿的逆謀；所以廖平對「志同」的認識是「盾、穿同罪」，又說：「臣子弒其君父，大惡也，不可虛以加人。而《春秋》盾、止不弒，乃以空言被之，一受弒君之罪而不能改者，由不知《春秋》臣子之道也。」[23]可以看見，廖平跟柯劭忞雖然同屬《穀梁》信徒，但對趙盾的罪責的認識並不相同；而廖平的說法，也是傳統《穀梁》的一貫主張。

《公羊》交代趙盾弒靈公一事，比較特別，不是像《左》、《穀》二傳般接著宣二年「晉趙盾弒其君夷獳」的經文，而是等到宣公六年「春，晉趙盾、衛孫免侵陳」方才作出解說：「趙盾弒君，此其復見何？親弒君者，趙穿也。親弒君者趙穿，則曷為加之趙盾？不討賊也。」[24]《公羊》認為經文復見趙盾，是為了交代趙盾並非一般的親弒者，之所以被加弒名，是因為不討賊。孔廣森這樣解釋：「壹以《春秋》之誅，盾、止竟與親弒者無殊，且未知《春秋》之意，方將因盾復見，起不親弒之迹，則穿之惡仍未得揜爾。盾以文誅，穿以實誅。」[25]

劉敞並不贊同《公羊》傳義，認為逆賊復見並不能說明什麼問題：「凡弒君復見者，寧止盾乎？以謂盾復見，則非弒君。宋萬復見，亦非弒君乎？」[26]《春秋》全經，弒君不復見者，只有三人：桓公二年「弒其君與夷」的宋督，他至莊公十二年始被殺；宣公四年「弒其君夷」的鄭公子歸生，他死於宣公十

22　柯劭忞：《春秋穀梁傳補注》，頁4。
23　廖平著、郜積意點校：《穀梁古義疏》（北京：中華書局，2012年），下冊，頁381-382。
24　徐彥疏、李學勤主編：《春秋公羊傳注疏》（北京：北京大學出版社，1999年），頁329。
25　孔廣森著、崔冠華校點：《春秋公羊經傳通義》，頁165。
26　劉敞：《春秋權衡》卷12，《文淵閣四庫全書》第147冊，頁302。

年；襄公二十五年「弒其君光」的齊崔杼，他死於襄公二十七年。這三人皆未即死，經不復見。除此以外，其餘像州籲、無知、里克、寧喜、公子翬、公子遂、公子慶父等人，弒君後在經文復見，皆是為了解釋某些義理，各隨文本語境而有不同的說法。劉敞舉宋萬為例，但何休已解釋說：「萬弒君所以復見者，重錄強禦之賊，明當急誅之也。」[27]《公羊》雖然認為復見趙盾顯示他不是親弒者，但沒有將之定為普遍的傳例，亦即不認為弒君者復見等於開脫其罪名；就此而言，劉敞的反駁不能成立。

　　《公羊》記述晉靈公各種無道的罪行，其詳密的程度不亞於《左傳》，只有少數情節有所不同：

　　（1）廚子是靈公用斗親手殺死，然後找人肢解。

　　（2）沒有交代士會搶先進諫，只是說靈公看見趙盾，感到驚恐和羞恥。

　　（3）靈公所派的勇士（即《左傳》的鉏麑）到了趙盾家，看見役使人少，而趙盾只在吃魚湯澆飯，生活非常儉樸，遂說：「嘻！子誠仁人也。吾入子之大門，則無人焉；入子之閨，則無人焉；上子之堂，則無人焉；是子之易也。子為晉國重卿，而食魚飧，是子之儉也。君將使我殺子，吾不忍殺子也。雖然，吾亦不可復見吾君矣。」於是刎頸而死。

　　（4）晉靈公在宴中埋伏甲士，並要求趙盾亮出自己的劍，卻被祁彌明（即《左傳》的提彌明）提醒而逃。

　　（5）跟《穀梁》一樣，太史向趙盾的講話沒有提及「越竟」的問題，只是說：「爾為仁為義，人弒爾君，而復國不討賊，此非弒君如何？」[28]

　　顯而易見，《公羊》的基調跟《左》、《穀》二傳幾乎沒有差別，同樣認為晉靈公是個暴君，趙盾具有忠臣的各種賢德，事先也不知趙穿的逆謀；而有關趙盾生活儉樸的描述，更與許多奢侈揮霍的權臣，呈現了鮮明的對比。

27　徐彥疏、李學勤主編：《春秋公羊傳注疏》，頁 150、329。

28　同前注，頁 330-334。

三

　　基於三傳的正面敘述，漢晉以降的儒者論述趙盾，多有恕詞。《春秋繁露・玉杯》云：「今案盾事，而觀其心，願而不刑，合而信之，非篡弒之鄰也，按盾辭號乎天，苟內不誠，安能如是，是故訓其終始，無弒之志，枸惡謀者，過在不遂去，罪在不討賊而已。」[29]這是董仲舒基本上信守《公羊》傳義而得出的平實結論，也是漢儒的流行意見。《漢書・董賢傳》云：「趙盾不討賊，謂之弒君。」[30]《後漢書・霍諝傳》云：「諝聞《春秋》之義，原情定過，赦事誅意，故許止雖弒君而不罪，趙盾以縱賊而見書。」《袁紹傳》云：「若以眾不討賊為賢，則趙盾可無書弒之貶矣。」[31]所謂「不討賊」和「縱賊」，基本上沿襲《公羊》傳義；顯然，漢儒都不認為趙盾是弒君的主謀，他的問題僅在於沒有討賊而已；大概因為這個緣故，班固撰寫《古今人表》時，把趙盾置於第四等「中上」一級，地位與晉文公、商鞅、申子相同。[32]

　　由於《左傳》對趙盾也是持肯定的態度，所以趙盾沒有像廢君行權的祭仲那樣，隨著《左傳》受到重視而出現評價的反差。《宋書・范泰傳》云：「不知《春秋》，則所陷或大，故趙盾忠而書弒，許子孝而得罪，以斯為戒，可不懼哉。」[33]《梁書・侯景傳》云：「趙盾忠賢，不討殺君之賊。」[34]不難看見，在六朝人士心中，趙盾雖有弒名，但仍是個形象正面的政治家。

　　真正改變趙盾評價的主調，是強調君權至尊而又輕視三傳權威的宋儒。歐陽修作為儒林領袖，他的三篇〈春秋論〉基本上揚棄了三傳的說法，強調信傳不如信經，認為假如趙盾真無弒君之心，聖人不可能把弒君這種壓死人的大罪

29　蘇輿著、鍾哲點校：《春秋繁露義證》（北京：中華書局，1992 年），頁 41。

30　班固：《漢書》，第 11 冊，頁 3736。

31　范曄：《後漢書》（北京：中華書局，1965 年），第 6 冊，頁 1615；第 9 冊，頁 2388。

32　班固：《漢書》，第 3 冊，頁 912、915、943。

33　沈約：《宋書》（北京：中華書局，1974 年），第 6 冊，頁 1617。

34　姚思廉：《梁書》（北京：中華書局，1973 年），第 3 冊，頁 849。

加諸趙盾頭上：「以盾為無弒心乎，其可輕以大惡加之。以盾不討賊，情可責
而宜加之乎？則其後頑然未嘗討賊，既不改過以自贖，何為遽赦使同無罪之
人，其於進退皆不可，此非《春秋》意也。趙穿弒君，大惡也。盾不討賊，不
能為君復仇，而失刑於下，二者輕重，不較可知。就使盾為可責，然穿焉得免
也？今免首罪為善人，使無辜者受大惡，此決知其不然也。」在歐陽修的理解
中，聖人存心寬厚，評價公允，假如趙盾僅是不夠忠心，或僅是希望靈公逝世
的想法，是不可能被加弒名：「若曰盾不討賊，有幸弒之心，與自弒同，故寧
舍穿而罪盾，此乃逆詐用情之吏，矯激之為爾，非孔子忠恕，《春秋》以王道
治人之法也。」說來說去，三傳敘述都不可信：「孔子所書是矣，趙盾弒其君
也。」[35]總言之，經書「弒」字就是代表當事人不可能沒有弒君的意圖，所以
歐陽修斷定趙盾與許止一樣，皆非加弒，而是實弒。

　　歐陽修的主張，贏得了宋明以降《春秋》學者的大力支持。趙鵬飛就認
為，歷史真相都被三傳蒙蔽了：「《春秋》之作，凡以暴天下之隱情，而誅亂
臣賊子之心也。若夫善如顏、閔，惡如桀、跖，婦人孺子皆判其是非，何賴夫
《春秋》？趙盾之弒君，藏奸匿謀，其狀甚晦，不惟當時惑之，後世有所不
白，學者不信聖人，而信淺丈夫口耳之論，更以為賢，吾所不曉。」他的立場
跟歐陽修一樣，認為「聖人不責人於無心」；由誅心從嚴的視角出發，他這樣
判斷：「苟無是心，而妄以其罪加之，是誣人也。雖羅織之吏有所不忍，而謂
聖人為之乎？趙盾弒君，其罪既白，學者胡為廢經任傳，妄以賊為賢耶？吾援
魏唐之事，非以證經也。古今固殊，而人情則一。以後世之事而酌古人之情，
則趙盾之情見矣。」[36]

　　認為趙盾是居心不良的實弒者，等於基本上否定了三傳的敘述；但趙盾跟
許止不同，許止在三傳中的敘述不多，趙盾卻是滿載各種傳奇色彩的故事，包
括鉬麑、提彌明、靈輒三人所作的正義犧牲，就把趙盾的品格襯托得光明偉
大。因此，不少詮釋者為了得出趙盾實弒的結論，便有選擇地解讀史料遷就己

---

35 歐陽修：《文忠集》卷18，《文淵閣四庫全書》第1102冊，頁149-150。
36 趙鵬飛：《春秋經筌》卷9，《文淵閣四庫全書》第157冊，頁259-260。

見。傳統的解釋都認為靈公無道才會刺殺趙盾，孫覺反而覺得一切錯在趙盾專權太久：「夫趙盾之為大夫於晉，其執政之久且專如此，靈公無道，而欲殺盾者數矣。」因此孫覺批判說：「弒君者趙穿，而欲弒者盾也。盾不欲弒，何為不討？」[37]此外，高閌也有類似的意見：「盾之專制諸侯幾二十年矣，天下惟知晉之有趙盾，而不知有靈公也。靈公雖不德，亦不堪盾之專權，故有殺盾之志焉。盾欲出奔而未越境，其族子趙穿遂弒靈公，而盾即復其位，不復討賊，然則盾之臣節安在哉？故聖人原其情，而書之曰趙盾弒其君夷皋，而不使趙穿尸其罪也。誠使趙穿尸其罪，則奸臣偽亡詐竄，而陰使人弒其君者，遂得以免其罪矣。」[38]在高閌看來，靈公之被弒，都是緣於趙盾貪戀權勢；或者可以說，問題都在於趙盾這個大奸臣身上。

　　然而，孔子不是說過「惜也，越竟乃免」的話嗎？如果聖人也痛惜趙盾承受弒名的惡果，怎能說他在聖經中指控趙盾是實弒者呢？對於這則話語，宋儒的普遍態度是否定它的真實性。劉敞說：「盾之免與不免，在乎討與不討，而不在越與不越也。」因此，他覺得「越竟乃免」說得不對，斷言「吾以為此非仲尼之言」。[39]葉夢得也認為「此非孔子之言也」，理由是「弒君，天下之大惡也。有為不為爾，使與聞乎弒，雖在四海之外，無所逃，則安取於越竟。使不與聞，雖在朝如晏子，其誰敢責之，而況已出？」[40]確切地說，像劉敞和葉夢得這樣敢於直面問題的，只屬於少數；更多的儒者是選擇迴避問題，彷彿孔子沒有說過這段話似的。

　　捨三傳而求本經，雖然可以擺脫各種難解的詮釋問題，但付出的代價其實沉重得驚人。像歐陽修、孫覺、趙鵬飛等人的做法，已不僅是信傳不信傳的問題，而是連趙盾的敘述本末皆一概不信。這不僅是趙盾評價的問題。沒有三傳的敘述，許多經文的解釋根本無從談起。如果連三傳也信不過，那麼又有什麼

37　孫覺：《孫氏春秋經解》卷 8，《文淵閣四庫全書》第 147 冊，頁 715-716。
38　高閌：《春秋集注》卷 21，《文淵閣四庫全書》第 151 冊，頁 425。
39　劉敞：《春秋權衡》卷 5，頁 224。
40　葉夢得：《葉氏春秋傳》卷 12，頁 146-147。

古書可以相信呢？儒者將何所執守呢？葉適便對這種邁向虛無主義的學風，表示異常的擔憂：「後世乃以盾為實弒君，其曰穿者，三傳之妄說也。嗚呼！《左氏》之書不知有《公》、《穀》者，在前故也。《公》、《穀》在後，不知有《左氏》者，僻陋故也；兼不相知，其事同者，天下之通見聞也。今反以為妄而疑之，非以實事為空文乎？學者所患，因書而為道，書異而道異，故書雖精，於道猶離也；以道為書，書異而道同，折衷其然與不然而後道可合也。然則世之言《春秋》者，因書而為道者也。」[41]

　　「以道為書」，就是要求學者心平如鏡，折衷於經典的不同敘述，從而求索自己的心得；而「因書而為道」，則是偏聽偏信的讀書態度，要求經義與自己的想法符合一致。可惜，宋儒在趙盾的問題上，大多是「因書而為道」，而非「以道為書」；任何違背自己對孔子和倫理綱常的構想的文本記載，往往棄之如敝屣。朱熹談及趙盾弒君之事，就斷言「《左氏》見識甚卑」，又不相信「惜哉！越境乃免」的說法：「如此，則專是迴避占便宜者得計，聖人豈有是意！聖人作《春秋》而亂臣賊子懼，豈反為之解免耶！」之所以有此判斷，是因為朱熹認定趙盾和趙穿同屬一丘之貉：「初靈公要殺盾，盾所以走出，趙穿便弒公，想是他本意如此，這個罪首合是誰做。」在朱熹看來，趙盾弒靈公一案，無非是後世無數權臣把持權柄陰謀弒君的預演：「趙盾一事，後人費萬千說話與出脫，其實此事甚分明。如司馬昭之弒高貴鄉公，他終不成親自下手！必有抽戈用命，如賈充、成濟之徒。如曰『司馬公畜養汝等，正為今日。今日之事，無所問也。』看《左傳》載靈公欲殺趙盾，今日要殺，殺不得；明日要殺，殺不得。只是一箇人君要殺一臣，最易為力。恁地殺不得，也是他大段強了。」[42]

　　貶抑趙盾這種存在逆嫌的歷史人物，其背景是正統論自宋明以降的不斷強

41　葉適：《習學記言序目》（北京：中華書局，1977 年），上冊，頁 123-124。

42　黎靖德編、王星賢點校：《朱子語類》（北京：中華書局，1986 年），第 6 冊，頁 2150-2151、2158；第 8 冊，頁 3268。

化和僵化。[43]司馬光主持編寫的《資治通鑑》，在「漢紀」下以變例的方式採用新朝的繫年，顯示他在強調道德褒貶之餘，還強調歷史事實不容抹煞。朱熹卻不然，他本人堅持歷史繫年與道德是非必須完全一致，其《通鑑綱目》拒不承認新朝的歷史存在，任何供職新朝的士大夫皆蒙惡名，大書而特書「莽大夫揚雄死」便是顯例。[44]朱熹還向人解釋說：「區區鄙意正以其與王舜之徒所以事莽者雖異，而其為事莽則同，故竊取趙盾、許止之例而概以莽臣書之，所以著萬世臣子之戒，明雖無臣賊之心，但畏死貪生而有其迹，則亦不免於誅絕之罪。此正《春秋》謹嚴之法。」[45]顯然，朱熹以孔子自況，由於他斷定《春秋》沒有寬恕趙盾、許止的罪行，所以也就心安理得地拋開三傳，以最嚴苛的判辭來筆伐像揚雄等賊臣。[46]

相比於朱熹的理直氣壯，胡安國似乎有些思想矛盾。他撰寫的《春秋傳》，對三傳是保持既批判又吸收的態度，三傳的某些意見他認為說得通的仍予保留，頗為反對「後世君子致疑經傳，著論排之」的激執立場，認為這可能導致「聖人精意愈晦而不明也」。[47]在趙盾的問題上，他一方面尊重《左傳》「亡而越竟」的記載，並參照程頤的意見，說：「亡而越竟，謂去國而不還也，然後君臣之義絕。反而討賊，謂復仇而不釋也，然後臣子之事終。不然，

43　有關宋明以降的正統論問題，參閱饒宗頤：《中國史學上之正統論》（上海：上海遠東出版社，1996 年），頁 35-73。

44　朱熹：《資治通鑑綱目（壹）》，載朱杰人、嚴佐之、劉永翔主編：《朱子全書（修訂本）》（上海：上海古籍出版社；合肥：安徽教育出版社，2010 年），第 8 冊，頁 508。

45　朱熹著，郭齊、尹波校點：〈答尤延之〉，載《朱熹集》（成都：四川教育出版社，2001 年），第 3 冊，頁 1648。

46　李光地就非常支持朱熹《綱目》的筆法，認為真要貶抑趙盾這種「弑君之賊」，就需要如此嚴厲的筆法：「朱子灼知確見，故書曰『魏司馬昭弑其主髦』。假使考之不確，既不能無所證據，而以大惡加人。若書其歸獄之人，卻令首謀者漏網，後世將竟不知其為某某也。」參閱李光地著、陳祖武點校：《榕村語錄‧榕村續語錄》（北京：中華書局，1995 年），上冊，頁 266。

47　胡安國：〈答羅仲素書〉，載羅從彥：《豫章文集》卷 16，《文淵閣四庫全書》第 1135 冊，頁 770。

是盾偽出而實聞乎故也。」另一方面，因為君臣綱常的堅持，胡安國覺得怎也不能縱容趙盾，所以跟朱熹一樣，把趙盾與司馬昭相提並論：「假令不與聞者而縱賊不討，是有今將之心，而意欲穿之成乎弒矣。惡莫慘乎意，今以此罪盾，乃閑臣子之邪心，而謹其漸也。盾雖欲辭而不受，可乎？以高貴鄉公之事觀焉，抽戈者成濟，唱謀者賈充，而當國者司馬昭也。為天吏者，將原司馬昭之心而誅之乎，亦將致辟成濟而足也？故陳泰曰：『惟斬賈充，可以少謝天下耳。』昭問其次，意在濟也。泰欲進此，直指昭也。然則趙穿弒君，而盾為首惡，《春秋》之大義明矣。」[48]

不知胡安國是否意識到，他在指責趙盾為首惡時，實際上也離開了三傳的敘述，已陷於「致疑經傳」的問題。但無論如何，隨著胡傳得到官方的認可，他對趙盾的誅心之論，已成為這段經文詮釋的新典範。徐問就稱讚胡安國比歐陽修更能領會聖人心意：「歐公時，胡傳未出，學者喜為新說，雜用三傳，雖以公之辨論，而不求聖人之心，惟文定得其旨矣。」[49]趙盾既被描述為惡貫滿盈的奸臣，所以質疑胡安國經解者雖然大不乏人，但大多放棄與他爭辯。例如解讀《春秋》時常不滿胡傳的家鉉翁，在趙盾的問題上，大體跟隨流行意見，沒有多少新意：「愚謂趙氏所以謀其君者，非一朝一夕之故矣。齊商、宋鮑簒國弒君，晉為盟主所當治也，靈公幼弱，盾為政合諸侯，將有討於齊、宋，已而受賂，不惟不討，又為之定篡竊之位。靈未有知，盾實陷之於惡耳。」[50]

當然，也有質疑胡傳的聲音。但有趣的是，這竟然不是覺得胡安國批判趙盾太過苛刻，反而認為他的態度還不夠堅決，理由是他沒有完全否定三傳。王若虛固然不相信趙盾並非弒君的主謀，但他認為過去的錯誤都是緣於杜預「稱君，君無道也」的傳例，因此他怪責胡傳仍保留此例的不是：「近代胡安國既不廢此例，而隨事揣量，卒無定論，是皆不足據焉。」[51]羅欽順覺得真正「篤

---

48 胡安國著、錢偉強點校：《春秋胡氏傳》（杭州：浙江古籍出版社，2010年），頁254。

49 徐問：《讀書札記》卷8，《文淵閣四庫全書》第714冊，頁442。

50 家鉉翁：《春秋集傳詳說》卷15，《文淵閣四庫全書》第158冊，頁281。

51 王若虛：《滹南遺老集》卷1，《文淵閣四庫全書》第1190冊，頁278。

信聖經而不惑於三傳」是歐陽修，胡安國還在遷就三傳的意見，態度曖昧，不
夠正確：「及胡文定作傳，則多用三傳之說，而不從歐公。人之所見，何若是
之不同邪！夫聖筆之妙如化工，固不容以淺近窺測，然求之太過，或反失其正
意。惟虛心易氣，反復潛玩，勿以眾說汨之，自嘗有得也。三傳所長，固不容
掩然，或失之誣，或失之鑿，安可盡以為據乎？」[52]

四

　　趙盾與許止同樣被加弒名，不少論者喜歡把他們相提並論，但這兩人的情
境其實大有不同。許止不嘗藥而誤殺其父許悼公，事後一力承擔弒君之罪，不
僅讓位於其弟虺，還因為哭泣過度，食粥也咽不下，不到一年便告逝世。因
此，他既無瓜田李下的嫌疑，而且真誠的悲傷後悔也在印證他的孝心。[53]相比
之下，趙盾是靈公被弒的其中一名受益者，至少他不用被迫流亡；而且他重登
卿位後，又沒有誅滅逆賊趙穿，反而讓趙穿迎立公子黑臀。如果趙盾能像許止
切絕一切利益的鏈條，或對晉靈公之死表現出痛不欲生的情感，也許世人的懷
疑會少一些；但趙盾卻不如此，始終沒能遠離嫌疑之地。

　　迄至清季，學風偏重文獻考據，三傳已不輕易被人唾棄。但自宋明以來，
趙盾作為實弒者的形象已被固定，所以清儒在主觀上雖輕視宋學的空疏，還有
不少人跟隨歐陽、胡、朱等人的論旨繼續攻詰趙盾。顧炎武就斷言「子為正
卿，亡不越境，反不討賊」，僅是「董狐之巽辭」；也就是說，婉惜趙盾蒙受
弒名的人，不是孔子，而是董狐。顧氏此論，實際上也是建基於趙盾是弒君的
主謀這一預設上：「穿之弒，盾主之也，討穿猶不得免也。君臣之義無逃於天
地之間，而可逃之境外乎？」[54]

52　羅欽順：《困知記》卷下，《文淵閣四庫全書》第 714 冊，頁 300。

53　有關許止弒父的問題，我已另文研究，參閱〈存心與責任：從許止弒父一案看《春秋》
　　的倫理原則〉（待刊稿）。

54　顧炎武著，黃汝成集釋，樂保群、呂宗力校點：《日知錄集釋（全校本）》（上海：上
　　海古籍出版社，2006 年），上冊，頁 243-244。陳立基於排斥《左傳》的立場，大體上接

　　錢大昕也認定趙盾一直故意縱容趙穿，所以沒有理由不預知弒謀：「趙穿弒君，而以趙盾主惡名，穿之弒由於盾也。」[55]齊召南也有類似的意見：「按三傳俱言弒君者趙穿，其實盾為主，使亡不越竟，俟其事也。反不討賊，為其私也。盾為司馬昭，而以穿為成濟。此董狐所以直書，而孔子因之，以為萬世弒君之戒。如曰盾實無罪，以良史之深文，遂成鐵案，有是理哉！靈公不君，或趙氏粉飾以欺後世，未可知也。況君即不君，臣可因以不臣哉！」[56]

　　顧炎武、錢大昕、齊召南三人都是考據名家，但他們讀了三傳，也沒有改變對趙盾的惡感，可見問題不在文獻和考據上。應該說，這個問題根本無法用考據來解決。究竟趙盾是否逆謀？這個問題涉及存心倫理學的一個核心難題。存心倫理學，不管是什麼類型，或多或少都是相對於能動者（agent-relative），而非中立於能動者（agent-neutral）的定向。但正如施佩曼（Robert Spaemann）所說，「沒有哪個法官能夠判斷，一個人是否真的是按良心行事的，對此就算我們自己也不能清楚地知道。」[57]

　　確切地說，再博學和再富批判性的考據家，也不能從現存文獻中找到趙盾預知逆謀的證據，充其量不過發現趙盾在靈公死後嘗試延續權勢的企圖。但單憑這些，就可以一口咬定他是背後指使趙穿弒君的主犯嗎？董仲舒就提醒世人，必須謹慎對待經傳文獻，同情地理解像許止和趙盾這種複雜的歷史人物：「夫名為弒父，而實免罪者，已有之矣；亦有名為弒君，而罪不誅者，逆而距之，不若徐而味之，且吾語盾有本，《詩》云：『他人有心，予忖度之。』此言物莫無鄰，察視其外，可以見其內也。」[58]歷史判斷永遠都是困難的。但最基本的底線是提防個人的好惡成見，不能在沒有明確反證的情況下，隨便抹煞對自己不利的證據。惠士奇顯然覺得晉靈公和趙盾二人善惡顯然，不能任意顛

受顧氏此說：「弒君之名，仍無所逃，謂不知情，其誰信之？杜云：『越竟，則君臣之義絕，可以不討賊。』此蔑倫害義之語也。」參閱陳立：《公羊義疏》卷45，頁443。
55　錢大昕著、呂友仁校點：《潛研堂集》（上海：上海古籍出版社，2009年），上冊，頁84。
56　孔穎達疏：《春秋左傳注疏》卷21考證，《文淵閣四庫全書》第143冊，頁472。
57　施佩曼著、沈國琴等譯：《道德的基本概念》（上海：譯文出版社，2007年），頁65。
58　蘇輿著、鍾哲點校：《春秋繁露義證》，頁41。

倒：「晉靈公不君，既無德亦無功，服之者寡，故力不能殺趙盾。厲公力能殺欒書，而惑於其奸，猶豫不決，災及其身。且趙盾數諫靈公，而欒書未聞一言規誨，故趙盾猶不失為賢大夫。欒書之奸，如後世魏之司馬懿父子，故愚表而出之，以待後之學者。」[59]透過趙盾和欒書的比較，惠士奇指出趙盾德望高，得人心，對靈公也敢冒死進諫，始終不失為賢大夫，跟真正的奸臣如欒書之流，不能同日而語。

即使堅持君尊臣卑的大防，也沒有必要完全抹煞趙盾其人，更沒有必要抹煞三傳的真實性。趙盾是需要批判的，但這不代表全盤否定他的一切。鍾文烝就認為「《春秋》以弑君責之，非以弑君誅之也」。[60]可是，許多斷定趙盾實弑的儒者，都不是「責之」而想「誅之」，因為他們都沒有把人格和行動這兩個層面予以分開。在他們看來，忠臣所做的事全都是忠的，不應該出現諸如「反不討賊」的錯誤。他們沒有注意到，人格良好的人也可能作出不善的行動。換言之，我們不能因為某人出現不善的行動，就全盤否定他的整個人格。撇開實弑的指控：許止雖誤殺父親，但他侍父之孝，遠勝許多孝子；趙盾雖沒有出境和討賊，但他面對暴君晉靈公，也嘗試用心進諫，被逆殺後也選擇逃亡，也是忠君的表現。

所以說，三傳認定許止和趙盾沒有行弑的意圖，蘊涵著比較複雜的實踐睿見：判斷行動（不限於政治行動），不能從行動的情境出發，不能因為行動者是否好人就預作結論。在行動中，除了要問存心是否善良外，還要講究行動的有效性。行動的觀念是一種規範性觀念。一個能動者的基本特徵是自主（autonomy）與功效（efficacy）。從康德（Kant）哲學來看，自主地意欲一項行動，也自然會意欲這項行動的進行是有效的。存心倫理學與責任倫理學絕非冰炭不容的關係，而是前者涵蘊後者。[61]這也是處理趙盾問題時不宜忽略的

59　惠士奇：《春秋說》卷2，《文淵閣四庫全書》第178冊，頁669。

60　鍾文烝著，駢宇騫、郝淑慧點校：《春秋穀梁經傳補注》（北京：中華書局，1996年），下冊，頁428。

61　在漢語學術界中，李明輝針對這個問題，曾經先後寫了三篇論文，仔細剖析「存心倫理學」與「責任倫理學」這一組概念的確切涵義。參閱李明輝：〈存心倫理學、責任倫理

一個重要進路。董仲舒就有這樣的體會，他重新思考趙盾和許止被加弒名的問題，說：「臣之宜為君討賊也，猶子之宜為父嘗藥也；子不嘗藥，故加之弒父，臣不討賊，故加之弒君，其義一也。所以示天下廢臣子之節，其惡之大若此也。故盾之不討賊為弒君也，與止之不嘗藥為弒父無以異，盾不宜誅，以此參之。」[62]

　　董仲舒這方面的見解，跟《穀梁》學派基本相同。《穀梁》云：「於盾也，見忠臣之至；於許世子止，見孝子之至。」廖平解釋說：「趙盾憂勤公家，世所謂忠臣，許止哀悔自責，世所謂孝子。忠臣之人，其與亂臣賊子不可同年而語，徒以不盡其道，遂坐弒逆之罪。然則臣子有毫釐未盡其道，皆足以為弒逆之階。觀二人徒忠而弒君，徒孝而弒父，則欲免乎弒逆而為忠孝之至者，必有鑒於此而克盡其道，庶純乎忠孝，不至空被惡名也。《春秋》責賢者備，所謂定嫌疑、明是非，以立臣子之大防也。」[63]

　　廖平和董仲舒一樣，都察覺到行動的複雜性。純以存心而論，許止是孝子，趙盾是忠臣，這是毫無疑問的（至少這有三傳為證），但他們都無法「免乎弒逆而為忠孝之至」；之所以如此，是因為他們的行動失效了；之所以行動失效，是因為他們沒有自主地使之有效。許忻的意見很值得參考：「討賊發於忠，憤嘗藥生於孝。愛如擊其首而手應，如徒跣疾馳而目視夷險，有不待思焉而得勉焉而至者矣。盾不討賊，止不嘗藥，此其不遂於理，非其智之罪也。所以誠其心於忠孝者有不至也。」[64]不討賊和不嘗藥之所以不合理，是因為只要趙盾和許止誠心足夠的話，自然都應該可以做到的（亦即「有不待思焉」）。的確，行動的成功，是需要很多客觀條件的配合；但能動者是否存心使之有

學與儒家思想〉、〈存心倫理學、形式倫理學與自律倫理學〉、〈儒家政治哲學與責任倫理學〉，載《儒家視野下的政治思想》（臺北：國立臺灣大學出版中心，2005年），頁 99-179。

62　蘇輿著、鍾哲點校：《春秋繁露義證》，頁 41-42。

63　廖平著、郜積意點校：《穀梁古義疏》，下冊，頁 382。

64　許忻原著已佚，引自呂本中：《春秋集解》卷 15，《文淵閣四庫全書》第 150 冊，頁 282。

效,是第一個關鍵。正如科西嘉(Christine M. Korsgaard)所說:「正是你,才是無效。你彷彿有效地產生一項行動,但行動(一旦脫離控制)失敗,像你所發明的一部有缺陷的機器。行動不是你的產品:正是你,才會失敗。一項不成功的行動使你無效。因此,一項成功的行動是使你有效的行動。」[65]趙盾和許止之所以行動失敗,無法達致「忠孝之至」,其中一個不能忽略的原因是因為他們努力不夠,不能怪罪他人或環境因素;這也是董仲舒和廖平將之相提並論的緣故。

五

　　趙盾是一個備受爭議的政治人物。他是君臣,卻蒙弒名。三傳對他的敘述,基本上是正面的,但也惹人疑惑。他真的對逆謀毫無所知嗎?為什麼不討伐逆賊趙穿呢?他和他的家族在靈公死後都是得益者,這樣真的沒有問題嗎?這些疑團,圉於經傳和其他文獻沒有進一步的敘述,所以都很難得到合理的解答。固然,三傳的敘述未必完全可靠,但完全抹煞三傳,按照詮釋者自己對孔子的理解,斷言趙盾必是實弒者,結果可能更不合理和更不可欲。

　　政治世界是複雜的,所以鑒別政治行動者的是非也十分艱難。本文的立場是,在沒有更有力的反證出現前,實在不宜輕易撼動三傳的敘述。在歷史存真上,三傳強調靈公無道和趙盾事君以忠的敘述,至少是一套完整的故事;而在義理闡明上,三傳也比後代許多詮釋顯得更加複雜、通達和成熟。要成為一個良好的模範角色(例如忠臣、孝子)並不容易,三傳至少提醒我們,在行動中必須兼顧存心和效用,而且要讓自己意欲的行動有效,就必須首先主動努力。這一點,或許就是趙盾故事超越時代的實踐意義。

　　《春秋》經傳的義理,當然不止於趙盾弒君一事而已,它還包含了相當豐富的思想資源可供開拓,甚願本文不成熟的討論,對這方面的經典詮釋略有裨益。

---

[65] Christine M. Korsgaard, *Self-constitution: Agency, Identity, and Integrity* (New York: Oxford University Press, 2009), pp. 83-84.

《荀子》「性」義辨析
——古典思想核心處理的個案探究

馮樹勳*

一、古典思想核心的探究方向討論

探討古典思想家的核心觀念，可以使用很多不同的方法，其中一種是勞思光提出的基源問題研究法，即找出思想家所關心的根本問題，並以此作為重組其個人思想的起點。[1]人性本質為何，是儒家價值觀的基礎。然而，在《論語》裡孔子及門弟子子貢說：「夫子之文章，可得而聞也；夫子之言性與天道，不可得而聞也。」[2]到了戰國時代，誠如《莊子·秋水》引公孫龍說：「困百家之知，窮眾口之辯」；[3]孟子在「處士橫議」的時代中聲稱：「予豈好辯哉？予不得已也」；[4]而《荀子》亦載：「今諸侯異政，百家異說，則必或是或非，或治或亂。」[5]在百家爭鳴之時，孟子不得不把自己的「性」論加

* 　香港教育學院文學及文化學系副教授

1　參勞思光：《中國哲學史》第 1 卷（香港：友聯出版社，1981 年），頁 16-19。

2　《論語·公冶長》，朱熹：《四書集註》（香港：太平書局，1968 年），頁 28。

3　參王先謙：《莊子集解·秋水》，國學整理社輯：《諸子集成》（北京：中華書局，1986 年），第 3 冊，頁 106 載：「公孫龍問於魏牟曰：『龍少學先王之道，長而明仁義之行；合同異，離堅白；然不然，可不可；困百家之知，窮眾口之辯』。」

4　《孟子·滕文公》，朱熹：《四書集註》，頁 89。孟子自稱是為了「楊墨之言天下」，他為了闡明儒家的立場，不得不「闢楊墨」。

5　參王先謙：《荀子集解·解蔽》，《諸子集成》，第 2 冊，頁 258。

以闡釋，而荀子不同意孟子，以至其他各家的「性」說，[6]自然亦要就此核心觀念作有效的闡述。然而，任何古典思想家的觀念，都必須建基於現存的文字資料，才可以展開相關的研究。假使現存的「文本」並不確定，則一切基源問題的探討，都不過是建築在浮沙上的房屋，缺乏穩健的基石。

現存的不少古籍資料，都不能絕對確定其真偽。即以《荀子》為例，荀子是先秦時代儒家除孔、孟以外，最重要的代表人物。然而，現存《荀子》自劉向《孫卿書錄》云：

> （向）所校讎中孫卿書，凡三百二十二篇以相校，除復重二百九十篇，定著三十二篇，皆以定殺青，簡書可繕寫。

以至今楊倞注本二十卷，三十二篇。《荀子》一書要到西漢末年，才達到校輯完成，可以殺青的地步。不過，自從民國初年以來，此三十二篇的真偽問題，學界一直未有確定的結論。荀子死亡的年代，大約貼近秦人統一天下前後，秦相李斯及客卿韓非，皆為荀氏及門弟子。

荀子確有其人，與今本《荀子》是荀卿的作品，與《荀子》代表荀況的思想，這三項論斷，雖然互有關聯，但要證明其為事實，須要依賴不同的證據，才可以分別確定。荀子確有其人，具見史冊，乃是無可懷疑的事實。但今本《荀子》是否荀卿的作品，其真偽如何，則近賢聚訟紛紜，至今未可為定說（詳下節）。然而，縱使今本《荀子》真偽糅雜，而部分篇章不是荀子親撰，但不表示這些出於荀子後學的作品，一定不能代表荀子的觀點。不過，困難的是：以何種標準在真偽夾雜的篇章中，比較確定一些思想家的核心觀念的內容呢？若求真偽完全澄清，才可以作核心觀念的探討，則今天可予探究的古典思

6　參王先謙：《荀子集解・非十二子》，《諸子集成》，第 2 冊，頁 57-58 指：「縱情性，安恣睢，禽獸行，不足以合文通治；然而其持之有故，其言之成理，足以欺惑愚眾：是它囂魏牟也」；又謂：「忍情性，綦谿利跂，苟以分異人為高，不足以合大眾，明大分，然而其持之有故，其言之成理，足以欺惑愚眾：是陳仲史鰌也。」

想，範圍實在狹小得可憐。反之，又會面對觀念建立在浮沙之上的譏諷。這正是現今學界，在面對古典思想探討時的一大難題，亦是人文學者時常面對的窘境。

　　本文試圖以荀子的核心觀念「性」作為中心，展示在對文本的真偽，未能完全確定的情況下，仍有可能作較準確結論的個案探究。本文所以選擇「性」作為荀子的核心觀念，如上所述，是因為對「人性」的觀點，是儒家價值觀的基礎；更重要的是，在戰國後期，人性的問題的討論，也是學術的一時風尚，我們僅從孟子〈告子〉章對人性的種種討論，可知「性」論是當時學界熱烈討論的問題。雖然，因為當時的交通與訊息傳輸渠道的障礙，荀子很可能並未得閱讀《孟子》的主要篇章，否則以荀子對名辨的訓練，在讀過《孟子》的〈告子〉、〈盡心〉等篇章以後，很難想像他對「性善」這項觀念，還可以有十分膚淺的批評。《孟子·告子》中對性的不同假設，事實上已包含了戰國後期對「人性」的不同的邏輯可能性，本文亦會以此制訂對荀子「性」論的邏輯辨析模型。然而，在處理文本的邏輯模型之先，必須對文本的真偽，作最近事實的推定。

二、《荀子》的真偽問題與核心思想的關係

　　有關《荀子》一書的真偽問題，很少學者認為現存《荀子》三十二篇都是荀子的作品，可以無條件用作荀子研究的主要參考材料。[7]真偽糅雜，往往是現存古籍的真實面貌，要把古籍的真偽全面確定，才進行研究，恐怕是不可能的。核心的問題反而是：現存《荀子》篇章中，哪一些部分可以代表荀子的思想呢？

　　近賢對上述的觀點，頗為分歧。基本上可分為傾向真多偽少或傾向偽多真

7　當然，也有例外的，參見杜國庠：《先秦諸子思想概要》（北京：三聯書店，1955年），頁46-63。

少兩大類。前者主要包括：金德建[8]、張西堂[9]和廖名春[10]；而後者則以為胡適[11]、呂思勉[12]和楊筠如[13]等為主。

　　歸納傾向現存《荀子》真多偽少的各家中，金德建與張西堂的基本態度，有正反兩方面。從反面說：盡量找出《荀子》中可疑的篇章，至於其他沒有發現問題的篇章，則視之為真；從正面說：以荀子的思想作為根據，以判斷篇章是否符合荀子的核心思想。「闕疑」的態度，當然是尊重傳統的立場，但面對著更多質疑的說法時，不免也會顯得蒼白乏力。至於以荀子的思想為據，如僅有內證（思想近似）而缺乏外證（文獻足徵）的基礎，則很容易犯上循環論證的謬誤。至於廖名春，他比較全面考據《荀子》各篇的真偽，他採用的方法是對比篇章與史實間的關係，他通過當時用字的語例，解決了一些篇章的成書時代問題。例如〈議兵〉篇，他說：

　　　　《議兵》篇有「械用兵革攻完便利者強」一句，其「攻」字即工字，戰

8　金德建雖然認為〈大略〉以下七篇都不是荀子的作品，而〈成相〉、〈賦〉篇是否荀子所作，亦恐怕有問題，但基本上肯定《荀子》書大抵代表荀子的思想。參氏著：《古籍叢考》（香港：中華書局，1986 年），頁 50-53。

9　張氏認為全書應分為六類，大抵有半數以上篇章為可信，此外有部分疑混入非荀子之文，有三篇被視為弟子的撰述，只有六篇確定為並非荀子的作品。參氏著：《荀子真偽考》（臺北：明文書局，1994 年），頁 27-29。

10　參廖名春：《荀子新探》（臺北：文津出版社，1994 年），頁 55-76。

11　參見胡適：《中國哲學史大綱》（上卷）（香港：商務印書館，1962 年），頁 328 指出：「大概《天論》、《解蔽》、《正名》、《性惡》四篇，便是荀卿的精華所在，其餘的二十餘篇，即使真不是他的，也無關緊要了。」

12　參見呂思勉：《經子題解》（上海：華東師範大學出版社，1995 年），頁 128 謂：「然則《荀子》者，乃較早出之《孔子家語》耳。其諸書同處，正足證其書由抄襲而成。」

13　參見楊筠如著：〈關於荀子本書的考證〉，載羅根澤編：《古史辨》（六）（上海：上海書店出版社，1938 年），頁 145 說：「我們既知道《荀子》書是混雜的東西，除了〈成相〉以下八篇，明知與荀子無關以外，其餘各篇，都不免有魚目混珠的現象，用一般的觀察，大致《正名》、《解蔽》、《富國》、《天論》、《性惡》、《正論》、〈禮論〉幾篇，真的成分較多？」

> 國陶器工人題名，無不作攻某某者。這說明《議兵》篇的寫成當在戰
> 國。[14]

他的證據是以陳直的考據[15]為基礎，是一種通過同時代語用的證明方法，這種方法可以有效地確定寫作年代，但對作者為誰，則未必能有效地確定。是故，廖氏以為此篇是「荀子之言，弟子所記」，[16]則證據未免不足了。

至於其他以史事對照文本的作法，充其量能確定某一段文字不可能出現在某一時限之前。例如廖氏對〈王霸〉篇的考證：

> 這裡談到了宋康王的滅亡，談到齊閔王與孟嘗君的矛盾，談到了齊的并
> 宋，又談到了五國攻齊及齊閔王死於莒等事，其時間下限當在公元前
> 284 年。這是〈王霸〉篇的寫作上限。[17]

〈王霸〉篇的上限不難確定，但對於其下限，則不容易得到確切的證據。除非我們能確定作者為誰，否則很難否證作者的後學均可以在編輯的過程中，使用時代較後才出現的名詞或事實，來重述師門的觀點。這種方法，亦無法排除有部分後人的作品，混入前人作品的可能性。[18]是故，在能摧破各種「偽作」的指控以前，斷然肯定「它們（今本《荀子》）都不存在『偽』的問題」[19]的說

14　參廖名春：《荀子新探》，頁 82。

15　參陳直：《摹廬叢著七種》（濟南：齊魯書社，1981 年），頁 47。

16　參廖名春：《荀子新探》，頁 82。

17　同前註，頁 77。

18　李學勤：《簡帛佚籍與學術史》（臺北：時報文化出版公司，1994 年），頁 29-32 指出「在古書的產生和傳流的過程中」，值得注意的十種情況，包括：「第一、佚失無存；二、名亡實存；三、為今本一部；四、後人增廣；五、後人修改；六、經過重編；七、合編成卷；八、篇章單行；九、異本並存；十、改換文字。」可見真偽糅雜，乃是古典文獻的常見現象。

19　參廖名春：《荀子新探》，頁 55。全文為：「我們認為《荀子》各篇大約可分為三類：第一類是荀子親手所著；第二類是荀子弟子所記錄的荀子言行；第三類是荀子所整

法，並未能充分確立。

　　歸納傾向現存《荀子》偽多真少的各家中，以楊筠如提出的理由較為全面。他認為《荀子》雜湊的證據包括四點：體裁的差異、思想的矛盾、篇章的雜亂、其他的旁證。[20]而呂思勉則加上，荀子與儒家主流「尚德」的觀念不相容，而荀子作為儒家異軍突起之說：「安得歷先漢二百年，迄無祖述之書，亦無反駁之論哉」，作為反對《荀子》代表荀卿思想的根據。

　　面對楊氏第一（體裁的差異）、第三（篇章的雜亂）和第四（篇章中有不合時代的史實混入）等三點質疑，郭沫若同意荀子文章駁雜的部分原因是真偽糅雜，但另一原因是荀子的思想也相當駁雜，而「書非成於一時，文非作於一地，適應環境與時代不免有所參差。」[21]近賢鄭良樹在處理《商君書》的考證時，已使用了更廣義的角度看待作者（編者）的問題，指出《商君書》並非成於一人之手，乃是商學派集體創作的成品。因此，書中看似自相矛盾的篇章，乃是不同時期，成於不同學者之手的。[22]再質諸前後接近時代的作品，如《論語》與《孟子》的編纂過程，亦大抵類同。

　　筆者曾指出：「我們考察習用的『成書年代』（或『作成時代』）一詞，發現它也有歧義。它最少可以有以下兩種不同的理解：（一）作者寫成篇章的年代；（二）編者輯成較確定版本的年代。我們可以相應於以上三種與著書的相關人物『發言者』、『篇章作者』和『編者群』，試圖指出作品的『發言年代』、『寫成年代』（篇章的）和『輯定年代』（全書的）以便使討論的對焦更清晰準確。」[23]同時，「因為古籍的作者與編者可能不同，他們同樣對作品

理、纂集的一些資料，其中也插入了弟子之作。這裡的第一類和第二類都是研究荀子思想和學說的主要依據，第三類則只是間接材料。但不管哪一類，它們都不存在『偽』的問題。」

20　參見楊筠如：〈關於荀子本書的考證〉，頁 133-137。

21　參見郭沫若：〈荀子的批判〉，載氏著：《十批判書》（北京：科學出版社，1956年），頁 246-247。

22　參鄭良樹：《商鞅及其學派》（上海：上海古籍出版社，1989 年），〈序〉，頁 1-10。

23　參見拙作：〈從《商君書》輯定年代看古籍整理的幾項要素〉，《書目季刊》第 38 卷

構成影響，筆者建議清楚劃分一書的『發言者』（例如：孔子）、『篇章作者』（例如：商鞅）、『編者群』（例如：墨子門人）、『改編者』（例如：王弼對老子的改動）等，應該比較清晰勾勒出古籍的原貌。」[24]

至於思想的矛盾方面，無論傾向真多偽少或偽多真少的學者，都必須以一些肯定為真的「文本」為基礎，才可以展開他們的討論。思想的矛盾與否，非在全面參照對比的情況下，不可能有明確的結論。所以，光憑一篇文章的說法與另一篇文章的觀點有別，也不能確立文集有「思想的矛盾」的缺陷。[25]呂思勉氏提出質疑的第一部分，即荀學與儒家「尚德」的傳統不相合。《韓非子》中有一段關於儒、墨之學的論段，可資學者深思：

> 世之顯學，儒、墨也。……故孔、墨之後，儒分為八，墨離為三，取舍相反、不同，而皆自謂真孔、墨，孔、墨不可復生，將誰使定世之學乎？孔子、墨子俱道堯、舜，而取舍不同，皆自謂真堯、舜，堯、舜不復生，將誰使定儒、墨之誠乎？[26]

「儒分為八，墨離為三」，而且「取舍相反」，是則學派內有不同觀點，乃尋常的歷史現象。甚至，孔子、墨子皆自謂歸本於古之聖人（堯、舜），但兩派亦有勢若水火之時。是故，純以思想作為判定學派同異的標準，是一項危險的嘗試。

呂氏的另一項論斷是：如果荀子真是儒家的異派，在西漢二百年中，何以沒沒無聞（既無承傳，也沒有反駁）呢？這項歷史的答案，是另一重公案，與《荀子》的真偽，並非直接相關，充其量只是一條反證。只要我們列舉出同時期的同類情況，我們便可以指出，這並非一項特例，因之亦不足作為反證。

第 3 期（2004 年 12 月），頁 71。

24　同前注，頁 72-73。

25　參廖名春：《荀子新探》，頁 72-76。其中對〈仲尼〉篇與〈臣道〉篇互相矛盾的辯解，以其辯說頗瑣細，但如文本不確，則一切討論均可能無法成立，茲不贅。

26　參王先慎：《韓非子集解·顯學》，《諸子集成》，第 5 冊，頁 351。

《商君書》是先秦法家的代表作品，但它的成書（輯定）年代，可能晚至到了東漢初年，班固續成劉向、歆父子未竟之業。[27]更明顯的事例是：作為先秦兩大顯學主要論典──《墨子》，不單也在漢代湮沒不聞，甚至在清儒進行整理以前，也散佚淆亂，幾至不可卒讀。

　　因此，我們大抵可以同意，《荀子》今本雖然有不可靠的內容，但大抵屬真多偽少。雖然這項結論有助我們減低對荀子學說核心觀念，建基於錯誤文本上的機率，但如果我們不幸地，集中選擇了偽說為主的文章來組成「性」的核心觀念，則我們依然可以犯上大錯。為了進一步把錯誤的風險降低，本文將先對今本《荀子》中的「性」字作全面的統計。在統計學上，如果文本真的成分比偽多，而我們的樣本能普遍分佈於文本中，則我們可以找到較準確意義的機率亦可以提高了。

三、《荀子》文本中的「性」字 與戰國晚期的語用問題

　　本文採用荀子文本中的「性」作主要探討對象，而非學者常用的「性惡」一詞，作為探究的目標。是因為「性惡」一詞，自宋代以來已蒙上了不少先設的價值色彩，例如：程伊川即認為：「荀子極偏駁，只一句『性惡』，大本已失。」[28]「惡」誠然是一個價值字，但它的確切涵義，要在兩組語言脈絡中察看，才較不容易失真。第一組語言脈絡，是相近年代的語用方式，任何作者或編者，使用語言的習慣，必然受到相近時代學術圈子的語言影響。所以，語言縱有古義，但判斷的標準，不是愈古愈妙。乾嘉間清儒中的吳派，但以「近古」作為標準，反較以「近是」為標準的筧派，更易於「失真」；第二組的語言脈絡，是思想家或其學派對某些主要語詞的特殊界說，這些不同的界說，往

27　參見拙作：〈從《商君書》輯定年代看古籍整理的幾項要素〉，頁88-89。
28　參見《河南程氏遺書》卷 19，《二程集》（北京：中華書局，1981 年），頁 262。此卷有〈伊川先生語五〉之附註，知為程伊川之議論。

往代表這些思想家自覺與相近思想的區別，是核心思想的重要參考材料。

　　就第一組語境而言，本來應包括荀子〈非十二子〉中各家的原典，但非十二子人物大多非與荀子並時者，而今本能代表其思想的真確性，存疑者多。我們僅能就現存戰國時代比較能確定真偽的語料作取材，這些語料包括：《孟子》、《莊子》（尤其內七篇）、《呂氏春秋》和荀卿高弟的《韓非子》等，可以作為參照。就第二組而言，荀子雖不一定全讀《孟子》，但他自覺地以孟子及他的「性善」觀念，來和他的心觀念——性惡作對揚，[29]則《荀子》文本中，除了他本人的「性」論外，關於與「性善」對舉的「性」，亦實應特予關注。

　　筆者就《孟子》、《呂氏春秋》和《韓非子》中的「性」字，作了分類統計，茲表列如下：

詞義／文本	《孟子》	《呂氏春秋》	《韓非子》
本質／天性	32	35	10
性命對舉	3	10	1
養性／順性	1	15	0
性格	0	0	1
民之性／君之性	0	1	6
合計	36	61	18

篇章數目／文本	《孟子》	《呂氏春秋》	《韓非子》
全書篇章	14	160	55
出現「性」字篇章	4	28	12
「性」字覆蓋篇章比率	29%	18%	22%

29　陳堅指出：「荀子提出『性惡』，其直接目的乃是為了反駁孟子的『性善』，因此，要了解荀子的『性惡』就必須先了解孟子的『性善』。」見氏著：〈荀子「性惡」再探析〉，《江南學院學報》第 16 卷第 1 期（2001 年 3 月），頁 2。但陳氏完全沒有意識到這與《荀子》的真偽問題，屬於相關的討論。

　　《孟子》中的「性」字共出現了 36 次，而其中 32 次討論的是「性」作為天性或本質義，而性命對舉則出現了 3 次。由此可見，孟子的關注點是人性的本質問題，而他也是先秦中能提供最完整「性」論材料的學者。然而，孟子的「性」字集中出現在〈告子〉和〈盡心〉兩篇，前者出現 23 次，而後者出現了 11 次，佔出現次數的 95%。至於〈滕文公〉及〈離婁〉兩篇，則只各出現 1 次。是則，孟子是十分主題化地討論「人性」這項課題的。

　　《呂氏春秋》中「性」字共出現 61 次，而散見於 28 篇中，[30]佔全書大約 18%，出現比率十分平均。但值得注意的是，在《孟子》中僅出現 1 次的「養性」觀念，在《呂覽》中出現了 15 次，佔了總出現率的四分之一。由是觀之《呂氏春秋》對「性」討論的焦點，已逐步從本質或天然與否的討論，走向以如何「養性」或「順性」為主的方法討論了。這也說明了，何以性與命對舉的出現率（達 16%），亦較其他兩種文本為高。

　　《莊子》中亦出現了 84 次的性字，但不見於上表的原因是：《莊子》內七篇中根本從沒有出現過「性」字，它全用「生」字。是則，「生之謂性」的老傳統，顯然在影響莊子對「性」（生）的觀點。至於《韓非子》中，「性」字出現 18 次，散見於 12 篇中。[31]韓氏當然受到孟、荀等學者論「性」風尚的影響，但他的興趣是在政治方面，因此，在《呂氏春秋》中十分突出的「養性」和「性命對舉」，都並非韓非的關注範圍，根本沒有出現這樣的詞義。但「民之性」的出現比率，則佔三分之一。

　　以上的統計，使我們發現「性」的討論，除了在《莊子》內七篇中，大抵仍是接受「生之謂性」的老傳統外，人性的問題是當時學者的討論熱點之一。不過，討論的方向是根據學者或學派的內在脈絡出發，形成不同的關注點，例

30　此 28 篇為：〈本生〉、〈重己〉、〈先己〉、〈圜道〉、〈孟夏〉、〈尊師〉、〈侈樂〉、〈蕩兵〉、〈論威〉、〈節喪〉、〈仲冬〉、〈誠廉〉、〈聽言〉、〈謹聽〉、〈義賞〉、〈觀世〉、〈審分〉、〈勿躬〉、〈知度〉、〈執一〉、〈具備〉、〈適威〉、〈為欲〉、〈恃君〉、〈知分〉、〈壅塞〉、〈貴當〉和〈有度〉。

31　此 12 篇為：〈飾邪〉、〈說林下〉、〈觀行〉、〈安危〉、〈大體〉、〈外儲說,左下〉、〈難勢〉、〈八說〉、〈八經〉、〈五蠹〉、〈顯學〉和〈心度〉。

如：孟子重本性，《呂覽》重養性，而韓非重民性（政治）等。所以，要精確探討荀子對「性」觀點，便要回溯今本《荀子》作為基礎文本了。

　　考察《荀子》文本內「性」字出現的次數共 118 次，散見於 14 篇中，[32]覆蓋率約佔全書 32 篇的 44%。上述的近時文獻，「性」字覆蓋篇章比率都低於 30%，《荀子》的覆蓋比率較它們來，是明顯地偏高的。至於與「性」可以互訓的「生」字，則《荀子》全書僅出現 8 次，散見於 3 篇文章，[33]它的覆蓋篇章比率為 9%。這種情況顯示，在《荀子》文本中，雖然不會完全脫離「生之謂性」的傳統，但如純以「生」字較「性」字為古，應以「生」字訓「性」的說法，便未必可以成立了。然而，從下面的「性」字在各篇章出現次數的統計中，〈性惡〉一篇，「性」字出現了 76 次，佔全體的 64%。

篇名	「性」字出現次數
〈修身〉	1
〈榮辱〉	3
〈非十二子〉	8
〈儒效〉	3
〈王制〉	1
〈正論〉	2
〈禮論〉	6
〈樂論〉	1
〈解蔽〉	2
〈正名〉	9
〈性惡〉	76
〈賦篇〉	2
〈大略〉	1
〈哀公〉	3

32　參《荀子》以下篇章：〈修身〉、〈榮辱〉、〈非十二子〉、〈儒效〉、〈王制〉、〈正論〉、〈禮論〉、〈樂論〉、〈解蔽〉、〈正名〉、〈性惡〉、〈賦篇〉、〈大略〉及〈哀公〉等。

33　此 3 篇為：〈榮辱〉、〈非相〉和〈王制〉。

在詞義分類方面，我們可以先觀看下述的統計結果：

詞義	出現次數	比率
才性	4	3.39%
情性	25	21.19%
天性	45	38.14%
性惡／性偽	31	26.27%
性善	6	5.08%
性命	1	0.85%
民性	1	0.85%
養性	2	1.69%
其他	3	2.54%

從上述的統計看來，荀子仍是從天然與本質義言「性」，這佔他文本中的「性」字，接近 40%。他的論「性」的基本旨要，確是以性偽（性惡）為主，這部分也佔了超過文本中性字的四分之一。然而，不可忽略的是情性與才性佔的比例也不低，也佔了文本近四分之一的出現率。此外，「性善」的主張，是荀子視為主要論爭的對象，因此，這個詞的出現率，亦超過 5%，較其他論性的方向為高。

統計只能提供大體的面貌，並排除了一些舊說中，明顯的不合理部分。但思想究竟是需要精思細察的項目，統計不能完全達到展示核心思想的目的。不過，上述主要出現的論「性」的向度，包括：本能言性、情性、才性與性善對舉等，佔出現比率較高的項目，將會為第五節作深入探討，提供了適當的方向。而下節我們將以與思維密切相關的邏輯模態，來進一步展示與荀子同時，「性」論的各種可能面相，為探討荀子「性」論的真實面貌作準備。

四、先秦文獻中人性論的邏輯可能性

　　《孟子·告子》記載告子曰：「生之謂性」，[34]這是學術史上的重要公案。因為「性」字在學術史上，較之「生」字遠為後出。質而言之，性字實由生字衍生而來，甲骨文和金文中我們並沒有發現「性」字，只有生字。[35]清阮元的〈性命古訓〉一文，亦展示了「性命」一詞的古義。[36]所以，「生之謂性」一語點出了中國思想史上的老傳統──以天然和本能來言人性。是故，告子亦進一步指出：「食色，性也。」[37]不過，我們僅能同意把「性」訓為「生」，不過是戰國時其中一些學派的觀點。在考慮到語言隨時代變化以後，「性」字既已離開「生」字而獨立，則自然比較「生」字的古義，別有引申發展之處。所以，孟子便不採用「生之謂性」這種立場（詳下文），我們考慮「性」字的字義，便不得不以特定時代中特定學派的語用，來作最後的判斷。[38]

　　縱使我們假設「生之謂性」的傳統詞義不變，但對人性的假設，又基本地可以分為兩類：承認先天地人類有共同（類似）的本性與不承認人類有類似本性的兩大類。在《孟子·告子》裡，我們可以看到在戰國中葉時，仍然有對人性並無共性的構想，即「有性善，有性不善。」孟子的學生公都子引述其他學派的人性論說：

　　　　或曰：「有性善，有性不善；是故以堯為君而有象，以瞽瞍為父而有

34　《孟子·告子》，朱熹：《四書集註》，頁 158。

35　依姚孝遂等編：《殷墟甲骨刻辭類纂》（北京：中華書局，1989 年），「生」字出現 243 次，而「性」字則未見出現；而中國社會科學院考古研究所編：《殷周金文集成》（上海：中華書局，1984 年），「生」字出現 219 次，「性」字則未見。

36　參阮元：《性命古訓》，載鍾肇鵬編：《中國哲學範疇叢刊》第 1 函（北京：北京圖書出版社，1997 年）。

37　同前注。

38　徐復觀針對傅斯年的《性命古訓辨證》，指出純以古義作為特定時段特定學者的詞義，是十分荒謬的。參徐復觀：〈生與性──一個方法上的問題〉，載氏著：《中國人性論史：先秦篇》（臺北：臺灣商務印書館，1984 年），頁 1-14。

舜；以紂為貌兄之子且以為君，而有微子啟、王子比干。」[39]

上文清楚指出「有性善，有性不善」，並舉出「有性善」的例子如：堯、微子啟和王子比干；有「性不善」的例子如：象、瞽瞍和紂。而且，這種性的善與不善，與個人的社會階層及他的家族遺傳，都不一定有關係。因此，堯居君位可以有象，而紂亦可以居君位；瞽瞍居父位，紂為兄之子，亦可以有賢良的後輩，如：舜、微子啟和王子比干。

基本上，儒家自孔子以後，都接受人性為共同的說法。所以《論語》中說：「性相近，習相遠。」[40]如果承認人無「共性」，則一切對「人性」的討論，都過於個別性，而變得十分難以集中處理。更一步來說，人類有共同性，亦是承認教化為可能的基礎，假使人性都是先天已命定，既不可改易，亦無共同性可言，則教育可以說除了社會控制，強行改造以外，是全無價值的。然而，此說雖然有重大缺陷，但從歷史事實的角度來看，在戰國時代，這種學說既被公都子提及，亦可謂是聊備一說的。

從主流思想的角度來看，大部分先秦文獻中，對人性的構想，都是從「共性」方面來考慮的。在人有「共性」的設想下，我們對「性」一詞的本質，可以描述為下述四種邏輯模態。[41]

首先，可能的是「性善」，但這個詞在戰國時代有不少誤解。《孟子‧滕文公》裡有：「孟子道性善，言必稱堯舜」[42]的話，於是孟子便成了「性善」論的代表。不過，孟子從來沒有把人性在經驗上，稱之為「純善」。我們從《孟子‧盡心》可見：

39　《孟子‧告子》，朱熹：《四書集註》，頁 161。

40　《論語‧陽貨》，朱熹：《四書集註》，頁 119。

41　有關《孟子》中人性論的邏輯模態，信廣來及莊錦章諸先生皆有相關的探討，參 Kwong-loi Shun, *Mencius and Early Chinese Thought* (Stanford: Stanford University Press, 1997) 及莊錦章：〈荀子與四種人性論觀點〉，《政大哲學學報》第 11 期（2003 年 12 月）。本文更多關注如何順文獻而非純理念的把握荀子與共時學者觀念的殊別。

42　《孟子‧滕文公》，朱熹：《四書集註》，頁 64。

孟子曰：「口之於味也，目之於色也，耳之於聲也，鼻之於臭也，四肢之於安佚也，性也，有命焉，君子不謂性也。仁之於父子也，義之於君臣也，禮之於賓主也，智之於賢者也，聖人之於天道也，命也，有性焉，君子不謂命也。」[43]

孟子把「性」與「命」兩詞加以對揚，他指出人類「生之謂性」的部分，包括：口之於味、目之於色、耳之於聲、鼻之於臭和四肢之於安佚等，君子稱之為「命」，不叫作「性」。因此，孟子不可能認為人性這些稱「命」的部分，屬於純善的範圍。所以，孟子的性善，並非指人性本來已是全善的，他的立場是人有道德判斷的能力，並能依此道德判斷的能力，來決定價值上的善惡標準。[44]不過，把孟子的「性善」淺化為性純善，亦是戰國時代的情實。例如：《荀子·性惡》中便對孟子有如下的批評：

孟子曰：「今之學者，其性善。」

孟子曰：「今人之性善，將皆失喪其性故也。」

今孟子曰：「人之性善。」無辨合符驗，坐而言之，起而不可設，張而不可施行，豈不過甚矣哉！[45]

而荀子認為孟子的「性善」的意義是：「所謂性善者，不離其朴而美之，不離其資而利之也」[46]，而惡的出現是由於「將皆失喪其性故也」。這種「常識」

43　《孟子·盡心》，朱熹：《四書集註》，頁210。

44　有關孟子的道德判斷的能力之討論，涉及複雜的價值理論討論，由於與本文並無密切關係，茲不贅。讀者如有興趣，可參考牟宗三：《圓善論》（臺北：臺灣學生書局，1985年），頁20-36。

45　參王先謙：《荀子集解·性惡》，《諸子集成》，第2冊，頁289-300。

46　同前注，頁290。

地視人性為「純善」的立場，是在不理解孟子核心觀念的情況下，才會出現的。然而，《荀子》中既有專篇駁斥此論，說明在戰國末年這種說法，仍是有一定影響力的。

公都子曰：「今曰『性善』，然則彼皆非與？」[47]這裡指出除了性善以外，同時期尚有很多不同的流行意見，所以公都子才會向老師（孟子）提問。人性純善的反面自然是人性純惡，這種說法一般以為可以《荀子・性惡》為代表。然而，細案荀子原文，雖然他說：「人之性惡，其善者偽也」，[48]但他也提出：「人之性惡，則禮義惡生？」[49]他又承認儒家基本觀點「塗之人可以為禹」。[50]如何由純惡的人性走向善的道路，引發了學者的無數討論，此部分的詳細探討，將留待下節才作全面交代。不過，部分學者把荀子的「性惡」，理解為「性純惡」，竟發出「鑴燒之可也」[51]的建議。由是知之，性純惡亦不單是一項邏輯的可能性，亦為「常識」中的理解。

告子最為人知的立場，即是人性是「中性」的觀點。《孟子・告子》中公都子引告子曰：「性無善無不善也」，[52]這種人性為中性的說法，告子自己解釋謂：

> 性猶湍水也，決諸東方則東流，決諸西方則西流。人性之無分於善不善也，猶水之無分於東西也。[53]

告子以流水來比喻人性，人性本無所謂方向（東或西），亦無所謂價值趨向

47　《孟子・告子》，朱熹：《四書集註》，頁161。

48　參王先謙：《荀子集解・性惡》，《諸子集成》，第2冊，頁289。

49　同前注，頁291。

50　同前注，頁295。

51　參余廷燦：〈書荀子後〉，載氏著：《存吾文稿》（上海：上海古籍出版社，1995年），頁45。

52　《孟子・告子》，朱熹：《四書集註》，頁160。

53　同前注，頁157-158。

（善或不善）。人性的趨向不是先天地的，它純受後天環境所決定，正如水向東或西流，並不是由水來決定，而是由環境來決定的。

至於最後一種可能性，便是承認人既有善性的部分，亦可以有惡性的內容。是故公都子引述戰國時的學說以為：

> 或曰：「性可以為善，可以為不善；是故文武興，則民好善；幽厲興，則民好暴。」[54]

這種說法是性的內容，既有善也有惡，而由於不同環境，引發其中一種元素彰顯，另一種元素隱退。所以，仁君文王、武王主政，人民的善性受帶動而好善；相反來說，庸主幽王、厲王的時代，人民的惡性受帶動而好暴。我們必須澄清的是「中性」義與「善惡並」兩義有何分別呢？兩者相同之處，乃是皆受環境的影響，然其分野則在「中性」義並不假設人類世界中，善惡有實質的區分。

《孟子·告子》中孟子曾指斥告子：「率天下之人而禍仁義者必子之言夫？」這項指責是針對告子的人性「中性」義而言，現先回溯其原典：

> 告子曰：性猶杞柳也，義猶桮棬也，以人性為仁義，猶以杞柳為桮棬。
> 孟子曰：子能順杞柳之性以為桮棬乎？將戕賊杞柳而後以為桮棬也？如將戕賊杞柳而以為桮棬，則亦將戕賊人（性）以為仁義與？率天下之人而禍仁義者必子之言夫？[55]

在這裡討論的重心是「人性」與「仁義」的關係，告子的立場是：人性是中性的，可以通過人力的製作，而構成了「義」。即：「人性」是原料，「義」是成品。但順其思路推之，有人性作原料，卻不一定要製成「義」這種成品，大

54　同前注，頁 161。
55　同前注，頁 157。

可以製成「不義」。所以，「中性」義一旦確立，則善惡不過是一種「約定俗成」的結果，本身並沒有真正的內在價值。易言之，人類不必一定要追求「善」，甚至因順環境而追求「惡」，亦無不可！這就是「禍仁義」的真正意涵，正因為這種價值方向模糊化的取向，才會引起孟子對告子的主張，作極嚴厲的反對。至於「善惡兼」的人性論，則不含有價值方向模糊化的立場。是故，人民雖然「善」，但仍能大抵明白「幽厲」之為惡；人民雖然「暴」，但仍能大抵知悉「堯舜」之為善也。

五、荀子的「性」義與「性惡」

面對上述對人性價值理解的不同方向，荀子的核心思想到底是樣的？我們首先必須肯定荀子究竟承認先天地人類有共同（類似）的本性，抑或不承認人類有類似本性。從文本的角度來看，荀子顯然選擇與孔子相同的道路，即肯定從本質來看，人類有共同的本性。何以知之？因為《荀子》文本中，提供了強力否決人類並無共性的說法，我們可以從以下兩段文字，略見端倪：

> 凡人有所一同：飢而欲食，寒而欲煖，勞而欲息，好利而惡害，是人之所生而有也，是無待而然者也，是禹桀之所同也。目辨白黑美惡，耳辨聲音清濁，口辨酸鹹甘苦，鼻辨芬芳腥臊，骨體膚理辨寒暑疾養，是又人之所常生而有也，是無待而然者也，是禹桀之所同也。[56]

> 曰：可以而不可使也。故小人可以為君子，而不肯為君子；君子可以為小人，而不肯為小人。小人君子者，未嘗不可以相為也，然而不相為者，可以而不可使也。故塗之人可以為禹，則然；塗之人能為禹，則未必然也。雖不能為禹，無害可以為禹。[57]

---

56 參王先謙：《荀子集解·榮辱》，《諸子集成》，第 2 冊，頁 39。
57 參王先謙：《荀子集解·性惡》，《諸子集成》，第 2 冊，頁 296。

從上面〈榮辱〉及〈性惡〉兩篇的文字看來，荀子認為不論到最後的結果，是為君子，抑或為小人；為聖人（禹）、為常人（塗之人），甚至為惡人（桀），他們並不是在先天的本質上有任何分別，所以說：「君子與小人一也」。當然，荀子聲明，縱使人人都有為君子的潛質，不一定在現實上，都能實踐成為君子。但從以上的論說，已經可以排除荀子認為人類並無共性的構想。

在排除了人類無共性的說法後，反過來說，即確立了荀子認為人類有共性的立場。然而，在人性共同的假設下，上節已提出了四類不同的邏輯可能性，包括：在經驗上性純善、在經驗上性純惡、中性（無善無惡）和善惡兼（有善有惡）等。究竟以何標準判斷荀子的「性」義呢？我們可以通過歸謬法，即排除不合理的解釋，而得出最切近荀子原義的解釋。

首先，我們考慮的是把人性視為純善或純惡，在第四節中已經指出，這兩項觀念，都沒有先秦思想家正面承認它。它只是作為「常識」地，被視作討論的對象。考其主要原故，是因為：純然地把人的天性理解為純善與純惡，這都是與經驗事實相違的。然而，值得注意者，則在第三節有關《荀子》「性」字的統計中，「性善」一詞的出現比率，超過百分之五。當然，荀子並不同意「性善」的主張，在今本中凡提及「性善」的地方，都是針對荀子對孟子學說的傳聞，而提出的質疑。《荀子》引述孟子說：「所謂性善者，不離其朴而美之，不離其資而利之也。」[58]又說孟子認為「今人之性善，將皆失喪其性故也」。[59]綜合上述荀子對孟子「性善」說的理解是：人的天性是善的，這是不顧經驗事實，僅純從「其朴」、「其資」的角度來了解人性。

《荀子》文本中對孟子「性善」論的駁斥，充分表現出荀子尊重經驗事實的立場，他說：

故善言古者，必有節於今；善言天者，必有徵於人。凡論者貴其有辨

58　同前注，頁290。
59　同前注。

合，有符驗。故坐而言之，起而可設，張而可施行。今孟子曰：「人之
性善。」無辨合符驗，坐而言之，起而不可設，張而不可施行，豈不過
甚矣哉！[60]

從以上文字看來，荀子是十分重視經驗，以至實踐驗證的學者。所以，他強調
一項理論可予接受的必要條件是：「有符驗」，進一步則是可以在現實中實
行。所以，荀子自然不可能接受，人性為純善這項缺乏經驗事實支持的論斷。

　　雖然，《荀子》文本中，提出了「性惡」的主張，但是否即表示荀子接受
人性為純惡的觀點呢？《荀子‧榮辱》指出：

材性知能，君子小人一也；好榮惡辱，好利惡害，是君子小人之所同
也。[61]

「君子小人一也」表示人類有共性，荀子採取的「性」最基本之義，乃是老傳
統的生之謂性，故〈正名〉篇云：「生之所以然者謂之性」，[62]又謂：「性之
和所生，精合感應，不事而自然謂之性。」[63]「性」當然是有內容的，告子以
食、色言性，荀子指「君子小人之所同」的，是「好榮惡辱，好利惡害」。從
這方面很容易有「性」為純惡的誤解，但荀子提出「情」來理解「性」的內
容，他說：「性之好、惡、喜、怒、哀、樂謂之情。」[64]以情釋性，乃是《荀
子》中的重要觀念，在第三節裡，我們通過統計，得悉「情性」一詞，佔《荀
子》文本中「性」字的 21% 以上，如果把有「知」的「才（材）性」一詞合
共計算，其出現比率接近 25%。性以情為內容，但落實在經驗的環境中，則
謂之「欲」。《荀子‧正名》謂：「性者、天之就也；情者、性之質也；欲

60　同前注，頁 293-294。

61　參王先謙：《荀子集解‧榮辱》，《諸子集成》，第 2 冊，頁 38。

62　參王先謙：《荀子集解‧正名》，《諸子集成》，第 2 冊，頁 274。

63　同前注。

64　同前注。

者、情之應也。」[65]而「欲不可去，性之具也」，[66]即欲望是天性在經驗中的實現，所以欲不可去。然而，「欲」是不是等於「惡」呢？恐未必然。荀子曰：「情然而心為之擇謂之慮」，[67]人有心知，而能為情的落實方向與形式作選擇，此之謂「慮」。所以：「欲雖不可去，求可節也。……欲雖不可去，所求不得，慮者欲節求也。」[68]

　　如果性純惡，則人何以能向善呢？善與惡是一種價值判斷，也是一種價值的抉擇，這種抉擇的「知慮」之能，是君子獨有的還是人共有的呢？荀子指出常人不免誤解以為：

> 小人莫不延頸舉踵而願曰：「知慮材性，固有以賢人矣。」夫不知其與己無以異也。[69]

既然道德的抉擇能力為人類所共有，則我們不能說人性為「純惡」。所以荀子在〈非十二子〉篇中，既不贊成「縱情性」的主張，因為這會導致「安恣睢，禽獸行」[70]的後果；但他同時反對「忍情性」的主張，以為「綦谿利跂，苟以分異人為高」，[71]亦不為切當之論。況且，人性既屬純惡，則人走向惡是自然而合理之事，人勢不能亦不必為自己所作的惡行負責。荀子作為先秦的一位名理專家，[72]不太可能犯上如此淺薄的錯誤。事實上，荀子對經驗知識的興趣，比同屬儒家人物的孟子，強烈得多。觀乎《孟子·告子》中的論辯，基本上對

65　同前注，頁 284。
66　同前注，頁 285。
67　同前注，頁 274。
68　同前注，頁 285。
69　參王先謙：《荀子集解·榮辱》，《諸子集成》，第 2 冊，頁 38。
70　參王先謙：《荀子集解·非十二子》，《諸子集成》，第 2 冊，頁 57。
71　同前注，頁 58。
72　參牟宗三：《名家與荀子》（臺北：臺灣學生書局，1979 年），〈序〉，頁 5 載：「吾將名家與荀子連在一起，旨在明中國文化發展中重智的一面，並明先秦名家通過《墨辯》而至荀子乃一系相承之邏輯心靈之發展。」

人性純善與純惡的討論，所費筆墨亦不多，則其時學者對這兩項背離經驗的假設，已到了不大引起學界的討論興趣之境地。

　　留下的兩項可能性是：中性（無善無惡）與善惡均存（有善有惡）。中性義的特色，是對價值取向的不承認，孟子駁斥告子的立場，正是由於採取價值中立，則人生並不保證會選擇價值的方向走，於是我們口中的仁義，便不是真的朝向價值作為目標，僅是因為社會影響而成的結果（詳上節）。荀子承認環境對人的價值取向，有重大的影響，他口中性的「惡」，有不少即是順情欲，不予約制的結果。故曰：

> 今人之性，生而有好利焉，順是，故爭奪生而辭讓亡焉；生而有疾惡焉，順是，故殘賊生而忠信亡焉；生而有耳目之欲，有好聲色焉，順是，故淫亂生而禮義文理亡焉。然則從人之性，順人之情，必出於爭奪，合於犯分亂理，而歸於暴。[73]

「性」所以不予約制，便會流於「惡」，是因為人並非抽象的存在，所有人必然在現實環境中，與周遭的事物有所接觸。因而，欲望便有落實的方向與目標，是故環境的不同，便會引發人類的不同欲望，如不加節制，則會流於過度。所以《荀子》文本裡，不乏對環境影響人性的描述。他說：「譬之越人安越，楚人安楚，君子安雅」，[74]不同地方出生的人，使用不同的語言，而皆「安」之，則環境對人性的發揮，有十分重大的影響。此所以在荀學中，「積」是一個十分要的觀念，「積」於荀子文本中共出現了 87 次，散見 20篇，[75]覆蓋比率為 62.5%。「積」的出現次數尤多於「性」字，而覆蓋比率則僅次，由是觀之，荀子的核心觀念，固在「性」的探討，而實踐方向，則以

73　參王先謙：《荀子集解·性惡》，《諸子集成》，第 2 冊，頁 289。

74　參王先謙：《荀子集解·榮辱》，《諸子集成》，第 2 冊，頁 39。

75　參《荀子》內〈勸學〉、〈修身〉、〈不苟〉、〈榮辱〉、〈仲尼〉、〈儒效〉、〈王制〉、〈富國〉、〈王霸〉、〈君道〉、〈議兵〉、〈彊國〉、〈天論〉、〈正論〉、〈禮論〉、〈樂論〉、〈解蔽〉、〈性惡〉、〈大略〉和〈宥坐〉等篇。

「積」為重。

　　既然荀子重視環境的影響，那麼他是否認為「性」是「中性」，即無善無惡的呢？恐怕未必然。孟子也重視環境的影響，他說：「富歲，子弟多賴；凶歲，子弟多暴，非天之降才爾殊也，其所以陷溺其心者然也。」[76]又以為：「牛山之木嘗美矣，以其郊於大國也，斧斤伐之，可以為美乎？」[77]由是知之，注重環境的影響，不等於同意人性是「中性」的。因為，強調人性是「中性」義的學者，必然是並不假設人類世界中，善惡有實質的區分，即價值中立者（詳上節）。荀子顯然不可能走向價值中立的道路，是故荀子的性惡是指人性並具善惡兩種屬性，視乎我們怎樣引發它，便有不同的結果。因此，〈儒效〉篇才會認為：「性不足以獨立而治」，[78]〈正名〉篇說：「心慮而能為之動謂之偽；慮積焉，能習焉，而後成謂之偽。」[79]

　　性「偽」是荀子性論中一項重要觀念，它佔了「性」字的詞義超過26%。有心慮作選擇，並能有實踐，成為行為習慣，才稱之為「偽」，即道德行為是人的抉擇，人的累積。所以，〈禮論〉強調道德踐履是一項過程：

　　　故曰：性者、本始材朴也；偽者、文理隆盛也。無性則偽之無所加，無偽則性不能自美。性偽合，然後成聖人之名，一天下之功於是就也。[80]

性是「本始材朴」，但它是實現道德的基礎，故曰：「無性則偽之無所加」，而人可以藉賴人為，甚至師長的引導，而走向一條道德豐盛的大道，故曰：「文理隆盛」，此即為「偽」也。所以，荀子追求的是「性偽合」。他認為「無性則偽之無所加，無偽則性不能自美」，「性」與「偽」都是成就道德（善）的必要條件，缺一而不可。因之，我們理解荀子的「性惡」說，乃是針

76　《孟子・告子》，朱熹：《四書集註》，頁162。

77　同前注，頁164。

78　參王先謙：《荀子集解・儒效》，《諸子集成》，第2冊，頁91。

79　參王先謙：《荀子集解・正名》，《諸子集成》，第2冊，頁274。

80　參王先謙：《荀子集解・禮論》，《諸子集成》，第2冊，頁243。

對荀子誤解的「性善」（性純善）的觀點而言，謂性本有兼善惡，要誘發，甚至改進，才能達於至善。《荀子》謂：「君子知夫不全不粹之不足以為美也」，[81]道德與學問之途徑，乃是使之為「全粹」，「全粹」是終極，則達於終極以前，皆謂之未全未粹，荀子之人性天然的本質，正是此未全未粹之材料。是知，荀子之「性」乃善惡相兼之義也！

　　很多人追問荀子，如果禮義要歸本於聖人（或師），但聖人也是人，他們的本質也是未全未粹，則何以保證聖人的方向恰當，真是朝著善走，而不向惡傾斜呢？荀子覺得不需要回答這個問題，因為聖人是經驗上的存在。人縱然本未全粹，但不代表不能判斷什麼是全粹。道德的知與行之間或有距離，但不代表我們未實踐道德，即不能判斷什麼是道德。例如：我的德行當然未如孔子或德蘭修女，難道我們不知道聖賢之有大德，甚至不知讚嘆其善行嗎？故曰：「是是非非謂之知」，[82]又云：「夫師、以身為正儀，而貴自安者也。《詩》云：『不識不知，順帝之則』。」[83]人之能知，是因為現實上有「師」，他們「以身為正儀」，通過身教作為示範，則未全未粹者，亦得以「知」如何「順」其「則」了。正如康德（Kant）指出，人有自由意志的設準（Postulates）是必要的，否則現實上的道德經驗便屬不能解釋。[84]荀子當然未能提出「設準」的問題，但觀察他以「符驗」為論證的要求，便可以明白荀子的知識性立場。這也可以作為上述荀子不可能選擇，與經驗相違的人性為純善與純惡立場的旁證。

81　參王先謙：《荀子集解·勸學》《諸子集成》，第 2 冊，頁 11。

82　參王先謙：《荀子集解·修身》《諸子集成》，第 2 冊，頁 14。

83　同前注，頁 20。

84　康德指出人類的實踐理性是基於三大「設準」，何以稱為設準，就是不能直接加以證明，但如果不作這些設準，則不能解釋人類有道德經驗這項事實。詳見 Immanuel Kant, *Critique of Practical Reason*, trans. Lewis White Beck (Indianapolis, New York: The Bobbs-Merrill Company, Inc., 1936), pp. 137-139。

六、結論

　　讓我們以本文作為個案，來反思以往學者對《荀子》性論的處理及今人的推進。前賢處理的進路，約言之，包括三大類：語言性的、歷史性的和邏輯性的。當然，在現實運作時，這些範疇很多時是可以互涉的，但各個範疇之間的適用場域及其限制，則很少被通盤的反省。本文大抵上對上述三個範疇的方法，都有採用，自然亦有取捨。

　　所有需要詮釋或釐清的思想概念，都必須以「文本」為基礎，而文本必以語言為媒介。所以，語言性的考量是首出的問題，語言問題主要可以分為兩部分：外在的大語言環境與文本內在脈絡的把握。外在的語境時常有助我們判斷，但必須先確定何謂「共時」性語料，而且它們的真偽，也必須先作確定。更重要的是，共時性語料，並不能取代「文本」的語義。因此，外在的大語言，充其量只可以作參照群組，不可單獨用來作判斷。至於「文本」的把握，面對古典的常見現象——真偽糅雜的文本，經過統計作整理，往往可以減低以單篇或孤證而導致失誤的機率。但統計只能提供大體的面貌，找出要深入分析的項目或語詞，藉此並能排除一些舊說中，明顯的不合理部分，不宜把統計代替精確的文本爬梳工夫。畢竟思想問題探討，仍是以思想（意涵）為本位的。

　　由於文本屬於歷史文獻，必然有一些與之相聯繫的歷史事實，這些歷史事實的探討，可以幫助我們對某些思想，有更為確切的理解。史事探討可以幫助我們辨別真偽，「辨偽」自然是確定「文本」的一項主要工作。出土文獻在這方面的幫助甚大，但直接相關的材料，往往可遇不可求。另一方面，對成書時限的推定，亦是對文本作判斷的基礎資料。然而，正如本文第二節指出，歷史探究對文本的寫作上限，較容易確定，但對文本的下限，則確切證據不易得。現存古籍的作者與編者，往往難於確定，僅依賴歷史事實的一言半語，不能排除任何作者的後學在編輯的過程中，混入了較後時代才出現的名詞或事實，來重述師門觀點的可能性。這種方法，亦無法排除有部分後人的作品，混入前人作品的可能性（詳本文第二節）。但史事探究往往能拓清一些背景問題，例如思想源流，以至論敵學派對思想發展的影響，在本文中，孟子作為荀子的論

敵，他的「性善」說，對我們訂出先秦「性」論的邏輯模型，以及釐清荀子的「性」論，有著重大的幫助（詳本文第四、五兩節）。

最後，澄清思想問題，必須涉及邏輯的推證。概念聯結的方式，往往對了解核心思想有關鍵性的影響。尤其在涉及定義時，如果能先窮舉可能的邏輯模態，並以歸謬法的方式，逐步排除不可能的假設，對建立一項確切的論斷，實有大的幫助。本文的第四節舉列了先秦「性」論的不同邏輯模型，而在第五節則以文本來印證之。邏輯是純形式的學問，本無內容，因此作思想研究，尤其古典思想研究，恐不能純任邏輯，但此為必要工具，在淘汰不當觀念時，實特派用場也。

最後，筆者不會認為，上述的工具在所有的思想探究中，都會同時用上。畢竟對治不同的問題，實各有合宜的方法，不同的學者都各有稱手的工具。然而，本文作個案討論，可以拓清不同工具的限制，於學者亦有小補。至於，「文章本天成，妙手偶得之」，更不能貪天之功，攘為己有。以上的結論，雖有超逾傳統說法之處，但學術研究從來都是後出轉精，當我們站在巨人肩膊上，得以更上層樓地看得更遠更見明晰，亦是筆者所至願。

儒家「天人合一」思想的
歷史脈絡及當代意義

景海峰*

　　錢穆先生在其生命的最後時刻，口述了〈中國文化對人類未來可有的貢獻〉一文，對中國哲學的「天人合一」觀念做了全新的闡釋和高度的概括，謂「『天人合一』論，是中國文化對人類最大的貢獻」，「惟到最近始澈悟此一觀念實是整個中國傳統文化思想之歸宿處」。[1]此言一出，激起一片思想漣漪，反響熱烈，應和者眾。季羨林說：「一個像錢賓四先生這樣的國學大師，在漫長的生命中，對這個命題最後達到的認識，實在是值得我們非常重視的。」「中國文化和東方文化中有不少好東西，等待我們去研究，去探討，去發揚光大，『天人合一』就屬於這個範疇。」[2]李慎之、蔡尚思、周汝昌等著名學者也紛紛做出回應，杜維明更是將這篇文章稱作「證道書」，與宋儒張載的〈西銘〉相媲美。上個世紀九十年代初，大陸學界相對沉寂，各種思想觀念還處在一片渾沌和朦朧之中，對傳統文化的否定態度尚未開始轉變，此言一出，如聞驚雷，標誌著一個新的時代之春天的到來，這就是此後二十年來持續的中華文化復興的巨大浪潮。在今天看來，當時的這件事情所引發出的欣喜與

---

* 　深圳大學文學院院長，哲學系教授
1 　錢穆：〈中國文化對人類未來可有的貢獻〉，原載臺灣《聯合報》，1990 年 9 月 26 日，引見劉夢溪主編：《中國文化》第 4 期（1991 年），頁 93。
2 　季羨林：〈「「天人合一」」新解〉，《傳統文化與現代化》第 1 期（1993 年）。

討論，實屬於一個突出的文化思潮變遷的範例，足可以稱之為是那個時代思想轉換的一大標誌。「天人合一」觀念有何魅力，讓二十世紀屈指可數的一代國學大師為之曲枕以思，曾經滄海，臨終徹悟；又含何衷曲，能隔岸撥動一眾時遷境移的學者之心弦，而為之擊節稱快，這確實是一個值得人們深思的問題。這裡，我們就「天人合一」觀念的歷史源流和邏輯內涵做一些辨析，以深化對這個命題的理解以及對其當代意義的認識。

一、觀念之兩源

　　中國文化中，天的觀念極其複雜，也是現代學術史上引人關注、辨析甚詳的重要範疇之一。[3]從最初的仰望蒼穹、列星流布、形氣變化的視覺意識，到觀察、辨析、體悟和言說的思考對象，天作為被思議和表達的內容，其漫長的歷程和複雜的集蘊，可以說是難盡言表。天與地之架構的空間感，天地變化流

3　此類陳述，最為流行的當屬馮友蘭在《中國哲學史》（1930 年）一書中的概括：「在中國文字中，所謂天有五義：曰物質之天，即與地相對之天。曰主宰之天，即所謂皇天上帝，有人格的天帝。曰運命之天，乃指人生中吾人所無奈何者，如孟子所謂『若夫成功則天也』之天是也。曰自然之天，乃指自然之運行，如《荀子・天論篇》所說之天是也。曰義理之天，乃謂宇宙之最高原理，如《中庸》所說『天命之為性』之天是也。」（見《中國哲學史》〔北京：中華書局，1961 年新版〕，上冊，頁 55。）在這之前，嚴復於《群學肄言》按語（1903 年）中，已經指出了天有四種意思，他說：「中國所謂天字，乃名學所謂歧義之名，最病思理，而起爭端。以神理言之上帝，以形下言之蒼昊，至於無所為作而有因果之形氣，雖有因果而不可得言之適偶。西文各有異字，而中國常語，皆謂之天。」（見《嚴復集》〔北京：中華書局，1986 年〕，第 4 冊，頁 921。）熊十力亦曾於《心書》（1918 年）中概括為四義：「天字之義有四：以形氣言，一也；以主宰言，二也；以虛無言，三也；以自然言，四也。四義中，後三皆本前一引申之，而學術思想之變遷，亦於此可略識矣。」（《心書・示韓浚》，見《熊十力全集》〔武漢：湖北教育出版社，2001 年〕，第 1 卷，頁 6。）這類研究文獻太多，無法一一列舉。最近，劉笑敢教授在《中國哲學與文化》集刊第十輯（桂林：灘江出版社，2012 年）上發表的長文——〈天人合一：學術、學說，和信仰〉，收集了大量的相關資料，可供參考。

行的實存感受，以及人與天地之間的關係，是先民思想活動展開的先在形式。從最早的文獻記載來看，天被擬人化而作為膜拜的對象、成為人格神——天帝，早已存在於原初的文化形式當中，殷人之「尊天事鬼」，可謂集其大成。到了周代，相對於巫覡文化形態之下的人的不自覺的狀態，有了所謂「人文的覺醒」，亦即雅斯貝爾斯所說的「哲學的突破」。這一覺醒與突破的標誌之一，即是天的意象的重大改變，德性之天與自然之天的觀念同時被強化和系統化了，逐步形成一種所謂新的宇宙觀。就德性之天而言，人的主觀能動意識和道德自覺的提升，凸顯了天的德化意義，天之狀況和人自身行為的相關度大大地加強了，天不僅是可敬畏的對象，也是可理解的對象，是與人的情志、願望和理想可以互通款曲的客體性存在。所謂「維天之命，於穆不已，於乎不顯，文王之德之純」（《詩經·維天之命》）。「盡其心者，知其性也，知其性則知天矣；存其心，養其性，所以事天也」（《孟子·盡心上》）。就自然之天來說，天已不是原初的渾淪可怖的實體，而是有職分、有律則，因而也可以認識、可以順處的客觀存有。天對於人而言，甚至不是外在的本然之物，而是在人的活動之中構成了一種具有一定認知之維度的關係，因而與人的存在息息相關。也就是說，天不僅僅是客觀的實體，而且是具有某種人化意義的可親近的對象。所謂「天因人，聖人因天。人自生之，天地形之，聖人因而成之」（《國語·越語》）。「知天之所為，知人之所為者，至矣。知天之所為者，天而生也」（《莊子·大宗師》）。此德性之天和自然之天的新型維度，是先秦儒家思考天人關係的起點，也是我們今天理解天人合一思想的重要基礎。

　　天之德性色彩和人化自然的含義，周人已經啟動，孔子繼而擴之。子曰：「大哉堯之為君也，巍巍乎！唯天為大，唯堯則之。蕩蕩乎！民無能名焉。巍巍乎！其有成功也。煥乎！其有文章。」（《論語·泰伯》）所謂「天何言哉？四時行焉，百物生焉，天何言哉？」（〈陽貨〉）「天之歷數在爾躬，允執其中」（〈堯曰〉）。這也就是由知天命轉向了如何發揮人能的問題，因為「人能弘道，非道弘人」，即「不怨天，不尤人，下學而上達，知我者其天乎！」（〈憲問〉）這一天人關係的人文主義理解為孟子所繼承。孟子講君子「過化存神」、「上下與天地同流」，講「反身而誠」、「萬物皆備於我」，

推演盡心、知性、知天的由人上達於天的天人相感邏輯,皆是在強化天人統一的德性紐帶和人與自然之天的順適性。先秦儒家對於天人關係的理解,儘管孔孟有別,孟荀之間的差異更大,但都是在德性之天與自然之天的基礎上來疏析二者的,其人文精神和理性主義的特質也是始終如一的。從整個儒學發展史來看,天人合一理論,就其自然意涵而言,《易傳》表達的較為突出,而《中庸》則非常集中地闡發了其中德性的含義,這也可以視之為是後續的儒家接踵掘汲的兩大源頭。

我們先來看《易傳》之本據自然之理對天人合一的理解與解釋。按照清初易學家胡煦(1655-1736)的說法,「《周易》乃天人合一之書,言天道當知有人道,言人道當知有天道」。「夫《易》固天人合一之大道也,夫《易》固至神至變至精者也」。[4]《易》道本之自然,其對於天的了解是宇宙論的,也是合乎理性原則的。所謂「《易》無思也,無為也,寂然不動,感而遂通天下之故。非天下之至神,其孰能與於此」。「《易》與天地準,故能彌綸天地之道」(《繫辭上》)。《易傳》對宇宙做了哲理化的抽象與演繹,明確提出一套天之自然生成與萬物變化的模式,由最高的本根性範疇——太極,衍化天地,然後化生萬事萬物,從而推演出整個的世界來。「易有太極,是生兩儀,兩儀生四象,四象生八卦,八卦定吉凶,吉凶生大業」(《繫辭上》)。「有天地然後有萬物,有萬物然後有男女,有男女然後有夫婦,有夫婦然後有父子,有父子然後有君臣,有君臣然後有上下,有上下然後禮義有所錯」(《序卦》)。從宇宙之根到萬事萬物,從自然到社會,是一個有序生成的過程,構成了一個完整的系列,天地與人事由此緊密地聯繫在一起。天的存在是萬事萬物所展開的具體性之根源,也是人的活動能夠被解釋和說明、從而獲得意義的最終依據,沒有了形而上的天道,人的行為就變得荒謬和不可理解。反過來,天的價值也是在人的活動之中得以呈現的,「富有之謂大業,日新之謂盛德,生生之謂易」(《繫辭上》)。沒有了萬物變化的具體性,天就成為死體,

---

4　胡煦:《周易函書約存》卷 7,程林點校:《周易函書》(北京:中華書局,2008年),第 1 冊,頁 225。

《易》道也就無從談起了。

　　《易傳》的宇宙大化論，為天人關係的說明奠定了重要的理論基礎，天人合一成為自然之事，天道與人道是一體之兩面，談天道不能離開人道，談人道亦不能離開天道，天人本不二。南宋易學家王宗傳在其《童溪易傳》中，有一段話解釋《易》之天道與人事的不可或離，意思頗為剴切。他說：

　　　聖人以天道人事本無二理，故其興《易》也，即人事以明天道，非舍人事別有所謂天道也。《上繫》曰：擬之而後言，議之而後動，擬議以成其變化是也。故於此而曰變化，云為一天人也。夫天下之吉凶與天下之亹亹者，即人事也，而聖人定之成之，則以天道律人事也。人有言而云，有動而為，無往而非天道，則得聖人所以興《易》之意矣。且夫人之事有得，夫《易》之吉事歟？則必有上天所降之祥。人之事有得，夫《易》之象事歟？則必知聖人所制之器。人之事有得，夫《易》之占事歟？則又知遠近幽深之來物。凡此皆天道也，孰謂天道人事之為二乎？夫惟天道人事之無有二也，故天地設位於上下，而聖人成能於兩間，此乾坤之德所以全盡於聖人也。所謂人謀，即成天下之亹亹者是也；所謂鬼謀，即定天下之吉凶是也。天人合一，幽顯無遺，則百姓日用於是道之中者，莫不樂推而不厭矣。[5]

　　宗傳研《易》，惟憑心悟，力斥象數之弊，雖與理學主流有異，但大體能夠把握得到《易》的天人合一之旨。《易傳》不僅講天人相合，也闡明其職分，對天地之道和人道的不同處有清楚的表達：「《易》之為書也，廣大悉備，有天道焉，有人道焉，有地道焉。」（《繫辭下》）「昔者聖人之作《易》也，將以順性命之理，是以立天之道曰陰與陽，立地之道曰柔與剛，立人之道曰仁與義。」（《說卦》）區劃天人的職分，就是要確立一個間架的形式，分別開來說，以增強論說的力量。換言之，天人能否成為合一的狀態，或者說合一的過

[5]　王宗傳：《童溪易傳》卷30。

程是否順暢，關鍵是要看人的主觀能動性，這恰恰在於人能的發揮。「夫大人者，與天地合其德，與日月合其明，與四時合其序，與鬼神合其吉凶，先天而天弗違，後天而奉天時。天且弗違，而況於人乎，況於鬼神乎！」（《乾文言》）《易傳》講天人關係，重點在發揮人能，這便與巫祝文化形態之下人的被動狀況有了本質的差別，這也恰是儒家講天人合一，由此彰顯義理精神的精彩之處。所以胡煦說：

> 《周易》非占卜之書也，淺之則格物窮理之資，深之則博文約禮之具，精之則天人合一之旨，體之則參贊位育之能，是全體大用之要歸，聖聖相傳不言而同然之秘也。開六經之始，而六經骨不能違，探六經之原，而六經止分其用。其出也，取之而不窮，其返也，藏之而無眹。義、文、周、孔極力闡揚，後之學者觀其象、玩其辭、習其占，仍如昏衢，如暗室焉，可不謂難乎！[6]

《易傳》立足於儒家的人文精神，既超越了自身的傳統，也打破了諸子的門戶，吸收道家、陰陽家等流派的思想，以儒家的人文關懷有效地改造之，將先秦哲學的天人觀提升到一個新的水平，實現了自然主義和人文主義的有機結合，為後續的天人合一思想之發展打下了堅實的基礎。

在《易傳》之外，對天人合一思想有突破性見解的另一個系統即是《中庸》。與《易》訴諸於自然的宇宙論和探研萬物之生化的理路不同，《中庸》直指天人合一的德性之本，「天命之謂性，率性之謂道，修道之謂教」，一氣貫下，殆無餘蘊。清儒張瑗在〈天命之謂性〉一文中說道：

> 《中庸》明天人合一之旨，即性、道、教而申其義焉。夫性也、道也、教也，出於天而成於人，固一原而相為用者也。明其所謂不可，以識所宗乎？自性學不明，而言道者日益紛，於是異端之徒各挾其教，以爭勝

6　胡煦：《周易函書約存·序》，《周易函書》，第2冊，頁463。

於天下，子思子慮人之失所宗也，爰述聖賢相傳之意，而作《中庸》。[7]

很多學者都曾指出，《中庸》與《易傳》相表裡，可以說是一內一外，前者直探德性之源，而後者則以彰顯自然之化為殊勝。《易傳》講「太極」之生生不已，講「一陰一陽之謂道」，講「天地之大德曰生」。而《中庸》卻不走這些外延性思想流程的路子，起首一句只說個「天命之謂性」，不解釋何以為性，更沒有陰陽等生生環節夾雜其間，而是直接地去說人生的道德實踐活動。它也不用生化的邏輯程序來談論天道，只拈出一個「誠」字來，便打通了天與人，在己性和物性之間架起了溝通的橋樑。此「誠者，天之道」，和「天命之謂性」一句，語義上相迴環，所以後面所講的性，都是在「誠明之謂性」的意思上立論的，而所謂的天，也是在說至誠無息意味上的天道，人與天均歸併在「誠」的意義之下，為「誠」的精神所統攝。這樣，在至誠之道底下的天與人，實際上就沒有了間隔，在「誠」的意境中完全地融合在一起了。正像清初大儒陸世儀（1611-1672）所說的：「《中庸》一部書，句句言人道，卻句句言天道。能如《中庸》，方始是天人合一。」「不是天人合一，如何能盡己性、盡人性、盡物性。」[8]在此合一的狀態之下，盡己性即是盡物性，體物而不遺，盡物性便是盡己性，周遍而不流，「故至誠如神」，天與人不可分也。

　　《中庸》講天人合一，以德性為綱宰，把空泛而寂寥、乃至於神秘莫測的天的世界給意象化和道德化了，使之成為境界性的形而上實體；同時，庸眾的日常生活，甚或是無意味的普遍現象，也因為至誠無息的天作為其存在的形而上根據，而變得熠熠生輝、意義非凡了。誠，本為人的道德品節，講人心之信實狀態，《中庸》將之投射到無聲無臭的天之上，就將天擬人化、德性化了；然後作為形而上普遍存有的天之意義又反諸於人自身，加強了「誠」的厚度，使之具有了更大的權威性和說服力。這一「誠」的意義，自由穿梭在天與人之間，使天人關係的各個層面和相關的問題都可以得到融會貫通的解釋，因而圓

7　張璪：〈天命之謂性〉，載方苞編：《本朝四書文》卷8。

8　陸世儀：《思辨錄輯要》卷23。

融無礙。明末大儒劉蕺山在分析《中庸》之要點時說道：

> 《中庸》有數吃緊語：一曰知行合一之說，言不明，而曰「賢者過，不
> 肖者不及」，言不行，而曰「知者過，愚者不及」是也。一曰誠明合一
> 之說，言誠則明，而曰「至誠之道，可以前知」，言明則誠，而曰「曲
> 能有誠」是也。有隱見合一之說，「君子之道費而隱」是也。有顯微合
> 一之說，「鬼神之為德」是也。有天人合一之說，「暗然而日章」，
> 「上天之載，無聲無臭」是也。然約之，則曰「慎獨」而已。[9]

這些關涉到天人關係的重要元素編織成一張以「慎獨」為核心的大網，覆蓋了
人類道德生活的不同層面，也蘊含著天道的意義，生命的獨特價值由此而得以
挺立。德性之天的收攝和內在化，也開啟了以人之心性來度量和衡準天意的方
便之門。「人心所以能周物而不遺者，以性大無外故也。故心之量之無不該，
必性之源之無不窮。至天者，又性所從出也，知性則知天，《中庸》所謂立天
下之大本，知天地之化育，天人不二者也」。[10]自中唐以後，因受到佛教之刺
激，儒家嘗試創闢新路，特別地拔舉《中庸》，漸開了心性之學的大門。此一
路向，至宋代而漸臻於輝煌，其潛在的動力在很大程度上已經包含在了《中
庸》所提供的天人關係之新的理解中。

二、漢代的曲折

　　秦火之後，典籍散佚，儒家經典詮釋的格局發生了重大變化。一則原有的
思想路數和穩定線索被打斷，慣性前行已難以為繼；二則經文的傳遞由口耳相
授變為著之竹帛，接受的感知方式和理解習慣已經大不同於以往；再則戰國晚

9　劉宗周：《劉子遺書》卷 2，〈學言一〉，戴璉璋、吳光主編：《劉宗周全集》（臺
　　北：中央研究院中國文哲研究所籌備處，1996 年），第 2 冊，頁 453。
10　李光地：《榕村四書說》，《讀孟子札記》卷下。

期的思潮融會和西漢初年新起百家之學的相互間激盪，也為漢代儒學的發展注入了新的活力和打開了新的視野。更為重要的是，漢代大一統，「為漢制法」的現實要求激勵著儒家人物來思考新的解釋方法和構築新的哲學系統。正是在這種局面下，天人合一之說趨向於豐富化和複雜化，自然元素和文化關懷交織扭結，眾家思想相互影響與重疊，陰陽五行學說無處不在，氣論彌漫於各個角落，使得自然的神秘性和不可預知性大大地增強了。另一方面，對於自然認知的精確要求，刺激了實證精神的膨脹，天的模糊意象被打破，許多細部的問題提了出來，天人關係的具體內容漸次地展開，呈現出了前所未有的豐贍性和複雜度。對於此種變化，徐復觀先生在《漢代思想史》一書中分析道：

> 古代天由宗教的意義，演變而為道德價值的意義，或自然的意義，這都不足以構成天的哲學。因為這只是由感情、傳統而來的「虛說」，點到為止，沒有人在這種地方認真地求證驗，也沒有人在這種地方認真地要求由貫通而來的體系。到了董仲舒，才在天的地方，追求實證的意義，有如四時、災異。更以天貫通一切，構成一個龐大的體系。[11]

他認為，這一由虛而實的「天的哲學」，不是《易》、《庸》傳統的延續，而是直承《呂氏春秋》十二紀的格套和內容發展下來的。[12]其談天的目的，在於政治上的布德施惠、慶賞教化，最高的政治理想是「蓋聞古之清世，是法天地。凡十二紀者，所以紀治亂存亡也，所以知壽夭吉凶也。上揆之天，下驗之地，中審之人，若此，則是非、可不可，無所遁矣」（《呂氏春秋‧序意》）。其現實的要求和政治上的取向，把自然的節律與人事之活動、社會之

11　徐復觀：《兩漢思想史（卷二）》（臺北：臺灣學生書局，1976 年），頁 371。

12　張祥龍認為，徐先生指出董仲舒的思想和十二紀的關係，頗有見地，但這並不是最重要的。「我們看董仲舒的哲學思想的最大特點不是採納了陰陽五行說，而是能用它闡發《春秋》公羊學的『元年春王正月』的元時更化的哲學，或三統一統的哲理，並將之貫通到其他的學說中」。見氏著：《拒秦興漢和應對佛教的儒家哲學——從董仲舒到陸象山》（桂林：廣西師範大學出版社，2012 年），頁 102-103。

治亂緊密地結合起來了，形成一套「人副天數」的新解釋系統。

在這個系統之中，天有著更為複雜、也更加精細化的內容。天不止是一個模糊的意象或與人相對應的觀念，而是可以感知和經驗的實存世界，是一個與人的活動息息相關、並且有著很強應和性的具體的存在。天的變化有陰陽、四時等節律，故本身也就有不同的名號。《爾雅·釋天》曰：「春為蒼天，夏為昊天，秋為旻天，冬為上天。」鄭玄在《駁五經異義》中解釋說：

> 《爾雅》者，孔子門人所作，以釋六藝之言，蓋不誤也。春氣博施，故以廣大言之。夏氣高明，故以遠大言之。秋氣或生或殺，故以閔下言之。冬氣閉藏而清察，故以監下言之。皇天者，至尊之號也。六藝之中，諸稱天者，以己情所求言之耳，非必於其時稱之。「浩浩昊天」，求天之博施；「蒼天蒼天」，求天之高明；「旻天不吊」，求天之生殺當得其宜；「上天同雲」，求天之所為當順其時也。此之求天，猶人之說事，各從其主耳。若察於是，則「堯命羲和，欽若昊天」，孔子卒，稱「旻天不吊」，無可怪耳。[13]

天的「於其時稱之」，是對應其自然的屬性，用之來觀察經驗的世界；而「以己情所求言之」，則重在人能的表達與應驗上，是道德判斷的依據。董仲舒將人天相合，把自然存在和人類社會融為一體，構造出一個「十端」之天來：「天有十端，十端而止已。天為一端，地為一端，陰為一端，陽為一端，火為一端，金為一端，木為一端，水為一端，土為一端，人為一端。凡十端，而畢天之數也。」（《春秋繁露·官制象天》）天有五行，天地之氣又分陰陽，故起於天、至於人而畢，「天地陰陽木火土金水九，與人而十者，天之數畢也」

13　東漢許慎《五經異義》有〈天號〉篇，引今、古文《尚書》釋「天」語，用春夏秋冬四時解「天之五號」——昊天、蒼天、旻天、上天及皇天；時鄭玄駁之，強調五經稱天，只是因人事而言之，非必稱其時也。詳見清人陳壽祺著、曹建墩校點：《五經異義疏證》（上海：上海古籍出版社，2012 年），頁 6-8。

（《春秋繁露‧天地陰陽》）。這個天，具有無比廣大的涵容性，既是物質的、自然的，也是精神的、社會的，人類的道德價值（仁義禮智信「五常」）也含蘊其中。

　　從天的大系統來理解人，人的存在就不是孤立的，而是與天地、陰陽、五行這些元素有一種投射和相依的關係，天地如父母，人即酷似之，天地是人存在的根據，人的身體、面貌，乃至於情志、行為等，都與之息息相關。《淮南子》在描述人與天地的呼應關係時說道：

> 是故聖人法天順情，不拘於俗，不誘於人，以天為父，以地為母，陰陽為綱，四時為紀。……故頭之圓也象天，足之方也象地。天有四時、五行、九解、三百六十六日，人亦有四支、五藏、九竅、三百六十六節。天有風雨寒暑，人亦有取與喜怒。故膽為雲，肺為氣，肝為風，腎為雨，脾為雷，以與天地相參也，而心為之主。是故耳目者，日月也；血氣者，風雨也。[14]

這一人天對應的關係，到了董仲舒的《春秋繁露》，即發揮出一整套「人副天數」的學說，他說：

> 天地之符，陰陽之副，常設於身，身猶天也，數與之相參，故命與之相連也。天以終歲之數，成人之身，故小節三百六十六，副日數也；大節十二分，副月數也；內有五藏，副五行數也；外有四肢，副四時數也；乍視乍瞑，副晝夜也；乍剛乍柔，副冬夏也；乍哀乍樂，副陰陽也；心有計慮，副度數也；行有倫理，副天地也。此皆暗膚著身，與人俱生，比而偶之弇合。於其可數也，副數；不可數者，副類，皆當同而副天，

14　《淮南子‧精神訓》，見劉文典撰：《淮南鴻烈集解》（北京：中華書局，1989年），頁219-221。

一也。[15]

人是天地的一部分，其行為效法天，道德價值根源於天，其形也酷似於天，因為「為生不能為人，為人者天也。人之人本於天，天亦人之曾祖父也，此人之所以乃上類天也」（《春秋繁露・為人者天》）。人與天的相類相符，不是後天有意仿效的結果，而是先天的機能使然，在自然功能的意義上，人與天地就具有內在的同一性。天不只有德性的意義，人的道德本源植根於天地，所謂「天命之謂性」；而且也包含了機能主義的系統性，一切生命生理的現象都可以在這個互動的結構之中得到說明。人的生理機制與天相副，所有功能都具有「高仿真度」，可以毫不困難地進行相似性的類比，人的情感和心理活動與天也是息息相通的。「天亦有喜怒之氣，哀樂之心，與人相副。以類合之，天人一也」（《春秋繁露・陰陽義》）。所以「人副天數」的另一面就是天的「與人相副」，即天人之間沒有任何的間隔性，以類視之，人可以為天，天亦可以為人，天人一也。

天人之際高度的同一性，使之不可分而言說，在功能上它是統一的，具有系統性和融貫性，從結構而言，天地和人事之間也是一氣貫下、毫無障隔、相互迴環的。從天地萬物的自然屬性到人類社會的德性生活，不可以截斷來看，天地是德化的自然，具有意志力和好惡之情，人的存在也具有自然之屬性，「性雖出善，而性未可謂善也」（《春秋繁露・深察名號》）。所以，天人相感應。天影響、支配、乃至決定著人的行為，因「仁義制度之數，盡取之天」，社會的有序化也是「受命於天」的結果。反過來，德性價值的實現雖說是「人之繼天而成於外也」，但只有人才能夠應天命而實現王道理想，成就最高的天意，也就是達到自然與社會的和諧狀態，這又是人對於天的有效回應和完滿化。這一宇宙論的和諧圖景，在漢儒看來，它是有秩序的（自天而人），並且是有層級的：

15　《春秋繁露・人副天數》，見鍾肇鵬主編：《春秋繁露校釋（校補本）》（石家莊：河北人民出版社，2005 年），頁 805。

> 天地設位，懸日月，布星辰，分陰陽，定四時，列五行，以視聖人，名之曰道。聖人見道，然後知王治之象，故畫州土，建君臣，立律曆，陳成敗，以視賢者，名之曰經。賢者見經，然後知人道之務，則《詩》、《書》、《易》、《春秋》、《禮》、《樂》是也。《易》有陰陽，《詩》有五際，《春秋》有災異，皆列終始，推得失，考天心，以言王道之安危。[16]

天地成道，聖人作經，賢者務於王道，這是宇宙的秩序，也是社會生活的秩序，同時，儒家經典的巨大價值和現實政治的合理性也就盡在不言之中了。漢儒論天人關係，至董仲舒推演出一套「人副天數」的天人感應學說，即為君權神授的政治想像奠定了天道自然的根據，「天人之際，合而為一」（《春秋繁露‧深察名號》），這不僅僅是宇宙本體的論說，也是極強的現實政治之祈求。人受命於天，優於萬物，且人是有等級的，聖人和王者才是天地之精的稟受者，也是天人之間的中介和體現者。這一意義重大的理論奠基，為其後兩千年帝制的穩固性提供了必要的條件，後儒評價說：「漢儒至董子而聖學始倡，即『道之大原出於天』一語，其原本出於《中庸》，而宋儒遵之，悉莫能外。今觀《天人三策》及《繁露》一書，盡有極精極微，非後儒所能及者。竊憶獨創之難，不似後儒共和之易也。……董子於群言惑亂之時，獨倡為天人合一之說，董子之功偉矣哉！」[17]其學說的創造性意義及其長久而深遠的影響於此可見一斑。

漢儒的天人感應之說，具有很強的宗教意味，其敬天祈神的目的性也是十分明確的，但它又不同於嚴格信仰意義上的宗教，和傳統的萬物有靈式的自然崇拜也判然有別。其天是擬人化的，但又不是所謂的人格神，人並非匍匐在天的腳下，惟命是從，而是與天地之間有著一種密切的融通性和交互感，天地有

16　此為翼奉之奏封事語，見《漢書》卷 75，《漢書》（北京：中華書局點校本，1962年），第 10 冊，頁 3172。

17　胡煦：《周易函書別集》卷 13，《籌燈約旨》，《周易函書》，第 3 冊，頁 1076。

佑人之責，人也可盡天地之能，它們的感應性和流通性是一個有機的過程，猶如同一體，張弛有度，揮灑自如，圓融無礙。這個天既是自然的，也充滿了擬人化的想像，人不與天相對，更不相反，而是融合在天人互感、互通、互動的一體化結構之中。就像生態學家馬爾騰（Gerald G. Marten）所描述的：

> 神靈超越了對自然過程的原始解釋，作為人與自然和諧關係的保障而存在。他們就像看不見的主人，擁有幫助人們的力量；反之，他們也可以傷害人類。對於相信神靈的人們來說，敬畏神並保證他們愉悅是非常重要的。信仰神靈的人努力經營日常生活——他們獵取或收集食物、在農田上耕種、供養家庭——以使神靈們愉悅。信仰者經常舉行祭典以使眾神愉悅（通常是在精心準備的儀式上準備少量的食物）。許多信仰者認為這種方式並非宗教，而僅僅是他們的生活方式而已。[18]

這樣一種有機式的感通關係，消融了天人之際的間隔感，使得合一的情狀彌漫於日常生活的各個角落。本之於天志以明人事，用可操作的技術來窺測天意，便刺激了象數之學的發達，如此一來，《易》之為道的形上學不彰，而處為器用的形下之理卻大行其道。漢易象數學的繁榮，使卜筮、卦氣、圖讖等應用之術廣為流行，幾乎到了氾濫的地步。「常疑卜筮不過一事，《繫辭》如何那樣神奇其說。看來古人無事不『用稽疑』，馬必卜、禦必卜、葬必卜、遷國必卜、疾病必卜、祭日必卜，蓋人刻刻與神相通，天人合一。後世信邪尚鬼，而敬天尊神之事，反置不講，此陰陽所以不和而災害所以時至」。[19]天人關係理解的流俗化，反而掩蓋了《易傳》本之自然理性以究天人之際的原初面貌，而將《易》理的解釋引入到了繁瑣哲學的死胡同中。清初易學家胡煦在反思象

18　馬爾騰著、顧朝林等譯：《人類生態學——可持續發展的基本概念》（北京：商務印書館，2012年），頁139。

19　李光地著、陳祖武點校：《榕村語錄》（北京：中華書局，1995年），卷12，頁217。

數易的流弊時說道：

> 豈知河圖者，《周易》之大原所從出，天人合一之旨，聖聖傳心之道，
> 所由肇乎！諸家所著，或兢兢焉向卦爻中分別，或沾沾焉向著數上留心，
> 而圖書分合之秘不能逐節打通，則膚竊之語貌其形似，轉就支離。[20]

> 況《周易》者，固聖人之大本所存。孔子假年學之，韋編猶尚三絕，此
> 豈粗浮剿竊、略觀大意所能懸揣而臆解者乎？乃注釋孔子之書，而不折
> 衷孔子之論。至採洛書作《範》之說於向、歆，而不察《繫傳》則圖之
> 語。取卦變之說於虞、荀，而不察《象傳》往來之幾。襲分爻占驗之說
> 於漢魏，而不察窮理盡性之秘旨。宗乾化而坤、剛化而柔之論於蔡墨，
> 而不察乾元用九之深機。以聖人傳心傳學、天人合一之精微，僅目為究
> 卜究占、進退趨避之作用。[21]

　　所以天人合一的道理，儘管在《易傳》中早已潛含之，天人感應的學說也
將此一思想做了進一步的意義鋪陳，但具體化到可以操作的層面，卻面臨著危
機。如何溝通天與人，人事與天意如何相合？在漢儒的思想系統中，實際上存
在著矛盾。過分渲染天的神秘性和人與天在機能上的相似性，人之本性的理解
就越發變得困難，道德的自主性也有歸於消解的危險。對於天之自然狀態的實
證性求解，也背離了儒家的人文路線，或屈從於墨家「天志」的神靈說，或轉
向粗俗的神學目的論而難以自拔。到了漢末，天人分離，天歸之自然本體，以
元氣論解之，而對於人的理解，又回歸到人自身，探研人的性情問題由此復
盛，談才說玄，時風大變。以天人感應說為基礎的系統，在玄學興起之後，實
際上已難以為繼了，天人關係亟待新的理解和解釋。

20　胡煦：《周易函書約存》卷11，《周易函書》，第 1 冊，頁 315。
21　胡煦：《周易函書別集》卷4，《周易函書》，第 3 冊，頁 910。

三、理學之範式

經過玄學的洗禮和佛教之蕩滌之後,儒家對於天人關係的理解又面臨著一些新的問題和調整。唐代基本上是攪攘在漢末以來的元氣自然論和對傳統天命觀的回望之中,而甚少思想上的突破,對於佛教強而有力的挑戰,更是顯得束手無策。韓愈倡揚道統,以抗衡佛教,但在天人關係上卻拿不出新的主張來,只好打舊牌,依然承繼傳統的天命論。他以形上、形下講天地人的位置,「形於上者謂之天,形於下者謂之地,命於其兩間者謂之人」(〈原人〉)。其「性三品」說也基本上是董仲舒人性論思想的翻版,只是在性情的內容上稍有加厚而已。柳宗元分疏自然與人性,將天和人區別開來理解,既批評了傳統的天命觀,也強化了純自然的絕對性和不可預知性。劉禹錫在〈天論〉中認為,韓愈的天命說為「拘於昭昭者」,而柳宗元的自然論則是「泥於冥冥者」,兩者皆有問題。他提出了「天與人交相勝」的觀點,「理明」便求諸於人而不言天,「理昧」則寄望於天而不言人。[22]此一立基於自然論的天人較量與相搏,不管是天定勝人,還是人定勝天,顯然都是天人對峙的思路而非走天人融合的路子,這與儒家向來主張的天人合一理想相去甚遠。[23]所以,「必謂天定可以

---

22 見劉禹錫:〈天論〉,《劉禹錫集》(北京:中華書局,1990 年),頁 67-70。

23 儒家既不主張天定勝人,也不強調人定勝天,而是走中和的路子。天定勝人,天只是一個黑黢黢的冥然塊狀物,與人無涉。人定勝天,也是一種極端的說法,最早似是出自春秋時期楚國大夫申包胥之口。據《史記·伍子胥列傳》載:「始伍員與申包胥為交,員之亡也,謂包胥曰:『我必覆楚。』包胥曰:『我必存之。』及吳兵入郢,伍子胥求昭王。既不得,乃掘楚平王墓,出其尸,鞭之三百,然後已。申包胥亡於山中,使人謂子胥曰:『子之報仇,其以甚乎!吾聞之,人眾者勝天,天定亦能破人。今子故平王之臣,親北面而事之,今至於死人,此豈其無天道之極乎!』……」(《史記》〔北京:中華書局點校本,1959 年〕,第 7 冊,頁 2176。)這裡的天應該是指某種「勢」,或者必然性,而非自然之天。明代薛瑄在《讀書錄》中有一段話:「古語云:『天定能勝人,人定亦能勝天。』如古者無道之世,若秦、若隋、若武氏之流,方其勢盛之時,虐焰如烈火不可近,此人定勝天也。及其罪盈惡稔,人怨天怒,剿絕覆亡之無遺育,此天定勝人也。善惡之報,豈不明甚?信古語之不誣。」(薛瑄著、孫玄常等點校:《讀書錄》卷 10,見《薛瑄全集》〔太原:山西人民出版社,1990 年〕,頁 1262-1263。)

勝人，則自修之功廢；必謂人定可以勝天，則妄作之心起。自修而不妄作，其達於天人之故乎！」[24]加之佛教傳入以後，更是為天人之際的相關論域別開了新境，諸行無常、法界緣起、六道輪迴諸說，可以說是前所未聞的，立意奇巧，往論似可一切休矣！譬如與劉、柳同時代的佛學大師、華嚴五祖宗密（780-841）在《圓覺經大疏鈔》中就曾兩面開弓，既批天命論，也批自然論，把天道、元氣諸說統統地打翻了在地。[25]

　　面對佛教的批評，處於炒冷飯狀態的儒家天人關係之說，就顯得更加捉襟見肘、漏洞百出了，這就亟需有說服力量的新理論出來，以彌補缺失，應對異說的挑戰。所以在入宋之後，如何重構天人學說，就成為了新儒學體系創造的首要問題，理學家們都是圍繞著天人關係來展開思考與討論的。如「宋初三先生」之一的胡瑗（993-1059），後人曾以「明體達用之學」概觀其說（胡的弟子劉彝答宋神宗語，見《宋元學案・安定學案》），又謂之「學問最為篤實，故其說惟發明天人合一之旨，不務新奇」。[26]理學開山周敦頤（1017-1073）的《太極圖》，從「無極」推到「萬物化生」，用了五個層次的圖示，囊括天人關係，既講天道，也講人道，可謂窮其枝葉。所以明儒薛瑄說道：「《太極圖》見天人合一之妙。」又指出：「《太極圖說》不過反復推明陰陽五行之理，健順五常之性，蓋天人合一之道也。」[27]另一理學重鎮邵雍（1011-

---

所謂天之報應，說的可能就是這個意思。至於荀子在〈天論〉中所發揮的天人相分思想，以及明代呂坤所說的「聖人學問只是人定勝天」（《呻吟語摘》卷下）等，均是在強調一種人能的意思，語雖有偏頗，但也並非天人截然對立也。

24　胡煦：《周易函書別集》卷7，《周易函書》，第3冊，頁968。

25　宗密對中國傳統哲學的批評，集中於四個論題：「一道，二命，三自然，四元氣。」這恰恰是唐代流行的天人觀之最為核心的部分，也是韓愈、柳宗元、劉禹錫等儒家人物殫精竭慮所論述的話題，宗密均給予了一一的揭破。參見冉雲華著：《宗密》（臺北：東大圖書公司，1998年），頁74-92。

26　永瑢等撰：《四庫全書總目》卷11，《洪範口義》（北京：中華書局影印本，1965年），頁90。

27　薛瑄：《讀書錄》，《薛瑄全集》，頁1260、1179。王夫之在《張子正蒙注》（北京：中華書局，1975年），頁313中亦謂：「濂溪周子首為《太極圖說》，以究天人

1077）也明確提出了「學不際天人，不足謂之學」的命題，又說「事無巨細，皆有天人之理」。[28]其詩作云：「萬物之中有一身，一身中有一乾坤。能知造化備於我，肯把天人別立根。天向一中分體用，人於心上起經綸。天人安有兩般義，道不虛行只在人。」謝良佐於此評論道：「學者須是天人合一始得。」（《上蔡語錄》卷一）理學的實際奠基者二程更是說出了「天人本無二，不必言合」這樣的斷語。[29]可見，新儒學肇始，理學家們即是環繞著天人關係的問題來運思和創作的，他們試圖修補在玄、佛分別進擊底下已經千瘡百孔的宇宙論體系，以恢復儒家天人合一的傳統，對天人之際的基礎性理論再做出新的論說與創構。

較為系統地論證天人關係，並且第一次明確提出了「天人合一」命題的是理學家張載（1020-1077），他在《正蒙‧乾稱篇》中說：

> 釋氏語實際，乃知道者所謂誠也，天德也。其語到實際，則以人生為幻妄，以有為為疣贅，以世界為蔭濁，遂厭而不有，遺而弗存。就使得之，乃誠而惡明者也。儒者則因明致誠，因誠致明，故天人合一，致學而可以成聖，得天而未始遺人，《易》所謂不遺、不流、不過者也。彼語雖似是，觀其發本要歸，與吾儒二本殊歸矣。道一而已，此是則彼非，此非則彼是，固不當同日而語。其言流遁失守，窮大則淫，推行則詖，致曲則邪，求之一卷之中，此弊數數有之。大率知晝夜、陰陽則能知性命，能知性命則能知聖人、知鬼神。彼欲直語太虛，不以晝夜、陰陽累其心，則是未始見易；未始見易，則雖欲免陰陽、晝夜之累，末由也已。易且不見，又烏能更語真際！舍真際而談鬼神，妄也。所謂實

合一之原，所以明夫人之生也，皆天命流行之實，而以其神化之粹精為性，乃以為日用事物當然之理，無非陰陽變化自然之秩敘，而不可違。」

28　邵雍：《觀物外篇下》，郭彧整理：《邵雍集》（北京：中華書局，2010年），頁156、174。

29　《河南程氏遺書》卷6，程顥、程頤著，王孝魚點校：《二程集》（北京：中華書局，1981年），第1冊，頁81。

際，彼徒能語之而已，未始心解也。30

這裡張載借著批判佛教人生觀之虛幻，重返《易》《庸》傳統，用天道自然、大化流行的宇宙觀和致學成聖、誠明真際的人生態度來重新詮釋天人合一的關係，創造性地轉換了傳統元氣論和釋道之虛無觀。其學說以太虛之氣為天，同時容涵了天道、自然、神化、天命、心性諸義，將這些不同的屬性和功能鎔鑄為一體，成一人天合一的大系統。在這個系統中，「天地之塞，吾其體；天地之性，吾其帥」（《正蒙‧乾稱》），人以天地之性為其性，以天地之氣為其體，此因「天性在人，正猶水性之在冰，凝釋雖異，為物一也」（《正蒙‧誠明》）。這個水乳交融的狀態，是因為人有特殊的天性，可以在實踐中與萬物相合，這就是「大其心」以「合天心」，超越自身的局限性而達於天德之無限，「窮神知化，與天為一」（《正蒙‧神化》），乃「德盛而自致」，具有邏輯的必然性。張載認為，此一發揮人能的實踐歷程才是真正的「實際」，是所謂與天相合的秘蘊所在。這個實際，並非釋氏所言之實際，而是儒家之真際、實際也，故王夫之說：「《正蒙》一編，所以發實際之藏也。」這裡的「實際」，就是明、誠合一，「必於人倫庶物，研幾精義，力行以推致其極，馴致於窮神，則天下之理得，而成位乎其中矣」。31到此境界，人與天沒有了隔閡，人心即是天心，人德即是天德。

　　從人生實踐和道德工夫入手，來談天人關係，是張載對漢以後之天人自然論歧出的根本扭轉，也是面對佛教之挑戰所做回應的最要緊處，這開啟了宋明理學以境界工夫論來談論天、定位人和理解天人關係的基本思路，同時也上接了先秦儒學，把思孟一派的思想掘進光大。橫渠批釋氏、明天人的理論實踐，深刻影響到了理學的發展，成為後來的道學家談論天人關係的一個基礎。譬如

30　張載著、章錫琛點校：《張載集》（北京：中華書局，1978 年），頁 65。關於對張載這段話的理解，歷代注釋者眾，詳見林樂昌撰：《正蒙合校集釋》（北京：中華書局，2012 年），頁 946-950。

31　王夫之：《張子正蒙注》，頁 333。

南宋胡宏（1105-1155）在闢佛老時，就完全延續了《乾稱篇》的理路，謂釋氏之幻化的人生觀是不知「窮理盡性」所致，其別談精妙之道，「言雖窮高極微，而行不即乎人心」，是背離了人道原則。他說：

> 昔孔子下學而上達，及傳心要，呼曾子曰：「吾道一以貫之。」曷嘗如釋氏離物而談道哉！曾子傳子思，亦曰：「可離非道也。」見此，則心迹不判，天人不二，萬物皆備於我。反身而誠，天地之間，何物非我？何我非物？仁之為體要，義之為權衡，萬物各得其所，而功與天地參焉。此道之所以為至也。[32]

清初李光地（1642-1718）在闡發《正蒙》之思想時，亦說道：

> 大學當先知天德，天德者，誠而已矣。誠之中，萬理具備，至賾而不可厭也。釋氏亦語實際，疑與夫誠相似矣，而以人生為幻妄，有為為贅疣，欲厭棄之不暇，雖使其果誠也，而已惡明矣。況誠明相為體用，既無明，所謂誠者，又安在乎？因明致誠，由窮理而盡性也，故致學而可以成聖。因誠致明，由盡性而窮理也，故得天而未始遺人。致廣大而盡精微，是其所以曲成而不遺也。極高明而道中庸，是其所以旁行而不流、周物而不過也。此則天人合一，儒者之學也。[33]

　　與張載同時的理學諸開山，實際上都在考慮自然式天道的置換物，也就是那個能夠容納得了天與人的統一體。張載以天為太虛，「太虛即氣」，走了一段氣化的歷程來融合天人；邵雍用數的秩序性來描述天道，安頓天與人的位置；程顥以理言天，就一體來講天人，並說「只心便是天」，開了「以心知

32　胡宏：〈與原仲兄書〉，《五峰集》卷 2，吳仁華點校：《胡宏集》（北京：中華書局，1987 年），頁 121。

33　李光地：《注解正蒙》卷下。

天」的先河；[34]程頤堅持理的統一性，主張「性即理也」，又說「稱性之善謂之道，道與性一也」，[35]把理、性、天、人融貫在一起。二程所說的理，進一步消除了元氣自然論的遺痕，在天的形而上理解、以及天與人的實踐境遇之融通方面來得更為徹底些，因而成了理學的正宗。按照二程的理解，「天者理也」，天是理氣之合，一理相通，一氣相通，天與人、自然與社會、萬物與吾心，統歸於一理，都是理的呈現。所謂「天下只有一個理，既明此理，夫復何障？若以理為障，則是己與理為二。」[36]在「理一」的意義上，天與人本來就是無分的，天可以是道德化的境界，人也可以達到超越的無限性。這樣，天人合一實際上就轉化成了一個精神境界的問題，或者道德實踐之體驗的問題，表達了一種人與自然關係的獨特價值。特別是「天理」概念的提出，實際上是用更具普遍性的「理」容納或者取代了「天」，使得天人合一的可公度性和可驗證性都得到了強化，此舉意義重大。[37]朱子在天人問題上，延續了小程子的路線，同時也總結吸收了北宋諸子的看法。他強調天人相合的過程性和間架性，由合到分，由分到合，但終歸是一體之流行，由人心見天地之心，「天人本只一理」。「天即人，人即天。人之始生，得於天也，既生此人，則天又在人矣」。[38]在天則理氣相合，生生不息；在人則心統性情，體證天道。所謂天人一理，天人不二也。

同為「理一」，與程朱講的「性即理」不同，陸王說「心即理」，更強調以心知天、代天立言的意志性。在天人關係上，心不僅是人的道德主體，也是宇宙的本體，只要識心見性，便可以天人合一。王陽明說：「人者，天地萬物

34　《河南程氏遺書》卷 2 上，《二程集》，第 1 冊，頁 15。

35　《河南程氏遺書》卷 25，同前注，頁 318。

36　《河南程氏遺書》卷 18，同前注，頁 196。

37　張東蓀在《知識與文化》（1940 年）一書中縱論中國思想之特徵，特別分析了宋儒何以要用「理」來代替「天」與「仁」的緣故，認為從公共性、普遍性、永久性和對抗性來說，「理」都具有更為明顯的優勢，分析得頗為精到。參閱氏著：《知識與文化》（長沙：岳麓書社，2011 年新版），頁 131-133。

38　黎靖德編、王星賢點校：《朱子語類》（北京：中華書局，1994 年），卷 17，第 2 冊，頁 387。

之心也;心者,天地萬物之主也。心即天,言心則天地萬物皆舉之矣,而又親切簡易。」(〈答季明德〉)[39]又說:「心即道,道即天,知心則知道、知天。」(《傳習錄》卷上)也就是說,天是人性之源,在本原意義上,人與天就是同一的;而心作為意識活動的主導者,它本身就囊天括地,即是性,又是天,不是在心之外別有個性、別有個天。所以,心外無物,「人心是天淵,心之本體無所不該,原是一個天」(《傳習錄》卷下)。按照明儒羅倫(1431-1478)的說法,就是:「君子之學,持靜之本,以存其虛,防動之流,以守其一。虛則內有主而不出,一則外有防而不入,則物不交於我矣。物不交於我,則我之所以為我者,非人也,天也。天人合一,則天地自我而定,萬物自我而遂,中自我而大矣,夫豈有待於外哉!」[40]這個與天相合的過程,既是一段社會實踐的工夫,窮理盡性以至於命,也是一種人生修養的磨礪方式,存心養性以俟天道。正像明儒馮從吾(1556-1627)所說的:

> 存心養性,辭平而意串。存是收放心,養是養德性,存如擇種下地,養
> 是有了此種,方可涵養。蓋心有道心、人心之別,能存則人心去而道心
> 現矣。養也者,即勿忘勿助,養此道心之謂也。夭壽不貳,即知之盡,
> 即知性也。修身以俟,只是存養無間立命,合知天、事天言之。即
> 《易》所謂「先天而天弗違,後天而奉天時」。至此,則天人合一,而
> 造化在我矣。[41]

至此,所謂天人合一就完全內化成為一種人生的實踐狀態,天是一種與生命意識沒有任何間隔的處境或者際遇,人生所追求的境界就是天地的完滿狀況,人生的意義就是天的意志,人生價值的實現就是天德的周流不滯。而「一天人」

---

39 王守仁著、吳光等編校:《王陽明全集》(上海:上海古籍出版社,1992 年),頁214。

40 羅倫:《一峰集》卷 5。這段話亦部分輯入《明儒學案·諸儒學案上三》,見黃宗羲著、沈芝盈點校:《明儒學案》(北京:中華書局,1985 年),下冊,頁 1076。

41 馮從吾:《少墟集》卷 12。

的樞機始終是掌握在人的手裡的，並且也是每個人當下社會道德生活的具體性呈現。「其學則以躬行實踐為主，隨其人之根基引之入道，或直與天通，或以人合天，或真臻悟境，或以修求悟。夫天人合一，修悟非二，舍天而言人，舍悟而言修，則淺矣。……大抵果能合天，則必益盡其人事，果能真悟，則必益盡其真修」。[42]這樣，天人合一的實現，關鍵就在於人的主觀能動性的發揮，如何重視人能、發揮人能，並通過人生實踐活動的具體工夫，以達致人天為一的境地。這可以說是每一個道學家的人生追求，也是宋明理學所謂「天人合一」之說的真實意蘊所在。這種情景，正像陳俊民先生所說的：「他們建構的『天人合一』，均不同於秦漢諸儒從對感性現實世界『生生不已』的直觀中所創立的宇宙生成演化論的『天人合一』，而是通過一系列哲學論證，將社會倫理綱紀本體化為與宇宙自然『顯微無間』的道德境界。」[43]此一境界，既是人類精神在社會現實和倫常關係之中的真實呈現，也是個體心理與道德情感的一種順適狀態，它包含了生命主體與其生存環境之間的互感、互動與互融的複雜過程，含攝了自然、社會、精神與心靈的諸多因素，並且在這眾多的要素之相互影響和不斷的流變之中，尋取著最為恰當的路徑與方式，修己以敬、以安人、以安百姓，成就君子之品格，內聖而外王，實現人生的價值。

四、現代闡釋

隨著近代科學的興起，傳統的宇宙觀、神創論、人與自然的關係說，以及對於人自身的理解等等，均發生了翻天覆地的變化。西學東漸，自然科學普及，天人關係解構，天與人同時經歷了徹底的祛魅化之過程，天人合一論不再有任何說服力。首先是天與人的相分，天是自然之天，人是進化之人，天自天，人自人，各有各的演化路徑和運行規律；如果相合，那也只是外在的、兩

42　曹于汴：〈答李贊宇〉，《仰節堂集》卷 8。《明儒學案・諸儒學案下二》所輯名為
　　《論講學書》，見《明儒學案》，下冊，頁 1308-1309。
43　陳俊民：《張載哲學思想及關學學派》（北京：人民出版社，1986 年），頁 170。

個事物之間的關係，即人與自然環境之間的關係。在此科學認知的基礎上，人天分離，人是認識活動的主體，自然環境為客體，講人與天之間的關係，立論前提就是要區分出主、客來，所有敘事都必須納入到這個邏輯框架之中。在此情景下，儒家本之自然之天和德化之天的獨特理解及其所建構起來的天人關係，就難再成立了，無論是漢儒的天人感應之說，還是宋儒的天人合一理境，均失去了立足的支點，傳統的天人觀逐漸被科學的人與自然關係之新範式所取代。

　　十九世紀末葉，進化論傳入中國，自然演化的圖景和人與天地的關係具有了全新的視野，人只不過是宇宙洪荒、天地演化、萬物流變過程之中的瞬間存有和滄海一粟而已，如何得天人合一？不啻是痴心妄談。按照自然科學對於宇宙和生命認識的事實剖析和直白陳述，人與天地的關係是從屬性的，它只是宇宙整體之中的一小部分，不可能平列在一起談所謂「合一」的問題。作為物質運動變化和自然生物演進的序列式構件，人之存在的片段化和渺小性，在宏大的宇宙面前簡直不值一提，天人合一只能是意識活動的假設和浮游無據的精神想像。在自然科學的視域和理解當中，天人合一命題是不可理喻的，更是無法證明的，所以完全可以被證偽。如果按照科學的理路來繼續講論天人合一，那就走到了死胡同裡，百口莫辯，難圓其說。換言之，天人合一不是科學的假設，或者說用科學的眼光來理解天人合一，那是牛頭不對馬嘴。所以科學主義者或崇尚科學真理的人，自此後就不再理會所謂天人合一的話題。

　　但科學的解釋不能解決所有的價值疑問，科學判斷的真假值也無法消弭人們面對自然之時內心所產生的種種困惑。故近代以來，在兩種文化——科學與人文的對峙格局之下，或者在做中西文化之比較的時候，對於天人合一的另一種理解還是不時地浮現出來。譬如，嚴復（1854-1921）在傳播進化論的同時，就用了分疏科學與宗教、學術與政治的方式，指出了儒家天人觀在義理上的獨特性。他在解釋斯賓塞之天演界說「翕以聚質，闢以散力，由純之雜，由流之凝」的質力之天時說：

　　前篇皆以尚力為天行，尚德為人治。爭且亂則天勝，安且治則人勝。此

> 其說與唐劉、柳諸家天論之言合，而與宋以來儒者，以理屬天，以欲屬
> 人者，致相反矣。大抵中外古今，言理者不出二家，一出於教，一出於
> 學。教則以公理屬天，私欲屬人；學則以尚力為天行，尚德為人治。言
> 學者期於征實，故其言天不能捨形氣；言教者期於維世，故其言理不能
> 外化神。44

這意思便是，西學所謂的天，是就天之自然性的質力而立論的，屬於科學的說
明和學術研究的範疇；而中學的天，則具有擬人化與想像的色彩，是宗教信念
和政治期待的一種特殊寄寓方式。當時大力傳播科學新知的杜亞泉（1873-
1933）亦曾就西學之時空觀和宋儒的無極太極說做了中和性的理解和解釋，他
說：

> 自吾頂而上之，空氣已盡，其境無名，名之曰天。天者其虛境乎，抑實
> 質乎？其為虛境，則長此虛境，無盡程乎？乘虛而上，靡有底止乎？假
> 令不然，必遇實質。此實質也，有盡程乎？無盡程乎？吾能步虛，又能
> 蝕實，鑿之熔之，鑽而過之，實質盡則虛境又來，是故純虛純實，何謂
> 盡程；虛實相間，亦無止境。45

這裡是在順著科學的邏輯往上推，似乎難有止境，作為物質性和時空存有意義
的天，如何確證它的虛實特徵及其無限性，在經驗世界裡依然是個難題。面對
此一不可致詰的困難，杜亞泉認為用無極太極觀來做說明，恰能補足其缺憾。
他指出，無極就是一個無盡的設定與想像，可以以光喻之；太極就是最大之
「止境」，即在無極之內截取一段，立為太極，建立起想像的確定性來。這

44　嚴復：《天演論》案語，見《嚴復集》（北京：中華書局，1986 年），第 5 冊，頁
　　1395。

45　杜亞泉：《無極太極論》（1901 年），見《杜亞泉文選》（上海：華東師範大學出版
　　社，1993 年），頁 3。

樣，用無極太極觀來解釋天，就可以補充感覺經驗之天的不足，將思議的天與物性的天結合起來，以豐富天論的內涵。

　　這一類的疑惑、反詰、辯難和再思考，實際上伴隨了整個二十世紀，不絕如縷，構成另一種非科學主義的別樣理解。其論旨一般是直指科學解釋的不完滿處或不可窮究之地，為天人合一論說的合理性做維護或為之現代的翻轉預置下可能的空間。在科學宇宙觀和自然進化論漸已成為常識，並為一般大眾所理解和接受的情景下，再議天人合一，其論說的前提必然包含了對科學知識的承認，也預設了現代性批判的眼界，即對所謂迷信的鄙視和對宗教信仰的排斥、知識的分類意識和科學研究方法的運用等。在此背景之下，對天人合一的闡釋，一般是用中西比較的方式，也有意地模糊了儒、釋、道的界線，從中國文化之特性來確立其現代的意義。大略歸之，這一類的論述，不外有三途：一是以科學解釋為基礎，順著科學理解的路數，按照科學的邏輯，將天人合一劃歸為人與自然的關係，或簡約成為人類生存的自然環境問題。二是歷史的解釋或學術史、思想史的研究，以史料為基礎，以典籍為依憑，用現代學術的研究方式來說明天人合一的古典意蘊、來龍去脈，或其可有的啟迪意義。三是哲學的闡發，重在思維模式或思想方法的掘進，由此展示天人合一觀念的獨特性及其現代價值。

　　在科學主義大行其道、人類所面臨的環境問題日顯窘迫的情形下，隨順著科學治理的思路，將天人合一解釋為人類的適應能力或順應自然的哲學，顯然是有吸引力的，這也是現代闡釋的主流方式。過去大講唯物主義，宇宙觀重天人相分，進步論言人定勝天，強調人征服自然、改造自然，天人分離，嚴重對峙，並由此否定了天人合一。在科學觀和唯物論的結盟下，儒家的天人合一學說被作為反面教材肆意曲解，或批判得體無完膚。撥亂反正之後，科學批判的眼光有所收斂，對傳統的理解多了一絲溫情和敬意，天人合一又漸漸地成為被肯定的、具有正面價值的思想。在這個轉變當中，除了社會意識形態的因素之外，天人關係的重構式理解——由對抗變為合作、由二元對立趨向於同一體的建構，這一內在要求的轉向促成了對天人合一學說的重新省視和評價。既然科學解釋並不排斥天人合一，那麼天人合一當然就可以按照科學的邏輯來進行闡

發和說明，於是乎，當代儒學與生態哲學之間便形成了結盟的關係，對天人合一的解釋也大多沿著生態的思路前行。以往的新儒家諸哲，所苦心孤詣堅守和揭櫫的天人合一義理，也成了新時代儒學發展的不竭動力。杜維明就認為，錢穆、唐君毅、馮友蘭的相關論述，已經構成了儒學「生態的轉向」，用「他們所鍾愛的傳統為形成中的『地球村』帶來了信息」。[46]

　　站在現代學術的立場，用歷史研究的方式來描述和分析天人合一問題，在學術史、思想史領域便積累下豐厚的材料，成為當代研究的主產地。一大批學者從史料的爬梳入手，用文字考證、概念辨析和範疇釋義的方法，把握思想的脈流，闡發不同時代、不同背景下的各種人物對天人合一觀念的理解和敘述，從而構成了豐富多彩、多元多樣的思想圖景。正像余英時所說的，「『天人合一』這個論旨自漢代以來爭議不休，近二十年的新論述更是汗牛充棟」。他將歷史上的「天人合一」說分為三個階段：始自西周，迄於春秋戰國之際，為第一階段；戰國諸子的思想是「天人合一的突破時代」，為第二階段；戰國晚期到秦漢時代，是「天人合一的預設發揮其最高最大的效用的時代」，為第三階段。[47]這三段大概只能算作是「天人合一」說的顯著時期，之前「絕天地通」的巫覡文化及更早的神話傳說，以及秦漢以後的漫長歷史，特別是宋明理學對「天人合一」別開生面的新理解和新闡釋，豈能輕忽放過！劉笑敢便將宋以後的「天人合一」解說，區分為四種模式：「一、天道人事相貫通；二、以人事為重心；三、以天道為重心；四、天人相應互感。」[48]這四者之間的交叉、重疊、置換和位移，實際情況要複雜得多。這說明天人合一的理解及其材料，如果從歷史入手，似繭剝絲，抽之不盡。

　　和歷史敘述的複雜性相比，哲學把握則相對要來得簡潔些。對所謂「天人合一」的哲學式概括，一般是從主體和客體，或宇宙與人生的大關節處來入手

46　杜維明：〈當代新儒家人文主義的生態轉向〉，載 Mary Evelyn Tucker、John Berthrong 編，彭國翔等譯：《儒學與生態》（南京：江蘇教育出版社，2008 年），頁 284。

47　余英時：《中國文化史通釋》（北京：三聯書店，2012 年），頁 158-162。

48　劉笑敢：〈天人合一：學術、學說和信仰〉，頁 83-91。

的。現代新儒學開山熊十力（1885-1968）就將儒家的天人合一視為是宇宙人生的根本問題，屬於哲學本體論，力主「體用不二」。他指出：立基於自然科學的近代西方哲學總是將宇宙人生割裂，「其談宇宙，實是要給物理世界以一個說明，而其為說卻不從反己體認得來，終本其析物之知，以構畫而成一套理論」。[49]這就使得天與人是相分離的，宇宙和人生沒有了關係，宇宙論的對象成為自然狀的塊然之物，而人生論也失去了存在環境的根繫性，變得沒有意義。所以他凝思體用，抉發真源，重新闡釋宇宙人生合一的傳統，用本體論來統貫天人。「《新論》直將本體論、宇宙論、人生論融成一片，此是老夫苦心處，亦是不失吾先聖哲精神處」。[50]走哲學化路向的新儒家，大體都堅持了精神本位的立場，反對物質主義的宇宙人生觀，認為天地自然和人文精神是融通在一起的，不能割裂開來理解。唐君毅便指出：

> 吾人謂中國儒者之天或天地，至少在《孟子》、《中庸》、《易傳》作者之心中，乃一具形上之精神生命性之絕對實在。由是可知中國人之祀天地，或祀天，與天地君親師神位中之有天地，亦不能謂之只祀一塊然之物質天地，或只有生命之自然；而實含視之為一精神實在之意。唯先哲因恆對物質、生命、精神三者，不加截然區別，故人恆易不知覺間以天或天地唯指感覺界之自然。實則中國後儒亦多以天或天地，直指形上之精神實在。[51]

這一主客渾淪、宇宙人生不分的天人觀，可以說是與西方最大的不同。對於中國哲學的生命化特質，不僅新儒家們有很好的把握，就是治西方哲學的現代哲人也大多能體會得到，他們對「天人合一」的獨特意義，多具同情的理解。譬如，張東蓀在《知識與文化》（1940年）一書中，講到中國思想之特徵時，

49　熊十力：《新唯識論（刪定本）》，《熊十力全集》，第6卷，頁301。

50　熊十力：《摧惑顯宗記》，《熊十力全集》，第5卷，頁539。

51　唐君毅：《中國文化之精神價值》（臺北：正中書局，1953年），頁454-455。

就特別分析了這個「天」的意義——它是自然，也是上帝；是宇宙觀，也是社會、道德、政治諸論；是包括了人在內的「整體」。[52]金岳霖也準確地意識到了：

> 這「天人合一」說確是一種無所不包的學說，最高、最廣意義的「天人合一」，就是主體融入客體，或者客體融入主體，堅持根本同一，泯除一切顯著差別，從而達到個人與宇宙不二的狀態。[53]

金氏的學生張世英沿著這個理路，在近年的中西哲學之比較研究中，大大地擴展了其豐富的內蘊。他認為，就最廣泛的意義來說，「天人合一」代表了一種思想類型或思維模式，強調主客體的互融性，乃至主客無分。「西方哲學史上佔統治地位的舊傳統是『主客二分』式，中國傳統哲學的主導思想是『天人合一』式」。[54]西方早期的自然哲學在講到人與世界、自然、萬物的關係時，也有「天人合一」的色彩，即人與自然不分；在柏拉圖之後，特別是笛卡爾以來的近代哲學，才走上了「主客二分」的道路；後現代主義興起之後，又有了向「天人合一」模式回歸的傾向。中國古典哲學則長期是以「天人合一」為主導的，儒釋道概莫能外，只是到了近代，才有了所謂「主客二分」的挑戰和應對問題。今後中國哲學的發展，就是怎樣在這兩種思想方式之中會通出一條新路來。

對儒家「天人合一」思想的科學化解釋，求得了當下的合法性安穩，向生態問題的滑轉，也為儒學話語的現實介入拓展了空間；但主客體的分離、自然世界的對象化以及天地人文精神的祛魅後果，都將使儒學面臨著新的困境。再者，完全按照西方的生態理念，亦步亦趨，緊隨其後，固然有添磚加瓦之功

52　張東蓀：《知識與文化》（2011 年新版），頁 117-120。

53　金岳霖：〈中國哲學〉（1943 年），載劉培育選編：《金岳霖學術論文選》（北京：中國社會科學出版社，1990 年），頁 355。

54　張世英：《天人之際——中西哲學的困惑與選擇》（北京：人民出版社，1995 年），頁 5。

效，但缺乏思想主體性的勞作，可能永遠只是聽人吆喝的小幫工。學術史、思想史的研究，保存了我們對「天人合一」傳統的豐富記憶，也釐清了歷史積累過程之中的重重迷霧，加深了人們的印象，也使得這些寶貴的資源有了更好的清晰度和可辨析度。特別是，在歷史的理解和解釋之中，實際上已包含了觀念的演繹和創造，所以哲學的闡釋便呼之欲出、緊跟其後。

「天人合一」說到底，是對於一個思想觀念的理解和解釋問題，屬於哲學詮釋學的範疇。近代以來的科學宇宙觀將人與自然完全隔開，主客二分的認知模式又強化了這種對立的趨勢，使得天人關係的解釋要麼是機械論的，要麼是形式論的，自然、宇宙與人之間的有機聯繫或者種種情境化的問題往往被忽略掉，更不要說人的精神主體性的存在了。要走出天人相隔的困局，就需要重新理解世界、自然、宇宙這些概念，從機械論和唯物論的狹隘解釋中逃離出來。懷特海（A. N. Whitehead）指出：「作為完整宇宙論的目標之一，就是要建構起一種觀念體系，把審美的、道德的、宗教的旨趣同來自自然科學的那些世界概念結合起來。」[55]儒家的「天人合一」觀念，恰恰是建立在審美、道德、政治和宗教的基礎之上的，如果去除了這些情境化的因素，只是孤零零地談宇宙論，則中國哲學就成為不可理解的臆說。實際上，近代以來的科學宇宙觀只是人類對自然和世界認識的漫長歷史過程之中有限而短暫的一種形式而已。「哲學史表明，在不同時期支配著歐洲思想的有兩種宇宙論，即柏拉圖的《蒂邁歐篇》所表達的那種宇宙論，以及 17 世紀以伽利略、笛卡爾、牛頓和洛克為主要代表的宇宙論。在進行同一種事業中，也許正確解決問題應當遵循的明智的途徑就是把先前的這兩種宇宙論體系結合起來，並且根據自洽性和知識發展的要求作必要的修改」。[56]就中國哲學而言，宇宙不是一個外在的世界，它一樣是可設計的、合目的性的、自洽的，並且有著精神的意義灌注其中；因而它也是可以感知和可以理解的對象，與人的情志、判斷力、審美情趣以及道德追求是聯繫在一起的，所謂自然、宇宙可以說完全是「人化」的結果。在這樣一個

---

[55] 懷特海著、李步樓譯：《過程與實在》（北京：商務印書館，2011 年），頁 2。
[56] 同前注，頁 5。

有機的世界裡，充滿了各種詩意的想像，孕育著無限的生機和創造力，為人的存在提供著多種多樣的可能性，這可以說是一種有機哲學的宇宙論圖景。懷特海指出：

> 在有機哲學中，這種終極的東西叫做「創造性」……。就一般的立場來看，有機哲學似乎更接近於印度或中國的某些思想特徵，而不是像西亞或歐洲的思想特徵。一方面使過程成為終極的東西；而另一方面則使事實成為終極的東西。[57]

從這個意義而言，儒家的「天人合一」思想，也可以說是一種想像，只是一個理想，因為它不存在任何終極性的追求，永遠只是個目標，也永遠在努力的途程之中；但它又非常現實，因為傳統的中國人是如是來理解這個世界的，也是如是來安排自己的人生的。

---

[57] 同前注，頁 15。

湖北儒學史略談

郭齊勇[*]

　　我們大體上以現代湖北的地域為範圍，考察歷史上在這一塊土地上及其周邊地區發生過的學術思想史，特別是儒學史，這將是一件十分有趣的事情。限於學識，加上時間頗緊，筆者只能粗線條地討論如下。本文乃通俗講演稿，行文粗疏，拋磚引玉，不當之處，敬請指正。

一、春秋戰國時期隨、楚的儒學[1]

　　我們一定要改變一個先入為主的看法，人們一談到荊楚文化往往只談道家文化，以為荊楚文化中不包括儒家文化，或儒家文化在荊楚並不重要。其實，春秋戰國時期北方與南方、中原諸國與楚國、儒家與道家在不斷融合的過程之中。

　　今天的隨州、十堰地區，春秋時代仍是周的封地，至少名義上如此，文化上主要受禮樂文化的影響。周宣王時期當過內史的尹吉甫是房陵（即房縣）人，參與了北伐、南征，是大詩人。尹吉甫有重民敬德的思想，他在《大雅‧蒸民》篇中詠歎：「天生蒸民，有物有則，民之秉彞，好是懿德。」意思是

---

[*]　武漢大學國學院院長、教授
[1]　本節參考文獻：郭齊勇：〈諸子百家大半出於楚〉，武漢大學校刊編：《大學生作品選》，1981 年第 2 期；馮天瑜、宮哲兵、張武主編：《湖北歷代思想家評傳》（武漢：武漢出版社，1997 年）。

說：上天生養了萬物，有一類事物就有這類事物的法則；而老百姓秉執的常道，是趨向於美好的道德。這就肯定了人的善性。孔子讚揚這首詩是「知道」之詩。

季梁是春秋早期漢東諸侯隨國大夫，活動年代約公元前 700 年前後。隨侯是周的諸侯，姬姓。在強楚弱隨的形勢下，為隨國的生存發展，季梁在政治、軍事上提出了很好的建議，使隨國成為「漢東大國」。季梁是中國早期民本思想的代表。他說：「夫民，神之主也。是以聖王先成民而後致力於神。」（《左傳‧桓公六年》）在儒學的前史上，他較早地提出了「道」、「忠」、「信」的概念，指出：「所謂道，忠於民而信於神也。上思利民，忠也；祝史正辭，信也。」（同上）他肯定政治事務中，尊重老百姓的意志是第一位的，甚至說民意重於神意，神意也即民意。他強調君臣上下各級官吏要有完善的德行，三季農事不擾民，修好五教（父義、母慈、兄友、弟恭、子孝），親睦親族，「修政而親兄弟之國」，敬祀神祇，神祇也會賜福隨國。隨侯一度聽從了季梁的諫言，治理好國內的政治，楚國也就不敢來侵犯了。

楚國君臣有傳習《詩》《書》《禮》《樂》《易》的傳統。楚莊王（公元前 613－前 591 年在位）征伐陳國得美女夏氏，大臣申公巫臣引《周書‧康誥》勸阻莊王納夏氏為妃。當潘黨建議收取晉軍尸首回去暴骨觀兵，炫耀武力時，莊王引用了《詩經》中武王的《頌》與《武》篇，糾正潘黨的戰爭觀，指出：武功，是用來禁止強暴、消弭戰爭、保持強大、鞏固功業、安定百姓、和諧大眾、豐富財物的。

申叔時是莊王時期的大夫。據《國語‧楚語上》，楚莊王委派士亹教育太子箴（即後來繼位的楚恭王），士亹請教申叔時，問如何教育太子？申叔時回答說：教之《春秋》，通過歷史教育使太子懂得褒揚善而貶抑惡；教之《世》，用先王的世系教育太子，使知有德行的人名聲顯揚，昏庸的人要被廢黜，以鼓勵或約束他；教之《詩》，使之以先王的美德來勵志；教之《禮》，使之知規矩法度；教之《樂》，使之脫離污穢與輕浮；教之《令》，使之懂得百官職事；教之《語》，使之明德，懂得先王以德待民；教之《故志》，使之知歷史興廢教訓，而有所戒懼；教之《訓典》，使之懂得族類的發展，必以道

義為指南。由此可見當時楚國教育太子的教材，除楚國的歷史讀物外，還有來自中原的《春秋》《詩》《書》《禮》《樂》等。他希望通過讀書，通過太子師、賢良的批評指點與輔佐，使太子明施捨以導之忠，明久長以導之信，明度量以導之義，明等級以導之禮，明恭儉以導之孝，明敬戒以導之事，明慈愛以導之仁，文武兼備，賞罰分明，嚴謹處事。申叔時在這裡強調詩禮之教，重視仁德、孝順、忠誠、信義的價值指引，得到士亹與楚莊王的肯定。總之，申叔時提倡善、德、忠、信、節、義、禮、孝、仁、文、武、罰、賞，其核心內容是「聳善而抑惡」，追求「心」之「善」。

　　儒學的創始人孔子（公元前 551－前 479 年）周遊列國時，使子路問津（渡口）處，即在今武漢市的新州。孔子的一個學生公孫子石是楚人。儒家八派之一仲良氏之儒的領袖人物——陳良是楚人。他曾到北方留學，是高材生，其學識超過了北方的學者，後來又回到楚國任教。孟子讚揚道：「陳良，楚產也，悅周公、孔子之道，北學於中國。北方之學者，未能或之先也。」（《孟子·滕文公上》）據郭沫若考證，陳良是屈原的老師。

　　觀射（yī）父是楚昭王（公元前 515－前 488 年在位）時期的大夫。據《國語·楚語下》，他在回答楚昭王的提問時，詳細解釋了《周書》記錄的上古社會顓頊「絕地天通」的意義。什麼叫「絕地天通」呢？根據觀射父的解釋，上古時民神不相混雜，有專門的神職人員——男覡女巫，與自然神靈或祖宗神靈相溝通，他們使得老百姓的祭祀活動有了秩序。後來就有了掌管天、地、民、神、物的官員，各司其職，不相雜亂。百姓因此能講忠信，神靈因此有了明德，民和神的事不相混同，恭敬而不輕慢，所以神靈降福，五穀豐登，災禍不來。但在少皞氏衰落之後，九黎族亂政，民神混雜，祭祀沒有法度，百姓輕慢盟誓，沒有敬畏之心，災禍頻發。當時，民神雜糅，淫祀，沒有固定的神職人員，一方面崇拜的對象是散亂的，另一方面現實的部落的首領們也是散亂的，協調組織不夠。有鑒於此，顓頊使用重，命他為南正，「司天以屬神」，即負責整理天上諸神的秩序，使用黎，命他做火正，「司地以屬民」，即負責管理地上的百姓。這就斷絕了各部落、各氏族的成員任意地和諸神交流的徑路，把宗教事務完全統一起來。後來，三苗繼承了九黎的凶德，堯又重新

培養了重、黎的後代，讓他們不忘先人的事業，再度主管天地。通過觀射父的解讀，我們知道，天人、民神之間，既分又合，不雜也不離，不離也不雜。統一對天上神靈的祭祀，實際上是為了統一地上的部落、氏族，這是中華先民不斷整合、統一過程中的重要的階段與步驟。觀射父的解釋，填補了歷史的空白，成為中國宗教與哲學思想史的重要史料。

　　文種（生年不詳，卒於公元前 472 年），楚國郢（今湖北江陵）人，楚平王時曾為楚國宛（今河南南陽）令，顯示了卓越的從政才能。吳國越國，當時都是楚的屬國。晉國要戰勝楚國，拉攏吳國叛楚，側擊楚國。楚國派人到越國去，助越攻吳。在這種形勢下，文種與范蠡受楚的重託，輔佐越王勾踐，可謂受任於敗軍之際，奉命於危難之間，經過「十年生聚，十年教訓」，成為卓越的戰略家，受到越國人民的尊重，也為楚國贏得了榮譽。文種使用卑辭厚禮、忍辱求和的策略麻痺了吳國，利用並加深敵人的內外部矛盾，慫恿吳國伐齊。由於文種有高超的柔性政治家的智慧，深謀遠慮，授伐吳七術，策略得當，使得處於劣勢的弱小越國經過近二十年含垢忍辱、臥薪嘗膽，終而戰勝吳國。至此，勾踐的地位比肩齊桓、晉文、楚莊等霸主。文種有民本、愛民思想，重視培養賢才。在他的思想中，不難看出他有普遍聯繫、整體與發展的觀點。例如，他認為，社會經濟的發展，應處理好「夏資皮」與「冬資絺」、「旱資舟」與「水資車」、「本（農業）」與「末（商業）」、「貴」與「賤」、「知鬥」與「修備」之間的關係，既不孤立地看待此，也不孤立地看待彼，而是把社會經濟現象作為一個相互聯繫的整體來加以把握。文種重視禍與福、強與弱、剛與柔、張與翕、退與進、屈與伸的辯證法，深得老子的真諦，強調因勢利導，創造條件，促進矛盾的轉化。

　　近幾十年來，以故郢都（今江陵）為中心出土了大量的簡帛文書，其中反映先秦諸子思想與經子之學的，首推郭店楚簡，其次有上博楚簡。1993 年發掘的荊門郭店楚簡（墓葬為戰國中晚期，地理位置更靠近荊州城），有迄今最早的《老子》文本與儒書十四篇出士，成為國際漢學界討論的熱門話題。上博楚簡很可能出自湖北，其中有經部的《周易》等。竹簡《老子》抄寫於戰國中期，是所見最早的本子，與今傳本相比，沒有「絕仁棄義」、「絕聖棄智」等

與儒家學說相牴牾的內容。

儒學早就傳入荊楚，一直是荊楚文化重要的內涵。郭店楚簡和上海博物館館藏楚竹書中的〈緇衣〉（各一篇）、〈性情論〉（又名〈性自命出〉，各一篇）、〈五行〉、〈唐虞之道〉、〈忠信之道〉、〈窮達以時〉、〈六德〉、〈成之聞之〉、〈尊德義〉、〈子羔〉、〈民之父母〉、〈武王踐作〉等篇，估計是孔門七十子後學的作品，不同程度地展現出儒家思想的各個方面。這些文獻為楚人所傳習。可見，儒家思想早就成為荊楚文化的重要內容，荊楚學人對儒學有相當大的貢獻。

二、漢末的學術中心——荊襄及荊州學派

著名歷史學家、敝校前輩唐長孺先生曾發表專文討論過這一問題，本節所說，悉據唐先生大文。[2]劉表（公元 142-208 年）任荊州刺史期間（公元 196-208 年，共十九年），黃河流域戰亂連連，荊州（治所在襄陽）政局卻相對安定，經濟發達，中原巨族、學者與老百姓紛紛南下。劉表本儒生，喜好經學，此期間避亂的士人雲集於荊襄，學術中心遂由洛陽南移至此。

到底當時有多少士人在荊襄呢？《後漢書》本傳說，由關西、兗、豫來的學士數以千計，劉表「安慰賑贍，皆得資全」。唐長孺先生說，此時劉表為振興文化學術事業，做了三件大事：

第一、在襄陽建立學校，設置學官。洛陽太學毀廢之後，劉表在此建立官學。入學學子有兩類人，一是年幼的官吏子弟，二是低級官吏，包括武人。由儒林博士分經講授《詩》《書》《禮》《易》《春秋》，由大學者宋忠（忠，亦作衷）任五經總教席，主持學校與撰述之事。據王粲《荊州文學記官志》所說，劉表此時在襄陽興辦的教學機構，已有相當的規模。為避太學之名，而稱之為「文學」。《三國志‧劉表傳》注引《英雄記》便逕稱劉表「開立學

2　唐長孺：〈漢末學術中心的南移與荊州學派〉，《唐長孺文集》之《山居存稿續編》（北京：中華書局，2011 年 4 月），頁 157-170。

官」，而王粲寫的是官志。唐長孺先生說：「荊州學校的規模和制度遠遠逸出郡國學的範疇，不妨說是洛陽太學的南遷。」這是當時全國唯一的官學。

第二、改定《五經》章句。劉表領銜，由一批經學家刪去繁瑣的不切要的內容，重新編了一部經學教材——《五經章句後定》，便於學生在短時間內通曉經義。東漢初年以來，雖有私家對某一經的注疏刪繁就簡，但像這樣五經並舉，集合許多儒生共同改定章句卻是歷史上的第一次，為唐初朝廷修纂《五經正義》開了先河。據唐先生研究，由劉表署名的《周易章句》至梁代尚存十卷，所據為古文《費氏易》。作為官方教材，這是第一次用古文經，此為古文《易》立於學官之始。隋代還存有劉表署名的《新定禮》，即《儀禮章句》的殘本。劉表以荊州牧身分主編，並由他抉擇所收單經的今古文底本，裁斷解釋的異同。據推斷，《五經章句後定》中，《詩》用古文《毛詩》，《春秋》則用今文《公羊傳》。所謂今文古文，是相對於西漢初年的文字而言的，用漢初通行的文字抄寫的經典即今文經，而用此前文字抄寫的經典為古文經。經學史上，用哪一種經立於學官，涉及流派之爭，是很複雜的事情，這裡就不去說了。但可以肯定地說，劉表做的這件事，在古代是由朝廷做的大事。

第三、搜集圖書。當時，洛陽所存官私藏書毀於董卓之亂。而荊州安定，劉表搜集私藏及四方人士攜來的書籍，還組織人複寫。這些書在劉表死、其子劉琮降曹操後，估計被運往鄴下。爾後，魏、晉的皇家圖書館藏書，恐怕不小一部分乃得自荊襄。

劉表的學術文化事業所倚重的大學者有：

宋忠，字仲子，南陽章陵人，古文經學家，大概是編撰《五經章句後定》的具體組織者。他個人的專長是《周易》與揚雄的《太玄》。他與同道傳賈逵、馬融之學，與流行於黃河流域的鄭玄之學不同。他的著作涉及經、子、史，有《周易注》十卷、《世本》四卷、《法言注》十三卷、《太玄經注》九卷等。宋忠的《易》學不重象數，而重視義理。

司馬徽，即司馬德操，潁川人，古文經學家，流亡到荊襄，傳授古學，善於識拔人才。蜀漢名臣向朗（宜城人）年輕時曾向他問學。

潁容，陳國長平人，是《左氏春秋》學的專家，講學於荊襄。

而荊襄地區本來就傳《左氏傳》，南陽籍大學者謝該曾傳此學。

劉表主政荊州時，尹默、李仁等來此遊學，從學於宋忠、司馬徽、潁容等，尹默、李仁及其子李譔把荊州所學，主要是賈逵、馬融系統的古文經學（古文《易》、《書》、《毛詩》、《三禮》、《左傳》）以及《太玄指歸》與史學，傳到益州（四川）。

宋忠等人的荊州學的影響較大，不僅傳到益州，也傳到長江下游的吳會地區及中原的鄴下、洛京。宋忠注《太玄》，引起南北學者研究揚雄模擬《周易》的這一部書。揚雄此書二百年來被束之高閣，而此後廣為流行。王肅曾從宋忠讀《太玄》。以後王弼的《易》學，祖述王肅，盡掃象數，也可能是受到宋忠的影響，當然更是時代使然。

可惜好景不長，建安十三年劉表逝世，劉琮降曹操，荊州學人四散。以後學術中心轉到鄴下、洛陽。劉表之後，荊襄學術文化四百年間就一蹶不振了。

三、宋元明清時期的理學與經學[3]

唐末時，襄陽人皮日休（833-884）的思想頗為豐富。他發揮民本主義，新釋孟子的「暴君放伐論」，投身農民起義，做了黃巢政權的翰林學士，起義軍敗亡後被殺。他有無神論思想，在美學方面有獨見。他揭示虛偽道德，但又肯定道德教化；他是思想異端，又推崇孟子、韓愈，講「窮理盡性」和「主靜」。著作有《皮子文藪》十卷。皮日休可謂同時開啟了幾道思想閘門。

宋元明清時期，全國一流的學者來到湖北，湖北籍的一流學者又走向各

---

[3] 本節參考書：蕭萐父、許蘇民著：《明清啟蒙學術流變》（瀋陽：遼寧教育出版社，1995 年）；張學智著：《中國儒學史·明代卷》（北京：北京大學出版社，2011年）；龔書鐸主編：《清代理學史》（上卷史革新著，中卷李帆著，下卷張昭軍著）（廣州：廣東教育出版社，2007 年）；馮天瑜、宮哲兵、張武主編：《湖北歷代思想家評傳》；郭齊勇主編：《宋明時期湖北的儒學》（待出版），本書稿的作者有：郭齊勇、文碧方、陳喬見、唐琳、孫勁松、張杰（歐陽禎人）、孫奕、劉體勝、梁林軍、董玲、張鵬偉（按書稿內容的次序排名）等。

地，他們在我國學術界具有舉足輕重的地位。現略說如下：

（一）宋代

北宋最著名的五位哲學家被稱為「五子」，其中程顥（1032-1085）、程頤（1033-1107）是親兄弟，號稱「二程」。二程生於且長於湖北黃陂。宋仁宗時期，二程的祖父程遹被任命為黃陂縣令，於是舉家從河南遷至黃陂。程遹卒於黃陂任上，後來二程之父程珦被任命為黃陂縣尉。至今在黃陂流傳著許多有關二程的出生、兒時的讀書生活及其遊憩之地的民間傳說，如「雙鳳送子」、「二程曬書」「雙鳳亭」、「夜月樓」、「望魯台」、「聰明池」、「理趣林」、「流矢湖」、「程鄉坊」、「程夫子橋」等。二程後來定居洛陽，其學被稱為「洛學」。大程子為明道先生，小程子為伊川先生。

湖湘學派的思想宗師胡宏（五峰，1105-1155，或 1102-1161）的父親胡安國（1074-1138）於北宋哲宗紹聖四年（公元 1097 年）進士及第後，任荊南教授，又從荊南入為太學博士，後又提舉湖北、湖南、成都學政。胡安國在湖北任官時，對身分、地位比他低的謝良佐（時任應城知縣，1050-1103）持後學之禮，人們頗感驚訝。胡安國與程門高弟謝良佐、楊時、游酢等「義兼師友」，倡揚洛學。楊時曾任荊州教授，是安國子胡寅、胡宏兄弟的老師。謝良佐（上蔡先生）是把二程之學傳於南方特別是荊楚的重要人物。謝氏學問的特點是以「知覺」、「生意」說仁，以「實理」論誠，以「常惺惺」論敬，對發明本心之說頗有推進，朱熹說他「最得明道教人之綱領」。謝氏的著名弟子有朱震、朱異兄弟等人。朱震（1072-1138），湖北荊門人。朱震的主要著作為《漢上易傳》，以象數為宗，以義理為輔，闡發了他的理學思想。胡安國曾向朝廷推薦朱震，謝上蔡則對朱震稱譽胡安國為大雪嚴冬挺立之松柏。以上胡、謝、朱等與荊楚地域的理學發展有密切關係。

關於洛學、湖湘學、閩學與湖北及其學者的聯繫：湖湘學創始人胡安國與程門中堅謝良佐等，正是在湖北交遊過程中碰撞出思想火花的；胡宏通過楊時、侯師聖、呂大臨而與洛學、關學發生密切聯繫，最終成為湖湘學的一代宗師與「性本論」者；朱熹曾從學於胡憲，與安國父子侄之學有關，而湖湘學與

閩學因五峰朱子之間的文字因緣而相遇，又因張栻與朱子之間的頻頻交往相互論道而日益密切起來。朱子之學不僅與洛學、湖湘學以及荊楚之地有著千絲萬縷的聯繫，而且正是朱子對洛學、湖湘學的繼承以及與張栻等湖湘學者之間的討論、論辯與問難，才造就了他那博大精深的理學體系。

謝良佐從學二程，然與明道、伊川都有不同，如謝氏提出「與天為一」的前提是「循理」和「窮理」，有綜合二程的趨向。謝良佐認為儒之異於佛者，在於「下學而上達」的工夫論。謝氏認為儒家識得天理，加以下學工夫，則可以與天為一，為天之所為。與天為一、為天之所為，即為聖人。謝良佐的思路表達為：從 1. 識仁（或天理）（立住根本），到 2. 下學而上達（窮理致知），到 3. 與天為一（聖人）。謝上蔡、胡安國等，開創了長江中游的理學世界。

荊門朱震易學的特徵，一是以象數之學為易學研究的基礎，二是綜採百家，融漢代象數易與北宋先天河洛學為一體。朱震的「太極」觀，將漢唐元氣論與北宋時的體用論相結合，不僅以「氣」解釋「太極」，而且將「太極」視為《周易》象數和萬物演變的根源，賦予它以本體的涵義，對南宋以後無論是象數派還是義理派都產生了深遠的影響。朱震以「體」「用」解釋不用之「一」與「四十九數」的關係，得出「太極」乃四十九數之和的結論。他繼承漢《易》和孔《疏》中的元氣說，又參照北宋氣學與理學思想，在新的歷史條件下加以詮釋、改造。重視變易及其法則，是朱震易學的核心。他以卦變說統率易學中的相關體例，並將卦變說建立在氣論基礎上，以陰陽二氣運轉不息作為闡發卦變的理論依據，進而將卦變說看成是體現易道變動不居的一個重要方面。

長期居住湖北長陽的程頤再傳弟子郭雍（1103-1187）的核心觀點是：「《易》為三才之書，其言者三才之道。」他認為，三才產生的順序是先有天地，而後有萬物，人居於萬物之中，天、地、人之間的關係是並列平等的；在《周易》的起源上，郭雍堅持四聖同揆說，認為四聖之旨一貫於三才之道；在本體論層面，郭雍提出道兼統三才的觀點，將太極、大衍視為與道等同的概念。在卦與三才的關係方面，郭雍作了多層面的解析，就全《易》而言，乾盡

天道，坤盡地道，餘卦共為人道；從理及象的角度說，一卦皆備三才之象；從卦爻象而言，卦具天地而爻具人位；從爻之動而言，六爻也具備三才。在易學解釋學上，郭氏注重引用儒家諸經互證，用《中庸》《尚書》等經典與《易》相互發明。郭雍與朱熹兩人進行了往復辯論。這場辯論引起了歷史上很多學者關注，對宋代以後的易學史產生一定的影響。

心學大家陸九淵（1139-1193）晚年出知湖北荊門軍，死在任上。陸九淵在荊門既勤政教民，注重事功，又有大疑懼，使知行合一的心學得到了前所未有的發展，初步踐行了心理合一、天人合一的政治理想，是王陽明哲學的先聲。陸九淵在荊門「道外無事，事外無道」，把儒家的政治思想落到實處，他有非凡的社會活動才能和管理才能。

（二）元代

元代是蒙古族入主中原的時代。元代的統治者知道，靠殺戮不能統一中國。元初，朝廷必須解決中華民族文化的認同問題，以凝聚人心。這個重大的問題，在一定意義上是由湖北大學者趙復解決的。趙復，生卒年不詳，字仁甫，宋末元初德安（今安陸）人，自號江漢，人稱「江漢先生」。安陸淪陷後，趙復被俘，被姚樞發現，勸降，趙拒降，自殺未遂，被接到燕京。趙以所記程朱所著諸經傳注，抄錄給姚樞。趙復的名聲隨之在燕京傳揚。忽必烈召見趙復，讓趙復為伐宋的前導。趙復回答：宋是我的父母國，怎能引他人去攻打自己的父母呢？忽必烈聞之受到感動，不再強迫他做蒙古的官（趙復在元朝終身不仕）。

以中書令行宰相職權的楊惟中聽趙復講理學後，為之折服，遂與姚樞等籌建太極書院與周子（周敦頤）祠，「收集伊洛諸書，載送燕都」，「選取遺書八千餘卷，請復講授其中」。楊惟中還選拔青年才俊接受趙復等儒師的教育。從此，理學得以在北方推廣。《元史》本傳說：「北方知有程朱之學，自復始。」

趙復著《傳道圖》、《伊洛發揮》、《師友圖》、《希賢錄》等書，弘揚程朱理學，闡發「太極」「天理」，講述《周易》。通過趙復的講學與著述，

元初的宰輔大臣與翰林學士楊惟中、姚樞、許衡、竇默、劉因、郝經等接受了理學，並以其中的文化理念安邦治國，這對朝廷接受漢法、減少野蠻破壞，起了良性的作用。趙復是元代理學的開創者，他的學生許衡、劉因是「元之所以立國者」。元代理學的特色是「和會」朱熹學與陸九淵學，又有實用與大眾化的趨向，在學術淵源上則強調返回六經，對明清學術產生了重大影響。

（三）明代

明清時期湖北的思想界特別活躍，有陽明後學、陳白沙、湛若水心學與程朱理學的激盪，也有早期啟蒙思潮、活力四射的反正統思想與正統思想的角力，有佛、道、耶、回諸教的參與，也有經學的回歸。

明弘治年間有「嘉魚二李」，兄長承芳（生卒年不詳）、弟弟承箕（1452-1505）。李承箕強調從近處著手，我心之「理與氣相與流通，無一息之間」，「不囿於一氣之內」，從動靜之幾展開一條相當具有張力的從我心到天地之境的路徑。李承箕是江門陳獻章（白沙）先生的得意弟子，一生與陳獻章保持著亦師亦友的關係。不同於陳獻章之處在於，李承箕並不強調從虛靜一躍至於聖人，這多少讓他看起來像是一個沉溺於山林的才子隱士。他和陳獻章所共同表現出來的詩人氣質以及非學術化的傾向，實際使他們與宋明理學的學術傳統若即若離。相較於李承箕，李承芳基於儒家傳統理想，對現實有更強烈的批判，其中尤其集中在教育制度。他反對科舉制度，提出「文章、政事非兩途」，並且試圖將「尊師」變成整個政治結構的基石，以教育改善、引導政治，晚年歸隱講學於嘉魚黃公山。

明嘉靖萬曆年間在朝野活躍並相互糾結的有四位著名學者，都與湖北有關。他們是：何心隱（1517-1579）、耿定向（1524-1596）、張居正（1525-1583）、李贄（1527-1602）。何、李都曾客居湖北，有早期啟蒙精神，神解卓特，驚世駭俗，都是了不起的思想家與哲學烈士。耿、張都是湖北人，都做朝官，思想相對保守。

何心隱，本名梁汝元，江西吉安人，放棄舉業，狃侮地方學官大佬，以《大學》之道辦「聚和堂」管理家族之政，反對地方官施政措施而被下獄，曾

助朋友平定白蓮教，遭誣陷後為避緝拿而飄泊天下。他曾到過孝感、黃安聚徒講學，傳播平民化的泰州學派之真精神。他的著作叫《爨桐集》，如李贄把自己的書取名為《焚書》一樣。何心隱提出「寡欲說」，反對「無欲」，肯定人的欲望，並把欲望納入人性。他主張欲望「發而皆中節」就是寡欲，而不是欲望多而刻意減損為寡欲。他認為寡欲即盡性。他從民眾的生活哲學的層面發展了儒家的性命之說。他是被湖廣巡撫王之垣殺害的，因杖笞死於武昌獄中。關於他的死是否與張居正有關，則是一大公案，歷史上眾說紛紜，學界至今聚訟不已。黃宗羲說：「泰州之後，其人多能以赤手搏龍蛇，傳至顏山農、何心隱一派，遂復非名教之所能羈絡矣」。

耿定向，號楚侗，又號天臺，麻城人，出身貧寒，嘉靖進士，官至戶部尚書，為官廉潔。與其弟定理、定力，號稱「三耿」。定向篤信王陽明的良知之學，與王門交遊，自稱是王艮的私淑弟子。他主張「以常知為學」、「以不容已為宗」。他早年厭煩理學的繁瑣，晚年有見於心學氾濫，「崇虛蚗無」，肆意發揮，又試圖提倡程朱理學來診治心學之流弊，用理學調和心學。他篤信通達百姓日用的「常知之學」，反對把聖賢的「費中隱」的道理故弄玄虛。晚年著《譯異編》一書，主張以儒學融會佛學，主張用儒家的思想和語言「轉佛書」，譯其語言，使通中國。他認為佛教有其價值，但大可不必拋棄儒學的「大中至正之道」去遵從佛教。

張居正，號太岳，江陵人，當了十年內閣首輔，是萬曆前期實際執政者。他兼綜王霸，並用恩威，以商的整肅、強盛，秦的威猛為致治理想，批評禮文過甚而導致的軟弱、頹廢，批評宋代的弊習。他主張王道與霸道、義與利的統一，肯定《尚書‧洪範》為治國的大經大法，重視禮制，主持《大明集禮》的修訂。他尊重王陽明，與王門後學交遊甚廣。他重視教育，特別是各級地方學校，但不喜聚眾空談，拉幫結派，後因種種原因導致萬曆七年下令毀天下私設書院。這是他一生最大的敗筆。反對乃至禁錮民間自由講學，堵塞了言路，阻礙了思想自由，為當權者鎮壓知識人鋪平了道路。他對宋代的反思是片面的，宋代不殺士人，士大夫與皇帝共治天下，而他推崇明太祖朱元璋以降的專制主義。他與何心隱、耿定向都有來往，其親其疏就不用多講了。

　　李贄，字卓吾，福建泉州人，54 歲辭官後從事著述與講學，曾居黃安，又遷居麻城龍潭湖芝佛院。湖北是他的第二故鄉，其主要著作《焚書》、《藏書》，是他客居麻城二十年間寫成的，並在生前刊行於世。他的學術堂廡寬廣，諸子百家與五教（儒、釋、道、耶、回），無所不通，交遊甚廣，尤其因其先祖的關係，受回教即伊斯蘭教的影響較大。萬曆三十年（1602 年），朝廷以「敢倡亂道，惑世誣民」的罪名逮捕了李贄，同年 3 月他在獄中自盡。李贄與顏山農、何心隱一樣，都是「思想犯」。李贄的思想振聾發聵，強調獨立思考，「不以孔子之是非為是非」，批判「假道學」。晚年主張「童心說」，強調「童心」即「真心」，批評專制主義的倫理說教。又主張「唯情論」，把「情」抬到本體的地位。他主張衝破禮教的束縛，追求愛情與幸福。他的婚戀觀與婦女觀，突破了當時的主流社會倫理。他主張「人皆有私」，提出了「正誼即為謀利」的義利觀，又尊崇個性，反對奴性，追求平等自由。他的思想影響了明中葉直至近現代的諸多思想家、文學家與藝術家。

　　嘉萬年間湖北還有一位大經學家，應城人陳士元（1516-1596），字心叔。進士及第後，官灤州知州，頗有佳績，因才見忌，辭官不仕，閉門著書四十餘年。在易學研究方面，陳士元主張由「象數而通辭、由辭而通道」的研易理路，對《易》中之象進行了細緻分梳和歸類，肯揚《易》的卜筮功用，注重發明《易》中「陰陽消長、治亂存亡之幾」和「中道」思想，其解《易》具有「比類明義，象理互通」、「以經注經，以史證經」的特點。他對五經在流布過程中所產生的異文進行了搜集和考訂，對《論語》一書中的名物制度作了詳細考釋，對《孟子》一書所關涉的史實和所援引的諸經之文作了稽查和核准，研討了《孟子》一書中具有爭議的文辭，並徵引諸種傳世文獻對《孟子》的逸文作了搜集和整理。陳士元的思想，早期深受湛甘泉之學的影響；但中年被罷官之後，其思想的重心逐漸由儒家之學而轉向釋道兩家；至晚年，則較為明確地流露出會通三教的思想傾向。

　　此期間還有黃梅人瞿九思，嘉靖三十二年（1553 年）進士，著《孔廟禮樂考》、《樂經以俟錄》等，對孔廟禮樂的歷史沿革、孔廟的建築規制、樂舞的程式、配祀儒者的名單等進行了詳盡的考釋，提出了自己的一些獨得之見，

是關於孔廟祭祀禮樂的詳備史書。

　　晚明的大經學家郝敬（1558-1639），京山人。郝敬仕途坎坷，在浙江做過知縣，在禮、戶部做過給事中。47 歲掛冠而去，築園著書，不通賓客。他解經既不停留在對於經書自身的字句訓詁考證上，也不是一味地發揮義理，而是基於對他所處時代思想界空談道理、性命的深切憂慮，表現出強烈的批判性。與晚明時期其他學者相比，郝敬已開始積極主動地從經典中重新尋找宋明理學中所討論的問題，如理氣、心性、知行等問題的理解，並要求回到以重實踐、重實事的原始的孔孟思想精神中去。如果用一句話概括他的這種思想，可謂是虛即實、上即下、體即用的一元論思想。這種思想在理氣論中體現為理氣無二、理在氣中、理不遺事；在心性論中呈現為言心性不離才、情、形、色、習、端，不離人事日用；在知行論中表現為言知不離行，不離百姓日用。基於此，與其說郝敬是一位經學家，勿寧說是一位思想家，在事實上成為其後清初學術思想中的先導式人物。

（四）清代

　　清初學者胡承諾（1607-1681），號石莊，竟陵（今天門）人，崇禎舉人，入清隱居不仕，著作多種未能傳世，現存《繹志》一書。胡氏提倡實學，要旨為「崇實」、「復禮」，與郝敬思想相呼應。他的「復性」之學，反對「蹈虛」、「捉空」，主張即事即物之「窮理」，主張回到周公、孔子。他肯定「切己」之學，強調「正」與「定見」。其「求道以實」之「實」，是身實、四端實、理實、動靜實、五物實、萬物實、萬事實；道即吾身之全體，道又常存天地之間；故「求道者不可不從實」。他主張君子要下存理去欲之實功。他所謂「實學」，一是「事所當為」的價值理性與修身工夫之學，二是經世致用之學。

　　熊伯龍（1617-1669），漢陽人，曾做過順天學政、國子監祭酒、內閣學士兼禮部侍郎，乃清初政學界大人物。他精通字母反切之學，知西洋天文算法，又能譯佛經。他的代表作是《無何集》。在此書中，他批判了「天人感應論」，批判仙升、輪迴等釋、道思想，也批判鬼神與方伎中的世俗迷信，主張

「捨虛取實」。他是我國十七世紀著名的無神論思想家，在一定程度上開啟了重實證、專科學的思潮。

熊賜履（1635-1709），字敬修，孝感人，康熙年間的理學名臣，曾任刑部、禮部、吏部尚書，東閣大學士。研程朱之學，尊朱子，闢陽明，對康熙帝提倡朱子學有重大影響。熊賜履強調道統正學，闢異端曲說，著作有《學統》、《閑道錄》、《經義齋集》等。《學統》把歷代學術史之人物，分為五層次：正統、翼統、附統、雜統、異統，崇孔、孟、程、朱，抑陸、王、釋、道，在他的立場上辨正邪是非。他也批評訓詁家危害聖道。他主張以「善」為本體，以「敬」為工夫，主敬明善，居敬窮理，下學上達。熊賜履對於滿族政權走向穩定，重建中華民族文化認同，為在清代復興理學，起了重要的作用。

晚清有萬斛泉（1808-1904）、黃嗣東（1846-1910）二人。萬氏乃武昌府興國人（興國在武昌東南，領大冶、通山），大儒，性理學家，一生鄙棄科舉，授徒為生。龍啟瑞督湖北學政，專門建漢陽崇正書院，聘萬斛泉主講，以後主黃州河東書院、武昌勺庭書院等。尊程朱，踐履篤實，一生在書院講學，以理學造士，名聲很大，名學生甚多（如吳縣吳大澂等），朝鮮名儒徐相默曾率徒專程拜訪。黃嗣東，漢陽人，曾在陝西為官，設書院授徒。他編了一部大型的《道學淵源錄》，凡一百卷，傳主達千名。

晚近還有王葆心（1868-1944），羅田人，兩湖書院修業，學冠諸生，蜚聲江漢。相繼被鍾祥博通、潛江傳經、羅田義川、漢陽晴川等書院聘為院長，後任北京圖書館總纂、湖北國學館館長、武昌高等師範學校及武漢大學教授、湖北省通志館館長。在經學方面，他從小學考訂入手，不著重繁瑣的章句，而以貫通群經大義的主旨為主。著有《經學變遷史》一書，書中對歷代經學源流條分縷析，極為淵愜。在史學、詩學、文學、方志學方面，著書多種。

張之洞曾任湖北學政、湖廣總督，興辦新學，其學術思想在新舊之間。關於張之洞，論者夥矣，茲不贅。

綜觀北宋初至清代末的湖北儒學，深知湖北學人與來湖北的學人具有一定的開放性、對話性與務實性。宋代湖北是理學交匯之地，以二程洛學、湖湘學、朱子學的碰撞為主，第一流學者紛紛來此會講論學，砥礪品行。元代以趙

復一人使理學始復興於北中國。明代湖北儒學更為複雜，王陽明及其後學（特別是泰州學派）、陳白沙與湛甘泉學俱興，會通三教成為趨勢。其間，早期啟蒙思潮成為一大亮點。明後期與有清一代，學者們重視程朱，重視經學詮釋，主張重新「回到孔孟」，強調踐行，注重心性實學與修養功夫，是其時代與地域特性使然。由宋至清，湖北學者重視講學與事功，其總的趨向是由虛而返實。

四、現代新儒家思潮中的鄂東三賢

「五四」之後，學術界出現了現代新儒學思潮。這一思潮是從中國文化自身的大傳統中生長出來的、面對強勢的西方文化的挑戰應運而生的、二十世紀中國最具有根源性的思想文化的流派，是在現代中國反思與批判片面的現代性（包括全盤西化或俄化）的思想流派，也是在現代中國積極吸納西學、與西學對話，又重建傳統並與傳統對話的最有建設性與前瞻性的思想流派。這一思潮是非官方、非主流的。其代表人物都是在野的公共知識分子，故深具批判性與反思性，又是專家、學者兼教師，在哲學、史學與教育界等領域有著卓爾不群的建樹。

現當代新儒學的背景是價值系統的崩潰、意義結構的解體和自我意識的喪失。近現代中國的思想危機是「意義的危機」，即人們對於人生、宇宙的基本意義的看法與信仰的危機。中國現代知識分子在外來思潮衝擊下所出現的「精神的迷失」格外地顯著。於是，這一思潮應運而生。

在這一思潮中，有三位湖北籍學者。他們是：黃岡熊十力，是第一代中心開啟式的人物；浠水徐復觀，是第二代港臺新儒家的中堅；黃陂胡秋原，也是第二代，屬於廣義的現代新儒家中的一員。

熊十力先生（1885-1968）和這一思潮中的梁漱溟、馬一浮、錢穆先生是朋友，也與這一思潮中的張君勱、方東美、馮友蘭、賀麟相過從。他參加過辛亥革命，是一位傳奇式的人物，沒有受過任何舊式教育和新式教育，可謂自學成才。他家裡非常貧窮，是在我們湖北東部的窮鄉僻壤誕生的，只讀過半年的

私塾，幼年放牛，16-17 歲的時候遊學於鄉間，後來與同縣何自新、浠水王漢到武漢來，受到維新派的影響，讀孟子、顧炎武的書，萌發了革命志向，並邀請四方豪傑共圖天下大事。為「運動軍隊」，他投到武昌的新軍第 31 標當兵，發起組織黃岡軍學界講習社，然後圖謀起義，奔走呼號，被清廷鄂軍首領張彪所通緝。1917-1918 年，他參加了孫中山先生領導的護法運動。後來他看到辛亥革命以後，世風日下，國民黨人競權爭利，革命終無善果，憤然棄政向學，研讀佛學和儒學來探究人生的本質、真諦，增進國民的道德。

熊十力曾執教南開學校，後來到南京內學院，在歐陽竟無大師門下打下了堅實的佛學基礎，接受了嚴格的哲學訓練。1922 年由梁先生介紹，也由於蔡元培先生識才，這個時候熊十力先生開始在北京大學擔任特約講師，講授佛教的唯識學。在北大的環境中，熊先生得以獨立思考，而且和學術界的菁英開始討論學問，這才是他成為一個哲學家的真正的開始。1923 年熊十力進一步背棄了他老師的學說，背棄了歐陽大師的唯識學，形成了自己的一套觀念，後來經過十年的苦學精思，他構建了自己的哲學體系《新唯識論》。這本書出版以後，得到了蔡元培、馬一浮先生的高度讚揚。他創立了融匯儒佛的所謂新唯識論的哲學體系，是回到中土的立場，中國儒家《周易》的立場。

抗戰時期熊十力顛沛流離，生活非常困難，他以對國家、民族、人民，對傳統文化的執著的愛戴，自甘寂寞，樂以忘憂，勉力著述。他的哲學體系在當時有一定影響，抗戰末期出版的《新唯識論》（語體本）、《讀經示要》這是他思想成熟的一個標誌。這時，他被聘為北大哲學系教授。

他學問的軌跡大概是這樣的：早年批評六經，認為六經是擁護專制政體的書，中年學佛學，從大乘有宗入手，後來又揚棄了有宗，深研空宗，然後又揚棄了空宗，最後反求諸己，通過自己的人生體驗，回到儒家《周易》的立場。他的哲學觀點是體與用的不二，就是有其體就有其用，體和用是貫通在一起的，有此體就有此用。心和物不二，心是精神的力量，物是物質的層面，他認為精神的東西和物質的東西是融合在一起的，能量和質量是融合在一起的，天和人也是可以打通的。他所謂本體論的本體，講的是一個道德心性的本體，《中庸》裡面講的性，《孟子》裡面講的心，他認為這是人的生命存在的本

體，是宇宙萬物最重要的根源處。在一定意義上，他講的是人生生命的意義，人生的價值是最重要的。在物欲橫流的世界裡面，我們如何去尋找人生的真諦、本質與宇宙的本體？他常常講：我們人和天地萬物是相互關聯的，其中有一種最高本體的東西，乾元性體，本心，也就是心性本體，這裡面有乾陽清剛之氣，有很大的創造力。他反對西方的二元分離的方式，天人分割的方式，反對西方的鴻溝，天和人之間的鴻溝，或者有一個什麼造物主。他認為，《周易》乃至五經，我們的文化傳統中沒有這樣一種天人、主客、心物之間的隔閡。他說，仁心本體是宇宙萬象和人類社會最重要的一個根源處，他把這個東西叫做本體，由此開發出人類的社會文化和自然世界。

熊十力弘揚的是中國文化中特別強調的道德的智慧和道德的本體與主體。他開闢了現當代新儒學的精神方向，並在這個意義上影響了他的學生──第二代現代新儒家唐君毅、牟宗三、徐復觀、胡秋原先生等。在一定意義上，看老師如何，要看他是否培養出了優秀的、有創造性的、傑出的弟子。熊十力後來的地位這麼高，與唐、牟、徐等不無關係。

徐復觀先生（1903-1982）是思想家與思想史家。他是勇者型的人物，出身貧寒，早年在軍政界供職，曾是蔣中正侍從室的秘書，少將軍銜，50歲以後才專力治學。當然他有很好的國學基礎，少年時在武昌學國學。徐先生當年聽到熊先生的盛名，非常仰慕，抗戰時在重慶他曾經拜訪過熊先生，他是穿著筆挺的軍服去的，到了以後在熊先生面前高談闊論，被熊先生劈頭蓋臉地罵了一頓。熊先生說你讀了什麼書啊？他在熊先生面前講：「我讀了王船山的著作。」熊先生問王夫之有什麼書？他說王夫之有《宋論》、《讀通鑑論》、《老子衍》、《莊子通》等等。熊先生說那你說一說王夫之的《宋論》，徐先生就把王夫之等明末清初大思想家的書大膽地批評了一頓。熊先生立即予以當頭棒喝，說你這個小子，你根本沒有讀懂，你根本沒有資格講王船山，你回去給我老老實實把王船山的書重讀一遍，讀完了以後你再來跟我談話。徐先生後來回憶說，熊先生的「罵」是起死回生的一「罵」，他說熊先生教會了他如何讀書，他說他過去讀書非常傲慢，讀到古人的話無不批評，現在看來，確實沒有讀懂，而熊先生則告訴了他怎麼讀、怎麼做學問，他說他從那以後就抱著一

種誠心去讀書，認認真真的去體會，去分析，認真分析古人的得失。

他與唐、牟為同道，共同弘揚中國傳統文化精神。與唐、牟不同的是：他不是從哲學的路子出發的；對傳統與現實的負面，特別是專制主義政治有很多批判；有庶民情結，是集學者與社會批評家於一身的人物。「憂患意識」一說即來自徐氏，指表現在西周初年周公等人「敬」「敬德」「明德」觀念中人的精神集中、對事的謹慎、認真的心理狀態，由信神而轉為人的自覺，乃殷周之際從原始宗教掙脫出來的中國人文精神之躍動。由此凸顯的是主體的積極性與理性，自覺反省，對自己行為負責。這種人文精神自始即帶有道德的性格。他特重發掘中國歷代知識分子對於治道與民生的關切、介入，以天下為己任和以德抗位、道尊於勢的傳統。

他對先秦人性論史、兩漢思想史、中國藝術精神與藝術史有深入的研究與獨到的見解，其中指導性的乃是一道德史觀或心性史觀，認為中國文化是由上向下落，由外向內收的「心的文化」，人心是價值之源與生命的導向。他認為孟子性善論是一偉大的發現，每一個人即在他的性、心的自覺中，得到無待於外、圓滿自足的安頓。性善證實了人格的尊嚴，同時即是建立了人與人的相互信賴的基礎，也提供了人類向前向上的發展以無窮希望的根據。孟子的王政，即是以人民為主的政治。徐復觀先生比較重視經學與經學史，創造性地詮釋禮樂文明。他通過對周秦漢，特別是漢代社會政治結構的探討，深刻地揭露、鞭笞了專制政治。他特別重視知識分子問題，不僅考察了「史」的原始職務，與祝、卜、巫的關係，尤其論述了史職由宗教向人文的演進，宗教精神與人文精神的交融。他對漢代優秀知識分子以理想指導、批判現實政治的研究，多所弘揚。徐先生肯定中國知識分子的使命感、入世關懷、政治參與和不絕如縷的犧牲精神。他身上即體現了知識分子，特別是人文知識分子，以價值理念批評、指導、提升社會政治的品格。

徐先生治學嚴謹紮實，有考據的功夫，把考據、義理與辭章三者結合得很好。他的代表作是《中國人性論史（先秦篇）》、《中國藝術精神》、《兩漢思想史》等。

徐先生是平民思想家，他的骨灰最後回到了家鄉湖北浠水，葬在了浠水。

他和淅水苦難的百姓總是連在一起，他生前念念不忘的是家鄉，他的母親，他的貧苦家庭；徐先生有著很深的鄉情。

胡秋原先生（1910-2004）是當代著名思想家、歷史學家。胡先生是一名立身於道統的公共知識分子，他懷抱道德理想，積極參與、批評、指導現實政治，他曾考入武昌大學（武漢大學前身）就讀，又負笈東洋，考入日本早稻田大學政治經濟學部。九一八事變爆發後，胡先生放棄學業和官費，滯留上海，以筆為生。他參加過文學論爭與社會史論戰，又遊歷過歐洲。

胡先生的學術貢獻：首先，表現在「理論歷史學」的理論建構上。理論歷史學是對中西歷史哲學思想的批判、繼承和發展。胡先生既有歷史哲學的方法論的自覺，重視對歷史認識的可能性及其條件的考察；又強調對歷史作價值判斷的重要性，因此他批判了實證主義思潮、科學主義思潮對價值問題的拒斥。其次，體現在胡先生從理論與歷史的角度，對知識分子問題所作的系統研究。胡先生看重知識分子的歷史作用，認為歷史上儒家知識分子以其道義擔當抗議威權，著力於消解君主的政治主體性，從而緩和了專制的程度，形成開明專制，護持住中國的歷史進程和文化慧命於不絕。胡先生的代表作《古代中國文化與中國知識分子》，著眼於對傳統政治結構中道統與政統相互關係的分析，所強調的是承載道統的士人知識分子對現實政治權力的批導與限制。第三，他對民族主義思想有較大的貢獻，是二十世紀中國民族主義思想的重鎮。第四，在文化上，胡先生主張超越傳統派、西化派、俄化派而前進。最後，胡先生認同儒家的核心價值。在胡先生看來，儒家的核心價值並不構成工業化、現代化的障礙，恰恰相反，儒家人文精神可以救治現代性危機，彌補宗教科技的偏弊，與自然和諧，因而求得人文與宗教、科技、自然調適上遂地健康發展。

胡先生熱愛祖國，熱愛湖北，熱愛黃陂。1988 年 4 月，為進一步推動祖國兩岸的和平統一，他在臺灣發起成立了「中國統一聯盟」，並被推舉為名譽主席。1988 年 9 月 12 日，胡秋原先生偕夫人並與長女一道，從美國舊金山直飛北京，回到了闊別四十載的故土大地，成為「兩岸破冰第一人」。借此機緣，他回到母校，回到他日夜思念的家鄉——黃陂。當時，他的鄉音未改，然鬢毛已衰。

　　湖北儒學史與周邊地區及全國的儒學史相互聯繫，與佛、道、耶、回諸家諸教彼此激蕩，相互影響，是整體學術思想史的一個部分。在一定時間限斷內，湖北的儒學並不比別的地區更精彩，例如明清時期的一些時段與江西、安徽、江浙、湖南相比，相形見絀。但湖北的儒學也有自己的特點。考察這些特點，還需要做社會學、歷史學的研究，還要與社會經濟、教育、書院史等相聯繫。這都不是在一篇文章中能解決的問題。我們還只處在摸清家底的階段，故本文只是請大家關注一些人物及其思想。當然，我們也不要輕視湖北儒學史上的人物，例如郝敬、胡石莊，就為我們的東鄰──日本的一些大學者所推崇。當然我們不需要「挾洋自重」，但我想說的是，應當下工夫把本地區文化史、學術史、思想史上的人物、共同體、思潮、事件的基礎的原始的資料、年表及資料長編整理出來，這是基本功。在這些資料中，尤其要重視思想家著作的刊刻與流傳的情況，思想家當世及後世的影響力。在此基礎上，才談得上作進一步的研究。

Friendship and Altruistic Concern in Aristotle and Mencius*

Shu-Ching Ho**

For Aristotle,[1] the ultimate end of human life is to lead a happy (*eudaimon*) life. *Eudaimonia* is the best possible life for human beings. *Eudaimonia* (commonly translated as happiness) is a self-sufficient good (NE 1097b15-22). A happy life, according to Aristotle (NE 1097b9-11), is not for oneself only; it is also for one's parents, children, friends, and fellow-citizens. The happy life for Aristotle is therefore not merely an individual life but a shared life and the happy (*eudaimon*) person is not a hermit but a person living together with others.

For Mencius,[2] the ideal of human life is to become a great sage and a sage is a

---

* This paper originally is one part of my Ph.D. dissertation *Practical Thought in Aristotle and Mencius* (Chapter VI) (Duquesne University, PA, USA, April 2000) and was once presented in the International Workshop on A Philosophical Dialogue between Aristotle and Confucianism: For the Search of Common Good in East-Asian Context (Co-organized by the Department of Philosophy, National Taiwan University, Taiwan, ROC and Okayama University, Japan, 6 October 2012). But some changes and modification are made in the current version.

** Associate Professor, Department of Philosophy, National Chengchi University

[1] The main source for Aristotle is his *Nicomachean Ethics* (abbreviated as NE), trans. W. D. Ross, collected in *The Basic Works of Aristotle*, ed. Richard McKeon (New York: Random House Inc., 1941).

[2] The ideas of Mencius in this paper is basically based on what he says in the *Mencius* (《孟子》). As to the quotations, basically I follow James Legge's translation, *The Works of*

person who is supremely virtuous; and the virtues, as he conceives, are all practical and social: They can be exercised only in one's associating with others, either in family or in society. The Mencian sage is therefore living a shared life with others and, like the Aristotelian happy person, is not an isolated individual.

But, with regard to one's relation to others, Aristotle and Mencius seem very different. Aristotle considers interpersonal relationship under friendship (*philia*)[3] and devotes one fifth of the *Nicomachean Ethics* to it; but friendship is mentioned in Mencius' writings only four times and there is no theory of friendship in the *Mencius*. For Aristotle, friendship is connected with self-love (*philautos*) which is very alien to Mencius. These surely do not mean, however, that Mencius ignores relationship with others. Mencius concentrates upon five ethical relations: that between child and parent, older brother/sister and younger brother/sister, husband and wife, ruler and subject, and friends. For these five relationships, *xiao* 孝 (filial-piety), *ti* 悌 (sibling-love), *li* 禮 (propriety), *yi* 義 (righteousness), and *xin* 信 (truthfulness) are respectively the virtues associated with them. Aristotle's friendship in its broad sense (cf. NE 1155a16-21, 1158b11-15) covers Mencius' five ethical relations,[4] but he does not break up friendship into sorts of virtue. Aristotle

---

Mencius (New York: Dover Publications Inc., 1970), except those with special notes.

3 Friendship is the very common translation for *philia*. Though it is not completely satisfactory, it is the best translation that we can have. What Aristotle's concept of *philia* covers wider than what we usually have for friendship. Besides friend in our sense, it includes those who are "dear," especially wives and husbands, and parent and child, and covers the relations among siblings and relatives, and the relations between rulers and subjects (cf. NE 1158b11-15); and the relation between parent and child does not only exist in humans but also in birds and most animals. In NE 1155a16-19, we read: "... parent seems by nature to feel it for offspring and offspring for parent, not only among men but among birds and among most animals."

4 Unlike Aristotle's defintion, for Mencius friendship is only one of the five ethical relations. Even in its widest sense, it cannot and does not cover the other four kinds of ethical relationships. Mencius' view here calls for the traditional Chinese view of friendship. For this

and Mencius are thus different regarding their treatment of interpersonal relationships. In what follows, through comparing their views on friendship and altruistic concern, a concern for the good of an other, not for one's own sake but for the other's sake, I will show that in many important respects their views are very similar.

1. Friendship and Other-Concern in the Ultimate End of Human Life

1.1. Friendship, Other-Concern, and *Eudaimonia* (Happiness)

A friend (*philos*), for Aristotle, is one who wishes well to you for your sake and receives the same in return from you (*Rhetoric*, (abbreviated as *Rh.* below) 1381a2-3; cf. NE 1156a3-5 & 1156a8-10). Friendship is by definition altruistic. And, according to Aristotle, friendship is indispensable for leading a happy life, altruistic concern (for friend) is therefore necessarily required for one to achieve *eudaimonia*.

On Aristotle's view, it would be very strange if one who is thought as a happy person has all goods but does not have friends. For friends are the greatest of external goods (NE 1169b9-11). He further states: "... without friends no one would choose to live, though he has all other goods" (NE 1155a5-6). According to him, friends are necessary in the following respects:

(1) Friends are needed in all circumstances and all times of life. In bad times, we need friends to provide what we need but we cannot provide ourselves (NE 1112b11, b28); in good times, we need friends to be the objects of our moral virtues; in youth, we need friends to be our tutors; in old age, we need friends to take care of us and support us (NE 1169b6-17; cf. NE 1171a22-30). (2) To live with others is our nature, and it is better to live with friends than to live with strangers (NE 1169b16-22). (3) If we choose to contemplate good actions, we will need good friends around.

---

reason, teachers and students, parents and children, rulers and subjects, bothers and sisters, etc., from a traditional Chinese view, are not friends.

For a good action is pleasant not only because it is in itself pleasant but also because it is our own activity. And we can contemplate others' actions better than ours. Here, if the others' actions are those of "our" friends, they will be more pleasant (NE 1169b28-1170a4). (4) The happy person should live pleasantly. But life is not easy for a human if he lives alone. To share his life with those whose character and taste are similar to his can make life more pleasant and much easier, and also, can make him more continuously engage in virtuous activity (NE 1170a4-11). (5) Our virtue can be maintained and further increased if we live with the good person (NE 1170a11-13).

And (6), life is good, pleasant, and desirable (NE 1170a19-20, NE 1170a25-26), for everyone desires life and chooses life (NE 1170a26-28). Life for humans lies in perceiving or thinking (NE 1170a16-19). In perceiving or thinking, we are aware of our living (NE 1170a29-1170b1). Since life is good and pleasant, the awareness of our living is pleasant and desirable (NE 1170b1-3). This is especially so for the happy person. For the happy person especially perceives his life as good, pleasant, and desirable. Now a friend is another self and the good person is related to his friend in the same way as he is related to himself (NE 1170b6-7). So, just as his own living is desirable for him, his friend's living is desirable for the good person in the same way (NE 1170b6-8). "Now that which is desirable for him he must have, or he will be deficient in this respect. The man who is to be happy will therefore need virtuous friends" (NE 1170b17-19).

To live easier and better, we need friends. But friendship contributes most importantly to self-knowledge.[5] In *Magna Moralia*[6] II.15, 1213a10-26, Aristotle

---

5　I am inspired by John M. Cooper's view in his article "Aristotle on Friendship," in *Essays on Aristotle's Ethics*, ed. Amélie O. Rorty (Berkeley and Los Angeles: University of California Press, 1980), pp. 301-340. But my emphasis on the necessity of self-knowledge in a happy life is different. For him, the necessity of friends is in order to engage continuously in virtuous activities. Julia Annas follows his view here. See her work, *The Morality of Happiness* (New argues that the self-sufficient person will require friends for knowing himself. There we read,

> ... the self-sufficiency about which we are conducting our inquiry is ... the question being whether the self-sufficient man will require friendship or not. If, then, when one looked upon a friend one could see the nature and attributes of the friend ... such as to be a second self, at least if you make a very great friend ... Since then it is both a most difficult thing ... to attain a knowledge of oneself, and also a most pleasant (for to know oneself is pleasant)—now we are not able to see what we are for ourselves (and that we cannot do so is plain from the way in which we blame others without being aware that we do the same things ourselves ... there are many of us who are blinded by these things so that we judge not aright); as then when we wish to see our own face, we do so by looking into the mirror, in the same way when we wish to know ourselves we can obtain that knowledge by looking at our friend. For the friend is ... a second self. If, then, it is pleasant to know oneself, and it is not possible to know this without having some one else for a friend, the self-sufficient man will require friendship in order to know himself.

The way Aristotle argues here implies that to lead a happy life, self-knowledge is necessarily required. For self-knowledge can maintain and enhance the good person's ability of acting virtuously, and the good person's knowing himself/herself

---

York: Oxford University Press, 1993), P. 251. I do not follow their view to take "getting one engaging in virtuous activities more continuously" as the reason friends are necessarily required for achieving *eudaimonia*. For, in my view, friends can make virtuous activity easier, but it is not necessary to have friends in order to do it.

6   Aristotle, *Magna Moralia*, ed. F. Susemihl (Teubner: Leipzig, 1884).

is a very pleasant thing.[7] And, according to the argument there (also, NE 1169b28-1170a4), we are not able to see what we are from our own viewpoints. We often see others' faults and blame them without seeing that we have those faults ourselves. When we want to see our face, we see it through a mirror. Similarly, while we want to see ourselves, we should see through a mirror, i.e. through someone whose actions, character, and life are very like ours and can reflect ours. Our true and intimate friends are those who share the same character, life, and thought with us; their actions, character, and lives can therefore reflect ours. Having true friends is therefore necessarily required for having self-knowledge and indispensable for achieving *eudaimonia*.

1.2. The Kinds of Friendship and Other-Concern

According to Aristotle, there are three sorts of the object of love (*philesis*) and so there are three sorts of friendship. The three sorts are the friendship of utility, the friendship of pleasure, and the friendship of virtue (NE 1156a6-8). People become utility-friends because they have something useful to each other or because their association brings something useful to them; people become pleasure-friends because they enjoy each other's company; and people become virtue-friends because they are good and alike in virtue. Utility- and pleasure-friends love each other in virtue of some advantage or pleasure which they get from each other, while virtue-friends love each other for their character, i.e. for the sort of people they are (NE 1156a10-17). The advantage or pleasure which one can provide to his friends is

---

7　These two can be seen from NE 1170a11-13 and NE 1170b1-5. According to 1170a11-13, living with a good person can help one to maintain and increase his/her virtue. This implies that seeing the good person's action can help one maintain and increase his/her ability to act virtuously. Accordingly, the good person's knowing himself/herself helps him/her to preserve and enhance his/her ability to do things virtuously. And, according to 1170b1-5, perceiving one's being good is a pleasant thing. Since so, the good person's knowing himself/herself is a very pleasant thing.

incidental, and the character that one has is essential to one and is permanent. Hence, advantage- and pleasure-friendships are easily dissolved, but virtue-friendship can last permanently (NE 1156a20-22, NE 1156b17-18). The friendship existing between good persons is virtue-friendship. Good persons are good, useful, and pleasant to each other (NE 1157a1-3), and the good which they wish to each other for the other's sake is virtue. Hence, virtue-friends are not only good to each other, they are also useful and pleasant to each other. That is to say, virtue-friendship contains all the goods that the other sorts of friendship possess (cf. NE 1156b12-17) and is perfect or complete (*teleia*, NE 1156b6-7).

To form virtue-friendship, according to Aristotle, "requires time and familiarity" (NE 1156b25-26). For "men cannot know each other till they have 'eaten salt together'; nor can they admit each other to friendship or be friends till each has been found lovable and been trusted by each" (NE 1156b26-28). It takes their time to know that they are alike in virtue; it also takes their time to trust each other. But after they find that they are alike in virtue and they trust each other, each of them "acts for his friend's sake, and sacrifices his own interest" (NE 1168a33-34): "he may even give up actions to his friend" (NE 1169a33), and they help each other improve their virtue (cf. NE 1168a33-34, NE 1170a11-13)—that is, they help one another to get closer to *eudaimonia* and to get closer to it together.

Utility-, pleasure-, and virtue-friendships are different in kind. But, no matter how different they are, so long as people sustain their friendship, they mutually and recognizably wish well for the other's sake.[8] For this is the essential feature of friendship (cf. NE 1155b28-29, NE 1156a3-5, NE 1156a9-10). This being so, to say that to lead a happy life, friends are necessarily required implies that altruistic

---

[8]   That is to say, though friends for utility and for pleasure do not love each other in virtue of themselves, they, like virtue-friends, mutually wish well for the other's sake (cf. Cooper, "Aristotle on Friendship," pp. 301-340.)

concern [for friends] is necessarily required for one to live a happy life. Other-concern is connected with *eudaimonia* through friendship.

1.3. Living with Others, Altruistic Concern, and Becoming a Sage

Unlike Aristotle (NE 1169b17-18), Mencius never states that to live with others is natural to humans. But it is very clear that the Mencian human being by nature[9] requires to and tends to live with others in community. As we saw before, and all virtues for Mencius are social and practical—they all relate to human doings in association with others in family or society. If to actualize the inherent virtues is one's *xingfen* 性分, i.e. one's duty as a human being (7A:21), as Mencius conceives, the Mencian human being needs to live with others. And we know that of the virtues, *ren* 仁 (love, benevolence) is especially the virtue concerned with the good of others. If, as Mencius concedes, like all other virtues, *ren* is given by nature, then, that means, having a concern for the good of others is natural to humans. And this implies that humans are by nature tending to live with others together.

And, as we saw before, Mencius' ideal of *chengsheng* 成聖 is to become a great sage like Yao, Shun, or Confucius, and, to become so great, one must actualize

---

9   "Nature" is not a notion in Mencius, but "human nature" is a very important notion in his ethics. In his own theory of human nature, the term "human nature" does not cover all that we have by nature but only points to the peculiarity, i.e. the ability to do morally good things that we have by nature. "To live with others together," in this sense, is not covered by Mencius' concept of human nature, but his idea that all moral virtues are given to us by nature does imply that humans are by nature tending to live with others together. As to something given to us "by nature," Mencius would/might say that it is given to us "by *tian* 天," i.e. by Heaven (cf. 6A:6, 7, 15, and 16). But this does not mean that Mencius' concept of Heaven is equivalent to what we have for "nature." The word "*tian*" in his writings is either used as a substantial word, meaning the Being that is the source of all beings (7A:1), or as an adjective word, describing something as the best, the highest, or the greatest (2A:7, 3A:4, and 6A:16) or something as being originally or naturally had by someone (6A:6 & 16) or something given by the highest being, i.e. Heaven (6A:16).

complete virtue which is a whole of all virtues. On this view, the virtue of *ren* is one constituent of complete virtue: the virtue of *ren*, and thereby the concern for the good of others, is required for becoming a great sage. For Mencius, however, *ren* is not only one virtue among all the virtues: *ren* in his ethics plays a very special role, and so does altruistic concern in *chengsheng*.

As a specific virtue, *ren* is the name for the sort of action that is done according to the feeling of love or benevolence or commiseration (cf. 2A:6, 4B:19). And the action done according to such feeling is either the sort of action that helps an other or others out of suffering or the sort of action that helps the other or others do well or live well for the other's/others' sake (cf. 2A:4 & 6, 4A:4). Therefore, the concern for the virtue of *ren* is not the mere feeling of love or benevolence or commiseration but, in the feeling, a concern for the good of the other or others and a desire to do things good for the other or others are both implied. The feeling is basically altruistic, and so is the virtue of *ren*.

But the word *ren*, as we mentioned before, is used multivalently in the *Mencius*. It is not only used to mean a specific virtue, it is also used to mean the feeling of commiseration (2A:6; 6A:4 & 6), (i.e. the feeling for the virtue of *ren*), a specific moral rule (6A:6), virtue in general (6A:1, 6A:4, 6A:18), the essential nature of human beings (7B:16), and the mind of a human being (6A:11). While it is used to mean the essential nature of a human being, it is the source of all virtues and identical with the mind of a human being.[10] Used thus, fully to actualize *ren* or *renxin/renxing* is fully to actualize sagehood and become a great sage. A sage is

---

10 It is for this reason that Mencius' concept of the essential nature of a human being is commonly called by people (for example, Mou Tsung-san 牟宗三 [Mou Zongsan] and Tsai Jen-hou 蔡仁厚) *renxing* 人性 (*ren*-Nature) and the mind of a human being *renxin* 人心 (*ren*-Mind). Cf. Mou Tsung-san, *Mind as Reality and Human Nature as Reality* (Taipei: Cheng-Chung Book, 1968), vol. 1, pp. 22, 42, 79, and etc.; and Tsai Jen-hou, *The Main Ideas of Mencius* (Taichung: Tunghai University Press, 1982), pp. 6, 17, 29, and etc.

therefore sometimes in Mencius' writings referred to as a *ren*-person (6B:11, 7A:46, & 7B:1).

Being the essential nature of a human, *ren* cannot be viewed as equivalent to the feeling of *ren*, nor is it the only source of such feeling. It is the source of all feelings required for the exercise of all virtues such as *ren, yi, li, zhi, xiao*, etc. As such, *ren* or *renxin* is not only very sensitive to an other's need for help, but, more exactly speaking, it is very sensitive to what we see and encounter (which includes our own doings, others' doings, and things happening to us and others), so that it can get us to have an emotional response to or a judgment regarding what we encounter. Besides this, as we said before, *renxin* has another function, that is, to drive us to take some certain sort of action corresponding to what we see or encounter. What it drives us to do might be a *ren*-action, might be a *yi*-action, might be a *zhi*-action, and so on. What it drives us to do is not all altruistic.

But, Mencius' picking *ren* out of the virtues to call for the essential nature of human beings and identifying *ren* with the mind of a human being indicate the importance for him of love/benevolence and thereby the importance of the concern for the good of others and the importance of the desire to do things good for others. For him the essential nature of the human mind or the human being is to love others, to have a concern for the good of others, and to desire to do things good for others. And, if the essential nature of human beings or the human mind is the source of all virtues, as Mencius concedes, then this means for him that the virtue of *ren* can be representative of all virtues, or has primacy among the virtues. Then, if to become a great sage, one has to actualize all virtues fully, then it would be the most necessary to embody the virtue of *ren* in our doings. And to say this is equally to say that having altruistic concern is most necessary for one to become a sage.[11]

---

[11] The necessity in Mencius of altruistic concern in becoming a sage might be seen in the view that the essential function of *renxin* is to nourish and help the lives of other beings, as Mou

1.4. Friendship in Mencius

As to friendship, quite unlike Aristotle, Mencius never treats it thematically. In his corpus he mentions friendship only four times, i.e. 3A:4, 4B:30, 5A:12, and 5B:8. According to these four passages, (1) true friendship involves good persons (5B:8), (2) such friendship is formed on the ground of their being alike in virtue (*de* 德,[12] 5A:12), (3) true friends do not only mutually trust one another (3A:4), (4) they also mutually encourage and advise one another and help one another to increase their virtue (cf. 4B:30). All these are very similar to Aristotle's views about virtue-friendship.

Though Mencius does not claim that friendship is necessary or helpful for one to become a sage, according to the above (4), virtuous friends approach *chengsheng* together and having true friendship makes it easier to become a great sage. The above (4) implies that having virtue-friends makes one much more readily approximate the ideal of becoming a great sage and that virtue-friends strive to reach *chengsheng* together. This shows us that though Mencius does not take friendship as necessary for one to become a sage, he takes it as useful for one to reach the ultimate end of human life.

1.5. Conclusion

According to the above, with regard to friendship and other-concern, Aristotle and Mencius differ from each other. (i) Aristotle divides friendship into three kinds, while Mencius does not do so. (ii) Aristotle takes friendship to be connected with self-knowledge and to be necessary for achieving the ultimate end of human life. In the *Mencius*, we nowhere find that Mencius takes friendship as having something to

---

Tsung-San and his followers hold. See my discussion: Shu-Ching Ho, *On Mencius' and Hsuen-Tzu's Theories of Moral Practice* (Taipei: Wen-Chin Publishing Co., 1988), pp. 190-193.

12 *"De"* in Chinese means morality or virtue.

do with self-knowledge, nor can we find any place that Mencius regards either friendship or self-knowledge as necessary for reaching the ultimate end of human life.

Aristotle and Mencius nonetheless share the following views: (i) Humans naturally live together with others, the virtuous person is not a hermit. To achieve the ultimate end of human life, one must live with others.[13] (ii) Virtue-friendship exits among good persons: They trust one another and assist one another in enhancing each other's virtue, so that they get much closer to the ultimate end together. And (iii) altruistic concern is necessarily required for one to reach the ultimate end of human life.

2. Altruistic Feeling

The preceding section may suggest that, with respect to the field to which altruistic concern can be applied, Aristotle and Mencius are quite different. The concern for the good of others for Aristotle seems to be applied to friends only, while there seems no such sort of limitation for Mencius. With respect to altruistic feeling, we know that friendship is not the only concept that refers to altruistic concern in Aristotle's ethics, nor is *philesis* (liking, friendly feeling, love), i.e. the feeling for friendship, the only altruistic feeling. The virtues such as generosity, magnificence, and magnanimity, and the feelings such as *stergein* (loving), *eunoia* (good will, being well-minded), and *charis* (kindness) all have something to do with altruistic concern. Probably, in some sense *ren* is not the only altruistic feeling for Mencius. Besides *ren*, for Mencius there are two further sorts of love: *qin* 親 (being very close to someone), a word that is often used for a child's loving his parents or

---

[13] The others here for Mencius not necessarily include friends. They can be one's parents, brothers/sisters, children, neighbors, teachers, students, etc., those for Mencius are not friends. Cf. footnote 4.

in very close family attachments, and *ai* 愛 (love), the very common word for love. In the following, through comparing their views on these feelings,[14] I will show that their views are very similar regarding altruistic concern.

2.1. Altruistic Concern in Aristotle

According to Aristotle, *eunoia* (good will, being well-minded) is wishing well to an other, not for one's own sake but for the other's sake (NE 1155b32). Goodwill "does not involve intensity or desire" (NE 1166b33) to do something good for its object (cf. NE 1167a-9, NE 1166b33). It is not necessary for people to have intimate relation in order to feel goodwill. Goodwill does not require to be reciprocated or to be known by its object (NE 1155b32-33). It can suddenly come about towards someone in whom one finds something good, for example, one's competitors in a contest (NE 1166b35-1167a1). "In general, goodwill arises on account of some excellence and worth, when one man seems to another beautiful or brave or something of the sort" (NE 1167a18-21). But it cannot be applied to lifeless thing such as wine (NE 155b28-31).

According to Aristotle, without *eunoia*, it is impossible for people to be friends; but goodwill is not itself friendship (NE 1167a7-8), nor is it friendly feeling (*philesis*) (NE 1166b32-33). Goodwill can become friendly feeling if an intimate relation between the well-wisher and the object of goodwill is established and an intense desire to do things good for the object is involved (NE 1166b32-34). To become friendship, it requires something more, that is: besides the above two, both the feeling of wishing well and the desire to do things good for the other must be reciprocated and be mutually known by the two parties (NE 1167a 6-7, NE 1155b32-1156a5; *Rh.* 1380b35-1381a2).

---

14 As to the altruistic feelings in Aristotle, in this section I only deal with the three sorts, i.e. loving, good will, and kindness, because these three in some sense can be representative of all other altruistic feelings.

The word for the loving in loving friends used by Aristotle is *philein* or *stergein*.[15] *Stergein* is a word that is often used to describe a mother's loving her children or very close family attachments. In the *Nicomachean Ethics* VIII and IX, Aristotle uses it for all three types of friendship. As to *philein* (loving, liking), according to *Rh*. II.4, 1380b35-1381a2, it is wishing well for someone we think to be good for his sake and having a very intense desire to do such things as far as we can. The someone here is a friend (*philos*) of ours, and a friend is one who has the feelings mentioned above and receives them in return (*Rh*. 1381a2-3). In the *Nicomachean Ethics* and *Rhetoric*, *philein*, like *stergein*, is used in relation to all friends (Unusually, in NE 1155b23, the object of *philein* is said to be what is good). Nevertheless, it is very clear that, while applicable to all friendships, *philein* and *stergein* for Aristotle pertain especially to those who have intimate relation with one another, i.e. intimate friends.

As to kindness (*charis*), in *Rh*. II.7, 1385a18-20, Aristotle defines it as willing "to give assistance to someone in need, not in return for anything, nor for the advantage of the helper, but for that of the person helped." According to the definition, different from friendly feeling or love, the object of kindness is not limited to friends; one can be kind to anyone who needs help, even to a stranger (so long as he/she is in need of help).

According to the above, the very intense altruistic feeling of *philein* or *stergein* can be applied to friends only, but there is no such limitation in kindness and goodwill. We can be kind to a stranger and feel goodwill for our competitors or anyone who is excellent or beautiful or brave. And, though it is not clear if goodwill for Aristotle can be applied to other creatures such as plants or animals, we know for sure that it does not appear for lifeless things. Taken together, it turns out to be very

---

[15] My attention to "*stergein*" in Aristotle's theory of friendship was awakened by John M. Cooper. See Cooper, "Aristotle on Friendship," p. 355n9.

transparent that for Aristotle altruistic concern is not limited to friends only: It just cannot be applied to lifeless things.

2.2. Love in Mencius

As a sort of feeling, *ren* in the *Mencius* is used in two different senses. In a wide sense, it is not only the sort of love towards one's family, relatives, friends,[16] and people in general, but also the love or commiseration for other creatures such as animals (1A:6, 2A:6, 7A:45, 7A:46, etc.). But, in a narrow sense, it means the sort of love for people in general. It does not cover the sort of love for one's own family, relatives, and friends and the sort of love for other creatures (7A:45). In this narrow use, the love towards one's family and friends, for Mencius, is *qin* (literally, being very close to someone), while the love for other creatures is *ai* (literally, love). *Qin* implies a very intimate relation and a very deep feeling, and is usually reciprocated. And *ai*, while Mencius applies it to other creatures, means "being kind to" or "being sparing to" (7A:45).

The difference between *qin* and *ren* is that *qin* involves a very close association and a very deep feeling, while *ren* does not (7A:45). And the difference between *ren* and *ai* is that *ren* involves a desire to help others live well (cf. 2A:4 & 6, 4A:4), or is the feeling of not being able to bear seeing an other suffering (1A:6, 2A:6), but the *ai* to other creatures does not involve such a desire or feeling. For we need to use them to preserve our lives and as sacrifices (cf. 1A:6, 7A:45). All these three sorts of love in Mencius are not necessarily reciprocated, though the lovers of *ren* and *qin* usually receive the same love as return. And the objects of *ren* and *qin* often know that they are loved, while the objects of *ai* do not.

---

16   According to *Mencius* 7A:46, the virtuous take "having a close association with the virtuous" as a very important thing. And in 5B:8, we are told that virtue-friendship exists among the virtuous only. Taking these two together, the virtuous deeply loved by the virtuous are the friends of the virtuous who love. So, here I change "The virtuous love the virtuous" into "The virtuous love their friends."

2.3. Comparison

Comparing Aristotle's listed altruistic feelings with Mencius', we find that Aristotle's three sorts of altruistic feelings, *philesis/stergein* (loving, liking, friendly feeling) , *eunoia* (good will, being well-minded), and *charis* (kindness), correspond, roughly speaking, with Mencius' concept of *ren* in the wide sense. While compared with *ren* in the narrow sense, Mencius seems to lack a corresponding love to Aristotle's goodwill. But, Aristotle's *philesis/stergein* is very like Mencius' *qin*. Both involve a very intimate relation and are usually reciprocal. Moreover, the altruistic feeling of *ren* in its wide sense (or say, the altruistic feeling of *ai* in its specific sense) for Mencius can be applied to other creatures but not to lifeless things. This, according to what we saw above, is very similar to Aristotle's goodwill. This shows us that both Aristotle and Mencius share the view that altruistic feeling is restricted to living things.

3. Self-Referential Altruism

3.1. Friendship as Self-Referential in Aristotle

Stergein or *philesis* is more intense and stronger than goodwill and kindness. The feeling that friends have for one another is not goodwill or kindness but *stergein* or *philesis*. This implies that the feeling that friends have for one another is stronger than the feeling that they have for other people. The reason one's friends are thus specially treated is because they stand in a special relation to one. This is to say, the altruistic concern for friends is self-referential.[17]

---

[17] "Self-referential altruism," see J. L. Mackie, *Ethics: Inventing Right and Wrong* (New York: Viking Press, 1977), p. 132. He adopts this term from C. D. Broad (1949). By this term Mackie means a concern for others, but for those who have some special connection with oneself. By altruism I mean a concern for an other, not for one's own sake but for the other's sake. While such concern is applied to those who have some special relationship with oneself, I call it self-referential altruism.

On Aristotle's view, people become friends because they are similar to each other (*Eudemian Ethics*, (abbreviated as EE below)1245a30-34).[18] A friend is therefore viewed as another self (*allos autos*) or another I (*allos ego*) by Aristotle and by people (NE 1170b7; EE 1245a30; MM 1213a13, 1213a24). As for the relation of the self to the other self, the features, according to Aristotle, are wishing and doing what is good for the sake of the friend, wishing the friend to exist and to live for the friend's sake, living with the friend, having the same taste with the friend, and grieving and rejoicing with the friend (NE 1166a1-9). All these, according to Aristotle, "seem to have proceeded from a man's relations to himself" (NE 1166a1-3), especially from the good person's relations to himself (NE 1166a10, NE 1166a29-30). One's relation to friends is therefore thought to derive from one's relation to oneself (NE 1166a2-3, NE 1166b1-2).[19]

From Aristotle's point of view, a man "is his own best friend," so he "ought to love himself best" (NE 1168b8-9; cf. NE 1169a3-5, 1169b1).[20] Compared with a friend thought of as another self and external, one is closer to himself (NE 1168b1-17, NE 1168b8-9). Joining this view on self-love with Aristotle's views about the

---

[18] Aristotle, *Eudemian Ethics*, trans. H. Rackham (Cambridge, MA: Harvard University Press, 1961).

[19] Because of this view, "Is Aristotle egoist or altruist?" concerns lots of commentators, for example: A. C. Ewing, *Ethics* (New York: The Free Press, 1953), pp. 21-36; Robert B. Ashmore, Jr., "Ewing on 'Higher' Egoism," *New Scholasticism* 51, no. 5 (1977): 513-523; "Friendship and the Problem of Egoism," *The Thomist* 41 (1977): 105-130, Dennis McKerlie, "Friendship, Self-Love, and Concern for Others in Aristotle's Ethics," *Ancient Philosophy* 11 (1991): 85-101; Julia Annas, "Self-Love in Aristotle," *The Southern Journal of Philosophy* 2 (Supplement) (1989): 1-17; "Plato and Aristotle on Friendship and Altruism," *Mind* 86, no. 344 (1977): 532-554; and *The Morality of Happiness* (New York: Oxford University Press, 1993), pp. 249-290, John Cottingham, "The Ethics of Self-Concern," *Ethics* 101 (1991): 798-817, Charles H. Kahn, "Aristotle and Altruism," *Mind* 90, no. 357 (1981): 20-40, and etc.

[20] There are two sorts of self-love in Aristotle (see below). The one here mentioned is the good one.

altruistic feelings: One loves oneself most, then those who have close relations with the one, i.e. family and friends, then those who have less relation, and then those who have little relation. The more intimate the relation that one has with others, the more intense the concern one has for them.[21]

3.2. The Gradations of Love in Mencius

A *ren*-person does not only love people but also loves other creatures (7A:45). But, according to Mencius, the *ren*-person loves them all but does not place his/her *ren* to them all (cf. 7A:45 & 46). This is because, unlike what the Moist maintain,[22] there are gradations in love for Mencius (cf. 3A:5, 3B:9, & 7A:26). The *ren*-person's loves function as the following. He has *ai* to other creatures, i.e. he is kind or sparing to other creatures, but he does not bestow *ren* to them (because we need to use such creatures to preserve our lives and to use them as sacrifices); he treats people with *ren*, but does not *qin* them, i.e. he is not affectionate to them. The *ren*-person is affectionate and close to those with whom he should be, i.e. his parents, relatives, and the virtuous/friends (7A:45).

For Mencius, love should start with the love for our parents (cf. 4A:19, 4A:27, & 7A:15) because our lives come from our parents. And, according to his observation, we indeed start with our love for our parents, then our brothers and sisters. We have loved our parents since we were very little, even before we started learning things, and we learned to respect our old brothers or sisters when we grew up a little (7A:15). If we can love our parents, on Mencius' view, we will be able to love our sisters and brothers; if we can love our sisters and brothers, we will be able

---

21 See McKerlie's "Friendship, Self-Love, and Concern for Others in Aristotle's Ethics," Cf. footnote 19.

22 Mozi (479-438 BC) is the founder of Moism. The most famous doctrine of Moist is "universal love." For Moist, other people's parents, families, and countries should be loved as one's own. For them, there is no distinction in love; the distinction exists only in the practice. Mencius attacks this view especially in the *Mencius* 3A:5 and 3B:9.

to love our relatives; if we can love our relatives, we will be able to love our friends; and so on (cf. 7A:45). The love to others starts with the love to those with whom we have a very close relation and can be extended from them to others. According to Mencius, this love can also be extended to those whom we do not love (7B:1), and the ideal is to treat the aged of our own families with respect and then extend it to the aged of other families, and to treat the young of our families with kindness and then extend it to the young of other families (1A:7). And from Mencius' usages of the three words for love, i.e. *qin*, *ren*, and *ai*, it is very clear that for him altruistic love weakens as it extends. The further the extension is built, the less the love becomes.

3.3. Comparison

Aristotle and Mencius differ in the following respects. (1) For Aristotle, the one who is closest to one is oneself, while for Mencius, parents are the closest people to one. (2) For Mencius, the relation one has with others has nothing to do with the relation one has with oneself; but, for Aristotle, one's self-relation is the foundation of other-relations.

Aristotle and Mencius nevertheless share three very important views. (i) For them, there are gradations in love. (ii) They both are such sorts of self-referential altruists that they maintain that the more intimate the relation that one has with others, the more intense the concern one has for their good and for their sake. And (iii) for them, the love between parent and child plays a very important role in human life.

4. The Self in Self-Love and in Self-Referential Altruism

For Aristotle, as we saw above, other-love is derived from self-love. The self in his self-referential altruism therefore has something to do with the self in self-love. As to Mencius, though he has no words for self-love, his moral theory does contain an idea of self-love; and, though, unlike Aristotle, Mencius does not take other-love as coming from self-love. As we will see, his views about the relation between the self in self-love and the self in self-referential altruism and about what is the self in self-love and what is the self in self-referential altruism are all very similar to Aristotle's.

4.1. Self-Love and the Self in Self-Love

There are two sorts of self-love discussed in book IX.8 of the *Nicomachean Ethics*. One is good, the other is bad. The self-lover in the bad sense identifies himself/herself with the irrational part of the soul, regards wealth, honors, and bodily pleasures as the best of all things, assigns himself/herself the greater share of them, and seeks to gratify his/her irrational soul (NE 1168b19-21). Such a self-lover lives by passion, but not reason (NE 1169a3-6). Contrary to this, the self-lover in the good sense lives according to reason, assigns himself/herself what is noble and best, and gratifies the most authoritative part in himself/herself, i.e. the rational part of his/her soul, and in all things obeys the ration. In NE 1168b28-1169a3, Aristotle says:

> ... at all events he [i.e. the self-lover in the good sense] assigns to himself the things that are noblest and best, and gratifies the most authoritative element in himself and in all things obeys this; and just as a city or any other systematic whole is most properly identified with the most authoritative element in it, so is a man; and therefore the man who loves this and gratifies it is most of all a love of self. Besides, a man is said to have or not to have self-control according as his reason has or has not the control, on the assumption that this is the man himself; and the things men have done on a rational principle are thought most properly their own acts and voluntary acts. That this is the man himself, then, or is so more than anything else, is plain, and also that the good man loves most this part of him. Whence it follows that he is most truly a lover of self.

This sort of self-lover is most truly a lover of self (a2-3). For the self that he/she identifies with and listens to is the most authoritative part in himself/herself, i.e. *nous* (reason, b35, b30, & b32).

Nous for Aristotle is the true self of the human (NE 1166a16-17, NE 1168b34-35, NE 1169a2-3, 1178a2-3, NE 1178a5-6). The essential function of *nous* is thinking (NE 1098a3-5, NE 1166a23-24). Thinking in Aristotle can be used in practical matters and theoretical matters.

For Mencius, the true self of the human being is very like what it is for Aristotle, the mind. In 6A:15, he says:

> Those who follow *Ta-T'i* [i.e. the great part of a person] are *Ta-Jen* [i.e. great persons]; those who follow *Hsiao-T'i* [i.e. the little part of a human] are *Hsiao-Jen* [i.e. little persons].... The senses of hearing and seeing do not think, and are obscured by external things. When one thing comes into contact with another, as a matter of course it leads it away. To the mind belongs the office of thinking. By thinking it gets the right view of things; by neglecting to think, it fails to do this. These—the senses and the mind— are what Heaven has given to us. Let a person first stand fast in the great part, the little part will not be able to take it from him. It is simply this which makes *Ta-Jen*.[23]

According to this passage, if we follow *dati* 大體 (*Ta-T'i*, the great part of us), we will become *daren* 大人 (*Ta-Jen*, great persons); if we follow *xiaoti* 小體 (*Hsiao-T'i*, the little part of us), we will become *xiaoren* 小人 (*Hsiao-Jen*, little persons). The concepts of *dade* and *xiaode* here imply that *dade* is our true self. And, according to this passage, *xin* 心 (*Hsin*, the mind), is the *dade*, while the senses

---

23   Modified James Legge's translation. See Legge, *The Works of Mencius*, pp. 417-418).

such as eyes, ears, etc. are the *xiaode*.

Mencius' concepts of *zibao* 自暴 (*Tzu-Pao*, doing violence to one's self), *ziqi* 自棄 (*Tzu-Ch'i*, throwing one's self away), *zize* 自賊 (*Tzu-Tse*, play the thief with one's self) also imply that the mind is the true self of the human being. In 4A:11 Mencius tells us: "To disown in his conversation *Li* and *Yi*, is what we mean by *Tzu-Pao* [i.e. doing violence to one's self]. To say──'I am not able to dwell in *Jen* or pursue the path of *Yi*,' is what we mean by *Tzu-Ch'i* [i.e. throwing one's self away]."[24] According to the two concepts of *zibao* and *ziqi* here, the part of the human that has the virtues such as *ren*, *yi*, *li*, *zhi*, etc. in itself or the part of the human where the virtues are rooted, is the human self. And in 2A:6 Mencius says: "When men, having these four *Tuan*s, yet say of themselves that they cannot develop them, they are *Tzu-Tse che yae* [i.e. they play the thief with themselves]."[25] According to this passage, the self is the part of the human that has the *siduan* 四端 (the four beginnings of the four main virtues). For Mencius, as we saw before, *xin* is the part of the human that has the four beginnings; *xin* is also the place where the virtues are rooted and the part of the human that has the virtues in itself.

For Mencius, *xin* is the true self of the human being. And in 6A:15, while Mencius tell us what *dati* is and what *xiaoti* is, he also tells us that the distinctive function of *dati* is to think. Thinking in Mencius is connected with human doings; it has nothing to do with anything theoretical. It would be practical thinking or reasoning.

If the true self of the human being for Mencius is *xin*, as we said above, then the true concern for one-self for Mencius would be the concern for one's cultivation of virtue. (For the true self is the source of all virtues.) And this, as we saw before, for Mencius is a life-long worry (4B:28).

---

24 Modified James Legge's translation. Ibid, pp. 301-302.
25 Modified James Legge's translation. Ibid, p. 203.

4.2. The Self in Self-Referential Altruism

It is very clear that the self in self-referential altruism is not an isolated self but a self in association with others. Such a self, no matter if it is in Aristotle or in Mencius, is an individualized self of the human.

For Aristotle, as we saw above, the self in self-love is *nous*, the true self of the human. And, according to the function argument (NE 1097b25-1098a18), *nous* is common to all human beings: Each of us has *nous* and, as the one that makes each of us a human being, there is no distinction between your *nous* and my *nous*. *Nous*, in this sense, is not an individual but a common self. Other-love comes from self-love, but the self in self-referential altruism is not a common self. It is such a self that he/she has some special relations with some people in society or in community. Such a self does not only have some special relations with certain people, he/she also loves the people who have special relations with him/her. I love my parents much more than others because they are my parents. The love here is based upon the relation between me and them. Though my brother or sister has the same kind of relation with them and has the same kind of love to them, his/her relation with them and his/her love to them cannot substitute for my relation with them and my love to them. The relation is not substitutable, and my love to them is also not substitutable. They belong to me as a particular individual. But, as we said before, the relation of one to others is the extension of the relation of one to himself. Taking them together, the self in self-referential altruism is an individualized self, i.e. an individualized *nous* or an individualized self of a human.

For Mencius, altruistic or self-referential altruistic concern is possible for us because to have altruistic feeling, i.e. *ren*, towards those who are in need of aid or those who have special relations with us is an inherent capacity (1A:6, 2A:6, 6A:4, 6A:6, & 6A:11). The subject of this capacity, as we saw before, is *xin*, the true self of the human. *Xin*, according to Mencius (cf. 2A:6, 6A:6), is common to all humans. But, for the same reason why the self in Aristotle's self-referential altruism is not a common self, the self in Mencius' self-referential altruism is not a common self: It is a particular individual. That is to say, it is an individualized *xin*, an individualized self of a human.

4.3. Conclusion

Aristotle and Mencius differ with respect to thinking. For Aristotle, thinking can be used in theoretical matters or practical matters; while for Mencius thinking involves practical matters only. Except this, their views on the subject are the same. (1) The self in self-love is the true self of the human. (2) The mind is the true self of the human and the mind is the thinking subject. And (3), the self in self-referential altruism is an individualized self of the human.

世界公民的倫理共存

黃冠閔[*]

　　當代漢語世界從設立「哲學」作為學科專業以來，始終面對多方面的挑戰。這些挑戰包含：（1）「哲學」的學科訓練係自西方引介入中國，雖然中間經過日本的譯介，但歸諸希臘、羅馬、現代歐洲傳統的特徵，遠遠不同於中國傳統；（2）以哲學方式詮釋傳統文本，所採用的語彙、論述形式、目標往往不同於中國的經學或子學、佛學傳統，造成理解與傳承的斷裂；（3）批判地吸收新的哲學論述，必須不斷意識到「正在發生中」的哲學教育、論辯、革新，但也不可避免地面對地域、時序、語言差異、問題的現實參照等等隔閡；（4）參與非漢語脈絡的哲學對話，需要逆向地將傳統或現代漢語語彙翻譯為異語言，也必須將問題意識翻譯到對漢語文本中傳統或當代議題陌生的異地去。除了面對前述這些挑戰，當代哲學家還須努力以漢語來闡述傳統思維的「哲學」意味，這種努力卻也重新編製哲學傳統。因此，哲學固然努力於創造概念、運用概念，但在漢語世界中，這些努力包含了多重的重構傳統或發明傳統。

　　因此，如何標示中國哲學的特徵？始終是一個核心課題。不論是用「世界智慧」來標示，或強調哲學的普遍性，哲學對於「世界」的指涉並不欠缺。基於此，當代哲學家也擬議將中國哲學放在世界哲學的平面上，這樣又更加強了哲學活動處身於世界中的意識。儘管「世界」的界定可能十分模糊或空泛，但是將漢字傳統中的思想資源朝向「世界」投射的企圖，似乎有不可磨滅的明確

*　中央研究院中國文哲研究所副研究員

性。

在這種標示著「世界」的明顯特徵中，中國哲學的身分牽動著漢語哲學研究者的身分，從而也有必要在世界中辨別出哲學活動的處境。在這一種帶有身分辨別意味的要求中，以「世界公民」身分發言的哲學思考有其存在意義。

劉述先（1934-）所關注的世界倫理也正是在這種回應的框架中，指向世界，立足於世界。

劉述先引介與回應孔漢思（Hans Küng）提倡的世界倫理，[1]從劉述先的論述中可以大約歸納出三點：（1）從儒家倫理傳統來回應世界倫理的構想；（2）回應的目的是尋求感通，而非尋求類同。具體地說，目的在於保存彼此有差異的傳統，但尋求對話的機會；（3）回應的原則是「理一分殊」的規約原則，以奠定「存異求同」的基礎。這三點散見於各篇的回應文章中，相當有特色地形成一貫的立場。

在劉述先的啟發下，本文試著思考二十一世紀人類如何共存的問題。問題的方向將從個人的倫理面向推向社群式的倫理存在，此處所謂的社群並不限於特定族群、特定傳統社群，而是將社群置於物種存在的意義下思考。推遠來說，或許可以從人類物種的角度思考「理一」。

以物種的角度思考，並非回到生物學層次而已，而是在文化意義下說，意義在於：人類作為存在於世界上的一個物種，在創造生存環境的條件上，不同於其他物種，但這種環境卻可能危害到其他物種與地球。人類的文化創造有積極的意義，到了當代，卻以世界大戰的方式危害自己，核子彈的發明也改變了戰爭的形態；種族滅絕的威脅雖然恆存於歷史中，但是戰爭技術的變化已經使得人類物種可能因為人類彼此的戰爭而消失。因此，從世界公民的角度出發，並不是單單為了避開以國家為限的局限，更是顯示出世界公民與人類物種存在的文化關聯。

1　劉述先：《全球倫理與宗教對話》（臺北：立緒文化事業公司，2001 年），雖然此書的標題採「全球倫理」，但劉述先於正文中皆作「世界倫理」。

　　在儒家傳統中，素有「興滅國，繼絕世」[2]的理想，宋儒張載也有謂「為天地立心，為生民立命，為往聖繼絕學，為萬世開太平」。[3]此一儒家理想明確地勾勒出本文所希望投注的方向。在「滅國」、「絕世」的威脅中，倫理共存所需面對的是以各種戰爭形式所帶來的「滅絕」的威脅。相對之下，必須肯定保存文化傳統的積極意義，而非出於抗拒外來文化的保守心態。以「為往聖繼絕學」為目標，是延續著學問傳統，但因為關聯到「往聖」，使得此一傳統所形成的共同體，[4]並不僅指涉到現存的人們，也涉及到已逝的「往聖」，與過去歷史的關聯，加深了死亡與生命之間交錯的關係。「為萬世開太平」投射到未來，以「太平」為理想，固然因為涉及未來而呈顯出虛擬性，但也由於太平（和平）所關注的戰爭威脅，使得人類必須面對其續存於未來的條件。這一和平思考，若考慮到戰爭的可能性與形態，勢必也必須對於戰爭的意義與目的有更徹底的評估。筆者認為劉述先前舉的三點特徵也暗合於張載的理想，並作為本文的主要綱領。

一、文化多元性意義下的傳統保存

　　在當代政治、文化、社會存在的事實上，劉述先肯定全球化時代的地球村作為人類彼此相互影響的具體情境；他也強調在對話要求中尋求世界倫理的建構，必須採取「極小式」的進路，而這種「極小式」的進路「不能只是用『取同略異』的歸納方式。」相較之下，他建議採取「存異求同」的進路：「事實

2　劉寶楠著，高流水點校：《論語正義》（北京：中華書局，2007 年），頁 763。

3　黃宗羲著，陳金生、梁運華點校：《宋元學案》（北京：中華書局，2009 年），〈近思錄拾遺〉，頁 769。另有語錄別作「為天地立志，為生民立道，為去聖繼絕學，為萬世開太平」，見張載著，章錫琛點校：《張載集》（北京：中華書局，2008 年），頁 320。

4　共同體，相當於德文的 Gemeinschaft、英文的 community、法文的 communauté，也可理解作社群，但討論共同體未必須要主張社群主義（communitarianism），也更不必化約到共產主義。本文以共同體作為人們共同生活的基本形態，藉以延伸到更一般性的問題上。

上，我們無須抹煞各個不同傳統之間的差異，卻又不必一定會阻礙彼此之間精神上的感通。」[5]他以道德金律「己所不欲，勿施於人」為例，認為金律作為一種普遍道德原則有一種指引式的意義：「它指點了一個確定的方向，雖然不能給予我們完全的指引，卻可以促成一種精神的感通，凝聚某種共識。」[6]在精神感通的目標上，「存異求同」的「存異」，指的是各自不同文化或宗教傳統中的核心價值，可以維持其穩定的固有表述，「求同」則是在對話與相互肯定中，尋求「感通」、尋求共同方向。

（一）安居與保守

以「存異求同」為目標，傳統核心價值的差異則在彼此尊重中被保存。在同／異問題上，是以「異」為基礎尋求「同」的發展，但不是純粹為了求「同」而輕率地捨棄「異」。傳統具有一基礎的優先性。有關傳統的保存，唐君毅有類似的說法。保持傳統，意味著保存傳統中的核心價值，對於核心價值的肯定則需要價值意識的自覺。表面上，這似乎是一個循環的論斷，但實際上，這是價值意識本身的自我肯定，透過核心價值的辨識而有肯定。唐君毅以「花果飄零」為根本意象來描繪傳統價值的分離崩解，繼而以「靈根自植」來比喻價值意識的覺醒。

對照著「花果飄零」，唐君毅提出一種獨特的保守說：從具體肉身的安身立命聯繫到價值層次抽象的安身立命。保守，意味著在價值肯定上的安身立命。唐君毅的保守說呈現在兩種層次上：在消極層次上，傳統若非根據自覺的判斷，並不需要改變；在積極層面上，傳統為核心價值得以維繫處，對傳統的保守乃是對核心價值的肯定。

在此脈絡下，傳統包含了民族、語言、歷史、文化、社會風俗習慣、生活方式，[7]但唐君毅不認為這些項目是單純的事實，也不能視為外在客觀的東

5　劉述先：《全球倫理與宗教對話》，頁77。

6　同前注。

7　唐君毅：《中華人文與當今世界》（臺北：臺灣學生書局，1991年全集修訂版），上

西，而是「我們生命之所依所根以存在者，即我們之性命之所在」。[8]從此消極層面出發，唐君毅正視人的具體存在，而不是指從觀念性的角度談價值與人的生活。在一般原則上，唐君毅指出：「人之生命不是只依其抽象的可能，而是依其真正的現實而存在。」[9]對於唐君毅來說，「真正的現實存在」乃是「我之生為中華民族之一分子，並受中國之語言文化社會風習之教養而成」。[10]按照此一認同，「誕生」是一個生命事實，但仍有可能誕生在任何一個社會、任何一個地區。對唐君毅而言，這種誕生仍舊有抽象成分，但若誕生在一個民族中、受到文化的教養，則此誕生才是真正的現實。因此，生命的誕生，依照真正的現實而存在，必須是在文化教養、教化之中。

現實存在，可以是家庭的，可以是土地的，可以是血緣的，但是唐君毅強調民族與文化。這種見解實際上將中華民族實體化，也當作一種統一的單元體。其次，在語言、社會的文化教養上，也有單調的同一性。這是在二次大戰後、中國內戰後，經過國共分裂，蟄居香港殖民社會中，一種延續中華文化統一體的認同建構。這種認同建構的有效性，若落在客觀面上來分析，並注意到「中華民族」概念的建構過程，可以是社會學、人類學、政治學的課題。從中華文化的內部多元性來說，也似乎過於簡化，但唐君毅的說法則是從身分認同連結到文化身分與價值承認的關係上，一方面提示出文化與教化在形塑生命存在上實有一種現實意義，另一方面則轉出核心價值的承認有關鍵性。

因此，從消極層面轉出積極層面的論述。保守傳統的根據來自對於教化中的價值自覺。然而，在此積極承認中，唐君毅還是先以負面方式表述：

> 一切中國人之不能真實自覺其所自生與所受之教養，為其生命存在之所依所根，而與其生命存在不可分者，皆不是一真實之中國人，亦非一真

冊，全集卷 7，頁 17。〈中華民族之花果飄零〉撰於 1961 年端午。

8　同前注，頁 18。

9　同前注，頁 20。

10　同前注。

> 實的人，非有其真實的自我者；而只是一尚未生之上帝或自然中之抽象
> 的可能的人，亦只是抽象的可能的我者；即亦實非人、非有其自我者。[11]

在此段論述中，唐君毅以激進的語氣陳述了教化與價值自覺的關係，卻也透露
了文化保守主義的激進立場。引文的第一句，以雙重否定的陳述句表述，但實
質上帶有條件句意味。但是，為補充說明「非真實的人」，又添加了「抽象可
能的人」與「非人」兩種分別。由於句法以「一切……，皆……」的全稱命題
表述，使得此句顯得十分獨斷。唐君毅乃是以必要條件的意謂來考慮對於教養
的自覺，而「真實自覺」的對象是教養作為現實生命的價值根據。著重點在於
「真實自覺」上，是從「不能真實自覺」來陳述「非真實的人」、「非有其真
實的自我者」、「非人」、「抽象的可能的人」。此種獨斷原本並非出自文化
保守主義的獨斷，而是出自觀念論對於自覺、價值意識的獨斷。

　　唐君毅的這段話也不是針對實況發言，在他眼中，實況是：每個具體現實
存在的人都是誕生在一定的教養條件中；在前段引文中，他才會說，這種教養
是「與生命存在不可分」的。正因為這種對教養的自覺，他也才有發揮「保
守」特殊義的空間。故而，他緊接前一句而逆反論說，不採取雙重否定，而採
單稱的條件句陳述：

> 反之，如我今能真自覺我之所以生及所受教養，為我之生命存在之所依
> 所根，而與我之生命存在不可分；則在我真肯定我之生命存在之價值之
> 一念中，即必然已肯定中華民族及其語言文化社會風習，對我生命存在
> 與所受教養之價值，以及由此教養所成之我一切原來生活方式之價值。[12]

所謂的「單稱」是指句中以「我」為說，條件句的前提是前段分析指出的「自
覺」，但推論卻是一個有必然性的宣稱：在肯定「我」的價值的「一念」中，

11　同前注，頁21。
12　同前注。

「必然已肯定」中華民族對「我」的教養價值。這是一個對於充分條件的肯定，而肯定的內容仍舊是觀念論式的立場：在價值自覺的「一念」中包含對價值肯定的必然性。以肯定表述價值自覺蘊含的必然性時，唐君毅卻轉而從「我」轉移到「常人」的立場，他認為只要有肯定自我生命價值的一念，就顯示出「保守」的積極意義。

保守對比於改變，他加上了兩層說法：（1）改變來自自覺；（2）未自覺要改變而保留原價值，便是一種價值肯定。關於第一層，他的說法是「除非我有自覺的其他價值上的理由，對此一切加以改變」；這個「除非」所蘊含的情況是：在多數人非專家學者的情況下，不採用抽象思考加以改變，「除非」並不會發生，亦即，自覺地改變價值的情況不會出現。於是有第二層的說法，在沒有理由改變的情況下，仍有所謂自覺，「只須我未覺其無價值，此加以保持，即已包涵一『對我之生命存在之價值及其所依所根之價值』之肯定。因而此加以保持之本身，即為有價值者。」[13]唐君毅所聲稱的「保守」是在這種「此加以保持之本身，即為有價值者」的觀點下成立。

綜合來看，唐君毅所想要證成的「保守」，乃是「延續傳統」、「保持傳統」。他的說法很可以抽繹為文化保守主義者的一般論據。從普遍命題出發，任何在一個特定傳統下的特定個人都具體而現實地存在於文化教養中，對個人生命的肯定蘊涵對此文化教養的肯定。一個傳統的文化教養，乃是核心價值的展示；對此核心價值的肯定，源自進行價值判斷的價值意識。但對於保守主義者而言，保留傳統，意味著對於固有的核心價值的肯定。

唐君毅對於「自覺」、「一念」的強調，雖帶有觀念論色彩，也混含著佛學天台宗的影子，但實質上的價值意識乃是將家庭、民族、國家連成一體的整體觀，他在價值上所肯定的是儒家式的價值。這種高度一元論的態度，似乎無補於當代多元文化論[14]的潮流。同時移民、遷居幾乎已經成為人類共通文化的

13　同前注。

14　劉述先：《儒家哲學的典範重構與詮釋》（臺北：萬卷樓圖書公司，2010 年），頁122。

一個事實,對照於全球化時代講求高度流動的現況,纏繞在花果飄零的一元價值上,也似乎不合時宜。然而,即使在遷居頻繁、全球流動的當代境況下,保存傳統與安居的思考似仍有其價值。

回到唐君毅的說法上,唐君毅舉了安居的例子;安居對比於離鄉背井的花果飄零,確有對應於 1949 年受迫於中共政權成立而引起流亡的歷史情境。從意象轉到隱喻的用法,唐君毅也將安居聯繫到價值肯定的「安身立命」上。

唐君毅從前述「保守」連結到「安居」的相同理由:

> 只要我不覺我舊居無價值,我即無須遷居,而安然的住著。此安然的住著,似只是習慣,但我之自覺我安然的住著,卻不是習慣,而是我之肯定了:此安然的住著,使我生命之過去之繼續存在於此居的價值。[15]

唐君毅的論述移動十分清楚,一個安居的動作意味著生命價值的肯定。被肯定的不是居住的習慣,而是居住中生命延續的價值。對於五倫的保守肯定,也基於相同的理由,唐君毅順而延伸此種價值觀,保守是「人之所以保守其人」:

> 此保守之根原,乃在人之當下,對於其生命所依所根之過去、歷史、及本原所在,有一強度而兼深度之自覺。(……)我生命之悠久,於是乎在;我生命之博厚,於是乎存;而我乃為一縱貫古今、頂天立地之大人、真我。[16]

保守與安居連結到存在上,而存在又投注為悠久博厚,既有時間的綿延、也有空間承載的厚度,在隱喻背後則是生命的厚實感(以強度、深度來概括)。文化核心價值的肯定,落在個人成其為真實的個人有一基礎,此基礎(根源)是五倫的展示,並特別連結到尊學術文化、古今聖賢。

15　唐君毅:《中華人文與當今世界》,上冊,頁24。
16　同前注,頁25。

（二）異文化與多元文化的空間

　　牟宗三的措詞雖然不同，也有類似的說法。在 1949 年時，他以「道德的理想主義」來稱呼儒家學問，除強調以道德實踐為基本原則，也強調文化的「人文化成」。面對當時共產主義的威脅，牟宗三藉著儒家學術來設想抵抗與批判的可能性。人文化成的文化傳統必須被保持，所依據的是華夷之辨。他藉由詮釋孔子來說：

> 保持文化不但是保持民族，亦是保持人道。故孔子一方雖說管仲之器小，而又大其功。其功能即在能救住人類使其不變為夷狄。故有文化的民族之自尊即是「人之為人」之自尊。[17]

在牟宗三的這種說法中，人的自尊等同於他的文化，對文化的責任也等於維護人類尊嚴的責任。保存民族文化的理想也藉此表露：

> 保歷史文化即是保民族國家。歷史文化不能消滅，民族國家亦不能消滅。我們只應在歷史文化所貫串的各民族國家中，異質地實現大同。（大同即是大通）。（異中之同）。不應當毀棄他人的歷史文化民族國家而強迫著求同質的大同。[18]

有關大同、和平的問題，容後再述。在肯定自尊的前提下，也肯定他人自尊，亦即尊重他人，對於牟宗三而言，幾乎是不言而喻。因此，即使在談文化意義的國家根據，他也帶上對其他民族文化的肯定。他的說法似乎預設了單一民族與單一文化同時與國家的等同，這個假設與唐君毅的一元論幾乎相同。可以肯定的是，即使有此一元論的色彩，但並不妨礙多元論的國家與民族，其理由同

17　牟宗三：《道德的理想主義》（臺北：臺灣學生書局，1982 年），頁 45。
18　同前注，頁 46。

樣是文化尊嚴：

> 國家的肯定正是在此種重人道尊人性的自尊尊人處而彰著。我尊重我自
> 己，我亦必尊重他人。我尊重我自己民族的聖哲及其所鑄造的文化，我
> 亦必尊重他民族的聖哲及其文化。[19]

從牟宗三這種說法來看，儘管類似唐君毅都肯定以五倫貫串道德、文化、民族
國家的理路，在這種一元論貫串中，文化作為道德實體的承載有一元的同質
性。但他們兩位也都承認在此同質性的文化實體之外，有異文化的存在。

　　歧義則發生在文化差異中的華夷之辨。對於牟宗三來說，華夷之辨或用夏
變夷並不存在於異文化之間，而存在於有文化與無文化之間。但牟宗三仍舊提
到「野蠻民族」，因此，有無文化的差別蘊含著高低文化的差別。牟宗三認為
自尊有客觀性，屬於公心；這一意義似乎不同於唐君毅反對將傳統文化當作客
觀研究對象，但兩者的立場並無不同。唐君毅認為，文化所代表的核心價值規
定了某文化實體中特定個人的存在價值。牟宗三也認為，文化的意義在於肯定
自尊與人之所以為人。兩者認為需保存傳統文化與價值的理由是一致的。但
是，當唐君毅激進地透露「非人」的說法時，牟宗三則有野蠻與文明（文化）
的分別：「若是野蠻民族，而又不知近於禮義文化，則是自甘墮落，不可說為
自尊。」[20]這種獨斷語氣預設了野蠻與文明（文化）有客觀的判準：禮義。從
人類學發展與尊重異文化的風俗來說，並且衡量文化內容的多樣性，這確實形
成今日理解的某些困難。

　　不過，若放在二十世紀五十年代的情境來看，並且考慮哲學家立論的角
度，應該注意到，當時保持傳統文化的呼籲是在回應國家存在危機、統治正當
性的轉變、大量人民被迫流亡、西方文化的挑戰、冷戰格局等事實上。「異文
化」的存在也早就是事實，並以差異來挑戰當時中華文化的自我同一性。在

19　同前注，頁 58。
20　同前注，頁 45。

唐、牟二人的討論中，維持傳統文化，原來就是回應異文化的一種文化抵抗，但哲學思考的要求使二人闡述保守的哲學基礎。若只關心此種保守的文化奠基內部的一元論，很容易忽略其論述身處於面對異文化的格局中。若從二十一世紀的角度看，肯定文化保存的積極意義，必須關注到肯定文化核心價值中蘊含的多文化空間。

在唐君毅的論述中，更注意到多文化的對話關係。雖然仍舊是肯定儒家的獨特性，但唐君毅意識到宗教的衝突，他肯定儒家能夠「協調世間一切宗教之衝突」，在他的視野中，除中國既存的佛教、道教、回教外，還有猶太教、基督教（新教）、天主教、印度教等。他提了三個理由來當作協調的基礎：（1）儒家信仰「重在人之能信的主體方面，而不重在人之所信之客體方面，而儒家之所信者，又限於與人之道德實踐必然直接相關者而說」。[21]（2）儒家道德實踐「乃依於一無限之心量，而非如一般之道德教訓，只直接教人如何應一事、一物、或一類事、一類物」。「此衝突之裁決，唯有賴於此在上之無限心量之呈現，而作一通觀，以為裁決之所據」。[22]（3）儒家的祭天、祭聖賢、崇敬有德者，都可以其他宗教的信拜方式相對應也相通，「依儒家之學與教，一切宗教之禮儀祭祀之價值，皆可相對地被肯定」。[23]順此構想，唐君毅也申說儒家能涵蓋一切其他宗教，但不是凌駕其上，也不違反各宗教平等的原則。[24]

姑不論此系列說明是否都能如理成立，但明顯可以看到，唐君毅已經立於宗教對話的情境中設想回應之道。如果將涵蓋的說法略加調整，似乎可以從各宗教並立的情況，釐清出在儒家視野中各宗教並存的原則。以「涵蓋」、「統攝」為原則，並不是定主從、分高低，而是尋求彼此並存的融通之道。

晚近劉述先借用朱子「理一分殊」論理，將之詮釋為規約性原則的使用，

21　唐君毅：《中華人文與當今世界》，下冊，頁79。
22　同前注，頁82。
23　同前注，頁83。
24　同前注，頁84。

也是在此面對宗教衝突、尋求宗教對話的情境，轉化出儒家內部既定的原則，使之活化而能應用於當世。將儒家與基督宗教對揚，實自當代新儒家起已經以東西方文化對舉的框架處理，梁漱溟與張君勱也明顯放入中國／西方／印度的框架添增對話的多元性。劉述先更拓展到儒家與回教[25]、猶太教[26]的對話，這種努力也使得現代與傳統的關係，透過多元的宗教對話，顯出更活潑的面向。

　　按照安居的意象來看，儒家尋求安身立命，並不單純適用於個人或單一民族、單一文化體，而是有謀求各文化、各傳統共存的胸襟。安居，也必須容許傳統文化與核心價值的各安其道。回到本文開頭所設想的物種角度，儒家在世界公民狀態下所期許的是從共同存在到共同安居。民胞物與的理想有其可通往世界公民狀態的一面。在共同存在、共同安居的設想中，我們可以進而思考世界公民的共同體境況。

二、共同體中的生命與死亡

　　在涂尼斯（Ferdinand Tönnies）的用法中，共同體（Gemeinschaft）與社會（Gesellschaft）是對立的。共同體的結合（Verbindung）方式是有機的，[27]被視為一種原始的或自然狀態；[28]社會則依照機械的方式結合，其中的成員是分離的個體。韋伯（Max Weber）也採用此概念區分，但不將兩者視為對立的。社會包含一工具理性的市場交換、純粹自由的目的結合、依照價值理性的信念結合。[29]共同體依照「共同體關係」（Vergemeinschaftung[30]）成立，建立

25　劉述先：〈新儒家與新回教〉，《當代中國哲學論：問題篇》（River Edge, NJ：美國八方文化企業公司，1996 年），頁 113-137。

26　劉述先：〈對於「全球對話的時代」的回應〉，《儒家哲學的典範重構與詮釋》，頁144-151；〈猶太教與新儒家〉，收入鍾彩鈞、周大興主編：《猶太與中國傳統的對話》（臺北：中央研究院中國文哲研究所，2011 年），頁 219-238。

27　Ferdinand Tönnies, *Gemeinschaft und Gesellschaft* (Leipzig: Fues, 1887), p. 3.

28　Ibid., p.9.

29　Max Weber, *Wirtschaft und Gesellschaft* (Tübingen: Mohr, 1956), Band 1, p.22。韋伯著，顧忠華譯：《社會學的基本概念》（臺北：遠流圖書公司，1993 年），頁 74。顧忠華

在情感（affektuel）、情緒（emotional）、傳統的基礎上，強調共通的相互隸屬感。[31]在社會學的分析中，主要是為了處理現在世界中「社會」概念的興起，並與傳統的聚落方式區別；將共同體與社會分開，有利於理解傳統與現代在集體生活方式上的巨大差異。在涂尼斯的分析中，當代社會以「個人」為基本運作單位。韋伯則以理性為判斷社會生活差異的基準。涂尼斯、韋伯等人的社會學思考，從事實出發，希望對歷史事實中人類集體生活的形態進行分類，也提供科學性的解釋。

　　根據現代的發展事實，人類對於自己的理解也根據認識框架的調整而改變。隨著「社會」概念中個人、個體成為獨立的範疇，並以理性作為此個人、個體的價值核心，集體的存在方式必須也滿足個體性、獨特性要求。因此，所謂「傳統」或「現代」的判準之一，也落在這種個體性上：當一個集體生活形式以個體性為優先，個體之間的交互關係、團結、群體結合依照個體的理性判斷（工具的或價值的），往往被視為「現代的」。反之，當此集體生活方式以情感、自然聚集方式形成共同體存在，則往往被視為「傳統的」。這是共同體面對現代性的一個內在挑戰，同時，當代若要論述共同體的生活方式，則不能不面對個體性與獨特性的原則。在法國或南歐，經過對納粹與共產集權主義的歷史教訓後，從巴岱耶（Georges Bataille）以降的共同體論述，經過布朗修（Maurice Blanchot）、農希（Jean-Luc Nancy）、阿岡本（Giorgio Agamben）

將 Vergesellschaftung 譯為「結合體關係」，在此關係下，除了以利益交換為主的形態外，另兩種分別為「目的結社」（Zweckverein）、「信念結社」（Gesinnungsverein）。

30　這是從動詞 vergemeinschaften 而來，或可考慮為「結為共同體」、「共通化」。共同體的相關概念有：Gemeinde, Gemeinwesen, Gemeinschaft, Vergemeinschaftung。日本學者大塚久雄以馬克思為基礎，討論人類原始聚落與土地利用關係，主要關注的是 Gemeinde。大塚久雄的翻譯分別是 Gemeinde 共同體，Gemeinwesen 共同組織，Gemeinschaft 共同態，與本文的使用有差異。見大塚久雄著，于嘉雲譯：《共同體的基礎理論》（臺北：聯經出版公司，1999 年），頁 4，注 2。Gemeinde 同於法文的 commune，一般義為「村社」，與現在常用的「社區」相當，在特定意義下指「公社」。

31　Weber, *Wirtschaft und Gesellschaft*, pp. 21, 22.

的討論中，共同體的肯定也內在地不能抹煞個體性的存在。同樣地，在美國的德裔哲學家史特勞斯（Leo Strauss）、鄂蘭（Hannah Arendt）也在政治思想的脈絡下，從眾人如何在共同生活的條件下建立政治體制，這也是屬於共同體的思考脈絡。在這些不同的線索中，可以看到，雖然共同體的問題在不同傳統、不同的文化脈絡、不同的歷史情境中，有不同的論述方向與基準，但是，共同體所涉及的眾人共同生活，則始終是一個反覆被討論的問題。

　　本文中則試從前節傳統保存的角度接上共同體的問題，其他方面的角度有待於別的機會討論。

（一）共同體與感通

　　人類作為物種，固然屬於生物學的描述，但相較於其他物種，人類既像是一個整體，又像是難以共存而彼此征戰的分散聚落、甚至是一個個孤獨的個體。個體本身有不可抹滅的獨立尊嚴，但從集體生活來說又以複多的方式共存著。文化能夠成立的一個生物基礎就在於承認有某些共同體狀態，在共同體中能夠有一致的方式創建文化、傳遞文化。在基本複多性的條件下，在單一個體外，至少有單一他人、複數的他人存在。若以共同體為線索，則在分散的複多個體中，究竟是哪些人與哪些人結為共同體？在某一共同體所形塑的傳統外，與其他共同體的關係如何？能彼此結合，還是會彼此排斥？倘若保持傳統的主張，是以排他性的方式，或是以黏著於地域疆界的方式，[32]則會是將共同體限定在特定脈絡下，前者不能確認自己的共同體有合理性，後者則包含著偶然性。若能從人類物種的角度來看共同體，那麼，是否有助於從更普遍的基礎來思考更廣泛的人類共存的狀態？世界公民意義下共存，所考慮的將是人類共同體的續存。

---

[32] 大塚久雄沿用馬克思對原始共產態的討論，將土地當作財產佔有與支配，在這種政治經濟學概念下，「土地」（Grundeigentum）雖然被界定為共同體（Gemeinde）的物質基盤，但並不是「大地」（Erde）的自然義。見大塚久雄：《共同體的基礎理論》，頁 8-9。

以唐君毅的文化保守說為基礎，將傳統與共同體的關聯納入考慮，似乎有必要推到更具普遍性的條件來思考。在唐君毅承認異文化時要求保守自己的文化，他憂慮的是自我認同基礎的喪失；但他也從要求對價值的自覺上肯定自己文化的存在意義，這是在「保守」概念下將價值賦予文化傳統，藉此肯定個體生命的存在價值。在文化保存中，價值操作來回擺盪在特殊個體與普遍價值之間，一方面，個體生命存在的價值有賴於對傳統文化、教化的自覺，另一方面，傳統文化的價值卻有賴於特殊個體的價值賦予。這樣的循環是否有其他思考角度？

唐君毅的看法深植於儒家傳統中，他在對孔子仁道的詮釋中以感通為基本結構闡述仁的動態活動，包含三方面：對人自己的內在感通、對他人的感通、對天命鬼神的感通。感通的原則是「通情成感，以感應成通」；以情的相互呼應為內容，感與通則彼此規定。唐君毅更以黑格爾的主觀精神、客觀精神、絕對精神增添說明：

> 此感通為人之生命存在上的，亦為心靈的，精神的。如說其為精神的，則對己之感通為主觀的精神之感通，對人之感通為客觀的精神之感通，對天命鬼神之感通，則為絕對的精神之感通。[33]

在這種感通結構中，以自己為基準點，並推擴到他人、天地鬼神。這是傳統以內聖為基礎的說法，修身必須先說服自己，必須先能夠在自己身上取得感動的源頭。劉述先也承繼「為己之學」優先性，舉出「克己復禮為仁」的詮釋，並以「仁心的遍佈」[34]來形容孔子所謂的「天下歸仁」。「下學上達」、「己立立人，己達達人」作為行仁的次第，也是孔門的共通原則。

唐君毅則特別強調「為仁之方」的「恕」，以行恕為其點，並分就消極的

33　唐君毅：《中國哲學原論：原道篇》（臺北：臺灣學生書局，1984 年），卷 1，頁 76。

34　劉述先：《理想與現實的糾結》（臺北：臺灣學生書局，1993 年），頁 143。

恕（己所不欲，勿施於人）與積極的恕（己所欲者，施之於人）[35]來說。劉述先也在討論孔漢思的世界倫理，就道德金律與銀律來解說一貫的原則，並強調金律是「在原則上斷定」，以求「精神上自然得到感通」[36]。但唐君毅考慮到日常生活所感受的是，人與他人的關係；以恕為起點的為己，進而有忠恕、禮敬，這些德性修己的行仁次第，仍是「人己之感通而一貫之道」。[37]在這種感通結構中，雖然是從自己向外推擴到他人，但能反省的途徑則是先處理人與他人的關係，而後處理人與自己的關係。雖然，唐君毅隨處提點在前述行仁次第中必須注意到自己與自己的感通，但直到談智，有攝智歸仁的方向時，才談自己與自己的感通。

　　與自覺的要求相通，自己感通或者自我感通是「自覺的內在的感知」。服膺於攝智歸仁，道德知覺（感知）有感性基礎，也有接受性、被動性，但不能排除自覺的主動性：

> 知己之欲與不欲或愛惡，即是一內在之感知。此內在的感知，即是己與己之一內在的感通。人之此內在之感知感通，各有其不同之深度與廣度，而其推己及人之忠恕，亦有種種不同之深度與廣度。[38]

以道德知覺為實際經驗的事實，攝智歸仁將感通的內在性歸到仁的內在性，唐君毅從仁的工夫轉到仁者氣象。「剛毅木訥近仁」，顯示出「仁德純為內在之德」。[39]在「仁者樂山」、「仁者靜」、「仁者壽」上，顯現的是：「仁者之生命之安於其自身，而有其內在的感通，亦見仁之純屬人之生命之自身，而初不在其外在表現。」[40]

35　唐君毅：《中國哲學原論：原道篇》，卷1，頁85。

36　劉述先：《全球倫理與宗教對話》，頁67。

37　唐君毅：《中國哲學原論：原道篇》，卷1，頁90。

38　同前注，頁100。

39　同前注，頁103。

40　同前注。

　　以這種內在感通（自我感通）為模式，可以進一步理解安居意象的核心，在「居能安」的人類基本需求裡，有一「能安」的自我感，呈現此自我感的是如「樂以忘憂」、「仁者樂山」的「樂」，這種樂也與德行修養上的「內省不疚」相關：

> 由此心之內省不疚，無所愧疚，則人之生命心靈即無所虛歉，而有其內在的一致與貫通，或內在的感通，亦有一內在的安和舒泰，故能樂。[41]

這種道德的樂可以擴展，當自己與他人的生命相感通時，擴大了自己的生命；他人則有多樣性，包含父母、兄弟、天下英才，也如孟子所說，擴及四海之民（「中天下而立，定四海之民，君子樂之」[42]）。同樣地，根據孟子「萬物皆備於我矣，反身而誠，樂莫大焉」[43]，唐君毅詮釋感通不限於人，也擴及動物、自然萬物。[44]

　　唐君毅更將感通擴展到回應天命的感通，這是根據孔子知天命、[45]俟天命、[46]畏天命[47]的說法延伸而來。天命乃是人格神古義下的命令呼喚，但回應天命是「即義見命」：

> 當直接連于吾人之對此天命之遭遇，感其對吾人有一動態的命令呼召

41　同前注，頁 105。

42　焦循著，沈文倬點校：《孟子正義》（北京：中華書局，2011 年），頁 905。

43　同前注，頁 883。

44　唐君毅：《中國哲學原論：原道篇》，頁 106。

45　劉寶楠著，高流水點校：《論語正義》，頁 43，〈為政〉：「五十而知天命」；頁 769，〈堯曰〉：「不知命，無以為君子也。」

46　朱熹：《四書章句集注》（臺北：鵝湖圖書公司，2002 年），頁 24，《中庸》14 章：「君子居易以俟命。」

47　劉寶楠著，高流水點校：《論語正義》，頁 661，〈季氏〉：「君子有三畏，畏天命，畏大人，畏聖人之言。」

　　義，而更對此命令有回應，而直接知其回應之為義所當然之回應說。[48]

　　回應天的召喚，既承認有我的存在，也承認有外於我又超越於我的天對我召喚。這裡就有我自己與天的兩層次，如再加上自己與他人的層次，三者合為隸屬關係中的三層次。感通，就其回應召喚而言，有屬己的、屬他人的、屬天的三種層次。然而，畏天命與畏聖人之言同屬三畏的範圍，而聖人的存在如同天的存在，往往以「猶如存在」的方式促使人回應。

　　「猶如」的模式則是唐君毅詮釋孔子思想中，禮連結了生人與鬼神的感通孔道。在「祭如在，祭神如神在」[49]的「猶如」，唐君毅詮釋為「既為鬼神乃非有一定之存在狀態之在，而只是一純粹的在於此感通中之『純在』」。[50]通幽冥的感通使得感通的範圍擴大，以禮節制的連結，使得可見與不可見串連起來。感通的共同體也藉著通幽冥而擴大到生者與不既存者、死者的感通。這種共同體的「共同存在」還包含「純在」的可能。禮所結合的共同體就不限定在生者上，而推及曾有生命者。保持傳統的另一效果便在於，讓既往曾有生命者，能夠進入此一感通的共同體中，以感通中猶如存在的「純在」，為生命存在補充而猶如現前於此一時代。

　　唐君毅詮釋下的這種感通共同體使得個人與其他人都處於一種彼此回應的關係中。從更一般的角度說，基於感通，人自己、他人、天、自然物都不是以各自封閉的形態相抗相拒；不封閉，也如同透明而不封鎖秘密。[51]能夠與鬼神有感通關係，則是消融對於死亡的抗拒，讓死亡的不可知秘密消解在「純在」的透明狀態中，解除對死亡的恐懼。在情感上，則保留了「人對死者之至情，不忍謂其一死而無復餘」，由於不是毫無所留存，且至少可以透過生者的回憶追念與祭祀的「如在」，讓死者不是全然從歷史、現時代抹除。但所保留的是

48　唐君毅：《中國哲學原論：原道篇》，頁 116。

49　劉寶楠著，高流水點校：《論語正義》，頁 98。

50　唐君毅：《中國哲學原論：原道篇》，頁 142。

51　同前註，頁 132。

「純在」，是藉由感通結構所節制的呼喚與回應。在這種感通的共同體中，個人與複數的他人有存在、意義、價值的共通狀態，並且在呼喚與回應的結構中樹立起責任。

（二）結為共同體的作用：傳統與意義建制

　　相較於儒家式的感通結構，在意義與傳統的關係上，共同體的奠基仍是一核心的努力。但自從康德的批判論與實證哲學提出後，哲學、社會學傾向於將自然與文化當作兩種全然不同規則的獨立領域。從社會現象學的角度來說，胡塞爾（Edmund Husserl）在《觀念·卷二》設定了自然與精神的分別，並分別對應到自然科學與精神科學（人文學）。自然科學所面對的事物，形成了物的世界。以物的世界為基底，人類則除了物質基礎（物理的、生物化學的）的身體（Körper）外，還有通往精神性的肉體（Leib），這種肉體形成初步的共通性。而從可空間定位的肉體到充作知覺基底的肉體，這種轉變在同一個個體上發生，胡塞爾以「人格」或「位格」式的個人（Person）來稱呼，並且眾多的人格式個人（die Personen）才成為共同體的部分。[52]相應於自然世界，胡塞爾承認此一精神世界的存在事實。在以諸多人格所形成的共同體中，個人與個人之間以溝通建立關係，並形成其社會性（Sozialität）。[53]此一人格處於社會性的周遭環境（Umwelt）[54]中，如同生物也有其生存覓食與棲息的周遭環境。此一人格就其能知覺、能判斷、能評價來說自成一個主體，而在精神世界中，人格主體則與其他人格主體並存，共通的存在視域（Daseinshorizont）則一併地被給予（mitgegeben）。[55]相較於社會學所談的「結合體」來說，胡塞爾認為，精神世界中的諸多人格形成了一種「人格的結合體」（Personenverband）；一個道德主體或道德人格是屬於道德的人格結合體的一

52　Edmund Husserl, *Ideen II*, hrsg. Marly Biemel, Hua IV (Haag: Nijhoff, 1952), p. 182.

53　Ibid., p.184.

54　Ibid., p.185.

55　Ibid., p.186.

部分，而一個法權主體則是法權共同體（Rechtsgemeinschaft）[56]的一部分。在胡塞爾的論述中，結合體與共同體兩個概念交錯使用，並沒有特別的區分，最終都導向主體的共通周遭環境。

胡塞爾也肯定人們互相溝通、傳達訊息、彼此理解的事實，他將此社會現象界定如下：在與他人的經驗中、在相互理解中、在深入理解（im Einverständnis）中起構成作用的周遭環境，我們稱為溝通的（kommunikative）周遭環境。[57]然而，早在以語言、文字、手勢、眼神的文化溝通前，原先已經有一肉體性基礎，立足於物的世界，當作原初的共通場域。胡塞爾認為，在此種身體的階段，通往肉體、肉身的共通層次之時，已經有一種交互主體性的關係，亦即，物的世界已經是他所謂「交互主體的物質自然」。[58]但物的世界乃是底層，在其上層則是由個別精神組成的精神世界，而個別精神與另一個個別精神是藉由經驗的「結為共同體」（Vergemeinschaftung）[59]來構成更高層次的共通層次，亦即，構成更高層次的交互主體性。個別主體之間若能進行文化語言的相互了解，則可形成溝通的共同體。然而，胡塞爾談及此種相互了解的經驗，則借用當時心理學通用的說法「情感移入」（Einfühlung）[60]來陳述。他人對我或我對他人是在此「入感」、「情感移入」（能進入他人內心中感其所感）的模式下得到理解。儘管胡塞爾傾向將此種能感人之所感的「入感」、「感情移入」視為某種心理事實，但他在現象學構成的主體性預設下，仍稱他人的共在（Mitdasein）為一種

---

[56] Ibid., p.190.

[57] Ibid., p.193.

[58] Ibid., p.197.

[59] Ibid.

[60] Ibid., p.198。胡塞爾也將拉丁文 comprehensio 加入此詞後的括弧中。Einfühlung 在不同脈絡下，有翻譯為「移情」、「同感」、「共感」、「同理心」等。英文翻譯有作 empathy 與 intropathy。胡塞爾在收集為《交互主體性的現象學》三卷中，有相當多的討論；在其卷一中明顯地討論 Theodor Lipps 在美學、哲學心理學脈絡下有關 Einfühlung 的觀點。

「附現」（Appräsenz），[61]亦即，並非如其本然地呈現在主體內，而是以彷彿呈現的方式被進行理解的主體所把握。如果可以不拘束於名詞的完全等同，那麼此處所談的溝通或「入感」連結了主體與他人，並導向一種共同體的結合，其功能接近唐君毅所談的感通。

　　胡塞爾的討論從心理學的底層談起，當精神主體是以行動為主要特徵時，行動的肉身基底、動機、意志都層層疊合在此主體上。對於他人的「入感」則首先是能夠理解他人的動機。但這種理解是類比的。他人經驗能夠被我所體會，乃是我理解到他人的動機，如同此動機在我身上那樣。並且，能達到理解的，也必須是能夠在我的把握中浮現。因此，胡塞爾認為：「藉由入感，這種『我的』統攝把握（"Mein"-Auffassung）同樣地一起被嵌入。這是另一個我，這是我原先不認識但卻能按照普遍的我存有（Ichsein）來認識。」[62]對人格的認識也屬於這種入感經驗，也帶有雙重性：我按照我的人格性來理解他人的人格，我也按照他人的人格性來理解我自己的人格存在。共同體中精神主體的共同存在也由認識與入感的共通理解、共通把握（Komprehension）來維繫。物理性的身體與精神性的肉體也在入感中取得統一性，我對自己人格同一性的統覺，也透過入感操作，能將他人統攝為有統一性的精神主體，而不是依照物質、靈魂、精神等不同層次分散為物理學、生化學、生理學、心理學等知識團塊。人格表示此種統一性，胡塞爾則謂「對諸多人格的入感無非就是能理解意義的統攝把握，能在意義中、也在意義統一中掌握身體，這種統一應該就是意義所要承擔的。」[63]意義的統一則囊括單一行動的動機、意志以及跨越個人的社會行為。入感所提供的功能使得個人與他人之間有人格意義的聯繫，讓結成共同體的契機得以達成。

　　在《笛卡爾沉思》中，胡塞爾更明確地處理交互主體性的問題，第五沉思集中處理這種對他人知覺與社會經驗的基礎。他人存在與自然世界存在同樣都

61　Ibid., p.198.

62　Ibid., p.228.

63　Ibid., p.244.

帶有客觀性的特徵。從現象學構成的立場來說，他人如何被我所構成，也成為一種追尋客觀性的必要關卡。從我的原初經驗來說，他人與自然物都屬於客觀世界的一部分，認知他人的存在首先是讓他人成為「另一個我」而出現在我面前。這時有一種共同體狀態是將我包含於其中的「我－共同體」（Ich-Gemeinschaft），我與他人彼此共存也為了彼此存在，胡塞爾也稱為「單子群共同體」（Monadengemeinschaft）。[64]諸多的他人尚未個別化為獨特有別的一個個他人，這種共同體呈現客觀性，但已經有一種結為共同體而構成的意向性穿插其中。胡塞爾從先驗主體性的構成來說，認為此種客觀的共同體是一個相同的世界，他指出：「先驗的交互主體性透過這種結為共同體的作用（Vergemeinschaftung），有一個交互主體性的屬己性領域，在此領域中，它（案：先驗的交互主體性）交互主體地構成了客觀世界，並作為先驗的『我們』而成為此世界的主體性、成為人類世界的主體性，它也以此世界的形式來客觀地實現自己。」[65]除此之外，他人的主體性也以肉身的個體方式被經驗到。

有身體的肉身他人形成一種阻隔，使得我無法跨越肉身的身體鴻溝成為他人。對胡塞爾而言，承認個人的身體性也同時指出個人的人格自我基礎，這是《笛卡爾沉思》承接《觀念·卷二》的相同論點。主體性構成作用要在客觀世界浮現，則有賴於身體的主體性。他人提供的陌生經驗以附現的方式出現，而他人作為另一個我，即他我（alter ego），與自我形成一種原始的偶對關係（Paarung）。[66]這種偶對是社會關係、共同體關係的原始建制（Urstiftung），團體、多數人也以此為基礎發展為普遍的人群現象。胡塞爾預設的是原來不可相互替換的兩端：自我與他我；透過附現作用，使得原不可如其本身呈現的他我以連帶方式呈現在我自己的意識場域中。偶對關係則使得原本似乎分散不相

---

64 Edmund Husserl, *Cartesianische Meditationen*, hrsg. Stephan Strasser, Hua 1 (Haag: Nijhoff, 1973), §49, p. 137.

65 Ibid.

66 Ibid., §51, p. 142.

干的單子自我，以此種「我與他的關係」形成束縛。一旦通過身體性的知覺，認識到無可化約的他人身體（以視覺、聲音、觸覺方式展現），更進一步認識到他人也類比地如同我一樣有心靈活動，這時，則是入感[67]發揮作用的地方。同樣地，入感在更高的心理層次運作，也屬於一種結為共同體的過程。

　　除了有能感情移入的共同體外，也有語言共同體，聯繫到的是承受意義建制的共同體，放在時間與歷史的脈絡下，則形成傳統。在《危機》中，胡塞爾將傳統歸於生活世界的論點來談。在身體為基底的生活世界中，主體的行動與感觸、主動與被動感也順此身體性開出。世界則以普遍視域的面貌對行動主體開放，在此生活世界中，「我們」乃是彼此在世界中生活的人（als miteinander in der Welt Lebende）。[68]共同體以生活世界的開展方式具體化，能夠說是「共同體」，乃是因為生活世界中「彼此共同生活」（Miteinanderleben）[69]的緣故。相對地，人格是在這種「與共的人類狀態」（Mitmenschheit）[70]的視域中，並實際與他人們有連結。在《危機》補充說明的文件〈幾何學的起源〉中，胡塞爾的分析認為幾何學的客觀性也必須透過傳統來傳遞客觀意義。這種傳統也是一種共同生活的方式，必須承認「（攸關）與共的人類狀態」。[71]科學的客觀性（如幾何學）也必須仰賴意義的共同體來成立，從古希臘傳下來的歐幾里德幾何學也預設了一種歷史與傳統的連續性：「一種傳統化的統一，延續到我們的現前，本身也作為在流動長存的生動性裡的傳統化（Traditionalisieren）。」[72]我們的現前則是經驗上環繞我們，又成為謎團的狀態，這種活生生的現前開啟了無限的視域，讓未知的現實可以浮現。由於未知，當代本身像是一個未知的世界，本身成為問題。胡塞爾進一步說：這些問題「針對著人類，而且問題也在世界中的結為共同體的彼此與共（im

---

67　Ibid., §54, p. 149.

68　Edmund Husserl, *Krisis*, hrsg. Walter Biemel, Hua 6 (Haag: Nijhoff, 1976), p. 110.

69　Ibid., p. 111.

70　Ibid., p. 124.

71　Ibid., p. 369.

72　Ibid., p. 380.

vergemeinschafteten Miteiander）之中產生影響與創造，並總是改變著世界文化史」。[73]生活世界的概念使得意義建構的共同體因素顯得重要。個人對於世界的知覺並非孤立的。生活於世界中，也同時是與他人共同生活著。胡塞爾也因此指出：

> 在彼此共同生活中，每個人能夠參與到他人們的生活。一般來說，世界並不只是對個別化的眾人存在，而是對人類共同體存在，且早已經透過素樸的合乎知覺物的結為共同體作用而如此存在。
> 在這種結為共同體作用之中，效用的轉變恆常地發生在彼此糾正中。在彼此理解中，我的經驗與我的經驗獲得與他人們的經驗獲得處於相似的連結中，如同我之內的個別經驗系列也相關地類似於每個人自己的經驗生活；更進一步也如此，交互主體的效用一致性相較於個體性來說，整體而言表明為正常者，因此，在效用與適用者的多樣性中，也有一種交互主體的統一。[74]

基於此，個體所見的紛然雜陳，雖然早已經有交互主體的關聯，但必須有進一步的統整。根據「結為共同體作用」，個體的我與個別的他人們之間分享生活方式，也在「同一個世界」裡生活。交互主體性的意識也同時是共同體意識。

　　對胡塞爾而言，活生生的現前是經驗呈現的場域，傳統意義必須在現前的時刻被活化才能被認可為「有意義」。較之於生活世界的共同體，彼此共同生活也必須是實現在活生生的現前之中。作古的已逝者曾經是意義的創建者，從傳統所繼承與傳遞的意義來說，活化意義彷彿是讓已逝者再度來到活生生的現前。相較於此，唐君毅談孔子的仁，點出與鬼神的感通，讓他們以「純在」的方式顯現，似乎是期望證成「祭如在」的感通，但更重要的恐怕是形成傳統，讓意義的傳遞得以延續。

73　Ibid., p. 382.
74　Ibid., p. 166.

（三）與死者共存的生命體驗

在另一方面，法國當代現象學家昂希（Michel Henry）則提到「與死者共存的共同體」。[75]雖然同為現象學家，昂希極力批評胡塞爾的意向性概念，他認為意向性是一種外在化的行為，知覺的認識只將生命化約為事物，而不是真正體驗生命本身。對昂希來說，生命體驗是一種內在性，而且是在情感生活中特別明顯。在此前提下，昂希所見的交互主體性雖然也是「與他人共同生活」，但卻是「情感與共」（pathos avec），亦即，某種「同情共感」（sympathie）。[76]相較於知覺場的認識，昂希強調的是主體的感動（pathos），主體們在生命的基底中共同隸屬（co-appartenance）。[77]

昂希設想以主體生命感為核心的共同體，他的立場跨出了自然科學與精神科學的「科學」立場，而批判科學，並希望回到以價值感、生命感為主的宗教、藝術、倫理領域。他用兩個例子來談與他人共同生活的共同體：基於藝術作品的共同體以及與死者聯繫的共同體。由藝術愛好者組成的共同體，其中的成員未必彼此謀面，也就不同於胡塞爾從知覺模式談的他人，但都對某一作品（例如，康定斯基的畫）有印象，這一共同體的核心要素是作品的感動（pathos de l'œuvre）。[78]作品的感動共同於作者與欣賞者，但不受表象與時間所限制。

與死者共存的共同體，所謂的死者不是一切人類的已逝者，而僅限於「我們」共同認識的逝者。對於死者，可以有印象、知覺的留存、回憶等等。但死者帶來的傷痛肯定不同於單單是環繞知覺的相關各類認識所及。昂希指出：「我們生命中的死者不等同於那離開世界者。很多人還活著，讓我們能重見、能再度知覺，以致此重見像是對我們而言，他們的死亡毫無改變，只是使得死

75　Michel Henry, *Phénoménologie matérielle* (Paris: PUF, 1990), p. 154.

76　Ibid., p. 140.

77　Ibid., p. 153.

78　Ibid., p. 154.

亡更可感。」[79]常見的情況是睹物思情，再次地乍見亡故的死者照片或衣物，彷彿又跌入與死者相處的情境中。這種「乍見」即是引文中的「重見」。死亡的事實並無改變，只是被提醒，但他人死亡的感觸則顯得細緻又澎湃。昂希用這樣的模式來說明，死亡如何逃脫知覺的領域，不受知覺的表象模式所主導；甚至，知覺的不可能處才是共通存有的條件。昂希也引用齊克果（Søren Kierkegaard）的「同時代性」（contemporanéité）的概念，「與基督共在，對於曾看到他的人來說相當困難，遠比不能看到他的我們更為困難。」[80]他也引用「精神世界的特異聲響學」來稱呼，在此描述中，「精神世界」的意義回到宗教層面，此處、彼處（hic, illic）[81]的用詞更接近宗教的此岸、彼岸，而不是胡塞爾區分自我與他人、我的身體與他人身體的用詞。

　　昂希提出「與死者共存的共同體」有其道理，因為他見到另一種歐洲危機，不是如胡塞爾所見的歐洲科學危機，而是與社會生活、倫理價值、宗教緊密連結的歐洲文化危機。他意識到，此種與死者共存的共同體在過去的社會中扮演重要的角色，但現代社會卻極力取消。昂希回應這種危機的理據，則是回到他主張的內在性：徹底內在、非宇宙的（acosmique）、激情傷痛（pathétique）的主體性。[82]

　　這種主體性以體驗為基本模式，是生命感受到自己存在的模式；他以「感觸性的」（感受的、情感的，affective）取代「有效性的」（effective）。在共同體的概念下，他不僅僅要囊括前述「藝術感動的共同體」、「與死者共存的共同體」，也包含著母親與嬰兒、催眠師與被催眠者、（精神）分析師與被分析者之間的關係。他專注於身體與心靈之間的「感觸」（affect）[83]關係，既

79　Ibid.

80　Ibid.

81　Ibid.

82　Henry, *Phénoménologie matérielle*, p. 155。談「非宇宙性」，主要原因在於，昂希強調的是「自己」，在生命體驗中，是以「對自己的體驗」（l'épreuve de soi）為基礎。見 Henry, *Phénoménologie matérielle*, pp. 8-9。

83　Ibid., p. 155.

不是身體的、也不是心靈的，而是心靈與身體交互影響關係。涉及到有生命者的關係時，昂希則回到生命的本質：「自我感觸作用」（auto-affection）[84]；並以此作用當作是現象學的顯現以及自我給予（auto-donation）[85]模式的對應。昂希所談的情感自我與情感共同體，給予倫理與宗教的價值生活一種不同的奠基方式，他的立場接近謝勒（Max Scheler），[86]但也可和唐君毅、牟宗三所談的感通共同體有擴大的對話可能。尤其在與死者感通共在的思路上，昂希與唐君毅設想的共同體相當深度地補充了生命共同體的情感層面。

（四）眾人的生命：政治的開新與奠基

誠如孔子言「未知生，焉知死」，共同體的概念所鋪展的是共同生活，只是為了強調共同體未必都取決於知覺模式，而共同生活中的生命感不能全然捨棄被動的情感感受。與死者共存的共同體展示的是純然的受動狀態（pathos 在希臘文中原義為「被動」的 pathê），而且是影響有情感者的人已經不存在、不以主動方式影響。然而，回到生命本身的出現，「生生不息」的大化流行轉為共同體思考時，所希望維繫的不只是物種、族類的繼續繁衍，而是在能持續生存的基礎上，成就每個個人人格，在發展個體性與自由的基礎上，聯繫成為一種共同體。

在生命延續的條件下，鄂蘭分辨了三種方式：勞動處理人類生存的必要條件，確保了物種的生命；工作則使得延續與繁榮得以駕馭生命的有限性；行動所成立的政治體將生命痕跡保存在記憶中、在歷史中。[87]在概念上劃分私有領域與公共領域時，鄂蘭則將社會範疇與政治範疇分開，她認為社會範疇是現代的產物，傾向於以行為（behavior）取代行動（action），而落入順從

84　Ibid., p. 170.

85　Ibid., p. 32.

86　Ibid., p. 167.

87　Hannah Arendt, *The Human Condition* (Chicago: The University of Chicago Press, 1969), pp. 8-9.

（conformism）[88]的態度，違背了城邦、公共領域以自由為主、彼此可相抗衡的狀態。近三百年來的現代世界在社會範疇下，將人類共同體轉變為勞動者與工作謀生者，[89]相對地縮減了真正公共領域的空間。對於鄂蘭來說，維繫生命的過程只是必要條件，卻不是思考人類如何共同地生活的充分條件。

鄂蘭以希臘的城邦生活為楷模，思考政治行動的共同體。德性（aretê, virtus）並不單單是個人修養的人格狀態，而是有公共性、能夠與所有其他人有別的一種「卓越」（excellence）。[90]按此說法，在德性的「卓越」中，始終必須有一些其他人的現前（presence of others），但個人或他人都不是以匿名、無面貌的方式出現。眾多他人與我、我們儘管有別，但有彼此共通處。共同性並不限於同一時代，而更穿越時代，彷彿達於不朽。古代中國叔孫豹所談三不朽（立德、立言、立功）也在古希臘的培里克利斯[91]中有穿越時空的回響，鄂蘭在談政治行動時，特別針對行動（立功）以及言詞（立言）[92]兩方面著眼。尋求不朽，而非尋求永恆，[93]則是古希臘人建立起城邦（公共空間）的基本世界觀；相較於不朽，人的必朽才為人的行動烙下印記，人有能力留下不可磨滅的痕跡，[94]亦即，留下歷史。共通性也順此談出；人所建造的城池、體制都因人的必死而可能腐朽，但共通於歷史的是偉大的行動、榮耀、雋永的言詞。對鄂蘭來說，對公共空間有意識，才不會讓共同體流於家族的模式中。

鄂蘭也不認為早期基督教共同體以兄弟情或慈善原則設立，足以涵蓋公共領域的特徵，相對地，基督教共同體遁世的態度無法積極肯定凡俗的世界。反過來唯有意識到公共領域的獨立意義，才能為政治生活的共同體奠定基礎。而考慮公共領域則需擴大到近乎不朽的歷史時間中，從世代的綿延來考慮：「如

88　Ibid., p. 41.
89　Ibid., p. 46.
90　Ibid., p. 49.
91　Ibid., p. 197.
92　Ibid., p. 176.
93　Ibid., p. 18.
94　Ibid., p. 19.

果世界要包含一個公共空間，這世界不能只對一個世代成立，也不能只為了活著的世代而設計；它必須超越必朽的人的生命幅度。」[95]這種視野投向歷史的萬世奠基，相對地，政治行動則是面對此不朽而開創。每個偉大的政治行動開創一個世代，但也呼喚下一世代的開創行動出現。這正如鄂蘭所強調的，行動的開創對應於誕生，是「誕生的人類條件的實現」。[96]如此，不朽並不是個人生命的長生，也不是某一具體城邦或政治體的延續不滅，而是等待新的生命出現。如同「興滅國、繼絕世」的理想，行動所追求的是具開創性又能奠基（「為萬世開太平」）的不朽。跨越世代也跨越種族，讓後來者（相對於我的他人）、將來未知的他人，也在此一公共領域中共存。相較於已經完成行動的不可逆性，鄂蘭也注意到面對未來時，行動有不可預測性。[97]若謂這些行動有德性的一面，那將是對不可逆性要有寬恕的能力，對不可預測性的未來不確定性要有敢承諾並信守承諾的能力。[98]

　　鄂蘭所言的恕道與信諾，也呼應唐君毅與劉述先繼承的忠恕之道與道德金律。儘管唐、劉二人相當肯定與基督宗教在道德精神上的感通與對話，而鄂蘭則推崇古希臘的政治理想，但共同體的理想穿越時間限制，在歷史的痕跡中，召喚未來的他者，這卻是儒家傳統與希臘傳統都能夠同意的原則。

　　綜合前述，透過唐君毅所提的感通共同體，可以對照看出當代哲學家（現象學）重視共同體的基礎，也分別論及人格、生命、死亡所共同分享的共同體。但這並非各種共同體的羅列，而是對於人類共同生活以成的共同體有不同面向的反思，其中也涉及方法的差異。若放大來看，則是必須確保此單一普遍的人類共同體不會落入任意的毀滅，在共同生活的條件下，即使身處不同傳統、不同地域，而且死亡也是人的基本存有論條件，生活的共通性、生命的並在必須正視有相互毀滅的威脅（不是自然帶來的死亡威脅）。問題不僅僅在於

95　Ibid., p. 55.

96　Ibid., p. 178.

97　Ibid., p. 233.

98　Ibid., p. 237.

個人之間恩怨報復或家族之間的復仇，在國家之間的衝突征戰中，並不乏相互毀滅的歷史教訓，但到了二十世紀後，大規模的戰爭與毀滅性的武器威脅的是全人類存在的條件。事實上，生命的毀滅也不限於人類物種，在核子彈、生化武器的使用下，受威脅的是所有現存的生物物種；在普遍滅亡的陰影下，要考量的正是普遍和平的問題。

三、立千年之人極

　　劉述先在與孔漢思的全球倫理對話中，注意到孔漢思的命題「沒有宗教間的和平，就沒有世界和平」。基於宗教戰爭與衝突在當代戰略思想的地位，[99]尋求和平的努力朝向宗教之間的和平有其現實政治的支撐。然而，即使從價值選擇的衝突來說，透過宗教對話來尋求和平的奠基，現實上既有必要也有實踐的困難。在這一點上，劉述先提出了基本原則：「既要容許宗教的自由，也要肯定宗教的真理。我們要體現到：沒有一個宗教對於終極的真理有獨佔性。」[100]他同意孔漢思的分析，從宗教內部與外部來建立雙重視野，從外部肯定宗教的多元性，從內部肯定我自己信仰的宗教。[101]他也以「理一分殊」的原則重新從中國哲學的立場加以調節，同時提出容忍其他宗教、其他傳統，並不違反（宗教）真理的追求。[102]劉述先所提宗教和平的原則：「沒有一個宗教對於終極的真理有獨佔性」，則相當有洞見。此一洞見若回到康德在《論永久和平》所談的「友善」（好客、迎賓）[103]原則（Hospitalität），略加疏解，則更

99　例如杭亭頓（Samuel Huntington）的典型說法，便將回教與西方世界的衝突，當作是文明衝突與文明戰爭，其立場也純然以西方（美國）價值與利益為考量。參見杭亭頓著，黃裕美譯：《文明衝突與世界秩序的重建》（臺北：聯經出版公司，1997 年），頁289。

100　劉述先：《全球倫理與宗教對話》，頁 10。

101　漢斯・昆（Hans Küng，即孔漢思）著，周藝譯：《世界倫理構想》（北京：三聯書店，2002 年），頁 130-131。

102　劉述先：《全球倫理與宗教對話》，頁 11。

103　主賓關係在中國傳統可聯繫到《易經》謙卦，唐君毅引「謙尊而光，卑而不可踰」來談

有利於與當代思潮的對話。

（一）賓客、陌生人的迎納

康德宣稱永久和平的第三條確定條款是「世界公民權應當局限於普遍的友善底條件」。[104]他認為，友善（好客）並不是源自對人類的愛，而是一項權利，此原則意謂著：「一個外地人在抵達另一個人底地域時不受到其敵意對待的權利。」康德進一步指出，此權利不是一種賓客權，而是一種拜訪權（Besuchsrecht），是「所有人均應享有的拜訪權，亦即他們由於對地球表面的共有權而交往的權利」。[105]這種「地球表面的共有權」（Recht des gemeinschaftlichen Besitzes der Oberfläche der Erde）則是屬於共同體的所有權，而非單一個體或單一種族、國家所有。康德除了訴諸於人類在有限的地球地表上不能夠無限地分散而居，更從平等的角度分析此種拜訪權是基於人的居住權：「原先並無任何人比其它人有更多的權利居於地球上的一處。」[106]在這種居住的平等權利下，佔有某處而生活原是生存的要素，但並不「比其它人有更多權利」則必須在「自己的居住地」之外，讓出其他的空間，不僅讓出空間供其他人居住，更應讓出空間供其他人造訪、短期居留。

從此一原則推到對於終極價值的佔有上，在一個價值上安居，作為信仰的抉擇乃屬人信仰自由的權利，但是，並不能壟斷而排斥他人的選擇。如同康德所宣稱的，承認他人有地域（Boden）的拜訪權是與世界公民權聯繫在一起；但從個人不能獨佔地域與價值的角度說，世界公民權作為一種權利，並非來自單純選擇，而是來自權利的普遍性，這種普遍性是根據共同生活於地球上的諸

主賓的感通。見唐君毅：《生命存在與心靈境界》（臺北：臺灣學生書局，1986年），上冊，頁 12。

[104] Immanuel Kant, *Zum ewigen Frieden*, in *Kants Werke. Akademie Textausgabe* (Berlin: de Gruyter, 1968), Band VIII, S. 358. 康德著，李明輝譯：〈論永久和平〉，《康德歷史哲學論文集》（臺北：聯經出版公司，2002 年），頁 189。

[105] 同前注。

[106] 同前注。

個人的生命與存在而來，也根據個人的自由而來。對康德來說，根據好客的權利，「遠離的各洲（Weltteile）得以和平地建立相互關係」，[107]而這些關係最終能夠將人類（das menschliche Geschlecht）帶到「日益接近一個世界公民底憲章（einer weltbürgerlichen Verfassung immer näher）」。[108]集合在此憲章下的並非特定的種族，而是人類本身作為種族（Geschlecht），這與本文開頭提到的人類物種的說法相當接近。這一種精神固然是建立在戰爭、國家、國際法、公法的脈絡上，但卻也適用於當代的倫理或宗教「憲章」上。類似的觀點，可以證成劉述先所謂：「我曾寫信給孔漢思，我會以世界公民的身分，而不是以哲學家的身分，來簽署他的草稿（案：世界倫理宣言）。」[109]

在當代的討論脈絡中，對此好客原則、友善原則非常重視的，可以舉德希達（Jacques Derrida）為例。德希達回溯康德的啟蒙論述，回到斯多噶學派與保羅基督教的世界公民傳統，[110]也回到猶太傳統中對「避難城市」（ville-refuge）的看法。在此西方的城市、城邦傳統中，已經有一種重視「好客的倫理」（une éthique de l'hospitalité）。[111]由於「好客觸及風俗生活，亦即，觸及棲留、如歸自家（chez-soi），既觸及家庭棲息場所、也觸及棲息的方式，觸及關聯到自己與他人的方式，觸及他人如同自己或如同觸及陌生人；倫理就是好客，到處都跟好客的範圍相通，不論是人們開啟好客之門或加以限定。」[112]但是，在如此積極肯定的倫理觀下，好客的歷史與實況卻受制於內部衝突的條件。德希達認為，好客涉及兩種不同層次，一個是具普遍性而無條件的好客法則（La loi de l'hospitalité），另一是特殊的而有條件限制的個別好客法則（des

---

[107] Immanuel Kant, *Zum ewigen Frieden*, S.358. 康德著，李明輝譯：〈論永久和平〉，《康德歷史哲學論文集》，頁 190。

[108] 同前注。

[109] 劉述先：《全球倫理與宗教對話》，頁 36。

[110] Jacques Derrida, *Cosmopolites de tous les pays, encore un effort* (Paris: Galilée, 1997), p. 47.

[111] Ibid., p. 42.

[112] Ibid.

lois），[113]例如，依照城邦、國家的風俗而成立的特殊法則（法律）。他也依照此思路分析康德的法權規定。

　　在康德的原則「普遍的友善底條件」上，德希達認為這是一種建立在自然權利的普遍性前提上，屬於前述的無條件原則。當康德將好客原則解釋為拜訪權時，他並未讓此權利改變居住權的特性，亦即，優先肯定「聳立、建立或樹立在土地之上的一切」[114]，如住屋、文化、制度、國家等。拜訪權雖然建立在居住權的平等性上，但對於既成的體制、安居形態都必須尊重而視為前提，否則將有以拜訪權凌駕居住權的可能。但這一條件實際上限定了好客、友善原則，除了以居住權限定拜訪權[115]之外，另一個條件後果是居住權受制於國家主權，因此，「不論是城市的好客或私人好客都取決於並受控制於國家的法律、國家的警察」。[116]在更進一步分析中，德希達稱此為好客（友善、迎賓）原則的二律背反。[117]以陌生人、流放異地的問題切入希臘悲劇的安蒂岡妮，在黑格爾以國家法和自然法[118]的矛盾辯證來分析處，德希達稱此二律背反是不可辯證的。[119]事實上，此處所涉及的問題層次，正是康德與黑格爾的差異，也是後來唐君毅與牟宗三面對的問題，他們二人在流亡海外之餘，都明確地有條件地選擇了黑格爾國家論的立場，有條件的地方就在於唐、牟二人都批判黑格爾以國家精神為終結的局限。唐、牟二人也都以各自方式保留宗教在和平問題上可能的空間。在此點上，劉述先則以「理一分殊」作為規約原則來處理前述的兩層次問題，在德希達視為有二律背反處，劉述先則認為可以「理一分殊」來保存並行不悖的關係。然而，若擯除詞彙的不同，處於當代情境中

---

113 Ibid., p. 43.

114 Ibid., p. 53.

115 Ibid., p. 54.

116 Ibid., p. 56.

117 Anne Dufourmantelle et Jacques Derrida, *De l'hospitalité* (Paris: Calmann-Lévy, 1997), p. 73.

118 黑格爾以人類法與神聖法來指稱倫理世界的分裂，見 G. W. F. Hegel, *Phänomenologie des Geistes*, hrsg. J. Hoffmeister (Hamburg: Meiner, 1952), V-A-a, p. 318。

119 Dufourmantelle et Derrida, *De l'hospitalité,* p. 73.

面對和平與好客的問題，似乎都傾向於保存差異。[120]

　　雖然保存差異的理據、立場、目標並不相同，但所涉及的問題也有可對話處。如果回到和平與宗教的問題上，我們可以發現，好客所面對的陌生人、他者問題也正是德希達思考宗教的一個核心。雖以宗教為題，德希達考慮的問題如同好客、迎賓原則一樣，將幅度、縱深拉到存有神學、神學政治體制來看待，因此，宗教問題幾乎與西方文化的基本結構緊緊結合，無法忽視。倘若要抽離地說（abstraction），則只能從宗教的某些側面著眼；若單就宗教與他人、陌生人的問題來說，德希達強調的不是一般將 regilio 解釋為字源學上的「聯繫」，相反地，他更注意到「顧忌的保留」、「羞恥的矜持」的意義。[121]德希達甚至引語言學家班文尼斯特（Émile Benveniste）的說法，在印歐文明中，並沒有一個通用詞來表示如 religion 所稱的東西，而宗教並不是一個獨立分離的體制，而是與文明體制緊密關連。[122]德希達舉一系列相關詞，來說明「宗教」的多義性與多名性，[123]因此，他指出 religion 這個詞幾乎專指基督宗教。在這一反省中，他特別注意到「宗教」普遍性必須顧及他者，對他者的顧忌也包含對他者的尊重。而在談宗教容忍的段落中，他意識到這原是基督宗教內部的語言（容忍異教徒），但與他人的關係中，更徹底的容忍必須面對一種「荒漠中的荒漠」，[124]讓他者不可強行被化約、不期而遇。更徹底的、另類

---

120 關於德希達的二律背反說，其用意在於不傾向於任一原則（普遍或特殊），而以背反狀態來保持兩種層次的法可以並存，以不取消某一層次的方式讓此一差異續存著。但涉及細部分析處（流放、死亡、哀悼、國家、語言、異地、陌生等多方面的問題），限於篇幅，無法在此續談。化約地說，德希達的作法在於將好客原則當做西方法權、倫理、政治乃至生命情境的貫通線索。

121 Jacques Derrida, *Foi et savoir* in Jacques Derrida et Gianni Vattimo (dir.), *La religion* (Paris: Seuil, 1996), p. 26. 有關的字源包含 religio, relegere, religare。「顧忌的保留」、「羞恥的矜持」分別指 la halte du scrupule, la retenue de la pudeur。德希達還指涉到海德格的 Verhaltenheit 與神聖性的關係（p. 81）。

122 Ibid., p. 49.

123 Ibid. 如 foi, croyance, culte, theologie, piete, divin, sacre, saint, heilig, holy 等等。

124 Ibid., pp. 26, 29.

的容忍將會「尊重無限他異性的距離，這種他異性是作為獨特性。這種尊重還仍是宗教，但是宗教作為顧忌或矜持、距離、脫離聯繫、脫勾，〔尊重的開始是〕一旦跨越了一切宗教（作為自己重複的連結）的門檻，跨越一切社會連結或共同體連結的門檻。」[125]

德希達順著列維納斯（Emmanuel Levinas）的脈絡，認為能回應這種無限距離外的他者，同時是責任的開端。在認識到 religio 被當作「宗教」的基督宗教特徵、拉丁語體制的特徵時，德希達以提問方式留下他者的空間：「如果 religio 維持為不可翻譯的？」[126] 這一問式邀請著回答、責求著回答，而回答、回應此類問題同時也是宗教裡的誓言、承諾與責任。[127] 如同德希達討論好客原則時將他者、他異性、陌生人當作重構西方文化（存有－神學－政治學的體制）的重要線索，此處討論宗教問題時也據以重構宗教與政治、倫理的關係。在這種重構中，個人、家庭、國家、共同體的關係不再是以單調的秩序來串接，他人、他者、他異語言、他異文化重新劃定了倫理與和平的界限。從好客、迎賓原則開啟的思考，則逼顯著世界公民論的界限與條件，不是只當作天真的原則來宣稱。

（二）人極：天下人的天下

在和平的問題上，當代儒家的思考總是以立人極的態度來當做基礎。和平乃是「立千年之人極」的理想所歸。人極所指的實質內容是道德性的，但其外延不是特定種族，而是全人類（das menschliche Geschlecht），如康德所規定和盼望的。在儒家思想中也不可排斥地蘊含此種細微而有曲折的世界公民主義。

除了唐君毅有明確論及永久和平[128]的想法外，牟宗三引王船山「王莽沙

---

[125] Ibid., p. 33.

[126] Ibid., p. 43.

[127] Ibid.

[128] 唐君毅：《人文精神之重建》（臺北：臺灣學生書局，1974 年），頁 458-480。另參見拙文：〈唐君毅的永久和平論——視野與局限〉，《中國文哲研究集刊》第 41 期（2012

陀之區區者,乃以移數百年氣運,而流不可止。自非聖人崛起,以至仁大義立千年之人極,何足以制其狂流哉?」[129]牟宗三指出「立千年之人極」的倫理基礎,他認為傳統中國中政權與治權的問題未能分清楚,雖然儒家的道德禮樂是文化主動力與骨幹,但不能消融政治氣機的橫流。[130]若能尋得消融此氣機狂流的道(政道),則方能「以至仁大義立千年之人極」,「開萬世之太平」。[131]在原有區分公天下和家天下的傳統中,牟宗三點出「天下人之天下」為基本原則,相對地,一家一姓據為己有便違背此原則。[132]這是以普遍性對比於特殊性的論點,他藉此引申政道的普遍原則,進而宣稱:「無論封建貴族政治,或君主專制政治,皆無政道可言」,「惟民主政治中有政道可言」。[133]這種對民主政治的肯定也是唐君毅、徐復觀、張君勱所共有的想法;德希達在順著康德的啟蒙精神論述時,也認為共和制的民主是一種可普世化的模式。[134]牟宗三在普遍性與特殊性的對揚中,分別以政道(第一義的制度)與治道(第二義的制度)[135]屬之。關於中國傳統政治的診斷,則認為從內聖延長到外王,只能落在第二義制度上事功的經世致用,因此必須以完成第一義制度(政道、憲法)為外王的真正完成。[136]從第二義轉到第一義制度仰賴的是「逆」,亦即良知的自我坎陷。相對於劉述先採用「理一分殊」的模式或德希達採取差異保存與解構的模式,牟宗三的「逆」、「坎陷」則是以黑格爾的辯證否定模式來面對兩種層次的衝突。關於和平的問題,如同第一節引文所見,牟宗三仍以國家為基本界限,只是他認為國家是文化性的,必須在保存

年),頁 79-107。

[129] 王船山:《讀通鑑論》,卷 19,《船山全書》(長沙:岳麓書社,2012 年),第 10 冊,頁 728。牟宗三:《政道與治道》(臺北:廣文書局,1979 年),頁 16。

[130] 牟宗三:《政道與治道》,頁 17。

[131] 同前注,頁 18。

[132] 同前注,頁 20。

[133] 同前注,頁 21。

[134] Derrida, *La religion*, p. 16.

[135] 牟宗三:《政道與治道》,頁 23。

[136] 同前注,頁 24。

文化的意義下保存國家。他也據此討論和平、大同的想法。

　　以普遍原則「天下人之天下」來說，牟宗三指出：大同，源自真理的普遍性、文化的普遍性。若以大同為一種組織，則是「仁之國家間的綜和，仁之人類方面的絕對綜和」。[137]更進一步，牟宗三也指出：「仁的擴大並不停止于人類，它亦必擴至宇宙萬物。……到此便是聖賢人格的絕對精神、天地氣象。」[138]這一連串見解包含兩個重點：（1）大同作為國家間的組織；（2）從物種之間的角度重估世界公民的意義。

　　關於國家間的組織，牟宗三以「平天下」的傳統詞彙來稱述，並指為「和諧萬邦」——「平國與國間的複雜關係而使之協調」。[139]但這一說法相當籠統，可以用國際法架構下的國際關係來看待，也可以用現實政治的外交手段斡旋來看待。他以比喻方式（國家為縱的系統，天下為橫的系統）提出一個類似康德的模式：大同（和平）組織「容許『各自發展的異』中之同，它是承認它們（案：國家）而又處於它們之上的一個和諧。」[140]接著他用到黑格爾式的術語「絕對精神」，或他自己認可的「絕對理性」來稱呼，這是「各種歧異間的和諧」。到此提供和諧的地步，則是以道德精神來「圓融其衝突與矛盾」。[141]整體而言，牟宗三的模式介於康德與黑格爾之間，但關於和諧的觀點則似乎以「綜合的大系統」來說明從家庭、國家到天下的縱橫系統關係。這一基本構想事實上強調國家保存文化的必要條件，但也留下國家間衝突的銷融之道。

　　在超越人類組織的構想上，牟宗三提到宇宙性的政治領域：「在西方，就是宗教所表示的，在儒家就是『仁者與天地萬物為一體』。」[142]留下宗教的空間，有可能重複神學政治體制，但也可能超越人類為自己畫下的界限，重新投下新的視野，亦即從人類物種的角度來看，這是擴大的世界公民理念。然

---

[137] 牟宗三：《道德的理想主義》，頁59。
[138] 同前注。
[139] 同前注，頁63。
[140] 同前注，頁64。
[141] 同前注，頁65。
[142] 同前注，頁66。

而，在此點上，牟宗三的看法與唐君毅非常接近。牟宗三提人文宗教的想法，大概是在此脈絡下構思。但牟宗三自己站在診斷中國文化與繼承儒家精神的角度上，特別回到「逆」的操作原則，並提倡「分解的盡理之精神」，以對抗盡氣精神的局限性。故對比於唐君毅談文化悠久與永久和平的論點，牟宗三另提「以理生氣」[143]的原則，是「儒家以德性化才情氣」的方式。這是從「生生不息」的宇宙層次連結到道德的實踐層次，然而，若從人類物種整體的角度來看，這是人類物種與其他物種在地球表面共生共存的一種原則。

　　在實際的和平構思上，牟宗三確實以保存國家為主要目標，但他並不偏廢世界公民的可能性。相較之下，劉述先身處東西冷戰後的新國際關係中，並不局限於國家立場，雖以宗教對話為名，實則是以世界公民的立場，從非政府組織的角度為和平進程盡其心力。值此世界秩序重整的時代，我們未必要重複舊有的模式，而可以借鏡於德希達另類保存差異的模式來看，「秩序的重整」可能取決於概念嵌入、重構的潛力，在好客原則上可見其一斑。但是，即使以謙卦的迎賓原則來思考，在主賓感通的可能性上，也可在傳統資源中汲取出新的和平構思。時至今日，立千年之人極，可以採納人類物種的角度重新調整，這並不違反「立人極而參贊化育」[144]的原則。

四、結論

　　當代中國哲學或當代新儒家哲學，所面臨的挑戰並未消失。在新的困境中，隱藏著新的契機。儒家強調倫理的態度，面對當代人類群體、政治形態、利益集團的爭逐，仍有其值得介入之處。如何提供人類物種內的個人間的共存，又如何在有限地表上認識到人類族群擴展的有限性，並細究人類物種與其他諸物種之間的生命關係，則是當代思考生命倫理、基因工程、動物權、環境等方面的一項課題。在共存的條件下，共同體的問題也變得迫切。然而，在當

---

143 同前注，頁 219。
144 同前注，頁 67。

代新儒家的思考中，已經蘊含對於安居與好客原則的思考元素。以安居為前提的生活形態，已經受到大遷徙的花果飄零挑戰，在地球村的全球化脈動中，個人、家庭、職業、身分的流動也日益加劇。以拜訪權為核心的好客原則，仍舊受到各種國家形態與主權模式的節制，但是「以客為尊」的口號必須回到面對他者（她者）的顧忌與尊重上。尋求宗教對話，以宗教的價值抉擇為保存差異的起點，也必須立足於對他異價值的尊重，或是尊重他人對終極價值的抉擇。因為，沒有哪個人可以獨佔此終極價值，在平等的非獨佔性上，又必須重新調節在價值上安居的可能性。儒家思考的安身立命，放在世界公民的視野中，也將是迎納他者、他人、他族的迎賓之道。

　　然而，問題仍然可以是開放的。對於從儒家哲學出發的倫理共存，仍舊是有待深入的問題。以問題來打開新的視野，將不同的新問題鑲嵌入既有的討論脈絡，將是創造異樣論述的契機。在尋求安頓身心、安頓個人、安頓族類的同時，共同體問題的重編或許有助於意料未及的對話可能性。否極泰來，未來的面向在儒家視野中從未缺席，而這正是「立千年之人極」所投注的未來。感通的縱深與幅度都不局限在現前的時刻上，不僅僅在時間與歷史的流動中保存著一切生命的存在痕跡，也在已消逝的一切中保留未來者、尚未出現者的空間。迎接新的問題，猶如迎接訪賓，這也反映著積健為雄的積極態度。倫理共存似乎是亙古彌新的核心問題，始終邀請我們傾聽與回應。

以殘酷爲首惡
——恐懼、自由主義與普世倫理[*]

楊貞德[**]

　　美國政治理論家史珂拉（Judith N. Shklar, 1928-1992）在 1982 年發表「殘酷為首」（"Putting Cruelty First"）一文，主張自由主義的要旨在於以殘酷為首惡。[1]這篇論文雖然不曾引起鉅大的反響，卻已有助於思想界把殘酷當作理解和面對現代世界的一項主要問題，並使「殘酷為首」一詞成為史珂拉及她所理解的自由主義的重要標誌。史珂拉的「殘酷為首」說之所以值得我們注意，不僅因為她在闡釋與重振西方自由主義上有其地位，更因為「殘酷為首」說有助於提供不同於過去所運用的線索，藉以觀察中國思想的特徵及其相關問題。

---

[*]　本文為祝賀劉述先先生八秩壽慶所作，也是筆者執行國科會個人專題計畫「戰爭與自由」的部分成果。文稿撰成後曾宣讀於中央研究院中國文哲研究所同人輪值學術討論會，會上和會後同人的提問與討論，以及撰文過程中與老友王遠義和羅久蓉的談話，都有助於筆者釐清文中表述的方式和部分問題的癥結。對於國科會的補助與同人和友人的協助，在此謹申謝忱。

[**]　中央研究院中國文哲研究所研究員

[1]　這篇文章根源於史珂拉 1981 年 4 月在美國哥倫比亞大學的演講，於 1982 年正式出版，兩年後經修訂、增補而成為她的論文集《尋常的惡習》（*Ordinary Vices*）的首章；史珂拉過世後網路期刊 *Democratiya* 重刊了 1981 年的版本。詳見 Judith N. Shklar, "Putting Cruelty First," *Daedalus* 111, no. 3 (Summer, 1982): 17-27; *Ordinary Vices* (Cambridge, MA: Harvard University Press, 1984), pp. 7-44; *Democratiya* 4 (Spring, 2006): 81-93。筆者凡引自本文部分，除非另注，否則即以 1984 年版為依據，並隨文注以 PCF 縮寫加頁碼。

　　史珂拉不同於強調自然狀態、個人權利,以及制度設計的自由主義者;她重視個人權利和政治制度的設計,但更著力於說明歷史和個人品行(character)的重要性,並就面對殘酷和恐懼的道德心理(moral psychology),解說近代西方自由政治的緣起及目的。史珂拉深信道德是自由主義中重要的一環。不過,她的道德主張並未如同儒家或其他諸多著重道德的政治論述般,專注於從積極面解說理想德行的內容,或個人自我修養的方式,也並未將政治與社會問題的癥結,歸諸於個人的品格,從而以重新塑造個人作為解決公共問題的關鍵或起點。她另從消極面揭示「恐懼的自由主義」(the liberalism of fear):[2]重申近代西方自由主義傳統中免於恐懼的要求和相應的制度性安排,並且一方面主張以殘酷為首惡(而非以權利為首要)既是自由主義現今仍應固守的追求,也可以成為普世奉行的道德原則,另方面從「良好自由主義者的不良品格」(bad characters for good liberals)的角度,重新評價殘酷、偽善、勢利、背叛,以及對人感到嫌惡等等尋常生活中處處可見、卻未見深入解析的惡習。[3]

　　由於中文世界對於史珂拉的討論和理解仍屬有限,下文將以介紹史珂拉的看法為主旨,說明她如何就二十世紀政治和自由主義在其中的困境,抉發並解釋「殘酷為首」的內容,及其之於自由主義和普世倫理的意涵。第一節指出史珂拉以二十世紀人類和她個人的生活經驗,與自由主義的危機為背景,提出「殘酷為首」說。第二節檢視史珂拉回到蒙田(Michel de Montaigne, 1533-1592)和孟德斯鳩(Montesquieu, 1689-1755)等等歷史上重要的思想家,說明「殘酷為首」的基本內容和政治意涵。第三節討論史珂拉所主張「恐懼的自

2　Judith N. Shklar, "The Liberalism of Fear," in *Liberalism and the Moral Life*, ed. Nancy L. Rosenblum (Cambridge, MA: Harvard University Press, 1989), pp. 21-38; also see Judith N. Shklar, *Political Thought and Political Thinkers*, ed. Stanley Hoffmann, with a foreword by George Kateb (Chicago: The University of Chicago Press, 1998), pp. 3-20. 筆者凡引本文部分,除非另注,否則即以 1998 年版為依據,並隨文注以 LF 縮寫加頁碼。

3　Judith N. Shklar, "Bad Characters for Good Liberals," *Ordinary Vices*, pp. 226-249. 本文與前述史珂拉所作 "Putting Cruelty First" 和 "The Liberalism of Fear" 兩篇文章,是理解史珂拉「殘酷為首」說最基本的素材。

由主義」的內容與「殘酷為首」在其中的地位。第四節解說史珂拉如何論述
「殘酷為首」不僅是自由主義者，也是所有人都應服膺的普世價值，以及她的
論述方式的特徵。最後的「結論」一節，則指出史珂拉「殘酷為首」說和「恐
懼的自由主義」，作為近代中國自由主義之參照所具有的意義。

一、危機與回應

狄更斯（Charles Dickens, 1812-1870）在《雙城記》（*A Tale of Two
Cities*）書首描述十八世紀歐洲的名言，用來形容二十世紀全球化的世界仍是
相當地貼切，亦即：

> 那是最好的日子，是最壞的日子；
> 是智慧的年代，是愚蠢的年代；
> 是信仰的時期，是懷疑的時期；
> 是光明的季節，是黑暗的季節；
> 是希望的春天，是失望的冬天；
> 我們的面前有著一切，我們的面前一無所有；
> 我們正直接走向天堂，我們正直接走向那相反的另一方——[4]

只是，不同於狄更斯所在的十九世紀，二十世紀後期的西方思想界明顯喪失了
前此對於人類及其未來曾有的樂觀想望。霍布斯邦（Eric Hobsbawm, 1917-
2012）的《極端的年代：一部世界的歷史，1914-1991》（*The Age of Extremes:
A History of the World, 1914-1991*）一書，開宗明義即引用了十二位來自不同國
家、不同專業的人物對於二十世紀的簡短評述。其中，1959 年諾貝爾生理醫
學獎得主奧喬亞（Severo Ochoa, 1905-1993）以科學的進步絕偉作為二十世紀

4　Charles Dickens, *A Tale of Two Cities*, Book I, chap. 1. 中譯由筆者參考不同的版本譯成。
　　本文其他引文，除非另注，否則悉由筆者譯成。

的特徵；義大利史學家瓦利阿尼（Leo Valiani, 1909-1999）認為二十世紀證明：雖然歷經挫折，只要保有自由，仍可不斷重新追求正義和平等理想的實現。不過，其他更多的評價反映出的卻是深沉的失望和憂心；舉例來說，英國思想史家伯林（Isaiah Berlin, 1909-1997）以為二十世紀是「西方歷史上最可怕的世紀」；法國農學和環保學者杜蒙（Rene Dumont, 1904-2001）表示他「所看見的不過是個屠殺和戰爭的世紀」；獲得 1983 年諾貝爾文學獎的英國作家戈爾丁（William Golding, 1911-1993）則指稱「這是人類歷史上最為暴戾的世紀」。[5]

如果二十世紀是個「絕望之為虛妄，正與希望相同」的時代，[6]人們這時究竟要如何看待改變現狀的必要和可能性？近代西方象徵人類光明和希望的自由主義，在法西斯主義和共產主義都顯得無以匹敵的時刻，是否真能高歌歷史的終結，只需循著既有的路線前進？或者是，如同諸多不同的聲音所指出，自由主義才是問題的根源？若為後者，則問題的成因在於自由主義的未曾徹底地實現，還是在於它內在本有的問題性或異化的趨向？[7]自由主義是否確實能夠（或至少有助於）面對隨著勝利而來的種種危機？及至於二十世紀末期，自由主義陣營再也無法忽略這些迎面而來的難題，這些試圖直面以對的努力也為自

---

5 Eric Hobsbawm, *The Age of Extremes: A History of the World, 1914-1991* (New York: Vintage Books, 1996), pp. 1-2.

6 這是魯迅譯自匈牙利詩人 Petőfi Sándor（1823-1849）的詩句，見魯迅：〈希望〉，《野草》，《魯迅文集》（北京：人民文學出版社，1979 年），第 2 卷，頁 17。史珂拉看待「希望」和歷史的方式與立場，值得深究。相關討論參見 John Dunn, "Hope over Fear: Judith N. Shklar as Political Educator," in *Liberalism without Illusions: Essays on Liberal Theory and the Political Vision of Judith N. Shklar*, ed. Bernard Yack (Chicago: The University of Chicago Press, 1996), pp. 45-54；Katrina Forrester, "Hope and Memory in the Thought of Judith Shklar," *Modern Intellectual History* 8, no. 3 (2011): 591-620。

7 關於追求自由所帶來反自由的結果和可能的異化，已有不少論者深入說明；托克維爾（Alex de Tocqueville, 1805-1859）和海耶克（Friedrich A. von Hayek, 1899-1992）是為其中著例。史珂拉也很關心自由的悖論；她的第一本專書《烏托邦過後》（*After Utopia: The Decline of Political Faith*）即可為例；另亦見 Nancy L. Rosenblum, "The Democracy of Everyday Life," in Yack, *Liberalism without Illusions*, p. 26。

由主義注入了新的動力。部分理論家這時力求說明：自由主義是否必須（或能夠）為現代多元的世界，提供具體而普世的價值原則或道德理念，是否能夠毋須藉由超越的力量或形上學，正當化這些生活的規範？[8]其中，美國自由主義理論家史珂拉和後現代哲學家羅蒂（Richard Rorty, 1931-2007）彼此間有許多不同的看法，但同樣強調自由主義者主張「殘酷為首」，也都以此著稱。[9]

（一）生活與學術

史珂拉生於 1928 年，和前文所提及的思想史家伯林同樣出自波羅地海旁拉脫維亞首府理加（Riga）城中環境優渥的猶太家庭，也同在年少即和家人被迫遠離家鄉；用史珂拉的話說：當時身旁的人最好的期盼他們離開，最壞的則希望除掉他們。[10]史珂拉和伯林都清楚表明自己的生活和事業並未因為流離海外而嚴重受挫；[11]不過，他們也都毫不猶豫地強調二十世紀是人類歷史中極其可怕的一頁，並致力於梳理其中思想的因素。

史珂拉自幼好讀書，二次大戰期間（1939）在俄國人抵達之前，離開了理加，輾轉經由瑞典、蘇俄、日本，最後定居於加拿大，並進入麥吉爾大學（McGill University）準備兼修經濟和哲學。她從一門經濟和銀行的課程悟及自己其實不想成為專業經濟人；對於主要教授哲學的老師又無比地失望，日後仍以為這位因為喪失信仰而轉往哲學的先生，是她所見過最不適合解說柏拉圖

8　關於自由主義在二十世紀末的難題及其相關於價值所面臨的問題性和回應，例見 Nancy L. Rosenblum, "Introduction," in *Liberalism and the Moral Life*, pp. 1-17。Rosenblum 所編這本書的第一篇就是史珂拉的〈恐懼的自由主義〉一文。

9　羅蒂在書中明言他所持自由主義者以殘酷為首的說法源自史珂拉（Richard Rorty, *Contingency, Irony and Solidarity* [Cambridge: Cambridge University Press, 1989], pp. xv, 146）。羅蒂的殘酷觀，參見 Rachel Haliburton, "Richard Rorty and the Problem of Cruelty," *Philosophy & Social Criticism* 23, no. 1 (1997): 49-69。兼論羅蒂和史珂拉兩人所持殘酷說的討論，另見 John Kekes, "Cruelty and Liberalism," *Ethics* 106, no. 4 (July 1996): 834-844。

10　Judith N. Shklar, "A Life of Learning," in Yack, *Liberalism without Illusions*, p. 264.

11　Hobsbawm, *The Age of Extremes*, p. 1；Ibid., p. 279.

和笛卡爾的人。所幸,史珂拉在沃特金斯(Frederick Watkins, 1910-1972)的政治思想史課上找到另一扇門。[12]聽了沃特金斯兩星期的課後,史珂拉決定藉由政治理論了解她的個人經驗和二十世紀世界——亦即:藉由深入探究權力(power)的性質和意義,看清打擊吾人的力量,與思索如何對抗它吸引和扭曲人們的力道[13]——並以此作為一生的志業。她稍後進入美國哈佛大學政府系取得博士學位,一度考慮往政治評論發展,但終究還是應邀留在系上任教,而且深得學生推崇。史珂拉的學術能力雖然受到肯定,卻因身為女性,多年後才成為該系第一位獲得終身職的女教授;之後,她也成為「美國政治學協會」(American Political Science Association)的第一位女主席。[14]史珂拉於 1992 年因心臟病突發過世,享年六十四歲。

　　史珂拉身受共產主義、法西斯主義和性別歧視之害,但並未只是針對極權主義發言,或者選擇成為女性主義理論家,而是意圖以更廣闊的視野看待意識形態政治和女性問題。她從道德心理學的角度觀察實際的現象,尤其重視思想和意識形態的內容、之所以造成影響,以及所提攜和支持的政治主張。Nancy L. Rosenblum 清楚地重構了史珂拉面對政治意識形態時提出的幾項基本問題:我們為什麼訴諸某些特定的政治理念?那些相互控訴的循環因此而出現?那些看法因此受到蒙蔽,使我們視而不見?那些行動因此而生,抑或因此而難以想像、無法進入我們的視域?[15]霍夫曼(Stanley Hoffmann)則按照主題,把史珂拉的專書和諸多論文分為三部分:摘析重要思想家所述思想的內涵及其脈絡,參與長久以來關於政治義務和忠誠、公民權利和義務、民主的條件與制度

12　沃特金斯日後任教於美國耶魯大學,撰有《意識形態的年代》(*The Age of Ideology*) 與《西方政治傳統:近代自由主義之發展》(*The Political Tradition in the West: A Study in the Development of Modern Liberalism*)等書,並榮任「美國政治和法律哲學會」 (American Society of Political and Legal Philosophy)主席,史珂拉日後也擔任此職。

13　此說借自 Stanley Hoffmann, "Editor's Preface," in Shklar, *Political Thought and Political Thinkers*, p. xxiv.

14　史珂拉的生平,參見她的自述("A Life of Learning")以及 Stanley Hoffmann, "Judith N. Shklar as Political Thinker," in Yack, *Liberalism without Illusions*, esp. pp. 82-91。

15　Rosenblum, "The Democracy of Everyday Life," p. 26.

設計、正義與不正義的性質、自由主義的基礎等議題的論辯，以及探究政治理論和政治科學的意義。[16]

　　更具體地說，史珂拉的著作包含：以闡釋近代西方政治思想為要旨，說明繼啟蒙運動而起的浪漫主義和宗教思維的《烏托邦過後：政治信仰的沒落》（*After Utopia: The Decline of Political Faith*）（1957）；省思二次大戰後紐倫堡（Nuremberg）審判和東京審判在法律、道德和政治上所具有意義的《守法主義：法律、道德和政治審判》（*Legalism: Law, Morals, and Political Trials*）（1964）；[17]解析個別思想家的自由主張的《人與公民：盧梭的社會理論探究》（*Men and Citizens: A Study of Rousseau's Social Theory*）（1969）、《自由與獨立：探究黑格爾精神現象學中的政治思想》（*Freedom and Independence: A Study of the Political Ideas of Hegel's Phenomenology of Mind*）（1976），以及為牛津大學「歷史上的大師」（Past Masters）叢書所寫的《孟德斯鳩》（*Montesquieu*）（1987）。八十年代，史珂拉開始以自由主義理論家的身分，為自由主義所形成的（特別是美國）政治文化把脈，著有《尋常的惡習》（*Ordinary Vices*）（1984）、《不正義的多重面貌》（*The Faces of Injustice*）（1990）和《美國公民資格：尋求接納》（*American Citizenship: The Quest for Inclusion*）（1991）三書。[18]她過世後，多年好友霍夫曼等人就她尚未結集的文章，選編了兩本論文集：《政治思想與政治思想家》（*Political Thought and Political Thinkers*）（1998）和《重拯美國政治思想》（*Redeeming American Political Thought*）（1998）。哈佛大學畢業的亞克（Bernard Yack）則另和史

16　Hoffmann, "Judith N. Shklar as Political Thinker," p. 84.

17　此書已有中譯：朱迪絲・N・施克萊著，彭亞楠譯：《守法主義：法律、道德和政治審判》（北京：中國政法大學出版社，2005 年）。

18　史珂拉的著作目錄，見 Yack, *Liberalism without Illusions*, pp. 281-286。她以文章而非專書討論的思想家，包含 Henri Bergson (1859-1941), Jean-Baptiste le Rond d'Alembert (1717-1783), Thomas Jefferson (1743-1826), Ralph Waldo Emerson (1803-1882), Henry Adams (1838-1918), Alexander Pope (1688-1744), George Orwell (1903-1950), Hannah Arendt (1906-1975), Michael Walzer 等人（Hoffmann, "Judith N. Shklar as Political Thinker," p. 84）。

珂拉的友人與學生，分別就史珂拉的自由主義及其相關議題撰文，編成《不帶幻想的自由主義》（*Liberalism without Illusions*）紀念論文集。

　　史珂拉對於自由主義的貢獻，曾被歸結為三大項：深化自由主義的道德心理學，批判以抽象和形式主義的方式理解自由主義，與強調文化素養是為道德與政治洞見的資源。[19]她的自由主義先後被標誌為「恐懼的自由主義」，「不帶幻想的自由主義」，「日常生活中的民主」，「永久少數的自由主義」，「失敗者的自由主義」，反形上學的自由主義，「顛覆的自由主義」，以及相對於烏托邦、標誌世界之不理想的「惡托邦自由主義」（dystopic liberalism），[20]和帶著深刻存疑主義的「皮洛式自由主義」（Pyrrhonic liberalism）等等。[21]至於「殘酷為首」說，更被譽為史珂拉所重構自由主義中的絕對律令（categorical imperative）。[22]

（二）自由與道德

　　自由主義是否能夠在個人的價值和道德觀上提出特定而具體的主張，而不致於自我矛盾？史珂拉深知自由主義歷來一方面強調制度的建置、另一方面也主張多元主義，並且淡化個人德行的要求。她同樣肯定制度性安排的重要性，重視憲法並以法治為自由主義出現迄今的首要原則（LF, pp. 17-18），[23]但也

19　此說出自亞克，詳見 Bernard Yack, "Liberalism without Illusions: An Introduction to Judith Shklar's Political Thought," in Yack, *Liberalism without Illusions*, pp. 1-13。

20　這些名詞分別見於紀念史珂拉的論文集（Yack, *Liberalism without Illusions*, pp. 1, 25, 55, 56）與霍夫曼的導言（Hoffman, "Editor's Preface," p. xxiii）。關於史珂拉政治思想的梗概、特徵與貢獻，參見亞克為前揭論文集所作的序言（"Preface"）和導論（"Liberalism without Illusions"），以及 George Kateb, "Foreword," in Shklar, *Political Thought and Political Thinkers*, pp. vii-xix。

21　「皮洛式自由主義」一詞取自希臘存疑主義哲學家皮洛（Pyrrho, c. 360 B.C.-c. 270 B.C.）之名，參見 James Miller, "Pyrrhonic Liberalism," *Political Theory* 28, no. 6 (December 2000): 815。

22　Bernard Yack, "Preface," in Yack, *Liberalism without Illusions*, p. ix.

23　亦見 Kateb, "Foreword," pp. xv-xvi。更具體地說，史珂拉服膺孟德斯鳩的法治理念和洛

清楚表明制度性安排只是必要（而非有之即成的「充分」）條件（LF, p. 10）。有鑑於自由主義當前的處境與危機，她特別著力於闡釋非制度性的道德和價值性主張，並清楚表明：這些主張本是自由主義不可或缺的成分，惜乎不再受到應有的重視。

　　史珂拉所構築出來的自由主義圖景，相當不同於許多自由主義者的想望。亞克表示：史珂拉對於自由主義政治最具原創性的觀察，在於指明自由生活中道德和心理上的沉重負擔；自由的世界並非只要繳了稅和避免干預他人的自由，就可以全然依照自己的意願生活；自由的態度意味的不是放鬆和粗鄙的散漫，自由靈魂的特徵也不是放任；[24]自由主義者與無神論、不可知論、相對主義、虛無主義、或者全面性反傳統主義之間並無必然的連繫；自由社會和其中的個人並非只重程序、不重道德、也不具有道德修養（LF, p. 15）。相反地，自由社會需要有修養的公民。史珂拉反對部分自由主義者將公共利益委之於個人私利（self-interest）、「看不見的手」（the invisible hand）或「自發的秩序」（the spontaneous order）。她說：自由民主並不只是一套政治的程序，而是一種文化、傳統和精神。其中，

　　　　拒絕運用公共強制力灌輸一致的信念和統一行為的標準，這需要高度的自我控制。施行一貫的容忍，比壓迫更為困難、在道德上更為吃力。……自由主義並不是道德中立、怎麼做都行；事實上，自由主義極

克有限政府的制度性設計，並且批評伯林在討論「消極自由」時忽略了「自由的條件」——包含設計政治制度與消弭社會不平等，這些使自由成為可能的前提。相關討論參見 Judith N. Shklar, "Political Theory and the Rule of Law," *Political Thought and Political Thinkers*, pp. 21-37, esp. 21-25; *Montesquieu* (Oxford: Oxford University Press, 1987), pp. 67-110; "Positive Liberty, Negative Liberty in the United States," *Redeeming American Political Thought*, ed. Stanley Hoffmann and Dennis F. Thompson, foreword by Dennis F. Thompson (Chicago: The University of Chicago Press, 1998), pp. 111-126。

24　Yack, "Liberalism without Illusions," pp. 4-5. 亞克如此說明：自由主義與日常生活中所見惡習之間的奮鬥，相較於它對抗非常之惡與環境的努力，並無二致；在各式各樣有違自己道德和審美標準的通俗又具有影響力的意見中生活，並不是件容易的事。

其困難而且具有限制性，其程度遠大於那些無法忍受自由的矛盾、複雜性、多樣性與風險的人所能夠承擔。[25]

換言之，自由把選擇的沉重負擔加在我們的身上，對於人的要求相當地嚴格。

根據史珂拉的解說，自由主義相關於道德的基本立場有二。第一：自由的政治和生活需要道德的支持，但是把個人或社會服膺的價值留由個人自作抉擇，尤其反對公權力在這方面的積極介入。舉例來說，對於自由主義者而言，只要是不反對容忍、不認為公私領域之間沒有必須固守界線（儘管這個界線並非永久固定或不可變易）的生活傳統或思想體系，即毋須從中擇一作為所謂自由主義的立場。[26]另如：即使是「追求幸福」，也不在政府的權限之內；選擇以「追求幸福」或者「謹守義務」為目標，將由個人來決定（LF, p. 13）。在史珂拉看來，自由的政治不會推動所謂完美人格的典範，就算是面對如同康德（Immanuel Kant, 1724-1804）在《德行論》（*Doctrine of Virtue*）書中所描繪的理想的自由主義者——不卑不亢地尊重他人，也不以謊言或殘酷的方式羞辱別人——也只會說，如果要倡導政治自由，這些正是恰當的行為（LF, p. 15）。[27]

第二，史珂拉強調：自由主義雖然不提供所謂的至善，作為政治活動必須追求的目的或評價的原則，一直以來都以一項大家知道而且盡可能避免的至惡（"*summum malum*," the supreme evil）——也就是「殘酷及其引發的恐懼，以及對於恐懼自身的恐懼」（LF, pp. 10-11）——作為起點；這一起點雖然不是自由主義的充分條件，卻是首要的原則。自由主義在政治實踐和制度設計上都

---

25 Judith N. Shklar, "Introduction," *Ordinary Vices*, pp. 4-5; also "Bad Characters for Good Liberals," pp. 248-249.

26 史珂拉另曾說：自由主義者在面對不同說法時，要用博採（eclectic）的立場（LF, p. 12）。

27 Shklar, "Bad Characters for Good Liberals," pp. 233-234. Rosenblum 也曾以小說中的人物，例示史珂拉所認可的自由主義者（美國歷史中的民主主義者）的性格，見 Rosenblum, "The Democracy of Everyday Life," pp. 31-40。

以避免這一至惡為目的，關於權利、正義和其他道德與價值的意義，即環繞著這一基本目標而定；第一個權利就是要對抗對於殘酷的恐懼，正義則只是防範殘酷的法律上安排。[28]史珂拉另亦在不同著作中提及多種相關於自由主義的道德。例如：容忍不只是忍受、而且是珍惜和鼓勵意見與習俗的多樣性；[29]自由主義與個別的宗教或科學主張之間並沒有必然的連繫，但在心理上比較契合於存疑主義、科學、對於傳統的挑戰、對於記憶的肯定、民主（LF, pp. 6-8, 10, 12）等等價值。再如：得之於自由制度（包含公正程序和法治）的經驗，有助於使人們更傾向於肯定自我、自由，乃至於必要時出現的愛國主義，[30]並間接地教育公民耐心、自制、尊重他人的權益，與小心等等不抵觸個人自由且具有高度社會和個人意義的德行（LF, pp. 14-15）。

　　史珂拉在思索自由與道德的關係上，還有兩項比較值得留意的作法。一是，她指出自由主義思想中不乏嚴肅以待品行（包含惡習）的思索，並具體檢討殘酷、偽善、勢利，以及對人感到嫌惡等等一般經常遭人抨擊的惡行，藉以說明「自由主義者的不良品格」。史珂拉認同自由主義傳統所指出的：成為好公民與成為好人之間有其張力，好公民不以好人為要件，因為兩者的倫理要求不盡相同、甚至互相衝突；自由未必會讓我們成為好人，但可以除卻對於我們所可能採取的倫理努力的最可怕障礙，沒有自由的個人是被無可容忍地麻痺和降格的個人。[31]不過，史珂拉反對自由主義中所謂「私人惡行〔帶來〕公眾之利」（private vices, public goods）的主張，[32]也無意完全顛覆她所討論的惡習的負面形象。她只是以「良好自由主義者的不良品格」為標誌，一方面指出品格之於自由政治的重要性，另一方面釐清這些惡習（除了殘酷之外）的多重內涵，及其在自由和多元的生活中可能具有的正面功能。例如：偽善的種類不

28　Shklar, "Bad Characters for Good Liberals," p. 237.

29　轉引自 Seyla Benhabib, "Judith Shklar's Dystopic Liberalism," in Yack, *Liberalism without Illusions*, p. 55。

30　Shklar, *Montesquieu*, p. 104.

31　Shklar, "Bad Characters for Good Liberals," pp. 235-236.

32　Yack, "Liberalism without Illusions," p. 5.

一，有的是為了掩蓋明知為錯誤的行為；有的是因應情況的需要，把自己的行為歸因於高尚、無私和利人的動機；有的則是明知自己不同於一般人，但為了說服別人，刻意讓自己顯得和大家一樣、顯得和各方有同樣的追求；其中最後一項對於自由主義即具重要的意義。根據史珂拉的解說，民主生活中的一項基礎是：對話的時候，認為社會地位的差異於相互間的來往無關緊要；事實上，只有一部分人真正有此信念，但是從行為上看卻似乎大家都這麼以為並平等相待，而就民主社會而言，這也已經足夠了。[33]

　　史珂拉另一不同於一般自由主義者的立場是：呼籲公民在遇到不正義的時候，積極地「站起來」（stand up），不要造成「消極的不正義」（passive injustice）。所謂「消極的不正義」在此指陳的，不是一般人習慣性地無視於他人的苦難，而是憲政民主體制下的公民未能承擔起他們的主要任務。史珂拉指出：共和國的公民務必使正義的原則獲得維繫，並積極支持那些既為共和秩序的基石，也是共和精神所要求的非正式關係（informal relations）。[34]公民無視於身邊的欺騙和暴力，就是「消極的不正義」；也就是：

> 當我們不報告犯罪；當我們看見欺騙與微末的竊盜時，把頭轉到另一方；當我們容忍政治的貪腐；以及當我們默默接受我們以為是不正義、不智慧或者殘酷的法律。[35]

更具體地說，官員或公務員在應該防範錯誤或傷害的時候，卻拒絕有所作為；一般公民只因為不方便，而拒絕舉報犯罪、通知警察、提供法庭證據，或者幫助受害者都屬之。[36]自由社會需要一般公民積極地參與，十九世紀英國思想家穆勒（John Stuart Mill, 1806-1873）即已明白指出。[37]不過，史珂拉進一步將

33　Judith N. Shklar, "Let Us Not Be Hypocritical," *Ordinary Vices*, pp. 58-78.

34　Judith N. Shklar, *The Faces of Injustice* (New Haven: Yale University Press, 1990), p. 41.

35　Ibid., p. 6.

36　Ibid., p. 5, 42.

37　John Stuart Mill, *Representative Government* [*Considerations on Representative Government*]

消極不為界定為「不正義」，這一作法是否可能顛覆自由主義的基本追求（例如：容忍），或者影響她的自由主義的性質（包含有效政治參與的形式和自由界線的劃定等等主張），乃至於造成史珂拉特別引以為戒的以具體而特定的人和世界為目標的「轉化的政治」？這些問題都仍有待更深入的探索。

二、「殘酷為首」

在史珂拉眼中，世界極為複雜並且充滿苦難（道德和身體兩方面皆是），每個看起來不甚起眼的惡習都有它的政治效應，每項德行都有它相對必須付出的代價；無論是生活的環境或其中的人類，都不是人的知識和能力所能全面掌握。[38]她的工作旨在明白表述政治現象與問題的內容和意涵，而非就理論的層面找出抽象、清楚而簡潔的解答、規律或結構，或者在實務上指出具體可行的政策。更精確地說，她意在提供「一段檢視困惑的行程，而非引導困惑者的指南」；[39]也就是意在：

> 使我們關於社會的對話和信念更為完整和具有連貫性，以及批判地重新檢視我們一般作出的判斷和慣常看見的可能性。[40]

(1861) (Kitchener: Batoche Books, 2001).

38　例見她運用狄更斯小說中的人物與事件，說明人對於事件無法有如上帝般的全知，即使如小說般知道事情的真相，如何判定事情的正義與否，也是極為困難的；見 Shklar, *The Faces of Injustice*, pp. 7-13。

39　Shklar, "Bad Characters for Good Liberals," p. 226。史珂拉另曾這般描述盧梭的寫作：「他踏上的是發現的旅程，而不是軍事的征途」（Judith Shklar, *Men and Citizens: A Study of Rousseau's Social Theory* [Cambridge: University of Cambridge Press], 1987 [1969], p. 32）。

40　Shklar, "Bad Characters for Good Liberals," p. 226. 這裡的「我們」意涵的是熟悉美國的政治實踐，並藉由批判（乃至於無情）地討論它們，顯示出對於這些實踐的肯定和固守。其中並不意涵彼此必須相互同意，而是旨在揭示彼此的不同及其結果（頁 227）。

換言之，史珂拉意圖更清楚指明我們所不曾感受到、或者感受到卻不曾明白探析或說明的問題和現象。相較於諸多的思想家和理論家，她檢討日常生活中的不正義，而非歷來所關切的正義理論；探索實際經驗中的惡習，而非解析惡的本源或性質。在她看來，不正義和惡習所涉及的問題，並非正義和惡的理論所能涵蓋。

史珂拉相當重視批判和分析地思考，並認為理性的分析是理解政治現象不可或缺的部分；她以傳統政治哲學的分析方式闡釋盧梭、黑格爾等重要思想家的主張，也坦承如羅爾斯（John Rawls, 1921-2002）所提出的正義論確具價值。只是，她自己無意建立系統性的理論分析和秩序，甚至刻意放棄嚴謹論述和精確界說的力道，尋求另一種有助於（而非取代）分析思考和解說政治的方式，[41]試圖藉由「說故事」闡明問題的存在和性質。[42]她在討論中廣泛運用具體的事件與哲學、文學中的人物和情境，期能以更直接呈現、更貼近人事、更貼近歷史上的成見和制度的方式，彰顯生活中猶疑、不連貫和不一致的現象及其中的衝突。[43]

只是，對於慣於經由嚴謹分析來理解思想及其意涵的讀者，史珂拉的討論有時顯得難以把握，其中個別的概念猶待辯證性的梳理，不同的議題和主張之間未必立即得見明確的連繫，也未必有必然的關係。卡德博（George Kateb）曾表示，史珂拉並未系統性地討論極權主義、人口滅絕、野蠻，與運用先進技術的戰爭，但是它們的恐怖在她的著作中隨處可見，即使大多數時候只是間接地

另亦見 Shklar, *The Faces of Injustice*, p. 14。

[41] Shklar, "Bad Characters for Good Liberals," p. 228.

[42] 關於史珂拉的論述方式，詳見 Shklar, "Introduction," *Ordinary Vices*, pp. 5-6; "Bad Characters for Good Liberals," 226-231。另亦參見 Kateb, "Preface," pp. vii-xix; Miller, "Pyrrhonic Liberalism," pp. 816-817。

[43] 史珂拉表示：我們的歷史書籍和生活中已經有夠多的殘酷、偽善和背叛；但是，若要找到這些現象在特定時刻或人物上的本質，則必須求之於文學。戲劇中的表演所展現出政治上的臨時起意、推託閃躲、調整因應、扭曲、轉向，還有龐大的暴力，即可為例（Shklar, "Bad Characters for Good Liberals," p. 231）。

出現。亞克則說，史珂拉的論述如同滔滔的巨浪，而非清澈而穩定的溪流。[44]

（一）歷史的根源

　　史珂拉將「殘酷為首」說回溯至蒙田和孟德斯鳩，並就身體的傷害，說明殘酷的意義，亦即：「刻意將身體上的疼痛加諸比自己弱小的生命，以期造成極度的痛苦和恐懼。」（PCF, p. 8）[45]根據史珂拉的解說，大多數人都痛恨殘酷，但只有極少數如同蒙田和孟德斯鳩般，明白且一致地主張「殘酷為首」（PCF, p. 8）。如果我們從字義上理解，「殘酷為首」一說有兩層意義。一取「首」字中的「至、最」義，意指在價值判斷上視殘酷為「惡中之惡」（the evil of all evils），是人所作惡事的極至，嚴重程度逾於其他；另一則取「首」字的「始」義，意指在論述過程中以殘酷為起點，毋須以其他更高、更具優先性的權威作為它的依據。

　　不過，史珂拉採取的陳述方式不是字義解析，而是回到歷史。[46]她在自由主義的過去，看出「殘酷為首」的重要地位，也在二十世紀的歷史變化中找到「殘酷為首」的現實意義，並於二十世紀末從這一角度為自由主義辯護。相較於揭櫫理性、進步、創新和希望的自由主義者，史珂拉特別著重激情（passions）、歷史和記憶；呼籲藉由歷史的回顧，探尋當前所需面對難題的究竟和可能的因應方式；再三指出必須在理解歷史、理解人心趨向和事件演變過程的情況下，改善現狀。她在行文中總是強調對於前人的繼承，並明白抉發出思想史上同樣或類似的看法，而略於標舉自己的創見。[47]但這並不意味著史珂拉只是一味地接受過去的看法；她在前人的說法中審慎地選擇，她的論說清

44　Yack, "Liberalism without Illusions," p. 1.

45　史珂拉在說明恐懼的自由主義時，更清楚指明恐懼的對象在於運用公權力時的殘酷，而非單純虐待狂的個人行止，雖然有此傾向的人也可能因為握有權力，而在公領域中沉溺於恐怖的行動（LF, p. 11）。

46　下文所述主要本於史珂拉 "Putting Cruelty First" 一文，其中不少討論在她的 "Bad Characters for Good Liberals" 文中有更詳細的說明，宜互相參看，此處不贅。

47　例見 Shklar, "Bad Characters for Good Liberals," pp. 246-247。

楚而深刻地反映出針對二十世紀政治的批判和反思，特別是對於意識形態政治的戒慎恐懼，與面對自由主義危機上力挽狂瀾的努力。[48]

　　西方思想史上塞內加（Lucius Annaeus Seneca, c.4 B.C.-A.D. 65）、奧古斯丁（St. Augustine, 354-430）和阿奎納斯（Thomas Aquinas, 1225-1274）等人都曾經概念化和問題化「殘酷」，但直到中世紀末期和近代初期，殘酷才再度成為哲學性議題，並於十六世紀達其高峰。其間，蒙田扮演了相當重要的角色。[49] 史珂拉以蒙田為「殘酷為首」這一敘事的主角，在不同討論中一再回到蒙田的說法。〈殘酷為首〉一文最初只是說明蒙田及其後學孟德斯鳩的主張，稍後收入《尋常的惡習》書中，才另加入沙特（Jean-Paul Sartre, 1905-1980）、邊沁（Jeremy Bentham, 1748-1832）、霍桑（Nathaniel Hawthorne, 1804-1864）和尼采（Friedrich Wilhelm Nietzsche, 1844-1900）等人的相關看法。

　　史珂拉表示：蒙田以殘酷為首，因為殘酷的現象是那麼地明顯，卻又全然不見改善；他的「殘酷為首」說具有否定耶教和馬基維利（Niccolò Machiavelli, 1469-1527）新政治學，兩項重新估定價值的功能（PCF, pp. 12-13）。在宗教的層面，蒙田的批判反映出的不僅是宗教的存疑主義，而且是對於耶教的偽善和殘暴的譴責。蒙田經歷法國內部的宗教戰爭，抨擊西班牙人借宗教之名在南美洲行暴虐之實，並沉痛指出：具有宗教信仰的人同樣能夠做出讓人髮指的暴行（PCF, pp. 9, 11）。依蒙田所見，「殘酷為首」界定的是人與人而非人與神之間的關係，其重要意涵有二：（一）殘酷比忤逆神意──特別是以傲慢為首並包含妒忌、暴怒、懶惰、貪婪、貪食和色欲的七罪宗（seven deadly sins）──更為重大；（二）人本來就如此，毋須、而且也無法藉由神祇或其他力量與形式，說明以殘酷為至惡的正當性，或者辯解殘酷時而有其必

48　史珂拉的歷史意識相當複雜，深入探討將有助於說明歷史與自由主義、以及經驗與理論之間可能的關係，本文暫不討論。

49　Daniel Baraz, *Medieval Cruelty: Changing Perceptions, Late Antiquity to the Early Modern Period* (Ithaca: Cornell University Press, 2003), p. 3; "Seneca, Ethics, and the Body: The Treatment of Cruelty in Medieval Thought," *Journal of the History of Ideas* 59, no. 2 (April 1998): 195-215.

要、時而不得不予以原諒。於蒙田而言，目睹殘酷使人不由得心生滿腔的反感；殘酷之可怕所造成求避唯恐不及的心理，比起任何積極的鼓勵都讓他更傾向於憐憫或仁愛（PCF, pp. 8-10）。[50]

在新政治學部分，蒙田的「殘酷為首」帶著明顯反馬基維利的意圖，特別是馬基維利在《君王論》（*The Prince*）中所說：殘酷是比較有效的統治方式。史珂拉認為蒙田著名的《隨筆》（*Essays*）一書起始三篇，皆係針對馬基維利（PCF, pp. 10-11）所作。第一篇以「達成同樣目的的方法不一」為題表明：英勇對抗暴君，可能（雖然不是必然）比默默承受馬基維利所肯定的強暴手段，更能保全一己或者自身所愛。[51]史珂拉曾表示：人們紛紛以為馬基維利代表真正的政治現實主義（realism），其實蒙田的「殘酷為首」說意味著更為實際的政治觀，蒙田的時代如此，數百年後她所處的時代也是如此。[52]

（二）政治的意涵

史珂拉在〈殘酷為首〉文中特別著重的，是她在蒙田和孟德斯鳩思想中所看出「殘酷為首」的政治意涵，特別是「消極的平等主義」（negative egalitarianism）、對人感到嫌惡（misanthropy），與政治存疑主義等等主張。在這些方面，蒙田顯得比孟德斯鳩更為極端。

根據史珂拉的解說，「殘酷為首」內涵一種「消極的平等主義」，有助於接受文化的多樣性和平等主義。蒙田和孟德斯鳩都嚴厲抨擊西班牙人在南美洲奴役和殺戮「野蠻人」的暴行，並譏諷歐洲人自居高等的傲慢。蒙田認為：無論就宗教或所謂的「自然」來看，文化的不同本身不具意義，關鍵在於誰比較殘酷；食人族食用已經死去的人，歐洲人則對活生生的人施以酷刑和迫害。孟德斯鳩同樣強調無法以文化的不同正當化殘酷的行為，但比蒙田稍微樂觀些；

50　史珂拉具體地討論了「殘酷為首」相較於耶教七罪宗的不同及其意涵，見 "Bad Characters for Good Liberals," pp. 240-241。

51　[Michel de Montaigne,] *The Complete Essays of Montaigne*, trans. Donald M. Frame (Stanford: Stanford University Press, 1958), pp. 3-5.

52　Shklar, "Putting Cruelty First," pp. 26-27.

他相信知識（含科學）能使人免於殘酷，並指出人因為被奴役而愚笨，而非因為愚笨而被奴役。史珂拉在討論中特別點出：蒙田與孟德斯鳩所採取的只是「消極的」平等主義；他們所重視的不是將社會平等視為積極的善（a positive good），而是憂心不平等所帶來的可怕後果，包含助長和製造殘酷的機會，以及造成錯覺，尤其是權力在握時自以為無所不能的炫惑（PCF, pp. 27-29）。

不過，對於今日已經承認或主張人生而平等（是否兌現於實際則是另一問題）的人們，蒙田和孟德斯鳩所持「殘酷為首」說更重要的政治意涵，或另在於他們對人感到嫌惡並抱持存疑主義。史珂拉曾經重構他們從經歷內戰到對人感到嫌惡與抱持存疑主義的三個階段性問題，亦即：於獲悉戰爭中殘酷的暴行後，開始提問「我們為什麼做這些駭人的事情」，進而再問「我們對於自己和彼此知道些什麼」，到最後的「我們能夠知道些什麼」。[53]根據史珂拉的討論，最後一個問題又可以進一步推出：我們能夠作些什麼？是否能夠經由政治力管控和改善現有這個出了問題的世界，是否能夠有效地以公權力的殘酷終止其他的殘酷？也就是說，如果政治和司法有其必要，我們要如何評估它們的必要程度和內容？

史珂拉以蒙田為例指出，海內和海外的殘暴情況，有時實在讓他說不出任何關於人的好話。只是，蒙田不是虛無主義者，也並未主張自然本即無情若此，而是另在受害者（包括動物和社會上的弱勢）的身上發掘真正的價值。在他眼中，動物務實而不像人類一般追求理性、知識或名望這些反而帶來禍害的目標，也不訴諸戰爭或恐怖的手段；受害者面對或承受失敗的方式（例如：只是退縮、承受和默默死去的農民，以實踐完美自我為目標的貴族，奮戰而敗的軍士，以及面對迫害和死亡威脅的猶太人等等在受難中所展現出來的勇氣），而非征服者的勇猛勝利，才是真正值得肯定的勇敢（PCF, pp. 13-14, 16, 25）。史珂拉如同蒙田般同情受害者，並主張從受害者的視角檢視社會與政治的不正義。只是，她也明白指出：蒙田還是過度美化了受害者（PCF, pp. 14, 17）。

53　Shklar, *The Faces of Injustice*, pp. 20-28.

就其意涵的政治行動而言，對人感到嫌惡可能帶來極為消極的政治存疑主義，也可能帶來屠殺或極其積極的轉化政治。蒙田的態度近於前者；他雖然同情受害者，卻無意努力改變他們的命運。他和孟德斯鳩都不相信公權力；他們任職於司法體系的經驗，反而加深了對於改革現狀的疑慮。蒙田稱許那些使人們免於受到殘酷戕害的人物，但還是懷疑人們能夠自我救贖、世界能夠自我療癒。在他看來，人的無知和多樣性使他們無法被納入一套規範系統，公共事務（含戰爭）的成敗繫於運氣，政治的混亂和不確定使得它無法完全按照計畫進行；他自己充其量只能對於人的有限性表示遺憾，並盡可能做得少些，以免有所遺害（PCF, pp. 27, 32）。[54]以蒙田為對照，孟德斯鳩對於立法和社會變遷顯得較具信心（雖然也算不上熱衷），承認公共正義和政治自由有助於克制人們最壞的傾向。這或許也是他之所以在政治制度上多所用心，並得以結合「殘酷為首」與自由主義（詳見後述）的一個原因。

從對人感到嫌惡走向積極改造世界並帶來鉅大傷害的極端例證，見於現代烏托邦政治。[55]史珂拉對於二十世紀的理解，使得她比蒙田和孟德斯鳩更清楚看出對人感到嫌惡所可能造成的強勁破壞力，[56]從而更深入思索政治存疑主義的消極性及其正面作用。她指出：二十世紀以降的意識形態政治促成人們「以殘酷的方式仇恨殘酷」（hate cruelty cruelly）；人們以激烈憤怒和極度憎惡的眼光看待現狀，並企圖以道德、文化、經濟、政治等多方位的革命，帶來理想的人類和世界，但最後帶來的卻是殘酷的行動和結果。史珂拉承襲自由主義傳統，肯定自由制度「以程序代替人格」的作法背後對於人心的不信任，[57]對於改造人類（包含造就新人和盡除惡人、敗類與其他種種的他者）的主張也感到

54　Ibid., pp. 26-28.

55　史珂拉另曾說起 George Sorel 帶著憤世的態度，只求毀滅現狀，而無意於建設美好的未來；詳見 Judith N. Shklar, "Bergson and the Politics of Intuition," *Political Thought and Political Thinkers*, p. 328。

56　Shklar, "Introduction," *Ordinary Vices*, p. 3.

57　Shklar, "Misanthropy," *Ordinary Vices*, pp. 196-197.

極為不安。[58]她表示：蒙田和孟德斯鳩都不從個人的角度思索如何面對殘酷，既不以為公領域的殘酷（public cruelty）是個別政治人物或政府人員的道德傾向所造成的偶發事件（LF, p. 11），也不相信個人的道德精進可以作為改善集體生活的基礎。在蒙田看來，社會的維繫和存廢決定於物質的需要和法則，而不是個人的道德。孟德斯鳩重視群體的習俗和道德（亦即所謂的民德）與政治的關係，但並不認為社會改造要以個人的道德革命為前提；道德革命不可能成功、甚者反而造成專制（PCF, pp. 32-34）。[59]

　　史珂拉在修訂〈殘酷為首〉一文時，所考慮的除了身體的殘酷之外，並有「道德的殘酷」，也就是：「刻意而持續的羞辱，以期受害者最後既無法相信自己，也無法相信其他任何人」；其中雖然不內涵卻遲早會引來身體上的殘酷。史珂拉藉由說明道德的殘酷，擴大了殘酷的定義，[60]並且帶進自由主義經常為人詬病的「偽善」這一議題，[61]揭示「偽善為首」與「殘酷為首」之間的重大不同。根據她的說明，蒙田和孟德斯鳩都意識到道德的殘酷，但不曾多所著墨或探索，相關討論主要見於後人對於新教徒的理解和批判；作家霍桑和哲學家尼采是為其中著例。霍桑以美國早期新英格蘭地區為背景的小說《紅字》（*Scarlet Letter*）中，男主角 Arthur Dimmesdale 並未為了保護女主角 Hester Prynne 和他們的孩子奮鬥，而是因為罪惡感和自我傷害終至於死。尼采痛恨道德的殘酷，視之為弱者的統治工具，尤其抨擊耶教把加諸於身體的殘酷轉往內在自我（使內心飽受原罪、罪惡感和良心的酷刑），再在上面掩蓋一層厚厚

58　Shklar, "Introduction," *Ordinary Vices*, p. 3.

59　史珂拉所作蒙田和孟德斯鳩的比較，另亦參見 Shklar, *Montesquieu*, pp. 26-27。在孟德斯鳩的主張中，制度和道德之間的關係以及它們在政治上分別扮演的角色相當複雜；史珂拉的詮釋見前揭書，頁 85-87、101-106。另亦參見 Shklar, *Men and Citizens*, pp. 65-67。

60　史珂拉在另文中即表示：殘酷意謂「強者刻意地將身體上（其次為情緒上）的疼痛，加諸於比自己弱小的個人或團體，以期從他們身上獲取某種有形或無形的目的」（LF, p. 11）。

61　Shklar, "Let Us Not Be Hypocritical," *Ordinary Vices*, pp. 48, 67-72. 相關討論亦見 Rosenblum, "Introduction," pp. 6-7。

的偽善。[62]史珂拉說：尼采厭惡偽善更甚於殘酷，以殘酷對抗他在十九世紀社會上所見「人道和自由的偽善」（humanitarian and liberal hypocrisy）（PCF, pp. 37-42, 44）。[63]

三、「恐懼的自由主義」

史珂拉宣稱「殘酷為首」是自由主義者共同的立場；如果要求為惡行分級，主張自由和人道者會認為殘酷是我們最大的惡行。然而，強調「殘酷為首」的蒙田不是個自由主義者；過去和現有的許多自由主義者，也未必認同「殘酷為首」是自由主義的特徵，更未必明白要求「殘酷為首」。史珂拉很清楚這些疑問的存在，並表明：蒙田確實不是自由主義者，蒙田和自由主義理論家洛克（John Locke, 1632-1704）的重要分野，即在於後者提出了有限政府和代議制度；這些關於政治制度的思索和決定，是自由主義中不可或缺的條件（LF, pp. 5, 10）。儘管如此，史珂拉所述自由的故事中，真正的主角不是以「自然權利」說為自由主義奠基的洛克，而是主張所謂「恐懼的自由主義」的孟德斯鳩。[64]如同下文所述，「恐懼的自由主義」標誌的不是如何在政治領域運用最有效而具有普遍意義的方法（例如：科學方法）保障人民的權利和福祉，而是如何在政治的層面讓人免於恐懼；它無法、且無意直接帶來積極的幸福，或者終結人們所有的恐懼，但是提供了克制政府濫權的制度以及評價政治的標準。

（一）恐懼與政治

自由主義者為什麼以殘酷為首惡？不少人可能認為是出於人權的考量。依

62　關於新教徒的這般特徵，亦見 Shklar, "Let Us Not Be Hypocritical," *Ordinary Vices*, pp. 49-50。

63　史珂拉關於尼采的討論，亦見 Shklar, "Misanthropy," p. 198。

64　史珂拉另曾以 Benjamin Constant (1767-1830) 與托克維爾為揭示「恐懼的自由主義」的主要人物，見 Shklar, "Positive Liberty, Negative Liberty in the United States," p. 116。

史珂拉之見，這個回答過於簡單，這麼說的人很可能不曾經歷過漫長且持續的恐懼。她強調：「殘酷為首」反映出的不只是強烈反對殘酷的立場和態度，而且是對於恐懼乃是人類最大恐懼的認同，也就是說：

> 當一個人以殘酷為首時，他——有如蒙田般——係針對下列立場作出回應：承認人最大的恐懼莫過於恐懼（one fears nothing more than fear）。對於恐懼的恐懼毋須任何更深遠的理由，因為它是無法化約的。它和權利一樣可以同時是政治制度的起點和目的。[65]

在此，恐懼不只是感到害怕、也不只是個人品格的缺陷而已。它是使惡成為無可避免、根本的心理和道德工具；人們害怕恐懼，因為無論對於個人或社會，恐懼都是最最邪惡的道德條件。無怪乎孟德斯鳩視之為暴政的基本原則。[66]

在史珂拉的論述中，「殘酷為首」和自由主義同樣根源於近代西方宗教戰爭的歷史脈絡，同樣都是對於殘暴公權力的回應，[67]其中連結在孟德斯鳩的身

---

[65] Shklar, "Bad Characters for Good Liberals," p. 237. 史珂拉另曾指出蒙田「最為恐懼的就是害怕」（"feared being afraid most of all"）（Shklar, "Introduction," *Ordinary Vices*, p. 5）。這一立場在美國政治思想中並不罕見，美國總統羅斯福（Franklin D. Roosevelt, 1882-1945）1933 年的就職演說即指出：「我們必須恐懼的就只有恐懼自身，一種無以名狀、毫不理性、毫無根據的恐懼，它把人們轉退為進的種種努力化為泡影」；http://historymatters.gmu.edu/d/5057/ (2013/02/15)；中譯取自 http://www.360doc.com/content/09/0121/22/99182_2379818.shtml (2013/02/15)，並稍加修訂。

[66] Shklar, "Bad Characters for Good Liberals," p. 242.

[67] 簡言之，新教改革後的宗教戰爭之殘酷，使得許多教徒摒棄教會的政策，轉而主張「容忍」乃是耶教中慈善理念的體現，並進而要求個人在決定他們生命中最重要的事項——宗教信仰——上，免於受到公權力（包含宗教或政治）的干預。無論根源於這些摒棄暴力的教徒，或根源於遭到暴力威脅的可能受害者，這般對於權力的戒慎恐懼是邁向自由主義的一大步；因此而提出的容忍及其所蘊涵公私界分的要求、以及公權力不得入侵私領域的原則，都成為自由主義發展過程的核心理念。就這個層面而論，以殘酷為既違逆上帝、也違逆人類的絕對之惡，是自由主義最深沉的立足點。繼起的自由主義再怎麼分化和發展，都不能放棄這一立場。只是——史珂拉不忘指出——容忍不能等同為自由主

上看得最清楚。蒙田的「殘酷為首」說並未讓他走向政治參與的道路，孟德斯鳩則從這一倫理的主張，導出了具體政治制度的規劃。史珂拉以「恐懼的自由主義」標示孟德斯鳩的基本立場——自由政治旨在使人免於恐懼——並視之為孟德斯鳩留給後人的重要遺產，[68]從而使得「恐懼的自由主義」成為當前自由主義論述中一項重要的話語。根據她的解說，孟德斯鳩認為政治的目的在於避免遭到迫害的恐懼，更甚於堅持政治行動或自我發展的權利，並主張英國的溫和政治才是比較理想的自由政治。史珂拉如此重述孟德斯鳩的看法：

> 溫和的政府（moderate government）也許無法直接有所貢獻於我們的幸福，沒有了恐懼也許不會讓我們成為有德行的人，但是缺乏它們，對於追求這些好處的希望都將化為烏有。[69]

史珂拉稍後發表〈恐懼的自由主義〉一文表明她自己的信念，並以她最後的兩本專書《不正義的多重面貌》和《美國公民資格》，舉美國為例具體闡述其意義。[70]

史珂拉在〈恐懼的自由主義〉文中首先就自由主義的歧義指出：自由主義只是一項政治的教義（doctrine），不是一套人生觀或生活方式。[71]自由主義只有一項最為優先的目的：獲取行使個人自由必須要有政治條件；它最初、也是唯一可以捍衛的意義，端在下列信念：

義（LF, p. 5），也不是自由的充分條件。

68　Shklar, *Montesquieu*, pp. 89, 126.

69　Shklar, *Montesquieu*, p. 91.

70　Dunn, "Hope over Fear," p. 45.

71　美國政治思想中有一強調「民主是為生活方式」（democracy as a way of life）的自由思潮；例見 John Dewey, "The Creative Democracy — The Task before Us" (1939), *Later Works* (Carbondale: Southern University of Illinois, 1988), 14: 224-230; Arthur T. Edmonds, *The Democratic Way of Life and How to Secure It* (London: The Economic Reform Club, 1943)。

> 每個成年人應該能夠在相合於其他成年人也具有相同自由的情況下，盡
> 量在她／他生活中不同的層面，無所畏懼也毋須特權地盡可能作出有效
> 的決定。（LF, p. 3）

這是個政治的信念，因為對於妨礙自由的恐懼和造成妨礙自由的特權，絕大部
分源自於政府的作為，也因為現代國家比起其他形式的社會壓迫擁有更為致命
的資源。基於這一信念，自由主義：

> 必須將自己限制在政治，限制在克制潛在的濫權者的方案上。（LF, p.
> 13）

> 它所要防範的恐懼，是那些源出於強力所造成的獨斷、非預期、非必
> 要、非經許可的行動，以及源出於任何政體的軍事、國會和警察等執事
> 者所造就的慣性和普遍的殘酷與凌虐。（LF, p. 11）

換個方式說，「恐懼的自由主義」主張：與其歡慶自由的福祉，不如深思
暴政和戰爭對於自由的威脅；它提出的不是體現人的「可完美性」
（perfectibility）的方案，而是「存活」（survival）的具體方式。其中，政治
生活的基本單位不是能夠論述和思想的個人，而是「弱者與強者」；政治旨在
避免強弱不同所引來的權力的濫用，和對於無力自我防衛者——特別是承受濫
權所造成後果最為嚴重的貧與弱者——的脅迫。在此尤須留意的是：史珂拉雖
然強烈反對現代極權政治對於日常生活的侵害，卻無意專注於法西斯和共產主
義等全面管控個人生活的極權主義。她特別強調：必須留意並反對各式政體、
各級政府都可能出現的權力的過度擴張，極權主義只是其中極端的例證。「恐
懼的自由主義」有項預設係基於古今政治史中處處得見的現象，亦即：除非加
以防範，總有些官員會以大小不一的方式規避法律和殘酷任事（LF, pp. 9-
11）。

更確切地說，史珂拉所戒慎恐懼的不是特定形式的政權或政體，而是政治

之為權力的運用，是政府加諸於個人的強制力量；即使是自由政體，人們也必須有所戒懼。史珂拉的看法有兩項值得重視的意涵。一者，「恐懼的自由主義」具有非鳥托邦（non-utopian）的性格：人們對於政治的恐懼總會存在，因為帶著公共和強制性的國家機器，不會如同無政府主義者或社會主義者所期許般消殞。至於國家機器之不會消殞，是否因為人無法完全去除某些基本的恐懼？史珂拉並未著力於說明這一問題。相較於社會契約論者藉由自然狀態中個人的恐懼，解說政治之所以源起，史珂拉只是指出：恐懼之普遍存在猶如恐懼是生理現象般，於人、於動物都是如此；「活著就會害怕」（"To live is to be afraid"），有所戒懼實際上常使我們避開危險（LF, p. 11）。換言之，以免於恐懼為要旨的自由主義，並不主張公權力有責任使人免於一切的恐懼，或者必須竭盡所能使人們免於恐懼。史珂拉不贊成視政府為守夜者的放任主義，但也無意讓免於恐懼的要求成為理由，正當化積極介入個人生活的大有為政府。

　　二者，史珂拉雖然強調自由主義只是一項政治的教義，其中所意涵對於權力的疑慮，也可推及一般視為非政治領域的現象。舉例來說，針對大公司企業的擴張與影響，史珂拉指出公私之際的分野不是一成不變的，私有財產並非全然不得加以限制；私有財產之所以獲得保障，並非由於它是自然權利，而係由於它是限制政府權力和分化社會權力上不可或缺而又完好的方式。史珂拉另也針對社群主義者發言。在她看來，自願性團體的重要性，不在於人們能夠在相互合作的共同努力中獲得情感上的滿足，而在於這些團體具有平衡（或至少改變）其他組織性力量所宣稱的能力（LF, pp. 12-13）；儘管如此，對於主張團結的意識形態也要有所警戒，因為它們對於那些認為自由主義無以撫慰情感的人們充滿吸引力，這些人所造出的壓迫性和殘酷政體曾經帶來無可比擬的恐怖政治（LF, p. 18）。[72]

　　於史珂拉而言，「殘酷為首」不但見於自由主義發展史的起點、體現自由主義的特徵，更重要的意義或在於它且是面對二十世紀國際恐怖氛圍與個別國

---

[72]　史珂拉對於社群主義的看法和戒心，另見 Judith N. Shklar, "The Work of Michael Walzer," *Political Thought and Political Thinkers*, pp. 376-385。

家內部不正義的利器，是自由主義迄今仍得為自己辯護的理由。這不僅因為對於公權力的恐懼始終存在，也因為現實生活中依舊面臨至今未能解決的重大問題。史珂拉在〈恐懼的自由主義〉文中又一次回到歷史，從第一次世界大戰的變化說起：

> 〔一九一四年，〕來自政府的凌虐（torture）在歐洲和北美已經逐漸地滅絕，人們並期許它最終將於世界各處消殞殆盡。詎料戰爭開始之後，參戰國家對於情報和忠誠的需求快速地擴充，以致於凌虐不僅重現而且自此大規模地成長。我們宣示「再也不會發生〔這樣的情況〕」，但是某人卻正在某處遭到凌虐，深刻的恐懼也再次成為最常見的社會控制的形式。（LF, p. 9）

除了這些軍事衝突以及它們所引起的一連串效應之外，史珂拉另且鎖定她所熟悉的美國政治思想和文化，具體指明恐懼的自由主義所關切的不只是政體的變更而已：「殘酷為首」對於被公認為自由民主的國家也深具意義。史珂拉不同意美國政治學家哈慈（Louis Hartz, 1919-1986）的著名結論——美國政治思想的主導力量是洛克的自由傳統——以及繼之發展出來以「共識」（consensus）為美國政治和思想特徵的說法。[73]她另強調美國歷史和文化上的歧異，特別是其中反民主的力量（奴隸制度及其後遺是為著例），並且主張以「恐懼的自由主義」因應二十世紀全球性的變化和美國歷史累積下來的問題，

---

[73] 哈慈曾為史華慈（Benjamin I. Schwartz, 1916-1999）論嚴復一書作序，是美國思想史研究的重要人物。他指出美國政治思想上的共識的名著與相關討論，參見 Louis Hartz, *The Liberal Tradition in America: An Interpretation of American Political Thought since the Revolution* (New York: Brace & World, 1955); James T. Kloppenberg, "In Retrospect: Louis Hartz's *The Liberal Tradition in America*," *Reviews in American History* 29, no. 3 (September 2001): 460-478; Herbert McClosky, "Consensus and Ideology in American Politics," *The American Political Science Review* 58, no. 2 (June 1964): 361-382; Rogers M. Smith, "Beyond Tocqueville, Myrdal, and Hartz: The Multiple Traditions in America," *The American Political Science Review* 87, no. 3 (September 1993): 549-566。

期能「減少可能的傷害」（damage control; LF, p. 9）。

（二）評價的依據

前已指出，「殘酷為首」意涵的不僅是痛恨殘酷，而且是以殘酷為諸惡之首。史珂拉如同伯林般認為：吾人珍愛與追求的價值（例如自由與平等）無法同時得兼，針對具體問題作出決定時必須有所取捨。至於如何從中有所取捨（例如：如何劃定自由的界線），伯林不認為有絕對的評斷標準，相關社群當時對於人之所以為人的共同看法乃是取捨的依據；[74]史珂拉則認為：吾人在道德和價值上有一共同、共通的準則──亦即：「殘酷為首」──作為價值排比的基礎（LF, p. 10）；[75]它除了在自由主義的發展過程中佔有關鍵地位之外，在比較其他的惡習上也具有重要的實質功能。

史珂拉把殘酷列入偽善、勢利、背叛、與對人感到嫌惡等等「尋常的惡習」。這些惡習鮮少成為哲學家關注或論述的議題，但是在日常生活中尋常可見，深深影響我們的人格，並為自由民主帶來棘手的難題。對於自由的人民，它們不是祭出憲法權利相抗的對象，也不僅只涉及個人對於特定而具體事務的決定；它們相關於更為廣泛的事務，雖然讓人厭惡至極，有時卻因為顧及原則性問題或審慎（prudence）的要求，只能視而不見，甚至必須承認箇中有些必須肯定的作用。[76]

就「尋常的惡習」而言，之所以主張「殘酷為首」具有兩項意義。第一，相較於其他的惡習，殘酷完全不具正面的意義，毋須對它作出有條件地肯定或容忍，唯有的例外是為了防止更大的殘酷。這是政府之所以能以懲罰（殘酷的一種）作為威脅，俾使人們服從的理由（PCF, pp. 11-12, 13），也是人們之所以可以援引這一原則，批判和限制政治勢力的理由。第二，「殘酷為首」將能

---

[74] Isaiah Berlin, "Two Concepts of Liberty," *Liberty*, edited by Henry Hardy, with an essay on Berlin and his critics (Oxford: Oxford University Press, 2002), pp. 214-215.

[75] 亞克說：「在史珂拉眼中，自由主義是一種為政治上的惡習排出先後次序的方法。」見 Shklar, "Liberalism without Illusions," p. 2。

[76] Shklar, "Introduction," *Ordinary Vices*, p. 1.

規範不惜訴諸殘酷來預防或懲戒惡習的作法，從而免去以其他惡習為至惡所可能造成的傷害。換個方式說，「殘酷為首」意味著：為了避免殘酷，有時不得不容忍人們的某些惡習。如果以「背叛為首」或者「對人感到嫌惡為首」，將無法從這些原則的內在要求，限制它們所可能激起的恐怖的正義之怒（近代前期和第一次世界大戰後所見，那些促成情緒爆發和暴力集體行動的憤怒和意識形態，皆可為例）。[77]根據這一理路，之所以容忍（而不只是刻意忽略或全然無視於其存在）追求私利可能造成之惡，乃是為了避免更大的惡，而並非如同部分理論家所辯稱：追求個人私利將會帶來公共的利益。[78]

在此另需說明的是：「恐懼」和「殘酷」（特別是內在、情緒上的殘酷）與人類心理的感受密切相連，吾人要如何理解、討論或評價這些牽涉到相當個人乃至於主觀性的判斷？[79]史珂拉面對這一問題的回答，或可見於她主張站在受害者（或最可能是受害者）的立場理解不正義的作法。她強調：受害者總是無聲的一群，而且每一個人都是潛在、可能的受害者，美國自由主義學界不應再忽略這些人。當然，這不代表受害者一定是對的。史珂拉明白表示：只要是人都可能犯錯，而且受害者不會因為受害而變得高尚，他們可能訴諸更為殘酷的行動，反過來成為明天的加害者。[80]史珂拉說：

> 我們所知的政治現實，其中之一就是：遭到政治凌虐和不正義的受害者，常常不比加害他們的人好到那裡去。他們不過是等著和加害者交換位置而已。（PCF, p. 18）

受害者這種轉為加害者的可變性，具有重要的意涵。在政治的層面，由深感恐懼的人們組成的社會，是讓人恐懼的（LF, p. 11）；我們不僅為了自己、也為

77　Ibid., p. 3; PCF, p. 21。

78　Yack, "Liberalism without Illusions," p. 5.

79　Shklar, *The Faces of Injustice*, p. 15.「殘酷」的定義涉及不同的評價標準，關於具體界定它的困難和可能的解決方式，參見 Baraz, *Medieval Cruelty*, pp. 3-12。

80　Shklar, *The Faces of Injustice*, pp. 3-4.

了同胞的恐懼而感到恐懼。自由主義的目的在於使大家（而不只是部分的人群或階級）都能免於恐懼，眼前的受害者或加害者是否屬於特定的群體並無差別。關鍵問題是：誰受害了或者誰將會受害？無論正人君子或痞子惡棍，都不該承受以殘酷為目的的凌辱（LF, pp. 18-19）。

　　史珂拉之著重受害者，另也有其積極的意義。舉例來說，就知識的層面而言，從受害人的角度觀察，雖然有時可能增添區分單純的「不幸」（misfortune），和人力可以有所圖謀和補救的「不正義」的難度，但也有助於更完整地看出「不正義」的社會性格，[81]更明白察覺一般人容易忽視的不公現象，或者更清楚指出不幸和不正義的不同、從而使得自然災害（例如地震）不致於淪為公共政策的不正義。除此之外，納入受害者的視野，對於自由民主的實踐和維繫有重大的關係。史珂拉說：民主所具有的道德重要性，其要義在於就相關考慮而言，每一個公民的生活（包括他們對於自身所感受到的權利及其戕害）都算數；

> 每個人至少都有說話的機會；公民如何看待他們的社會和個人的委屈，是不容忽視的。民主精神（ethos）預設了我們都有正義與否的感覺，以及這份感覺在我們評價彼此和評價我們的社會上扮演重要的角色。是以，那位宣稱遭到不正義對待的受害者，她的聲音不能被壓制，這關乎民主的原則。[82]

最後必須留意的是，「殘酷為首」和重視受害者的取向，儘管有助於在兩難的情況下作決定，卻不代表生活因此變得簡單與輕鬆。如同指出自由主義者必須承受鉅大道德和精神的負擔一般，史珂拉提醒大家：

> 殘酷為首也許有助於一個人決定誰是當下的受害者，但仍無法像意識形

81　Ibid., p. 14.
82　Ibid., p. 35.

　　態那麼輕易地解除一些極為真切的懷疑和不確定。有了〔判斷的〕標
準，並不是避免懷疑的方法；只有信仰能夠避免懷疑，但這需要付出鉅
大思想和道德上的代價。（PCF, p. 22）

誰是受害者，受到何種殘酷的待遇？作出分野並非總是那麼的容易！

四、普世倫理

　　「殘酷為首」說的另一重要意義，見於它在面對當代思索普世倫理上的意
涵。價值上的多元主義是否必然意涵絕對的相對主義？如何在承認多元的前提
下，找出不同民族、文化和國家之間最低限度的共同價值，以為彼此互動和評
價的基礎？及至於二十世紀末期，這些問題已經不只是理論上的挑戰，而且是
現實又切身的關注。思想界的積極回應中，有藉由組織性跨文化、跨地區的共
同努力，也有個人根據學理提出的反思。前者例如：1993 年天主教神學家孔
漢斯（Hans Küng）主導的世界宗教會議（Council for a Parliament of the
World's Religions）所發出的〈邁向全球倫理的宣言〉（"Declaration toward a
Global Ethic"）。後者則可以同屬自由主義陣營的羅爾斯的「萬民法」（the
Law of Peoples）和史珂拉的「殘酷為首」說為例。孔漢斯、羅爾斯和史珂拉
分別代表不同尋求普世倫理的取徑，對於不同的對象也各有其說服力。觀其梗
概，〈邁向全球倫理的宣言〉和「萬民法」有兩項重要的特色——在方法上重
視人為的建構，在內容上著重積極的作為——可資以映照史珂拉「殘酷為首」
說的歷史性和消極取向。

（一）人為的建構

　　孔漢斯等人於 1993 年通過的〈邁向全球倫理的宣言〉，從指明與譴責當
今世界的苦痛出發；其中所列出「鄰居生活在恐懼之中」的苦痛，和對於「以

宗教之名進行的侵略與仇恨」的譴責，[83]都是史珂拉期能因應的難題。更重要地，宣言中明白且具體地舉出凡相信倫理有其意義者（無論信教與否）將會接受的道德原則（頁 4），也就是全球倫理。這份全球倫理的基礎來自世界上不同宗教傳統的核心理念，因此可以視之為人類經驗的累積，是已知的真理、已有的共識；但若另就其形成過程而言，則其內容是一群人（包含不同宗教的代表和哲學家），在當代有意識地就其內容和方法共同討論和抉擇的結果，並且以宣言的形式公開地發表，是以仍可歸於人為的建構。不僅如此，孔漢斯另且試圖藉由各方（包含政治）的影響，推動與強化這項努力。1997 年，他為成立近多年的卸任政治領袖互動會（the InterAction Council）起草〈人的責任之普世宣言〉（"A Universal Declaration of Human Responsibilities"），[84]之後並將它交與聯合國爭取更廣泛的支持。聯合國儘管未曾發表這一宣言，卻也開始支助在各地召開區域性會議，探討這一議題。

　　〈邁向全球倫理的宣言〉中指出：確保良心和宗教自由並不足夠，必須有人與人之間互相連結的價值（頁 4-5）；全球倫理即是人們彼此相繫的價值、不可取消（irrevocable）的標準，和個人態度上的基本共識。更具體地說，全球倫理首先是一項基本的要求：「人必須被當作人來對待」，其中內涵己所不欲勿施於人（或者己所欲施於人）的原則，與對於各種形式的唯我主義的反對（頁 7）。承此基本要求而來，則有四項不可取消、無條件的指令；它們分別是「對於非暴力的文化與尊敬生命的承諾」、「對於團結的文化與公正經濟秩序的承諾」、「對於寬容的文化與真實的生活的承諾」、「對於平等權利的文

83　"Declaration toward a Global Ethic" (http://www.parliamentofreligions.org/_includes/FCK content/File/TowardsAGlobalEthic.pdf) (2013/07/29), p. 1. 為免贅文，下文凡引本宣言部分，將僅在內文注以頁碼。

84　這些卸任的政治人物包含前德國總理舒密特（Helmut Schmidt）、前美國總統卡特（Jimmy Carter）、前蘇聯總統戈巴契夫（Mikhail S. Gorbachev）和前日本首相宮澤喜一（1919-2007）等人；詳見該會網頁 http://interactioncouncil.org/universal-declaration-human-responsibilities (2013/07/06)。

化與男女之間夥伴關係的承諾」。[85]仔細尋繹，前述第一項指令「對於非暴力的文化與尊敬生命的承諾」，和史珂拉「殘酷為首」的追求相當接近，但是採用了權利的語言。例如，只要不傷害他人的權利，凡人都有生命、安全和人格發展的權利；沒有任何人有權利從生理或心理凌虐、傷害──遑論殺戮──他人；沒有任何民族、國家、種族或宗教有權利仇恨、歧視、清洗，或放逐──遑論肅清──那些具有不同行為或信仰的外來少數（頁8）。

羅爾斯的「萬民法」同樣針對當今世界的危機，也同樣屬於人為的建構，但建構的方式和內容完全不同於〈邁向全球倫理的宣言〉。[86]就得出的方式而言，「萬民法」同樣是一群人共同商議的結果；不過，這群人並非來自現實世界中不同的文化或宗教傳統與經驗，而是羅爾斯所建構出的不同民族的代表。更具體地說，羅爾斯訴諸人們共同、共通的理性，依循自由主義的理路，把「社會契約論」推廣、運用於國際關係，藉以提出有理性而且講理（rational and reasonable）的人都會接受的假設。根據他的說明，這群人是自由、平等、講理和理性的不同民族的代表；他們戴上了「無知之幕」（veil of ignorance），遂而不受各種個人因素影響，且在「我們」（此時此刻的你我）所認為對於各方而言都是公平和合理的情況下，根據他們所代表民族的最佳利益，訂出公平的合作條款，俾以規範這個社會的基本結構。「我們」預期他們所提出的政治正義理念，是合理、理性、並具有最佳理由的結論；至於是否確係如此，則要看「我們」是否經由適度的省思之後，能夠支持它、為它背書（頁30-35）。[87]

「萬民法」是政治上的正義和權利理念，不是整全性教義

85　這一基本要求和四項指令的中譯借自劉述先：〈從當代新儒家觀點看世界倫理〉，《全球倫理與宗教對話》（臺北：立緒文化事業公司，2001年），頁65。

86　John Rawls, *The Law of Peoples with "The Idea of Pubic Reason Revisited"* (Cambridge, MA: Harvard University Press, 1999). 為免贅文，下文凡引自本宣言部分，將僅在內文注以頁碼。

87　這段說明的表述語言，參考了約翰・羅爾斯著，李國維、珂洛緹、汪慶華譯：《萬民法》（臺北：聯經出版事業公司，2005年），頁42-49。

（comprehensive doctrines）（頁 15、16）。羅爾斯將適用它的民族分為兩種：自由與非自由但正派（non-liberal but decent）的民族（後者見於羅爾斯虛擬的回教國度 Kazanistan）（頁 5）。其內容約而言之計有八項：

1. 諸民族自由獨立，它們的自由與獨立並將為其他民族所尊重。
2. 諸民族將遵守條約與承諾。
3. 諸民族平等並為簽訂具有拘束力的約定的當事人。
4. 諸民族將遵行不干預的義務。
5. 諸民族有自衛的權利，沒有權利發動除此之外的戰爭。
6. 諸民族將尊崇人權。
7. 諸民族將遵守對於戰爭行為的特定約束。
8. 諸民族有責任援助其他民族，如果後者處於無法獲得公正或像樣的政治或社會政體的不利條件之下。

如同〈邁向全球倫理的宣言〉，羅爾斯在此指出了積極應該追求的目的，並且運用權利的語言，以民族為單位，宣示民族自有其基本權利，並應尊重其他民族的權利。

（二）消極的論述

　　相較之下，史珂拉的「殘酷為首」說與〈邁向全球倫理的宣言〉和「萬民法」有明顯的不同。孔漢斯和羅爾斯都特別強調，他們在為全球秩序和國際關係尋求解決紛爭的道德工具；史珂拉則並未刻意或詳盡地論述「殘酷為首」具有普世的意義。部分學者或即因此根據史珂拉反對尋求積極共識的立場，指出史珂拉不主張普世倫理，反對羅爾斯尋求自由社會中「重疊共識」的努力。[88]

---

[88] Yack, "Liberalism without Illusions," p. 9; Benhabib, "Judith Shklar's Dystopic Liberalism," p. 56. Shaun Young 認為史珂拉與羅爾斯有共同之處，但與筆者的考慮十分不同，參見 Shaun Young, "Avoiding the Unavoidable? Judith Shklar's Unwilling Search for an Overlapping Consensus," *Res Publica* 13, no. 3 (2007): 231-253。羅爾斯的「重疊共識」說於普世倫理的討論確具意義。不過，他的「萬民法」主張更清楚彰顯出國際秩序的問題。關於「重疊共識」說，參見 John Rawls, "The Idea of an Overlapping Consensus,"

不過，史珂拉確曾明白宣示：「殘酷為首」──把殘酷及其引發的恐懼，以及對於恐懼自身的恐懼當作至惡──是自由主義歷來的「普遍、特別是世界性的要求」（a universal and especially a cosmopolitan claim）（LF, p. 11）。於她而言，此說將可適用於所有的人，而不只是相信倫理有其意義的人、或者是能夠或願意理性面對問題的民族。她曾就社群主義指出，單純訴諸於社群價值和感性的作法，真正的困難就是當各方面彼此衝突時，必須有超乎不同背景的裁判，有非個別性、超然和普遍的判斷標準；它們適用的對象不只是你和我、而是「整個的人類」（all humanity）。[89]

此外，史珂拉的「殘酷說」雖然出自她個人的反思，但是她把這一結論回溯到近代西方的歷史過程、自由主義傳統，視之為歷史經驗的結晶，只是於今為大多數人所遺忘。這一取徑引發的問題是：如果近代西方的自由主義者，基於歷史淵源與現實功能而主張「殘酷為首」，非自由主義者、非西方人何以要接受這一與自己沒有深刻歷史淵源，而且很可能並非因應自身當前急迫需求（例如：國家的獨立與富強）最有效工具的立場？在反西方中心論和民族主義高張的情況下，史珂拉尤需說明：為什麼其他地區的民族和文化傳統也要「殘酷為首」，為什麼「殘酷為首」放諸四海皆準，而不只是歐美種族中心主義的反映？

史珂拉從理解二十世紀和近代西方發展的歷史過程，以及學習歷史人物對於相關理念和事件的省思，得出「殘酷為首」的結論。關於這一結論的普世性，她不希望用天賦人權的語言說明，也不願意宣稱因為自己從出於西方文化即認同其優越性。她的信念很可能與她的道德心理學（特別是道德與價值主張，於心理上的正負面影響及其政治的意涵）有密切的關係，但她並未就此多所說明，也無意提出一套自由主義的人性論。[90]下文只能就她關於「恐懼的自

Political Liberalism, expanded ed. (New York: Columbia University Press, 2005), pp. 133-172。

[89] Judith N. Shklar, "The Work of Michael Walzer," *Political Thought and Political Thinkers*, p. 379.

[90] 史珂拉曾說：自由主義關於人性只需要一項前提，亦即：人們除了相似的生理和心理結

由主義」的討論，推論她思索「殘酷為首」所具有普世意義的可能理路。[91]

　　史珂拉在〈恐懼的自由主義〉文中表示：「殘酷為首」是經由對於人的充分觀察所得出的「道德直覺」（moral intuition），直接針對的對象是政治上的濫權、是「系統性的恐懼」（systematic fear）；這般恐懼源出於一種預期，預期制度性殘酷（institutionalized cruelty）的存在、並使自由成為不可能實現的追求。在她看來，由於系統性的恐懼相當地普遍，把禁止它作為基本的道德要求，當下就會引起注意，並且毋須經由太多論證就能獲得認同。然而，這般說法即使在自由主義者看來都仍有所不足。史珂拉深知此理並隨即補充：自由主義認為幾乎所有的人都對殘酷有所恐懼，並且避之唯恐不及，這項預設雖然很有道理，卻還是不夠；必須

> 使得禁止殘酷能夠普世化，並被承認為一項獲得人的尊嚴的必要條件，它〔以殘酷為首〕才會成為政治道德的原則。（LF, pp. 11-12）

藉由這一轉折，史珂拉意圖使實然的描述（幾乎所有的人都對殘酷有所恐懼），成為應然的要求（以禁止殘酷為原則）。

　　至於如何使殘酷為首成為政治道德的原則，成為自由主義的政治實踐和解決方案的基本規範？[92]我們可以試從兩個方向梳理史珂拉可能的思維。一見於她如何化解對「恐懼的自由主義」的批評。[93]論者指責「恐懼的自由主義」將

　　構之外，在個性上有極為明顯的差異（LF, p. 17）。

[91] 下文所述史珂拉的回應，是她針對「恐懼的自由主義」（而非「殘酷為首」）的討論。採取「殘酷為首」不等於接受自由主義。不過，在史珂拉的論述中，「殘酷為首」是「恐懼的自由主義」的前提；藉由指出「恐懼的自由主義」的普世性，或有助於思索「殘酷為首」的普世性。

[92] 史珂拉另也指出可以探詢下列問題：禁止殘酷是否將使得絕大多數人在滿足他們已知的需求和匱乏上有所獲益？不過，她無意從這裡著手（LF, p. 16）。

[93] 在此，我們將只討論史珂拉的回應中兩項涉及「普世性」的解說，她所論及的其他反對意見，另有：「恐懼的自由主義」缺乏具體的目標（以工具理性取代真正的人類理性），缺乏足夠的「自我」理論，以及相當接近無政府主義（LF, pp. 14-15, 17, 18-19）。

政治化約成只是關注平常且切身的經驗，缺乏高尚、鼓舞人心的目標。史珂拉說：這一批評意涵「情緒」的地位低於「理念」，尤其低於政治的目標。只是，追求意識形態的實現，或者為了目標甘冒生命的危險，固然可能是高尚的行止；但為了一己的目標而殺掉另一個人，卻全然稱不上高尚。箇中涉及的不僅是所追逐目標的意義（具有意義與否，不是自己說了就算，也不是所有意義都具有同樣昇華的功能），也是追逐的方式（以威脅和賄賂強加於人的作法，不過是把所謂的理念當作凌虐的工具或口實）；「犧牲自己」這一作法可能贏來人們的讚許，但就其定義而言並非政治的義務。尤其重要的，史珂拉說：

> 我們所造成的傷害將會減輕許多，如果我們已經學會接受彼此都是有感覺的生物（無論除此之外還可能有些什麼成就），並理解到生理上的福祉和容忍未必不如其他我們個人可能選擇的目標。（LF, p. 14）

簡言之，只要不鄙視生理的經驗，我們就不會把「恐懼的自由主義」視為化約主義。更何況，史珂拉再次提醒：追求政治的精神意義（political spirituality），這種說法總是被用來作為理由，進行沒有節制的破壞。

第二，論者指責「恐懼的自由主義」嚴重缺乏歷史意識，是種族中心的反應，其中所宣稱的普世性缺乏根據；「殘酷為首」說不會受到那些生活在傳統社會中的人歡迎，即使這些傳統有如印度種姓制度般殘酷。根據史珂拉的回應：這一缺乏歷史意識的指責有其疑義，而且無法面對實際的問題。用普遍性通則批判特定的傳統習俗，未必就是傲慢或者種族中心的表現；絕對的相對主義論（absolute relativism）以過於西方中心或抽象為理由，而否決「恐懼的自由主義」，這一作法太自以為是、也太輕易忘記我們所在的世界的恐怖。即使最好的種族相對主義，在面對恐懼和殘酷時，除了承認它們隨處可見之外，幾乎就是無話可說（LF, pp. 15-16）。

除了指明批評者的立場未必有效之外，史珂拉另亦試著正面論述「恐懼的自由主義」的普世性。她表明：具有普世性與否，將根據行為的結果下判斷；也就是說：

除非而且直到我們可以提供世界上大多數傳統和革命政府下受到傷害和
羞辱的受害者，一個相對於他們目前的處境是個真正而且可能實現的選
項，否則我們無法知道他們是否真正享受他們的枷鎖。他們真正如此的
可能性微乎其微。（LF, p. 16）

除非開放且公開地檢視所有可能的實際——特別是那些新的和外來的
——選項，否則將無法負責任地作抉擇、也無法控制那些宣稱是人民及
其精神之聲的當權者。（LF, p. 16）

在史珂拉看來，關於隨時隨地都可能有人承受的殘酷，最可靠的測試（test）
將是在特定條件下隨機詢問最可能受害、又最沒有力量的人。不過，相較於一
般否證的方式——亦即：在證實某議題為真之前，假設其為不真——史珂拉認
為：在測試之前，沒有理由不預設殘酷為首對於暴政的受害者可以有很大的助
益（LF, p. 17）。

　　那麼，是否可能或如何進行這些測試？史珂拉並未直接說明。她在〈恐懼
的自由主義〉文末表示：《紐約時報》（*New York Times*）的國際新聞，所描
述的種族主義、仇外情緒和有系統的政府暴虐行為，就已經相當駭人；很難想
像一個政治理論家或者具有高度政治警覺性的公民，可以無視於這些新聞並且
不加譴責。史珂拉表示：當人們一旦這麼做時，我們就已經多一步靠近恐懼的
自由主義、多一步遠離其他形式的自由主義（LF, p. 19）。

五、結論

　　史珂拉的「殘酷為首」說，藉由近代西方歷史的演變理解當今世界，並擷
取先人思想的結晶因應當前世界的問題；其中帶著深刻針對西方耶教文化和近
代自由主義發言的色彩。在史珂拉看來，從近代西方的經驗與思想所得出的
「殘酷為首」說，其重要性並不局限於西方；無論從當前世界的局勢，或者從
人的道德心理來看，「殘酷為首」對於非西方世界也具有深刻的意義。

　　西方思想界對於史珂拉的主張不僅有所讚譽與肯定，也有所質疑與批評，並引發對於她的自由主義的不同詮釋。其中涉及的問題包含：恐懼是否是自由主義唯一（或者最穩定、可靠）的動力？即使歷史上如此，今天的自由主義是否仍然需要以其為要義，或者應該有所改變？舉例來說，把用我們各自的方式選擇我們所認同的善，視為自由的目的；或者以真正的信仰無法來自外力的要求，作為容忍的原因；這些是否比免於恐懼或者存疑主義，更適合作為自由主義的精義？除此之外，史珂拉的自由主義究竟屬於消極性或積極性，究竟只講記憶或者也談希望？部分學者強調史珂拉的消極取向，並指出：史珂拉對於殘酷的這般理解，是否可能帶來不同的正義觀，或者其實只能提醒我們實現正義的困難？[94]史珂拉的多年諍友社群主義者沃爾澤（Michael Walzer）則表示：只是消極免於恐懼的政治觀，不足以構成一個政治權力的理論；自由的追求可以當作形容詞或副詞——意指免於恐懼或採取免於恐懼的方式——而與其他的立場相結合（例如：自由的保守主義）；自由主義一詞在免於恐懼的背後，另有更具體對於權力的積極性定位（例如：保障個人的安全）。[95]不過，也有學者認為史珂拉有其積極追求，從而探詢她的消極和積極追求之間的關係。他們所提出的問題有：史珂拉的「殘酷為首」、「恐懼的自由主義」和關於「不正義」的探索，這些討論之間是否一致，或者彼此有其張力、乃至於矛盾之處？它們意涵一個環繞「殘酷為首」的自由觀，並且互相限定，而成為無法直接逕以消極或積極的自由主義標誌的主張，或者它們象徵史珂拉的思想從主張消極自由主義（保障消極的自由）、到積極自由主義（提供與保障個人運用自由的機會）、到民主自由主義的逐步改變？[96]

　　史珂拉的自由觀確實仍須更深入的說明和釐清。不過，這已非本文的目

94　Will Kymlicka, "Review of Liberalism without Illusions," *Ethics* 107, no. 3 (April 1977), p. 514.

95　Michael Walzer, "On Negative Politics," in Yack, *Liberalism without Illusions*, p. 24.

96　這些問題或者來自 Amy Gutmann 所作討論（Amy Gutmann, "How Limited Is Liberal Government," in Yack, *Liberalism without Illusions*, pp. 64-81），或者來自其啟發。不過，筆者不盡然同意 Gutmann 文中對於史珂拉的分析。

的。下文將另就目前所見史珂拉「殘酷為首」說及其「恐懼的自由主義」的內容，對於探究近代中國自由主義可能有的參照性，稍作說明。近代中國知識分子的歷史和文化處境，截然不同於史珂拉所從出的背景和擬面對的問題，之所以仍然援引史珂拉為對照，其目的不在以史珂拉的主張作為中國自由主義的典範，也不在檢討近代中國知識分子是否（或如何）誤讀了自由主義。以下討論旨在藉由史珂拉所提出因應自由主義危機的方式，看出近代中國援引自由主義過程中的部分思想特徵和相關問題，以期引起更多探索這些特徵的性質、成因、與政治意涵的努力。[97]

　　首先擬指出的是道德與制度的關係。史珂拉多談道德、少言制度的取向，從形式上看與近代中國知識分子相當接近，但是實質上仍有值得留意的分野。史珂拉強烈主張自由主義有其道德與倫理主張，但只是以它作為政治活動的必要條件。她對於個人自我要求的能力明顯有所保留，既不曾強調政治與社會問題的根源在於個人的思想和行止，更堅持政治制度無論於定義或實踐自由主義都具有不可或缺的必要性。相較之下，近代中國知識分子（自由主義者自不例外）不僅重視個人道德在政治上的角色，並且對於人心自我形塑的力量寄予厚望，傾向於視之為嶄新政治的充分條件。[98]最典型的例證即是梁啟超（1873-1929）《新民說》所說的：「苟有新民，何患無新制度、無新政府、無新國家？」

　　第二則是消極和積極道德的不同取向，及其中所蘊涵的權力觀。史珂拉重視道德的政治功能，但主要著眼於消極應該避免的惡行，並堅決反對政府積極參與理想人格的塑造。她在政治上的道德要求，係在不得不承認權力不可避免的同時，以「殘酷為首」說與「恐懼的自由主義」限制權力內涵的強制性和殘

97　近代中國的自由主義內涵許多不同的立場，在此只是泛指晚清及至於 1949 年國共分裂之前的自由主義。文中所指出的特徵主要係作為比較研究的思考工具，而非作為界說近代中國自由主義或自由主義者的定義。個別的自由主義者很可能在某些部分有不盡相同的看法，也很可能在他人生中的某一階段放棄了自由的主張。

98　關於近代中國知識分子重視道德更甚於制度的取向及其意涵，參見拙作：《轉向自我：近代中國政治思想上的個人》（臺北：中央研究院中國文哲研究所，2010 年）。

暴性，而非要求政府扮演積極愛民和教民的角色。史珂拉不同於主張政府權力
愈小愈好的自由主義者；她承認政府在必要的時刻，有責任介入個人的生活，
但是將必要與否的判定基礎，從人權的保障及相關爭議不絕的難題（例如：人
身自由和財產權孰重），轉移為判別殘酷與否和如何避免更大的殘酷；她因此
得以維繫她的自由主義中，以慎防權力侵害（而非追求人民幸福、為民興利）
為要義的傳統。[99]不僅如此，前已提及，史珂拉對於「權力」的戒慎恐懼，使
得她雖然肯定自由民主的制度，卻得以更明白地指出「殘酷為首」和「恐懼的
自由主義」所要求的，不只是政體的改變，而是積極防範各種各類的權力（包
含中央與地方的政府，乃至於強大的經濟或社會力量）對於個人的入侵。

　　相較於史珂拉，近代中國知識分子明顯趨向於揭示個人（或國民）進入自
由民主社會應該積極培養的德行；梁啟超《新民說》所羅列的公德與私德，或
是胡適（1891-1962）所標舉的「科學精神」皆可為例。這些知識分子抨擊權
力的腐敗與濫用——包括政治上的專制和腐朽、傳統對於個人的箝制——但並
未因此對於政治（遑論權力）自身產生如同史珂拉般的戒懼之心。舉例來說，
民國以降的自由主義者明白反對仁政；不過，他們主要的考慮不在仁政意味著
權力的擴張，而在：仁政即使可能成真，也不再是政治的理想、必須摒棄，因
為政治權力乃人民所有，仁政卻來自君主。至於人民所選出的政府的仁政，是
否應該予以支持？對於近代中國自由主義者而言，這不是問題所在，當前最切
要的困難是：人民的能力有限，必須加強他們的知識與道德。在他們心中，理
想的政治必須爭取國家的獨立和盡力照顧人民的福利；思考公權力的根本關注
在於如何妥切地善用它，更甚於它所及範圍的大小。

　　第三項史珂拉與近代中國知識分子的重大差異，在於他們所側重擷取歷史
精華與順應歷史進化潮流，這兩種性質迥異的歷史觀。於史珂拉而言，重視
「記憶」的歷史觀最為可取，人們必須正視、抉擇，並且善用歷史留下的經驗
和資源，俾以因應現實的問題。自由主義是近代西方歷史面對政治（和權力）

99　史珂拉對於以追求幸福為目的的政治可能導致開明專制的疑慮，見 Shklar, "Bad
　　Characters for Good Liberals," p. 238。

所累積的精華，包含不同的界說和理解的方式；「恐懼的自由主義」只是標誌出其中的基本道德要求。它的具體內涵將在不同的自由主義立場中折衷地擇善而從，其中「殘酷為首」的原則，是自由主義的起點、也是精義，並且具有普世的意義。

　　以此為對照，近代中國自由主義者顯得更為著重從「希望」的角度看待歷史，並從歷史進化的角度理解自由主義的意義與價值。他們相信：歷史經驗之所以重要，主要在於彰顯出社會演進的過程，以及個別社會應該採取的路徑；從近代西方既富且強的歷史經驗中，得以看出自由民主乃是人類共同的發展方向和未來。中國本有的傳統或因有違自由主義而成為反面教材，或因相同或相似於自由主義，而被視為推動進化的助力。近代中國自由主義者在西方自由主義中雖然各有側重和抉擇，但無論其結果是中西思想或不同西方思想之間的混雜或綜合，他們鮮少揭示在不同自由主義傳統中折衷地擇善而從的立場，甚至於無意間減弱了這般抉擇的可能性。近代中國知識分子眼中的擇善而從，往往意味著以新代舊、以後出代先行的取向；他們藉由時代潮流的信念，指出或佐證他們所接受的自由主義的優越性；在不少人看來，二十世紀初美國的自由主義優於十八世紀歐洲的啟蒙自由主義，二十世紀中葉的社會自由主義優於十九、二十世紀的個人主義式自由主義。

　　最後擬說明的則是史珂拉自由觀的反烏托邦性格，和近代中國自由主義的烏托邦傾向。在史珂拉看來，自由主義不是個人生活的萬靈丹，作為倫理上的好人和作為政治上的好公民，有不盡相同的要求；自由主義面對的只是政治問題，自由政體的建立只是基本的架構，自由政治的成功仍然需要具有高度自制力的個人，個人在面臨實際問題時，仍然需要面臨諸多困難的抉擇。換言之，自由主義於個人而言固然不無解放的意義，但是並非以解放為目的，以自由主義為原則的生活並不容易；自由之外仍有許多值得珍愛的價值和規範，自由主義的政治雖然只有「殘酷為首」這一消極的規範，卻仍需要持續不斷地努力，因為其要義在於不斷觀察各種權力的形成、形式，以及防範和對抗這些權力的濫用。

　　相較於此，近代中國的自由主義者並不特別強調自由主義只是用以解決政

治的問題。於他們而言，自由主義在政治或非政治領域都很重要，它是走向人間樂土的道路，可以解決各方各面的問題。這些知識分子深知移植自由主義到中國是極為艱困的工作；他們致力於解析、闡述在中國（乃至於在西方）建立自由政體和其他制度面的困難，[100]並將西方自由民主政治中出現的問題，視為猶未得知或實踐自由真義的暫時現象，將可隨著時間和經驗而獲得改善；只要能夠建立起最進步的真正自由主義，之後的問題將只是具體執行的細節而已。[101]近代中國自由主義對於自由政體建立後的困難，以及自由主義自身的限制和可能的異化，著墨不多。

　　總結地說，史珂拉的「殘酷為首」說和「恐懼的自由主義」，無法回答相關於自由主義的各種問題，但確實有助於更深入省思之所以選擇自由主義的原因與因此所需遵行的道路。[102]中國當前的條件和處境業已大不同於過去的近百年。今日國家機器所掌握的權力和全球化世界體系所造成的影響，遠比十九世紀、二十世紀的權力形式更為複雜，所帶來的利弊（包含對於個人生活的侵入性）也更加糾結。這時，為什麼選擇近代西方的自由主義，作為中國政治的走向？如何在近代西方不同的自由主義傳統中抉擇或折衷？如何援引迥然不同於中國數千年儒法傳統與近代革命傳統的西方自由主義？如何在前往自由主義的道路上，回顧中國的傳統與展望自由民主的未來？這些都仍有待當今中國的自由主義者更深入地思索。

---

100 例如：他們對於民國建立之後的政治亂象，或者歸諸於並未建立真正的自由政體，或者視之為人謀不臧的結果，從而或者專注於改變政治領袖和國民的識見與能力，或者感慨於國際與國內的條件並未給予自由主義發展的機會。這些分析各有其道理，但是箇中所隱涵對於自由主義的樂觀想像，值得更明白而深入地釐清。

101 以自由主義者胡適為例，他在 1919 年的「問題與主義」論爭中，主張個別的問題必須個別地處理，但也深信只要運用科學方法和科學精神，面對問題時將能無往不利。

102 以史珂拉的看法對照出近代中國自由主義的特徵，所能作的並不以本文所述為限。史珂拉所論及的具體價值和惡習（例如本文未曾論及的「忠誠」），在近代中國自由主義中可能的面貌和地位，即是另一值得考慮的議題。

世界倫理與宗教對話如何可能

李瑞全*

　　在人類歷史中，神話與宗教無疑是人類文化最早出現的一環，但它的影響力卻一直影響到當前的世代。二次世界大戰雖然不像中世紀之十字軍東征之明顯為宗教戰爭，但在歐洲的屠殺中，仍有不少宗教的影子。而戰後回教與基督宗教之間的聖戰或文化衝突中，宗教的因素仍然極為強烈。在西方宗教歷史中，無疑有很多熱誠奉獻、救世救人的宗教虔誠者，但也充滿很多宗教迫害與戰爭的事件。宗教基本上是尋求生命的解脫，卻也常是世間激烈的加害與鬥爭的根源。此所以有卡西勒所說的宗教之謎：

> 宗教不僅在理論的意義上始終是個謎，而且在倫理的意義上也始終是個謎。它充滿了理論上的自相矛盾，也充滿了倫理上的自相矛盾。它鼓勵我們與自然交往，與人交往，與超自然的力量和諸神本身交往，然而它的結果則恰恰相反：在它的具體表現中，它成了人們之間最深的糾紛和激烈鬥爭之源泉。宗教自稱擁有一種絕對真理；但是它的歷史卻是一部有著各種錯誤和邪說的歷史。它給予我們一個遠遠超出我們人類經驗範圍的超驗世界的諾言和希望，而它本身卻始終停留在人間，而且是太人間化了。[1]

---

*　國立中央大學哲學研究所教授

1　Ernest Cassirer, *An Essay on Man* (New Haven: Yale University Press, 1944), p. 72. 劉述先

這是劉述先先生所引述的一段文獻，作為劉先生近年最關注的課題：世界倫理之論文集《全球倫理與宗教對話》的扉頁語。如何消弭宗教之紛爭可說是二十世紀第二次大戰之後，西方宗教人士所最關切的全球性的議題。在尋求解決宗教戰爭與紛爭而發展出來的世界倫理的建構過程中，最著名的莫過於孔漢思（Hans Küng）的努力和貢獻。劉述先先生則代表儒家參與此一世界倫理與宗教和平建設的工作，表現出儒者關心世界，胸懷天下的情操。劉先生呼籲中國知識分子也應參與做出努力，並提出要對以下兩個問題作出回應：

> （一）站在中國人的立場，我們為什麼也要講世界倫理？在我們的傳統之中，究竟有哪些資源可以應用，哪些障礙必須克服，才能與世界其他傳統對話？
>
> （二）我們要以怎樣的方式講世界倫理才能一方面與其他文化，特別是西方文化會通，卻又在另一方面保持我們自己文化的特色，而不致淪於附庸的地位？[2]

劉先生提出多篇論文，申述當代新儒家的觀點，參與和回應孔漢思主持的多次世界倫理的討論。劉先生認為自己所提出的世界倫理的論述，由儒家的觀點支持孔漢思的人道為本的世界倫理，正是回應上述所提的兩個問題，既積極參與建構世界倫理的事業，不把世界當前的問題置於身外，同時也站在儒學的立場來發言和建構，絕不是勉強的湊合西方文化的要求。[3]此則由下文之引述即可見劉先生之深意與貢獻。

孔漢思和致力於宗教對話與和平的各界學者，無疑提出了很多有力的論

先生於 1957 年曾譯成中文，由臺中東海大學出版，此書後又在大陸重印為《論人：人類文化哲學導論》（桂林：廣西師範大學出版社，2006 年）。中文譯文出自甘陽譯：《人論：人類文化哲學導引》，頁 92-93。轉引自劉述先：《全球倫理與宗教對話》（臺北：立緒文化事業公司，2001 年），頁 2。

2　劉述先：《全球倫理與宗教對話》，頁 58-59。

3　此自評見前注，頁 220。

述，推動了二十世紀的宗教與哲學的溝通。為了避免宗教之間的相持不下，形成僵局的情況，孔漢思從世界倫理的角度切入尋求宗教對話與和平，確是一切中肯綮的進路，也引起了全世界各不同宗教的共鳴和響應。對於什麼是世界倫理以及如何論證世界倫理的合理性和必要性，孔漢思不但舉辦多次重要的國際會議與工作坊，引進不同學門與活動的學者參與，而他自己也詳參了各種論述而作出很有說服力的論證和著述。[4]簡言之，孔漢思認為宗教是建立在真實的人性上的，宗教也是人性得以真實實現的依據，似乎略過了倫理的必要性。這無疑是以宗教或宗教和平為基礎去申論世界倫理，缺乏對宗教本身的根源分析和批判，實未能對宗教對話與和平何以可以由倫理的溝通來達成，予以論證。在孔漢思的論述中，雖然不斷強調普世倫理的重要性，但卻不認可倫理對於宗教的基礎性，與促成宗教和平共存的力量。此中自有西方哲學與神學傳統中對倫理的地位的重視不足，對倫理作為人類生命與生活的價值與規範意義未能予以足夠的分量，常只以世俗、平庸、以至一般的社會風俗的行為來看待，沒有面對和確認倫理和倫理生活對人之為人的基礎性。世界倫理只作為宗教對話和追求和平的手段，而並非真以為倫理具有能消弭宗教激烈的排他性和訴諸暴力的力量。如果宗教並不是建立在道德之上，則世界倫理也難以有力量去消弭宗教之間的紛爭。以上引卡西勒所述的宗教之謎的宗教之間的無情殺戮情況來看，宗教何以能對話，何以能和平共存，實須予以深度的論證和反省其真實可行之道。此則需要反省宗教所出自的生命的根源，與此根源所含有的倫理規範意義。

一、宗教之根源意識：生命一體性

　　宗教作為人類文化的一種表現，它與人類的生命和價值有不可分割的關係。有謂宗教是道德的理想，是道德的最理想的實現。姑不論此義是否真確，宗教多少總是人類追求嚮往超越世俗一切的理想，追求神聖的一種使命，是所

4　孔漢思著，鄧建華、廖恒譯：《世界倫理手冊：願景與踐履》（北京：三聯書店，2012年）。

有民族都自然而有的現象。以渺小的人類，面對蒼茫的天地，不會無所感。各民族的宗教總在初民的經驗中已發展出來，與各民族的原始信仰和生活經驗有密不可分的關係。因此，回到宗教興發時最原初的精神，也許會提供我們對宗教會通更有根據的方法。卡西勒認為，宗教與宗教之前的神話世界，有不可分的關係。他不贊同一般把宗教與神話截然分割，特別是把神話看成是人類初民時代民智未開，盲目的動植物崇拜，完全是混亂而自相矛盾的表現。在以現象學的方法考察學界從各方面，特別是人類學者所收錄的記載和學理之後，卡西勒認為之前的研究都沒有掌握到神話與宗教的實況和真正意義。歷史的資料證明世界各大民族都有類似的神話時代，而且神話的影響力仍然存在於現代的社會中，並沒有消失。[5]神話與宗教所要傳達的不是假科學，而實是一種不同於科學研究所設定的世界或符號形式。

　　卡西勒指出，在初民的生活經驗中，神話與魔術（magic）表現出初民對世界是有非常細密的觀察和理解，比如洞穴壁畫所顯示的動物生態的細節，或對所處環境之具體情況之掌握，都顯示出初民並非沒有理智或理解力。他們所不同於現代科學，在於不是以分類、區分和分解的方式看待世界，而是以情意和感通的方式生活在自然世界之中。初民對世界的經驗有似嬰兒，一方面並無人我之區隔，另一方面所知覺到的不是科學世界的本體屬性之類的性質，而是一種容貌式的性質（physiognomic qualities），是一種直接的體會，有如嬰兒感覺到母親的容貌所表示的喜怒哀樂。[6]初民所見的自然界不是單純觀解的或實踐的，而是一個同情共感（sympathetic）的世界。[7]這是先於種種分解和區分的一個基本的不可磨滅的「生命之團結一體」（solidarity of life）的自然世界。人類在此與其他生命具有不可分的血緣關係，人類也不比其他生命具有更

5　卡西勒在反省和分析西方第二次大戰，特別是德國納粹黨的反民主和迫害猶太人的非理性表現，在大戰末期開始撰寫當代的政治問題，在 1945 年初已寫成 *The Myth of the State* (New Haven: Yale University Press, 1946) 一書，論述神話的功能如何貫穿於當前的政治發展。

6　Cassirer, *An Essay on Man*, p. 77.

7　Ibid., p. 82.

獨特和高貴的地位。「對於神話與宗教的情感來說，自然世界成為一偉大的社會，生命的社會」。[8]生命是一連續的整體，甚至死亡也不被視為是一自然現象。因為，人與自然一體，祖先與後代永恆同在。祖先被認為可在後代子孫的生命中重現，祖先崇拜在各民族的歷史中是一普遍而自然的現象。宗教可說是從神話進一步發展而來，但並不是截然的二分：

> 它〔宗教〕必須滿足一觀解的和一實踐的功能。它含有一宇宙論和一人類學；它回答世界的根源和人類社會的根源問題。而由此根源它推衍出人的義務與責任。這兩個面相並不是清楚地區分的；它們結合和鎔鑄在一基本的情感，即，我們之前所嘗試描述為生命團結一體的情感之內。在這裡，我們找到神話與宗教的共同根源。[9]

卡西勒並進而指出，在被科學眼光視為虛幻的原始民族的魔術中，實假定生命為一體的，即都是在一同情共感之下的魔術（sympathetic magic），否則魔術式的行為和儀式將不可理解。卡西勒的論述，對於神話與宗教作為人類的文化符號形式，具有重要的哲學意義。我們在此不能細論。我們主要指出的是：宗教最原初的精神是含藏有一生命一體的經驗，自然世界也在人類一體的經驗之內。宗教的本義自是對一切人而言的，神聖不可能只由某些個體或民族所獨有。有深切宗教體驗的信徒，如齊克果之以宗教是個人所必須親自經歷過的獨特經驗，是一個人的存在意義所繫，自然是一深具宗教情懷的經驗。但是，個人與宗教神聖性之結合卻不能只是某些特殊個人的。先知所示的獨特的宗教經驗，在教義上當是人人皆可以有的獨特的神聖經驗，此是宗教的普遍性。此普遍性的根源，是各個生命的平等性與生命之間的一體性。由此，我們可以得出宗教會通的一個共同的基礎。

　　宗教之普世意義，是宗教會通所以可能的根據。任一宗教都懷有一使命：

8　Ibid., p. 83.

9　Ibid., p. 94.

使所有人都成為信徒，都得到最終的解脫，得到神聖的祝福。沒有正當的宗教會蓄意排斥不同種族文化的他者。宗教可說是通過神聖世界而體現對生命的一體性的超越之嚮往。對於異教徒的排斥與殺戮，主要的原因是以異教徒為顛倒是非真理的邪惡力量。此即意味縱使有各種差異，一切宗教的基本理念，仍然是以人類為一家的。一個家庭、社會或國家的運作是這個生活共同體所包含的價值信念，而此中最根本的是它的道德規範。宗教可以說是人類心靈中的一種超越的追求，祈望能從現實的各種限制、束縛或痛苦解脫出來，尋求和實現更高遠永恆的價值。由上述卡西勒的研究所示，這是人類自然心靈即具有的一種理想性。這是往超越方向的一種尋求和努力。但是，它仍然有一個內在的根：這個根是在日常生活中的共同分享與一體不分的休戚與共的經驗。由於人與天地萬物為一體，人可以真實祈求超越個體生命的有限性和無奈感。因此，宗教的超越的理想性可說與倫理生活並行不悖，甚至是不可分割的。道德的生活所展示的人類的心靈，自是內在於當下的生活與生命之中，是維持人類社會的必要的規範。但道德的實踐也透顯出人類的道德心靈同時具有一種超越性。因為，道德的規範總含有一種普遍的理性的訴求。道德的自我要求並不限於自己一身，或一家，甚至不能限於一族一國，而是要求對待所有人都必須一視同仁，都必須根據道德規範而行。事實上，道德的要求不只是對待人類要有同等的規範，也要求對待其他物種予以道德的對待。在原始心靈之與天地萬物一體不可分的團結性（solidarity）或同情共感之中，道德之對待是無分彼此的。道德的負擔也無分先後，我們不但對現前的生命共同體中的人負責，也對之前的先人和之後的後代負責。生命一體即表示先人後世與我同在，個體的生命不受特定的時空限制。這是道德心靈或道德意識所具有的超越意義。道德心靈可說是從生命最內在具體之處通往最普遍和超越一切個體分別的宇宙全體，超越特定的時間性與空間性。這是道德之所具備的既內在又超越的真實性。因此，我們可以說超越的宗教意識是以倫理道德的內在性為基礎的往上往外的發展，宗教作為一文化活動，實有道德的意識在內。[10]換言之，宗教心靈之超越意義與

10　有關宗教作為一種文化意識的表現與道德意識或道德理性的關係，請參考唐君毅之《文

道德實踐之超越而內在的責任，可以相銜接和相輔相成。由此我們可以申論宗教對話和消弭對立的可能性。

二、倫理生活如何可以使宗教對話可能

　　宗教會通之困難是由於教義之神聖性與獨尊性。因為，神聖的教義寫在神聖的語言之中，因此，信徒只能全心全意奉行，不能有貳心。由於出自聖靈之口，不可能有錯，亦非任何人所可改動。對神聖教義的改動即是最大的僭越與褻瀆，是信徒所不能忍受的行為。由於教義的神聖性，即是獨一無二的獨尊性，因而宗教之間難以接受平等並立，更不要說尊他者為在己之先。宗教之間，對於異教如果不採取株滅，最寬容的也只能把別教之至尊貶為第二，別教的信眾是有待再轉化歸宗的。但是，由於宗教教義總不免出一時一地之先知先聖所興發，總帶有一定的時空歷史與民族生活的特殊性，與異時異地之民族所秉持的宗教、文化與生活習慣，不免有巨大差異。由於宗教同時是信徒的生活與生命的指導原則，不同宗教的神聖價值可說已貫注到信徒的共同的生活元素之中，如文化、語言、食物、風俗習慣之內。因此，要進行宗教會通實難乎其難。在具體生活的日常活動中，諸如我們吃的食物、用的餐具等，實含有我們每個人之生命心靈最根深蒂固的價值認同在內，這些價值通過生活的實踐，已形同我們生命的一部分，與我們的身體分割不開，結合成我們生命的全體。生活習慣與生活形式的改變實有如宗教信仰的改變，對生命自身實起了革命性的改革，可以是伴隨以巨大的痛苦，也可以伴隨以巨大的喜悅。此所以宗教信仰之改變必同時促動生活各方面的全面改觀。信徒也可以說由此得到新生：新的不同的生命的形式與意義。

　　因此，宗教雖常指向超越神聖的皈依，但也同時提供信徒生活的儀軌，讓信徒之生命得以安頓。教徒的生活，也常是集體的生活，除了教儀之外，此中

化意識與道德理性》（香港：友聯出版社，1958 年），特別是下冊第 7 章，頁 156-208。

即包含一定的互相對待的倫理要求。宗教雖然對異教常有排拒和攻擊的表現，但必然對信徒要求彼此要互愛互助，互相團結，組成較一般社會成員之間更親密的關係，即類同家庭之親密團結的組織。是以，宗教也常含有一般的倫理規範，且常是超乎一般道德要求的無私的奉獻。因此，信徒之間常有一種休戚以至生死與共的情操，使信徒在團體中感到安穩，也願意為此價值而犧牲。但是，這種奉獻精神與親密關係是由於宗教之神聖命令而來，與世俗家庭組織之以自然血緣關係開始，以共同的親密生活關係建立的方式不同，也常不免要求把家庭通常有的特殊家人之間的親密關係解除或壓抑，不能妨礙神聖關係的普遍性與絕對性。同時，這種作為信徒生活常規之倫理規範，對異教徒並不適用。不同教派的家人也常被排除在外，甚至常引致家庭的鬥爭。現實上，父母常不免以或明或暗的權力影響或引導子女走上同一教派，此常出於信徒擔憂日後一家人不能同聚於共同的聖靈庇祐之下，同享最後的永恆之樂。信徒子女對父母亦如此，故常有以主觀意志強加自己的信仰於父母身上，以致於在父母臨終時代為作主而皈依自己的宗教，祈求在未來仍將一家團聚。這是由於教義所不免的對非信徒的排他性而來的表現。

　　但是，另一方面，由於宗教在世俗生活的安排方面的必要性，卻可以為我們打開宗教會通，最低限度和平共存的可能性。因為，人類作為如此一種生命，即有情欲、情感與理性的生命，自然具有相當類似的生活要求和組織，不可能相差太遠，更不可能截然相反。部分宗教安排教職人員的特殊形式，如不准結婚等，固然是防止教會被同化於家庭倫理親情之中，而喪失擔任教會組織工作的特殊任務，即平等對待一切信徒的普遍態度。但由於共同生活的必要性，不同宗教信徒仍得有社會家庭的生活，雖然此中之倫理親情會受不同教派的不同程度的限制，但仍然有很高度的共同性。在家庭生活形式之下所必有的生存與發展乃成為跨宗教、跨文化、跨歷史的共同現實，也是可以會通的共同基礎。此中所具有的生活的規範，是宗教會通所以可能的最初步的根據。至於倫理生活對於打破人與人之間的各種文化與宗教差異所具有的力量，我們可以從人際間之親情與倫理規範兩方面來申論。

　　在共同生活中的倫理親情，使我們不但珍惜家庭成員的生命，更常是使我

們自願犧牲自己的生命去保護和成全家人的生命。父母子女與兄弟姊妹之間常有這種親情的表現。我們對親人之受傷害最容易感同身受，是猶如一體的感通，自然湧現不安不忍的感受，促使我們全力去解除親人生命的苦痛。這種倫理親情常是獨立於宗教信仰之外的。這種對生命不安不忍的同情共感，自然推擴到其他人其他生命，它足以使我們跨過民族與物種的差異，以至宗教之巨大差異，而認可異教徒的生命價值之可貴。此在不同宗教信仰的家庭成員之間，宗教固然有撕裂家庭的力量，但也常在倫理親情之下讓我們自然產生珍惜不同宗教或教派信徒的生命價值。這是我們願意和希望可以跨越宗教差異而和平共存的基礎。我們可以由於不希望因不同宗教信仰而傷害家人的生命，進而不希望因不同宗教而傷害異教徒的生命。我們即有以最和平的方式消除彼此的宗教差異，也可望進而尊重彼此之宗教信仰，是人間平和共存的動力和深情大願所在。

在家庭與社會的日常生活之中，我們自然產生許多行為的規範。這些規範也自然帶有一定的民族生活中的環境與文化的特殊因素，因而時有呈現為不同的行為模式，甚至有時表現為表面相矛盾的行為或判斷。但由於人類生命之相似情狀，這種生活的倫理規範也不會相差太遠。如任何初民的社會都有諸如不可殺害共同生活體中的成員、不可姦淫、不可偷竊等規範。雖然這些規範最初的對象常只指內部自己的家人或族人，以及有階級歧視在內，但在生活群體不斷擴展中，在道德理性的不斷的反省之下，這些規範總會一步步擴充適用的範圍，消除其歧視性，進而平等地包含其他種族在內。因此，如果社會中人能從日常的行為模式進而反省其道德規範的理據，基於道德所具有的普遍性要求，這些規則也必適用於所有人，而不能限於一家一族，以至一時一地的特殊情況。如此，一個傳統文化中的倫理規範常更容易趨近一些普遍的道德規則。由此我們可以有一些跨文化與宗教的共通的一般的倫理原則。在去除特定的用語或具體的指涉之後，我們可以得出，在不同的文化宗教傳統中都有若干共同生活所必須的一般行為規範，如基督宗教之金律、孔子之恕道，或所謂銀律等。孔漢思等現代關注消除宗教紛爭的學者和宗教家，更進一步疏解和整理這些共同的規範，詳列為世界倫理或普世倫理。這些普世的倫理規範，即可以構成宗

教對話的起點。

　　綜言之，回到宗教生命之原點，即生命所本具的一種同情共感的一體感受或感通，人類生命的價值乃是平等共通的，都具有一種從近到遠的關懷與仁愛。這種對生命自身的尊重與愛護，是宗教追求超越使命的出發點。由此，我們的普通的道德理性，即要求我們對如此鉅大差異，以及如此嚴重的宗教對抗之謎加以了解和化解。此中第一步，是通過宗教之間的對話，以了解他人和差異的癥結所在。倫理對待是基本的態度，即採取同情共感，平等理性的互相對待，也是打開和平溝通的關鍵。倫理交融與對話，是解開宗教之謎的基礎。

三、理一分殊之解答：
為何宗教融會不能止於最低限

　　對於儒家的倫理觀念如何能貢獻於宗教對話與和平，孔漢思曾有高度的讚揚。他認為：

> 走得最遠的是儒家代表，他能從儒家的偉大的人道主義的傳統出發，突出強調：「尋求普世宗教的標準對於儒家傳統來說毫不成問題，『仁』，從來就是儒家最關心的事。」[11]

孔漢思此語的背景，可能是有感於當代西方學界對倫理的普遍性持有普遍的懷疑態度有關。而孔漢思對儒家的這一見解基本上是準確的，相信此見解或是出自與劉述先先生的多次對話而來。而儒家對於倫理之能消弭宗教紛爭，實有堅強的理據和有力的實踐的證明。以下這兩節，先陳述劉先生所作之儒家對世界倫理的回應，再進一步申論儒家在實踐上對消弭宗教戰爭的貢獻。

　　劉先生對於普世倫理的回應可分為兩個主要部分：一是回應價值多元下，

11　原文出自漢斯・昆〔孔漢思〕著、周藝譯：《世界倫理構想》（香港：三聯書店，1996年），頁140；轉引自劉述先：《全球倫理與宗教對話》，頁21。

如何建立可以共許的宗教對話與和平共存的形式，一是當代新儒家對建構世界倫理的倫理原則的內容。劉先生對前者的回應是提出程伊川的「理一分殊」的原則來平等對待各宗教，使不同的宗教可以真正和平並存；對後者則提出在恕道原則之外，進一步以五常之德行回應普世倫理的建構。劉先生很了解當代西方倫理學界在經歷不斷的爭議和論述之後，基本上拒絕本質主義或倫理本質主義，也不認為任何有實質內容的倫理主張可以被普遍認可，[12]因而流於只提出一種「極小式的主張」（minimalism）。但劉先生對這一提法有所保留，並指出：

> 所謂極小式的進路，不能只是用「取同略異」的歸納方式。這樣或者得不到結果，或者得到的結果「薄」到沒有多大意義的地步。事實上，我們無須抹煞各個不同傳統之間的差別，卻又不必一定會阻礙彼此之間精神上的感通。以金律為例，每一個傳統有不同的表述，所強調的方面也有所不同，但並不使得它變成一個沒有意義的普遍道德原理。它指點了一個確定的方向，雖然不能給予我們完全的指引，卻可以促成一種精神的感通，凝聚某種共識，如芝加哥的世界宗教會所顯示的那樣。[13]

所謂用歸納的方式得出共同的道德規範，即以搜集各個傳統中一些共同的倫理元素作為共同的價值，此固然會稀釋這些共同價值的內容，變成一種只有形式意義的空架子，並沒有實質的意義。而且，如此歸納得出的結果，只表示一種經驗數據，並不能證成所得出的道德原則為合理的。因此，劉先生認為可以效法孔漢思在世界宗教會議上所得出的成果，即提出一些各個傳統都或多或少具有的倫理原則，作為具體的普世倫理。雖然彼此對同一原則可能有不同的重點

12　對於當代的倫理學的爭議，以及為何任何具有實質倫理判斷的倫理學理論，都難以取得普遍認同的困難和討論，文獻論述之繁難，自非本文所能概述，但作為一簡括的說明，讀者可參考著名的生命倫理學家 H. Tristram Engelhardt Jr., *The Foundations of Bioethics*, 2nd ed. (Oxford: Oxford University Press, 1996), pp. 33-65。

13　劉述先：《全球倫理與宗教對話》，頁 77。

或詮釋，但卻可成為一種有意義的共識。由於這些具有實質內容的倫理守則，如金律或恕道、不可殺人、不可偷竊等，可以經由各自的傳統去詮釋和執行，並不影響各自的獨立性和差異性，但卻可作為共同認可的行動的基本原則。雖然在落實為具體行動，可能因宗教或文化的差異，而有不同的行為模式或重點，但總指示出一個確定的倫理方向，而這個方向是共同認可的。這即可以成為彼此對話和溝通的基礎。

對於這種共同的方向，而又容許各有不同的實質的詮釋和行動，劉先生借用程伊川的「理一分殊」的原則來說明和加以支持，即視各個傳統依同一倫理方向所作的不同的行動，猶如對同一理念作出不同的詮釋，彼此都有一定的真理性而且理論地位相等。劉先生在此並不只是以謹守伊川之說法為限，而是要對此原則作出現代的詮釋：

> 對於「理一分殊」做出現代解釋，我們認為，任何對於道德原則的成文表達已經屬於「分殊」的領域，不能不受到特定時空以及文化傳統的限制，而不可加以絕對化。[14]

劉先生強調我們現在已不能把孔、孟視為唯一的標準，當然也不必接受任何傳統為標準，而是要照顧到古今與東西之差異，不可以把此自家的傳統絕對化。劉先生甚至認為孔、孟，以至程、朱、陸、王，都是分殊的表現，都指向對那超越的「理一」的古今不同的詮釋。古今是縱向的差異，東西是橫向的差異。我們自是不能限於傳統對這些普世倫理原則的論述，而要回應當前的時代問題而提出新的詮釋。在橫向的差異上，我們更不能把自己的標準強加在別人身上，不能強求統一，而是要兼容並包。因此，劉先生認為伊川的時代：

> 困擾人心的是，「理不患其不一，所難者分殊耳」，今日困擾人心的卻

14　同前注，頁78。

是，「分不患其不殊，所難者理一耳」。15

劉先生認為當今世界已不同於宋儒所處的以中國為天下的代表，不但時移勢易，各個文化傳統各有差異，中國已不再獨大，中國傳統也無法取代其他傳統。因此，我們需要擴展「理一分殊」的解釋，以見出宗教之間的異同與可以求同存異的地方。劉先生特別用以指出上述所謂宗教之難，是在「理一」的難以達成：

> 在不同文化傳統之間，我們要尋求溝通。一方面我們固然看到，彼此之間有一些無可解消的衝突與矛盾，但在另一方面，我們也樂於看到，彼此之間還是可以找到許多共同的價值。因此，在今日，共同價值不是通過外在強權加於我們身上的價值，而是由每一個傳統通過自動自發、自我批判然後才體現的會通。故此，我們雖植根在自己的傳統之中，卻指向「超越」的「理一」。現代神學家如田立克就明白，我們終極託付的對象不是「上帝」（God），而是「超越上帝的上帝」（God above God）。這樣的「理一」是無法找到終極的成文的表述的，卻不是我們完全不可以理解的。16

劉先生認為，不同傳統中的宗教都在尋求超越的神聖，此可謂為共同的「理一」，而各自的宗教內容，乃是「分殊」的詮釋，都是對那「理一」的神聖存有的企慕，各宗教猶如月印萬川，彼此實無分軒輊。由於理之「一」，是共通的指向，因而不同的宗教和傳統可以溝通對話。因為都是對同一理之詮釋，無分先後高下，因而可以和平共存。

　　劉先生後來更進一步明確地提出以「理一分殊」作為規約原則。劉先生認可朱子的說明，即孔、孟之後的歷代儒者所發揚的儒學義理，雖不是孔、孟所

15　同前注，頁 77-78。
16　同前注，頁 79。

曾明言之特殊概念或內容，但無礙其中的義理相一貫，都是孔、孟所建立的義理核心內容所應有之義。因此，歷代的儒學並不因為用詞不同，而成為不同的教理。劉先生更擴充到跨宗教與文化傳統上的應用，即以此原則為不同宗教與傳統的規約原則，承認每一宗教和傳統，都在一個意義之下，是可以互相通貫的。[17]雖然劉先生不認為有任何現實的宗教或傳統可以全盡地獨一地表現出此「理一」，但卻無礙每一宗教和傳統可以說是從不同的角度或視野去詮釋同一的理。我們依此規約原則之意義來審視各不同的宗教和傳統，自可以祈望日趨於大同。

　　劉先生之詮釋乃是對宋儒的「理一分殊」原則的現代詮釋，且能應用於當前消解宗教之間的對立問題。事實上，劉先生的詮釋已超出伊川的說法之外。伊川的「理一分殊」原初所指的是儒家內部的義理之應用和詮釋各種合理的行動的特殊情狀，是說明在共同的儒家的信念之下，如何恰當地運用同一道理或天理於各種不同具體情況的問題，特別是如何建立適當的差別待遇的合理性。這種使用可說是這一原則內指的使用。而劉先生之詮釋卻是超乎特定的宗教或傳統之內部，是用以指涉超乎各傳統之外的，所共同指向的「理一」，這是外指式的使用。由此外指而見出各宗教傳統的共通性，和各自的特殊詮釋意義，保持各宗教的一種合理性的並存，不容對異教加以否決。但也不容許任一宗教自以為具有獨得真理之絕對地位，彼此必須採取謙讓和互相寬容對待的方式。當然，各不同宗教是否能如此謙容，卻不是「理一分殊」這一原則所能確立，尚須進一步的倫理的證成。

四、當代新儒家對世界倫理建構之回應：五常之現代意義

　　孔漢思的世界倫理指出在每一個宗教傳統中都可以找到金律或恕道之原則，並進一步提出在此之下可以找到四個指令：

17　同前注，頁 214。

（1）對於非暴力的文化與尊敬生命的承諾；

（2）對於團結的文化與公正經濟秩序的承諾；

（3）對於寬容的文化與真實的生活的承諾；

（4）對於平等權利文化與男女之間的夥伴關係的承諾。[18]

孔漢思認為，基督宗教之金律與孔子之恕道原則（所謂銀律），並無分別地是一切宗教傳統所共同擁有的相類似的重要道德原理。劉先生對此點自無異辭，只補充以孔子亦有「己欲立而立人，己欲達而達人」之義，「仁道」也有積極的一面，以見出此一原則的普遍性，也見出儒家的倫理思想實有普遍意義。至於更進一步的世界倫理的建構，除了上一節所提的「理一分殊」的原則外，劉先生提出以儒家的五常觀念來回應孔漢思所列舉的的世界倫理的四個指令，嘗試構造儒家的普世倫理的內容。

　　所謂「五常」即仁、義、禮、智、信。而這五條指令是具有明確的行為規範的指令，與孔漢思所舉的四個重要指令正可相對應。劉先生的申論大要如下：[19]首先，對於第一條指令之非暴力與尊敬生命的承諾，劉先生認為這正與孔門的「仁」若合符節。因為，「仁」的意義之一是生生之德，即生而又生之德，這是「天地之大德曰生」之洞見，是鼓動天地萬物繁衍生長發展的原理。因此，仁心不容暴力相向，殘害他人。「仁」之更具體化而為「親親而仁民，仁民而愛物」，正表示儒家之重視生命之和諧，反對殘害他人及天地萬物。而且，儒家之「仁者與天地萬物為一體」不止照顧人類，更含有保護愛護環境的要求。至於第二條指令所指的人間之團結與公正的交易之義，劉先生則以「義」作為回應。「義」是分殊原則，孟子之重視「義利之辨」亦可見出儒者不容許以利害義，作出不公不義的剝削行為。劉先生更引用傳統之「調和共

---

18 同前注，頁 65。孔漢思 2012 年重提此四個指令時，更強調了它們的正反面的提法，參見孔漢思著、鄧建華、廖恒譯：《世界倫理手冊：願景與踐履》，頁 64。

19 以下綜述〈從當代新儒家觀點看世界倫理〉一文的部分內容，此文收於劉述先：《全球倫理與宗教對話》，第 4 章；綜述之內容見於該書之頁 69-76。

存」的原理，以為可以相應於第二指令之團結一體之意義。至於第三條指令之強調寬容信實，劉先生以為與「信」之德行相應。所謂「民無信不立」，而孔子之「一貫之道」之為「忠恕」自是要求對人真誠信實，緊守誠信的原則。而此中所含之恕道之推己及人，自有對人加以寬容諒解之義。第四條指令針對人人平等，特別是性別平等的要求，劉先生認為可以「禮」之規範作為回應。劉先生認為儒家之「正名」、「五倫」都是一種雙邊關係，在此，兩性實有互相平等對待之義務，並無性別歧視。劉先生指出漢代董仲舒的「三綱」與男尊女卑的提法，實非儒家之正統的倫常之義。事實上，儒家在哲學上之「乾坤並建」，在倫理上父母同尊，無分軒輊，兩性實是一種必須的互補的夥伴，兩性必須和諧合作，天地人間才得以繁衍無疆。這正是要求人人平等，兩性平等的原則。劉先生也承認在儒家的經典中亦有使人懷疑儒家不免於有性別歧視的說法，如《論語》中所載孔子之言「唯女子與小人為難養也」之辭。但這種懷疑所據實只是一些很單一的片語，實不能用以推翻儒家大量經典所示的性別平等之含義。這些片語如置於當時的特殊情況來理解，並非必有歧視的意指。事實上，綜合儒家，特別是孔、孟、荀之基本文獻和義理內容來說，儒家基本上並無性別歧視式的論述。劉先生認為「禮」更可以提供我們在今天的地球村重建人與人之間的禮儀，「讓不同的種族、性別得以和平相處，與大自然也維持一種和諧的關係」。最後，對於「五常」中的「智」則是儒家所有別於孔漢思之四個指令之外的第五種德行要求。劉先生認為「智」所指的三達德之一與是非之心並不限於西方現代知識意義之「知」。劉先生同意可以把科學知識限制在經驗知識的層次，但可以保留「智」作為一種「聖智」，是對道德原理與意義的一種「體知」。此可說是保留「智」之為道德明達的表現，亦具有普遍客觀的意義。

　　劉先生所提出的當代新儒家的世界倫理之建構，自有根於儒家之傳統而又具有當代詮釋的意義，是儒家與當代世界倫理會通的一種初步嘗試，既不以自家傳統為獨尊，亦非只隨人腳步而來的比附。劉先生在此較重視一種相應的比較論述，有時自不免受限於單一用詞的內容。事實上，儒家的「五常」雖各有其特殊意指，不盡相同，但也不必是各自獨立而類同孔漢思所作的四個不同指

令的區分。「五常」的內容可以涵蓋和對應孔漢思的不同指令的內容，但五常的劃分卻不必完全相同於孔漢思的四指令，而會有交疊的說明。例如「仁」所指親親而仁人，更有人間團結（solidarity）的意義。對於如何在地球村中相待猶如一家，與和平共存，「仁」更有實質的親切和諧的意義，含有「視人如己」、「愛人如己」之義。至於「義」與「禮」反而較強調「別異」，可以指向合理的互相尊敬與適當的對待。「義利之辨」自是原則性的，不容許奸狡之惑人心，而「智」之明德可以在消除對立和衝突中運用「經權原則」的權變，使貌似不可相容的文化傳統或宗教衝突，可以得以緩解。劉先生最後提及當代新儒家也應進而處理許多現代社會的倫理爭議，如墮胎、安樂死、複製生命等。這是儒家回應現實世界各種真實倫理困難或道德兩難應有之義。此屬於當代應用倫理學各種專題討論，對發揮儒學實有更深廣之意義。劉先生最後只作了簡略勾劃，有期諸來者之厚望。

五、儒家對宗教和平與對話的貢獻

　　孔漢思之以世界倫理作為宗教和平和對話的基礎，重視儒家作為重要的媒介，自是一種有慧識的策略。因為，表面上儒家並沒有成為一種宗教，在世界的宗教集會上，儒家常缺乏代表。韓國雖有以儒家義理成立的儒教，但影響力不大，也似乎沒有足夠的權威代表儒家的宗教地位。但是，儒家顯然不止是一套倫理學或哲學而已。孔子論仁心即可以上達天德，孟子亦由「盡心知性」言「知天」，由道德實踐而可以達到信、美、大而至於聖、神。此所以有所謂「儒家是亦哲學亦宗教」之學。而西方眾多的倫理學說，都可說純乎而為世俗的道德行為規範的理論，而嚴格與宗教分割。康德之嚴分自律與他律道德，亦正在使倫理學脫離一切宗教之羈絆，但卻也使得道德之崇高境界無與於超越神聖之領域。二十世紀的西方倫理學更分割理論與實踐，道德實踐與道德人格之實現似乎更不在倫理理論與原則的討論範圍之內。但儒家之哲學不但要求道德的實踐，更強調做人之重要性與優先性，而且實有可以銜接道德與宗教之處。對於儒家這種「宗教」的特色，劉先生也有所感：

> 我近時更清楚地體認到儒家傳統作為一種終極關懷而言，有著一種奇特
> 的雙重性格：一方面「吾道自足」，它是一種與其他宗教傳統競爭的內
> 在超越的特殊型態，但在另一方面它是在世界上唯一可以與任何其他傳
> 統結合的信仰，對天道與仁心的終極託付並不妨礙一些人士自承為儒家
> 的基督徒或回教徒。由這裡可以看到儒家有開放的一面，絕不只是一套
> 封閉的意識型態。[20]

這自是儒家之為不只是日用倫常之世俗論述，不只為普世倫理的學理，可說是儒家之為「教」的意義。此一意義並不只是當代用語之「宗教」，而有更廣泛的含義。要了解儒家此種「教」之意義，我們有必要回溯到孔子之前的中國傳統宗教觀念的轉化過程。

中國在夏、商、周三代或之前自然有一定的宗教與神話的發展，也有一種人格神意味的天帝高高在上的宗教傳統。中國的宗教也與祖先崇拜和政治權力結合在一起，有祖先配天的觀念，和得天命的人才可以成為天子，統治天下的想法。但是，這個古代宗教的形式在周朝開始起了重大的改變。周人反省自己以西邊一個小民族而取得政權，不是靠祭祀事奉上天而取得天下，而是以文王、武王和周公之大德才使天命下降給周人，取代族繁勢強的殷人。殷人之失天下，乃由於紂王之嚴重失德。由是，中國文化開始認為，天命是依人之實踐和德行表現作依歸。因此，周人非常強調統治者要敬德，才能保有天命。自此即開始了中國傳統最特殊的宗教轉化的歷程：天帝的人格神意味愈來愈淡化，日漸轉成道德意義的天道、天命。天命也愈來愈下降而成為所有人的人性稟賦，從高高在上的超越存有，轉而為人性的稟賦。[21]這一發展到春秋時，孔子作了一決定性的轉化。孔子以「仁」來奠定人之道德主體性，「仁」或「仁心」成為道德規範的根源，由此確立人的內在價值的根據。但「仁」卻同時具

20　劉述先：《全球倫理與宗教對話》，頁169。

21　有關中國天命觀的改變，與天命在周代逐漸下降而為人之性的發展和文獻，請參閱徐復
　　觀：《中國人性論史：先秦編》（臺北：臺灣商務印書館，1969年再版），第1至3章。

有與天命相通的意義，這是孔子所謂「下學而上達」的意旨。下學是道德實踐，上達是上達於天之德。換言之，每個人可以通過道德實踐而接上天德，以至得到天命。天帝之人格意義已徹底轉化為形上意味之天道或道，或是可以見諸「四時行百物生」的自然世界。這一發展到《中庸》所謂「天命之謂性」，即確立了每個人都內在地具有不可取代的最高的價值。天命下降而為每個人生而稟有的人性，即表示人人都有天命，人人都可以成為天子。這是孟子所謂「人皆可以為堯舜」的普遍化。因此，人性或人之道德主體性不只具有內在意義，也具有超越意義，即人可以與天合一。「天人合一」即是「天人合德」。由此，傳統的宗教意識轉化為道德的超越意識。儒家之道德實踐即含有內在而又超越的意義。道德實踐不但成就人文世間，成就一切社會文化的價值，也同時是通向超越的契認，可以與天命、天道相契合為一體。此時，道德實踐即具備宗教所謂「終極關懷」的實現。道德實踐即貫通天人的關係，是每個人安身立命的依據，不必另求其他的宗教的慰藉。因此，孔子之後的儒家都以天道、天理指謂最高和超越的價值，不再建立宗教的形式或組織。此所以現代世界中，儒家並不相對於道教、佛教，成立為一宗教式的組織，也因此而可以相容。儒家是「修道之謂教」的「教」。這種「教」的意義不限於現代的「宗教」的意義，而是一種人文化成，指導生命方向的大教。牟宗三曾說明中國此種「教」的意義如下：

> 凡聖人之所說為教。凡能啟發人之理性，使人運用其理性從事于道德的實踐，或解脫的實踐，或純淨化或聖潔化其生命的實踐，以達至最高理想之境界者為教。此是籠統一般言之。儒聖之教從道德意識入。因此，若就道德意識而言儒聖之教則當如此言：那能啟發人之理性，使人依照理性之所命而行動以達至最高理想之境界者為教。[22]

因此，如必要類比西方使用宗教一詞以說儒家，則要了解儒家之「宗教」意義

22　牟宗三：《圓善論》（臺北：臺灣學生書局，1985 年），頁 306。

是以道德意識為核心的「信仰」。此中所依的，實是人類自己的道德意識，並非一外在的存有。而此道德意識自是一種理性的表現，即道德理性的表現。但此理性卻不限於世俗的事務，而是可即時上通於天道，上通於超越的領域。儒家依道德意識轉化了傳統宗教之後所成之「教」或「宗教」，乃是以道德理性為底據而可上通於聖潔純正境界的生命。因此，儒家的倫理世界實可上下貫通，與一切宗教都能契合。

　　對於儒家之可以與其他宗教之契接，唐君毅有更明確的說明。唐先生認為，儒家這種「哲學智慧的與道德的宗教」的特色，主要是凸顯信仰者的主體性，而不是一般宗教所重之客體性：

> 儒家之教中並非不包含信仰，而是其信仰，乃重在能信者之主體之自覺一方面，而不只重在所信之客體之被自覺的一方面。儒家由重此中之能信之主體自覺，而重此主體之實踐其所信，由行道而成德，以建立其為賢為聖之人格於天地之間。此即儒家之特性。[23]

主體之自覺，即是孔子之仁心與孟子之不忍人之心之思的表現。此道德主體在實踐中即成就一道德人格。此一人格即有價值，即使人肅然起敬，而加以尊崇和敬重的。由仁心之可以感悟無疆，即可極成一儒家特色的宗教精神：

> 人能於此有所悟，則人由道德之實踐，以達於知性、知天之形上學的境界，而有一無私求的承天、祀天、以及承祀祖先聖賢之鬼神之禮樂，以表現一充實完滿之宗教精神。[24]

23　唐君毅：《中華人文與當今世界》（臺北：臺灣學生書局，1988 年全集校訂版），頁465。在〈普世倫理與宗教對話如何可能〉一文中，我曾舉唐先生論儒家之學與教如何與佛家作一內部對話的分析。該文發表於玄奘大學於嘉義妙雲蘭若所舉辦的第十二屆「印順道師之理論與實踐」國際研討會（2013 年 4 月 6-7 日）。

24　唐君毅：《中華人文與當今世界》，頁 476。

儒家所成就的是一種充滿道德理想的人文教。此則與孔漢思之以人文角度詮釋宗教之特色，實可相呼應，而可以更進一步證成宗教之必能溝通和消除不斷慘烈戰爭之謎的關鍵。

六、從倫理上化解宗教之紛爭：
以人對待一切教徒與非教徒

如果宗教堅持以聖神或上帝為終極，各教派各有不同的信仰對象，各自為獨尊而無二，如此則宗教之間不可能和平共存，甚至連和平對話都不可能。既不能互相理解，又不能容讓，則宗教之間的紛爭只能出諸暴力解決之途。孔漢思以普世倫理來作解答，正是跳過宗教之特殊的神聖教義，而回歸宗教的基本精神，即人文精神，由此才有溝通與和平的可能。孔漢思認為，世界宗教實在可以利用來達成和平的，其重要的基本原則是：「人性是對于每一種宗教所提出的最低要求。」[25]人性原則即：

「必須人性化地對待每一個人！」然後就是推己及人的道德黃金律：「己所不欲，勿施於人。」[26]

由此可見，孔漢思的普世倫理構想的核心理念是認為宗教是以人為本的，即宗教不能違反人性人道。[27]據劉述先先生的綜述，孔漢思曾明確提出：

（一）真實的人性乃是真正宗教的預設，它是宗教最起碼的要求，真正的宗教不可能違反人道的；（二）進一步來看，真實的人性畢竟要靠真

---

[25] 孔漢思著，鄧建華、廖恒譯：《世界倫理手冊：願景與踐履》，頁62。

[26] 同前注，頁63。

[27] 孔漢思在為聯合國草擬的《人類責任宣言》中，第一項即列出人道的基本原則，也強調恕道之推行。參見前注，頁150。

　　　　正的宗教來完成，宗教的無限與圓全的嚮往正是人性的充量體現的預
　　　　設。[28]

由於宗教基於人性，不可以違反人道，如此即可以有共通於所有宗教的通道，
此即人性人道。而人性人道之說明，即是普遍的普世倫理。

　　更有意義的是，孔漢思特別提出在宗教必須以人性化對待一切人之後的落
實方式，即是孔子的恕道原則：「己所不欲，勿施於人」。雖然孔漢思對一般
所謂金律與銀律不作區分，但此亦表示儒家的倫理觀，對世界倫理的貢獻，是
有積極而重要的意義的。如上所說，儒家所成就的是一人文教，是以倫理涵蓋
宗教的形式出現，而這一人文教的核心價值，正是恕道所出自的「仁」或「仁
心」，此亦可說為是「仁教」。「仁教」的特色是重視人之主體性。因此，在
宗教爭議上，正如唐先生所說，儒家的「仁教」特重信仰者之主體性的價值，
即對於信徒之真誠忠心於所接受的教義，所表現的無私的人格，和常有的捨己
為人的精神等道德人格的表現，首先賦予認同和崇高的價值。這是人道精神的
基礎。因此，「仁教」之下的人們不會生起消滅不同信仰的他者的心理，因而
較能容受異教而共存。此在中國傳統政治中，雖然儒家是主導的教義，但較少
發生嚴重的消滅佛教或道教的事件。儒、釋、道三教常能和平共存，甚至追求
三教之合一。其中主要原因是三教多少是尊重信徒之主體性，此在儒家特別明
確。

　　孔漢思除了宣示人道原則，要推行「己所不欲，勿施於人」的基本原則之
外，更進而在具體的行動上提出上述四項指令。這四項指令並非抽象的道德原
則，更不是意識形態，而是真實可行於日常生活之中。孔漢思不但在「世界倫
理宣言」中宣示這四項指令，也具體地列述於其後的幾個重要的宣言之中，強
調在我們對人的責任，在經濟的領域的權利等，我們都要奉行這些指令，促進
對生命的尊重，對人的誠信，對公義的支持，對種族和兩性的平等。換言之，
這不是一理論的宣言，而是一可以「起而行」的誡命。

28　劉述先：《全球倫理與宗教對話》，頁 10。

　　在現代世界中，地球村的發展是不可逆轉的趨勢。由於生活得更鄰近、更緊密，這固然引發人類更多的衝突，更嚴峻的資源的爭奪、生存的競爭。但是，緊密的共同生活環境，也可以有利於世界和平與宗教之會通與融和的機遇。因為，宗教的戰爭與互相排斥，最關鍵的是我們的互相不了解，信徒互相之間的不信任，聖神的意義不同，因而出於猜疑而衛道，出於誤會而互相砍殺。現在，由於我們的訊息流通快速，發生在遙遠的地球另一端的事故，可以瞬間即傳遍世界，不但使我們親歷其事，深受影響，也使我們可以作出當前有效的回應，支持受壓迫的人或物，資助當前受災難之苦的人。我們常是超乎國家、種族與宗教、文化的界限，而無條件的伸出援手。由於各種交通工具，網絡連結，物質流通，我們實在已生活在共同的環境之中。共同生活是我們彼此了解和互相接納的機制。如上所述，家庭的共同生活有倫理親情存在，我們有一種不安不忍親人以及所有人免於受壓迫的道德感受、道德要求和動力。推己及人的同情共感，使我們關注和關懷共同社群中人的幸福，也同樣投注於同胞，以至於全世界的人身上。在地球村中，我們既已息息相關，我們自然生出天下一家的情懷，生出同情共感的呼應，因而會有對話與交流，促成價值的互通與融會。同情共感與生命感通，可以建立一體的團結，和而不同使生命能共存，也能有更多樣的不同姿態，更多樣的生命價值的創造，生命更精彩，文化更豐富，成為促進和平共存的力量。這是倫理之能促進宗教和解、真誠對話、互讓互諒的關鍵。

宗教教育的路向初探
——兼論佛教教育的角色

黃慧英[*]

一、前言

　　宗教信仰自始即是人類文化的重要部分，每一民族都有其宗教信仰，時至今日，現代人的生活仍與宗教息息相關，不同宗教的價值觀滲透著人們生活的每一方面。宗教的力量更是不可思議，它可以是族裔間融和的紐帶，亦是仇恨爭鬥的源頭。既然教育擔當了培育人類成長的使命，便必須將宗教視為教育的重要一環。

　　西方自中世紀開始，即由教會負擔教育的職責，以培養有知識的教士，教育可說是為宗教服務。然而當進入現代，「理性化」（rationalization）與「世俗化」（secularization）的思潮對宗教造成龐大的衝擊，宗教被視為與科學對立，甚至與知識割離，學校將自己的任務自限於知性的啟導，宗教方面的靈性發展（spiritual development）則一概交付教會。雖然宗教團體所興辦的學校仍多以宗教價值作為創校宗旨，惟在知性為主導的學術與教育的趨勢下，宗教教育被壓縮為一個科目，甚至更被邊緣化為可有可無。本文旨在探討在這種形勢下，宗教教育的路向，進一步思考佛教教育可以扮演的角色，以及如何才能發揮其效用。

* 　香港嶺南大學哲學系副教授

二、宗教教育知識化

Susan Douglass[1]在一篇題為〈教授關於宗教〉[2]的文章內報導，在近二十年來，美國各州在中小學階段，已推行宗教教育，甚至將宗教的源起、基本信仰、靈修等納入正規必修課程，並特別強調介紹不同宗教的理念、組織、傳統、以及受其影響之社會，有些還規定必須學習宗教運動的神學上或哲學上的理念、探究宗教如何影響經濟、環境及科技的決定，並要求學生了解宗教在科學史及藝術史上的角色。

美國推行宗教教育的目的，乃有鑒於世界上的衝突，往往因對相異文化不了解所致，Douglass 還認為，矛盾的根源在於欠缺超越狹隘的種族利益而教授共同信念與價值的教育系統。教授「關於」宗教的知識正為了加強文化間相互了解而設，在此目的下，由十七所宗教及教育機構釐訂的「公立學校之宗教課程」給出如何教授宗教的指引，其中特別辨明「關於宗教的教育」（teaching about religion）與「宗教教育」（teaching of religion）的分野，包括：

1. 學校教授宗教的進路是學術的，而非獻身的；
2. 學校力求使學生對於宗教有所認識，卻不是鼓動學生接受任何宗教；
3. 學校資助關於宗教的學習，而非宗教的修習；
4. 學校可讓學生有接觸多種宗教思想的機會，卻不應向他們灌輸特定的思想；
5. 學校教導關於所有宗教的教義，但不推崇或誹謗某一宗教；
6. 學校提供關於不同信仰的知識，但不會要求學生尊奉某一特定信仰。

明顯地，關於宗教的教育是一種知性（cognitive）的教育，整個取向是資訊性（informative）、描述性（descriptive）的，刻意避免任何指導性（directive）、指令性（prescriptive）或判斷性（judgemental）的教學形式。

1　Susan Douglass 為伊斯蘭教育評議會的主要研究員。
2　Susan Douglass, "Teaching about Religion," *Educational Leadership* 60, no. 2 (October 2002): 34.

這種教學原則與取向無疑是將宗教看作一種存在的事實、將宗教教育作為對此事實的理解及認識。然而，宗教不光是一種存在的事實，它關係到人的抉擇、人對宇宙終始、生前死後等終極關懷的答案，它是價值的根源，可以改變人生，甚至能改造世界。知識與價值是兩個不同的領域，人們在知識世界中追求真理，在價值世界中確立意義、訂出目標。將宗教價值作為事實來看待，委實背離了宗教的本質；將宗教價值作為事實去研究，亦難於觸及其核心。

上述將宗教作為一種知識去教授的教育方向，其實是現代社會以崇尚知識（其中以科學為知識的典範）、著重客觀性、可驗證性這種趨勢的產物，表面看來，宗教知識化讓宗教在知識領域內佔一席位，實際上，脫離了價值及抉擇的「宗教」，只是「關於」宗教的事實（例如不同教派的組織、歷史演變等），而不是宗教本身。另一方面，宗教的教義中若涉及根本信仰的部分（如神的存在的問題）或價值取捨的方面（如我們應該榮神益人），則在客觀知識的準則下，由於不符標準或不能應用標準而被唾棄或貶斥。殊不知這些部分才是宗教的精髓。

由此看來，關於宗教的教育並不是一種宗教教育，充其量只是一種文化教育或者歷史教育而已，美國教育界樂於推行這樣的宗教教育，只欲顯示它相容並包、不偏不倚、民主客觀的精神，然而學生所得的，僅是對於文化、歷史的認識，至於宗教的功用，卻沒有發揮的空間。

三、宗教教育何去何從

宗教教育的宗旨除了教人認識某一教派的教義之外，最重要的是推廣其信念，讓人對其價值、理想有所認同，因此其教育方法應極盡所能叫人受到感召，在宗教氛圍下體驗到宗教精神的偉大與無限的超越性，從而決志作忠實的教徒，甚者委身宗教。

在上述意義下的宗教教育，最理想的推行者非教會莫屬，教會可以透過宗教儀式、各種聚會、佈道會等傳揚宗教訊息，在說之以理的同時，兼動之以情，則更能收感染之效。

　　宗教團體辦學的目的，除了實現一般的教育理念（如培育學生德、智、體、群、美方面的成長）之外，理所當然地亦包含推介該教派的宗教理念，並以宗教價值薰陶學生。宗教教育大多透過宗教科、倫理科、早會、週會或課外活動來推行，並且將宗教理想及價值濃縮於校訓、校規中，或以宗教精神體現於行政運作中。例如以香港為例，香港道教聯合會辦學乃為了推行「道化教育」，其實施方案是：「以道為宗，以德為化，以修為教，以仁為育。」並訂定「明道立德」為所有屬下學校的共同校訓。[3]佛教團體辦學，皆以「宏揚佛法，普渡眾生」為宗旨，並在佛教教理課程中，期求樹立佛教人生觀與世界觀。[4]至於天主教教會，則強調在學校教育中，特別加強宗教教育、倫理教育、愛與生命教育和公民教育，目的是協助學生以基督精神看人生、看世界。[5]

　　教會學校開宗明義推廣所屬教派之教義，因為此乃其辦學目的，雖然如此，若要發揮成效，便要講求一定的方法，避免流於說教或灌輸，並以理性加以分析，讓學生可以自行作出判斷及抉擇。有人或會質疑，僅僅提供單一的教派義理，學生如何可以有真正的選擇？關於此問題，可以回應如下：首先，無論家長或學生對某一宗教認識有多深，他們是選擇進入某一教會學校的（學位分配制度應保障此點），換句說話，他們應該明白並且接受該校的宗旨才選擇該校的。其次，所謂「選擇」，並不必須經歷所有可能性後，方可作出，也並非體驗得愈多，所作的選擇愈明智，有關的例子在日常生活中俯拾皆是，例如選擇學科、職業、配偶等。尤其對於宗教信仰，必須親身體會，才能真切了解，單憑外緣的認知，獲得的僅止於上述「關於」宗教的知識而已，所作的又如何稱得上真正的選擇？就算提倡「關於宗教」的教育之 Douglass，也指出這種教育往往採用錯誤的進路，例如只簡略概述世界各種信仰，又或將不同教派在歷史上的作用局限於遠古年代，這些進路一方面類型化了各種相異的信仰，

3　湯國華：〈道教與香港教育〉，載顧明遠、杜祖貽編：《香港教育的過去與未來》（北京：人民教育出版社，2000 年），頁 592。

4　釋覺光：〈香港的佛教教育〉，載同前注書，頁 633-635。

5　盧鋼鍇：〈天主教與香港教育〉，載同前注書，頁 645。

令到人們產生更多的誤解，另一方面則割離了信仰與現代生活之間的關連，因此不能作為選擇信仰的依據。[6]

四、從宗教教育到靈性教育

真正的問題可能在公立學校方面：在芸芸眾多的宗教信仰中，如何教授宗教而同時保持中立？要解答這個問題，必須先要確立宗教教育的宗旨及目的，如上所言，若為了加強不同教派人士的相互了解，以避免衝突，則全面而深入的「關於宗教」的教育是需要的，但那只是文化教育或歷史教育的範疇。宗教教育自有其獨立的意義。

宗教教育的核心在於提升人的靈性，因此是一種靈性教育。Parker J. Palmer[7]在一篇題為〈偉大事物的優雅特質：在認識、教學與學習中回歸神聖〉[8]一文中呼籲：教育本有其神聖（sacred）的特質，我們須在現今只推崇數據、邏輯、分析而使個人與世界、與他人割裂的認知模式中，重新發掘其神聖性。重建教育的神聖要素正是教育的靈性方面的向度。何謂神聖要素？Palmer提出一個簡要的定義：就是那些值得尊敬者。[9]他進一步說，假若我們正確地掌握此意義，就會發現：神聖要素無處不在，因為沒有什麼不值得尊重。在Palmer 看來，學術界，尤其在大學，人們只對少數事物生尊敬之心，例如對文本、專家，以至那些競爭中的勝利者；但卻不會尊重學生、失敗、也不會尊重不懂如何運用精確言辭，甚或不懂運用言辭來表達的階層；不會尊重在我們狹隘圈子之外的聲音，更遑論那些聽不到的聲音。人們亦不會尊敬靜默與奇妙

6　Susan Douglass, "Teaching about Religion," p. 31.

7　Parker J. Palmer 是一位專研教育、靈性與社會變遷的作家。在 1998 年一項調查中，訪問了一萬一千位美國教育工作者，他被選為三十名高等教育界「最具影響力的資深領袖」之一，且是過去十年內，十大主導論述者之一。

8　Parker J. Palmer, "The Grace of Great Things: Reclaiming the Sacred in Knowing, Teaching and Learning," in *The Heart of Learning*, ed. S. Glazer (NY: Tarcher/Putnam, 1999).

9　Ibid., p. 212.

的事物。

　　Palmer 相信，若能在認知、教學及學習方面恢復神聖的要素，便能提升人的靈性，這可以就以下數方面來實現。

1. 透過對「他者」（otherness）的覺知：Palmer 認為，教育的最大罪惡是化約主義。當我們遇到一些不能歸類於我們熟知的範疇內的事物，我們便會將它們摧毀，完全不會尊重一些與我們期望或想像相違背的事實。領略神聖真諦的人才能接受與傳統智慧不符（所謂離經叛道）者的存在。

2. 透過對事物的內在世界（inwardness）的領悟：每件事物都有其內在的世界，但現代社會將一切都客觀化與外在化，因此我們通常都不會尊重事物的內在性，更不會覺察到自己生命的內在性是與時代的內在性息息相關，甚至有互動關係。不明瞭此點，便不會明白世界的罪惡或多或少由我助長而滋生，亦因而輕易地洗脫道德責任。揭示時代與個人的內在性，並肯定這兩種內在性的相關性，我們才能藉著與外在世界的深入交往而轉化及提升自己。

3. 透過對「共同體」（community）的意識：我們必須意識到大家都活在一個共同體中。這個共同體充滿著偉大的事物：生物學上的基因與生態系統、哲學上的符號與理念、充當文學題材的背叛、諒解、愛與失落、藝術上的聲色光影、歷史的理路與創新、法律上的公義等等，都為我們共同擁有；偉大的教育乃是喚醒對這共同體之知識、感受與意識，並且引領學生走進其中。

4. 透過謙卑的態度：謙卑的態度是使一切教與學可能的根本因素，面對神聖的事物———一切地球上的生物與非生物——只有心存謙遜，才能真正認識它們。

五、宗教教育的實踐

　　假若我們接受 Palmer 的觀點，或起碼將他對教育的靈性向度的分析，視為宗教教育其中一個重要成分的話，那麼我們可以將在公立學校或其他非宗教

學校中推行宗教教育的目的，安頓在靈性的培育與發展上。由於靈性的發展超越了個別教派的藩籬，同時是所有教派共同追求的目標，因此不會引起偏袒某一教派的爭議。尤其有關靈性的栽培，已由 Palmer 清楚闡明，它有著針對現代社會的特殊病態而有矯正之效，故絕不流於空談。

事實上，在第三節中所引述不同宗教辦學團體的辦學宗旨及方針，都隱含對「神聖要素」的發掘。我們在此可再略加說明。

道教聯合會標舉「道化教育」為辦學宗旨，服膺老子「是以聖人常善救人，而無棄人；常善救物，而無棄物」的道理。[10]這與對一切事物常懷尊敬之心，肯定每一事物皆有值得尊重之處的精神吻合。此外，道家肯定物各有其自性，認為體現大道只需「歸根復命」便可，這亦近似 Palmer 鼓吹的：我們應體察事物的內在性，更要了解並醒覺自己的內在性與之相通。道家所提倡的謙讓德性——「不敢為天下先」——也相當於 Palmer 的謙遜精神。

在天主教的學校所建立的共同特色中，包含了「積極推動完整的人格教育」一項，並聲稱「學校其中一個使命是負起道德方面的責任，喚起個人在心靈的活力」，[11]這些特色與使命卻必須在發現事物的神聖的基礎上才能落實。這在另外兩項特色中便明白陳述出來：「培養學生的理性與和平的態度處事、待人，懂得尊重別人，履行公民的權利與義務」、「培養學生了解中國文化的價值，進而理解及尊重不同社會文化」，[12]這不單要尊重事物的內在性，更要肯定「他者」的存在，也要懂得共同體的意義，才能充分實現。

至於佛教教育的目標，乃「以淨化人心為始點，上升到智慧的領域中去」。[13]覺光法師明確指出：「佛教的教育是屬智慧型的教育，它的功能是『滅除煩惱』！」[14]要獲得智慧，必須了解及破除煩惱的根源——我執。由於有我執，便無視於「他者」的存在，或以「我」的重要性凌駕於其他一切的

10　湯國華：〈道教與香港教育〉，頁605。

11　盧鋼鍇：〈天主教與香港教育〉，頁648。

12　同前注。

13　釋覺光：〈香港的佛教教育〉，頁632。

14　同前注，頁633。

「他者」，或將我與「他者」割裂，形成一種對立。若能明瞭我們的認知只是在自己建構的範疇內成立，人與我都是虛擬的概念，從而意識到在這些範疇與概念之外有「他者」。更進一步，將他者與我的關係，看成在同一共同體內的存在，在此共同體內因緣果報息息相關，因而有其共業，同時覺察到每人都有其內在性，憑著發展此內在性，便會自覺個人的道德責任，自己締造善業。

　　由此看來，這些宗教學校的教育目標，假若能實現出來，皆有助於學生靈性方面的發展，從而達到教育的主要使命，畢竟正如達賴喇嘛所說，愛與慈悲並不必是（限於）宗教內之事。[15]當然，若學生能更多了解自我、了解其生存的世界，還可以為他們在通向宗教之路上，打好穩固的根基。

六、佛教教育的現實意義

　　在第三節，我們已論述了宗教團體辦學的目的，不應限於傳授關於宗教的知識，更重要的，乃是以其教理，感召學生，使他們服膺該教教義，進而皈依該宗教。假若學生能真正體悟宗教真理，那麼在靈性上必定會有所提升；在此基礎上，更應尋求在日常生活中實踐教理的種種方法及形式，一方面，藉著實踐能引證理論，加強信心，另一方面也起傳播宗教之效。

　　以佛教學校為例，佛教教育主要透過正規的佛學課程進行，輔之以課外活動及興趣小組所推行的活動。單就佛學科而言，教師可以就佛教的基本義理，教導學生：1. 了解自我；2. 了解我與他人的關係；3. 了解我與自然界的關係。現試根據 2005 年中學會考佛學建議課程，[16]分別簡述如下：

1.　了解自我

　　在解說五蘊的觀念時，讓學生明白到「我」只是五蘊和合的假名，「我」的思想感情很多時其實是「我見」所生起的執著與偏見；恐懼、焦慮、憤

15　Dalai Lama, "Education and the Human Heart," in *The Heart of Learning*, p. 86.

16　見釋衍空：《2005 年中學會考佛學建議課程》（2003，未出版）。此課程中之丁部，特別與此相關。

怒、悲傷等情緒亦往往由「我執」而來，故要化解此等負面情緒，當由化除「我執」著手。

教授業報之時，使學生理解雖然得失並不完全由自己控制，但自己的行為卻可由自己決定，因而有個人的責任與承擔。

2. 了解我與他人的關係

藉著介紹緣起法，使學生領悟個人與家庭，乃至社會的相依相助的關係，並引導學生體恤他人的感受，從而關懷他人的痛苦。進一步，學生明白個人利益與社會利益不單不是互相對立，甚至更是禍福相關，因此利他即是自利。

3. 了解我與自然界的關係

從緣起法與業報觀念，使學生明白人與自然環境的依存關係，進而充分意識每個人對自然環境應有的責任。

從以上三方面，可見佛教教理與日常生活息息相關，學生在通曉這些道理後，更可建立自己的人生目標與理想；關於這後一目的，佛學課程亦提供了選擇的基礎。例如對人天乘、解脫乘、菩薩乘的區分、對福樂的理解、對離苦之渴求的體察、對菩薩追求一切眾生離苦得樂之發心的體會，都是個人確立人生目標所須有的了解。

假使學生受到佛教教理所吸引而皈依，在經歷上述的佛教教育後，會使他們不單掛一個「佛教徒」之空名，而是實實在在於日常生活中踐履佛法。這是為何佛教教育須強調佛法在現實中之應用是那麼重要。本文可以達賴喇嘛的話作結：

> 無論如何，當一個人一旦接受了某一種宗教信仰之後，單單聲稱自己是一名佛教徒、或者基督徒、回教徒或猶太教徒，並不足夠。口頭聲稱自己是教徒並不足夠。接受了一種宗教，便應誠摯地——每天二十四小時——實踐其宗教價值，使得宗教實踐及信仰真正成為生活中的一部份。[17]

17　Dalai Lama, "Education and the Human Heart," p. 91.

蔣維喬前期靜功思想析論

葉錦明*

一、引子：他心通

　　劉述先老師是當代知名的儒家學者，但父親劉靜窗先生並不是以儒家立命，乃歸宗於佛。在十多年前的一個下午，筆者與劉老師喝茶聊天，閒談中問及靜窗先生的學佛因緣，老師無意中提及靜窗先生曾跟從蔣維喬居士修學靜坐法門。當時筆者剛習靜坐不久，曾細讀蔣先生所著之《因是子靜坐法》，因此對靜窗先生的修習情況很感興趣。劉老師很寬宏，透露了靜窗先生一件鮮為人知的往事。

　　原來靜窗先生潛心學佛，廣博多聞，但跟從蔣維喬修習靜坐功夫，日子倒不是很長就沒有繼續下去；那並不是靜窗先生性情不合，相反，乃由於進境甚速所致。事緣某日靜窗先生與蔣先生一同練功，入靜後恍惚感到靈魂離體，但一想到慈母在堂，如果任由靈魂離開，不加控制，萬一靈魂不能回歸身體，豈不是大大不孝。當下心一驚，立即覺知魂已回體，正要下坐之際，蔣先生開口即說：「不用驚慌」，原來蔣先生已感知其所想，並加以慰解，靜窗先生始知蔣先生有「他心通」之能力。[1]筆者深受此事之啟發，後來不但翻閱了蔣先生

1　筆者在此無意論定蔣維喬是否具有「他心通」之能力，但確由此事引發研究興趣，故而引述而已。

的相關作品，並且結合一些丹道的知識，得到了一些初步的結論。由於對蔣先生的靜功思想作分析研究者，並不多見，加上以上一段因由，謹在劉老師八秩之壽，適時完成此文，以表祝賀。

二、背景：疾病是助緣

蔣維喬是近代著名佛家居士，「因是子」是他的別號。[2]他在 1914 年出版的《因是子靜坐法》，暢銷全國各地以及歐、美、東南亞等國家，出版至今剛好百周年，仍有再版行銷，乃蔣維喬前期靜功思想之代表作。此書最大的特點是作者將他的實踐經驗作為核心，以淺白的現代語言來解說道家靜功的內容；而推動他實踐的動力乃來自虛弱多病的身體。

蔣維喬自言他幼年多病，消瘦骨立，父母擔心他長不大；十二歲就有手淫的習慣，於是出現了夢遺、頭暈、腰酸、目眩、耳鳴、夜間盜汗等症狀，那時候年紀少、不懂事，不知種種病狀其實與手淫之習有莫大關係。到了十三、四歲，開始略知一二，但仍不知道其嚴重性，屢戒屢犯，又不敢以之告人，身體甚為虛弱，就連二、三里的路程也足軟不能行。到了十五、六歲，病情不但沒有改善，還增加了怔忡、心悸、潮熱等徵狀。十七、八歲時是長日與病為伍，有段時間每日午後發熱，至翌晨天明始退熱。不過身雖久病纏綿，心卻知刻苦讀書，常有讀至更深不寐，病乃益深。

2　蔣維喬（1873-1958），七歲入私塾，十五歲因病輟學，二十歲中秀才，進入江陰南菁書院、常州致用精舍攻讀。至二十八歲患肺結核病，練習靜功得以痊癒。三十一歲應蔡元培之聘，赴上海任「愛國學社」、「愛國女學」教員，後進商務印書館編譯所，編寫小學教材，並創設工人夜校。辛亥革命後，曾任教育部秘書長、參事。1922 年出任江蘇省教育廳長。1925 年出任東南大學校長。1929 年受聘為上海光華大學哲學系教授、中文系主任、教務長、文學院院長。著有《因是子靜坐法》（1914 年）、《因是子靜坐法續編》（1918 年）、《因是子靜坐衛生實驗談——中國醫療預防法》（1954 年）、《中國的呼吸習靜養生法——氣功防治法》（1955 年），以及《中國佛教史》、《中國近三百年哲學史》、《呂氏春秋匯校》、《佛學概論》等，另與楊大膺合編《中國哲學史綱要》、《宋明理學綱要》，譯作有《岡田氏靜坐法》。

　　蔣先生提及年十二即犯手淫，致使身體虛弱不堪，其實已算萬幸，重症者甚至可致「癔病」（Hysteria），即所謂極度神經衰弱，係比神經衰弱更嚴重的一種神經官能症。在中醫的理論系統中，癔病相當於「臟躁」與「奔豚」的合併症狀，婦人男子皆可有，但徵狀稍有不同，其論治早見於東漢張仲景之《金匱要略》。在江一葦醫師的臨床醫案中就紀錄了一宗癔病的案例。一個十七歲青年，家中獨子，性格內向，終日不出門，暗地常自看色情雜誌，不免想入非非，有時一週自瀆十次之多，致使形體消瘦、面色無華、夜寐不寧、心悸健忘、神情恍惚，間有靜默癡笑、神智異常等症狀；幸其父母覺察，延醫診治，半年間服用湯藥並戒去手淫之習，始逐漸康復而未致耽誤終身。[3]

　　與此君有所不同，蔣維喬雖亦服用湯藥，但久而無效，父母亦覺察其情，於是誘導他多看一些修心養性的書籍，並且讓他看清代名醫汪昂所著《醫方集解》，其末卷載有道家大小周天之術，而蔣先生亦頗有悟性，依之自學，稍稍練習，病情即得改善。不過，靜坐之法最重恆心，蔣先生當時只有十七、八歲，定力不足，未有持恆練習，時斷時續，但精神已大有改善。當二十二歲娶妻成親時，他自覺身體較健，便放棄靜坐。可是在新婚初年，因不知節欲，又飲食不節，於是諸疾復發。當其仲兄患肺疾病死不久，他亦染上肺癆，咳嗽咯血，服用湯藥，病情反而轉劇，心乃大懼，恐怕命不久矣，於是他作出了重要的決定：摒除藥物，隔絕妻兒，別居靜室，謝絕世事，重練靜功，這年他才二十八歲。

　　蔣先生當時所作的決定，實包含了養生延命的智慧。要知道人們不能盡其天年，除了意外天災以外，疾病是主要的原因，而許多疾病往往又是我們自己一手造成的。《黃帝內經》開宗明義就點出了人們何以病從外入、半百而衰的原因。在卷首《上古天真論》即云：「上古之人，其知道者，法於陰陽，知於術數，食飲有節，起居有常，不妄作勞，故能形與神俱，而盡終其天年，度百歲乃去。今時之人不然也，以酒為漿，以妄為常，醉以入房，以欲竭其精，以耗散其真，不知持滿，不時禦神，務快其心，逆於生樂，起居無節，故半百而

3　詳見江一葦：《診餘筆記》（香港：星島出版社，1991 年），頁 267-276。

衰也。……虛邪賊風，避之有時，恬惔虛無，真氣從之，精神內守，病安從來。」[4]

依照《黃帝內經》所言，人們想要卻病延壽、養生盡年，那就必須一方面懂得保護自身，袪除外邪；另方面須要扶養正氣，以正勝邪。用現代的語言來說，那就是要增強自身的免疫能力。當遇到外邪如風、寒、暑、濕、燥、火等侵犯，應適當避開，但萬一外邪猛烈，只要內心減少慾望，身體內存真氣、精神，亦能抵禦侵犯，使身體痊癒。這種人體的免疫能力和自癒能力，乃上天賜與，人人皆有。即便是杏林國手，施針用藥如何高明，那亦多少要靠病人自身自癒的能力才能達致康復，這是人身至為奧秘之處。這種自癒能力，會隨著年紀增加而逐漸減退，如果沒有適當的保護，還會遭過度耗損而提早喪失功能。蔣維喬正是早年無知形成手淫之習、成年後又明知故犯縱慾過度，造成了精神竭散、虛弱無力，一旦染上當時被視為絕症的癆疾，病狀即陷嚴重，幸而他果斷地從三方面去針對病況。

首先，他摒除諸種藥物，如此作法乃在免除外來物質對身體的傷害。那時候西醫並不流行，況且一百多年前的西方醫學，許多方面尚待發展，而中醫學並非科學體系，不同派別和訓練的中醫師，水平差異甚大，正是庸醫遍在，明醫難求。因此當蔣先生在服用湯藥病情反而轉劇的情況下，選擇摒除藥物而非藥石亂投，那是明智之舉。

第二，他別居靜室、隔絕妻兒，其作用在製造清靜的環境，以斷絕恩愛牽纏、慾望妄想，有助保存精、氣，使神能內守。正如《鍾呂傳道集》所言：「愛者妻兒，惜者父母，恩枷情杻，每日增添。火院愁車，無時休歇。縱有清靜之心，難敵愁煩之境。」[5]為了清靜養病，離開世俗恩怨情愛，暫居別處，

4　在「法於陰陽」一句中，徐文兵將「法」解釋為曆法，「陰陽」解釋為太陰、太陽，引申為陰曆、陽曆，可供參考。見氏著：《黃帝內經——即學即用》（香港：中華書局，2011 年），頁 10。

5　參見呂巖：《鍾呂傳道集》，收入徐兆仁主編：《全真秘要》（北京：中國人民大學出版社，1988 年），頁 47。

而非出家住庵，對年輕幼少的妻兒當影響較少，乃中庸之道。[6]

第三，蔣維喬以謝絕世事，重練靜功來治理癆疾，那是合乎道家醫理的選擇。蔣先生十七、八歲時所習之靜功乃由道家而來，其功用在於治療一切本元虧損之疾，但對於嚴重的急性疾病則難以見效；而癆疾雖為重病，卻不致短期致命，因此當蔣先生重練靜功時，他運用早年已掌握的窾要，那自然易於發揮靜功的療效。

也許是天賦特異，也許是面對死亡、心灰意冷的虛寂心境令靜功之效事半功倍，經過短短八十五天重練道家靜功，蔣維喬自言癆病得到治癒。從前連二、三里路亦足軟不能行的衰弱少年，後來可以日行九十里而不覺疲乏。回想起來，疾病可以說是他建立靜功思想的助緣。下一節，我們即分析這套道家靜功的特點。

三、靜功：精神體操

靜功是以進入靜境為目的，而方法可以不同。儒釋道三家各有法門，不過儒家一向少談略談，甚或視之為可有可無。《孟子》云：「志壹則動氣」；《大學》云：「知止而後有定，定而後能靜」；然而如何壹其志、如何定靜，則無言及。至宋儒受佛老影響而有細論定靜之義，如張載言：「始學者亦要以靜入德，至成德亦是靜」（《張載集》）；程顥言：「所謂定者，動亦定，靜亦定，無將迎，無內外」（《定性書》），皆精切之論。又如朱子言：「鼻端有白，我其觀之；隨時隨處，容與猗移。靜極而噓，如春沼魚；動極而翕，如百蟲蟄。氤氳闔辟，其妙無窮」（《朱子全集》卷八十五）。此種言辭，皆反

6　蔣維喬自言「當時閉戶靜坐，謝絕人事，常抱定三主義：曰禁欲以養精；禁多言以養氣；禁多視以養神。」其中以禁欲對他最為重要，亦符合道家靜功的要求。道家認為精為寶，保存之不但養生，甚至可以成仙，例如《養性延命錄》云：「道以精為寶，施之則生人，留之則生身。生身則求度在仙位，生人則功遂而身退。」見曾召南注：《新譯養性延命錄》（臺北：三民書局，1997年），頁245。

映宋儒對靜定境界有相當理解，但所說點到即止，並不深入。[7]

　　反觀佛道兩門則一向重視靜定功夫，視之為成道成佛的重要手段；佛家言定慧雙修，道門言性命雙修，其終極理境雖有不同，但所求之定靜境界，實無二致。特別是在道家傳統中，許多經典皆有對靜定境界作論述，內容細緻而豐富。不過早期道家以論析靜之理念為主，例如在老、莊、列、文中，老子言：「致虛極，守靜篤。……歸根曰靜，是謂復命。」（《老子‧十六章》）莊子言：「唯道集虛，虛者，心齋也。」（《莊子‧人間世》）列子言：「非其名也，莫如虛，莫如靜。靜也，虛也，得其居矣。」（《列子‧天瑞篇》）文子言：「故通於道者，反於清靜。……以恬養智，以漠合神，即乎無門。」（《文子‧道原篇》）類皆申述靜之內涵意義，相較之下，道教經典則多論習靜之方法門徑。

　　蔣維喬之靜功思想同樣以具體方法的論析為主，其理論傳承雖來自道教丹道，但他刻意地避免使用傳統丹道的複雜術語。他說：「吾之為是書，意在發揮平素之心得，以論理的記述之，絕不願參以道家鉛汞之說。」[8]他的思想發展可以分成三個階段。第一階段以《因是子靜坐法正編》為代表，闡釋道家靜功的養生作用，著作此書時，蔣先生四十二歲，習靜已有十八年。[9]第二階段以《因是子靜坐法續編》為代表，以佛教天台止觀法門闡釋佛家靜功的養生作用，著作此書時，蔣先生四十六歲，學佛只有三年。第三階段以《因是子靜坐法衛生實驗談》為代表，闡釋靜功與西藏密教往生淨土法門的關係，著作此書時，他已八十二歲。以下我們將集中討論其前期思想，亦即道家靜功的部分。

　　在蔣維喬的靜功思想中，「靜」是一相對的概念。當地球環繞太陽運行，

7　參考南懷瑾：《靜坐修道與長生不死》（上海：復旦大學出版社，2002 年），頁 19。

8　見蔣維喬：《因是子靜坐法》（臺北：圓明出版社，2005 年），頁 36。

9　在《因是子靜坐法正編》序言中，蔣維喬解釋他習靜多年，一直沒有著書立說的念頭，直至看到日人剛田本二郎及藤田靈齋在日本倡導靜坐法，出版書籍，短期間即有學徒數萬，而所說內容實際上是中國固有之術，不過他們能以現代科學的語言著述，不似中國古書神秘難懂。為免本國學術流失，他期望著作從生理、心理層面說明靜坐呼吸的方法，掃除傳統怪異之談。詳見前注，頁 15-17。

它是動而不息，我們棲息於地球之上，亦隨地球之動以為動，那麼人似乎只有動而無靜；但動靜之義，不能以此理解。所謂靜者，當指我們自己無所動作；換言之，相對於動作才有靜止可言，而靜之極至，會達毫無感覺的狀態，與地之轉動如同一轍。由此而言，不動實有兩個方面，一方面是不動作，另一方面是不動心，只有不動心才能真正入靜。從姿勢上看，在行、住、坐、臥之中，只有坐姿最適合入靜的工夫。因為行、住兩種姿態會令身體和精神不容易安定，而臥姿又會令肌肉鬆弛、精神易入昏昧，只有坐姿可以令人安靜，所以通常稱習靜功夫為「靜坐」。

蔣維喬強調靜坐的鍛鍊與人的生理和心理關係至大。在生理方面，我們靠心臟、脈管、淋巴腺運行血液於全身，而血液循環全賴呼吸作用，呼出二氧化碳，吸進氧氣，使靜脈中的紫血變為紅血，輸入動脈。每次循環入體一周約二十四秒，一晝夜三千六百周。人體中血液平均以二升五計，[10]每天所澄之血有一萬五千餘升；如此偉大之工作，人們並不自覺，全憑自律神經系統無休止地運作。若呼吸合法，血液無阻滯，則身體健康；一有阻滯，則各器官受其病；各器官或有損傷，亦能使血液阻滯而生病。血液停滯，百病遂生。

惟有靜坐之法，能使內心安定，藉著呼吸之練習，使橫隔膜上下動作，腹力緊湊，以逐出腹部之鬱血，返回心臟；再由心臟逼出鮮血，輸送全身。呼吸功深，增加內臟感覺，使不隨意肌，亦能盡其作用；而心臟之跳動，亦自然循序而有力。如是血液循環回復優良，新陳代謝作用圓滿，即可不致生病。偶有疾病，亦能預先覺知，使之不久復元。正是治病於未發之先，其效果與已病而汲汲求治者，不可同日而語。

在心理方面，人身有肉體與精神兩方面；肉體之我，受耳目口體之欲牽引，容易忽略了精神之我。其實精神影響肉體之處甚多：愧恥內蘊，則面為之赤；沉愁終夜，則髮為之白；此精神之影響於形體之例一。愉快時五官之所見所聞皆美，悲哀時則往往相反；此精神之影響於形體之例二。快感起時，則食欲增進，不快之時則食欲減少；此精神之影響於腸胃。由此可知，精神之能左

10　一個體重五十公斤的成年人，約有四公升的血液。

右肉體,絕不能輕視。人們不知輕重,心戰於內,物誘於外,顛倒妄想,致使精神渙散,不能宰制肉體,於是肉體種種嗜好,戕賊其生機,遂生百病,甚至夭折。靜坐的作用在於使精神與肉體統於一,天君泰然,百體從令,自然體氣和平,卻病延年。[11]

要練習靜功,蔣維喬認為必須清楚了解「重心」的作用。所謂「重心」,即傳統道家之「丹田」,又稱「氣海」。人由卵子、精子結合成胎,胎在母體中,一端為胎兒,一端為胞衣,而中間聯以臍帶,孕育十月至脫胎以後,臍帶方會脫落,可見臍為人生之根本,而「重心」即位處臍內之處。

重心對人的生理和心理都有作用,於生理方面,能使血液運行優良;在心理方面,能使精神統一。當重心被擾亂,上浮於胸,全身機關,失於調節,輕則罹病,重則致死,死時氣有逆塞,即重心上塞所致。是故重心安,則身之健康,心之平和,同時並得;重心不安,則身之健康,心之平和,同時胥失。但是人們妄生偏執,有鍛煉肉體者而疏忽於精神之修養;亦有修養精神者而輕視肉體之鍛煉;皆不確當。其實從事修養者,肉體與精神,固宜兼顧。且看不少體育家鍛煉筋骨,極其強固,一旦罹不測之病,莫之能禦,甚且成為殘廢之人;而禪師或道長,鍛煉心意,能藉修養之作用,驅除病魔,雖軀體癯瘦,往往能壽及期頤。可知精神之我,其能力有遠過於形骸之我。可惜世人往往不知反求其根本、安定其重心;終日營營役役,神明憧憧擾擾,以致心性失其和平,百骸不能從令,疾病災厄遂乘虛而入。

11　靜功對人身健康之裨益,較諸氣功更大,陳攖寧曾作比較,可供參考。他說:「靜功著重在一個靜字,不必要在氣上做什麼工夫;氣功著重在一個氣字,那些功夫都是動的,不是靜的。世間各處所傳授的氣功,有深呼吸法、逆呼吸法、數呼吸法、調息法、閉息法、運氣法、前升後降法、後升前降法、左右輪轉法、中宮直透法等等,法門雖多,總不外乎氣的動作;靜功完全是靜,在氣上只是順其自然,並不用自己的意思去支配氣的動作,若有意使它動作,就失了靜字的真義。氣功做得對的,能夠把各種病症治好;做得不對,非但舊病不愈,反而增加新病。靜功做得合法,自然能夠治好醫藥所不能愈的病症;做得不合法,身體上也多少得點益處,退一步說,縱然沒有效驗,決不會又做出新的病來。可知氣功是有利有弊,靜功是有利無弊。」詳見田誠陽編著:《仙學詳述》(北京:宗教文化出版社,1999 年),頁 54。

　　蔣維喬提倡靜坐之法，皆因此法能使重心安定，合形神為一致，只要經過時日鍛煉，甚至能夠以神役形。此法說來甚為簡單，惟最難持恆；只要將心意集中，初習時以自然呼吸，[12]注於「重心」之一點，使之安定，臍下腹部自然膨脹，富於韌性彈力，這是「重心」安定的外形；至於「重心」之內象，則體氣和平，無思無慮，心意寂然，如皓月懸空，潔淨無滓。每日按時行之，毋使間斷，行持既久，由勉強幾於自然，於是全身細胞，悉皆聽命，煩惱不生，悅懌無量，蔣維喬稱之為「精神體操」。

　　除了心靈上有愉悅寧定之靜境外，身體上亦會產生各種反應及變化。蔣維喬說：「練功日久，可覺丹田發熱，有時沸燙，及臍下腹部有微動，也有劇烈震動，……練功至相當程度時（約三個月），一股熱氣即衝出尾閭，後隨即列夾脊關。倘有耐心練功不間斷，再經半年可衝開玉枕關。這樣一股熱氣從後上轉，盤旋頭頂而下，由顏面至鼻，分二路而下，至喉嚨會合，由胸下至丹田。此時任督二脈已通，乃由後至前，循環流轉。……待八脈全通，即四通八達，全身氣血流行無滯，疾病就無從發生。」。[13]

　　修習「因是子靜坐法」的主要目的，就是免除疾病的侵擾。歸納而言，這套靜功有三個特點。第一、《因是子靜坐法》以具體方法的論析為主，將大部分的篇幅講解靜功的操作方法，詳細說明各種預備事項、姿勢、呼吸方法、身體反應，以及可能遇到的困難等等，儼如一部學習手冊，實用性甚高。第二、道家靜功是修養身心之大法，必須兼及心靈與肉體的鍛煉；蔣維喬從現代生理學、心理學，解釋心靈與肉體在靜坐中所起之作用及變化，這種嶄新的詮釋角度乃前人所無。第三、從道家醫學來看，靜功既可以治療某些慢性疾病，同時也是一種治未病的手段，比起針灸、草藥等治病方法，更為高明。若以現代醫學來劃分，靜功可入於預防醫學的範圍，其效果逐漸受西方醫學所注意。蔣維

12　初習者所用之自然呼吸，亦名腹式呼吸；一呼一吸，皆必達於下腹之謂也。另一種呼吸方法，名逆呼吸，呼吸時腹部之張縮，與腹式呼吸完全相反，故名逆呼吸。詳參蔣維喬：《因是子靜坐法》，頁 52-58。

13　參見蔣維喬：《因是子靜坐法》，頁 45-67。

喬將道家小周天之術以日常語言作簡化推廣，避免使用傳統丹道的複雜術語，使更多人有方便入手的門徑，對普及道家靜功，有莫大作用。

不幸的是，有些讀者誤將蔣維喬所講解的小周天之術，當作道家內丹之學的全部內容，殊不知那只是整套內丹學問的基礎部分，而最重要、最精粹的部分卻無提及。以下我們即從道教內丹學來解釋「因是子靜坐法」的理論位置。[14]

四、總結：因是子靜坐法與內丹道

蔣維喬所習之靜功屬道家小周天之術，其效果在培固元氣、袪疾療病、強身健體。「小周天」是道教內丹修煉的第二階段。修煉內丹的的第一階段，稱為「築基」，要求習者填補精、氣、神之虧虛，一般經過一百天的時間，故稱「百日築基」。事實上，那要視乎習者之虧虛情況，以及習靜之時能否虛靜其心，因此有人可能長一些，有人可能短一些。

築基的關鍵在「煉己」，那就是令自己雜念全去，進入一種虛靜的狀態，這樣可以令我們的深層意識（即元神）活躍起來。元神活躍可以令過度亢奮的表層意識（即識神）受到控制，使先天的意識（亦即元神）與後天的意識（亦即識神）得以平衡，自律神經系統回復正常，身體內之「元精」得以恢復力量。[15]所謂「元精」，乃人身內精微之物。道教內丹道主張人乃稟受靈氣而成，在先天性命之初，只是一團靈陽，乃渾淪一無極，無所謂陰，亦無所謂陽，而寓於母腹之中，至養育有日，形質方成，由無極而太極，始有陰陽之判。在人身中之真陰真陽，原本晶瑩明潔，但人心因受六慾七情所擾，由真陽所生之元精不斷耗損，遂為外邪侵襲。當元精耗損殆盡，即命終歸西。要回復

14　道教內丹派別繁多，本文依據鍾呂內丹派之思想為討論背景。

15　在內丹修煉中，護養元神極為重要。《太乙金華宗旨》云：「學人但能護元神，則超生在陰陽之外，不在三界之中，此見性方可，所謂本來面目是也。」詳參張其成譯著：《金丹養生的秘密》（北京：華夏出版社，2005 年），頁 16。

真陽,那就不能順從慾念情思,必須以逆法令妄想不生,心清靜極,靜極生陽,始可令元精恢復。《太上老君內觀經》有云:「人能常清靜其心,則道自來居。」[16]築基的階段是最基本的工夫,那就是學習虛靜其心,只要能控制心識,使之不散亂、不昏沉,虛虛寂寂,身內後天之濁精自然化為輕清之氣。此輕清之氣累積有日,可補後天身體之耗損。

經過築基的階段,習者將集中意念、鍛煉調息,令輕清之氣自會陰、尾閭溯夾脊上達泥元,再下降丹回,如此反覆運轉,稱為「轉河車」。此法習之有時,可以令任、督二脈暢通,那就是所謂打通「小周天」。[17]丹道中人常謂「任督通,神仙一半功」,其實此說乃在指出貫通任、督二脈乃煉丹之前期工夫,並非意謂貫通任督就真的完成了一半的工作。事實上,小周天在於煉精化氣,只是修煉之「初關」。大周天在於煉氣化神,內容十分複雜,修煉之時日一般約須三百天,故稱為「十月關」。內丹修煉的第四階段稱為「上關」,在於煉神還虛,又稱「九年關」;此關最重性功,要保持常定常寂,能成功者億萬中無一。

總結而言,蔣維喬所講述之靜功,屬於道家內丹修煉的第一、第二階段,內容對初習靜功者有切實裨益,依之踐行亦不易有所偏差;惟此書難使學者更上層樓,習者宜慎辨之。

---

16 見王卡注:《新譯道門觀心經》(臺北:三民書局,2000 年),頁 49。

17 參見王沐:《內丹養生功法指要》(北京:中華書局,2008 年),頁 113-167。

論民主仁學的
基本理論架構與發展前景

吳　光[*]

　　關於儒學與民主的關係，從牟宗三、徐復觀到劉述先、杜維明先生乃至當代新儒家林安梧、李明輝等眾多學者都有討論。有的還撰寫了專著，如臺灣學者何信全就出版過《儒學與民主》一書。但大多學者是將「民主」作為外王制度之用引入儒學理論系統的，很少有人把民主作為內聖之體。我對這個問題的研究，始於上世紀八十年代末期（1988 年 4 月初至 1989 年 12 月底）應聘出任新加坡東亞哲學研究所專任研究員期間。當時是劉述先先生推薦我去做儒學專題研究，因此我的儒學觀自然受到劉先生新儒學理論的影響。[1]當此喜慶劉先生八秩嵩壽之際，謹以此文獻給劉先生，並請劉先生以及學界同仁批評指正。

　　我在 1999 年 7 月提交臺北舉行的第十一屆國際中國哲學會「跨世紀的中國哲學：總結與展望」學術研討會的論文〈從仁學到新仁學：走向新世紀的中國儒學〉中首次提出了「民主仁學」的概念。[2]其後，又在一些國際儒學研討

---

[*]　浙江省社會科學院研究員／浙江省文史研究館館員

[1]　我在新加坡東亞哲學研究所應聘屆滿時，提交了我的研究成果《儒家哲學片論——東方道德人文主義之研究》。該書首先於 1989 年 12 月由新加坡東亞哲學研究所出版簡體字版，其後由臺灣允晨文化公司於 1990 年 6 月出版了繁體字版。書中關於儒學的特性及其發展前景的論述即引用了劉述先先生的觀點，茲不具引。

[2]　該文已收入沈清松主編的《跨世紀的中國哲學》（臺北：五南圖書出版公司，2001 年 6

會和《哲學研究》、《社會科學戰線》等報刊發表論文，比較系統地論述了「民主仁學」的思想模式及其文化觀與核心價值觀，逐步充實和完善了作為當代儒學新形態之一的「民主仁學」的基本理論架構。本文將系統論述作者獨創的「民主仁學」的體用論、文化觀、核心價值觀以及民主仁學的基本特性與發展前景，以求教於讀者。

一、「民主仁學」的體用論

我在提出「民主仁學」概念的同時，將其基本思想模式概括為「民主仁愛為體，禮法科技為用」的新體新用新儒學。我的基本看法是，二十一世紀的新儒學，將以「道德人文主義」的形態在世界多元文化格局中保持其一元的存在，而這種新儒學的內容，是既包含了傳統儒學的「道德人文主義」思想資源，又吸收了非儒家文化的思想養料的。而面向新世紀的新儒學的基本形態，既非「新心學」，也非「新理學」，而可能是「新仁學」。這個「新仁學」，既源於古典儒學的孔子仁學，也繼承和包涵了孔子以及歷代大儒論「仁」的基本道理，又是對古典仁學的批判性的揚棄與改造；既吸收融合了原本是非儒家文化特別是現代西方文明的思想養料與精神資源（如民主、自由、平等、博愛、人權、法治等人文精神），又拒絕並且批判西方文化中反人性、反人文的思想與制度（如個人權利至上、征服主義、鬥爭哲學等等）。這個「新仁學」的基本思想模式，是一種新型的「內聖外王」之學，即確立道德的主體地位而以關心人生的意義與價值、以安頓人的生命為第一要務的「道德人文主義」哲學。其實踐方向，並非是走「（舊）內聖開出新外王」的道路，而是新「內聖」與新「外王」的統一，是由新「內聖」指導新「外王」的落實。其「內聖」者，道德之體也，仁也；其「外王」者，道體之用也，制度也，事功也。其「新」者，即這個道德之體的仁，已經不僅是傳統儒學意義上的「愛人」之

月），並以〈從孔孟仁學到民主仁學——儒學的回顧與展望〉為題發表於《杭州師範學院學報》，2001 年第 6 期。

「仁」，而是融合了傳統「仁愛」精神與西方「民主」精神而形成的新型道德主體了；這個道體之用，也不僅是傳統意義上的禮制了，而是融合了傳統的仁政、禮儀與新型的民主、法制、科技文明的制度、事功了。如果我們要從體用關係上來理解這個「內聖外王」新儒學的話，則可以將它定位為「民主仁愛為體，禮法科技為用」的民主仁學。這個民主仁學是既重道德實踐、又重社會實踐與歷史進步的新儒學。這個民主仁學，在個人修身實踐上堅持道德理性，以道德仁愛為體，禮儀倫理為用，在社會政治實踐上堅持民主仁政，以民主仁愛為體，科技法制為用。這就是民主仁學的體用論，也是民主仁學的基本思想模式。如果我們要用最簡潔的文字來表述這個民主仁學「體用論」的思想模式，則可以概括為「仁本法用」，「仁」為形而上的道之體，是最核心的價值理念，「法」為形而下的道之器，是「仁道」的制度體現。

二、民主仁學的文化觀與核心價值觀

概言之，我的「民主仁學」論的基本思路是：民主仁學是兼融了儒家仁愛價值觀與西方民主價值觀的新儒學，[3]或曰新仁學。這個新仁學的基本思想模式，是一種新型的「內聖外王」之學，即確立道德的主體地位而以關心人生的意義與價值、以安頓人的生命為第一要務的「道德人文主義」哲學。其實踐方向，並非是走現代新儒家「本（舊）內聖開出新外王」的道路，而是新「內聖」與新「外王」的統一，是由新「內聖」指導新「外王」的落實。從體用關係而言，可以定位為「民主仁愛為體，禮法科技為用」。這個民主仁學是既重道德實踐、又重社會實踐與歷史進步的新儒學。它要求個體確立起民主仁愛的君子人格，竭誠為群體服務，在社會上建功立業；要求群體及代表群體意志的

3　包括不少現代新儒家、現代自由主義者在內的學者僅僅將「民主」解讀為一種政治制度，甚至僅僅視為政治鬥爭的工具與手段，其實是一種誤解。我認為，「民主」既是制度，也是精神與觀念，而且首先是一種精神、一種觀念。它是人民的自覺精神與自由意志的體現，民主制度是在民主精神指導下建立的制度，所以，民主在本質上屬於「道體」，現代「民主」精神與傳統「仁愛」精神是完全可以融合為一的。

國家機構確立並尊重民主仁愛的公共道德、文明禮儀和現代政治法律制度，推行民主仁政，並最大限度地開發和利用科技的力量造福於人類。

「民主仁學」中「民主」和「仁愛」的關係究竟如何放置？在我的「民主仁學」論述中，「民主仁愛」是融合了東西價值觀而合二而一的東西，是屬於道體層面的東西，這個「道體」，既是民主的，也是仁愛的，是承認人民起主宰作用而具有「親親而仁民」的道德理性的價值觀，既非用民主來改良仁愛，也非用仁愛解釋民主。因此不能將「民主」和「仁愛」割裂開來而當作兩個東西去看。所以我強調，我的民主仁學論是「民主仁愛為體，禮法科技為用」的新體新用新儒學。

在提出「民主仁學」概念的基礎上，我進一步探討了「民主仁學」的文化觀，明確提出了「多元和諧」文化觀的論述。[4]

關於「多元和諧」文化觀，我的基本見解可以歸納為以下五點：

第一，在中華文明思想庫中，有著非常豐富的「和諧」思想資源。儒家倡導以「仁愛」為核心的道德和諧觀，墨家堅持以「兼愛」為中心的社會和諧觀，道家崇尚「道法自然」的自然和諧觀，佛教推崇「眾生平等」的平等和諧觀，它們形成了有別於法家專制主義、西方征服主義及鬥爭哲學傳統的中華和諧文化傳統。

第二，儒家和諧文化的特點，一是道德理性，即強調道德對於人生與社會的指導性意義；二是人文關懷，即關注人生意義與道德價值的實現，成就完美人格；三是和而不同，即以承認不同為前提而以「太和」為最高境界的「和」，是兼顧多方利益崇尚協調的「和」，是兼容多元的和諧觀。

第三，在現代化、全球化的大趨勢下，東西方文化關係也發生著質的變化，出現了多元文化互相溝通、從對立衝突走向和諧兼容的新趨勢。在價值觀方面，原本植根於西方文化的民主、自由、人權、法治等價值觀念，已不再是

4　參見吳光：〈中華和諧文化的思想資源及其現代意義——兼論當代文化發展戰略〉，《哲學研究》，2007 年第 5 期；〈多元和諧：樹立面向全球化時代的文化發展觀〉，《探索與爭鳴》，2008 年第 8 期。

西方的「專利」而被全人類所認同，而根植於儒家文化的仁愛、正義、和諧、誠信、中庸等價值觀念，也被公認為有利於人類生存發展和社會進步並具有普世性的核心價值觀念。

第四，在建設和諧社會、和諧世界的實踐中，我們既要擯棄西方文明中心論，也要拒絕東方文明中心論，應該堅持多元文化兼容並蓄、交流互補、共存並進的「多元和諧」文化觀與「多元和諧」發展觀。

第五，所謂「多元和諧」文化觀可以具體表述為「一元主導，多元輔補；會通古今，兼融中西」十六個字。因為在任何一種民族文化傳統中，都存在一個主導性的文化形態，同時又存在多元文化對主流文化的輔助補充、共存並進的關係。當代中國的文化生態，更是存在主流文化與非主流文化複雜關係，要貫徹這個十六字方針，很有必要擺正主流與非主流、競爭與和諧、道義與功利、德治與法治、中學與西學的關係。

顯然，在民主仁學觀照下的文化觀與發展觀，是以承認文化形態的多元存在為前提並且最具包容性的文化觀與發展觀，是以建設和諧社會、和諧世界為目標的文化觀與發展觀。

那麼，「民主仁學」的核心價值觀是什麼呢？對此，我提出了以「仁」為根本之道、以「義禮信和敬」為常用大德的「一道五德」價值觀的論述。我的論述要點是：

第一，歷代儒家關於核心價值觀的論述，是因時制宜、與時俱進的。孔子雖然提出了諸如仁、義、禮、智、聖、孝、悌、忠、信、中、和、恭、敬、寬、敏、惠、勇、溫、良、儉、讓等二十多個價值觀念，但其核心價值觀可概括為「仁本禮用」四個字。孟子的核心價值觀是「仁、義、禮、智根於心」。自漢至清，儒學核心價值觀被定位為「三綱五常」。此外還有「四維」（禮義廉恥）「五行」（仁義禮智聖）、「六德」（聖智仁義忠信）、「八德」（禮義廉恥孝悌忠信）之說，是不同時期的儒家根據時代急需而對核心價值觀所作的概括。

第二，歷代儒家關於「道」、「德」關係的論述，實際上是講體用關係：「道」是根本之德，是體；「德」是所得之道，是用。歷代大儒關於核心價值

的論述，實際上是以「仁」為根本之道，以「義、禮、智、信」為道體之用的，誠如孔子所說「修身以道，修道以仁」，[5]二程所謂「仁者，全體；（義禮智信）四者，四支（肢）」。[6]

　　第三，在現代社會，傳統儒家所講的「三綱」倫理，已經被時代淘汰。但過去百年對儒學的批判否定導致社會價值觀的混亂與道德倫理的淪喪，復興儒學的首要任務便是重建儒學核心價值觀。這項重建工作並非對傳統儒家價值系統的全面恢復，而是根據時代需要對儒學價值體系中那些具有普世性、現代性、人文性的價值觀念進行選擇、重組與詮釋，以建立適應新時代需要的新儒學核心價值體系。

　　第四，在全球化、現代化的當代世界潮流下，傳統儒學價值系統中歷久彌新而且最具普世性的價值觀念是仁、義、禮、信、和、敬這六大觀念。這六大觀念中，「仁」是具有主宰地位的核心觀念，是兼融「民主仁愛」核心價值的根本之道。堅守「仁」道，就必須堅持「以人為本」，就必須承認人民在國家政治生活中的主宰權利，就必然實行「民主仁政」。其他五德——義、禮、信、和、敬都是「仁」的體現，是「仁」道之用。五德的基本內涵是公平正義、遵禮守法、誠實守信、和諧合作、敬畏人事。因此，我將民主仁學的核心價值觀概括為「一道五德」價值觀。[7]

三、民主仁學的基本特性

　　我們從對民主仁學的體用論、文化觀、價值觀的認識中可以概括出民主仁學的基本特性。在我看來，這些基本特性可以從三個方面去思考：

5　朱熹：《四書章句集注·中庸章句》（北京：中華書局，1983 年），頁 28。

6　程顥、程頤著，王孝魚點校：《二程集》（北京：中華書局，2004 年二版），上冊，頁 14。

7　參見吳光：〈重塑儒學核心價值觀——「一道五德」論綱〉，《哲學研究》，2010 年第 6 期；〈「一道五德」：儒學核心價值觀的新表述〉，《北京日報》，2010 年 5 月10 日，「理論周刊」。

　　首先，民主仁學的根本特性在於其道德理性。在「民主仁學」的理論架構中，「民主仁愛」是道之本體，禮法科技是道體之用，即道的實踐與應用。我們必須清楚地認識到，「民主仁愛」並非僅僅是一種工具、一種「外王之用」的制度，而首先是一種人生的、社會的核心價值觀，一種普遍的道德理性。這是人之所以為人、「人之異於禽獸者幾希」的那點東西。如果不確立起這一道德理性，那麼所謂「民主仁學」云云，就是無根之木、無源之水，是不能長成參天大樹、匯聚成澎湃潮流的。

　　其次是以人為本的人文性，即人文關懷的特性。儒學與宗教都有終極關懷，所不同的是，宗教的終極關懷是人死後能否進入天國，而儒學的終極關懷是人生道德價值的實現，是君子人格的完成，是死後文化生命與人文精神的代代相傳。所以儒家始終是以人為中心而非以上帝或神、佛為中心展開其價值論述的。民主仁學尤其重視人文關懷。堅持社會以人為本，國家以民為本的理念，其邏輯歸宿，必然是對人民民主權利的肯定與實踐。民主仁學這種「以人為本，民為主宰」的人文精神，無疑包含著從傳統民本走向現代民主的人文基因。

　　三是重視開放日新、多元和諧的兼容性。儒家歷來重視開放日新精神，《周易‧大畜‧象》曰「日新其德」，《大學》則引湯之《盤銘》曰：「苟日新，日日新，又日新。」強調的是不斷求新的精神。求新必然是對他者的開放學習，開放學習的前提是對客觀世界多元化存在的承認與接納，所以孔子要求君子要有「和而不同」的胸懷。中華文明的開放日新精神在本質上乃是一種追求「多元和諧」的文化觀與發展觀。民主仁學繼承與發展了這種「多元和諧」文化觀與發展觀，承認世界各大文明體系的多元化存在與多樣性特點，主張通過文明的交流與對話加深相互的了解，化解文明的對立與衝突，保持各大文明的競爭性共存與戰略性和諧。尤其是在國際關係中，當發生利益的衝突與對立時，民主仁學主張通過和平對話加深彼此的了解，找出達致國際和平的方法與途徑。

　　總之我認為，全球化時代的儒學應當是繼承傳統、服務現實、面向未來的新儒學，是堅持多元和諧文化觀的民主仁學。

四、民主仁學的發展前景

在當今時代，全球化、民主化的潮流已經席捲世界，當代中國在經歷三十多年的改革開放階段以後，已經跨入和平崛起新階段，並且深深捲入了全球化、民主化的世界潮流之中。伴隨著中國的和平崛起，昔日被批判貶斥的儒學也逐步恢復生機，出現了全面復興的新形勢。這個儒學復興雖未形成洶湧澎湃的思想巨濤，但已成為受到世界關注的時代新潮。

當代中國儒學復興的標誌，最重要的有如下六點：一是以研究孔子與歷代大儒的思想、闡揚儒學思想為主題的學術會議與高端論壇遍及國內外，連綿不斷，影響深遠；二是各種以儒學冠名的學會團體、研究院所、研究中心，如雨後春筍遍布全國；三是各種名目的儒學與國學講堂、論壇風起雲湧，蔚然成風，形形色色的尊孔讀經活動普遍開展，各種童學館、讀經班、講經會、國學館在民間紛紛開張；四是孔子學院遍布全球，至今已在全球八十多個國家和地區建立了近四百所孔子學院。這些孔子學院不僅是外國學子學習漢語的場所，更重要的是成為傳播儒學與中華文化的平臺，為創建多元和諧的未來世界新秩序提供了良好機緣；五是大量論述與研究儒學的論文、專著、系列叢書、雜誌期刊、電子報刊出版發行，標誌著儒學理論的普及與提升。第六，也是特別引人關注的一點是，自上世紀九十年代起，從中央到地方的各級政府開始對儒學研究課題、祭孔活動、弘道活動從原來的消極反對轉變為有限支持甚至積極參與的態度。例如山東曲阜每年一度的祭孔大典都有全國人大副委員長和省部級官員參與或主祭，每年的國家社科基金課題，都有相當比重的儒學研究課題得以立項、得到官方的資助。官方意識形態的儒學元素也日益增多。例如，中國進入改革開放新時期以後，大力提倡「實事求是」的思想路線，以及提倡以人為本、以德治國、廉潔奉公、仁者無敵等價值觀念，提出全面建成「小康社會」與「和諧社會」目標，都可以從儒學思想庫裡找到依據，甚至中共中央胡錦濤總書記倡導的以「八榮八恥」為核心的「社會主義榮辱觀」，也可以解讀為儒家「仁、義、禮、智、信」加「忠、勤、廉」等傳統價值觀念的現代版。最近召開的中共十八大報告中概括的「富強、民主、文明、和諧，自由、平

等、公正、法治，愛國、敬業、誠信、友善」這二十四字社會主義核心價值體系，其中「富強、文明、和諧，公正、愛國、敬業、誠信、友善」十六字就來自於中華傳統文化的價值體系。這說明，中國現階段的主流意識形態，已經融合了許多儒學元素，換言之，馬克思主義的社會主義意識形態正經歷著中國化、儒家化的轉型歷程。這對中國未來發展是具有十分重要的意義的。

在全球化、民主化的世界潮流以及中國和平崛起、儒學復興的大趨勢下，「民主仁學」論提出了一種既重視道德人文精神又兼融現代民主價值的新儒學思想模式，提供了一個能夠深入社會生活與大眾理性的儒學發展新方向。在當今時代，人們越來越感受到民主價值觀的現代性與普世性，也越來越認識到儒家仁愛觀與民主價值觀的兼容互通性，認識到儒學不講民主就不能走向現代、民主缺乏道德理性也可能成為混亂無序的暴民政治的道理。總之，時代在呼喚民主仁愛價值觀，儒學也必須適應時代的迫切需要變革其理論形態。我相信，如果新時代的新儒學能夠真正成為人民大眾的精神指導，則儒學的復興必然成為二十一世紀「沛然莫之能禦」的新文化運動，其發展前景將是無限光明的。而當中國上上下下廣大民眾都普遍接受以「民主仁愛」為核心價值和普世價值之時，則就是儒學實實在在的復興之日了。

洪堡特思想爲「漢宋之爭」
所帶來的啓示[*]

關子尹^{**}

一、從清代的「漢宋之爭」談起

漢宋之爭本指清代學術中兩股力量的對壘，其所以稱為漢、宋，是因為爭議的兩方可分別追溯到漢代的經學與宋明的理學和心學。漢宋之爭與其說是單純的學派之爭，不如說是兩種學風之爭，或兩種治學態度之爭。就學風而言，這一對立的形成，以梁啟超、胡適為代表之舊說認為肇始於清代學者普遍地對宋、明以來的「天道性命」之說感到不滿，認為與其沉湎於這些「束書不觀」和「游說無根」之學風，不如重新用力於漢代經典解讀之傳統。這一趨勢，從顧炎武、閻若璩等啟其端，終於匯成有清一代崇尚文字、聲韻、訓詁的學術主流。其中吳系的惠棟，和皖系的戴震，是其中的表表者。而兩系所出之門人，如吳系的江聲與余蕭客，及再傳之江藩，又如皖系的段玉裁和王氏父子，都成為一代名家。這個樸學傳統，雖也有對宋學相對地仍能採包容態度之學者，如哲學意味濃厚的戴震，[1]但其對宋學持輕蔑態度的風氣，亦由來有自。其中一

---

* 本文是臺灣中文學會 2012 年度會員大會暨「洪堡與漢字思維」工作坊成果報告會邀請短講。此次刊出的是第六次修訂版。

** 香港中文大學哲學系教授

1 戴震與宋學的關係問題向來極具爭議，由於不涉本文主旨，姑存而不論。

代之宗的惠棟便曾力指「宋儒之禍，甚於秦灰」。[2]後來江藩著《漢學師承記》，強調以漢學為中心的師承觀念後，宋學與漢學的芥蒂與涇渭分流的現象即更表面化。江藩於書中對宋學表示排拒，甚至敵視的態度，一至於說：「藩縮髮讀書……明象數制度之原，聲音訓詁之學，乃知經術一壞於東西晉之清談，再壞於南北宋之道學。」[3]試問這一態度，教宗取宋學的學者如何受落！

　　反觀「宋學」一陣，較早的方苞、姚鼐、翁方綱等本來於尊宋之餘，對漢學之價值並未輕易否定，但在漢學輕蔑宋學的環境下，也不時反稽漢學家只知「皓首窮經」，卻對經文背後的微言大義不思闡發，無疑捨本逐末。到了姚門後學方東樹著《漢學商兌》一書，對漢學作出反擊，漢、宋兩方的對立便更趨於白熱化。方書甫一開卷，三言兩語便對漢學大施撻伐，更對漢學前輩如惠棟嚴詞力斥：「……漢學大盛，新編林立，聲氣扇和，專與宋儒為水火。而其人類皆以鴻名博學為士林所重，馳騁筆舌，弗穿百家，遂使數十年間承學之士，耳目心思為之大障。……若夫好學而愚，智不足以識真，如東吳惠氏，武進臧氏，則為闇於是非。」[4]

　　此外，方書亦力圖為宋學辯護，力指漢學就學問而言，不知輕重本末，小題大做地詆毀宋學，實對宋學不公：「竊謂經義在今日，大義及訓詁，兩者略已備矣。蓋不患不明，第患不行耳。若其猶有疑滯者，亦什一之於千百，或前儒所互考聚訟而未決，或破碎迂僻，非義之要。此等得之固佳，即未遽明，亦無損大體，無關閎旨。且取其明白無疑者，潛玩而服行之，於身心、家國之際，其用已宏矣！而何必別立宗旨，驚天動地，忽近而圖遠，豈非所謂小辨破言，小言破道乎。」[5]

2　惠棟：《毛詩註疏》，引見錢穆：《中國近三百年學術史》（北京：商務印書館，1997年），上冊，頁354。

3　江藩著、漆永祥箋釋：《漢學師承記》（上海：上海古籍出版社，2006年），上冊，頁34。

4　同前注，頁235。

5　方東樹：《漢學商兌》，收於《漢學師承記（外二種）》，《中國近代學術名著叢書》本（香港：三聯書店，1998），頁343。

又謂：「且既謂之小學，則固不得以比於大學矣，今諸人堅斥大學，非聖門授受人德之要，痛詆窮理，主張訓詁，而託之唐、虞、周、孔正傳，止於小學。巧眩移目，新聲悅耳，新學小生，胸未有知，承竅附和，遺誤狂惑，其為學術、人心之害，豈細故與！」[6]

方書的結論，更使漢宋之鴻溝，成為無以彌補：「今之為漢學者……畢世治經，無一言幾於道，無一念及於用，以為經之事盡於此耳矣！經之意盡於此耳矣。其生也勤，其死也虛……蕩天下之心，而不得其所本……其去經也遠矣！」[7]

歷來漢宋爭議，立論各有所本，但在諸論家之中，清人袁枚於其給惠棟的信中有非常發人深省的一段話，足以為我們重新反思漢宋問題揭開序幕。袁枚說：「足下與吳門諸士厭宋儒空虛，故倡漢學以矯之，意良是也。第不知宋學有弊，漢學更有弊。宋偏於形而上者，故心性之說近玄虛；漢偏於形而下者，故箋注之說多附會。」[8]

所謂「漢宋之爭」，在袁枚的冷眼旁觀下，原來可簡化為「形而上」與「形而下」之爭。誠然，袁枚這一說法甚有新意，但要知形而上與形而下這一種二分法，從哲學的角度看，其實頗為粗略，並不適宜不批判地廣泛使用。不過，為了解析的方便，我們仍不妨順著袁枚的思路去問，心性之學與語言文字研究之間所謂形而上與形而下之關係，是否真的像清儒所設想一般地水火不相容呢？

二、洪堡特作為一另類的德意志觀念論者

清代的漢宋之爭，其芥蒂之深，敵意之濃，實不能等閒視之，此間孰是孰非，數百年來，已有許多討論，今天借臺灣中文學會「洪堡與漢字思維」工作

6　同前注。

7　同前注，頁411。

8　袁枚：〈答惠定宇（棟）書〉。

坊成果報告會邀請短講之便，再次提出漢宋之爭這一課題，是要借洪堡特（Wilhelm von Humboldt）的思想再作反思，看看能否就有關爭論之紓緩，再進一議。我數年前曾以德文發表過〈洪堡特作為德意志觀念論者〉（"Humboldt als deutscher Idealist"）一文，[9]我首先指出，我們談論所謂「德意志觀念論」，不一定要跟隨主流理解視之為費希特、謝林和黑格爾（Fichte, Schelling, and Hegel）這一發展。事實上，早在上世紀的二十年代，孟克（Dietrich Mahnke）和海德格（Martin Heidegger）便先後提出可從較為宏觀的角度了解德意志觀念論，從而把萊布尼茲、康德和黑格爾（Leibniz, Kant, and Hegel）訂作更具代表性的三人組。當然，在這一新的理解下，黑格爾的思辯性哲學儘管突出，也再不能獨領風騷，因他之前的代表人物已換成無論就分量或就影響都和他旗鼓相當的萊布尼茲和康德，並且整個時軸亦伸長了許多。所以，與其把黑格爾的思辯哲學當作德意志觀念論的主導思想，我們必須重新構思「德意志」觀念論的基本議題，而這樣做的同時，我們必須從「大處著墨」，和從一些更長遠的和持續的關懷處設想。在這一要求下，我便把德意志觀念論重新界定為德國傳統關於人類「心智」和「能力」發展的學說。而經過了這一重新界定，把洪堡特視為一德意志觀念論者的可能性便得以成立，因為洪堡特的思想儘管與黑格爾之強調思辯性異趣，但其重點仍在於對人類心智能力的探究這一點卻昭然若揭。換言之，結果成為了後世的「普通語言學之父」的洪堡特，他的思想雖明顯地離開了黑格爾思辯哲學的路子，但其實是別闢蹊徑地發展了德意志觀念論的別支。卡西勒（Ernst Cassirer）在論列洪堡特學說時甚至說：透過洪氏的語言轉向，或曰「透過語言的轉折，人文科學找到了一嶄新的進路」。[10]

9　Tze-wan Kwan, "Wilhelm von Humboldt als deutscher Idealist: Ein philosophiegeschichtliches Plädoyer," in *Die Realität der Idealisten*, edited by Hans Feger and Hans Richard Brittnacher (Köln, Weimar, Wien: Bohlau-Verlag, 2008), pp. 95-112.

10　Ernst Cassirer, "Die kantischen Elemente in Wilhelm von Humboldts Sprachphilosophie," *Festschrift für Paul Hensel*, hrsg. v. Julius Binder (Greiz i. V. 1923), p. 108, 卡西勒引 Rudolf Haym 語。

　　然而，洪堡特所謂的別闢蹊徑是怎樣的一回事呢？說穿了其實很簡單，就是說，洪堡特一方面緊繫於萊布尼茲和康德以來對「人類心智能力」的關懷，但卻要求自己從最具體的角度切入，以逐步地窺探人類心智的奧秘，而其切入點就是語言。這一點，從洪堡特語言學的經典著作《論人類語言結構的差異及其對人類精神發展的影響》的命名已可粗略得見。[11]在這本號稱為現代普通語言學的「聖經」的鉅著中，洪堡特在處理語言問題時，其策略就是從語言現象中的「語音」這一種極盡「感性」的「材料」入手。[12]

　　洪堡特這一獨特的歷史地位，可從深契其思想的德國學者阿佩爾（Karl-Otto Apel）的評述中得到很好的印證。阿佩爾指出「洪堡特的主要興趣是要洞悉人性這一回事如何能有多種方式的表述」。[13]阿佩爾徵引洪堡特的論點：「語言之能夠於普遍的一致性中顯出個別性這一點實在教人驚羨」，並據此補充說：「洪堡特再不是一思辯性的系統建造者，他的學說的重點是透過**經驗研究**，看語言如何藉著人性底形式的協調運用，以表現其個別性。」[14]此中，阿佩爾所注意到的洪堡特語言研究的方法論特點，就是儘管其最終指向觀念性，但一切要從經驗層面出發。

　　總的而言，洪堡特思想接近康德遠多於黑格爾，康德的知識論儘管有其「超驗哲學」（Transzendentalphilosophie）的一面，但還是建基於感性直覺，這是眾所周知，而洪堡特就是以「語音」（Laut, speech sound）代替和落實了康德的感性直覺而已。洪堡特語言學其中一個極重要的課題，就是要看看人類心智如何憑一雙耳朵、一張嘴巴所提供的既有物質性也帶心理性的聲音開始，

11　Wilhelm von Humboldt, *Über die Verschiedenheit des menschlichen Sprachbaues und ihren Einfluß auf die geistige Entwicklung des Menschengeschlechts*, [1830-1835], *Werke*, Band III (Darmstadt/Stuttgart: WB/Cotta, 1979), 以下略稱為 *Kawi-Schrift*。

12　當代語言學談論語音時有「語音材料」（sound matter 或 phonic matter）的講法，可說是洪堡特的遺風。參見 Roman Jakobson, *Six Lectures on Sound and Meaning*, trans. John Mephan (Cambridge, Mass.: MIT Press, 1978)。

13　Karl-Otto Apel, *Die Idee der Sprache in der Tradition des Humanismus von Dante bis Vico*, 3. Auflage (Bonn: Bouvier, 1980), p. 378.

14　同前注。

便能予以充分的利用，以表達林林總總的意義。在洪堡特的分析下，人類運用語音從直接象取外物的「擬聲」開始，進而發展出間接地模仿事象的「象徵的」運用，再進而按系統約定原則把語音當作籌碼一般，供吾人的心智予以「隨機的」和「類比的」靈活調度，俾終於能隨吾人意向之所趨，建構出珠玉紛陳，甚至極盡抽象和富饒的意義世界。

　　洪堡特對語音重視的理論依據，可借知名漢語學者王力的一番話比況之：「音韻之學，繫乎口耳。舌腭之摩擦，聲氣之動蕩，有形可象，有事可指，固與形而上者殊科也。」[15]王力此語雖然準確地道出了語言學的基礎在於感性的語音，但對洪堡特而言，這樣去了解語言學的感性的底質雖然正確，但不夠全面，因為洪堡特除了重視感性而具體的語音作為一種「物質」外，同樣地強調人類心智所扮演的一些「形式」上的功能。就這一點而言，洪堡特的康德遺風便清楚地顯出了：正如康德談論直覺時強調時、空的形式，洪堡特談論語音時即強調語音的形式——「音型」（Lautform）；正如康德進一步強調知性層面的先驗形式（即範疇），洪堡特也進一步地強調「語言形式」（Sprachform）。凡此種種，均清楚顯出，洪堡特感性而具體的語音進路，並不妨礙他同時認為這個語音底層終能與人類心智較超然的功能相配合，以締建出種種意態超絕的理境。換言之，洪堡特的語言理論雖然有其「形而下」的一面，但也有其「形而上」的一面，相較之下，王力認為音韻之學「與形而上者殊科」一議便稍嫌只知其一，而昧於其二；也即是說，洪堡特既屬「漢學」，也屬「宋學」。洪堡特思想的這一種恢宏的向度，和他上通下達的努力，正是我們讀哲學和治語言學或小學的人都同時可以借鏡的。

三、洪堡特漢語漢字理論略述

　　洪堡特語言學除就語音的運用問題富於啟發性外，對漢字的構成亦有獨特見地。由於有關問題的牽涉頗廣，以下讓我把洪氏的觀點據我自己的理解重構

15　參見王力：《漢語音韻學》（北京：中華書局，1956年），〈自序〉，頁8。

如下：（1）漢語由於屬單音節（撇除聯綿詞或兒化詞等邊緣現象外，每單音必已表一完整之意義），加上音位數目較少，又沒有語尾的屈折變化，故其音韻系統相對呈現弱勢，即他所謂的「語音貧乏」（Lautarmut）。（2）由於語音匱乏的緣故，中國先民結果在創製文字時，集體地採用了高度倚賴視覺的途徑，因為這樣在閱讀時，字形中攜帶的圖像信息會大大地減輕語音匱乏所可能造成的閱讀時解讀上的困難（如同音字太多）。洪氏直言閱讀漢字時，其形體「直撲眼簾」。[16]（3）漢字中雖有音的成分（假借字、形聲字的音符，和所有字的讀音），但文字中的所有語音信息（不是指語言中的語音信息）都不能和意義有直接的和機械的聯繫，而都必須依託字形來傳達。（4）因此，漢字不單只像其他語言一般是「語言的文字」（Schrift der Worte），而且同時是「思想的文字」（Gedankenschrift）。換言之，就漢字的構造而言，字形並不單只有表音的功能，而且字的形體往往直接包含義項，[17]而且透過字形的內部的不同組合，種種涵意豐富的結構都可以表達。（5）由於在印歐語言中，語音的類比運用乃人類語言得以高度發展的門徑，[18]今被揭示為「語音匱乏」的漢語，由於無法假語音之途去充分體現人類心智生而具備的類比能力，洪堡特在考慮漢語如何能締建出如此高度的精神文明時，終於提出了其有關漢語漢字的最重大發現，就是操漢語的中國人捨「語音類比」之途，發展了獨樹一幟的「文字類比」（Analogie der Schrift）。[19]這觀念簡單地說，即指在創製了一些最基本的初始漢字（初文）和藉此建構出第一批由部件組成的合體字後，讓各種各式的漢字部件隨機地游離，俾為數有限的基本書寫元素能按一定的類比原

16　Humboldt, *Brief an M. Abel-Rémusat. Über die Natur grammatischer Formen im allgemeinen und über den Geist der chinesischen Sprache im besonderen*, trans. by Christoph Harbsmeier（何莫邪德譯本），輯於 Christoph Harbsmeier, *Zur philosophischen Grammatik des Altchinesischen im Anschluß an Humboldts Brief an Abel-Rémusat* (Stuttgart: Frommann, 1979), p. 80。

17　參見洪堡特 1822 年致 Welcker 信函，Humboldt, *Werke*, Band V (Darmstadt: WB, 1981), pp. 252-259。

18　這一點，索緒爾（Ferdinand de Saussure）便曾於《普通語言學教程》中指出。

19　Humboldt, *Kawi-Schrift*, p. 447.

則經濟地和自由地重新組合，從而經濟地和有效率地締建出成族成群的漢字，於意義世界綻放出異彩。

　　循著洪堡特的思路，筆者近年積極地在開發一「漢語多功能字庫」，旨在對漢字進行認知性的處理，提出了以部件分析，補充傳統以部首為基礎以編列漢字的不足。所謂部件，實即漢字的「書素」（graphemes），正如許慎「近取諸身，遠取諸物」一原則所顯出，漢字數量雖眾，基本部件為數卻很有限，而且都以如人體及其部分、自然事物（包括動物和植物），和人為器物等具體物事為主。但正是從這些大致為具體的書素開始，加上少量指事符號的配合，藉著靈活的運用，最抽象的意義及觀念都可以被建立起來。其背後的運籌原則，除了傳統小學的「六書」理論外，上面提到洪堡特的「文字類比」未嘗不是一重要補充。洪堡特對漢字中蘊涵的觀念性的高度欣賞，甚至於提出石破天驚的一語：「漢字早已成為漢語的內在組成部分……在漢字的形體裡，自有哲學思想在其中。」[20]

　　總結前述，從洪堡特的觀點看，人類對語音的運用，基本上固是先以較物質性的聲音為條件，但「聲音」之所以能成為吾人可理解的「語音」，是因為人類從語言（或語音）運用的最初始階段起，便少不了心智的形式規範，而正是這些規範使人類初步地取得了對聲音的「擁有權」（ownership）。而這一心智性（形式）的參與不斷加強，甚至使語音逐步脫離其物質基礎的約束，最後被心智完全地擁有和掌握，成為人類得以靈動地表達其意念的介質。至於文字的發展，洪堡特認為在印歐語世界，文字基本上是「語音的文字」，即以服務於語言的書寫為本。至於漢語系統，由於其語音上特性，洪堡特指出，漢語群體結果在文字開發的路上「別闢蹊徑」（neuen Pfad），發展出於語音之外，藉圖像的運用直接地參與意義建構工作的所謂「思想的文字」。但即使是如此，漢字的視像形體，一如漢語的讀音，也是先紮根於一具體的和高度感官性的書寫底層，然後蘊勢上揚，俾能作各種各式的抽象的組合與運用，最後並

20　Humboldt, *Brief an Abel-Rémusat...*, ibid., p. 81. 原文為 "...weil die dort entwickelte Schreibweise schon in sich in gewisser Weise eine philosophische Arbeit beweist."

透過獨特的「文字類比」機制，把心智的想像力和創造性盡情釋放，成就出漢字豐富的意義世界。此中道理，一如康德在《純粹理性之批判》中曾一針見血地說：「故人類的知識從直覺開始，循此達至概念，最後以觀念告終。」（"Thus all human knowledge begins with intuitions, proceeds from thence to concepts, and ends with ideas."）[21]

四、洪堡特思想對一廣義的「漢宋之爭」
所帶來的啟示

「漢宋之爭」，表面上雖然只是清代學術史的故事，但其影響絕不止於此，漢宋之爭有如一股陰魂般在徘徊，並由不同角色以不同方式在重演，或在變奏，如清末以經世為用的公羊學於樸學氛圍中的異軍突起，五四時期的科玄論戰，乃至當代治文字聲韻訓詁的學者與治中國哲學的學者的不相往還，和治中國哲學與治西方哲學的學者的互不相干等。因此，我們談論「漢宋之爭」，除可追溯至濫觴於清代的學統之爭外，還可設想一廣義的漢宋之爭，即「較重經驗事實」和「較重概念思辯」的兩種治學方式之間的隔閡，甚至矛盾。我常認為，這廣義的漢與宋，其實都是中國文化的珍貴成素，漢、宋二者取態不一，重點各異，本來可以互補。但二者如果長期處於隔閡的狀態，可比喻為身體機能的「不調」；如果二者由於表面的矛盾，發展到彼此攻訐，則這便猶如中國文化的「內耗」。

回顧歷史，清代漢宋之爭發展得如火如荼的同時，間歇地已有學者意識到，把漢、宋兩極分判殊欠妥當。例如江藩《漢學師承記》為漢宋之爭煽出火

21　Kant, *Critique of Pure Reason*, trans. Norman Kemp Smith, A702/B730. 筆者近年從胡塞爾現象學的角度疏析了漢字的六書學說，間接地和更詳盡地印證了洪堡特的漢字理論。參 Tze-wan Kwan, "Phenomenological Interpretation of the 'Six Ways' of Chinese Script Formation," *Visualizing Knowledge in Signs: Encoding Meanings in Logographic and Logophonetic Writing Systems, in Berliner Beiträge zum Vorderen Orient* (BBVO) Vol. 23 (Berlin: Pe-We-Verlag, 2014), pp. 157-202.

頭後，今文公羊派的龔定盦即致函江藩，提出所謂漢宋最多是重點的不同而實際上許多時都是漢中有宋、宋中有漢，信中直指：「以漢宋對峙，尤非大方之言」！[22]後來，江藩於著《漢學師承記》外，亦著有《宋學淵源記》，其中即曾引惠棟父惠士奇「六經尊服鄭，百行法程朱」一語，或有弭謗之意。[23]晚清時陳澧（1810-1882）、曾國藩（1811-1872）等又分別有「調和漢宋」之議。其中陳澧有德行、言語、文學、政事「四科」之說，但其所謂調和漢宋，只在於鼓吹漢宋兩陣四科不應「交爭而偏廢」，以免「天下受其害」，[24]但就治學而言，陳澧主張學者各專所學，「凡非己之所長者，不必置喙也。」[25]這對於漢宋之間於學理深層次的真正調和，其實並未能觸及。相對地，曾文正公於家訓中對小學諸大師訓詁上的成就欣賞之餘，隨即以其「文章不能追尋古人深處」而表示不解，並隨即道出他自己「欲以戴錢段王之訓詁，發為班張左郭之文章」的志向。曾所言雖主要就「文論」而言，但顯然對「義理」也有期許，乃有「由班、張、左、郭、上而揚、馬，而《莊》《騷》，而《六經》，靡不息息相通」等語。[26]其之求融和漢宋，看來積極得多。

　　本文簡述了洪堡特思想的梗概，是因為洪氏「上通下達」的特色，真的有如一塊他山之石，足以為壁壘分明的漢、宋兩陣都展示了另一種兼容並包的治學理念：就是觀念不應違背具體，而具體亦應具備觀念的訴求。簡單地說，是從事哲學思想的同人，在展開其玄思的翅翼任意翱翔之前或之餘，應盡量吸納傳統小學層出不窮的成果；事實上我常認為，哲學家應不輟地從各種相關學科汲取養分，特別是哲學活動所最須憑藉的語言文字。在一虛靈的眼光的審示

22　龔自珍：〈與江子屏箋〉，《龔自珍全集》（上海：上海人民出版社，1975 年），頁 346-347。

23　參江藩：《國朝宋學淵源記》。當然，學者會質疑此語其實是對程朱「學問」的輕視。參牟宗三：《宋明儒學的問題與發展》（臺北：聯經出版公司，2003），頁 47。

24　陳澧：〈與徐子遠書〉，《東塾讀書記》，《中國近代學術名著叢書》本（北京：三聯書店，1998），頁 342。

25　陳澧：《東塾讀書記》卷 2，頁 16。

26　曾國藩：《曾文正公家訓》，同治二年三月初四日字諭紀澤。《足本曾文正公全集》，第八部（長春：吉林人民出版社，1985 年），頁 5553-5554。

下，上古流傳下來的音韻與文字，往往有如「時間錦囊」（time capsules）一樣，為我們準確地保留了先人的智慧，殊足供今人用作思辯上的參考。同樣地，從事文字考據的同人，於鑽研其專業的技術工夫的同時，亦應明白其所治之語言文字對象，本身同時是一些有超越潛能的文化元素。對一些已有具體意涵的漢語字詞，其是否只有一種「正解」？抑或於基本意義之外，容或可作取態較為抽象的解釋、闡發，乃至應用？凡此種種，皆宜取一較寬容開放的態度。誠如父母養兒育女，總希望其成長後海闊天空，文字學家對其所治之對象，或亦應如此。如果今天的「漢、宋」兩方都能對雙方的學問採取一較兼容的態度，則一切與漢語漢字的運用有關的學問，定能於向下持續紮根的同時，能向上覓得推陳出新的理境。

2012 年 11 月 18 日臺北初稿

2012 年 12 月 7 日香港一改

2013 年 1 月 14 日香港二改

2013 年 5 月 21 日香港三改

2014 年 1 月 7 日香港四改

儒學人生智慧在哲學輔導中的應用

溫帶維*

一、引論

　　如何建立自信？如何確定人生的意義？如何能獲得良好的人際關係？都是一般輔導經常需要處理的問題。而要真誠和徹底地處理這些問題，人必須對其自身之存在價值有著信念（conviction）。然而，我們身處於一個價值迷失的時代，人們鮮有作有關人生價值的深刻討論和反省，因此，人們也就普遍缺乏對自身之存在價值有任何信念了，如此也就難有自信和人生意義的確據了。缺乏自信和意義感的人，在人際關係的建立上也必會產生各種問題。所以真要處理好這些生活中常見的問題，仔細及深刻地進行價值討論和反省是必需的。[1]

　　當然，不是單單理智上掌握自身存在的價值之基礎便能解決上述的問題，還須按此基礎制定具體解決問題的方案和生活的原則。若不長期持守這些方案和原則，生命也不會得到相應的改變。然而，若未曾從理智和認知上掌握自身存在的價值之基礎，也就無法真誠地（authentically）、存在地（existentially）持守解決這些問題的方案和原則。如此，問題也就無法真正得到解決，即使人們不斷回到輔導室，也是於事無補的。

---

*　香港理工大學通識教育中心講師

[1]　在這裡想順帶一提的是：心理輔導是以心理學為基礎的輔導，也就是說它是以描述性（descriptive）的科學為基礎的輔導。心理學作為一種科學，既是以描述事實為主的學術活動，便刻意迴避價值判斷，並且通常不會對價值和意義等的問題進行探討，因此不能期望它在幫助人們討論並獲取存在的價值信念時能有多少幫助。

　　以孔孟為代表的儒家思想，是在周代傳統價值崩潰之際發展出來的一套對國家、社會、家庭及個人的存在價值及其根源作出反省的思想，長久以來它是無數人安身立命的理論基礎，它為我們的價值思考提供了重要的線索。概言之，儒學指出任何外在的標準，諸如：社會的規範、人與人之間的評價、和流行的學說等等，都不足以為人生價值的根源，惟出自人性深處的價值反應才能擔此重任。本文將扼要闡述以孔孟為代表的儒學中的人性論及其在建構人生價值的過程中的重要角色，並透過個案去說明儒學的相關主張如何能具體地被應用到處理上述的幾個主要輔導課題中。

二、孔子仁論與人生價值的基礎

　　眾所周知，孔子的思想核心是「仁」。論語中多有論及仁的篇章，其中可以窺視仁與人生價值之關係的也有許多，以下三章是較具代表性的：

　　　　子曰：「人而不仁，如禮何？人而不仁，如樂何？」（《論語·八佾》）

　　　　子曰：「仁者安仁，智者利仁。」（《論語·里仁》）

　　　　子曰：「志士仁人，無求生以害仁，有殺身以成仁。」（《論語·衛靈公》）

孔子認為，生而為人卻沒有仁的話，即使按照禮樂這些世人認為最為根本的制度和標準去行事，也是毫無意義的。這就表示，孔子認為單靠符合外在的制度和標準的要求，無論是多麼主流和美善的制度和標準，也不足以讓人活得有價值有意義。相反，有了仁便足以使自身的存在有價值有意義了，便無須再去找尋什麼來填塞心靈的虛空，精神上便滿足了，生命因此得以安頓。這是最大的利益，所以真正有智慧的人也以仁為其利益。仁者就是體會到此中關鍵，所以

情願犧牲性命來完成仁道。總而言之，孔子認為仁便是人生意義和價值的最終基礎。

那麼仁是什麼？孔子從來沒有很明白具體地表述過，不同的學生問仁，他都有很不一樣的回答：

1. 仲弓問仁。子曰：「出門如見大賓，使民如承大祭。己所不欲，勿施於人。在邦無怨，在家無怨。」（《論語‧顏淵》）

2. 司馬牛問仁。子曰：「仁者其言也訒。」曰：「其言也訒，斯謂之仁矣乎？」子曰：「為之難，言之得無訒乎？」（《論語‧顏淵》）

3. 子貢曰：「如有博施於民而能濟眾，何如？可謂仁乎？」子曰：「何事於仁，必也聖乎？堯舜其猶病諸！夫仁者，己欲立而立人，己欲達而達人。能近取譬，可謂仁之方也已。」（《論語‧雍也》）

4. 顏淵問仁。子曰：「克己復禮為仁。一日克己復禮，天下歸仁焉。」（《論語‧顏淵》）

仲弓問如何實踐仁道時，孔子回答說：「出門在外，凡遇見人，不論其身分貴賤，都得如同接見貴賓一樣恭敬有禮；役使百姓也要如同辦理重要的祭祀一般嚴肅謹慎，不可隨便；自己不喜歡的，不要強加諸別人身上；不論是在朝出士，還是賦閒在家，都不要有怨言。」簡單而言，孔子的回答便是要對人恭敬、對百姓尊重、對他人體恤，並且不要過分重視自己是否被重用。其重點不外是：不要只看重自己，也要顧及他人。有趣的是孔子的回答既非抽象地以概念論述仁道，也不是直接列舉對人要恭敬、要體恤等等的規條，而是用了幾個情景，即見貴賓時、承大祭時、自己有所不欲時，來指點仲弓應有的態度。仲弓聽了，便可以憑自己在該等情況時自然產生的反應去掌握應該持些什麼態度。即是在面對貴賓時便自然產生的恭敬，要承辦重大祭祀時便自然產生的尊

重，自己有所不欲時也自然不願他人受苦的同情。孔子不直接說明，而要如此引發仲弓的反應，就顯示了仁的一個特點，即它不是抽象的概念，亦非外在的規條，而是人自發的心態。所謂自發的心態便是打從內心深處對自身的要求，它是充滿力量的，能造成現實中品行的改變。抽象地指出仁的概念，即使讓人認知上了解了其所指，也不會讓人經驗到仁的力量，也就無法真正掌握仁。同樣地，遵守外在的規條，也是無法經驗到仁的力量的，也就無法真正成就品德。孔子之學是成德之學，其目的本就不是成就概念上的知識，也不是訓練服從規條的人，所以孔子論仁就透過這種啟發的方式，而不透過抽象概念的論述或列舉規條。

　　有了以上的了解，一些比較難懂的章節也就不那麼難了。例如引文 2，司馬牛問如何實踐仁道，孔子的回答說：「仁者說話會很遲鈍。」這話甚難懂，難道說話遲鈍點就可以成為仁者了嗎？這正是司馬牛馬上提出的問題，孔子便再回答說：「因為仁者知道實踐仁道的困難，說話哪能不遲鈍點呢？」這是說正因為仁者經驗到實踐仁道的困難，當中難免有錯失之處，面對自己的錯失即使不至於羞愧，也自然會常常警惕，這樣的人便不會常常毫無顧忌地想起什麼便說什麼。據《史記》記載：「司馬牛多言而躁。」孔子可能是針對司馬牛的性格弱點來加以指點的，而其指點並不是直接吩咐他說話要謹慎點，而是在於指出成德的困難，若能注意到這一點，人便自然產生矜持，說話遲鈍了。這也是透過啟發自發的心態來指點仁。要掌握什麼是仁和如何實踐它，首要便是體會這從自身生命深處而來的要求。這種要求的內容在不同的處境下是不同的，不都是恭敬，不都是惻忍，不都是羞愧，不都是同情共感，但都是不可否定的，出自自身生命中的要求，不是社會、父母、朋輩等等外在元素的要求。

　　引文 3 把這個意思說得更明白。子貢問若一個人能「博施濟眾」算不算是仁者？孔子回答說那不只是仁者了，簡直就是聖人，接著孔子便指教他仁是什麼。孔子如常沒有提供一個仁的概念的定義，也沒有例舉一連串的規範。他提出了兩則比起博施濟眾更為常見的處境：當一個人想要自己有長進到能獨立的地步，便也想幫助他人長進到同樣獨立的地步，當一個人想要變得明白通達時，便也想幫助他人變得明白通達，能近取自己這種「自然也想他人和自己一

同進步」的心態為平常行事的例子，就是實踐仁的方法（或方向）了。孔子在這裡明確指出，實踐仁並不是服從於某一些規條，如「在讓自己進步的同時也要顧及他人」，而是要在自己想要進步卻同時想要他人也進步的這種不能自已的心態中體會仁是種怎樣的心態，並用這種心態去處世。

仁便是在不同情況下，自身生命深處對自己不容已的要求，只要能深切體會，便會發現任何外在的要求和標準的力量都不能與之相比，即使是大眾和經濟的壓力也無法屈服。此正是孟子所謂：「至大至剛」、「富貴不能淫，貧賤不能移，威武不能屈」、「雖千萬人吾往矣」的強大力量。可以說，仁便是人生命中最為重視的要求，換言之便是最高價值。仁者便是切實回應仁心的要求的人，他回應生命中最為重視的要求，也就獲得了最大價值的實現，因此仁者便能無所求和自信了。如此，他面對著任何人以任何標準的評價都能處之泰然，不被動搖了；相反，對別人作出的評價卻是胸有成竹的。故孔子說：「唯仁者，能好人，能惡人。」（《論語‧里仁》）

反過來說，若是缺乏對仁的體現和實踐，人便只能依靠符合外在的規範和標準來肯定自己的價值，如此便恆常地處於一個要求自己達標並因為他人比自己更符合標準而感受到威脅的緊張狀態下，動輒因為自己的能力、標準、和他人的能力的變動而感到焦慮和恐懼。仁者卻因為獲得最大價值的實現，實在沒有什麼可以讓他焦慮和恐懼的，所以孔子說：「君子不憂不懼。」（《論語‧顏淵》）最可惜的是，因為全副精神都花在追逐外在標準和與他人的比拼之中，根本沒有去體會及實踐仁，也就是忽略了自己事實上最為重視的要求，自身生命中最為認同的價值，那麼即使符合了任何外在的標準，並且比任何人都更為符合，生命也依然虛空，依然需要許多物質上的享樂和感官上的刺激來填補。這樣的人需要大量的財富，所以不能處貧窮，卻也不能處富貴，因為即使富貴，這人的心靈還是虛空。所以孔子說：「不仁者，不可以久處約，不可以長處樂。」（《論語‧里仁》）

總而言之，孔子的思想教人體現和實踐仁，也就是人自身最為重視和認同的價值。唯以此，人才真可以有自信，人生才真可以有價值，才可能建立健康的人際關係。

孔子雖然指出了仁對於人的重要性，卻沒有提出一套實踐仁道的理論，這使得個別的追隨者想要實踐時會有一定的困難。正因為缺乏這種理論，即使他說：「仁遠乎哉？我欲仁，斯仁至矣！」（《論語‧述而》）人們也只知道他強調每一個人只要願意便能實踐仁道，卻難以知道這是如何可能的！事實上連孔子自己也沒見過幾個仁者，多少孔子的跟隨者，在別人眼裡都是賢人，孔子都未許以仁，可見實踐仁道肯定不是單有意願便可以的。孔子雖亦提出過具體實踐仁道的途徑，但那都是針對不同的學生而提出的不同方案，一般人若無法掌握箇中的道理便難以運用在自己身上了。

然而，這怪不得孔子，因為正如前文所言，孔子論學的目的在於啟發指點個人成就品德，而不在於作理論建構，所以他的興趣不在提出抽象的理論，而在於對個人作具體的指點。後繼的孟子卻有在理論上駁倒楊墨之說的論學目的，[2]所以他便比較熱衷於較為抽象的理論建構和概念說明。

三、完善了孔子仁論的孟子人性論

孟子的學說可以說在理論建構上進一步完善了孔子的思想，其中最為重要的便是明確指出仁這種自發的、不容已的要求便是人性。當然，孔子是否認為仁便是人的本性，確實還有討論的空間。[3]單就《論語》中所記載的孔子言論，確實沒有直接文獻上的證據去支持孟子的詮釋，學者們可以作多元的詮釋，[4]但以孟子性善論的思路來詮釋孔子卻是宋明以後的主流共識，更重要的是這種詮釋對現代處境中的人們最有意義，在哲學輔導上最具啟發性。故本文

2　見《孟子‧滕文公下》。

3　《中庸》二十章中「仁者，人也。」一句是否孔子的本意，關鍵在《中庸》成書的真實時期。高柏園在其《中庸形上思想》中對於《中庸》的成書問題有相當詳細的論述，具很高的參考價值。見高柏園：《中庸形上思想》（臺北：東大圖書公司，1988），頁13-31。

4　據《韓非子》的說法，孔子死後「儒分為八」，此八派的想法不單止不同，甚至是互相抵觸的。可見對孔子思想的詮釋，即使是孔子的弟子及其後學也會有很大分別。

便以思孟一系的詮譯來理解孔子的仁，也就是把它看成是人的本性。

孟子所謂本性並非指與生俱來的一切性質，亦非指與生俱來的傾向。借用英國漢學家葛瑞漢（A. C. Graham, 1919-1991）的說法：「一生物的性便是在不曾受過損傷及得到合適培養的情況下，其由生到死的發展與衰敗的方式。」[5]可以更扼要地表述為：性便是生命在理想的情況下自然展現（unfolding）的過程；說仁便是人性，即是說人類的生命在理想的情況下自然展現的話，便會在各種不同處境中對自己作出諸種不容已的要求。所以只要讓人的生命在理想的情況下自然展現，人便真正感受到自身生命最根本及最重視的關懷，是任何外在標準和壓力也無法磨滅的。如此，人生的價值便有了堅實的基礎。

可惜，現實裡注意到要讓生命在理想的情況下自然展現的人實在很少，人們的注意力大多在欲念的滿足與追求。人的生命與任何生物的生命一樣，缺乏栽培的話便生長得不理想，甚至死亡。正如孟子在論人性時說：「苟得其養，無物不長；苟失其養，無物不消。」（《孟子・告子上》）所以孟子認為人性雖為人天生而有，但若不刻意栽培建立，也會被欲念所桎梏。這就是「先立乎其大者，則其小者不能奪也。」（《孟子・告子上》）的意思。

其實仁既為人性，只要人還是人，此本性便無時不發揮作用，只要人肯注意（conserve）它、存養（cultivate）它，它便真正能作用於、展現於人的現實生命中。這是完全自主的，不假外求的，此孔子所以謂：「仁遠乎哉！我欲仁，斯仁至矣！」人之所以平常沒意識到本性無時無刻的作用，只是因為私欲的阻礙而已。孔子評論其弟子申棖時說：「棖也欲，焉得剛？」（《論語・公冶長》）就是說申棖這個人欲念太多，不可能剛毅（即難以堅持原則作事），而仁者卻是剛毅的。這裡孔子直接指出欲念阻礙仁道的實踐。孟子繼承了孔子的思路也說：「養心莫善於寡欲」（《孟子・盡心下》）這裡說的「心」便是仁心。那麼何以私欲會阻礙人的本性的顯現呢？其實一個人每時每刻都在接收

5　A. C. Graham, "The Background of the Mencian Theory," in *Essays on the Moral Philosophy of Mengzi*, ed. Xiusheng Liu and Philip J. Ivanhoe (Indianapolis/Cambridge: Hackett Pub, 2002), p. 19.

來自人體內外各處的「訊息」，當中有五官的訊息、身體發出的訊息、不同層次的內心發出的訊息等等。我們同時接收這些訊息，卻不會同時注意到這些訊息，不注意到不表示感覺不到。比如，你一直都感受到現在所穿著的衣服，但在你讀到上一句話之前恐怕你並沒有注意到衣服對肩膀所帶來的輕微壓力，這壓力一直都在，你一直都感受到，只是因為你平常都把注意力放在別的事上，例如讀這篇文章，所以便忽略了。同理，當人們太過把注意力集中在爭取滿足私欲時，便沒法注意到本性對自己發出的要求了。唯有當人的本性的要求突然增加（例如面對特別不公義或殘忍的事），或是個人自己放下私欲，它的作用與存在便會再被注意了。所以當顏淵問如何實踐仁道時，孔子答以：「克己復禮為仁。」（《論語·顏淵》）只要能克己，私欲減退，人的本性便自然展現。

總括來說，以孟子的人性論來詮釋孔子的仁論，其結果有三：第一，仁的普遍性在理論的層面被確定了，這肯定了任何人都可以透過實踐仁道而獲得人生的價值；第二，它解釋了何以實踐仁一方面不假外求（「我欲仁，斯仁至矣」），另一方面卻是難以實現的；三：孟子的學說不再針對個人的情況論實踐，而是從理論的高度提供了實踐仁道的大方向，扼要言之便是寡欲，栽培本性，讓它有足夠的「養分」自然發展。

四、孔孟人生價值的主張及其在輔導中的應用

我們可以這樣闡述孔孟對人生的價值的主張：人生的價值植根於生命的發展。根據這主張，我們可以說人之所以虛空，並不是因為有某種需要未得到滿足，相反，是因為生命沒有健康的發展，萎靡不振，缺乏打從生命深處而來的真實要求，因而人生的一切變得無可無不可，一切都「輕飄飄」的沒有重要性。這就是虛空，就是那「生命中不能承受的輕」。既是如此，解決方案就不可能是再向外追求些什麼來「填滿」那虛空，而是從內在發展出本有的生命，讓其成熟、壯大，展現那些不容已的要求，唯如此生命才有重量。

然而，人類的生命有許多層面：肉體感官的生命、理智的生命、道德的生

命、藝術創作的生命、與人感通的生命等等。若人生的價值在於生命的發展，生命發展得愈完全，即愈是各層面都被發展起來，人生便會愈充實有價值。若只發展其中一方面，必會導致其他方面的虛空。

我們可以設想，一個人若只有肉體感官的生命發展完善，而其他方面低度發展，甚至沒有發展，他將只有肉體方面的需要和活動，也就只有在肉體和感官的需要得到滿足時，他才感到自己作為肉體的感性存有的存在，才感到踏實有價值。除肉體生命的實現與滿足外，這種人會感到生命中充滿著莫名的空虛感。如前文所言，這種空虛感不是一種需要的未被滿足，而是連需要什麼都不知道的無奈，它是生命中的缺陷，只有透過發展和培養，讓其他生命的層面壯大，讓它們都有自己的需要，然後才能去滿足它，然後才能獲得相應的意義感和價值。一個生命中各方面都發展得完滿的人，自然便有強烈的理性和求知的興趣、創造和欣賞藝術的興趣、隨時作道德判斷的要求、和常常與人感通的心懷。這樣的人不會因為肉體被滿足了便無所事事，他周遭的一事一物都可以成為他理性研究討論、藝術創作和欣賞、道德判斷、關懷照顧的對象和素材。這樣的人就算是面對著無邊無際的外太空，他也能有各種作為，並且興致勃勃，不會感到空虛無聊。

同理，若一個人只有理性的，或道德的、或藝術的層面得到栽培和展現，也會有同樣的虛空。孔孟和現代消費主義大盛的社會各有其偏，前者只把注意力放在人的道德生命上，而後者則多把注意力放在肉體感官的生命。所以我在認同孔孟對人生價值與意義的基本立場的同時，我認為不能有他們的偏執。人生的價值與意義在於整全生命的發展。

基於以上的理論基礎，針對有關的輔導議題的具體輔導內容就包括以下幾點：

1. 引導受導者注意到自己本性對他的呼喚和要求。[6]
2. 解釋這本性的要求在建立其人生價值的基礎信念的重要性。
3. 鼓勵其日後要重視並正確回應這些要求。

6　用宋儒程明道的話說便是：「先識仁。」

五、案例

以下是兩則案例，一則是處理自信心的，一則是處理無意義感的。

甲：自信篇

Thomas 是個差不多三十歲的註冊社工，他認為自己過於缺乏自信，以至於人際關係方面也常有阻滯，特別是與異性交往方面，所以向我尋求輔導。知道他的來意後，我便問：「你何以認為自己過於缺乏自信呢？」

他說：「我很介意他人對我的反應，很多時候是他們的說話讓我懷疑自己是否在他們心目中很無用，有些時候甚至人家什麼都沒有說，我便感到很不自在，總在疑心人家是不是瞧不起我，並且這會縈繞好幾天。」

我問：「可以舉個例子嗎？」

他說：「我沒有學位，只有一紙高級文憑。在我行畢業禮的那一天，我請了我的家人來觀禮。我的弟弟見我沒有戴畢業帽，便問我為什麼沒有戴。那我便告訴他我取得的只是高級文憑，不是學位，所以沒有帽子。當時我弟弟只是『哦』了一聲，也沒表示什麼，我便在懷疑他是不是在瞧不起我了。並且這種懷疑和忐忑縈繞了好幾天。我也知道我弟弟並沒有做什麼，但我揮不去這種懷疑。」

我問：「看來你的安全感在很大程度上建立在他人的肯定上。」

他說：「是的，這很明顯。」

我說：「那就難怪你會那麼敏感他人對你的評價，即使別人沒在對你作出評價，你還是會想知道人家怎樣評價你。這樣子當然會沒有自信，因為你對自己的信心並不是來自自己，而是來自他人。」

他說：「這個我明白，所以我也一直想做好自己，以自己的實力來建立對自己的信心。」

我問：「那你是如何做的呢？」

他說：「就是盡量爭取把自己的分內事做好啊！比如工作的時候，我帶著青年人做活動，我都會很投入、很忘我，也就不會理會別人怎麼說我了。」

我問：「那麼活動之後呢？當其他人和你討論你所帶的活動時，不論他們

說什麼你也會很自在嗎？」

他說：「唔……不一定，在這一方面我可能有較大的自信，但當他人討論我的表現時，我還是會忐忑不安。」

我說：「所以這還是以他人的評價作為自信的基礎。其實凡是要透過達到某些外在標準來證明自己有實力的行為，也還是以他人的評價作為自信的基礎，因此也就不可能有真正的自信。不要以為達到了某個標準就可以很有自信，因為你永遠不知道別人是否認為你真的達標，也不知道別人會否突然提高標準，更不知道還有多少人比你做得更好，總之人家一天未對你有正面的評價，你便還是會忐忑不安。即使人家今天對你的評價很正面，你還是會擔心明天。換言之，千萬不要以為自己努力了，盡力做到最好了，有點『實力』了，便自然會有自信。我不知見過多少人本來已經做得很好了，很有成就了，卻還老是認為自己不夠好，毫無自信，自卑得不得了。」

他問：「那該怎麼辦？」

我問：「那麼有沒有什麼事，是你認為不論別人怎麼說，都不會動搖你的觀點的？」

他沉思了一會，然後說：「簡單的數學題吧！像一加一等於二，我相信別人怎麼說，我都不會動搖。」

我問：「何以如此呢？」

他說：「可能是因為這明顯合理吧！」

我問：「那麼說，對於明顯合理的東西，你的立場便會很堅定。」

他說：「是的。」

我問：「即使別人因此說你是傻瓜？」

他說：「當然，因為我知道我是對的。」

我問：「還有什麼你能如此肯定的？」

他再沉思了一會說：「想不到了。」

我問：「若有一個人拿著一隻活生生的貓，當著你的面往它身上澆電油，接著點火把它活活燒著，還一臉的興奮喜悅。你認為他這麼作是對的嗎？」

他說：「當然是錯的！」

　　我問：「若他恃著自己有學位，並強調這是高級趣味，還說你不懂得欣賞是傻瓜，你會因此而懷疑自己的判斷嗎？」

　　他說：「當然不會，我還會因此而很憤怒，那麼殘忍的事，肯定是錯的。」

　　我問：「若是有一群人對你這麼說呢？」

　　他說：「也改變不了我的看法，錯的是他們不是我。」

　　我問：「你何以這麼肯定你的判斷是正確的？」

　　他說：「那很殘忍，凡是如此殘忍的事都是不應該的。我打從心底裡認為那是不對的。」

　　我問：「不可能被動搖嗎？」

　　他說：「很難，除非有人能拿出相當具說服力的證據去證明那不是件殘忍的事，比如說貓是沒有感覺的，或者貓很喜歡被火燒，但我相信這很難。」

　　我說：「這就夠了，你的判斷不必絕對正確，只要你認為不很可能是錯的，就足以讓你難以動搖了，可以說你對自己的判斷很有自信了。那麼，你可有發現這些很有自信的判斷的基礎是什麼呢？」

　　他說：「它們都是合理的。除了數學上的理，還有道德上的理，或許不同範疇就有不同的理，但只要是我打從心底裡認為合理的，我就難以動搖。」

　　我說：「可以這樣說嗎？凡是你自己真誠地認為合理的，不論是數學或是道德或是其他什麼範疇的判斷，你都不會輕易動搖。這就是你內在的價值根源。若你的行事為人都能符合這種打從內心深處的判斷或要求，不管其他人怎麼說，甚至不管社會上是否普遍認同，你都會認為自己是對的。你的真正自信也就能由此建立了。」

　　他問：「可是除了剛才那兩項，不知道還有多少事情我可以有如此堅定的判斷的！」

　　我說：「那就要你平常多反省什麼是合理的，什麼是不合理的。簡言之就是理性與良知的運用。愈多這方面的反省，並且在實踐中去驗證它們，真正的自信便會慢慢被建立起來的。」

　　他說：「那可不簡單啊！」

　　我說：「我也沒說這是件容易的事。即使是被稱為聖人的孔子，他十五歲開始不斷學習反省，也要到了三十歲才確立了基本的人生方向，之後再經過十年的磨練，到了四十歲才能對這人生方向不再感到疑惑，充滿自信。總之，自信是反省與實踐結合的成果，而非符合任何外在標準的結果。」

　　Thomas 很認同我的分析，臨走時滿懷信心地說知道該怎麼做了。當然，他沒有因為與我的一席話而變得充滿自信，他還有一生人的工夫要做，但他卻從根本上糾正了其建立自信的觀點，對他而言，這已經是很重要的突破了。

乙：人生意義篇

　　Betty 因為感到生活極之無意義和缺乏方向感而來找我。她來找我時快將大學畢業，一方面要找工作，另一方面要完成畢業論文，可是她卻一點動力也沒有。她認為他選錯主修科了。她不喜歡她的主修，她之所以選此主修是因為家裡的經濟環境導致的，根本非她所願。她現在覺得浪費了三年，並且畢業後若是從事相關的行業，她的痛苦更是無了期；若是不從事相關的行業，那麼掙錢又不會多。到底要不要花多三年時間去轉行？並且該轉哪一行？是她的主要問題。加上對主修科毫無興趣，她完全沒有興趣寫畢業論文。可能她連畢業也成問題。她不知如何是好，便找我談談。

　　簡單而言，Betty 認為她之所以對找工作和寫論文一點興趣也沒有，是因為她對主修科無興趣，潛前提是：「只要找到有趣的或是她感興趣的專業，她便值得花工夫轉去那個專業。現在問題只是不知哪一門專業是有趣的。」針對這一點我便問她：「那麼妳對什麼有興趣？」

　　她答：「工商管理。」

　　我問：「為什麼？工商管理有什麼吸引妳呢？」

　　她答：「它實用嘛！」

　　我問：「實用？」

　　她答：「唸工商管理比較易找工作。且它的內容比較適合讓人在商業社會中生存。」

　　我問：「妳現在唸的那一科不行嗎？」

　　她答：「我唸旅遊與酒店管理，也算是商科，也算可以找到工作，但範圍

太窄了，學的東西又無聊。」

後來我們花了點時間討論到底酒店管理與工商管理之間有何差別，最後得出「沒有太大差別，只是酒店管理比較專門，行頭較窄而已」。於是我便問：「既是如此，從妳的角度看，工商管理不外是能給你更多就業機會而已，它本身並無什麼特別吸引你的內容。」

她答：「唔……好像真的沒有。」

我問：「我剛才的問題是問妳對什麼有興趣，除了學科的實用性，妳便沒有對任何事物有興趣嗎？」

她答：「好像沒有。」

我問：「那麼妳最近都在做什麼？又不去找工作，又不寫論文。」

她想了想答：「都沒有在做什麼。提不起勁嘛！」

再經過一論的談話後，我發現她根本不是對自己的主科沒興趣，她是對任何事物都沒興趣，因為對她而言「沒有事是真正重要的」。這是典型由於生命萎靡而產生的虛空。她需要重拾對人性要求的注意和重視，因此我便問她一生人中有否感到過興奮或是激動的時候？她說了一些，都是些被人讚賞或排擠時的感受，但都不是人性的不容已的要求。我不斷引導和追問，她提到過曾經因為練琴而廢寢忘食的經驗，很讓她懷念。她又提到曾經因為同學被老師無理指責而大怒。於是我便問：「你為何那麼在意同學的事呢？」

她說：「唔……不知道……為他抱不平吧！看見老師不分清紅皂白，隨便罵人，便心裡覺得他很過分，被罵的同學也實在太無辜了。這件事讓我久久不能釋懷。」

我問：「因為？」

她說：「太不公平了。」

我問：「你覺得這件事很有趣嗎？」

她說：「不有趣，一點都不有趣，我希望它從來沒有發生過。」

我問：「但你卻很在意，你希望你能為同學做點事，對嗎？」

她說：「是的。」

我問：「能為同學做點事會很有意義，是嗎？」

她笑說：「是的，正義得以伸張了！哈哈哈！」

我問：「所以一件事之所以有意義，與它本身是否有趣，或是否你的興趣所在可以沒有關係，對嗎？」

她說：「對，因為有一些事的價值在於它是否應該的。」

我問：「是否應該是別人說的，還是你自己認為的？」

她笑說：「當然是我自己認為的，遇到不公義的事，我自然如此，不必人家說。很多時候人家說某某事很重要，我都沒有感覺。」

我問：「若人家說你多事，叫你少管呢？」

她說：「我會不高興，誰愛管閒事呢？不過我還會覺得不公義的事是不公義的，我還是不希望它發生，並且我希望我能做點事。」

我問：「也就是說，你打從心底裡認為不公義的事，別人怎麼說也不會改變你對這事的態度。」

她說：「除非他指出我對事實有誤解，若我對事實無誤解，我相信我的態度不會因為別人的說話或態度而改變。」

後來我指出這就是她的本性的不容已的要求，而這種要求不單止限於道德的領域，藝術中亦有，理性中亦有。以彈琴為例，她在享受彈琴的過程時所得到的感動亦是發自內心的，不是別人教的，也不是為了讓人覺得她懂音樂才有的造作。她開始明白和掌握到本性的不容已的要求所指的是什麼。

我接著指出，若是人生中充滿著本性的反應，人生便充滿著有價值的事情了。相反，事物之無趣不在於事物的性質，而在於人的生命是否健康，是否不斷對事物作出各種各樣的反應。我們不能依賴死物讓人有生命力，相反，是充滿生命力的人使死物有價值、重要性和趣味。

她明白且認同了我的說法，然後我指出她需要再次注意自己本性的聲音，安靜留意，讓自己多點接觸和肯定本性的要求，使之成為習慣。下手工夫可以從敏感他人的需要和享受鋼琴開始。當生命能健康地展現，人生就不再枯燥，到時考慮是否繼續目前的專業或是轉換到別的行業才有根據（不然一切都是無意義的、無價值的、無重要性的，轉不轉其實都無所謂）。

她明白到她的問題不是主修科本身是否有趣或是自己是否感興趣的問題，

而是自身生命是否在健康地展現的問題。明白了這一點，她便充滿喜悅地對我說，她對日後的生活感到更有希望了，因為她不需要依靠碰到有趣的工作或事物，才覺人生有朝氣，所以她決定照我的說話去做。

三個星期後，我收到她的電郵，她告訴我經過三個星期的實踐後，她對以後要以何種態度生活感到更有方向感了。

What Confucian Philosophy Means for
Chinese Psychology Today:
Indigenous Roots for Global Consciousness

James H. Liu[*]

The past thirty-five years have witnessed explosive growth in Chinese psychology, as indexed by the 41 chapter authors covering 732 pages in Michael Harris Bond's 2010 edition of the *Oxford Handbook of Chinese Psychology* (compared to 32 chapter authors covering 588 pages in the 1996 *Handbook*). The topics in the latest edition range from cognitive neuroscience to socialization of values, language acquisition, personality, gender, and political psychology. In virtually every domain, the *Handbook*'s authors have meticulously documented ways in which culturally Chinese people differ from (and to a lesser extent in terms of focus) are similar to a mainstream psychology based on world dominant North Americans. Bond writes, "Clearly, there has been and continues to be, a considerable demand for intellectual material on the psychology of the Chinese people."[1] The foremost characteristic he lists is "China's longevity as a coherent cultural tradition" that together with its size results in "an emerging recognition of

---

[*]   President, Asian Association of Social Psychology; Co-Director, Centre for Applied Cross-
      Cultural Research, Victory University of Wellington, New Zealand.
[1]   Michael Harris Bond, ed., *Oxford Handbook of Chinese Psychology* (Oxford: Oxford
      University Press, 2010), p. 1.

China's central role in the management of those global interdependencies that will determine our planetary survival in the twenty-first century."[2]

Culture is the centerpiece of psychology's attempt to understand the unity in diversity of human beings. "What exactly is culture," Bond asks, "and how does it exercise its impact in molding the lives of those individuals born into that tradition and socialized by its institutions?"[3] For a plurality of the authors in this *Handbook*, the ultimate answer to this question is clear. "Confucian philosophy" is the single most indexed topic in Bond's massive volume, with the 50 entries covering such topics as Confucian approaches to leadership, social identity, parenting, education, and well-being exceeding the 40-some entries devoted to the next most indexed topics, the psychological concept of Self, and things to do with Taiwan.

However, in-depth examination reveals that virtually all of the references are to psychologists, or occasionally a sociologist or other social scientist, and almost never to a philosopher. One chapter even provides a section on *tian ren he yi* 天人合一 without even mentioning Zhu Xi or Song-Ming philosophical thinking.[4] In other words, there is a pervasive but shallow engagement with Confucianism in Chinese psychology. Such shallow foundations cannot sustain the deeper agenda of planetary survival expressed in Bond's opening statement. Nor does it provide roots for an indigenous Chinese psychology capable of simultaneously benefiting locals and enhancing global understanding.[5] Of the 41 chapters in the *Handbook*, only the

---

[2] Ibid.

[3] Ibid., p. 2.

[4] Shi-xu and Feng Bing, "Chinese Cultural Psychology and Contemporary Communication," in Bond, *Oxford Handbook of Chinese Psychology*, pp. 555-562.

[5] James H. Liu, Sik-hung Ng, Ma. Cecilia Gastardo-Conaco and Dennis D. S. Wong, "Action Research: A Missing Component in the Emergence of Social and Cross-Cultural Psychology as a Fully Inter-Connected Global Enterprise," *Social & Personality Psychology Compass*, Culture & Diversity Section, 2008. See http://www.blackwell-compass.com/subject/socialpsychology/.

work of Hwang and Han is centered in an engagement with Chinese philosophy.[6]

I have been in the fortunate position of having written four papers in collaboration with my father utilizing Neo-Confucian philosophy in constructing a culturally-appropriate Asian and Chinese psychology.[7] The focus of these papers has been on the epistemology and practice of social psychology: they were seminal thought pieces that subsequently have influenced my leadership strategies as President-Elect (2011-2013) and President of the Asian Association of Social Psychology.[8] As I have grown older and matured as a scholar, I see the virtue of Confucian philosophy in its own right, both as a guide for living and as an object of research. References to Confucian philosophy in Bond's *2010 Handbook* were almost all in the domain of what my father calls "Popular Confucianism. Belief at the grassroots level that emphasizes concepts such as family values, diligence, and education and can hardly be separated from other beliefs in popular Buddhism and

---

[6]   Kwang-kuo Hwang and Kuei-Hsiang Han, "Face and Morality in Confucian Society," in Bond, *Oxford Handbook of Chinese Psychology*, pp 479-498. See also Kwang-kuo Hwang, *Foundations of Chinese Psychology: Confucian Social Relations* (New York: Springer, 2012).

[7]   James H. Liu and Shu-Hsien Liu, "Modernism, Postmodernism, and Neo-Confucian Thinking: A Critical History of Paradigm Shifts and Values in Academic Psychology," *New Ideas in Psychology* 15, no. 2 (1997): 159-177; "Confucian Philosophy and Psychology: A Summary of Interrelations," in *Indigenous Psychological Research in Chinese Societies, Vol. 9*, edited by Kuo-shu Yang (Taipei: Gui Kuan Books [National Taiwan University], 1999), pp. 343-364 (in Chinese); "Interconnectedness and Asian Social Psychology," in *Progress in Asian Social Psychology, Vol. 2*, edited by T. Sugiman, M. Karasawa, James H. Liu and C. Ward (Kyoyook Kwahaksa, Seoul, 1999), pp. 9-31; "The Role of the Social Psychologist in the 'Benevolent Authority' and 'Plurality of Powers' Systems of Historical Affordance for Authority," in *Progress in Asian Social Psychology: Conceptual and Empirical Contributions*, Vol. 3, edited by Kuo-Shu Yang, Kwang-Kuo Hwang, Paul B. Pedersen and Ikuo Daibo (Praeger: Westport, CT, 2003), pp. 43-66.

[8]   For example, James H. Liu and Sik Hung Ng, "Connecting Asians in Global Perspective: Special Issue on Past Contributions, Current Status, and Future Prospects of Asian Social Psychology," *Asian Journal of Social Psychology* 10, no. 1 (2007): 1-7.

Taoism."[9]

But the value of contemporary Confucian philosophy is far greater than this: my father's lifelong mission has been to elucidate "Spiritual Confucianism. The tradition of great thinkers such as Confucius, Mencius, Ch'eng Chu, and Lu-Wang that has been revived by contemporary Neo-Confucians as their ultimate commitment."[10] The purpose of this paper is to celebrate Shu-hsien Liu's seminal English-language volume *Understanding Confucian Philosophy* by bringing the civilizational logic it elucidates into deeper dialogue with the prevalent empiricism of Chinese psychology today. From *Understanding Confucian Philosophy* I argue that contemporary Confucianism offers: (1) a set of ultimate concerns that can be used to guide life and scholarly endeavor. (2) It has an axiomatic worldview, and a generative model of human nature that not only accords with empirical evidence, but is highly adaptive in organizing society. (3) It has an epistemology that is appropriate for social science research. These qualities suggest that contemporary Confucianism can inform psychological research in a manner that goes far deeper than merely describing popular tendencies among culturally Chinese people. It may be used in constructing a form of social science with depth and utility in addressing both practical and existential concerns of scholars and ordinary people in society.

Historical Background

On the first page of *Understanding Confucian Philosophy*, is a crucial statement: "The Confucian tradition does not start with Confucius."[11] Confucianism is an "orthodoxy-conscious tradition" that drew from the civilizational resources that

---

9   Shu-hsien Liu, *Understanding Confucian Philosophy: Classical and Sung-Ming* (Westport, CT: Greenwood, 1998), p. 14.

10 Ibid., p. 13.

11 Ibid., p. 3.

went before it to establish a moral order venerating antiquity. By narrating an historical succession from the Three Sovereigns to the Five Emperors and three dynasties, Confucianism created an orthodoxy based on a conception of the high culture of a distant, semi-mythical past rather than on contemporary rulers or salient ethnicities. This helped make China's historical unity a cultural unity rather than one based on contemporary ethno-nationalism.[12] This became part of the ruling orthodoxy of imperial China, and was a central element to the endurance of Chinese culture despite long periods of weak/divided states. But such an orthodox Chinese high culture may have passed away with the Chinese imperial dynasties. Contemporary China is Communist and forward-looking, embracing science and some market-based features of Western modernity. The state uses the past (e.g., bad war memories against Japan) more in line with contemporary forms of nationalism than imperial traditions. Confucianism is a living tradition, and it does not have to adhere to elements of its past that are no longer psychologically active today— politicized Confucianism is no longer a central part of Chinese culture today.

I. Confucianism as a Source of Ultimate Concerns

The remaining characteristics of Confucianism are highly applicable in today's globalizing and modernizing world: according to Shu-hsien Liu, Confucianism is a morally and socially conscious tradition that is focused on this-worldly concerns and conduct.[13] Elsewhere, I have argued:[14]

---

[12] See James H. Liu, Mei-Chih Li, and Xiao-Dong Yue, "Chinese Social Identity and Intergroup Relations: The Influence of Benevolent Authority," in Bond, *Oxford Handbook of Chinese Psychology*, pp. 579-597.

[13] Liu, *Understanding Confucian Philosophy*, pp. 7-8.

[14] James H. Liu, "Globalizing Indigenous Psychology: An East Asian Form of Hierarchical Relationalism with Worldwide Implications," *Journal for the Theory of Social Behavior* (in press).

Confucianism is a humanist philosophy that has facilitated East Asian peoples to embark on a trajectory towards the market economics of modernity without dissolving critical elements of the traditional moral order. Confucian ethics are relational, reciprocal, and hierarchical, not supernatural. They are based in status differences that are not immutable, but incorporate inequality sourced from both the external mantle of social positions and from the internal virtues of self-cultivation.[15]

Confucianism offers a form of humanism based on different premises than Western humanism, but its lack of emphasis on the supernatural and its focus on relational ethics that can manage inequality has worked well for East Asian societies in their path towards modernization.[16]

My father puts it this way: "In effect, Confucianism not only offered a way to solve problems at a time of disorder and disruption; it also furnished a faith-different from a religious faith…. What Confucius committed *ti* was an ultimate concern to settle one's body and soul in this life. As he said, 'It is man who can make the Way great, not the Way that can make man great'."[17] In contrast to Daoism, which focuses on the natural world and people's place in it, Confucianism puts the human world of social and ethical relations at the heart of its philosophy.

The central tenet by which a human being is to develop in a Confucian Way is to practice *ren* 仁, human-heartedness. The organization of the *Analects* is dialogical, and never offers an analytical definition of this crucial concept: as Shu-

---

[15]　Hwang, *Foundations of Chinese Psychology*.

[16]　Kuo-Shu Yang, "Chinese Responses to Modernization: A Psychological Analysis," *Asian Journal of Social Psychology* 1, no. 1 (1998): 75-97.

[17]　Liu, *Understanding Confucian Philosophy*, p. 12.

hsien Liu says, the best way to understand the *Analects* is to memorize its passages so they can be applied to different situations. *Ren* includes a differentiated form of love, respect for others and seriousness to one's duties, loyalty, self-mastery, propriety, and benevolence in extending one's inner virtue for the benefit of others.[18] Setting a moral example through propriety is an important part of *ren*. Benevolence is cultivated, it emerges through the attainment of wisdom: "Precisely because the moral discipline of the self and the seeking of well-being of people cannot be separated, Confucius refuses to draw a sharp line of distinction between moral and political activities…. The highest ideal of a man is … 'the way of inward sageliness and outward kingliness'."[19]

This idealistic form of political psychology has had a mixed legacy, as it did not provide legal guarantees to protect human rights or expand political participation.[20] Cultivating human-heartedness is essential for good governance by any politician, ruler, or political class, but in reality many of them cultivate appearances. Confucian forms of political statecraft focusing on the importance of setting a good moral and ethical example are always vulnerable to Machiavellian capture by the state. The Confucian ideal of inward sageliness and outward kingliness is as rare today as it was in his times: it is more needed than ever, but is extremely difficult to teach and inculcate. How this could be applied to the problem of corruption in contemporary China could have massive potential implications and applications, as the formal system of checks and balances administered by law seems difficult for the one-party politics of Communism to implement.[21]

Where Confucian emphasis on the perfectability of human nature has had a

---

[18] Ibid., pp. 17-22.

[19] Ibid., p. 20.

[20] See Isabel Ng, "Chinese Political Psychology: Political Participation in Chinese Societies," in Bond, *Oxford Handbook of Chinese Psychology*, pp. 563-578.

[21] See ibid.

more unambiguously positive legacy is in the domain of education. Confucius was first and foremost a teacher, a cultivator of students. Contemporary psychology has noted how anomalous the superb performance of East Asians is on educational outcomes compared to what might be expected from North American theories. Kember and Watkins write that "school learning environments in most Chinese societies, which have an overemphasis on assessment and teacher-centered instruction together with their typically large class sizes, do not conform to Western models of good practice, nevertheless, many Chinese students achieve outstanding results."[22] Chinese (and Japanese) math teachers have been shown to have superior cultural scripts for teaching their topic with depth and coherence than many Western societies. What also consistently comes through is that "teachers in China and Hong Kong believe they have the role of *cultivating* not only their students' cognitive development, but also promoting positive attitudes to society and responsible moral behavior."[23] They do this implicitly, by cultivating personal relationships with their students.

Students in turn do not simply learn by rote, as implied in Western theory about surface versus deep approaches to learning, but rather develop through a sequence of learning through stages from reproduction to heightened levels of understanding through attentive effort. "Educational achievement is often emphasized as a social obligation, especially obligation to parents and family…learning [is] a means for self-cultivation and self-perfection."[24] Blurring the line between intrinsic (good) and extrinsic (bad) motivation, "research findings strongly suggest that behind Chinese students' high academic performance is their willingness to exert effort on

---

[22] David Kember and David Watkins, "Approaches to teaching and learning by the Chinese," in Bond, *Oxford Handbook of Chinese Psychology*, p. 176.

[23] Ibid., p. 177.

[24] Kit-Tai Hau and Irene T. Ho, "Chinese Students' Motivation and Achievement," in Bond, *Oxford Handbook of Chinese Psychology*, p. 190.

tasks of even low interest or under external pressure, a focus that has been attributed to their greater sense of responsibility and value attached to learning."[25] The major legacy of Confucius as a culture hero for Chinese society is thus anomalously excellent educational achievement, where society's goals become the individual's goals, and what is intrinsic and what is extrinsic in these motivations becomes blurred.

In terms of religious philosophy, "Confucius's great contribution lies not in his giving an answer to the question, but in his refusal to answer the question…. Do spiritual beings exist?".[26] Confucius always advocated participation in religious rites (e.g., sacrifices) without ever affirming the existence of spiritual beings (i.e., deceased ancestors or god/s): "the real foundation of ritual performances lies deep in the self rather than in the outside world … there is a profound depth dimension in man, and it is only through the realization of this depth dimension that he is able to develop into a full man."[27] The crux of Confucian religious philosophy is that "although the existence of gods or spiritual beings is not crucial in Confucius' thought, he does show a great faith in Heaven."[28] "Heaven is a transcendent creative power working unceasingly in an unobtrusive fashion in the universe…. The character of the ruler is like wind and that of the people is like grass. In whatever direction the wind blows, the grass bends."[29] The power of a great leader works in an unobtrusive manner, through alignment with the Mandate of Heaven: then everything is done without taking overt action, a philosophical position very similar to that adopted by the Daoists.

Confucian philosophy is a holistic philosophy. There are no sharp dividing

---

[25] Ibid., p. 192.

[26] Liu, *Understanding Confucian Philosophy*, p. 23.

[27] Ibid., p. 24.

[28] Ibid.

[29] Ibid., p. 27.

lines between the sacred and the profane or mundane as in much Western thinking. "If religion is defined in the narrower sense as a belief in a personal god or spiritual beings, Confucius was not much of a religious man. If, on the other hand, religion is defined in the sense of an ultimate commitment that gives satisfaction to the demands of our inner selves, then Confucius was a deeply religious man."[30] This attitude towards religion is fundamentally amenable to modernity in a most generative way, being humanist without being atheist. This has been under-researched in terms of its psychological and sociological implications: the search for meaning in contemporary Chinese society is more difficult than ever, and Confucianism is as relevant to this quest as it ever was.

The 1958 "Manifesto for Reappraisal of Sinology and Reconstruction of Chinese Culture" (Chang Carsun et al., 1957-1962) issued as a clarion call at the nadir of Confucianism urged world scholars to seek five things from Chinese thought:[31]

1. The spirit to assert what is here and now and to let everything go [in order for nature to take its own course].

2. All-round and all-embracing understanding or wisdom.

3. A feeling of warmness and compassion.

4. The wisdom of how to perpetuate [one's native] culture.

5. The attitude that the whole world is like one family.

From this opening manifesto, Neo-Confucianism has developed a rich body of work articulating spiritual Confucianism as a separate tradition from politicized Confucianism with deep roots and contemporary relevance. Shu-hsien Liu in

---

[30] Ibid., p. 28.

[31] Ibid., p. 262.

particular has emphasized Confucian Openness:[32]

> Confucianism has a dual character. On the one hand, it is a faith or ultimate concern, which has religious import: when Confucians find their Way to be sufficient, there is no longer a need to look for other faiths. On the other hand, as Confucianism is not an organised religion and has an open character and syncretic tendency, it is compatible with other faiths. Thus, a person can declare himself or herself to be a Confucian Catholic, a Confucian Protestant, or a Confucian Muslim. Neither need a Confucian be an ethnic Chinese, as is evidenced by the so-called Boston Confucians....
>
> Thus, even though Neo-Confucian philosophers firmly believe they have given the best expression of their ultimate concern in sheng (creativity) or jen (humanity), theirs is still just one manifestation among others of the transcendent li-i (one principle). They are not in a position to deny that others may give very different expressions to creativity or humanity, or that they may even merge them with other ultimate concerns. Hence the principle to which Neo-Confucian philosophers aspire need not be confined to the Confucian tradition alone ... in China the Confucian message has always been open to all. In this respect Confucianism is leading the way, and the doctrine of *li-i-fen-shu* (one principle, many manifestations) has left us with rich resources for different religions to live peacefully and harmoniously together in an ever shrinking global village.

---

[32] Shu-hsien Liu, "The Openness of Confucianism," *Global Dialogues* 2, no. 1 (2000). Downloaded at http://www.worlddialogue.org/content.php?id=62.

II. Axiomatic Worldviews and a Confucian Model of Human Nature

Some psychological characteristics of Chinese people cannot be attributed specifically to Confucianism, but more broadly to the cultural milieu wherein the source traditions for Chinese culture developed, including Daoism, Buddhism, and the Yin-Yang schools. The holistic nature of Chinese thinking and feeling has been robustly documented in contemporary psychological research. [33] From perception, categorization, and attribution to emotion regulation, subjective well-being, and belief in change, Chinese people have been demonstrated to display patterns of thinking that emphasize "contemplation of the entire field.... Objects are defined mainly in terms of their connections with their contexts, whereas knowledge tends to be organized in a thematic and relational fashion.... In short, it is the dynamics among the elements, rather than the elements themselves, that serve as the primary units of analysis in the eyes of holistic thinkers."[34] A research program to pursue such an approach as methodological relationalism has been outlined by Ho and colleagues.[35] Such holistic thinking is strongly emblematic of the approach to Confucian Openness espoused by Shu-hsien Liu above, and situates Confucian modes of thinking like *zhongyong* 中庸 within broader strands of Chinese

---

[33] Li-Jun Ji, Albert Lee and Tieyuan Guo, "The Thinking Styles of Chinese People," in Bond, *Oxford Handbook of Chinese Psychology*, pp. 155-167; Richard E. Nisbett, Kaiping Peng, Incheol Choi and Ara Norenzayan, "Culture and Systems of Thought: Holistic versus Analytic Cognition," *Psychological Review* 108, no. 2 (2001): 291-310.

[34] Ji et al., "The Thinking Styles of Chinese People," p. 156.

[35] David Y. F. Ho, Si-qing Peng Alice Cheng Lai and Shun-fun F. Chan, "Indigenization and Beyond: Methodological Relationalism in the Study of Personality across Cultural Traditions," *Journal of Personality* 69, no. 6 (2001): 925-953; David Y. F. Ho and Albert W. L. Chau, "Interpersonal Perceptions and Metaperceptions of Relationship Closeness, Satisfaction and Popularity: A Relational and Directional Analysis," *Asian Journal of Social Psychology* 12, no. 3 (2009); 173-184.

civilization.

However, following Confucius, Mencius developed a model of human nature that is more specific to Confucian philosophy that emerged in argumentation against alternative traditions in *The Book of Mencius*. "Mencius was the first in the Confucian school to assert that human nature is good."[36] He refused to accept the seemingly obvious assertion that the desire for food and sex is inborn whereas the desire for righteousness must be learned from external inputs. Mencius took a more sophisticated cultural interactionist position that is today accepted in much of evolutionary science, where evidence that genetic expressions are strongly influenced by context is overwhelming: "External factors provide only the conditions for us to react; the truly determining factor must still lie within";[37] "... for Mencius, what is proper to man lies in his ability to reflect and his capacity to practice humanity and righteousness in actual life. Although the endowments of all men are the same, their existential decisions may make a world of difference."

Mencius' theory of Four Beginnings furnishes an indigenous psychological model of motivation and emotion impacting on the development of ethics and morality. A feeling of commiseration (or empathy) is the beginning of human-heartedness (*ren* 仁), the feeling of shame and dislike is the beginning righteousness (*yi* 義), the feeling of deference and compliance is the beginning of propriety (*li* 禮), and the feeling of right and wrong is the beginning of wisdom (*zhi* 智). "Humanity, righteousness, propriety, and wisdom are not drilled into us from outside," Mencius argues, "We originally have them with us. Only we do not think [to find them]. Therefore it is said, 'Seek and you will find it, neglect and you will lose it'."[38]

---

[36] Liu, *Understanding Confucian Philosophy*, p. 34.

[37] Ibid., p. 36.

[38] Ibid., p. 39.

In sharp contrast to Western psychology, Mencius hypothesizes that feelings of deference and compliance and feelings of right and wrong are innate endowments for human nature.[39] These would not be regarded technically as feelings or emotions in Western psychological science, but are central to a Chinese conception of human beings endowed with an original heart/mind that can be cultivated into discernment. In the words of Mou, *ren yi neizai, xing you xin xian* 仁義內在，性由心顯,[40] or "humanity and righteousness are internal and human nature is manifested by heart/mind". Mencius' style of argumentation throughout his dialogues is through metaphors illustrating what contemporary social scientists might describe as a constructionist epistemology that puts small faith in "pure" description, but sees "objective reality" as infused with what Mou describes as "moral subjectivity".[41] The Chinese worldview is not dictated by epistemological principles born out of a fusion of Christian religion with Greek philosophy. It does not privilege an worldview based on analytical thinking and essentialized categories separating the sacred from the profane. The implications of these different worldviews that inspire alternative readings of reality have not been fully explored, but could be the focus of Chinese indigenous psychology[42] or more broadly speaking, an Asian social psychology.[43]

The proper place of empiricism in such an endeavor is difficult to pin down. But Mencius' point of view is indispensable for what Shu-hsien Liu describes as a

---

39　See Liu et al., "Chinese Social Identity and Intergroup Relations," for extended discussion of the nature of hierarchy in Chinese society.

40　Zong-san Mou, *Unique Features of Chinese Philosophy* (Taipei: Taiwan Xuesheng Shuju, 1979) (in Chinese).

41　Ibid.

42　Hwang, *Foundations of Chinese Psychology*.

43　Liu and Liu, "Modernism, Postmodernism, and Neo-Confucian Thinking"; "Interconnectedness and Asian Social Psychology"; "The Role of the Social Psychologist."

"height psychology",[44] an indigenous Chinese psychology of moral and ethical aspiration rather than a Western psychology of "pure" empiricism. Mencius summarized his philosophy as follows, in what Shu-hsien Liu describes as perhaps the most important statement of his career: "He who exerts his mind to the utmost knows his nature. He who knows his nature knows Heaven. To preserve one's mind and to nourish one's nature is the way to serve Heaven."[45] Mencius' point of view is impossible to reduce to the premises of Western psychological science because its basic premises, as described by Shu-hsien Liu, are different: "Heaven does have a will—only it is manifested through people's likes and dislikes. Mencius has established a unique pattern to link what is transcendent and what is immanent. We do not find any idea or practice like the Sabbath Day in the Chinese culture. There is no gap between the sacred and the profane, the natural and the supernatural, religious and secular activities. It is only man who has the heart-mind that cannot bear to see the suffering of others…. Our ultimate commitment is to humanity and righteousness within us, and yet the realization of what is proper to man helps him to transcend his own limit so that he can identify with the entire universe."[46]

III. Epistemology for the Social Sciences

My father and I have argued consistently that Confucian philosophy, and many of the elements it shares with other Chinese and other Asian philosophies, is eminently suitable for developing an epistemology and practice ideal for the social

---

[44] Shu-hsien Liu, The Psychotherapeutic Function of the Confucian Discipline of Hsin (Mind-heart)," in *Psychotherapy for the Chinese: Selected Conference Papers*, edited Louis Yang-ching Cheng, Fanny M. Cheung and Char-nie Chen (Hong Kong: Chinese University of Hong Kong, 1993), pp. 1-17.

[45] Liu, *Understanding Confucian Philosophy*, p. 43.

[46] Ibid., p. 44.

sciences.[47] Kashima has argued that contemporary epistemological struggles in academia between hermeneutic and empiricist schools of thought are located within a Western dualist ontology that separates mind from matter, and human nature from material nature.[48] He claims that "If we take a view that intentionality is materially realized, meaning is part of a causal chain, and social scientific investigation is also part of complex causal processes, we can adopt a monist ontology, in which human nature is not distinct from, but continuous with, material nature."[49]This monist ontology takes the form of a philosophy of interconnectedness as articulated in the previous sections.[50]

James H. Liu followed by arguing that "As most social scientists are not philosophically trained, they have a tendency to translate their cultural ontology into an almost religious commitment on methodological issues that might be described by philosophers as "methodolatry": the conflation of ontological issues with methodology.[51] As Tillich observes, value must have an ontological basis.[52] The value of scientific observations formalizing sensible intuition compared to the phenomenology and hermeneutics of intuitive illumination cannot be reduced to any formula involving emotive responses or subjective utilities, and cannot be deduced

---

[47]　Liu and Liu, "Modernism, Postmodernism, and Neo-Confucian Thinking"; "Interconnected-ness and Asian Social Psychology"; "The Role of the Social Psychologist."

[48]　Yoshihisa Kashima, "Is Culture a Problem for Social Psychology?" *Asian Journal of Social Psychology* 8, no. 1 (2005): 19-38.

[49]　Ibid., p. 35.

[50]　Liu and Liu, "Modernism, Postmodernism, and Neo-Confucian Thinking"; "Interconnected-ness and Asian Social Psychology"; Shu-hsien Liu, "Toward a New Relation between Humanity and Nature: Reconstructing t'ien-jen-ho-I," *Zygon* 24, no. 4 (1989): 457-468.

[51]　James H. Liu, "Asian Epistemologies and Contemporary Social Psychological Research," in *The Sage Handbook of Qualitative Research*, 4th ed., edited by Norman K. Denzin and Yvonna S. Lincoln (Thousand Oaks, CA: Sage), pp. 213-226.

[52]　Paul Tillich, *Systematic Theology*, 3 vols. (Chicago: University of Chicago Press).

or induced by any form of logical or empirical proof. Hence, to privilege one set of research practices that are derived from a particular value system associated with a particular ontology as providing "the answer" to all the social sciences' contributions to the human condition is methodolatry…. In practical terms, this means that Asian traditions do not privilege scientific methods of observation above the intuitive illumination of the original mind but rather see these as complementary forms of knowing."[53]

The metaphysical elements of Confucian philosophy were thought through (though not presented in a formal manner) by Zhu Xi and other Song dynasty philosophers. In Zhu Xi's system, there is a single creative principle that underlies all of reality, and it is strongly correlated with the human heart-mind: "Heaven is the creative source of all things. In the evolutionary process there emerges the human species. The human mind has the ability to comprehend the heavenly mind because it correlates with the same principle or principles inherent in it. There are disruptions in the great nature as there are disruptions in the human world. Evils in the world are a matter of fact due to malfunctioning of material force, as principle or principles are always good. The crux of the matter lies in whether material force can be induced to work according to principles. On the human level, it is the decision and understanding of the conscious human mind that could make a world of difference."[54]

In accord with this position, later Neo-Confucian philosophers like Mou could allow for the possibility of the "intuitive illumination" of the cognitive mind (i.e., enlightenment in the highest sense),[55] whereas a Western philosopher steeped in Christian ontology (with a transcendent God) like Kant allowed only sensible

---

[53] Liu, "Asian Epistemologies and Contemporary Social Psychological Research," p. 217.

[54] Liu, *Understanding Confucian Philosophy*, p. 161.

[55] Mou, *Unique Features of Chinese Philosophy*.

intuition. This results in a dualist ontology that permeates the Western academy. James H. Liu argued that a cultural ontology of dualism operating at the implicit level will result in dualist epistemologies and dualist methodologies that either reduce human behavior to the product of mechanical actions predetermined by social and biological forces, or valorize it to the level of a political endeavor ruled by subjective moralities whose job is to criticize or deconstruct some unjust power establishment.[56] The creativity of Heaven working unceasingly to enlighten and cultivate benevolence in humanity is riven asunder, and academic endeavor is either to reveal the workings of a machine or to deconstruct this machine and expose the system working it as a fraud.

Fundamentally, a Neo-Confucian position on the epistemology and practice of the social sciences knits together these divides by emphasizing on the one hand reality constraints—there is no denying the pain of external reality for Confucianism, as neither Confucius or Mencius ever fulfilled their youthful hearts' desires to advise a king to rule by cultivating themselves as a higher moral example. On the other hand, there is an unbending faith in humanity as capable of learning to do more with its endowments than past evidence would suggest likely. Confucianism has never surrendered its ideal of rendering leaders blessed with both "inward sageliness and outward kingliness" even as its efforts often met with failure. At least in the domain of education, Chinese and other East Asian societies historically influenced by Chinese civilization have been able to achieve learnings that have been unprecedented in the transition from tradition to modernity for non-Western peoples.[57]

In the 21st century, Confucian philosophers have begun the effort to fuse their own cultural modalities with the achievements of other civilizations, so there can be

---

56 Liu, "Asian Epistemologies and Contemporary Social Psychological Research."
57 Liu, "Globalizing Indigenous Psychology."

Confucian Catholics, Confucian Protestants, or Confucian Muslim. This practice of unceasing creativity is part of the workings of Heavenly principles, and a legitimate part of the sphere of social science inquiry building from our human endowment for goodness according to the Confucian model of humanity. It behooves social scientists and philosophers to explore these possibilities more fully, as insiders seeking to strengthen Chinese indigenous psychology, as outsiders seeking to expand the humanizing activities of psychological science, or anything in-between. According to Confucian philosophy, these endeavors can all be inter-connected as a work in progress.

As the great sage himself once remarked, "At fifteen my mind was set on learning. At thirty my character had been formed. At forty I had no more perplexities. At fifty I knew the Mandate of Heaven (天命). At sixty I was at ease with whatever I heard. At seventy I could follow my heart's desire without transgressing moral principles."[58] In the life span of institutions, I wonder where psychology is, and where Chinese indigenous psychology is? More than this, I wonder how a deeper engagement with philosophy might stimulate the growth and maturation of psychology, first to bridge the divide between empiricist and hermeneutical modes of inquiry, and then to vision social sciences capable of using both modes of inquiry to address deeper, if not ultimate concerns. This is the intellectual legacy that my father has given me with as a Chinese, as an Asian, as an American, a New Zealander, and global social psychologist. It is a pleasure and an honor to be able to share this legacy on the occasion of celebrating my father's 80th birthday, and I thank very much all the people who are making this collection of essays possible!

---

[58] Liu, *Understanding Confucian Philosophy*, p. 21.

Dialogical Confucianism as a Religious Tradition in a Global Context[*]

Guoxiang Peng[**]

Confucianism as a cumulative tradition has faced various challenges in its different stages. If the development of Confucianism from the late 19th century until now can be regarded as its third epoch, a dominant theme of this period in the whole context of East Asian civilization has been and continues to be its constant dialogue, including both amalgamation and conflict, with Western civilization characterized largely by Christian culture. But "inter-civilization dialogue" or "dialogue among civilizations" is still too general a concept with which to characterize the current development and future tendency of Confucianism. In my view, at present and in the future, the issue of religious dialogue is and will be a leading project of the third epoch of Confucianism. Confucianism as a dialogical tradition will also make special contributions to the dialogue among different religious traditions in a global context.

I. The Third Epoch of Confucianism Revised

The phrase, "the third epoch of Confucianism", often reminds us of Tu

---

[*] I would like to dedicate this article to Professor Liu Shu-hsien 劉述先 for celebrating his 80-year-old birthday. I am indebted very much to him not only intellectually but also in reality.

[**] Qiu Shi Distinguished Professor of Chinese Philosophy, Intellectual History and Religions, School of Humanities, Zhejiang University.

Weiming 杜維明. It is indeed Tu Weiming who made this phrase well known, at least in the English speaking world. But Tu is not the creator of the phrase: he inherited it from his teacher Mou Zongsan 牟宗三 (1909-1995) and infused it with new vitality. Although it was Mou who for the first time used this word to describe the new development of Confucianism after the 19th century, this idea can even be traced back to Shen Youding 沈有鼎 (1908-1989), a Chinese logician who is one year older than Mou Zongsan. But for Shen, the third epoch refers to Chinese culture in general rather than Confucianism in particular.

For Mou Zongsan, the third epoch of Confucianism referred to the new development of Confucianism after the late Qing dynasty and was thus limited to the Chinese context. The core problem for the third epoch of Confucianism, according to Mou, was nothing but how to incorporate democracy and science into the Confucian tradition.[1]

Initially, Tu Weiming followed Mou's understanding of the third epoch of Confucianism. As he gained international experience, however, Tu gradually revised his definition of the third epoch of Confucianism. In the late 1980s and early 1990s, he added "religious feeling" and "psychological understanding of human nature",[2] to democracy and science, as to the project of the third epoch of Confucianism. In recent years as more attention has focused on the significance of dialogue among civilizations, Tu has reconsidered the third epoch of Confucianism in a global

---

[1] Mou Zongsan, "Rujia xueshu zhi fazhan jiqi shiming" 儒家學術之發展及其使命 ("Development of Confucianism and Its Mission"), in his *Daode de lixiang zhuyi* 道德的理想主義 (Moral Idealism), in *Mao Zongsan quanji* 牟宗三先生全集 (Complete Works of Mou Zongsan) (Taipei: Lianjing Press, 2003), Vol. 9, pp. 1-17. This article initially published in 1949.

[2] Tu Weiming, *Xiandai jingshen yu rujia quantong* 現代精神與儒家傳統 (Modern Spirit and Confucian Tradition), *Du Weiming wenji* 杜維明文集 (Collected Works of Tu Weiming) (Wuhan: Hubei Press, 2002), Vol. 2, p. 615.

context. For Tu, the third epoch of Confucianism began to encompass not only transformation and renewal of the Confucian tradition in the Chinese context, but also a dialogue of Confucianism with Western and other non-Chinese cultures.[3] In short, for Tu Weiming, the updated version of the third epoch of Confucianism emphasizes two points: first, the primary task of the third epoch of Confucianism is the globalization of Confucianism beyond East Asia; or, at the very least, the expansion of non-Chinese/Asian awareness of Confucianism. Second, as a logical consequence of the first point, dialogue with other traditions must be a central project of the development of the third epoch of Confucianism. Especially after the terrorist incident of 9/11/2001, defining the third epoch of Confucianism from a perspective of dialogue among civilizations has become one of the defining characteristics of Tu Weiming's discourse.

But in my view, the third epoch of Confucianism so conceived still needs to be revised for a better understanding. I would like to suggest two points here.

First, the third epoch of Confucianism should be conceived as a geographical expansion of the tradition during its dialogue with other civilizations in the world, not only as a temporal evolution of a Chinese or East Asian tradition. Specifically, the first epoch of Confucianism consisted of the transformation of a local body of knowledge in the Lu Kingdom into a national value system of China. The second epoch encompasses the transformation of Confucianism from a Chinese value system into an integral and defining part of the entire East Asian Civilization. Both these epochs consisted of geographic expansion of Confucianism. Similarly, the defining characteristic of the third epoch involves the expansion of Confucianism beyond the boundaries of East Asia as it becomes one of the possible candidates of various value systems or ways of life that people throughout the world can chose.

---

3   Tu Weiming, *Lun ruxue disanqi* 論儒學第三期 (On the Third Epoch of Confucianism), in *Collected Works of Tu Weiming*, Vol. 3, p. 650.

Secondly, while defining the third epoch of Confucianism from a perspective of dialogue among civilizations is definitely valid, this perspective is too general to reveal the salient feature of the Confucian project at present and in the future. "Civilization" is too broad a term. Politics, economy, culture and so on, can all be regarded as integral parts of civilization. But with the deconstruction of the Confucian value system, not only in China, but also in other East Asian countries that used to be "Confucian", Confucianism has not been considered a holistic "civilization" in dialogue with Western and other civilizations. The word "you hun 遊魂", "wandering soul", which Professor Yu Ying-shih 余英時 (1930-) has used to describe the modern fate of Confucianism, indicates that Confucianism can go beyond certain social, political, and economic structures and still play an important role as a personal belief or value system in people's spiritual life, although it cannot arrange the order of this world in a holistic way.[4] So, in this sense, "religious dialogue" instead of "inter-civilizations dialogue" is more accurate to depict the leading project that Confucianism is undergoing. In fact, if religion is the core of a civilization, the key part of dialogue among civilizations is nothing but dialogue among religious traditions.

II. Is Confucianism a Religious Tradition?

But before we claim the leading project of the third epoch of Confucianism is dialogue with other religious traditions in a global context, we have to answer the question first: is Confucianism a religious tradition?

Whether or not Confucianism can be called a "religion" depends primarily upon what understanding of "religion" we have. No doubt, "religion" as a modern Western term is originally from the Abrahamic tradition, including Christianity,

---

4　See Yu Ying-shih, *Xiandai ruxue lun* 現代儒學論 (On Modern Confucianism) (Shanghai: Shanghai People's Press, 1998), "Preface".

Judaism and Islam. Accordingly, a transcendental personal God, an institutional church and a single scripture become indispensable defining characteristics of being a "religion". During the 20th century, however, Western scholars realized that religion encompassed much more than the traditional Abrahamic model. Increasing contact with the East suggested to them that religion need not be monotheistic, nor even deistic to serve a civilization in the same fashion as the Abrahamic religions serve in the West. Examples are Buddhism and Hinduism in South Asia and Confucianism and Daoism in East Asia. So, those Western scholars with global consciousness revised the traditional definition of religion and made it more comprehensive. Paul Tillich's "ultimate concern", John Hick's "human responses to the transcendent", and Frederick Streng's "means of ultimate transformation" and so on,[5] are all examples of this kind of revision. The reason that W. C. Smith tried to replace "religion" by "religiosity" or "religiousness" is exactly to stress that "religiosity" is "one" while various religions in the world are just different manifestations of this "one".[6]

Therefore, if we realize that the core of a religion lies in its "religiousness", which intends to make people have an ultimate and creative transformation, rather than in its particular form (such as those features that simply belong to Abrahamic tradition), our understanding of religion should be enlarged. If we know Buddhism is originally an atheism that strives for personal liberation and Daoism has never accepted the heterogeneity between this world and the world of spirit, and we cannot deny that both Buddhism and Daoism are two kinds of religion in the world, we must embrace the idea that Confucianism should also be considered as a religious

---

[5] See John Hick, *An Interpretation of Religion: Human Responses to the Transcendent* (New Haven: Yale University Press, 1989); Frederick Streng, *Understanding Religious Life*, 3rd ed. (Belmont, Calif.: Wadsworth, 1985).

[6] See W. C. Smith, *The Meaning and End of Religion* (New York: Harper & Row Publishers, 1978).

tradition: it has provided a resource, both spiritual and practical, for human beings to become "great persons", "noble persons", and sages by unceasing and strenuous self-cultivation. Distinctively, a Confucian way of ultimate transformation, the achievement of becoming a great person, a noble person and a sage through self-cultivation, does not mean a heterogeneous leap from humanity to divinity. Rather, it precisely means the full and perfect realization of humanity itself. Actually, besides Confucianism, there are many spiritual traditions in the world that should be understood as religious traditions although they do not necessarily have the features of monotheism nor are they necessarily institutional.

Besides the definition of religion, there are still two criteria of judgment that make us consider Confucianism as a religious tradition.

First, Confucianism has already been accepted by other religious traditions as an indispensable counterpart in the religious dialogue around the world. Internationally, for many scholars, Confucianism, as a spiritual and religious tradition, has been an unquestioned starting point for further relevant discussion. A few books in the English-speaking world on Confucianism from the perspective of religious studies have been published since the 1970s. Quite a few international conferences on the dialogue between Confucianism and Christianity have been held in Hong Kong, Boston, and Berkeley. All these are exactly reflections of this point.

Secondly, we usually acknowledge that the insiders of a tradition have priority in defining their own tradition. A consensus shared by representatives of contemporary Confucian scholars, from Tang Junyi 唐君毅 (1909-1978), Mou Zongsan to Tu Weiming, Liu Shu-hsien (1934-), is acknowledgement of the religious dimension of the Confucian tradition. For example, Tang Junyi clearly articulated that Confucianism should be understood as a religious tradition and he even claimed that Confucianism should be reestablished as an institutional religion. Mou Zongsan delivered a lecture entitled "Confucianism as a Religion" in 1959, which was included as a chapter in his book, *Zhongguo zhexue de tezhi* 中國哲學的

特質 (Characteristics of Chinese Philosophy). A notable aspect of Tu Weiming's works, as I mentioned before, is his elaboration of Confucian religiousness from a perspective of comparative religious studies. The brilliant work of scholars such as Paul Tillich, W. C. Smith, John Hick and Frederick Streng are the spring of his inspiration. His definition of Confucian religiousness as "a way of ultimate self-transformation" is directly inspired by Streng; but the prefix "self", which he added to "transformation", clearly indicates a Confucian approach that emphasizes a person's inner capacity for self realization. A well-known manifesto of contemporary Confucianism that was published in 1958 (drafted by Tang Junyi and jointly signed by Zhang Junmai 張君勱 [1887-1968], Tang Junyi, Mou Zongsan, and Xu Fuguan 徐復觀 [1903-1982]) particularly stressed the religious nature of Confucianism.

III. Dialogical Dimension of Confucian Tradition

When we carefully scrutinize the history of Confucianism, we should be aware that the development of the Confucian tradition is actually a process of dialogue, including both dialogue with other traditions and dialogue among different schools within the Confucian tradition itself. It is this dialogical dimension or "dialogical-ness" that enables Confucianism to be more and more enriched. Here, let us take Confucianism in the Chinese context as an example of this dialogical dimension.

When it emerged in the pre-Qin period, Confucianism was only one of various intellectual trends among so called "*zhuzi baijia* 諸子百家", literally, "many masters and hundreds of schools". But through dialogue with other masters and schools, Confucianism, which started locally, eventually became the dominant value system of Chinese civilization. Furthermore, even the thought of Confucius himself was shaped and developed from his dialogue with his students. If we look both at the *Lunyu* 論語, the *Analects*, which is without doubt the authoritative record of Confucius's thought, and at some newly unearthed Confucian texts inscribed on bamboo slips found in the 1990s, we recognize that almost all Confucius said was in a dialogue with others, including his students, friends, acquaintance, passersby, strangers and even his rivals.

From the Tang dynasty to the Ming and Qing dynasties, the development of Confucianism was particularly characterized by a dialogical process. Inside China, after a long and productive dialogue with Buddhism and Daoism, classical Confucianism was transformed into a new paradigm known as Neo-Confucianism, which absorbed many Buddhist and Daoist ideas without giving up its own identity. Also, through embedded dialogue with local civilizations, various new Confucian traditions with their own cultural characteristics were shaped in Japan, Korea, Vietnam, and other East Asian regions after Chinese Confucianism was introduced into these areas. In this period, it is no exaggeration to say that Confucianism in general played an important or even leading role in the whole of East Asian civilization. If East Asian civilization can be differentiated from West Asian civilization and its Abrahamic religions and from South Asian civilization and its Hinduism and Buddhism, the defining religious tradition in East Asian civilization is nothing but Confucianism. Briefly, throughout the process in which Confucianism was transformed into a leading role of East Asian civilization from something simply Chinese, a striking feature of Confucianism was still its "dialogicalness".

From the late Qing dynasty until now, Confucianism has emerged into another period, which is the third epoch we defined previously. In this period, one of the most important features of new Confucianism is also its dialogical dimension. Compared with the previous dialogue among different branches inside the Confucian tradition and dialogue with Buddhism, Daoism, Christianity, and Islam, the dialogue of Confucianism with the whole of Western civilization is omni-directional and multilevel. In contrast to traditional Confucian scholars, modern Confucians have to face and understand the complexity and diversity of various traditions. In this sense, their burden is much heavier than ancient Confucians. For example, both Tang Junyi and Mou Zongsan engaged in a lifetime dialogue with Western philosophical traditions, especially German idealism. Their understanding of Western philosophy not only goes far beyond their teacher, Xiong Shili 熊十力 (1885-1968), the initiator of modern Confucianism, but also surpasses some Chinese scholars who specialized in Western philosophy. As for Yu Ying-shih, a great Confucian historian, his understanding of Western culture in general and Western history in particular surpasses that of his teacher, Qian Mu 錢穆 (1895-1990), who is also a great master of Chinese traditional learning.

Now, religious dialogue can be further divided into two types, inter-religious dialogue and intra-religious dialogue.[7] The former refers to the dialogue among different religious traditions, for example, the dialogue between Confucianism and Christianity, the dialogue between Christianity and Buddhism, the dialogue between Hinduism and Islam, and so on. The latter refers to the dialogue among different ramifications or schools within one religious tradition, for instance, the dialogue among Baptists, Methodists, and Evangelicals in Christianity. But whatever perspective we take, the history of Confucianism is a dialogical process.

First, let us look at the development of Confucianism from a perspective of intra-religious dialogue. I already mentioned the dialogical feature of Confucius's thought. After Confucius, Confucianism even in the pre-Qin period was already complicated. Different branches were always in a state of dialogue and sometimes

---

[7] The term "intra-religious dialogue" always reminds people of the work by Raimon Panikkar. See his *The Intrareligious Dialogue*, rev. ed. (Paulist Press, 1999). For Panikkar, the proposal of "intra-religious dialogue" is based upon his discontent with "inter-religious dialogue". But I think the purpose of "intra-religious dialogue" Panikkar anticipates is actually the same with that of "inter-religious dialogue". So, I am not using "intra-religious dialogue" in Panikkar's sense. Instead, I would like to redefine it as a dialogue among various schools and branches in one religious and spiritual tradition and the purpose is to eventually deepen the self-understanding of this tradition.

conflict. Typically, two different orientations initiated respectively by Mengzi and Xunzi were developed into an enduring dialogue by later Confucians. Although Confucianism in the Han dynasty in general focused on commentary on classics, different approaches and their debates, especially "*Jinwen jingxue* 今文經學" and "guwen jingxue 古文經學" among others, were also reflections of the dialogue within Confucianism. As for Neo-Confucianism, the well-known debate between Zhu Xi 朱熹 (1130-1200) and Lu Xiangshan 陸象山 (1139-1193) that occurred in 1175 reflected two different approaches to the Confucian learning in Neo-Confucian tradition and was not only polemic but also dialogical. The learning of the Wang Yangming school was particularly shaped not only through dialogue with the learning of Zhu Xi but also through dialogue among many brilliant students and followers of Wang Yangming 王陽明 (1427-1529). Most works recording the thought of almost all Neo-Confucian masters recount their discussions with and correspondence with their students, colleagues, friends, or even rivals. This is an outstanding feature that indicates the strong dialogical dimension of Neo-Confucianism.

Secondly, from a perspective of inter-religious dialogue, the dialogue between Confucianism, Buddhism and Daoism reached its peak in the late Ming dynasty. Neo-Confucianism per se was the result of this inter-religious dialogue that lasted hundreds of years. The so called "East Asian consciousness" was precisely shaped by the dialogue of Chinese Confucianism with local cultures in Japan, Korea, Vietnam, and so on. This has already been mentioned previously. Now, I would like to add a couple of examples to highlight the fruitful products resulting from the dialogue between Confucianism and Christianity and Islam in China. Those great Confucian Christians such as Yang Tingyun 楊廷筠 (1557-1627), Xu Guangqi 徐光啟 (1562-1633), Li Zhizao 李之藻 (1565-1630), or even the Confucianized Jesuit missionary Matteo Ricci (1552-1610) in the late Ming dynasty, have already been studied.[8] Recently, the thought of Wang Daiyu 王岱輿 (ca. 1570-1660) and Liu Zhi 劉智 (ca. 1670-1724), which represent the most important achievement of the dialogue between Confucianism and Islam in the 16th and 17th centuries, have also received global attention.[9]

I do not need to deliberately stress this dialogical dimension of Confucianism. Some brilliant Western minds already realized this point too. For instance, William Theodore de Bary believes that the "dialogical imperative" has been always embodied in the Confucian tradition as an integral part of East Asian civilization.[10] Actually, when we look at the Chinese history, we should realize that the Chinese people have embraced almost every world religious tradition, Buddhism, Christianity, Judaism, and Islam, let alone Confucianism, Daoism and various indigenous popular religions. [11] It is precisely because of this intrinsic "dialogicalness" of Confucianism and the arrival of globalization that religious dialogue, as I am trying to argue, must be a leading project of the third epoch of Confucianism in a global context. As a matter of fact, one of the salient features for the development of contemporary Confucianism is moving in this exact direction.

IV. Confucian Contributions to Global Religious Dialogue

Now, with the wave of globalization, religious dialogue has become one of the most striking issues in the world. If globalization means not only a process of

---

[8]   For example, Nicolas Standaert made a substantial study on Yang Tingyun, see his *Yang Tingyun, Confucian and Christianity in Late Ming China* (Leiden: E. J. Brill: 1988).

[9]   See Sachiko Murata, *Chinese Gleams of Sufi Light: Wang Tai-yu's Great Learning of the Pure and Real and Liu Chih's Displaying the Concealment of the Real Realm* (Albany, N.Y.: State University of New York Press, 2000).

[10]   See William Theodore de Bary, *East Asian Civilizations: A Dialogue in Five Stages* (Cambridge: Harvard University Press, 1988).

[11]   See Paul Martinson, *A Theology of World Religions: Interpreting God, Self, and World in Semitic, Indian, and Chinese Thought* (Minneapolis, Minn: Augsburg Publishing House, 1987).

homogenization but also a process of heterogeneity, the reason for the latter is the differences among various religious traditions. Therefore, how to treat those differences and try to mitigate the clash of civilization caused by religious conflict through "dialogue" instead of "confrontation", has become an urgent issue for the whole body of mankind. Actually, an essential aspect of the clash of civilization, even in Samuel P. Huntington's sense, is still more religious than political, economic and so on. Hans Küng's statement "There can be no peace among the nations without peace among the religions. No peace among the religions without dialogue among the religions", has been validated by history and become a consensus among people of vision. So, in my view, a dialogical Confucianism can make at least three contributions, both conceptually and practically, to a global religious dialogue.

The first is a principle of dialogue that advocates "harmony without uniformity". Until now, most participants of religious dialogue in the world have already realized that the purpose of dialogue should not and cannot be to transform others' beliefs into our own. Otherwise, the result is monologue rather than dialogue, fruitless and unavoidably leading to conflict. Dialogue should be a process of mutual learning. The minimum purpose of dialogue should deepen mutual understanding. Although mutual understanding does not necessarily mean mutual appreciation, it is a precondition for minimizing the possibility of the large-scale clash of civilization caused by religious conflict. In the Confucian tradition, the principle, "harmony without uniformity", advocated by Confucius has always been respected as a way of co-existence. This principle means every individual shares a sense of togetherness and integration while his or her individuality is fully developed. Obviously, this should be a basic principle for global religious dialogue at present and in the future, maybe the best state we can anticipate. There are two extremes about religious dialogue. One is a particularism that believes dialogue is fruitless and there cannot be helpful communication between different religions. The other is a universalism that believes dialogue is a panacea that can lead people with different religious backgrounds to a homogeneous state. By contrast, this Confucian principle of "harmony without uniformity", which goes beyond excessive pessimism and optimism, can provide a reasonable and feasible middle ground for global religious dialogue.

The second is a Confucian pluralism. Now, we know that the attitude a religion takes toward other religious traditions can be typologically divided into three categories: exclusivism, inclusivism, and pluralism. An exclusivist denies the value of other religious traditions and claims the monopoly of religious truth. An inclusivist concedes that other religions can have truth; but he or she will say the truth other religions have is already included in his or her own religion and this truth is not ultimate. Only his or her religion can reveal the ultimate truth. Karl Rahner's term, "anonymous Christians", is an example of this standpoint. Religious pluralism is now a very influential trend, which not only accepts that other religions can reveal truth but also realizes the particularity or limitation of every religious tradition. Contrary to inclusivism, this standpoint does not presuppose the priority of a certain religion. A religious pluralist believes that every religion can provide a way of ultimate transformation. As John Hick's metaphor suggested, all religions in the world should be considered as a rainbow of human's faiths, they are different reflections of the same light of divinity.[12] Of course, every religion cannot be simply and absolutely clarified into any one of these three types, while every religion can simultaneously include these three attitudes toward other religions. Because of its open-minded standpoint, religious pluralism has been increasingly accepted by more and more liberal minds. But pluralism in general has to face the danger of becoming a kind of relativism. Pluralism with an implication of relativism apparently can accept every religion, but actually denies there can be a unified truth

---

[12] John Hick, *The Rainbow of Faiths* (London: SCM Press, 1995).

of the ultimate in the cosmos. It is not willing to or cannot seriously consider that different religions can treat the unified truth of the ultimate in different ways and stress different aspects of the same truth. It consequently undermines the necessity of dialogue among religions. So, the significance of a Confucian pluralism is that Confucianism, throughout its history, has developed a middle ground. As a dialogical tradition, Confucian religious pluralism advocates that, on the one hand, every religious tradition is a manifestation of the "Way" or a unified truth of the ultimate while the absolute truth that every religion claims is only a "convenient way" (*upaya*) or "relative absolute",[13] not the "absolute" *per se* as the ultimate truth; on the other hand, the ultimate and the unified truth of the ultimate should be acknowledged no matter whether or not this ultimate reality and truth can be clearly uttered with one accord. I've named this distinctive feature of Confucian pluralism as "*liyi fenshu* 理一分殊", a term from Neo-Confucianism, which literally and roughly means "one principle, many manifestations".

The third contribution is a conceptual and practical resource of multiple religious participation and multiple religious identities. Multiple religious participation means a believer in a religion fully gets involved in another religion or other religions and eventually becomes an inner participant rather than an outer observer. Accordingly, once one becomes not only an inner participant but also a believer in another religion or religions while not giving up his or her original religious faith, this person already has multiple religious identities. Both multiple religious participation and multiple religious identities were issues raised by contemporary Western theologians or scholars in religious studies against a

---

13　See John Hick, *An Interpretation of Religion: Human Responses to the Transcendent* (New Haven: Yale University Press, 1989); Leonard Swidler, *After the Absolute: The Dialogical Future of Religious Reflection* (Minneapolis: Fortress Press, 1990).

background of global religious dialogue. [14] For a conventional believer in Abrahammic tradition, multiple religious participation is very difficult, if not totally impossible; multiple religious identities are basically beyond his or her ability of imagination. But religious dialogue in academia or real religious dialogue caused by globalization, especially the wave of immigration, compel this issue to become a focal awareness of Western religious people. Intriguingly, in China or East Asia, there has been a long history of multiple religious participation and multiple religious identities. As mentioned above, in the dialogical history of Confucianism, rich experience about multiple religious participation and multiple religious identities has already been accumulated. In other words, for the Confucian tradition, multiple religious participation and multiple religious identities have already been a precondition or starting point for further consideration of relevant questions instead of a problem still needing to be wrestled with. For example, there were many Confucians who went back and forth with ease among Confucianism, Buddhism, and Daoism in the late Ming dynasty. Those brilliant minds in that period such as Wang Ji 王畿 (1498-1583), Zhou Rudeng 周汝登 (1547-1629), Guan Zhidao 管志道 (1536-1608), Jiao Hong 焦竑 (1541-1620), Tao Wangling 陶望齡 (1562-1609) on the one hand frequently communicated with Buddhists and Daoists and established deep friendship with them, made commentary on and published Buddhist and Daoist classics, even practiced Daoist inner alchemy. They deeply engaged in the spiritual world of both Buddhism and Daoism. On the other hand,

---

[14] See John Berthrong, "Syncretism Revisited: Multiple Religious Participation," *Pacific Theological Review*, 25-26 (1992-1993): 57-59; John Berthrong, *All Under Heaven: Transforming Paradigms in Confucian-Christian Dialogue* (Albany: State University of New York Press, 1994), chap. 6. Robert Neville further elucidated its *Problematik* and significance, see his *Boston Confucianism* (Albany, New York: State University of New York Press, 2000), pp. 206-209.

they still had their strong Confucian commitment and identity.[15] Or, they still defined themselves as Confucian rather than Buddhist and Daoist. A popular religion called "*sanyi jiao* 三一教" (literally, a three-in-one religion), initiated by Lin Zhao'en 林兆恩 (1517-1598) and prevailing in Southern China in the late Ming dynasty, was typically a syncretism of Confucianism, Buddhism and Daoism.[16] Furthermore, this was not only a local cultural phenomenon in Southern China. Even now, many temples established in different dynasties in Chinese history remain which offer sacrifices to Confucius, Laozi, and Buddha in one house at the same time. All these are exactly reflections of multiple religious participation and multiple religious identities. As Paul Martinson observed, the life of Chinese people has always been with the diversity of religious experience in history and a positive attitude toward this diversity has accordingly been developed.[17] In this sense, we can say that the issue of multiple religious participation and multiple religious identities has already got its answer, conceptual and practical, in a dialogical Confucian tradition with a plural vision. So, I do believe that more resources from Confucianism, if properly transformed, can contribute to the religious dialogue in a global context. The emergence of "Boston Confucianism"[18] is no doubt the newest example demonstrating that multiple religious participation and multiple religious

---

[15] See Peng Guoxiang 彭國翔, *Liangzhi xue de zhankai—Wang Longxi yu zhongwan Ming de Yangming xue* 良知學的展開——王龍溪與中晚明的陽明學 (The Unfolding of the Innate Good Knowing: Wang Longxi and the Yangming Learning in the Mid-Late Ming) (Taipei: Taiwan Xuesheng Shuju, Chinese Philosophy Series, 2003, traditional Chinese version; Beijing: Sanlian Bookstore, Sanlian and Harvard-Yenching Academic Series, 2005, simplified Chinese version).

[16] See Judith Berling, *The Syncretic Religion of Lin Chao-en* (New York: Columbia University Press, 1980).

[17] Martinson, *A Theology of World Religions*.

[18] Regarding "Boston Confucianism", see Robert C. Neville, *Boston Confucianism: Portable Tradition in the Late Modern World* (Albany, NY: State University of New York Press, 2000).

identities have already been happening between Confucianism and Christianity. This case also indicates that the leading project of the third epoch of Confucianism in a global context is primarily a development of religious and spiritual dialogue.

國家圖書館出版品預行編目資料

全球與本土之間的哲學探索
——劉述先先生八秩壽慶論文集

鄭宗義、林月惠合編. － 初版. － 臺北市：臺灣學生，2014.06
面；公分

ISBN 978-957-15-1632-5(精裝)

1. 儒家　2. 儒學　3. 文集

121.207　　　　　　　　　　　　　　　　　　103012105

全球與本土之間的哲學探索
——劉述先先生八秩壽慶論文集

編　　　　者：鄭　宗　義　、　林　月　惠
出　版　者：臺　灣　學　生　書　局　有　限　公　司
發　行　人：楊　　　　　雲　　　　　龍
發　行　所：臺　灣　學　生　書　局　有　限　公　司
　　　　　　臺北市和平東路一段七十五巷十一號
　　　　　　郵　政　劃　撥　帳　號　：0　0　0　2　4　6　6　8
　　　　　　電　話　：（0　2）2　3　9　2　8　1　8　5
　　　　　　傳　真　：（0　2）2　3　9　2　8　1　0　5
　　　　　　E-mail：student.book@msa.hinet.net
　　　　　　http://www.studentbook.com.tw
本 書 局 登
記 證 字 號：行政院新聞局局版北市業字第玖捌壹號
印　刷　所：長　欣　印　刷　企　業　社
　　　　　　新北市中和區中正路九八八巷十七號
　　　　　　電　話　：（0　2）2　2　2　6　8　8　5　3

定價：新臺幣一二○○元

西　元　二　〇　一　四　年　六　月　初　版

12103　　　　有著作權·侵害必究
ISBN 978-957-15-1632-5(精裝)